傅东缨

著

极目新教育

人民文学出版社

图书在版编目(CIP)数据

极目新教育/傅东缨著.—北京：人民文学出版社，2018
ISBN 978-7-02-014310-8

Ⅰ.①极… Ⅱ.①傅… Ⅲ.①教育研究—中国 Ⅳ.①G52

中国版本图书馆CIP数据核字(2018)第117683号

责任编辑　王永洪
装帧设计　刘　远
责任印制　王重艺

出版发行　人民文学出版社
社　　址　北京市朝内大街166号
邮政编码　100705
网　　址　http://www.rw-cn.com

印　　刷　三河市鑫金马印装有限公司
经　　销　全国新华书店等

字　　数　543千字
开　　本　710毫米×1000毫米　1/16
印　　张　31　插页16
印　　数　8001—11000
版　　次　2018年7月北京第1版
印　　次　2019年6月第2次印刷

书　　号　978-7-02-014310-8
定　　价　48.00元

如有印装质量问题，请与本社图书销售中心调换。电话：010-65233595

◆ 傅东缨（右）与朱永新在陶行知1928年创办的吉祥庵小学（现南京晓庄学院附属小学）前合影

新极目教育

◆ 傅东缨与长子傅松巍（中）次子傅松岩组成的家庭创作团队讨论书稿

◆ 傅东缨的家庭创作团队采访朱永新

润物无声风骨健
育人有道浩气长

极目新教育出版之贺 柳城

◆ 原国家教委副主任、国家总督学柳斌为《极目新教育》一书题字。

高更画作:《我们从哪里来？我们是谁？我们往何处去?》

  保罗·高更(1848—1903),法国后印象派画家、雕塑家。
  这是一幅充满哲理的大型油画,这是高更以身殉道的典范之作。在创作这幅画之前,高更登上塔希提岛,希望寻找没有被人类文明污染的完美世界。虽然一度贫病交加、精神困苦、数次濒死,但是,这幅画卷却是他处于人类文明思维绝对深渊的"天问之作"。这幅穿透历史与凡俗生活的作品,把人类文明与宗教的主题反照于塔希提岛中,完成了对那个世纪西方生存主题的深刻反思与惊人洞察,这幅作品成为那个时代世界文化艺术的巅峰。
  选此幅名画,从生命的遥远景深而至临近境地,映照了中国当下新教育的心跳脉动。

布丹画作:《翁费勒尔的堤岸和灯塔》

欧仁·布丹(1824—1898),法国19世纪风景画家。

布丹终其一生热爱法国西部海岸的景致,因为那里是他的家乡诺曼底。印刷工人出身的布丹,是一位灵气四溢的画家,是真正的印象派之父。他开创性地将变化莫测的自然界从容地捕捉到了画布之上,从心而发,情景交融,进而启蒙了欧洲现代画派浪潮。

《翁费勒尔的堤岸和灯塔》中,布丹用极为狂放的笔触和色块记录下翁费勒尔堤岸的人群和灯塔,尤其是乌云翻滚的天空。在画家急速的笔触的传达中,天空、云层、灯塔和人群极度流畅与生动,天人合一,欣赏者如同处于永恒的翁勒尔堤岸之上、灯塔之旁。

选此幅名画的意图不言自明,新教育不正是前驱者心中的一座灯塔吗?

艾伊瓦佐夫斯基画作:《九级浪》

伊凡·康斯坦丁诺维奇·艾伊瓦佐夫斯基(1817—1900),俄罗斯浪漫主义画家。

这幅画是根据俄罗斯民间传说创作而成的。九级浪到来,轻则摧帆断桅,重则船覆人亡。所以,要躲过它的巨大摧毁性威力几乎是不可能的,但是画家的立意就是要表现人们征服这九级风浪。

虽然天空云雾浓重,但是透过云层的阳光洒在大海巨浪上,映照得灿烂透明,这给挣扎在死亡线上的人们以光明与信心。画家表现光与色的笔触,完全融化在海浪中,让人在身临其境之中,感受到一部宏伟壮丽、高昂激情的大海抒情诗篇。在死亡与希望之间,如同天海之间壮丽而永恒的正剧,艾伊瓦佐夫斯基挥洒着大自然气势磅礴的力量,更是咏叹着大无畏的英雄主义精神、人能胜天的深沉信心。

选这幅名画,让人们油然联想:弄潮儿排山倒海般的心志气魄。

凡·高画作:《向日葵》

文森特·威廉·凡·高(1853—1890),荷兰后印象派画家。

《向日葵》是凡·高的代表作,也是他在最痛苦的煎熬中所倾心绘制的最充满光明的精神追求的作品。凡·高的艺术是伟大的,他作品中包含着深刻的悲剧意识,其强烈的个性和在形式上的独特追求,远远走在时代的前面,的确难以被当时的人们所接受。

这幅流芳百世的《向日葵》,是在阳光明媚灿烂的法国南部所作。在人们对凡·高误解最深的时候,正是他对自己的创作最有信心的时候,因此才留下了永恒的艺术作品。凡·高笔下的向日葵,像闪烁着的熊熊的火焰,同时又是那么和谐、优雅甚至细腻,在这种粗厚和单纯中充满了智慧和灵气,含无限说法,似天使咏叹,这幅《向日葵》是美术史上最受欢迎的静物写作,是一幅以植物为题的《蒙娜丽莎》,把繁华怒放的生命抽象成为绽放本身。

选此幅名画,暗喻沐浴在新教育十大行动的阳光下,师生们旺盛的精气神。

温特画作:《麦田》

彼得·德·温特(1784—1849年),英国画家。

温特十分擅长乡村风景画,他是自然田园的行吟者,描绘清澈明艳的英格兰风光,使其成为充满遐想和憧憬的田园天堂。这幅油画运用细致缜密的油画语言,描绘了一望无际的广阔平原,阳光灿烂,空气透明,充满泥土芳香。画面的近景、中景、远景,线条柔和,轮廓清晰,鲜明而深厚的色调,敏锐的色彩感觉,展示出辽阔与深远的情思;繁忙的农民、无边无际的麦田、和煦的阳光组成了这幅让人瞬间回归自然的名作。

《麦田》铺展着彼得·德·温特笔下的世界,是他心中的田园,也成为19世纪田园油画的经典之作。朴实的画风,清晰的线条,温暖而透明的光线,让读者甚至有种已经闻到泥土气息的错觉,画中的乡村田园是那样真实明朗,如同一首天堂中的永恒牧歌。

选此幅名画,蕴含新教育历经播种、耕耘,到了收获季节。

拉斐尔画作：壁画《雅典学院》

拉斐尔·圣齐奥(1483—1520)，意大利画家。

此画位于梵蒂冈教皇宫殿的签字大厅，此大厅堪为当时欧洲的宗教、权力中心。拉斐尔绘制的这幅壁画，把古希腊以来的五十多位著名的哲学家和思想家聚于一堂，包括柏拉图、亚里士多德、苏格拉底、毕达哥拉斯等，巨匠荟萃，鸿儒云集，柏拉图携弟子亚里士多德行在中央，大厅弥散着浓重的儒雅之风学者之魂，歌颂人类对智慧和真理的追求，赞美人类的创造力。

在拉斐尔所处的年代，正是新柏拉图主义思潮的巅峰。在拉斐尔的作品中，处处看出他笃信人类智慧的和谐、对人类智慧的赞美，《雅典学院》表现的就是这样一座神圣的知识殿堂——从数学到音乐到哲学到科学——一切的一切都是如此和谐、如此神圣、如此有秩序。这幅体现此类文化观念的作品天才横溢，是弥合宗教、哲学、科学隔阂的经典之作，成为对人类文化与智慧的至高礼赞。

选此幅名画，意在表明新教育以深幽的文化塑魂。

黄公望画作:《富春山居图》(局部)

黄公望(1269—1354),元代画家。

黄公望所作的《富春山居图》,有着中国山水画作品中"第一神品"之美誉,被称为"画中兰亭"。开卷描绘坡岸水色,远山隐约,接着是连绵起伏,群峰争奇的山峦,再下是茫茫江水,天水一色,最后则高峰突起,远岫渺茫。

这是一幅浓缩了画家毕生追求,足以标程百代之作。画中凡十数峰,一峰一状;数百树,一树一态。雄秀苍莽,变化极矣。董其昌见此画惊呼:"吾师乎!吾师乎!一丘五岳,都具是矣!"膜拜此画一山藏百韵的造化之功。

选此幅名画,以示新教育学派筑起了一座学术峰峦。

徐悲鸿画作:《奔马图》

徐悲鸿(1895—1953),中国现代画家。

中华文明史中,马通常是力量的象征,是中国人自由、潇洒、进取、向上的寄托。历朝历代画家擅马者众多。在中国现代绘画史上,徐悲鸿的马独步画坛,无人能与之相颉颃。以中国的水墨为主要表现手段,又参用西方的透视法、解剖法等,逼真生动地描绘了马的飒爽英姿。徐悲鸿所画的大多是奔放不羁的野马,画马尤重画骨,由骨入神,进而创造的许多锋棱瘦骨的形象,带人进入天马行空、令人神往的思想境界。

《奔马图》的创作正值中华民族全民抗日的最危险之时,徐悲鸿感慨于众多将士的勇烈之举绘此图卷,群马奔驰于旷野之上,豪放犷悍、气度恢宏、奔驰进取、自信昂扬,恰似中华民族慷慨激昂的精神素描。

选此幅名画,既为表现新教育运动的奔腾之势,更为赞誉新教育闯将们那种雄豪的胆魄和无畏的精神。

傅抱石、关山月画作:《江山如此多娇》

  傅抱石(1904—1965)、关山月(1912—2000),中国当代画家。
  此幅国人眼熟的鸿篇巨制山水画,为著名山水画家傅抱石、关山月创作。1959年,他们为北京新建的人民大会堂专门绘制,其高五点五米、宽九米的巨大幅面是中国画历史上空前的。
  江山如此多娇,引无数英雄竞折腰。画面上同时出现了春夏秋冬的不同季节,同时出现了东西南北、高山平原的不同地貌和长城内外、大河上下的不同自然景观,喻示着新中国发展建设的勃勃生机。画作既有细致柔和的岭南风格,又有奔放深厚的国画风采,从中国山水画发展的角度来看,《江山如此多娇》堪为集大成者。
  数风流人物,还看今朝。在当今时代,新教育人与中国教育界一道,砥砺奋进,勇毅前行,冲破历史关隘,协力肩负起中华民族复兴的重任;百家争鸣,领略"分外妖娆"的教育胜境。
  选此幅名画,发历史幽思:一切领跑者,都在引导人们从必然走向自然之境,更有能一览众山小地领略多娇江山的视野。

目　录

新教育实验的播火者 …………………………………………………… 刘道玉　1

第一章　起航 ……………………………………………………………… 1
　　世界名画：保罗·高更《我们从哪里来？我们是谁？我们往何处去？》
　　题记——应答历史 ……………………………………………………… 2
　　第一节　世纪叩问 ……………………………………………………… 3
　　第二节　浚源作答 ……………………………………………………… 22
　　第三节　大任垂青 ……………………………………………………… 39

第二章　心灯 ……………………………………………………………… 57
　　世界名画：欧仁·布丹《翁费勒尔的堤岸和灯塔》
　　题记——点亮心灯 ……………………………………………………… 58
　　第四节　穿越迷途 ……………………………………………………… 59
　　第五节　守望灯塔 ……………………………………………………… 75
　　第六节　啄羽再造 ……………………………………………………… 85

第三章　弄潮 ……………………………………………………………… 101
　　世界名画：艾伊瓦佐夫斯基《九级浪》
　　题记——咏叹弄潮 ……………………………………………………… 102
　　第七节　擎起闸门 ……………………………………………………… 103
　　第八节　时空交响 ……………………………………………………… 120
　　第九节　化蛹成蝶 ……………………………………………………… 127

第四章　竞放 ……………………………………………………………… 137
　　世界名画：凡·高《向日葵》
　　题记——点赞竞放 ……………………………………………………… 138
　　第十节　相信种子 ……………………………………………………… 139
　　第十一节　扎根行动 …………………………………………………… 151
　　第十二节　优化基因 …………………………………………………… 167

第五章　燎原 ··· 181

世界名画：彼得·德·温特《麦田》

题记——凝望星火 ······································· 182

第十三节　火光烁烁 ··································· 183

第十四节　区域联动 ··································· 194

第十五节　网上家园 ··································· 227

第六章　塑魂 ··· 249

世界名画：拉斐尔壁画《雅典学院》

题记——文化立魂 ······································· 250

第十六节　圣园之魂 ··································· 251

第十七节　四重交响 ··································· 271

第十八节　溯流寻宗 ··································· 285

第七章　筑峰 ··· 307

世界名画：黄公望《富春山居图》（局部）

题记——峰头眺望 ······································· 308

第十九节　岁月经纬 ··································· 309

第二十节　"庐山"之相 ······························· 330

第二十一节　西成东就 ································ 346

第八章　砥柱 ··· 361

世界名画：徐悲鸿《奔马图》

题记——致敬砥柱 ······································· 362

第二十二节　击楫中流 ································ 363

第二十三节　丝路花雨 ································ 402

第二十四节　积基树本 ································ 428

第九章　领跑 ··· 447

世界名画：傅抱石、关山月《江山如此多娇》

题记——领跑礼赞 ······································· 448

第二十五节　苏州学脉 ································ 449

第二十六节　不尽江河 ································ 463

第二十七节　紫气东来 ································ 474

后记 ··· 482

新教育实验的播火者

刘道玉

一

新教育实验的核心和全部要旨在于新。什么是新？据《新说文解字》注："取木也。取木者，新之本义。引申之为凡始基之称。"所谓始即开始，始与新含有相同的意思，泛指第一次出现的行为或事物，如岁之首为新年，始出之月为新月，第一次报道的消息称新闻，第一次出嫁之女为新娘，等等。又据甲骨文释义，新乃薪之本字，左边是木，右边是斧子，用斧子砍伐木材之意。对此，国学大师章炳麟先生解释说：衣之始裁谓之"初"，木之始伐谓之"新"。至此，"新"字的含义已经十分清楚，凡是第一次发生（或出现）的事物、观点、见解、发现和发明，我们可以称之为新事物、新观点、新见解、新发现和新发明。

在《周易·大畜》中有"刚健笃实，辉光日新"的名句（简称"刚健日新"），著名古文字家高亨注释："天之道刚健，山之道厚实，天光山色，相映生辉，日日有新气象。"商汤的《盘铭》说："苟日新，日日新，又日新。"宋朝理学代表人物之一朱熹，对此言有详细的解释，大约意思是，修身之德也要像洗澡一样，每天都要清洗思想上的污垢之物，这样每天都会有所进步。思想上这样的吐故纳新要时时刻刻坚持不懈。在汉语中，由新字衍生出许多含有新字的成语，如温故知新、破旧立新、新陈代谢、革故鼎新、弃旧图新、日新月异等。这说明求新的思想，体现了中华民族文化的精髓，使中华文明在世界四大古文明中唯一香火不断！

一个民族的语言文字，蕴含着这个民族思维的全部奥秘。本来我国文字源于象形文字，这是构成中国人意象思维的基础。从理论上讲，一个长于意象思维的民族，其想象力丰富，更应该富有创造精神。但可惜的是，当下这种意象思维却时常走向了仅仅追求表面的形式主义。最明显的例子是我国大学合并、升格、改名等，从而导致大学问题频仍。自进入近现代以来，我国国民的创造精神日益式微，主要原因是长期小农经济、专制制度和经学文化三位一体的束缚，窒息了我国民众的创造精神,以至于长期习惯于模仿,如"三来一补"、山寨货、淘宝村等,都是典型的模仿甚至剽窃。模仿思维是创造和创新的大敌,必须进行一次思维方式的变革,方可将我国建设成为创新型的国家。

二

改革、创新需要进行实验,无论是自然科学或是社会科学概莫例外。遥想过往,我国古代的曲阜杏坛、岳麓书院、古希腊的柏拉图学园和美国的芝加哥实验学校,它们都是进行教育实验的尝试,是最早的新教育实验的典范。笔者曾在《光明日报》发表了《教育改革必须以实验来推动》一文,目的在于呼吁教育工作者们走出纸上谈兵的研究教育的窠臼,正如创新之父约瑟夫·熊彼特在弥留之际的遗言所说:"行动——光有理想和理论是不够的,只有行动起来,努力改变现状才是真正对理论的拓荒。"

苏联教育家阿·波利阿耶夫曾说:"教育领域是一块伟大的实验场地。"唯有教育实验才能推动教育改革前行,这已是被教育史证明了的一条铁的规律。我国是一个人口众多的大国,根据2014年的统计数据,在校就读的各类学生约2.5亿,其中高校在校学生3559万人。照理说,我国拥有无与伦比的教育实验资源,应该产生更多杰出的教育家。但可惜的是,我国并没有产生有世界影响的著名教育家,也没有撰写出有世界影响的教育经典著作,这与缺乏有远见的教育实验家不无关系。

这也是笔者非常关注朱永新先生的新教育实验的原因。

三

在中国近代史上,首开教育实验先河者非陶行知先生莫属,他于1927年创办了南京晓庄试验乡村师范学校,致力于大众化教育。可惜,学校被国民党政府查封,他本人遭到通缉,晓庄师范学校被迫停办。虽然这个学校仅存在了三年的时间,但仍然培养出了两百多名抗日战争的骨干分子,为中国抗日战争的胜利做出贡献。自20世纪80年代开始,中国民间出现了民办教育的热潮,但就高等教育而言,他们并没有提出明确的教育改革实验宗旨与目的,而是亦步亦趋地模仿公立大学的模式,并没有为我国高等教育多样化提供任何经验。

但是,自21世纪初,由朱永新先生所倡导的新教育实验,却是一个非常可喜的教育现象,给我国沉闷的教育改革吹入了一股清新之风。在我看来,朱永新先生是中国当代新教育实验的播火者,他要把新教育实验之火种播撒到大江南北,让星星之火燎原神州大地。朱永新先生致力于推动一项被认为是草根性的教育改革,他的这个灵感是怎样产生的呢?他告诉我:"1999年,我在阅读《管理学大师德鲁克》时,其中一段话震撼了我。熊彼特说:'到了我这样的年龄,我知道仅仅凭自己的著作流芳百世是不够的,除非我能够改变和影响人们的生活。'"朱永新先生猛烈地感到,这些年自己虽然写了许多著作,其实并没有走近教育生活,更谈不上影响和改变教师的生活。于是,他决定改变话语的方式,改变行走的方式,真正地走近教师,走近我们的教育生活。一切创造都是源于灵感,而朱永新的这个灵感,不仅改变了他研究教育的方式,而且导致了一场规模浩大的新教育实验运动,真有势不可挡之势!

四

朱永新先生发起的新教育实验,目前更多地体现于小学阶段,在实践中逐步明确了新教育实验的目的。他们的核心理念包括:"过一种完整幸福的教育生活;给学生一生有用的东西;重视精神状态;倡导成功体验;强调个性的发展;注重特色教育;让师生与人类崇高的精神对话。"目前,全国已经有一百二十四个实验区,三千五百多所学校,三百七十多万名师生参与新教育实验,分享新教育实验给他们带来的无穷乐趣。这场新教育实验,已然形成新浪潮,既是对中国应试教育的冲击,也是对现在的公立小学教育缺失的弥补。新教育实验尚在如火如荼地进行中,其前景尚无法完全估量,但是其缨所向,已经形成破旧立新的改革新风,对我国的教育改革也一定会带来促进作用。

从有关新教育实验的报道得知,朱永新倡导的新教育实验,是目前中国规模最大、参与人数最多、效果最为显著的一次民间教育科研实验。新教育实验富有成效之处,在于极大程度上解决了教育职业倦怠、理论实践脱节、应试教育与素质教育矛盾等问题,形成了完美教室、卓越课程、理想课堂等一系列扎扎实实的成果。朱永新因此也成了自陶行知以后知行统一的著名教育家。

五

为什么朱永新倡导的新教育实验具有这么大的影响力?为什么新教育实验有如此蓬勃的生机?为什么新教育实验获得了如此多的成果?笔者带着这些问

题,阅读了辽宁铁岭市原教委副主任、教育文学家傅东缨先生的新著《极目新教育》,被感动之余,感到对于笔者的上述的提问,此书已经给出了完整的答案。

极目一词,自有至小无内、至大无外的广袤视野。此书名为"极目",或立于人类思维的穹顶,鸟瞰新教育十数年的来龙去脉;或入于新教育的每个情景、每个人物之上,凝神捕捉细致微妙的变化。全书五十余万字洋洋洒洒,极骋眼目,心鹜八极,写出新教育轰轰烈烈的发展历史。

细观而视,书中既描述了新教育的十余年实践,在历史时空中细腻还原,精致雕塑出其崛起壮大背后的精神实质;作品详细点评了新教育团队,捕捉其闪光点,进而形成了一幅波澜壮阔的奋斗画卷;作品还品评了新教育发展之路,表达出对中国教育的深邃洞察,梳理出新教育的蓬勃走势,对其历史定位进行了睿智分析。

中观而视,书中采用了同步分析的方法,与民国新教育的对照,与欧美新教育的类比,表达出新教育方兴未艾的张力,展现出朱永新新教育的创新魅力,分析出朱永新新教育科研的雄壮之力。

远观而视,全书将朱永新的新教育置于中国教育史的历史时空之中、世界新教育发展史的链条之上,以详尽的思考、科学的分析、精细的鉴赏,对朱永新倡导的新教育实验进行了历史性的定性、定位。

观古鉴今,继往开来,画意绵绵,诗意汩汩,天眼慧眼,思义断然,理事无碍,事理交融,此书自有"新教育之史记"的风范。

值得一提的是,《极目新教育》一书,既廓清了朱永新新教育的蒸蒸日上之境,也透露出作者对新教育乃至更广泛教育背景的极目之境。

东缨先生是我熟悉多年的好朋友,也是被称为中国大教育文学第一人的知名教育文学家。近半个世纪,他一直奋斗在教育文学的最前沿,曾经采访过数千位中国教育工作者,写出数百万字的教育专著。既有纸上得到的理论深度,更有事必躬亲体验的细致调查,对中国教育有着切中肯綮的思考。

尤其是近二十年来,东缨先生臻入学术佳境,写作艺境,对中国教育有着细致连贯的思考,出版中国教育三部曲《泛舟海海》《圣园之魂》《播种辉煌》、大教育三部曲《教育大境界》《教育大乾坤》《教育大求索》(待出)和教育览胜三部曲《中国教育的顿悟》《从教师到教育家》《极目新教育》等佳作,卷帙浩繁,箴言处处,早已成为中国教育文学的经典之作。尤其是东缨先生提出了理想课堂三力和谐论、教育十大境界论、名师成长"二三三素质"结构论、中国教育发展基因说等思想,与朱永新的新教育思想既有相互映照之处,又有相互砥砺之效,可见东缨写作此书,正是知音听音的妙处。

此书写作艰苦卓绝。东缨先生观察四年,查阅新教育各类资料;采访三年,行路万里追踪新教育轨迹;写作两载半,反复字斟句酌增删五次,精益求精,以古稀之年,铁杵研磨,最终形成的《极目新教育》一书,方有跃然纸上的灵动,穿透历史的眼光,积蓄能量的突破,画龙点睛的经典。

　　实际上,傅东缨先生也是新教育实验的播火者。他为了写作《极目新教育》一书,可以说达到了废寝忘食和皓首穷经的地步。他之所以不辞劳苦写作《极目新教育》一书,是希望把从新教育实验田中收获的`果实再播撒到祖国大地,甚至远播到异国他乡,让新教育实验的做法、经验惠及更多的人,让广大儿童和青少年沿着成才的康庄大道茁壮成长!

　　我读过傅东缨先生不少教育文学著作,他思想深邃,文字优美,情节生动,读来是一种享受。因而,我特写了以上赘言,谨将此书推荐给广大的教师、学生和家长们。兹忝为序。

刘道玉　谨识[1]

2017年2月11日(元宵节)于珞珈山寒寂斋

2018年1月1日再改

---

[1] 刘道玉,1933年11月生,湖北枣阳人,著名教育家、化学家、社会活动家。1977年,出任教育部党组成员兼高教司司长,为高教战线上的拨乱反正和恢复统一高考起到了很大的作用。曾任武汉大学校长,被誉为"武大的蔡元培"。

第一章 起 航

高更画作：《我们从哪里来？我们是谁？我们往何处去？》

保罗·高更（1848—1903），法国后印象派画家、雕塑家。

这是一幅充满哲理的大型油画，这是高更以身殉道的典范之作。在创作这幅画之前，高更登上塔希提岛，希望寻找没有被人类文明污染的完美世界。虽然一度贫病交加、精神困苦、数次濒死，但是，这幅画卷却是他处于人类文明思维绝对深渊的"天问之作"。这幅穿透历史与凡俗生活的作品，把人类文明与宗教的主题反照于塔希提岛中，完成了对那个世纪西方生存主题的深刻反思与惊人洞察，这幅作品成为那个时代世界文化艺术的巅峰。

选此幅名画，从生命的遥远景深而至临近境地，映照了中国当下新教育的心跳脉动。

题　记——应答历史

世纪之交,历史的峰峦依然高峻邈远,
三千年的剧变,呼唤华夏文明的革故鼎新。
弥合中西落差,等盼教育整顿乾坤的补天之功;
对接古圣先贤,期待教育重塑民族基因继往开来,
进而将耕耘崇高灵魂、修齐治平的功力发挥至极。

历史之唤,赋予了中国新教育人非凡的使命。
他们从古今中外教育理念之海的深处而来,应时而生;
他们从数以万计名师实践之峰的高处而来,至慧而平;
他们从一个琴瑟共鸣的团队苦苦打拼的远处而来,同气相求;
驾着"新教育"号的舰队鸣笛起航。

他们穿越无数浓雾峡谷、低压云层,
如御风朦艟,效逐日夸父,法立命前贤,
满载良心良知和让人眼睛放光心儿发烫的宏愿,
激情与睿智齐涌,行动共哲思同辉,
求索在追梦教育、圆梦中国的历史航道上……

第一节　世纪叩问

一

万古江河,千秋岁月,百年沧桑。

时间无间隙,岁月有坐标。每隔一百年,历史老人总是蓦然吹起又一个新世纪的始发号角。每隔一千年,他又悠然地敲响一个新千年的起程钟声。

时间,离得太近它如幼儿,浅显而琐碎;拉开距离它如哲人,博大而冷峻。而世纪之交则是一个相当独特的历史契机。

在此际遇,流光如奔马,似流云,如同黄钟大吕。百年难逢千载罕至的时间节点,不只是那一种特殊的世纪感,更有一种超越平时的激昂、迫切、焦灼情绪与格外的神圣感,并带来心灵雷霆、反思风暴;更有打通时空的思维大碰撞、奇想大迸发、举措大酝酿、焦灼大释放。

不妨将视角拉到19和20世纪之交,看几位思想、科学、艺术领域的大师巨擘,或绝望或救赎或崛起的心路历程。

荷兰后印象派画家、深深影响了20世纪艺术的文森特·威廉·凡·高(1853—1890),在贫困交加,苦斗病魔中,受尽冷遇与摧残,深深陷入对精神问题的恐惧和对前程的极度迷茫里,竟在世纪末绝望地开枪自杀。处于艺术、人生高格高境,他却离开了被他疯狂热爱又无情抛弃了他的冷冰冰的世界。

弗里德里希·威廉·尼采(1844—1900),德国著名哲学家。当人们虔诚于基督时,他却昭示"上帝死了"!他提倡"权力意志",赞美"超人精神",提出生命的"永恒的轮回"论,对宗教、道德、现代文化、哲学及科学等领域予以切中肯綮的鞭挞,以其强大的思想冲击力,颠覆了西方的基督教道德思想和传统的价值,影响其后的许多思想家、哲学家和文学家。然而,由于学说超前而长久不被接受和理解,尼采无法忍受孤独而失去了理智,1900年8月25日与世长辞,就像他所写的——"银白的、轻捷地,像一条鱼,我的小舟驶向远方。"[①]

[①] 尼采,《查拉图斯特拉如是说》。

19世纪末,西方列强掀起侵略中国的狂潮。1895年4月,日本逼签《马关条约》的消息传来,在康有为、梁启超等维新派的组织发动下,在北京应试的1300多名举人联名上书光绪帝,痛陈民族危亡的严峻形势,提出拒和、迁都、练兵、变法的主张,史称"公车上书"。上书失败后,维新派招致慈禧太后的疯狂镇压。1898年9月21日凌晨,慈禧太后囚禁光绪于瀛台,下令捕杀康有为、梁启超、谭嗣同等人,并于9月28日,将谭嗣同、杨锐、刘光第、林旭、杨深秀、康广仁六人杀害于北京菜市口。

法国后印象派巨匠保罗·高更(1848—1903),则于世纪之交陷入绝望中,苦苦探索人类的命运,不惜把自己放逐到南太平洋中部的塔希提海岛,独身一人和当地的土著人零距离接触。原始质朴的生活和美丽的自然景观,令他寻求到人类混沌生命的本质,一步步走出内心的迷惘、忧伤和焦虑,并完成了创作生涯中最大一幅传世油画《我们从哪里来? 我们是谁? 我们往哪里去?》。

世纪之交的科学浪潮对爱因斯坦(1879—1955)的思维以剧烈的冲击和影响。他思想自由,博览群书,视野开阔,遐想翩翩。1895年,他了解到光是以很快速度前进的电磁波,遂产生想法,如果一个人以光的速度运动,将看到什么样的世界景象呢?

1905年一天,他与朋友贝索讨论这个已探索十年的问题时,心窍突启,终于想清楚:时间没有绝对的定义,时间与光信号的速度有一种不可分割的联系。他寻到了开锁的钥匙,后经五个星期的持续发力,写出九千字论文《论动体的电动力学》,宣示狭义相对论问世。这是物理学史上决定性的伟大宣言,是物理学又一个里程碑。爱因斯坦因此在人类生命的长河中确立了属于自己的地位。

百年之末,世纪之交,人们或迷茫,或惊醒,或彻悟,这也许是特有的世纪末现象。相当数量的人在特定时空里发生了破茧成蝶式蜕变:思维开阔,思想舒展,思路幽远,思辨强劲。

这,不光是计时的节点,纪事的始发点,新思维的亮点,新行动的基点,它所留下的澎湃激情的瞬间,必将化作历史永恒的记忆。

每当人生或历史进入一个新阶段,往往思维也空前活跃,最能催人反思,梳理既往,找出得失,也最能令人惊醒、感奋、规划,重整旗鼓,再次出发。

20世纪进入21世纪之时,恰逢新旧千年交织的历史关节。此时的反思与蓄力,对志在实现伟大复兴的中国来说,至为关键。

二

世纪之交、千年转换的中国,进入大开大阖、大变大化的时段。机遇与挑战同在,光明与黑暗并存,压力与动力齐现。

抚今忆昔,万事浩茫,瞻念前程,百业待兴,旧的百年对新的百年寄以深情的瞩望,融入了若干极富智慧的启示;新的千年向旧的千年依依挥别,带着难以述说的热盼与激情。

此时,教育尤被寄予深切的瞩望。各国无不将目光聚焦教育改革,视之为残酷的国际竞争的关键一环。美国推出《2000年教育目标法》,把教师教育当作追求教育"全面卓越"的重要突破口;俄罗斯颁布《俄罗斯联邦教育法》,为发展国民教育奠定法律基础;法国在《为了全体学生成功》报告基础上,颁布《学校未来的导向与纲要法》,确定知识、能力和行为全面发展的准则;德国大刀阔斧地推进高校扩张;英国《根植于成功之上的学校》改革方案,则从教育根部——初等教育三大目标抓起;日本发布《21世纪教育重生计划》,提出提高基本学力等七个战略重点和心灵教育、发展个性等基本内容……

在我国,"两基"目标的完成为教育奠定更牢固的基石,素质教育上升为国家意志,《中华人民共和国教育法》颁发施行,高等教育大众化、"211工程"等新政出台,令国人眼睛一亮。然而,教育观念相对陈旧,体制滞后,也造成了应试指挥棒驱使学子一拥而入知识竞争场,高水平的人才稀少,学生在重压下厌学,人格情操教育缺失等种种状况,诚如当年邓小平感慨:"我们最大的失误是在教育方面,思想政治工作薄弱了,教育发展不够……我们经过冷静考虑,认为这方面的失误比通货膨胀等问题更大。"

究竟缺什么?表面上缺杰出人才,缺世界级大师、国际性权威、诺贝尔奖得主,深层里则缺滋养人才的沃土。正如鲁迅先生所说:"独有这培养天才的泥土,似乎大家都可以做。做土的功效,比要求天才还切近;否则,纵有成千成百的天才,也因为没有泥土,不能发达,要像一碟子绿豆芽。"这个沃土就是培育人才的思想准备和科学机制。

中国教育最缺两种人:一种是钱学森那样提出"大成智慧学"的大思想家、运筹家、策略家,这是仰望星空的人——这种人以其超越时空的目光和睿智,能够提出高深的问题和宏大的设想,牵引着社会持续向前;一种是袁隆平那样孜孜矻矻、勤勤恳恳的践行家,这是脚踏实地的人——这种人能够把宏观的设想和亟待解决的问题付诸点点滴滴的行动中,并一步步取得进展,最终完成重大突破。

中国的崛起最需要这两种人。中国教育的大变革也最需要这两种人。

仰望星空作为一种精神气质,是憧憬更是专注,只有拥有想象力的翅膀,方可鸟瞰大千世界的万事万物;而脚踏实地作为仰望星空的对称方,又极具实实在在的践行内涵,只有与地气相接奋力笃行,才能走出梦的云山雾谷,奔向霞光万道的远方,乃至飞向美丽的星空。

中国正面临自近代国运渐衰以来,千载难逢的重大的历史性机遇。这个机遇期开始于20世纪80年代,新世纪以来则处在绝佳机遇期的历史时节。

要充分把握住这份难得的机遇,就须在教育上有更大的担当。

三

2005年7月29日,面对前来看望的国务院总理温家宝,钱学森忧心忡忡地道出了一个长久憋闷于胸的结论:"没有一所大学能够按照培养科学技术发明创新的模式去办学,没有自己独特的东西,老是冒不出杰出人才。这是很大的问题。"此乃科学巨匠的警世箴言,学术大师的良知良觉。

大音希声,振聋发聩。教坛震撼,国人惊愕,学者凝思,官员哑默,高校无人接招。

这一世纪叩问,渐渐发酵成了一道留给中国教育的哥德巴赫猜想,也为新千年中国教育再出发的大文章点了题。

看中国教育,从学前,中经小学、中学,再到大学,我们在学子的生命成长、心灵培植、创造力开发上究竟有几多歧路?

笔者曾如此诊断中国教育病症:

一曰丢了本质——育人至上。教育育人的真谛在于激醒蒙昧灵魂,焕发聪明才智,培植最佳习惯,提升高品人格。

学校期间的教育为人生的奠基时节。此时节须特别注意其时空的特定性、全员的成功性、育人的差异性。

多年以来,我们的教育则聚焦在千方百计提高考生的分数上。学子两眼一睁,学到熄灯,殚精竭虑,处于"时刻准备着"的应试状态。教育几近全面被异化为教学,教学几近全面异化为教考,教考几近全面异化为做题、背题。北京大学教授章启群指出:现在的中小学生们,繁重的课程和作业,各种各样的考试,甚至周末还有各种补习。当他们进入大学或者熬到博士的时候，对于科学的真正兴趣已经消磨殆尽了。在中学生国际奥林匹克数学、物理、化学等比赛中，中国常居第一。然而，这些拿了金、银牌的学生在进入理想的大学之后，却失去继续探讨科学奥秘的热情。我们的教育消磨了学生追求知识、探究真理的强烈兴趣，是我们教育毁坏人才的根本所在。

二曰丢了传统——人文至尊。传统如同河之脉，乃族之根、民之源、国之本，丢了传统如断了脉象。

几千年华夏教育，人文当推为至宝；古往今来育人，人文应记头功。人文精神虽不一定就是中国教育的专利，却肯定是教育中国代代相袭的传统。不承想，当中国教育史写到市场经济背景下的"应试教育时节"时，一场偷梁换柱的演变在悄然展开：逐利正替代师道，冷漠正替代热忱，粗俗正替代高雅，强迫正替代尊重……

这种嬗变，导致教育理念与践行的衰微，是中国文化思想的倒退。

三曰丢了科学——规律至圣。教育者就该遵循人性的规律，人情的规律，人道的规律，人智的规律，人本的规律，即按全人化人的建构予以最适切的教育。然而，从幼儿园为起点，孩子与老师就开始了"为伊消得人憔悴"和"蜡炬成灰泪始干"的极其惨烈极其悲壮的马拉松式生命消耗，导致对人格、人性、人文和心理教育的全面荒疏。回归规律，科学育才，我们才能不闻训斥的雷霆，摈弃成人化的重负，扫除立竿即想见影的焦灼，让学子人性舒展，人情丰富，人智迸发，人本滋润，心灵得到超迈的自由。

找到病症还需查到病根。可以说，中国教育其病久矣。16世纪，当西方初现普及义务教育的曙光，德国等国家设立大量便于劳动群众子弟入学的初等小学，大多数家长履行马丁·路德所言的"送子女入学的责任"时，中国少数读得起书的学子还在终日背诵《四书》《五经》。18世纪中叶，当英国的瓦特蒸汽机日夜轰鸣，西方的普及义务教育强力推行，小、中、大学的兴起如同雨后春笋时，中国仍在科举的窄胡同里选拔着"八股学士"。

而当今教育的忧患一点不比昔日小。在培养何等样人及采用何等模式培养人这一攸关民族命运的新课题下，中国教育再次陷入困窘。而且，虽时空变幻，国力增进，但我们所面对的教育难题，同样令人棘手。

中国孩子的想象力状况令人忧虑。2009年，教育进展国际评估组织对全球21个国家进行的调查显示，中国孩子的计算能力排名世界第一，想象力却排名倒数第一，创造力排名倒数第五。在中小学生中，认为自己有好奇心和想象力的只占4.7%，而希望培养想象力和创造力的只占14.9%。当我们的教育"只有考生，没有学生;只有考校,没有学校",学生以知识的背诵、接受、考试、获得高分为学习的全部内容,这一两极分化的调研数据毫不奇怪。

爱因斯坦曾断言:"我们都以为知识是最重要的,其实还有比知识和结论更重要的东西,那就是人的想象。"

推而广之,这种想象,包含着人的想象力、创造力、生命冲动、革命精神、主观能动性和永无止境的好奇心,这些恰恰是人最重要的东西。应试教育仍停留在学习知识的阶段上,把人与生俱来的这么多可贵东西几乎断送了。

深一层思索,几百年中西方教育的分野也恰在这里。

我们的出发点是牢记知识,人家的出发点则是发现知识;我们的育人过程是塑造,教育要像雕工那样按自己的意愿对学子自外至内地精雕细刻,人家的育人过程则是生长,教育顺应学子的自身的潜质、智能、兴趣,促进其自由、主动、舒心地发展;我们好学生的标准是听话、懂事、分数高,人家好学生的标准则是具有好奇心、爱质疑、能发现、有个性、喜创造。

标准不同,情势各异。当世界教育对准了个性化、特色化、创造性人才,我们的教育却仍在固守着应试教育"高分"的标准,培育具有深厚人文底蕴、扎实专业知识、强烈创新意识、广阔国际视野的国家栋梁和社会精英还只是停留在夙愿阶段。

钱学森的世纪叩问博大而深邃,严峻而尖锐,穿越时空,直击灵魂。回答世纪叩问刻不容缓,机不可失。一个民族的教育生命固然漫长,但要紧处也就那么一两步。

优势在抢抓机遇中孕育。

劣势在丧失机遇中渐生。

差距在错过机遇中拉大。

在教育发展的历史长河里,延误一时就贻误一个阶段,抢先一步就赢得一次主动,领跑一程就统领一个时代。

2002—2003年之交,笔者被国内的一种发自民间的教育现象——先是悄然而起,继而燎原般地发展——而震撼和吸引了。这就是自苏州发起的新教育实验。其主张的理念、思想、见地,竟与笔者对中国教育多年积淀的认知异曲同工,心有灵犀。遂引发笔者用心投入,全面地关注、研究、评价它。继而欣然地追踪它的脚步,以第三方的视角,以独立作者的立场,参与到它的行动之中:旁观其发展,追溯其历史,记录其轨迹,探索其核心,筹划为这个充满梦想、理想的教育实践写一部信史。这,渐渐成了激活笔者的教育生命、写作这部作品的原动力。笔者确信:观象新教育,是对中国当代教育前锋的观礼;鸟瞰新教育,是对中外上百年教育浪潮的回顾;极目新教育,是对古今中外教育精华的观照。

四

大难唤才俊，久病思良医。教育的沉疴必然唤起教育界的空前觉醒。

改革开放以来，中国教育改革进入了波澜壮阔的提速期。教师心火盛燃，教改号角四起，杏坛春波潋滟。一批志存高远的一代师表，爱教乐业，以生为本，深挖智矿，耕耘心灵，于漪、魏书生、王思明、孙维刚、李吉林、洪宗礼、李希贵、张思明等名师如灿烂星辰，顾明远、刘道玉、陶西平、叶澜、钟启泉、朱小蔓等一批教育思想大家光耀教坛，也结出了素质教育、情境教育、和谐教育、快乐教育、主体教育、情智教育、归真教育等闪烁理智辉光与践行路径的前沿硕果，还呈现出诸如生本改革、综合改革、课程改革、学科改革、课堂变革、教学模式改革等教改实验的专项工程。应该说，所有这一切，或点上吐艳——万绿丛中一点红，或线上争芳——千树万树梨花开，或面上结果——大珠小珠落玉盘，都为中国教育增光添彩，注入了正能量。

然而，浩浩中国，茫茫教海，悠长战线，仅靠雪泥鸿爪式的楷模导引，显然力不从心。中国教育战线极为广袤，立德树人更是复杂的立体工程。若要带领中国教育奋然前行，我们必须有一支怀揣文化自觉、深悟教育本真、忘我奋然打拼的强劲队伍，聚成大团队，形成大气势，造成大趋向，做成大影响，方能带动中国教育雄立于世界潮头。

这样的期待，于世纪交替之际，变得更为迫切。要肩负起新世纪中国教育的新使命，一定要有众多铸魂启智的领路人和众多甘于奉献的深化改革实验的志愿队伍。

这样的领路人、这样的队伍在哪里？就在时势的蕴藏中涌现。正所谓时势造英才，英才导时势。时势与英才唇齿相依，相辅相成。时势未起大潮，英才只能凭栏长啸"空悲切"，无潮之水哪能"浪遏飞舟"？时势涌起大潮，英才方能冲破窠臼，一夜而为天下知。正如唐代诗人罗隐所云："时来天地皆同力，运去英雄不自由。"

历史选择方方面面饶有准备的人。

现实圈定有胆有识敢为天下先的人。

事业认可梦想超拔忠贞不贰德才俱佳的人。

队伍愿随虚怀若谷言行一致身先士卒的人。

处于种种条件的"交集"，要担此大任的一群人之中，有一位叫朱永新。

朱永新，生于1958年8月，江苏大丰人，全国政协副秘书长、常委，中国民主促进会中央委员会副主席，叶圣陶研究会副会长，中国教育政策研究院副院长，苏州大学教授、博士生导师。

他在中国发起新教育，绝非一时热血，更非异想天开。打开朱永新的行囊，既有知识、能力、智慧，也有梦想、心志、胸怀，更有爱心、毅力、情感……这些理论积累、舆论准备、心志磨砺和气魄酝酿，已经极为充分。

朱永新的事业起步于苏州大学。自1978年始，他从来没有真正离开过这座心中的殿堂。自1986年始，他用近五年的业余时间，投入八十万言的《中华教育思想研究——中国教育科学的成就与贡献》写作中，阅读大量中外教育思想家的著作，系统研读西方新教育运动的著作，更对从远古到当代的中国教育思想源流精梳细理。与那些美好的教育理想相遇，激发了创造美好教育的冲动。冥冥之中，一种新的使命感悄然形成。

1988年，他应约撰写《困境与超越——当代中国教育述评》的书稿，收集了大量的中国教育资料，并为越来越严重的中国教育问题焦虑。理想与现实的反差，更驱使他产生改变中国教育的念想。

1990年，他应邀去日本访学一年，抓紧所有时间考察日本教育。回国后，他主编了一套十余卷的《当代日本教育丛书》，系统介绍了日本学前教育、基础教育、高等教育、职业教育等发展状况，对近邻的研究，让他对中国教育改革有了思考的参照系。

1993年，他出任苏州大学教务处处长，成了全国综合性大学最年轻的教务处处长。此后的五载光阴，他推出了必读书目制度、激励性主辅修制度、学分制、文科改革试点班、理科强化实验班等，此为书香校园建设的"前传"。

1997年底，他转任苏州市人民政府副市长，分管教育文化等工作。此间他立足改革开放的前沿城市，开始系统思考理想教育的模样，先后推出了改造相对薄弱学校计划、名师名校长行动计划、农村村小现代化行动计划、教育信息化行动计划等主题策划，且在全国率先普及九年制义务教育。这些行动激发了他继续教育改革与实验的强烈意愿。

二十年里，他焚膏继晷，心不旁骛，在阅读古今中外经典著作中比较研究，对中国教育的既往传承深思细想，对中国教育的愿景加以系统的理性观照和全新视角的展望，渐而勾画出带有时代教育特征的"教育理想"的轮廓。

历史性的触机发生在1999年。朱永新读《管理学大师德鲁克》一书时，被一则小故事的大能量震撼了：1950年的元旦，管理学大师约瑟夫·熊彼特在弥留之际，对前来探望的彼得·德鲁克[①]说了这样一番话："我现在已经到了这样的年龄，

[①] 彼得·德鲁克（1909—2005），现代管理学之父。

知道仅仅凭借自己的书和理论而流芳百世是不够的。除非能改变人们的生活,否则就没有任何重大的意义。"[1]一语道破天机,也道尽这位西方著名学者的未竟之憾。这个故事犹如一枚重磅炸弹,在朱永新的心灵深处爆炸。在他看来,熊彼特的临别赠言,足以追问自己多年来所做的一切,让他铭记一辈子,并成为自己人生转轨的定向仪。朱永新不由得想,自己多年从事心理学、教育学的研究,也出版了一部部著作,然而,写那么多书究竟为了什么?什么才是最有价值的学问?自己的这些理念、这些"理想"能变成现实吗?能不能构建出属于教育的今天而不是明天的实践蓝图?他进而想到,自己的教育情结该在哪里寄托方可释怀?自己的教育人生该如何行走才不虚度?自己的治学终极目标该放在哪里更能体现出价值?

反思,痛楚的道路反思,拷问般的灵魂反思,让他寝食不安,坐卧不宁。

从一个学者过渡到一个行动者,不仅有理念上、情感上的转变,更有行动方式方法的重大转换。在这条无形而实有的鸿沟上,必须架起连通的桥。

机缘不期而至。1999年夏天,江苏省教育报刊社在苏州举行了一次创新教育笔会,邀请朱永新为与会代表讲述"我心中理想的教师"。就在此次讲演中,朱永新找到了属于自己的教育话语方式,寻觅到走向教师与教育生活的全新路径。讲演结束后,他应邀去江苏武进湖塘桥中心小学授课带徒,系统地把自己关于教育的理想与年轻教师们分享。

后来,作为新教育实验发起人,他被评为改革开放30周年"中国教育风云人物"。其作品《朱永新教育作品》(十六卷)等被译为英、日、韩、阿拉伯、蒙、法、俄、哈萨克、尼泊尔等多国文字在全球发行。他曾多次主持联合国教科文组织委托研究项目、国家自然科学基金项目、国家社会科学基金项目及省级研究项目并多次获奖。

抛开上述素描式的人物简介,在笔者眼里,朱永新还是赋予教师与学生新内涵里的学术人,是在学者与官员角色间穿行的"两栖人",是开凿奇想与现实通道的追梦人,是在理论与践行碰撞时寻找默契的探路人,更是衔接既往与未来的求索者。

五

2000年2月,朱永新把在苏州和湖塘桥中心小学等地关于教育理想的讲演结集出版为《我的教育理想》一书,比较系统地提出了理想教育的系列目标。该书如火种

---

[1] 杰克·贝蒂,《管理大师德鲁克》,上海交通大学出版社1999年版,第153页。

喷发，点燃了众多教师的教育激情，直接"催生"了新教育实验。有的教师、学校照着这本书有声有色地做了起来。中国新教育的学校之路，也就渐渐地水到渠成了。

2002年6月朱永新写出《中国的教育缺什么？》。2002年7月他出版了阐述新教育主张和相关实验设想的《新教育之梦》。这些新教育的奠基之作，酝酿了中国的新教育风暴，构想了当代新教育轨迹，呼唤了将要投身新教育的众多师生的心魂。

《我的教育理想》，是朱永新遵照国际21世纪教育委员会提出的"教育：必要的乌托邦"这一面向未来的命题，精心构想的颇具理想色彩的教育画卷。该书共印了三十余次三十多万册，影响之大，可谓空前。一时间出现了"洛阳纸贵"之况：山东有的学校买不到此书，就复印了发给老师。湖南浏阳市购买了六千册发给老师，事后发现竟为盗版。尽管如此，很多老师读了此书仍然很激动很兴奋，重新燃起了做教师的激情。

《中国的教育缺什么？》一文指出，中国教育"忽视了人本身的存在价值。"把人作为一个工具，而不是当作人。我们所倡导的"人文"，应具有更适合于现代人类共同利益的内涵，坚守道义和责任，向往真善美，尊重人、爱护人并爱护和关心人类的文化。该文一语道破中国教育的弊端，让人顿开茅塞。

《新教育之梦》，是朱永新将个人的体验、感悟、价值观融于对教育的观察、思索、解读中的个性化的教育哲学，具有独特的理想特色和雅俗共赏的品格。他有一个信念：一个没有理想的人不可能走得多远；一个没有理想的学校，也不可能走得多远；一个没有理想的教育，更不可能走得多远。

这"两书一文"在中国基础教育界掀起了一股"理想旋风"。一些学校自发地开展了"理想教育实验"，不少老师开始摘抄《新教育之梦》中的内容，有的老师甚至能够大段地背诵。

一种立人立教的济世梦想，一股"理想旋风"的理论支柱，成了朱永新行囊里最为宝贵的财富。朱永新在清晰地告诉人们，教育的改革与创新是教育的发展之本，而教育科研是教育发展的第一生产力，也是教师成长的重要途径。新教育实验以师生为本、实践为本的路径也就蕴含其中。

日前，笔者重读鲁迅为白莽作《孩儿塔》序："……这《孩儿塔》的出世并非要和现在一般的诗人争一日之长，是有别一种意义在。这是东方的微光，是林中的响箭，是冬末的萌芽，是进军的第一步，是对于前驱者的爱的大纛，也是对于摧残者的憎的丰碑。"忽而感悟道：朱永新这些书文，何尝不是如此！它们以"直指人心"的智慧和魄力，揭示了现行教育的顽症，点醒许多教育者迷茫的心灵，绘制出理想教育的明媚春景。与一般性的教育著作迥然不同，这些书文纯如夜露，鲜似晨风，是高远教育理想拥抱新世纪的第一缕阳光,是世纪之初震惊中国教坛的第一声春雷。

2000年初春,《我的教育理想》一书虽然好评如潮,却也有人批评说,朱永新的教育理想中看不中用,看上去很美,没法变成行动,没法在应试教育背景下来运作。这些带刺的蔷薇之于朱永新,无异于点燃心中的又一簇火。如果说约瑟夫·熊彼特弥留时的箴言,是大师毕生智慧的浓缩启示,那么,当时一些教师读者对其著作无法落地实现的意见,令朱永新再度陷入沉思。

未经思想过滤的生活,不会创造价值。朱永新经过几个月的持续思索,彻悟了把理想变成现实的明晰答案——让理论走出书斋,身入教育,心入教育,凝聚教育同仁改造教育,优化教育,圆梦教育。

奥地利著名作家茨威格说:"一个人生命中最大的幸运,莫过于在他的人生中途,即在他年富力强的时候发现了自己的使命。"朱永新开始用行动履行使命了。他从此走近一位位教师、一所所学校,走进教育纵深处,有意识地试图改变人们的生活。他从立言转向立行,从书写自己人生,转换到要改变和影响人们的生活,一场改变思维模式与行走方式的自我革命即将开启,或者说新的使命将重新开篇。

大师毕生结晶的箴言,同仁切肤体悟的质疑,朱永新激跳的心魂,在历史性人生抉择中完全合拍了,虽与熊彼特隔着近半个世纪的时空,两股思维流却汇合奔涌了。

这一选择不仅与个人相关,与一群教育人的命运相关,也在当代中国教育发展史上,留下了一个有浓重意味的惊叹号。

六

新教育上路了。

庄子说:"其作始也简,其将毕也必巨。"朱永新策划新教育课题和人选时,最初的左膀右臂就来自苏州,来自他的身边。正在读博士的李镇西是一个,经李镇西推荐,朱永新将昆山市教科室副主任储昌楼招之麾下,负责新教育课题规划与实施。

说起储昌楼,当初与朱永新互不认识。是时,中国教育思想百花齐放,储昌楼写了许多引发关注的文章,有些文章还参照了朱永新发表在江苏教育学会《新教育》上的文章的思想,但那时,储昌楼只知道朱永新是苏州大学的教授。后来储昌楼在名噪一时的K12班主任论坛,与李镇西一起任版主,结下了深厚情谊,便参与规划"李镇西教育思想研究",体现了一定的课题研究能力。2001年,朱永新谋划将自己的教育理想落地进行教育实验,遂将储昌楼请过来,参与一系列行动,从松散的学校联盟着手实验,到新教育的定名、"十五"课题研究的确立,再到新教育实验总课题组秘书处正式挂牌成立。

这个秘书处,是全国教育科学"十五"(包括"十一五")规划重点课题《新教育理论的实践及推广研究》的日常办事机构,由秘书长、副秘书长和干事等组成:储昌楼为秘书长,张荣伟、许新海、袁卫星、王胜、周建华为副秘书长,费秋林、高子阳、盛青为干事。"总课题组"在昆山玉峰实验学校设秘书处工作室,储昌楼负责实验学校审批及课题管理;苏州大学在读博士张荣伟负责理论研究;周建华主要做好玉峰学校这面旗帜;苏州市教育科学研究院的袁卫星负责出版、宣传;2003年,苏州大学在读博士王胜进入,负责网站等公益事业;2005年9月,考取苏州大学博士生的许新海作为新增副秘书长负责"六大行动"项目。

新教育实验还成立了"项目组",其中工业园区教研室卜延中等负责"营造书香校园",工业园区胜浦金光小学张向阳等负责"师生共写随笔",苏大附中高万祥等负责"聆听窗外声音",工业园区新城花园小学吴云霞等负责"双语口才训练",苏州教育学院张欣等负责"建设数码社区",苏州教育学院孟丽华等负责"构筑理想课堂"。

当时的课题组没有经费,大家都是义工,又都是苏州周边人,便于联系。苏南是教育工作者的沃土,通过储昌楼与李镇西主抓的"教育在线"网站招集,设在昆山玉峰实验学校的课题组每周召开例会,迅速凝聚了一批很有思想、有干劲、有理想的教育工作者。

新教育课题最初的提法为理想教育,但初创者们每每觉得不甚尽意。因理想是多义词,理想教育宽泛,无边无沿,何为理想,界限难于校准说清。大家对其他冠名的概念与定义也曾反复推敲,一时拿捏不定。理想教育的称呼就用了五个月多一点,到2001年9至10月间的一个晚上,朱永新招来储昌楼和心理学博士陶新华,告诉他们要将《我的教育理想》一书修订,重新由人民教育出版社出版,具体商量一下修订后的书叫什么名字为好。陶新华建议,鉴于书中的文章首先刊发在《新教育》上,书名应当就叫"新教育"。储昌楼查阅过教育史,了解欧洲的新教育,知道朱永新对杜威、陶行知等新教育人有着深入研究和厚重情感,又感到他们倡导的理想教育与中外新教育一脉相承,多有契合之处,就赞成说:"是的,叫新教育好。"朱永新欣然同意,当即打电话告知出版社,确定了那本书定名为《新教育之梦》。从那一天开始,新教育的冠名就敲定了。人民教育出版社2002年7月出版《新教育之梦》,标志着新教育的冠名正式诞生。

再说课题组,每周开一次例会,所有课题组的人都参加;每个月开一次常务会议,朱永新赶来参加,进而形成了比较完整的工作制度。此时,储昌楼为朱永新八小时外的实验助手,参加会议、做记录、处理文档、打字记录。储昌楼打字速度快,起初所有的文字、对外宣传等工作也是储昌楼负责。直到2006年1月,魏智渊作为新教育实验第一个专职人员调到苏州,渐而成了朱永新的学术秘书,秘书组的会议也逐渐搬到苏州。

新教育在江苏省内的发展过程中,朱永新付出了极大心血。为推动实验的发展,使其更加科学、规范,朱永新带领早期课题组的一群人,经几个月紧锣密鼓的思想交锋、理论策划、举措研讨,由储昌楼花费数天,草拟了新教育课题的申请报告,摄取了初期探索的许多经验,又经袁卫星、卢志文等参与讨论,最终形成了课题申请报告,并于2002年3月28日,将课题《新教育理论的实践及推广研究》申请评审书填好上报。

这里,摘引课题申请表如下:

课题类别	A	重点课题	学科分类	H	基础教育	研究类型	B	应用研究
负责人姓名	朱永新		性别	男	民族	汉	出生日期	1958年8月13日
行政职务	苏州市副市长		专业职务		教授		研究专长		教育学
最后学历	博士后		最后学位		博士		担任导师	A	博士生导师
所在省(自治区、直辖市)		K		江苏省		所属系统	B	其他院校
苏州大学教育学院			电子信箱			zyx@eduol.com.cn		
江苏省苏州市十梓街1号				邮政编码		215004		
(区号)0512(单位)68612709　(家庭)6861927　(手机)13906210878								

姓名	出生年月	专业职务	研究专长	学历	学位	工作单位
申建华	1954.8	兼职教授	教育管理	博士	博士	苏州市教育局
王炎斌	1955.4	中学特级	教育管理	本科	学士	南通市教育局
李镇西	1958.10	中学高级	班级管理	博士	博士	成都市教科所
张雪桥	1951.9	中学高级	教育管理	本科		昆山市教育局
王建荣	1955.11	中学高级	教育管理	本科		吴江市教育局
卢志文	1963.2	中学高级	学校管理	本科		翔宇教育集团
冯卫东	1966.1	中学高级	中语教育	本科		南通市一中
袁卫星	1970.3	中学高级	中语教育	本科		江苏宝应中学
焦晓骏	1977.7	中学高级	英语教育	本科	学士	新加坡工业区教研室
史根林	1969.1	中学高级	学校管理	硕士	硕士	苏州大学
张菊荣	1979.5	小学高级	小学教育	本科		吴江市教科室
储昌楼	1963.1	中学高级	教科管理	本科	学士	昆山市教科室

此课题到2003年12月,已被全国教育科学规划领导小组办公室正式批准立项[1],且定为全国教育科学"十五"规划重点课题。

毫无疑问,这份甚为宝贵的申报表,昭示了一项独具个性化的教育实验已经诞生。此申报表绝不是从天上掉下来、空想出来的,而是在新教育酝酿、发动和初始践行阶段中提炼结晶出来的。是时,因正式进入国家的教育科研项目,新教育便在新的起点、新的层面、新的高度开始了再出发。

以后的新教育实验的全部运行就立足于这个课题上。师出有名,名下有人,人心有底,底蕴自然越发深厚。

这是新教育举起的素质教育的旗帜,标志新教育发展最基本的根基。

这是一项以实验学校自愿加盟、区域性推进的教育科研实验项目。

这是一项由教育家、教育学者、名师主持,具有行动性、草根性、公益性的教育科研项目。

这是一项起点高、目标远、时空广、上下结合、左右连通,发轫苏州而辐射全国的教科研大项目。

这就是朱永新及其教育团队对世纪叩问的切实回答和庄重承诺。

这又何尝不是中国教育人对世纪叩问的庄严的回答与承诺呢?

七

新教育实验一上路,就呈现出"六个一"的特色现象。这"六个一"好像六颗珍珠,串成一条彩练,每个"一"均有渊深厚实的人文内涵。

——熬制一锅"石头汤"。

新教育的儿童课程里,有一本推荐的经典童书叫《石头汤》。朱永新也不止一次讲述过改编版新教育共煮一锅"石头汤"的故事。

说有一名教育工作者,来到了一个贫瘠山村,那里的人们已经习惯于贫穷甚至于愚昧。他们很遗憾地对这位教育工作者说,真的非常抱歉,我们没有什么东西招待你,我们这儿只有满山的石头。而这位教育工作者就拿起一块石头告诉他们,这可不是一块普通的石头,它能够熬出一锅非常鲜美的汤羹。

这些农民都抱着怀疑的眼光看着他,说石头还能熬出汤啊?于是,这位教育工作者当面证明给他们看。他在村子里面支起一口大锅,大锅里面装满了清水,

---

[1] 课题编号DHA030138。

他把洗干净的石头放进清水里面,然后烧火。

他用勺子舀了一勺变得沸腾的石头汤,尝了一口说味道很鲜美,只是我没有带盐,你们谁家有盐拿点来,就有人拿了点盐放入锅中。教育工作者说味道不错,如果有虾米更好了,就有人找来虾米。教育工作者说能有野菜就更绝了,正好山上一个小女孩拿了野菜,洗干净又放在锅里。他又借了一点味精,借了一点肉末、醋和酱油继续熬汤。这时漫山遍野都有浓浓的香味,山里的人从来没有意识到,石头能够熬出这么鲜美的汤出来,大家心里面开始燃烧起希望。

新教育就是举众人的心力,熬一锅集中大家教育智慧的石头汤。

——教育在线一网通。

新教育这么大的一个民间草根课题,靠什么凝聚、组织、研讨、交流、服务、导向、表彰、反思、总结? 2002年6月18日,朱永新接受李镇西等人的建言,创办起教育在线(www.Eduo1.cn)网站,他的在读博士生李镇西任总版主。在论坛诸多版块中,开辟了"卢志文在线"和"李镇西之家"两个直接以版主姓名命名的论坛。同年10月9日,以储昌楼、张菊荣为主持人的教育在线网站新教育实验论坛成立。后来,网站越做越大,越做越深,越做越精,成为新教育实验的网络平台和数以万计的新教育教师的精神家园。

教育在线立足后,引人登高望远,一览众山,拉人微观细瞧,走向景深,激发了数以万千计原本昏昏欲睡的灵魂,点醒了万万千千有求知欲望的人。网络之于新教育,真的成了上下畅通、左右逢源、八方遨游的秘宝神器。

——实验不收一分钱。

新教育实验是公益的,一开始就不收费。有相关规定,被批准为国家课题可以向每个参与课题组的学校收费两万元。但是无论学校参加课题实验立项也好,教师参加新教育网师学习也好,校领导、教师参加年会、现场会、研讨会、工作会和其他诸种会议与活动也好,新教育课题组秘书处一律免收各种名目的管理费,连发给新教育实验学校的铜质牌匾,制作费也一概由发放者买单,还给予基层以人力、物力的支持,宁愿承受新教育发展的举步维艰。新教育实验的管理人员没有任何报酬。如此一来,那些老少边穷地区的学校和老师,对加入新教育再没拮据之忧了。那么,新教育起步时的费用怎么来的? 都是朱永新等人的讲课费与稿费。

2003年7月,新教育在昆山市玉峰实验学校召开了全国新教育实验的第一次研讨会,有将近五百人参加。当时有一篇报道,说这是一次"中国教育的丐帮会议"。这是民间举办的教育研讨会,一批有激情、有理想的校长和老师参加了这次会议。

公益精神,悯人情怀,是新教育超越市场竞争规则、资本逐利本性的常规眼界,散发人性光辉的生动映照。

——怀揣一份保险单。

2002年6月22日,朱永新在教育在线网站发出了《朱永新成功保险公司开张启事》:

> 现在保险业生意兴隆,什么人寿保险、财产保险、医疗保险、航空保险……可谓名目繁多,花样迭出。既然那么多的保险公司雨后春笋般冒出来,我今天也来凑个热闹,开一个成功保险公司。
>
> 本公司宗旨:确保客户利益,激励客户成功。
>
> 参保对象:不限。但尤其欢迎教育界人士,因为教育的成功是中华民族伟大复兴的基石。
>
> 保险金额:不限。从数元至数千元任您自选。欢迎万元以上大客户。
>
> 保期:十年。
>
> 投保条件:每日三省自身,写千字文一篇。一天所见、所闻、所读、所思,无不可入文。十年后持三千六百五十篇千字文(计三百六十万字)来本公司。
>
> 赔付办法:如投保方自感十年后未能跻身成功者之列,本公司以一赔百。即现投万元者可成百万富翁(或富婆)。
>
> 本公司只求客户成功,不以赢利为目的。所有利润将全部捐赠希望工程。
>
> 欢迎投保,欢迎垂询!
>
> 保单索取:webmaster@eduol.com.cn
>
> 朱永新成功保险公司
2002年6月22日

此启事一公布,就应者如潮。不少人正式申请教师博客,建起属于自己的家园。

安阳市曙光学校教师常作印读到了此文,从此按其行动,开始走进网络进行教育写作。他发表的第一篇网文《炮轰中国教育学——中国教育学,你为什么不改革》,犹如巨石投湖激起大澜,很多网友共鸣。一时间,六家报刊社的编辑与他联系,表示想刊发这篇文章。更让常作印感动的是,一位远在英国的朋友从欧洲华人网看到转载的此文后,发来了近两千字的电子邮件,表示赞同和支持,并给予热情洋溢的鼓励。

没想到自己在网络上"一炮走红"。从此,无论工作有多忙,一旦有时间他都坚持上网耕耘自己的精神家园,平静如水的教育生活被鼠标"激活"了。他思维喷涌,视角独特,深沉独白,泣血呐喊,文笔挥洒,佳作迭出,出版专著三部。如今的常作印,已经是蜚声教坛拥趸无数的名师了。

2012年12月7日朱永新的微博披露:前两天收到江苏灌云实验小学侍作兵的短信。他告诉我,十年前在海门听了我一场关于新教育实验的报告,他和夫人杨海波当场就决定参加"成功保险公司",坚持阅读和写作。结果,不到十年的时间,夫妻俩双双都评上了特级教师、中高职称。现在想努力回报新教育,用个人微小的力量推动新教育。

开办"成功保险公司",是朱永新用"极端"的方式,申明对新教育的理念自信,其深处饱含着对中国教育美好未来的道路自信,对中国教师锦绣前景的人生自信。"朱永新成功保险"中的"成功",不能说只是出版书籍或者评上特级教师等,成功的内涵其实很丰富,它包括因为教师的成长与成功而带来的学生的成长与成功。但是,无论怎么说,用"写"的方式促进教师的成长与成功,无疑是极其重要的路径。写,可以带动读,带动做;写,可以升华经验,提炼思想。

沉甸甸的收获让朱永新看到:网络是让他走近教师的非常重要的渠道。他自认不是最有学问的学者,但他是与教师们走得最近的学者,近到可以听到他们的呼吸声。每天早上当他打开教育在线网站,很多短消息就会跳出来;打开自己的信箱,很多老师的信就会扑面而来。他知道老师们在想什么,有什么感受,知道他们的困境、他们的喜怒哀乐。他找到了这样一个走近教师生活的通道。

——参与做一名义工。

"工作日为政府打工,双休日为理想打工",这是朱永新表达对新教育情感时的一句口头禅。

作为新教育实验在中国的推动者,除了教育在线的一名网管每月领取两百元的电话费补贴外,其他的人均是在理想的驱动下在尽并非义务的义务,无论是网站总版主或分版主、网管、编辑,还是为网师倾注莫大心血的讲师们。

他们都和朱永新一样,不取一分钱,网上讲授,星夜攻关,贪黑读书,起早写博,休息日参与"萤火虫"活动,假期担任夏(冬)令营指导,立己立人,济己济人,无节无假,无怨无悔,做新教育的义工,欣享幸福多多的新教育生活,尽展"学在民间"的深厚力量。

19

——聚焦一所实验校

新教育实验总得有实验学校作为基地,使新教育理念让人看得见,摸得着,够得到,有抓手。第一所新教育实验学校,朱永新及课题组成员意在寻找一所不好不差、亦城亦乡、有代表性的最好是新办的学校。因新教育实验若放到好学校,选贵族学校,它本身基础就很好,所做的工作属于锦上添花,就会失去引领性。选很差的学校,要面临很大风险,校长与教师没有激情,做多少工作都可能是盲人点灯,缺乏带动性。新办校则往往有新气象、新情态、新目标。也许真如爱默生所说"当一个人知道自己的目标去向时,整个世界就会为他让路"。

为遴选新教育实验学校,朱永新在教育在线上与各路教育精英探讨筹建"理想教育实验",网络上征得七八所学校报名却都不甚合意时,昆山市委市政府推出的玉峰学校,却与课题组一拍即合。

这所九年一贯制全寄宿公办民营学校,于2001年秋季创办开学,设中小学部共三十六个班。学校位于百里平畴一峰独秀的玉峰山西麓,三面环水,风景秀丽,交通便捷。学校总投入近亿元,占地一百零九亩,建筑面积四万五千平方米。2002年春,当朱永新等几个人一走进这所学校,目及秀美的校容校貌,感受校长周建华勃勃向上的办学情怀[1],又与老师、学生父母分别座谈彼此交心,于是当即确定:就是这所了。

2002年10月28日,该校成为第一所新教育实验挂牌学校。刚受聘的名誉校长朱永新讲话说,我们要将玉峰学校,作为新教育思想、新教育理念的一个实验基地,探索未来中国教育发展的走向,办成真正让孩子们学得快乐,真正让孩子们有竞争力的学校。

掌声、欢呼声一阵阵响起。储昌楼把名誉校长的讲话发到网上,教育在线网站现场直播。

2002年12月19日,昆山玉峰学校举行新教育实验沙龙。第一批二十三所新教育实验学校参加论坛。

2003年7月18日—21日,新教育实验首届研讨会在玉峰实验学校召开。一百多所新教育实验学校到会。

2004年1月3日,新教育实验建设数码社区项目组第一次工作会议在玉峰实验学校举行。同年10月6日,江苏昆山玉峰实验学校新教育实验工作室落成,总课题组、项目组工作会议在此召开会议。

---

[1] 周建华曾获昆山市政府三等功三次、嘉奖两次,为苏州市名校长、中学英语学科带头人。

2005年11月6日,新教育实验秘书处在昆山玉峰实验学校正式挂牌成立。

2006年9月19日,日本学习院大学教授到昆山玉峰实验学校考察新教育实验。同年10月13日,中国教育学会第十九次年会代表考察该校新教育实验成果。

2007年3月13日,教育在线在玉峰举行新教育网络沙龙……

玉峰实验学校真正成了新教育实验的"井冈山"。有了稳固的根据地,课题组就告别了"打一枪换一个地方"的游击生活,新教育在现实土壤里也正式落地扎根。从此,风吹万里,香飘四季,无论繁闹城市抑或偏僻乡村,新教育的花儿开始八方绽放……

第二节　浚源作答

一

冷静直面"教育异化"挑战，
毅然举出"新的教育"旗帜，
清醒透露"人的教育"眼光，
巧妙施以"心的教育"智慧，
时时珍藏"爱的教育"秘密，
牢牢把握"行的教育"路径，
传奇收获"星的教育"成果——
这就是朱永新十余载投身新教育的行动轨迹和精神坐标。

一项教育科研实验持续十几年几十年，并不少见。若如新教育这般，唤同仁行动于四海，建实验点校在五湖，教育硕果愈结愈丰，不能不说相当罕见，无论国内抑或国外。

长途跋涉，关山飞渡。春冬接替，风雨兼程。让我们简要梳理新教育之旅。

定标在起步。1999年9月，朱永新走进江苏武进湖塘桥中心小学，提出新教育实验的部分观点。2000年，他在著作里确立了"理想教育"基本思想的坐标。2002年6月，他主导的"新教育实验"网站顺利开通；通过网络的对话与碰撞，一种新的教育思想逐渐成形且广泛传播。同年8月，实验在江苏省昆山市玉峰实验学校正式启动，提出了基本理念、观点和原则，并规划设计了"六大行动"实验项目，后被列入全国教育科学"十五"规划重点课题。课题凝聚了人气，汇聚了团队，积聚了睿智。

耕耘在路上。新教育人宵衣旰食，同心勠力，无数次讲座播种，研讨深耕，策划布局，支教传艺，考察身受，交谈心入，行动解疑，随笔提升……更有十七届大型年会及数次现场会、工作会、培训会的细细运营。实验的每个具体的项目，都是针对现行教育中的某一缺失而采取的补救措施。"一步实际运动比一打纲领更重要"①。行动提炼了思想,拉练了队伍,熔炼了理论。

突破在关口。偌大课题,浩浩团队;广袤实验,处处展开;起承转合,步步较劲;上下左右,面面俱到;突出重点,层层深入。课题从哪下手?人员如何激活?机制怎样理顺?理念哪处落地?师生何以幸福?父母何以跟进?教室何为完美?网师何谓到位?课程如何卓越?……十几度春夏秋冬,数千个日日夜夜,大大小小多少次突破关隘啊。如果说,在路上是新教育人最常态的姿态,那么,突破难关则是新教育最优美的风景。攻关修养了心性,培养了魂魄,涵养了素质。

深化在科研。理论是上天,实践是入地。再高再好的理论真正付诸实践即"入地"之时,才算找到生长点,才真正富有生命力。新教育呼唤着"上天入地"的教育科研,旨在与"假大空"的伪科研划清界限。初始提出"营造书香校园"为核心的六大行动,就是剑指教育最棘手弊端而提出的具有创建性的科研举措。新教育实验的全部价值,就建立在改造教育、改造人的科研基点上。科研凌越了常态,跨越了藩篱,超越了自觉。

收获在传奇。几多心血,几多收获。新教育实验由苏州一隅的脉动,如今已漫卷全国,广大师生共享新教育的无穷快乐和幸福。一切经过实验,科研带来传奇。传奇解析了改革,解锁了师生,解放了教育。

对此,教坛侧目,同仁惊喜,就连朱永新自己,也怀有欣喜过望的欢愉。2010年元旦清早,面对新教育如火如荼的情态,他抚今忆昔,感慨唏嘘,情思缕缕,浮想绵绵,对着电脑屏幕,敲击出《我们正在涨潮的海上》一文。

> 因为使命的驱赶,因为新教育,偶然间对着镜子,看鬓角的头发日渐斑白,想消逝的岁月永不回头,我会庆幸,我的心灵没有陪着轮回的日月慢慢变老。我感到幸运,我的生命在新教育中一日日走向丰盈。我虽年过半百,却能在新教育的体验中,倾听灵魂深处生命拔节成长的回音。

辞旧迎新,引发缅想。今非昔比,出人意料。

我得谦卑地承认,几十年前,在我初为人师的时候,我并不懂得教育与生命的密不可分,十年前,在我萌生新教育理想的那一刻,我也绝不可能像今天

---

① 恩格斯,《哥达纲领批判》,《马克思恩格斯选集》第3卷第296页。

这样明了新教育之于时代之于生命的意义。

且不论我的想象力如何局限,即使插上想象的翅膀,我也难以想象,八年,仅仅八年,新教育会由一项理想主义的研究,变成一种现实主义的耕种;由一个书斋的念想,变成一个团队的行动。新教育,这个梦想的花园中,爬出了毛虫,飞出了蝴蝶。新教育,在那片古老的黄土地上,在那片遥远的田野间,撒下了一颗颗种子,开出了一朵朵顽强的灿烂的拥有春天的野百合……

朱永新的思考是现实的。现实的真谛是真实的。真实的东西离真理最近。

前行的路充满未知,每一步是对是错,谁都不能在历史进行时断然肯定。如是错的,前进反成倒退。若是对的,会步步逼近目标,再不遗余力地坚持走下去,那一定是光景无限。

新教育持续大发展的奇迹,毋庸置疑地印证这条路走对了。若问其魅力与秘密何在?尚须在仔细盘点中破解。

二

笔者不想采用编年体手法,将新教育分年度加以叙述,从它一程程递进式延展中,精编年轮,绘出脉象,提炼神髓,这样的归纳还是交给新教育年鉴的编著者储昌楼、杜涛、刘恩樵等诸君吧。

外行看热闹,内行看门道。门道在哪里?当代解释学大师伽达默尔说:"历史理解的真正对象不是事件,而是事件的'意义'。"

透视新教育实验十余载的生命体,绘制它的成长成功示意图,笔者将其发展历程概括为三个发展阶段、二次机制转型、一条核心大道。

三个发展阶段——

第一阶段:实验初创期。

时间:从1999年9月朱永新在湖塘桥中心小学,提出新教育实验的主张,到2002年9月,第一所新教育实验学校挂牌之前。

实验初创期犹如植入一株苗,引人注目,让人赏识,容人鉴别。植苗人对其培育的目标和程序也初步了然于胸,即新教育实验理念的雏形也已形成。这个时期的特点是用理想和激情点燃,用理念和思想引领。

1999年至2001年,地火奔突,闪电掠空,一场教育大改革已经临近。

从务虚到务实,从理性前导到行动跟进,从一个人的念想到数百所学校数万名师生的崭新生活,激情喷涌,传播四方,播撒一粒粒实验良种,建造一个个新教育实验场,成了这个阶段的路线图。

此阶段的难题,是如何才能更快发动并武装最早投身新教育的教师、校长乃至教育行政官员的头脑,让他们理性信服新教育,情感融入新教育,行动投身新教育。

这一步,新教育人做得很紧凑。

2002年7月31日,朱永新在教育在线上发布了第一个跟帖:"凡是实验者,我都会关注,有请必到(当然是休息时间)。"他确实如此,对各地各校有待宣讲的需求者,一概有求必应,起早贪黑,用足节假日,上下午连轴转。比蜜蜂还勤勉,比教徒还虔诚。十八年里,朱永新围绕新教育所作的报告达几百场,而实验初创期三年所作报告的密度最大,占有相当大比例。这些讲座基本都是利用休息时间进行的。

教育在线网站,成了新教育人结伴而行的精神家园,倾诉情结的心灵港湾,专业引领的模拟学校,一展才华的硕大平台。它"网来"了许多思维活跃、观念新锐、有梦有情的教育英才,形成了一种"批判反思""同伴互助"和"专业引领"的良好氛围,激发了许多校长和教师的教育激情。

新教育实验秘书长储昌楼此时主持总课题组,既轰轰烈烈又扎扎实实地把改革触角伸向教学一线、科研前沿、心理世界、活动空间及校园内外,调研、鼓动、出谋、解疑,让参加实验的师生心气激扬,充满阳光。

第二阶段:实验深化期。

时间:从2002年10月第一所新教育实验学校挂牌,到2013年7月在浙江杭州萧山区举办第十三届年会以前。

实验深化期好比长起的一株树,在适宜的土壤、阳光、空气和水分里,迅速地壮干,抽枝,展叶,成为一道独特风景,给国内外教坛以强烈的视觉冲击。这个时期新教育实验全面启动。其特点是用课程和项目进行推动,用培训和现场活动拓展。

回望实验深化期的美妙年轮,清晰可见一串串坚实厚重的历史足迹:

新教育实验课题被列为全国教育科学"十五""十一五"规划重点课题;实验引领者推出了"过一种幸福完整的教育生活"的核心理念;江苏姜堰市、石家庄桥西区两个新教育实验区脱颖而出,各地纷纷效仿,实验区工作会议进入年度常态;力倡生命叙事理论、"三专"理论及新教育儿童生活方式适时提出;新阅读研究所、新教育基金会、新父母研究所、新教育教师成长学院等相继成立。新教育国际高峰论坛自2011年始,每年一次成了定式。

截至2013年7月,全国二十三个省市自治区的四十个实验区、一千七百六十四所实验学校、十二万五千四百多教师、一百八十六万多名学生参加了新教育实验。

举起旗帜,搭起台子,聚起队伍,"报幕演出",新教育在潮涌般的发展中,一个甚为严重的问题越发突兀,这就是需对理论进行更为深透、厚实的建构。理论如人体之骨骼,物体之支撑,河体之堤坝,万万不可在此处薄弱。

偌大的新教育民间团队,并没有行政指挥的制约力,若没有高屋建瓴的贴身贴心的理论指南,那只会成散沙一盘。

如果说,实验初创期属于新教育宏观理论的形的建构,让人们一眼看清新教育理论的模样、体系与方位,一到实验深化期,则进入新教育自宏至微理论的神的构建,让人们从实验的深水区体味新教育理论的厚重、扎实与科学。这就需要集优广益,浚源深思,筑牢理论根基,实现教理、学理的重大突破,从而给新教育实验注入强劲动力,给新教育人的行动以坚挺支撑。

实验深化期比初创期要难上加难。此间,新教育人又交出较为完满的答卷。其理论建构可分为新教育的通识理论和教坛理论两大类。

通识理论,体现为连续八届年会上提出的新教育系列思考和重要命题：

过一种幸福完整的教育生活(坐标式核心理论);

共读、共写、共同生活(切入路径理论);

知识、生活与生命的共鸣(理想课堂理论);

书写教师生命的传奇(教师成长理论);

文化,为学校立魂(学校文化理论);

活出中国文化的根本精神(中国文化理论);

缔造完美教室(教室文化理论);

研发卓越课程(课程文化理论)

……

这些命题与论证所囊括的教育理论,虽无斑斓色彩,然朴质里见深邃,浅显中藏义理,一看就懂,直抵心窝。特点是鲜明、鲜活、鲜亮,实在、实惠、实用。

教坛理论包括"毛虫与蝴蝶"——儿童阶段阅读课程,"晨诵·午读·暮省——新教育儿童生活方式"和"新教育教师专业发展模式"的课程,还有生命课程、公民课程、知识课程、艺术课程、特色课程等。各地在实践中,均有不同的特色。

如果说,通识理论给了新教育炼钢的高炉和热动力,那么,新教育教坛理论则从技术层面予以具体指导。两者自宏至微相互映照,形成较佳效果。

诚然,新教育上述理论正在发展中,犹如刚刚建起来的房子,尚须斟酌修整,不断完善。但是,这些新理论已经如巨大发动机,源源不绝地给新教育实践输以强劲的能量。

第三阶段:实验完善期。

实验完善期的新教育之树,已形成根深枝繁叶茂的新气象,在茁壮成长中须精心剪枝、整形,定向发展,实行有目标有重点的内涵升华。这个时期的特点是系统研发新教育课程,丰富完善理论构架。

时间:从2013年7月在杭州萧山区举办第十三届新教育年会之后至今。虽然仅过去了四年多,但这个阶段会有漫长延续。

新教育实验运作十五载后,亦属进入了预定轨道,开始正常运作,赞誉声高,质疑声低,诋毁声弱。此时段的实验有两条路:一条是轻松运转的维持之路,一时半会儿也不见得能"洒汤"、离辙、崩盘。另一条是继续拓进的劳顿之路,理论上再开垦处女地,完善耕种田;行动上更上一层楼,延展深远处。两条路一易一难。容易的路易平庸,艰难之路方卓越。

新教育团队选择了后者。目光对准了课程,迎着1986年国家开始制订"一纲多本"的课程改革的春风。

课程如一扇大门,也似一条跑道。培根曾言:"读史使人明智,读诗使人聪慧,演算使人精密,哲理使人深刻,道德使人高尚,逻辑修辞使人善辩。"卓越课程造就卓越学生,以课程创新为汇聚美好事物的中心,设计出新教育的卓越课程体系,并在实验中践行、丰富、发展这些卓越课程,就会从育人树德的源头和载体上,实现"过一种幸福完整的教育生活"的核心理念,从而使师生生命愈加丰盈。

新教育团队扭住了这道极大难题,实验的发展轨迹也步步上扬。

"研发卓越课程""构筑理想课堂"的推进,标志着新教育实验向教学的纵深发展,得到了陶西平、王定华、石中英、刘铁芳等领导专家的高度评价。对"习惯养成"这一核心素质的探究,"家校合作共育"体系的建构,使新教育实验日臻完善。

十九年来,新教育实验穿越坎坷,积蓄能量,风生水起,托起一百二十四个县级实验区、三千五百多所实验学校、三百七十多万参与新教育实验师生,为中国当代教育史书写可圈可点的新篇章。

课程确立后的教材编写是个十分艰巨的大工程,十年八载也算短的。遵循国家"一纲多本"的教材编写精神,新教育的生命教材、艺术教材、特色教材正在紧锣密鼓地编写中。

两大机制转型——

转型,是指事物的结构形态、运转模型和人们观念的根本性转变过程。转型是决策层主动求变,对体制机制、运行模式和发展战略施以大范围的动态调整和创新。转型似痛苦的分娩,实则是新婴儿的快乐出生,实属事物内在潜能与生命力的新迸发。

新教育的转型,是新教育人在实验中持续求新求真求善求美的深刻思考与大胆构创。这意味着新教育自身一次蜕变,整个团队的精神整容和智能再造。

朱永新道出转型的自省:"新教育作为一种'适逢其时的理想',在过去的几年中取得了非常好的成绩,感动了许多人,培养了许多教师与学生,这些都是事实,说它有过辉煌,一点儿也不过分。新教育的团队为这个事业付出了许多,更有许多让我终身铭记的故事。但是,在激情被点燃以后,我们用什么去检验新教育的专业能力、核心竞争能力有没有形成?我们能不能走出其他教育实验曾经陷入的怪圈?我们能不能成为真正的百年老店?我们能不能实现自己的两个梦想——成为中国素质教育的旗帜和建立中国的新教育学派?"

问题激发动力,有梦就有远方。引领人的睿智带来了团队的清醒。

第一次转型——新教育实验完整的机构全面成形

时间:2007年7月

导火线:大规模实验与快速发展中累积了许多问题

自2006年3月13日黄甫全致朱永新的公开信发表后,引起了新教育高层很大震动与警觉。回首向来萧瑟处,也无风雨也无晴。他们沉静下来,怀着诚恳的心对待批评甚至辱骂,决计把实现梦想细化,把理论研究强化,从回溯既往,梳理流程,查找症结,突破瓶颈开始。

朱永新首先向心灵深处狠下了刮骨疗毒的解剖刀:"我一直认为新教育是最好的教育理念,不应该拒绝任何希望参加的学校,所以导致了规模的庞大,而相对失去了控制;我一直认为自己的《新教育之梦》基本解决了对于教育基本问题的思考,用理想代替了技术,相对忽视了新教育对于具体项目的投入和对于具体行动的指导。我过分相信了行政资源的价值和业余团队的力量,忽视了微观的研究与专业队伍的建立。"储昌楼作了深刻的自我反思,检讨了十二个问题。卢志文、许新海等人也各自发表了中肯的检讨意见。

此时新教育前行中之弊为:统筹欠协调,研究不专注,指导少细化,管控乏监督,出现了"剧中人"也是"导演","运动员"又当"裁判"的情状;缺少可持续发展的功能,项目的投入与产出比失调,项目难以深入发展,没有造血功能。

教育虽属慢工细活,而转型之于新教育却立见成效。转型之举如冲破黎明的霞光,交织成奇美的长卷,观照每一细部,自有几分精妙。

2006—2007年,在有着新教育"一号义工"之称的营伟华及朱永新的推动下,新教育实验团队架构一步步完成转型。其主要标志是:建立了比较清晰的共同体机制,成立了新教育研究院来全权负责实验的开展和推进。新教育理事会、新教育专家委员会、江苏昌明教育基金会、新教育研究院、江苏省教育学会新教育实验研究专业委员会陆续组建成立。新教育研究院作为新教育实验的主要执行团队,成立了办公室、研究中心、课题管理中心、培训部等部门,指导全国实验区、校、个人开展新教育实验。卢志文任新教育研究院院长和基金会理事长,许新海任江苏省教育学会新教育实验研究专业委员会理事长。

转型完成后的新教育实验的最高决策机构是新教育理事会,理事长为朱永新。

新教育实验组建起专家委员会,由顾明远、朱小蔓、陶西平、曾天山、程方平、万毅平、严文蕃、杨东平、周德藩、成尚荣、吴康宁、石中英等德高望重、学富资深的专家组成。这些杏坛大家、行业翘楚,绝不是在新教育实验里挂空名、任虚职,而是实打实地一次次参加新教育会议,发表一场场引领性的演讲,进行一番番实地指导——望闻问切,竭尽智慧为新教育实验细细诊断;高瞻远瞩,给这一民间最大的草根教育科研项目精准导航。

刚刚转型完成的新教育团队全力开始筹备运城年会,在各方努力、配合下,年会成功召开,反响极好,为新教育的顺利转型,送上一份贵重的奠基礼;

作为新教育实验的研发机构——新教育研究中心,研究人员基本配备齐全,改变了前五年单纯靠兼职的实验"志愿者"来维持实验运转的尴尬境况,为新教育课程研究树起了支柱;

新教育研究中心的基地学校——新教育小学,即江苏翔宇宝应实验小学于9月开始运行;

新教育贵州项目——灵山支教,开辟了一种以新教育理论贯穿,通过报告、实验示范、共同阅读与写作、专业共同体等简单易操作的全新模式,超越了理论讲座加上课演示的输血思维,有效地唤醒教师心灵,更新造血思维,实实在在使被支教方的教育生涯拨云见日;

卢志文代表研究院同江西师大杂志的社长、主编商谈,达成合办杂志协议,确定主编为李玉龙,新教育创办的第一家刊物《新教育·读写月报》杂志于2008年1月正式出版;

展开一场实验校的"整顿行动",秘书处将原先五百多所实验学校划分为核心校、加盟校和挂牌校三个不同的级别,又历时二十多天对实验学校一一普查,对近百所"掺假"的挂牌校予以摘牌,确保实验的纯粹性,用自己的刀削自己的把,果断地回答了"新教育能走多远"的质疑;

新教育基金会出资人王海波等社会有识之士纷纷加盟新教育,给团队注入郁郁生机……

第二次转型——新教育实验组织架构完善与提升

时间:2010年—2011年

导火线:国家发布《中长期教育改革和发展规划纲要》,各方紧锣密鼓部署落实;"虎妈""狼爸"等教育问题在社会上引发争议

大气候影响小天地。朱永新将2011年视作中国当代教育改革元年,自然也是新教育完善机制的转型之年。

在地球村今日,北美一只蝴蝶扇动翅膀也能卷起亚洲的风暴。耶鲁大学法学院教授蔡美儿出版的《虎妈战歌》在美国的反应不啻炸雷,在中国教坛更是掀起持续的冲击波,一些人将棍棒与打骂的教育说成是中国教育的"传统",一些媒体貌似庄严地探讨中西方教育的问题,闹出了把封建社会的余毒当成中国教育"国粹"的超级笑话。

在此背景下,通过萤火虫工程开展对父母的教育,指导精彩阅读实施对儿童深入开发,成了新教育团队落实教育改革和发展规划纲要,以及进行转型的主打课题。表面看去,这两项课题似乎距实验核心远了一点,细细琢磨,其实很近。中国在诸项教育中,对父母教育绝对是个空白,致使教育的家庭背景趋于荒漠化。没有父母参与的教育是残缺的教育。学校死死盯住学生的课本学习,而忽视乃至无视对学生的阅读指导,如此学习,是营养不全的学习。

在一年多里,朱永新领衔创办了两个专门机构,就为解决这两大困惑。

新阅读研究所2010年8月成立于北京,首任所长为儿童阅读研究专家王林,2015年改聘儿童文学作家梅子涵为所长。该所为公益研究机构,研究和推广阅读的理念和方法,促进学校、家庭和社会关注阅读,营造全民阅读之风。该所组织专家历时三年多,研制出中国人基础阅读书目,包括已经发布的中国小学生基础阅读书目、中国中学生基础阅读书目,还发布了中国幼儿、小学生基础阅读书目修订版、中国企业家基础阅读书目、中国教师基础阅读书目、中国父母基础阅读书目等,大学生以及公务员书目等也正在研制中;并正式出版了《中国人阅读书目》的导读手册。因其是中国最具影响力的研究和推广阅读的公益机构,该所2011年荣获全国阅读推广机构大奖。

新父母研究所于2011年11月23日创立。由著名儿童作家童喜喜以义工身份全职担任所长,组建起专职研究推广团队。他们秉承"点亮自己,照亮他人"的宗旨,以推行家庭"智慧爱"为使命,实施新教育萤火虫家校共建亲子共读项目,在

全国设立几十个分站,全力以赴地推进大型阅读推广活动,组织父母开展了数百场网上研讨。通过项目的有效开展,大批父母的家教观念更新、素养提升,较好指导孩子阅读;并与学校协力,以丰富的活动,构筑一个基于学校、辐射城市的阅读推广共同体,培训出一大批有公益情怀、具备相关知识的阅读推广人,培养出一批立足不同城市、相互合作共同发展的阅读推广研究团队,使广大父母深度卷入其中,成为新教育理念的行动者与呼吁者。父母素质提升,反过来助推孩子成长、教师发展,从而改变着一个地区的阅读现状乃至教育风貌。

草创科研机构,自我完善机制,说起来容易,实则包含复杂缜密的多方面运作,苦心与汗水多多,智慧与努力多多。

新教育实验的各种共同体与基层学校、教育实验区、线上线下,皆横向联通,纵向支撑,推助新教育的事业壮大。

一条主干道——过一种幸福完整的教育生活。

这里的"道",是道路更是本源、规律、境界。这个由新教育人反复思索、论证、推敲、打磨而成,由朱永新在2006年北京年会上第一次隆重推出、完整论述的路径,是新教育的核心理念、重大命题、终极目标。

核心理念源自核心理论。"过一种幸福完整的教育生活"之所以成为新教育的内在支撑点,是因其具有深邃的理性思索(本体论、价值论、方法论),也涵盖厚重的实践诉求,更暗含对当下一些有悖人性、有碍人的发展的畸形教育的治疗方略。这是对教育本质深刻求索的高度概括。

重大命题源自高远立意。"幸福"是教育的目的追求,理应为施教人和被施教者首先获得,让教育生活充满诗意的快乐,教育人生贯穿灵魂的舒展,教育使命塑造美好的人性。"完整"是教育的路径要求,通过教育生活的全面化、全员化、全人化的宽广道路,实现人的和谐、健全、特色的生长。

终极目标源自终极愿景。此为古今中外莘莘学子、济济教师心仪已久的愿景式教育生活。学得快乐,教得舒心,教学相长,师生同进,有孔子渴望"浴乎沂,风乎舞雩,咏而归"的游学情趣,无王阳明揭示"视学舍如囹圄而不肯入,视师长如寇仇而不欲见"的厌学情结。

苏霍姆林斯基有言:"我们时刻不能忘记有一种东西是任何教学大纲、教科书、教学方法、教学方式都没有做出规定的,这就是儿童的幸福和精神生活。而且,我认为,教育的理想是让所有的儿童都成为幸福的人,使他们的心灵得到劳动的幸福和充满快乐。"

新教育人与苏霍姆林斯基的精神世界灵犀相通。

这句凝聚新教育全部立意的独特理念一提出,立即唤来新教育人强烈的精神共鸣。他们将其当成前行的砥砺、手中的旗帜、彼岸的灯塔,皆因为此语饱含了无比渴求的生活:心里充满阳光,人格涵盖健全,浑身迸发灵气,师生生命的每日每时,都蕴含充实、丰盈,激发智慧与创造的力量。

三

为了有效抗击应试教育症状的蔓延,全国涌现出一支支攻坚团队。其中战斗力最强的有教育部统领的新课程改革、叶澜引导的新基础教育实验和朱永新发起的新教育实验。我们当从三支团队的比较中,寻找新教育的时代坐标。

"先行者"叶澜,为"生命·实践教育学派"的创建孜孜不倦地探索。

"新基础教育"实验1994年启动,叶澜与她的精干团队调研行走了二十三年。她于1997年坚辞华东师范大学副校长的职务,从此风雨无阻,坚持每周都到中小学听课、评课;实验推广之后,虽年过花甲,却仍旧风尘仆仆地奔波在全国各地,将一所所学校视为实验的"工场",把一位位教师当作研究的对象。

该实验旨在形成新的基础教育观念和创新型学校,在理论研究、学校整体改革设计和实践研究三个层面进行,追求把课堂还给学生,让课堂充满生命活力;把班级还给学生,让班级充满成长气息;把创造还给教师,让教育充满智慧与挑战;把精神发展的主动权还给师生,让学校充满勃勃生机。

叶澜犀利的思想和目光,直面人的生命质量的提升,找到了传统课堂缺失生命活力的症结所在,并以蓄势已久的激情、创意和思想井喷,开始了一场幽深的理论掘进:自新基础教育宣言之作《让课堂焕发生命活力》,至第一个中国本土化的教育学派——"生命·实践教育学派"、本土化教育理论——新基础教育的创立,令她成为"校本研究"的先行者。

"导航者"钟启泉,为先立后破的新课改做奠基性工作。

由教育部启动的新中国成立以来"第八次课程改革",分为酝酿准备(1999年5月—2001年秋季)、试点实验(2001年秋季—2004年秋季)、全面推广(2004年和2005年秋季,义务教育阶段和高中阶段分别全面推广新课程)三个阶段。新课改的根本目的,是调整和改革基础教育的课程体系、结构、内容,构建符合素质教育要求的新的基础教育课程体系。

这其中,在理论建树、实践探索上,钟启泉堪为领军人物。无论是《基础教育课程改革纲要(试行)》的制定还是对《纲要》的解读,无论是"通识培训""课标培训"还是"教材培训",钟启泉都发挥了"设计者"或"舵手"的作用,由他主编的《全球教育展望》杂志更是发挥了"课改之声"的舆论引导功能。

他所设计的先立后破、先实验后推广的改革方针,六大改变传统弊端的具体目标,"通识培训""课标培训"和"教材培训"等推进新课程改革的三项培训行动,自主、合作、探究等研究性学习的主流教学方式,都极具前导者的远见卓识和运筹帷幄,给中国教坛极强的引导力。

"唤醒者"朱永新,打造"新教育共同体"的"精神家园"和"理想村落"。

从"风乍起,吹皱一池春水",到"一千里色中秋月,十万军声半夜潮",新教育实验,其速似电,其势如虹。新教育实验团队,成了中国当下最具影响力的一支教改尖兵。新教育实验,以树起素质教育的旗帜和新教育学派的形成,为理想有些虚脱的中国教育源源不断地输入动能。

这鼎立的"三新"队伍,在教育变革的大戏台上,各显身手,各具特色,各写千秋,也各有瓶颈。

新课程改革,定位在课程。其运作从行政来,到行政去,自上而下,雷厉风行,八方开花,全国一盘棋。其间,受行政效率的递减效应、各地执行者素质不一等因素影响,效果参差不齐,难以尽如人意。

新基础教育,定位在课堂。其运作从高校来,到高校去,重视课堂高效研究,颠覆传统教学模式,让精神生命和主动发展成为教书育人的核心目标;重视规划落实,让学校充满生机。然教育毕竟是一个博大的八方通透的工程,若实验领域及视界再扩而广之,当效果尤显。

新教育实验,定位在教师。它以教师成长为起点,以营造书香校园等十大行动为途径,以师生过幸福完整的教育生活为目的,进行草根性的校本行动研究。从民间来,到民间去,扎根深,覆盖广,效果大。自然,还当深度转型,细加指导。

四

上面,笔者在几种坐标系中扫描、评点了近年来新教育在中国的发展嬗变,然而,尚未追寻到新教育的根基之处。

古贤有言:"臣闻求木之长者,必固其根本,欲流之远者,必浚其泉源。"[1]历史是现实的源头。新教育的源头在哪里?它有怎样的理性开拓与践行映照?

---

[1] 魏徵,《谏太宗十思疏》。

为此，笔者携两子松巍、松岩于2014年4月21日—22日首次采访朱永新时，在他的办公室里，就从这个话题问起。

他略微沉思一下，便娓娓道来，像穿越时光隧道，拾起远方的点点火光。

"欧洲'新教育运动'肇端于19世纪末的英国，以后扩展到了德国、法国、瑞士、比利时、荷兰和奥地利等国。从19世纪末到20世纪50年代，西方占据主导地位的便是新教育思想，其代表人物即是被称为'新教育之父'的英国教育家雷迪。1889年，雷迪在英国的德比郡一个小镇上，建了一所新教育学校——艾伯茨霍姆学校。

"这样一所小小的学校，后来成了影响整个欧洲新教育运动的一个起点，引发了影响整个世界特别是美国的进步主义思潮，也成了影响中国20世纪20年代、30年代教育改革的一个重要哲学起源……"

如数家珍，朱永新的话语不紧不慢，带着学者的严谨、睿智，和融通中外的穿透力。

"以雷迪创办的艾伯茨霍姆学校为标志的'新教育运动'，其精神和传统一直没有中断过，我们向往的许多伟大的学校，都是与新教育运动有着密切联系的，如夏山学校是新教育的一个代表人物尼尔创立的，美国的芝加哥实验学校是进步主义教育的代表人物杜威创建的，巴学园是日本的新教育学家小林宗作创建的。教育史上许多响当当的人物都是和新教育有关的，从罗素到佩西·能，从蒙台梭利到皮亚杰，从怀特海到杜威，一百多年来，我们敬仰的那些最伟大的教育家，许多都与新教育有关……

"19世纪末20世纪初，当欧洲新教育实验蓬勃发展的时候，美国掀起了一场'进步主义'教育实验运动。不久，美国的实验主义教育家杜威成了它的灵魂人物。杜威在'进步教育之父'帕克的影响下，1896年于芝加哥创办了实验学校，并把这所实验学校作为'实验室'，以验证他的实用主义哲学思想。在这里他搞了六年实验，出版了《我的教育信条》《学校与社会》《儿童与课程》等论著，表明他的实用主义教育思想体系已经形成……"

我们听着记着。在他浑厚的语音里，时空斗转星移，历史起承转合，伟大的教育人物，接力似的前赴后继，领航教育艨艟，助推社会巨轮。一个个教育事件，在百余年流光里翩翩再现，重演着流逝的影像。他娴熟地犹如亲历者，解说着眼前景观，细数起同仁辉煌。

"20世纪20、30年代，以陶行知、黄炎培、梁漱溟、晏阳初为代表的教育家们，对当时中国教育问题进行了深入的探讨和反思，在借鉴和运用西方教育理论的基础上发展创新,投入到教育改革实验中去,分别创立了具有中国特色的'生活教育理论''职业教育理论''乡村教育理论'和'平民教育理论'。他们的活动方式和留下来的这些理论,是中国教育的无价之宝啊,也是当前新教育实验的重要思想资源……"

话头一转,聚焦中国。学术认祖,尊崇前贤。朱永新的面容崇敬中略带几分忧郁,说道:"先辈们适逢一个动荡不安的时代,没赶上相对稳定的阶段,制约了他们的研究实验……"

接下去,他从现代又讲到古代——孔子孟子朱熹王阳明对教育的创新,又从中国说到苏联——苏霍姆林斯基在帕夫雷什中学卓有成效的实验……

中外教育史的长河大流,旋起一排排滔天巨浪;融合着先哲们生命的教育理论与教育实验,筑起一座座峭拔的峰峦,让人咏叹,使人神往,发人深省。这一切,都涌动在朱永新娴熟讲述和冷静剖析里。一部人类教育史似乎铭刻他的心中。

五

水有源,树有根。

当下的新教育绝不是无根无脉的闭门造车。它与发轫于欧美的新教育心灵相通,气韵承续,都具有发起于民间、扎根在学校、导航由教育家、目标在革新、成功在坚守等鲜明特质。中国当下的新教育,登上前贤的巨肩,借鉴昔日的路径,从既往的思想与行动里汲取经验,从未来美妙的蓝图里获得激情,全方位多角度立体化地开始了教育的深刻再造运动。

新教育主要借鉴世界三大实验学校——雷迪创办的艾伯茨霍姆学校、杜威创办的芝加哥实验学校、苏霍姆林斯基创办的帕甫雷什学校。

艾伯茨霍姆学校。1889年,英国教育家、欧洲新教育运动的先驱C.雷迪在英国的德比郡一个风景优美的小镇上,创办了欧洲第一所新学校——艾伯茨霍姆学校。他任校长,直至1927年退休,三十八个春秋掌门一所学校,一心一意打造一所提供全面教育,造就人类的一切能力的新学校。他办校的宗旨明确了然:促进学生身体、心灵的健全发展,重视儿童的个性特征,使儿童成为完人。为此,新学校破除古典的传统课程体系,开设包括艺术、文学和智力、社会教育、道德和宗教、体育和手工劳动五种课程,以训练儿童的体力、智力和手工技巧,并强调合作、和谐和领导在整个学校生活中的作用。C.雷迪成功的实验,树立了办学的楷模。

全面教育,完人发展,艾伯茨霍姆学校耸起了新教育学校的第一块界碑。

芝加哥实验学校。1896年,美国哲学家、教育家杜威在芝加哥创办的一所学校。针对当时学校的教育方法与儿童正常发展的心理不协调,杜威将其哲学和教育理论付诸实践。该校课程以杜威关于儿童的四种本能(社交、制作、探究和艺术)的理论为基础,木工、织布等手工劳动的作业为课程联结的中心环节。同时,开展历史或社会、自然科学、思想交流的三种研究。教学方法灵活多变,有学生动手操作,有观察、探究、调查、实验等智力训练,有师生讨论合作设计。儿童在教育过程中始终处于中心地位,一切活动均由儿童生活需要中引出,儿童的经验成为课程和教材的依据。该校影响甚大,被称为"20世纪教育荒漠中的一块绿洲"。

儿童中心,智能同进,芝加哥实验学校树立了新教育育人的里程碑。

帕夫雷什学校。这是苏霍姆林斯基用心血营造、享誉世界的教育探索基地——一所农村十年制学校。该校图书馆和教学楼每层图书阅览室成了"书的世界",另有多处劳动场所、实验园地、果园、温床、饲养场、养兔场、养蜂场、教学实习工厂、暖房等。学生上午课堂学习,下午自由活动,在众多课外小组里展露特色。苏霍姆林斯基自1948年任该校校长的二十三年间,围绕全面和谐的个性化发展这一核心问题,注重将学校、家庭、社会、课上课下、校内校外、教育与自我教育等构成综合施教的统一整体,进行了大量多方面的教育实验:大力强化阅读,开辟经典课程,利用学校环境自设节日和走进大自然。其办学思想、施教体系、人才质量均得到广泛的赏识与盛赞,吸引了国内外无数教育同行的效仿。1970年9月2日,苏霍姆林斯基逝世后,学校被国家命名为"苏霍姆林斯基学校"。

和谐教育,全面发展,帕夫雷什学校为新教育擎起了一面高水准、高品位、高境界的旗帜。

名校是教书育人的实验室,绝不是应试教育的研究所。新教育人细致入微地考察、研究了这些名校所独具的特色,并内化到自己的思想之中。有个细节可以证明:

2004年11月10日,江苏省江阴市华西村,在"苏霍姆林斯基教育思想的传承与学校教育改革"国际研讨会上,中央教科所的领导让朱永新做主题报告,他发言后,苏霍姆林斯基的女儿苏霍姆林斯基卡娅[①]第一个站起来提问说:"朱老师,你是不是认为读书、阅读是教育最重要的事情?"朱永新说:"当然。不过,这不是我的发明,这是你父亲早就告诉我们的,你父亲说'无限地相信书籍的力量是我教育信仰的真谛',你父亲还说'一个学校可以什么都没有,只要有了为学生和教师精

[①] 苏霍姆林斯基卡娅,乌克兰教育科学院院士、国际苏霍姆林斯基教育研究会会长。

神成长而准备的图书,那就是学校'。"当时,他还引用了许多苏霍姆林斯基先生的著作及语录加以阐释。卡娅惊喜地连连点头。

新教育拥有三大理论支柱——

一是中国古代传统教育智慧,此为新教育继往开来的根。

以孔子、老子、孟子为代表的中国古代传统教育源远流长,博大精深。它养育了一个不曾出现文化断裂的民族,培植出人类历史上灿若星汉的巨擘群落,代表了东方教育和文明的精华,亦是后来者常采常新的精神宝藏。

新教育人做足了中国灵魂的功夫。

他们博采中国传统教育精华,唤醒当下人们的传承使命感,从中国古代教育的博物馆里,精选出建造未来教育大厦所需的秦砖汉瓦。在承袭中华教育精髓的同时,又以开创者的眼光从古典中发掘新的内涵。

如是,从理论到践行,从文化到思维,从榜样到精神,从语境到风格,中国的基因、元素、特色,贯穿着新教育的发展轨迹,构成了新教育的精神坐标。

笔者以阐释新教育的权威著作《新教育》为例,全书谈及中外教育大师最多的是孔子,达二十五处,包括孔子的思想、主张、学说、智慧、为人、治学、兴教、育才、价值、影响,并叙述了新教育"开发'走近孔子'等课程",号召新教育人"教师以孔子为榜样,书写自己的生命传奇,为中国教师树立人生楷模"。至于老子、孟子、韩愈、朱熹、王阳明等古代哲学家、思想家、教育家,书中也多有涉猎。可以说,新教育枝繁叶茂,源自深厚的中国文化之根;新教育波翻浪涌,发于悠长的华夏教育之源。

二是马克思主义关于人的全面发展的学说,此为新教育擎天撑地的柱。

该学说为人的全面发展安上了望远镜和显微镜,透视出人的全面发展的背景、条件、意蕴和路径:人的发展与社会发展相一致;"全面发展"即是人的个性、能力和知识的协调发展,全面发展的人是精神和身体、个体性和社会性都得到普遍、充分而自由发展的人;人的发展和人的解放是同一个过程;教育同生产劳动实践相结合,是实现人的全面发展的根本途径。马克思指明:"人的本质……它是一切社会关系的总和。"[①]

毫无疑问,这些论断成了现当代先进教育的理论支撑。苏霍姆林斯基全面和谐发展的教育思想——将德育、智育、体育、美育、劳动教育有机地相互联系、相互渗透统一的全面和谐发展理论,就是建立在该学说上的珍宝。

新教育实验自始至终以人的全面发展学说为理论柱石。无论对教师还是对

[①] 《马克思恩格斯选集》,第2版第1卷第60页。

学生,无论着眼当下还是纵目长远,无论提出理论抑或推出举措,无不聚焦于人的全面的个性化的发展。正如新教育第十七届年会的主旨报告所说:"新教育实验的理想,就是能够让每个人真正地快乐、自主地学习,让每一个人能够真正地享受学习生活、享受教育生活,让每个人能够发现自己的潜能与天赋,让每个人在和伟大事物遭遇的过程中发现自我、成就自我,成为最好的自己。"

三是国外教育的优秀思想,此为新教育滋兰树蕙的流。

新教育人海纳百川,尽展国际视野,借他山之石,攻己之玉,更将他山之石,当作自己赶超的参照系。

他们借鉴国外优秀的教育思想主要有:美国著名哲学家、教育家杜威探究与创新的实用主义教育思想体系——"教育即生长""教育即生活""教育即经验的继续不断地改造"的教育本质思想和"儿童中心论""做中学"的极重要的教育原则;瑞士著名心理学家皮亚杰的认知发展理论——通过课程让儿童在每一个阶段都能够得到实实在在的发展,完成由形象发展到抽象发展的转化;英国数学家、逻辑学家怀特海的人类认知包括浪漫、精确、综合这三个循环往复过程的教育哲学;苏联心理学家维果茨基的"最近发展区"理论;意大利幼儿教育家玛利娅·蒙台梭利运用丰富多彩教具培养幼儿自觉主动地学习和探索,创新建构完善人格的思想;德国哲学家博而诺夫关于"教育无非就是一种相遇"的教育人类学思想;美国学者爱普斯坦家校合作活动的实践模式及其思想……

"东海西海,心理攸同;南学北学,道术未裂。"[1]古往今来,所有种族面对的是同一世界、相似的课题和主题。教育之道,只有东西方打通,相互借鉴,方能进入化境。

新教育的巴比伦塔正是建筑在今古连通、中西合璧的地基上,选传统精华而用,择西方优良而取,汇集古今中外的优秀教育财富为原材料,巧思精创,推陈出新,孜孜矻矻,积年累月,一层层建造起来的。那一砖一石、一陶一瓷,分明是新教育人的价值、精神、理念、智慧、行动、文化、心血的深深印记。

新教育从历史深处走来,集古今中外优秀教育之大成;向现实的高处走去,融成当下极具人文美、创造美的教育。

综上所述,新教育以发掘中外教育宝藏、持续深化的教育实验、移植与改造兼具的教育行动,成就了当下中国民间最具规模化的教育科学实验,创造了一个年深日久的教育传奇。

---

[1] 钱锺书,《谈艺录》。

第三节　大任垂青

一

新教育如一块巨石，投入中国教育的大湖里，顿起大澜，波及辽远。这一意象，颇似新教育发生、发展、做大做强的过程。

天降大任于斯人，有一个"苦其心志，劳其筋骨，饿其体肤，空乏其身"的艰苦磨砺阶段，新教育的成长成熟必然要经历这样的阶段。正是在艰苦的跋涉中，笔者有感于朱永新发起新教育的艰难竭蹶及出色应对，新教育团队能量级（包括智能、心量、境界）的持续增长，心与力节节登高。

新教育是几代中国教育人的梦想。做成新教育，是教育人更是国人的福音。历史何以将如此大任，将教改探路的令牌交给了新教育人？

所谓大任，不是老天赋予，与生俱来，或某人交付，照做便可。胜任大任，也不是奉天承运，出手即成。天降大任，实为在"修身、齐家、治国、平天下"的修炼里，凭着打磨出的稀有品质，自觉主动地接任、担任、胜任，走上人承事业、事业载人的路程。

也就是说，并非大任"砸中"了新教育人，而是新教育人钟情于大任，抱成团来承接大任，改造自身来适应大任，终获大任垂青，成为胜任大任的合格人选。此间甘苦，笔者归结为五段历程。

二

第一段历程：确立"敢为天下先"的宏志。

追求理想教育是新教育的灵魂，有做新教育的鸿鹄之志是新教育人的特质。

追逐新教育理想，投身新教育实验，建造新教育大厦的万万千千人，尽管年龄不同，工作各异，地域有别，加盟的路径也不尽相同，却有一个共同点：拥有坚定不移的教育理想、"敢为天下先"的教育宏志、献身教育的炽热情怀。

高格敬业,律己严格,对准目标,矢志不渝。

低调做人,心态平和,目光久远,不忘初心。

这是一群有理想、有思想、有能力、有情操、有人格的人。

他们的大志宏愿绝不是虚的、空的,而是镌刻着实实在在的心路历程。

这里,讲讲大山沟里一位小学老师的故事。这位老师叫罗民,网名"滇南布衣"。2002年6月,朱永新创办"教育在线"后,三十五岁的罗民是其中一位网迷。在"教育在线"周年之际,他深情地发了帖子:

> 网络无疆,真情无限,"教育在线"是我的第二故乡。在这里,我可以无悔地追寻梦想;在这里,我可以坦然地倾诉情怀;在这里,我可以潇洒地搏浪文海;在这里,我可以惬意地谱写心曲……我愿,我愿与网友们共同打造辉煌,为了共同的梦想——新教育!

罗民本是云南省思茅市普洱县凤阳小学校长,该小学只有十二个学生。他通过一根电话线、一台电脑就把他自己和当代的教育前沿紧密连在一起。说他土吧,他纯朴得像一块山石;说他现代呢,他的思想、文章和思考的问题,不在城里老师之下。2003年夏,他看了"教育在线"的网上通告,独自来苏州,出席在玉峰实验学校筹办的"昆山会议",新教育的种子播进他的心田。2004年4月6日,他又以朝圣的心态,扛着一箱带给新教育人的醇香普洱茶,先坐上发自普洱的汽车颠簸两天两夜到达昆明,再登上昆明开往苏南的火车,经过三天三夜,方于11日赶到张家港市参加"新教育实验"的研讨会。

新教育人心怀感激地欢迎他,嘘寒问暖,问家问校,问师问生,他深觉接上地气、遇到知己的欢欣;他从心仪已久的新教育团队那里,获取了前行路标和昂奋心态。当他和朱永新笑逐颜开地走进会场,新教育的两端——顶层设计人与基层践行者,因拥有相同理想抱负集合在一起,共同勾勒出一幅新教育人《在路上》的现实图画。

会议一结束,罗民无暇游览江南风光,匆匆赶回去上班。"教育在线"卷起"滇南布衣热",他成了众人心中的英雄。一笔笔汇款、一个个包裹,重似千斤,情牵万里,汇至他的手中,分发给一个个贫困学生。他和搭档张曼凌成了小学教育专栏的第一任也是最优秀版主,推出"教育在线"上的一道美丽风景。

像这样的新教育人很多很多。当然,也有极少数的功利主义者,极个别精致利己主义者,只能栖身于新教育团队跟随一段,历史的筛子总会将其筛出去。而始终不忘初衷的绝大多数人必将和新教育彼此互耀,拥抱明天。

如是,新教育人把能量的智慧湖越充越满,更把个人的宏志峰峦越筑越高。强烈追求人生价值的主意识流,让自己反思不停,前行不息,察昔而知今,审时而度势,看人而思己。这期间,梦想,从缥缈的远处而来,越来越近,越来越清;步履,自脚下伸向前方,越走越远,越走越实。独峰绝立的个性,悄悄化作生命年轮的深深纹理。引领潮流的气魄,渐渐融为精神高厦的坚挺梁柱。

于是,每个人心灵深处才有了与新教育的美丽邂逅与神交,也才有了以实际行动对世纪叩问的历史性作答。

三

第二段历程:组建志同道合的创业者团队。

世间揣高远理想,怀凌云大志,包藏宇宙之机,欲成大事业者何止千千万万,然而,绝大多数人的美梦,却如五光十色的皂泡,上不着天,下不落地,转瞬即逝。

新教育人可不是那种说话玄天虚地、办事没头没脑的人。纵览中国现代、当代的教育史,新教育人发现,真正卓有建树、颇具影响的改革实验,无不具备一个先决条件——拥有一支志同道合、苦斗能干、置名位报酬于脑后的创业人才队伍。这支队伍怎么建?一靠旗帜招引,二靠路径凝聚。

招引新教育人的旗帜,是新教育之梦。

朱永新以自己美好的教育梦,寻求志同道合的同仁,唤来众人的"教育梦","嘤其鸣矣,求其友声"。①

组织凝聚新教育人的路径,是"新教育理论的实践及推广研究"这一项课题。

做事业先须有一个人才小圈子做"原始股",主张在这里运筹,主意在这里敲定,"主攻"在这里推演。李镇西、储昌楼、周建华、张荣伟、王胜、袁卫星、陶新华、焦晓俊等一批在读博士和苏州名师……成了课题组早期的核心成员,后来也多成了新教育的中坚骁将。

前不久,笔者参观了当年课题组办公的秘书处,设在玉峰实验学校教学楼一楼的一间屋子,有几十平方米。"新教育实验总课题组秘书处"的黑底黄字的牌匾犹在,墙上贴着新教育的宣传资料,书架上置放新教育的书籍,几张拼放着的桌子、若干凳子静静地摆放着。这一切,无声地诉说着那些让梦想成真的激情岁月。

---

① 《诗经·小雅·伐木》。

当时全权负责课题组的秘书长储昌楼是这里较常见的主人。从2002年10月到2005年年底,新教育课题的大多数会议在这里召开:每周全课题组的成员,围着桌子开例会,研究项目的突破和进展;每月新教育的带头人在这里开一次常务会,分析和布置新教育的形势、问题与任务。指着那张桌子,储昌楼如数家珍地介绍:新教育实验研究的课题——《新教育理论的实践及推广研究》是从这里诞生的;"新教育实验"首届研讨会邀请函,是在这里草拟的;对最早成立的江苏省姜堰、石家庄市桥西新教育实验区的批复是从这里发出去的;许多实验区、实验校、实验教师的成果也源源不断地汇集到这里……

笔者油然默想,这间普普通通的屋子里,曾凝聚了多少思索,交锋了多少主张,出台了多少举措,激跳了多少颗火热的心。这里,曾构创中国新教育前沿的精彩,交织新教育人企盼的目光,是新教育的早期参谋部啊。

自2006年起,一般会议仍在玉峰实验学校,但常务工作会议放到了苏州,在苏州大学博士生楼的怡远楼里。当时,朱永新把几大行动分给几位博士生,新教育原来的义工们,逐渐由许新海等博士生负责。在这里,新教育人组织了一次次有针对性的小型沙龙集会,面对面开展问题研讨。

此外,新教育人还在这里创立了"相约星期二"的网络沙龙:题目有"晨诵·午读·暮省——新教育儿童生活方式""新教育教师专业""新教育　新生活　新生命""博客与教师专业发展""新生命教育""为建设性批评新教育""新教育实验新在哪里?"……

尤其是小型专题沙龙,脸对着脸,膝触着膝,心贴着心。

青灯闪亮,心灯点燃,夜深人静,思潮起伏。足踏苏州,起步铿锵;心游万仞,气冲斗牛。窄窄斗室,聚来苏州教育鸿儒;小小沙龙,酝酿杏坛风暴。求同似众辐集于一毂,存异如焰火迸射在八方,即使异想天开亦可集思广益,妙招咸集。

独特的沙龙聚会承载着独特的沙龙文化。

思想交锋,学理碰撞,不时迸出火花,思想往往在对话里趋向成熟;但更多的是观念接近,方法互补,交汇求索大流,主张常常于沟通中浮出水面。无论是哪种沙龙,都成了新教育人相互联动的思维场、彼此借力的充电场,同仁之间加薪添火、打气加油,犹如水泉互润、星光相耀,渐渐崛起了思想、理论和人才的高地。

马克思有言:"最先朝气蓬勃地投入新生活的人,他们的命运是令人羡慕的。"莫道书生空议论,沙龙深处现曙光。从来是务虚导向务实,看不见的牵出看得见的。

如果说,设在玉峰的新教育总课题组是脚踏实地地拓出了一条实验之路,那么,怡远楼的新教育沙龙,则是借助理性之翼展开了新教育人的飞腾之旅。

从玉峰到怡远楼,新教育团队像滚雪球一样,从最初的几个几十个人,到苏州市的数百成千人,一步步壮实起来了。

此时苏州及外地的新教育人,完全从对新教育的构想中跨了出来,开始以切实的改革行动铺出前行的道路。众人意识到面临的任务越来越重,肩头的担子也越来越沉,伴随而来的是每个人素质的蜕变:心量越发看涨,智能越见其丰,底蕴越积越厚,境界越发攀升。

发起人朱永新更是如此。

可举一例。2006年3月13日,华南师范大学教授黄甫全那篇《必须警惕当代教育研究中的"浮夸"风气》①的公开信发表。信中激烈批评新教育实验"打造在国内外有影响的新教育的实验学校"梦想,是"大口马牙开始直接吹牛了""吹起了外国的牛、吹起了未来的牛"云云,当时有人估计,"这是新教育实验肇始以来所遭遇的第一次公开质疑,有人称其威力比十吨TNT炸药还要大些。"此番非理性的批评,理所当然激起了新教育人的震惊和愤怒,并纷纷著文驳斥。朱永新却明示不要争论批驳,要讲雅量宽容。

他写了《在骂声中成长》一文。起笔援引一个真实而风趣的故事,令人轻松而快活:

> 百岁老人周有光曾经在座谈会上讲的一个故事:一个在韩国住了二十六年的日本人写了一本书,专门讲韩国的坏事情,把韩国所有的坏事情几乎骂遍了,而且骂得痛快淋漓,批评得非常辛辣。书的名字也很吓人:《准备被人打死而写的对韩国和韩国人的批判》。但是,书出版以后,人没有被打,书也没有被禁。相反,这本骂韩国人的书成为韩国的畅销书。许多地方举行会议专门骂韩国,甚至专门邀请这个日本人到韩国骂自己。弄得这位老兄很不好意思,最后公开表态:我现在不骂了,因为韩国人已经觉悟了。后来,国际社会对于韩国给予了很高的评价:一个不怕骂的国家是有前途的国家,一个不怕骂的人也是有前途的人,一个不怕骂的机构是有前途的机构。

继而,他设身处地托出被骂者的心曲,重在阐明应取"闻过则喜"的超迈态度。结尾处臻入高境,明示新教育人要尊重、善解批评者,对其"怀着感恩的心":

---

① 见2006年3月13日"学术批评网"。

  作为新教育人,我们有很大的梦想,自然可能有人说我们"痴人说梦"甚至"吹牛"。我们的行动哲学,一直在关注激发热情与六大行动,没有系统建构理论体系,自然可能有人说我们"浅薄"甚至"无知"。没有关系,那么我们就更加努力地行动,把梦想具体化,把理论研究强化。我们也可能永远不能真正地圆我们的梦想,但是对于我们来说,没有梦想的生活更加可怕。我们尊重所有的人,尊重所有的意见。我们怀着感恩的心对待批评甚至辱骂,毕竟这是对我们的关注。我们有信心在骂声中成长。①

何等气度,何样襟怀,无须赘言。作为新教育的代表人物的朱永新,从表到里,自神而心,目光是慈爱的,面容是宽容的,体态是谦恭的,心地是美善的,气韵是平和的,魂魄是安宁的;埋头行走如静静无言的秋水,精神飞翔似闪闪有光的星辰。

四

  第三段历程:造就一个富有教育理想、激情、智慧的"教育共同体"。
  这是新教育人将新教育发展到五湖四海的博大宏愿。
  该宏愿若要交付中国的其他时段,包括新中国的前五十年,都会被视为痴人说梦,缘木求鱼。
  然斗转星移,华夏沧桑,社会转型,人心思变,给新教育的发展宏愿布下了孕育生机的时代背景。
  新教育人深知有这个"教育共同体",对新教育重于泰山:既是大厦地基,又是大厦主体;既是汇集人才,又是崛起事业。
  从谁做起?从自己。村看村,户看户,百姓看干部。新教育团队看掌舵者。
  朱永新时时刻刻守住自己的心灵,以此守住新教育船队的航向。他写出《教育是一首诗》的短章,以铭其志。该诗的色彩淡而雅,词语平而豪,气韵舒而壮,文朴摄魄,境深抓人:

  教育是一首诗
  诗的名字叫热爱

---

① 朱永新2006年3月27日个人博客。

在每个孩子的瞳孔里
有一颗母亲的心

教育是一首诗
诗的名字叫未来
在传承文明的长河里
有一条破浪的船①

  他情深意挚地对笔者说起2008年春节前,他去看望民进中央老主席、全国人大常委会副委员长许嘉璐的一幕。许嘉璐读懂了朱永新,曾给他的作品集写了三千言文理俱佳的序文。当时朱永新来京进民进中央虽两月有余,两人终因都忙,难得一见。他们的话题很快进入新教育。

  朱永新作简要汇报,许嘉璐边听边连连点头,待汇报结束,许嘉璐沉吟须臾,语重心长地说:"永新,你什么都可以丢,新教育绝不能丢!"继而说,"新教育的概念是西方的,你一定要抓住中国文化的根。"他又诠释说,"许多人认为根在美国杜威、德国海德格尔,我们的新教育要扎根在中国的土地上,活在中国的土地上……"许先生的话不多,分量很重,句句点到命门,有叮嘱,有点化,高屋建瓴,一语破的,让朱永新愈加前程清透,心里明亮,步履坚实。

  在与新教育人一起,将事业做大做强的劳作中,他本人虔诚地遵循"立德、立功、立言"的古训,让人格不断精进,事业持续发展。

  小胜靠力,中胜持智,大胜凭德。

  以身相许,方见大德。朱永新说:"我在家里是出名油瓶倒了都不会扶的人,所以我没有任何负担,全身心地做学问。"每周五晚上,在家人、朋友团聚时,他乘机或乘车上路了,星期日夜深人静之时,他背着装有手提电脑的背包悄声归家。他应全国各省市或各地学校之邀,去宣讲、座谈、策动新教育。夫人曾劝阻他:"何苦啊,本来你可以很潇洒、悠闲,非偏偏自找苦吃!"儿子笑他说:"爸爸出租给新教育了。"须知,他这样的争分夺秒,可不是偶尔一周两周,是常年如此,十几年如此!"这像我的长征,要走一辈子呢。"他对笔者如是说。还须说明,他的每次讲课费,一分不差地全交给新教育。此外,建教育在线网站,给各地赠书,也都由他自掏腰包。"我给自己定位:不用政府、党派的资源做新教育,只为政府、党派增光。"

---

① 《朱永新教育作品》序一。

一颗善良的心,让他不想让向往新教育的师生失望,不想让爱护新教育的人后悔、遗憾。在宜宾,笔者听郭明晓讲起请朱永新赴宜宾讲学的故事——

宜宾市翠屏区教育局想请他来推广新教育由来已久。2012年底就委托我联系。无奈朱老师一直很忙。2013年10月,教育局再次催我请。朱老师只说到时再说。12月中旬,他明确说今年没空了。隔几天,又打电话说22日有一天时间,看看能不能去鄂尔多斯罕台新教育学校参加活动后即到宜宾,22日做报告,22日夜回北京。

我知道,每天北京与宜宾只有一个航班:早上8:00自北京起飞,上午11:30返航。这样,朱老师只有在22日上午10点50前讲完,否则无法回京。我又查找鄂尔多斯到宜宾的最快线路,只有乘坐21日晚鄂尔多斯飞成都的飞机,再乘车22日深夜一点半后到宜宾。也就是说,朱老师从离开罕台新教育学校到宜宾这一路得汽车—飞机—汽车奔波七小时。朱老师太劳累了。我提两套方案,一是21日晚到成都后休息,22日上午到宜宾,下午做报告,23日中午返回;二是这个折腾人的方案。朱老师毅然选择了连轴转的艰苦行程。

在罕台,干国祥、魏智渊对此安排非常心疼。朱老师解释说:"飓风大姐邀请我去宜宾已一年多了,因太忙一直没去成。这次就当是为新教育播种吧,说不定我去做了这场报告,宜宾哪天也就成了我们新教育的实验区。"干国祥说:"朱老师总是在做我们看来不可为的事,不可为而为之,就创造了新教育的奇迹!"

朱老师的行程是,2:30抵达宜宾(比预想还晚一小时),8:30给近六百名校长与骨干老师。做题为《过幸福完整的教育生活》的报告,讲得全场激情沸腾,直到10:45报告结束,离开讲坛直奔机场。在机场候机的短暂时间,他还一直与区政府和教育局、师培中心的领导和我校校长谈论新教育……

如此拼命般前往,是朱永新做新教育的行动常态。

建功不表,立功不傲,大功不矜。

2006年7月14日北京年会上,朱永新公开声明反对把他说成"新教育总设计师"的提法,并在报告伊始就确立了"新教育是一锅集体智慧的石头汤"的命题:新教育是大家的,有你的故事,他的精彩,我的心血,我们的创造,没了谁都会留下一份深深的缺憾。事业是众人干的,功劳是众人立的,人才是新教育发展壮大之本。

为此,他专心于凝聚人才。自2006年起,他每日清晨都写一条给新教育人的博客,将有梦的教育人汇聚在新教育旗帜之下。笔者选取他连续三天的晨起博语:

  2016-7-19　06∶21考察昆明一中这所有着116年历史的老校,去年校庆,政府出资三个多亿重新改造了学校,校训是周钟岳先生题写,纪念碑分别由艾思奇、杨振宁和熊庆来三位校友题写。很可惜,当年标志性建筑图书馆、大学堂、西南联大物理系旧址等已荡然无存。

  2016-7-20　05∶36参加民进中央主办的2016海峡两岸暨港澳地区基础教育交流活动,四十余名校长交流。台湾一位校长说自己是一位"三卷"校长:卷袖子——要与老师们一起卷起袖子拼命干;卷帘子——学校所有的事情都要公开透明;卷铺盖——干得不好要卷铺盖走人。

  2016-7-21　06∶23许多习惯性行为是在一定环境中发生的。环境变了,习惯也就相应地变化了……亲爱的父母,当你发现孩子有某些坏的习惯时,不妨通过旅行或者其他环境的改变,来帮助他们养成新的习惯。

  他将所见所听所读所思,皆穿在教育的轴心上,供大家一起思索教育,发现教育,研究教育,给教育开方抓药。

  为此,他着意培养人才,借助他自费创办的教育在线网站、中国最大的"网上教师培训学院",带领志愿者每年赴西部支教;借用双休日在全国奔走"布道",用答疑解惑、寄信赠书、协商攻关、面授机宜等多种路径,帮助"相同尺码的人"找到新教育的家。

  为此,他全力发现人才,用眼睛更用心灵,靠谈心了解更靠实地考察,一次次促膝夜话,一回回网上交流,一篇篇文章评点,他的一册《教育的诗意》[①]收录所作序文就有九十七篇,而自新教育运作以来,他给教育同仁书写序跋竟达一百六十一篇,不愧"为他人作嫁衣裳"的专业户。就这样,他发现第一批新教育"领航员",第一支新教育专业化团队,第一位新教育义工,第一等新教育的慈善家,第一流新教育示范区组织者,让八方有识之士为新教育献智献力献宝。

  立言为教,立言导行,立言寄志。

  对人生的立言,朱永新已经从文以载道、传之后世中走了出来,聚焦于新教育的人与事、知与行、反思与突破、今朝与明天。举身边的事,说当下的人,把教坛之脉,透发展之理,难怪吸引那么多眼球。

  他的立言,不打官腔,切忌空谈,禁绝废话,无居高临下之态,也无隔山打牛之感,掏心窝子吐真情,打开天窗说亮话,为解决教育中那些闹心事儿而说而写,与

---

①　山西出版传媒集团·山西教育出版社,2014年版。

教育同仁没有距离感,大家都愿跟随他去解析事情的真谛。

他的立言,没有社会人花哨的巧舌如簧,不见大教授术语的生僻艰涩,使概念活起来,让理论动起来,听得春风扑面,读去清泉沁心,接受起来顺顺当当。

他的立言,有激情,有挚爱,有思路,有道理,听得见心跳,感得到体温,情与理交融。正如许嘉璐所评:"情与理的无缝衔接,正是和把从事教育工作及理论研究单纯当作职业的最大区别,而且是成功的要素。"[①]因此,他的立言受听受看,喜闻乐见。

立言是心灵的一面镜子。心灵的真诚度决定心镜的明亮度。

2000年夏,太湖之滨。朱永新发表《我心中的理想教师》演讲,不啻卷起一场新教育的风暴。诗一般开场白声情并茂、如霞似火——

我心中的理想教师应当是一个胸怀理想、充满激情和诗意的教师;

我心中的理想教师应当是一个自信、自强,不断挑战自我的教师;

我心中的理想教师应当是一个善于合作,具有人格魅力的教师;

我心中的理想教师应当是一个非常尊重同事、尊重领导,非常善于调动帮助他成长的各方面因素的教师;

我心中的理想教师应当是一个充满爱心,受学生尊敬的教师;

我心中的理想教师应当是一个追求卓越,富有创新精神的教师;

我心中的理想教师应当是一个勤于学习,不断充实自我的教师;

我心中的理想教师应当是一个关注人类命运,具有社会责任感的教师;

我心中的理想教师应当是一个坚忍、刚强,不向挫折弯腰的教师……

没有讲稿,240分钟的演讲,充满了激情与真情,激荡着梦想与思想,敞开教师的心路,挺起他们的脊梁。一阵阵掌声经久不息,一声声笑语溢满四方,老师、记者、嘉宾,还有一直站着聆听的宾馆服务员,人人心潮澎湃,目光闪亮,手握着笔的听者丢下了记录,服务员甚至忘了给客人倒水。

在以"三立"为人生标准,将新教育共同体做大做强的过程中,将全部生命也融入其中的新教育人,活力四射,大爱横溢,情满教坛,心忧天下,舍弃小我,从善如流,不断涵养圣贤的仁智勇,拓展生命的长宽高。

新教育起步之初,朱永新曾说,平生最得意的事是自己的教育理想得以在苏州实践,能够坦荡地结合工作实际进行学术研究,常常享受到双重丰收的喜悦。当时姑苏城内外,到处捕捉得到朱永新教育理念的影子。十年以后,当事业做及

[①] 《朱永新教育作品》序一。

五湖四海,神州大地的很多校园听得到新教育交响乐的韵律。

五

第四段历程:为新教育有序而高效地运行,建立和完善一整套的指挥系统、行动方略、制度机制。

"第一要有研究的人才,第二要有条理的组织,第三要有缜密的计划。"这是陶行知在《中学教育实验之必要》中为实验者开出的黄金秘方。其中提出的人才、组织、计划构成的铁三角是万万不可缺项的,不用说缺一项,就是某一项有所缺失,都可能将实验引入歧途。

新教育属民间草根式运作的教育科学实验。它既没有行政指令发红头文件的权力,也没有民间富豪做事业的资本。为了能维系这支越聚越大的队伍,朱永新和新教育人费尽了心力,经过无数次尝试,找到了一条合理的管控之道,笔者将其归结为推助系统、行动方略、制度机制这样一个稳固的金三角。

引领系统是核心。

不容置疑,维系新教育团队运转,靠的是共同志向,靠的是崇高情感。但须有引领系统实施。

这个引领系统是由新教育团队的四梁八柱、精英中坚所组成。他们决策要事,草拟规划,制定机制,组织队伍,助推行动,执行纪律,总结表彰,建树学派,导向价值……成了新教育的压舱石、实验深化的动力源。

登高望远,人才兴业。"一头狮子带领的一群羊可以打败一只羊带领的一群狮子。"[①]引领系统自身的能量,决定着新教育团队的作为。

2007年5月,新教育实验团队转型,新的组织架构形成。是年,新教育实验的执行机构——新教育研究院正式成立。作为整合后的引领系统,新教育研究院组建专业团队,指导全国实验区、校、个人开展新教育实验。

行动方略是灵魂。

新教育的行动,有个人、学校、各实验区的自主行动,也有新教育团队的整体行动,如新教育理事会、实验研讨会、实验教师各类培训会、某一项目交流会、某一课题现场会、实验区工作会议、某一种公益活动、中外教育论坛,直至一年一度的大型年会。各级各类、大大小小的活动,新教育人都倍加重视,尽心尽意组织,尽

---

① 拿破仑语。

可能做得完美些。

新教育实验是凸显行动价值取向的实验。没有行动,就没有新教育。少了行动,新教育就会枯萎。适时适度适量行动,方有新教育实验的青山绿水。

制度机制是保障。

无规矩不成方圆。无制度机制难以开展有效的行动。制度是不可逾越的底线,如同河流的堤坝。机制是组织间的相互作用与运行方式,如人体各部位的有机联系。好的机制迸发活力,差的机制散发暮气。靠着较好的制度机制的保障,新教育实验基本做到令行禁止:动则如排山倒海,静则似幽谷林立。

2006年,《新教育实验指导手册》出版,该手册谈理论,说政策,定制度,举案例,是新教育实验前期运作的总结,可视为制度机制的活学活用篇。

2015年,新教育研究院编写出《新教育实验管理规程》。此"管理规程"在"指导手册"九年后产生,自然完备完善许多,更具有精密性、深刻性和导向性。当然,制度和机制都是动态流变的,边做边改,像载歌载舞的水使得鹅卵石臻于完美一样。

指挥、布局、行动、机制、奖罚。人做事,事成人;人做事外动于形,似风雷贯耳,事成人内化于心,如暗香盈袖。在知人善任、从善如流的导引里,领略其中精巧;在卓有成效指挥这支庞大团队中,探求它的精深;在策划行动、调变机制的进程中,悟得它的精密,新教育人在把生命交付给新教育的同时,新教育也给他们的生命镌刻了绣女穿针引线般的精心,和巨匠屏息微雕时那样的凝神。

六

第五段历程:为新教育筑起学理高峰——创立新教育学派。

新教育实验启动不久,朱永新就开诚布公地表明了两大愿景:"第一,我们要努力成为中国素质教育的一面旗帜;第二,我们要全力打造植根于本土的新教育学派。"

新教育学派的高标杆一亮出,教坛震撼,同仁感动,个别者哗然。有人竟说"学派"系舶来品。

其实,学派在中国自古有之,其形成史源远流长,派别形形色色。先秦诸子百家就是古代的中国学派,其中的儒、墨、道、法四家体现了"师承性学派"。几乎与此同时,古希腊三贤的苏格拉底—柏拉图—亚里士多德的智者学派,亦属"师承性学派"。

"学派"是什么？是"一门学问中由于学说师承不同而形成的派别"①。师承为主流说，而以某地域、某国家、某民族、某文明、某社会、某问题为研究对象而形成具有特色的学术传统的一些学术群体，亦可称学派。

我国清代最大的散文流派（学派）——"桐城派"，名起地域（其早期重要作家皆为桐城人），以其文统的源远流长、文论的博大精深、著述的丰厚清正而闻名，戴名世、方苞、刘大櫆、姚鼐为该学派"四祖"，其作家群遍及全国十九个省（市）计一千二百一十一人，传世作品两千余种，主导清代文坛二百余年，其影响十分巨大，延及近代。

在现代教育史上，20世纪之初，德国出现了实验教育学派，美国出现了影响空前的杜威现代学派。20世纪前半期郭秉文、胡适、陶行知、蒋梦麟等学人在研究践行杜威教育思想中不断创新，形成了中国杜威教育学派。当下，引领新基础教育实验的叶澜，也在创建"生命·实践教育学派"。

由此可见，新教育人提及打造学派的目标，并非好高骛远，不必大惊小怪。

新教育的两大愿景，的确宏伟而高远。前者侧重实践层面，后者侧重理论层面。前者不易，给中国素质教育立标；后者尤难，为中国教育领跑世界教育建派。

在国与国竞争聚焦于人才与教育的挑战面前，在大数据时代背景下，创建新教育学派，难在"五有"：有高规格、高水准、高人才的研究中心；有一所或几所世界级教育改革实验室式的学校，可与杜威和苏霍姆林斯基的实验学校媲美；有本土学派在理论建树、实践探索和方法论等方面独树一帜的特点；有几部留痕乃至光耀教育史册的教育经典力作；有教育理论代表人物及其独到的贡献。

这是一个绮丽的梦，欲书写中国梦的教育篇章。

这是一座峻高的山，像高耸入云的珠穆朗玛峰。

恩格斯告诉我们："一个民族想要站在科学的最高峰，就一刻也不能没有理论思维。"②中国教育若立于世界教育的巅峰，就必须靠自己独具一格的理性思维，和由此而产生的深湛教育思想。靠"拿来主义"的改头换面不行，凭修修补补再贴上标签也不行，这种真正的教育思维与教育思想必然源自主体的一种教育生命运动，必然是主体自身教育生活史的产物与延续。否则，中国教育何谈在世界教育之林的位置？何时能在世界教育的竞技场中领跑？

新教育打造自己的学派，已具备几个有利条件。一个是博大精深的中华文化

---

① 《辞海》（中），1989年9月版，第2947页。
② 《马克思恩格斯选集》第4卷，人民出版社1995年版，第285页。

教育传统足可倚重为靠山,掘出甘冽的深水;一个是中国教育的现状亟待尖兵探路、变革开路;一个是新教育业已汇聚了一支藏龙卧虎的队伍,其中个别人物的思想与著作已脱颖而出;一个是有了出色的领头人朱永新,思想张力与人格魅力构成了他搏击风浪的双翼。

新教育领头人具有人格魅力,就拥有了温暖人心呼唤人心的条件。但是,光有人格魅力还不够,还须拥有点燃人心凝聚人心的思想。新教育入门向导、新教育人的行动指南《新教育》[①],引领教师岁月如歌的心灵诗笺《致教师》[②],对中学民主教育予以详尽剖析与论述的佳作《民主与教育》[③],凝结治教金玉良言的《今天我们怎样做教育》[④],全方位推介新教育重镇海门市"新教育实验"秘籍的《做新教育的行者》[⑤]等著作,应视为新教育人交出的第一批较完美答卷。

当然,创建新教育学派作为愿景,无疑还有很艰巨的路要走,需要一代人甚或几代人前赴后继地开拓前行。这一切,新教育人需要时间。从翩翩少年到成年间隔着漫漫的岁月之旅,需要耐心等待,不可向青青春苗急索金秋硕果。

路,毕竟是人走出来的。不敢开路脚下永远没有路,路是对走路人回赠的长长诗行。"有意栽花花不开",乃是对命运的无奈感叹,而"有志者事竟成",才是古今对开路实干者的中肯激赏。

可以看到,由于两大愿景几乎与新教育一起上路,已经对新教育人产生了巨大影响。

反思既往,凝思瓶颈,沉思远方,静思自己,精思突破,新教育人成了无时无刻的思想者。

理性思维给感性思维撑起登高望远的梯子,高远志向为脚下行动驾上风火轮,当新教育人看清了事业的来龙去脉,透视了团队作为、自身能量之后,心理、性格、境界也伴随着生发出质的嬗变,开始进入更高层面:从敢为天下先阶段,中经舍弃小我[⑥]更上一层楼——活用百家,创造自己,大爱无疆,有教无类,知人善用,从善如流;再步入天人合一阶段——不再以口号聚众而从细微处着手,不只以理论推进实验,更要踏实做事躬身修己解读生命,引大学入小学,由深入浅,返璞归

---

① 朱永新著,漓江出版社。
② 朱永新著,长江文艺出版社。
③ 李镇西著,漓江出版社。
④ 卢志文著,文化艺术出版社。
⑤ 许新海著,福建教育出版社。
⑥ 《庄子·齐物论》:"今者吾丧我。"

真,而为天下示范。

<h2 style="text-align:center">七</h2>

自此,我们须认真思索一下,大任垂青的新教育人,自心理、态度、作为以至精神、境界等层面上,有哪些别样的超凡之处,才如此胜任地负此重担?

笔者这几年对新教育团队从感动感怀到感知感悟,新教育人如下五大方面的优势,强烈撞击笔者的心扉。

一是大爱。

每日每时,新教育人把心儿掏给了孩子们成长,交付给了教育深化改革,相许于杏坛文明传承事业,如有的老师夜半三更还在选择适切的晨诵诗章,为学子们寻得一束七彩阳光……他们常常忘了休息,舍了小家,别了安逸。

在外人眼里,新教育人忙忙碌碌,又苦又累,毫无情趣,时间分割成无数碎片,生命变得如此紧张。新教育人却视大爱为美丽的情感,圣洁的操守,天赋的责任。它是无私的给予,像大海给予白帆蔚蓝蔚蓝的依托;是纯真的奉献,如云朵献给大地晶亮晶亮的雨丝。

诠释大爱,新教育人施以一次次赞许,一声声慰藉,一句句叮咛,一回回祈盼,一场场制止,一番番坚持,一日日等待,一年年呵护;做出无声的示范,有形的暗示,不倦的教诲,委婉的劝诫,智慧的撞击,个性的舒展,人格的熏陶,灵魂的洗礼……

新教育人成了大爱的化身。就视角而言,大爱倾注着他们的慈悲情怀;就方法而析,大爱呈现出他们的巨大能量;就界限而论,大爱昭示了他们的一流境界。大爱无痕,像水之润物,气之弥漫,悄然无声而余音袅袅,平和淡远却真挚浓烈,长久留给学子心灵的,是德的彩霞、智的火光、美的地平线……

新教育人已将陶行知的"爱满天下"镌入心灵,心驰神往地行进在亚米契斯《爱的教育》的路上。

二是忘我。

孔子的自画像就抓住了忘我这一重要特征:"发愤忘食,乐以忘忧,不知老之将至。"[1]笔者感受到新教育人也有相似的特点,总有做不完的梦,干不尽的事儿,用不竭的劲儿。

---

[1] 《论语·述而》。

朱永新是一个代表。在多次年会和实验区工作会上，笔者都目睹了如是情景：头一天开会到半夜，散会后又整理演讲稿子到凌晨，疲惫困倦的他，一旦走上讲台，人立刻变了，身材挺拔，精神抖擞，笑容可掬，目光炯亮，声调洪亮，吐字清晰，极富穿透力，会场大厅回荡着溢满激情的思想风暴。

新教育人的这种忘我，来自崇高的历史责任感，高远的目标往往产生超凡的精力；也来自人对事业的深情依恋，神圣的事业时时擂响催阵的鼓声。生命有限，事业无垠，流光飞逝，不可旁骛。"流光容易把人抛，红了樱桃，绿了芭蕉。"一门心思地扑在新教育实验上，时间常常觉得不足，只能把所有的阅读、札记、教学、谈心、交流、活动等，统统都当成打拼的时空。这时，只有这时，新教育人方站在现实与历史的高山之上，手握着命运的杠杆，把教育当学问，承继着大学问；把职业当事业，开拓着大事业；把使命当生命，升华着大生命；把育人当做人，成就着大真人。

三是聚力。

新教育人喜欢自称为"相同尺码的人""抱团取暖"，其真谛就是"聚力"。聚力，不仅仅是新教育人实验初期的生存状态，也是贯穿实验全过程整个团队的生命气象。

新教育实验的聚力，以职业认同为精神家园，以专业发展为行动载体，旨在让每一个生命在合力的大场里，思维唤醒，心路畅通，天性舒展，思想碰撞，灵感互动，智慧彰显，自信膨胀，表达淋漓。一言以蔽之，是生命放歌——鲜活的生命活力与生命气象在奔流。

如此的聚力突破，聚力发展，聚力飞翔，可以体现于一所新教育学校的专业共同体内，也可以体现在一个实验区更大的专业共同体中，还可以体现在新教育全国一盘棋的专业共同体里，小如一校新教育人的学习、交流与研讨，中如一个地区开放周的展示、解说与品评，大如新教育全国种子营的种子教师的共同切磋联袂行动，新教育人在齐心聚力之中沉淀着，积蓄着，壮实着。

虚怀若谷，坦荡如天。新教育人从时时处处聚力的智能存折上，不断地获取了越发丰厚的利息。

四是睿智。

"知者不惑，仁者不忧，勇者不惧。"①和新教育人接触，会感觉到他们的思想新锐，观点新鲜，思路新颖，无论改革教学，还是守望教室，都有相应的主张，似乎

---

① 《论语·子罕》。

怀有一眼看穿、一语道破的功力。

此种睿智是从哪儿得来的？

从营造书香校园的大量阅读中来。在其他许多教育人只埋头醉心在教科书、教参、习题集之时，新教育人却起早贪黑，醉心在古今中外大量经典里，流连忘返，博览以神游；采花酿蜜，内化而再造。人增智慧路也阔，腹有诗书气自华。新教育人的精神成长史就是这样，像燕子一口口衔泥垒窝那样，一步步成长壮大了。

从勇于实验、开拓创新的行动中来。新教育的学理新，行动新，课程新，举措新，新教育人也一反陈旧的教育教学模式，而改为学生喜闻乐见的生活方式和课程样式，大胆实验，深入改革，开阔视界，增长能力，成了"弄潮儿向涛头立，手把红旗旗不湿"的角色。

从坚持长年累月书写教育随笔中来。这样既可以淬炼思想，又可以演练文笔，提升表达能力。华南师大附中的退休化学教师郑千一，古稀之年自编"养正"讲义，开始了"中华古诗文经典文化诵读工程"。她在深圳碧波中学试讲《腹有诗书气自华——与圣贤为友，与经典同行》"旗开得胜"后，又拖着一条伤腿奔走在广州、深圳、北京、湖南、甘肃等十一个省市，登上许多中小学、幼儿园的讲台，留下了传播中国传统文化的年岁最大的新教育人的身影，引得朱永新感动地撰文《向一个"可爱又快乐的老太太"致敬》。

五是高境。

王国维说："词以境界为最上，有境界则自成高格……"新教育人亦然，追求高境。这里的"境"，是一种心态、气度、精神，有高远心态高格精神才有境界，也才有教育人生的高度。教育境界是教育者的精神修炼达到的层次。

新教育人修炼而攀向的高境，源自教育信仰的"根"，教育情怀的"爱"，教育理念的"魂"，教育智慧的"核"，教育践行的"拓"。其间，他们居功不傲，见贤思齐，遇挫不颓；敬而不怠，勤而不辍，专而不移。他们以事业为生命，以育人为天职，不图虚名，不谋私利，不计较得失。

有一些新教育实验者，下了苦功，付出血本，成果赫赫，点赞如潮，却每每与奖优、晋级、评特不相关，甚至遭受误解，但他们仍像大漠里目视远方的骆驼，披星戴月，毅然前行。在他们的心里，"天空中没有翅膀的痕迹，但我已飞过"[①]。

有一种戴着有色眼镜的人，总爱对新生事物评头品足，看新教育实验不同于传统秩序，自然觉得不顺眼。新教育人以宽广的襟怀包容着，甚至以迎迓的心寻

---

① 泰戈尔，《流萤集》。

求其可资启迪的元素。因为他们知道,新教育实验是长久的,总得容许人认识差一点,走得迟一点。新教育事业又是大家的,是民族的,也是世界的,加盟的人越多越好。

新教育人此种高格高境,正是高格传统的文化自觉、高尚品位的人格自觉。

高境如月映千川,光华悄然挥洒,映照在新教育人的心灵深处和他们跃动的脚步里。

作为一种无形却给力的文化自觉、文化人格的软实力,高境让新教育人拥有了极其宝贵的人文财富。新教育实验也因此有了一种形散而神聚的巨大正能量,一种前行而不停滞的精神瑰宝。

第二章 心 灯

布丹画作:《翁费勒尔的堤岸和灯塔》

欧仁·布丹(1824—1898),法国19世纪风景画家。

布丹终其一生热爱法国西部海岸的景致,因为那里是他的家乡诺曼底。印刷工人出身的布丹,是一位灵气四溢的画家,是真正的印象派之父。他开创性地将变化莫测的自然界从容地捕捉到了画布之上,从心而发,情景交融,进而启蒙了欧洲现代画派浪潮。

《翁费勒尔的堤岸和灯塔》中,布丹用极为狂放的笔触和色块记录下翁费勒尔堤岸的人群和灯塔,尤其是乌云翻滚的天空。在画家急速的笔触的传达中,天空、云层、灯塔和人群极度流畅与生动,天人合一,欣赏者如同处于永恒的翁勒尔堤岸之上、灯塔之旁。

选此幅名画的意图不言自明,新教育不正是前驱者心中的一座灯塔吗?

题　记——点亮心灯

穿越迷途只为寻找心灵的归宿,
守望灯塔不惜付出毕生的年华,
啄羽再造,暗淡的生命浴火重生。
穿激流,闯险滩,争渡,争渡——
一盏盏心灯在前头引路。

高师有道,恪守师统,传道授业兼解惑;
名师有爱,以心传心,点化"致良知"的心灵;
德师有魂,甘做点燃者,拨亮求学者的心灯。
高高山顶立,深深海底行——
每位贤师的使命,如此至真至纯至美,
民族数千年的文明史便如是薪火相传。

这是怎样妙不可言的灯火啊——
以生命化灯,捻信念做芯,
倾智慧成灯油,引灵魂为光焰。
心灯闪闪的教育,幽邃、崇高而神圣,
点燃信仰、人性、真谛与一脉相承的神韵灵光。

第四节　穿越迷途

一

　　人在世间行走,赖有一盏心灯。

　　一灯能破千年暗。佛家此语道出生命一种境界:心灯一点亮,黑暗便退避三舍,灵魂的阴暗随即遁去。

　　本章取题"心灯",意在将教师比喻为灯,是让数千年文明代代相传、令民族生生不息的明灯。教育是关乎人类明天的至圣大业,教师决定教育的质量和教育的未来。好教师无疑是民族最可宝贵的财富,他们不仅孕育着希望,也在实现着希望——点亮学子们的心灯。

　　好教师是一盏灯,好学校便是群灯的组合,如此说来,一个地域当有一条灯河,偌大神州遂成一片灯海。

　　因此,异军突起的新教育实验,特别关注教师,将教师的专业化成长,既视为新教育的起点,又当成新教育的归宿。十几年来,新教育凝心聚力地把数以万计教师的心灯点亮,促精神整容,智能再塑,脱胎换骨。正如朱永新在2011年新教育理论研讨会上所言:"新教育最大的成就,是点燃了许多普普通通老师的理想与激情,让他们知道教育原来可以如此美丽,教师原来可以如此生活。"

　　新教育实验旨在踏出一条新路——实实在在地为了生命,救赎生命,升华生命;与崇高对话,与价值结伴,与真理同行。拈花微笑开新宇,守经扬道传心灯。

　　新教育所注重的,不在人的表象,而在人的心灵、人的气质,使其心灯悄然明亮。"我有迷魂招不得,雄鸡一声天下白。"[1]

　　新教育所用的火种,是人文关怀之火,人性关爱之火,人格关照之火。"梨花榆火一时新,心头眼底总宜春。"[2]

---

[1]　李贺,《致酒行》。
[2]　赵长卿,《浣溪沙·春深》。

新教育所照亮的,是人们博大而富有的心灵和人们心中的万事万物,自然囊括思想、情愫、梦想、愿望、领悟、感动、咏叹……"明登岳阳楼,辉焕朝日亮。"①

实至名归,深孚众望。新教育引得千水汇海,百鸟朝凤。

二

三年里访谈新教育,有一个疑问常常萦绕于怀:没有官方的物质支持与精神导向,那么多普通教师何以心甘情愿地追逐新教育,登上新教育这艘大船?新教育又回赠了何等厚礼,使其生命绽放出美丽与馨香?

因投身其中所有人的状况各不相同,每个个体都是唯一的,笔者为说明计,择选如下十二种类型。

对职业倦怠者,新教育递过缆绳,激发其化蛹成蝶的心志。

湖南省桃源县茶安铺镇大山里小学教师敖双英,那一年接连十个月没发工资,政府交给每个老师一张两千元的白条,让他们向学生家长收农业税"讨薪"。家长不但不给,还指着她的鼻子骂。重男轻女的山民丈夫不顺就喝酒,喝醉就打人……2000年,委屈伤心至极的她离开了家乡,到广东汕头市一所民工子弟学校打工。然而,独在异乡,思念幼女和老迈的父母,倍感孤苦。三年后得知家乡老师能按时领到工资时,她即返回了家乡。但她依然没有得到幸福,办理了离婚手续,并对教师职业丧失了最初的热情,只想做一份工作,拿应得报酬。她心如枯井,觉得自己行走在无边无际的暗夜里:向往光明,却看不到光明所在;渴望幸福,却觉得幸福远隔重重关山……

2007年,她从教的第十五个年头,听从一位要好网友的建议,她参加了在山西运城召开的新教育年会,彻底被震撼了。那一节节探求理想课堂精妙的课,那一个个关乎教师专业发展的讲话,更有那运城新教育人的亮丽风采,令她心潮激荡,梦在前方,路在脚下,她要用智慧和行动创造真正的幸福。

会后,她立即开始了寻梦之旅。月收入虽不足两千元,但她倾其所有"武装"教室。积沙成塔地攒了六年,如今她的教室拥有一流的教学设施:三千多册经典童书、录音笔、照相机、摄像机、台式电脑、手提电脑、网络、投影仪、电视机、影碟机、扫描仪、塑封机、打印机……为了打造完美教室,她甚至有段时间吃住、生活在教室,完全改变了行走方式的敖双英,有声有色演绎了新教育人的动人一幕……

---

① 韩愈,《岳阳楼别窦司直》。

对有"高原反应"者,搭起平台——给其突破自己的助力。

江苏省清江中学数学高级教师周建洋是一位喜欢钻研的老师,不仅教学好,任班主任也棒。然而,如何再提升档次,他毫无办法,好似走进高原区,心燥气促。转机在2004年,他从《教师博览》上,看到许多老师谈教育在线论坛,知道总版主李镇西和朱永新的成功保险。他心中一动,很想瞧一瞧教育在线有多大的魅力。在儿子帮助下来到了教育在线,没有想到的是,自己竟与教育在线一见钟情,执着至今。

在教育在线,他结识了许多见解独特的优秀老师,相互启发中激活了思想,鼓励中得到动力,交流中开阔了眼界。他参加了德育大家张万祥的班主任进修班,收获多多。他向后来总版主大潮河学做事业的激情与方法。还有众多新教育人让他学到了许许多多,他觉得每一天都很充实丰饶,心态也平和豁达。

从2005年12月注册教育在线起,他写了一千六百多篇随笔,一百多万字,点击量超过九万多次,有九个帖子被评为精华帖子。他从不会写文章到常上报纸杂志,一年里就有十多篇文章被《中国教育报》《班主任》《教育艺术》《德育报》《中学数学教参》《河南教育》《教育文汇》《扬子晚报》刊发。2007年以来,他先后被评为全国优秀教师、江苏省优秀高考指导教师、市学科带头人。

他说:幸福是自己感受的,在线的日子是快乐的,在线的收获是丰硕的,教育在线使他不断编织心头奇丽的梦想。

对一心"软着陆"者,燃其心火——示以书写新篇的智慧。

郭明晓,这位网名为"大西洋来的飓风"的老教师,可谓新教育大名鼎鼎的标兵。

2008年,五十岁的她,已是宜宾市优秀教师、先进科研个人、省政府教科研奖获得者。还有五年就退休,她只求平静悠闲地生活。2008年11月,她被派去参加了成都"新教育儿童阶梯阅读"的培训活动,软着陆的念想却被撞击得荡然无存。

能容三千多人的空军礼堂座无虚席。这样的阵势让她震撼,更让她震撼的是内容。无论是名师执教的公开课,接地气的讲座,抑或大家津津乐道的诗歌、书籍,她居然从不曾读过!最让她震惊的是《在农历的天空下》的古诗课程,几乎给她"毁灭性的打击"——当全场听众一起朗读那些诗歌时,她犹如白痴一样只能睁大眼睛张望而张不了嘴。当新教育老师展示学生的作品,感受到晨诵诗歌把学生带到的高度时,她无地自容,只能仰望!

她感觉不爱读诗歌的她,简直完全没有资格当语文老师了!

在这绝望与沮丧中,她眼睁睁地熬到了整个活动结束。但她突然明白:自己的无能,源自阅读积累的浅薄与教学功力的欠缺。

思来想去,新教育的美好让她兴奋不已,对新教育阅读课程的强烈好奇,像钳子钳住了她的心。一堂美丽的惊喜,将引导一场美丽的飞翔。

她上路了。给全班每名学生买了一本《小熊过桥》,上课前二十分钟领读诗歌,在教育在线论坛上以"大西洋来的飓风"的名字注册,希望用飓风般的威力扫除自己生命中所有的陈腐,和教育教学中所有老旧的观点,追求全新的教育生涯。她如饥似渴地阅读起来:2009年,她阅读近两百本绘本、数十部童话、近十部理论书籍;2010年,她又跟随网师读完了《论语》《中国哲学史》《静悄悄的革命》《心理学》《教育的目的》《给教师的建议》等一大批理论书籍;2011年,继续大量阅读,带领孩子晨诵·午读·暮省,开展完美教室的探索。在此期间,她按新教育理想课堂的三重境界上课、反思,给学子的父母写信,参加网师深造,指导学生排演生命叙事剧……

她,揭开了自己教育生命史新的篇章。

对心高气盛的攀登者,网络牵线——赠之以大能量的厚礼。

"自从加入教育在线,参加新教育实验以来,不但让我有了梦想,更让我找到了一条属于自己的学习与成功之路。"这是在2005年12月末"北国之春"全国新教育实验研讨会上,吉林市第一实验小学教师张曼凌激动的开场白。

她在蜜罐里长大,从小学到师范都当干部,又如愿分到吉林市第一实验小学。怎么成为最好的教师?她苦苦寻路。先前,她相当排斥网络,以为太虚幻,不现实,无法识别形形色色的人。一次,她在K12中小学教育教学网班主任论坛看到李镇西的名字,受名师吸引,她便注册了。网如一泓深湖,帖子似一勺勺琼浆,她实觉相见恨晚。不久,李镇西还将亲笔签名的《从评判走向建设》一书作为"最有发展前途网友奖"的奖品送给她。网上读帖,她读到了卢志文、袁卫星、窦桂梅、凌龙华、高子阳、冯卫东、张菊荣、李宰北、万玮、陈晓华等老师的佳作,也得到他们极为珍贵的友情。

教育在线使她眼量宽宏,心胸豁朗。2002年"十一",她出席在苏州市举办的教育在线第一次版主会,2003年夏她只身去昆山玉峰实验学校参加新教育实验研讨会,2004年5月,她与来到自己学校的朱永新老师面对面座谈,2005年夏她又一人赴成都来到新教育实验研讨会。她明显变了,变得爱上网,爱读书,爱思索,也爱动笔了。名师给她指点为师明路,高人给了她做人高格。

几度春秋,几番积蓄,她生命的火山喷发了。吉林的《松花江周末报》以"小曼,舞在网中央"为题大版面介绍她,个人专著《小曼老师讲故事》《魅力女教师修炼记》相继出版了。

小曼的迅速成长,让学校的邢校长看到了新教育的力量。于是,小曼所在的吉林第一实验小学成为新教育实验学校,并引来全国新教育会议在该校召开。小曼无疑成了一个人撬动一所学校、带动一个区域参加新教育的"先驱"。

2006年3月她应邀到徐州讲学,题目是《走一条属于自己的学习与成功之路》。讲述自己如何由一名普通的一线教师成长为具有现代教育理念,并取得丰硕成果的优秀教师。徐州同仁赠给她几副饱含真情的对联:

上联:一双大眼有二三十岁年龄她叫小曼

下联:三尺讲台教五六十个学生人称名师

横批:欢迎小曼

上联:时尚　风情　丰姿艳压群芳

下联:学识　气魄　巾帼不让须眉

横批:携手妙曼

对择业彷徨者,如一把生命雕刀——给其泛舟诲海的勇毅。

丰台,2012年一个夏夜。床上的陈冬兰(网名十三妹)辗转反侧,半夜未眠。白日,在丰台二中进行人生第一次登台的糟糕试讲后,双向选择,学校要她明早告知去与留的主张。

难忘今宵。今宵难眠。

这位北师大儿童文学硕士,是学识深厚思维自由寻求自我的南国女性。在读博与求职、做教师还是进入其他行业的抉择中,她是风一般自由的独行侠。人生有两错:入错行,嫁错郎。今宵若择定了教师行当,就只能敛起自由的翅膀了。

然而,新教育有一种非同寻常的力量,已潜入她的内心,与她结缘。2011年10月,她与新教育小学彼此确认对方"尺码相同"。2012年元宵节起,她又与丰台二中教师团队赴罕台新教育小学共读、培训;7月初再去观摩期末叙事与庆典。

灵魂在心底深处告诉她,选择当教师吧:担当是你的宿命;当教师最接你希望的"地气";你已经符合这个团队对"尺码相同"的要求与审核;他们竟不在意你严重缺乏那些似乎应是教师必备的外在素质。

天蒙蒙亮醒来,她给魏智渊发信说:向来一觉到天明的我,半夜,被一种强烈的力量唤醒。新教育,我来了,我看见了,我走不开了。理想主义如我,这就是我心中最明亮那方。倘若我在这场邂逅之后,因自己放弃选择而没有牵手一起走下去,我的心将留下一处永远的阴影。不,我不愿哄骗心!若不弃,请带上我吧!我已做好跋涉的准备。魏智渊即复:抉择在你,这是在你讲课前已经注定了的。只要你决定了,我们就决定了……

清晨,无边霞色若染,一抹远山如黛。她面色沉静,心底从容,脚步轻盈而坚实,因为她已经踏上了雕塑自我之路。

对迷茫中的叩问者,破其罗网——敞开一片蓝天。

石家庄的教师、现新家庭教育研究院副院长的王丽君(网名蓝玫),牢记大山中父亲的话:"好好教书,对得起孩子,对得起自己的良心。"然而,经历与现状让她无奈,因命运早被定格:用一本教材,耗上学生数月,目标是考卷高分;用一篇文本,耗上几天、几周甚至几个月"打磨",目标求一纸证书。如此一日日往复,直到满头白发和早衰的身心告别讲台……她怎么努力都收效甚微,越发感觉回天无力,因被现实无形的大网束缚得紧紧。

她叩问苍天,苍天不语;叩问大地,大地无言;叩问生命,生命焦思:为师者就是和学生嚼几篇课文、讲几节课、得几张奖状吗?这就是为师者活着的全部价值吗?

转机在2009年3月,同事向她介绍了教育在线网站。几个月后,她又看到"新教育网络师范学院"发布了《寻找尺码相同的人》的招生简章:

新教育的尺码是:

虽同样身处浮躁的时代,但不肯放弃早已被许多人弃如敝屣的理想,而是始终怀着一颗真诚的心,勇于承担身为教师的责任,在自己或者希望在自己的教室里,守护着最初的纯真愿望;

追求真理,求知若渴,愿意亲近那些真正伟大的书籍,尤其是那些能够帮助我们理解教育、理解人性,解决问题的专业书籍,并且甘心承受一次次的"打击",勇于不断地自我否定,将专业修炼视为终身之事;

希望自己的生命经由教学,经由学生的成长,而不是经由公开课、论文、职称评定等获得意义。

她读得心儿激烈地跳,读到最后一句话时,竟瞬间潸然泪下……人的华丽转身,在于关键性一步,而迈出这一步,得益于一次灵魂的点醒。由此,她爱上教育在线,从"海拔五千"读书会成员,转成网师学员。顷刻间,被压抑的教育激情被点燃。通过新教育网师的学习,通过教室里新教育课程的开展,新教育成了她的恋人、亲人。

以前做教育,为让别人认可。走进新教育,教育成了自己的生命。她整个人处于极度的亢奋状态:为准备一份晨诵的稿子,能从第一天下午到第二天十七八个小时不挪地方;为撰写一份网师的作业,可以早泡面晚泡面整整一周不出门……疯狂地痴迷投入,带来惊人的成长。超拔的出色表现,赢得全国各地来访教师的交口称赞,还引来《光明日报》《中华儿女》等多家媒体,报道这位平凡而又不凡的老师。2010年,王丽君成为新教育种子教师,2012年,她获得"新教育完美教室缔造者"的荣誉。

对怀有朴素教育理想者,为其扯起风帆——给予乘风破浪的力量。

聂明智身躯清瘦,脊背微驼,普通的师者却有不普通的人生。自1997年任运城市人民路学校校长起,为教育改革殚精竭虑。他选择新教育实验,起于一个心伤的故事。

2003年春节开学后,他的朋友带着孩子找他要求借读,并直截了当说,孩子学习不太好,希望能给安排一位好老师的班级。他见孩子个子不高,腼腆地低着头,没多说就把孩子送到一位省级教学能手的班级。到期末考试时,那位老师提出,该学生成绩太差,不能算班级人数。聂明智与那位老师谈话,听到的都是对孩子的抱怨。一次放学后,聂明智在大街上见到这孩子。孩子非常友好,一面向他点头问好,一面还将手里买的零食递给他吃。然而,不到一年时间,朋友给他来电话说,已把孩子转到体育学校去了。

这件事对他的刺激很大,好长时间,他感到在朋友面前丢了自尊,也因没能转变这位孩子而感到深深自责。

2003年,聂明智接触了新教育。新教育实验的"五大理念"和"六大行动"让他怦然心动。这不正是长期寻找而不得门路的真教育吗?想通了就改,认准了就干。聂明智指挥全校的新教育实践自此起航。他利用每天半个小时的晨诵课程,朗诵中华经典和中外优秀新诗;每天中午,师生进行二十分钟的默读,学生读经典童话,教师读教育专著;学生每周交三篇学习日记,教师全批全改。聂明智在学校里的新教育实践,被新教育课程专家总结为"晨诵·午读·暮省"儿童学习新方式,并推向全国。朱永新赠给他"阅读者明,反思者智"的题词。聂明智说:"在共读共写的校园文化气息里,我们找到了师生共同追求的精神家园。在这种文化生活的影响下,悄然拓展着师生的精神生命。"

喊破嗓子不如做出样子。已到"知天命"年龄的聂明智带头读书写随笔,每年读五十多本教育书籍,写上百篇教育随笔,释放心灵,升华思想,提高品位,焕发活力,调节出最佳生命状态。

因为聂明智和他领导的学校及运城新教育集团的出色表现,2007年7月,在运城召开了十分精彩的全国新教育年会,聂明智也成了新教育实验的"播火者"。

对遭遇灾难者,送去严冬里的篝火——暖亮心头的暗谷。

有一位女教师,从代课教师起步打拼,在苏州斜塘实验小学最早开发新教育读写绘儿童课程,成了新教育种子教师的一张名片、"新教育海洋中的一叶小舟"。这里,截取她突遭灾难的人生瞬间,透视新教育这方热土。

那是2007年4月18日夜晚,突然,晴天霹雳——老公发生车祸,抢救无效!她,一下子坠入绝望的深渊。眼睛一黑昏去,蒙眬中只知道亲人永远离去了,心像撕碎了一样疼……在那些日子里,令她灵魂苏醒的,是新教育那么多颗滴泪的心,从天南地北,对她深情劝慰,真心关爱,殷切呼唤:

杜红芳(苏州):世上最遥远的距离,莫过于生与死的距离。此时我已不知用什么话语来安慰你了,看你那痛不欲生的感觉,我的心好痛……唯独希望你能坚强起来,因为你的儿子、母亲还等你的照顾,你班中那三十七个可爱的孩子还等你能早日回去……

朱永新:命运经常如此,只有坚强面对,同悲。

凉月如眉(浙江):才看到噩耗,身上一阵阵发冷,生命如此脆弱。小舟,你要坚强,你会坚强的,对吧?

林日正(浙江):星辰将在夜中守望,晨曦依旧升起,时间像海波的汹涌,激荡着哀伤……

小青(江苏):世间好物不坚牢,彩虹易散琉璃脆。心头忽然涌起杨绛这两句诗。钱先生去世后,她为了排遣内心的孤寂,翻译了柏拉图的对话录之一《斐多》。她不懂古希腊文,这篇不易翻译的对话,参考书也不多,她说"正试图做一件力不能及的事,投入全部心神而忘掉自己"。小舟,也许这是一条走出痛苦忧伤、坚强起来的路径……

付芳(山西):坦然些吧!像失去天使儿子子尤的柳红一样,像陪伴残疾丈夫马文仲的谷庆玉一样。世事无常,如果说丈夫还有什么遗憾的话,你就该帮他精彩地去完成……

数以百计的帖子,铺天盖地。字字泪,句句情,声声呼唤,显现新教育团队内在心脉相通,休戚与共。新教育人情深意挚,给大难中的同仁,及时地燃着寒冬的篝火,点亮暗夜的明灯。

凌晨四点,梦中惊醒的她,打开"四月的哀伤"的帖子,一路看下去,泪水又一次湿了脸颊。她的心灵回音壁传出如下回响:我亲爱的新教育朋友,我所有的毛虫朋友,我无法用语言表达感谢,只想告诉你们:有你们陪伴,我一定会坚强起来的!

生命激情重新点燃。前行脚步走得更急。她把全部的情感倾注到教室里和孩子们身上。一年后,她带的那个入学时比平行班差十多分、全年级后二十名孩子大部分都集中于此的班级,变成了同年级里的佼佼者。尤其是她教的语文科目,这些孩子展现了惊人的写作水平,在"姑苏晚报杯"小荷现场作文竞赛中,她班上参赛的十多个孩子个个获奖,让大赛组织者赞叹不已……

对困厄者,渡口处指点迷津,拓展人生画卷。

郑州航空港区实验小学时朝莉(网名小风习习)遇见新教育时,恰是两种贫困搅在一起扼住她的当儿。为师九载,已从当初迷茫困顿变为后来的得心应手,然而不知不觉里,前行不见了目标,身心处于浅浅的倦态,眼望身边鬓发斑白的老师,联想自己将走几十年苦熬路,忽觉不寒而栗。人的精神贫困导致心气枯萎,随之而至的是生活贫困。她和同为老师的爱人为他的远房亲戚担保贷款九万元,亲戚不还钱,他们没有存款和房子,工资卡就被银行扣押,每月只给四百元生活费,其他款都被划走抵债。

经济贫困须用经济手段弥补,而精神贫困只能用精神力量救赎。

她说,在人生最黑暗时,遇到了新教育实验,否则早就可能崩溃了。新教育是我的救命稻草,我必须牢牢抓住,全力投入,在新教育实验里成长、蜕变。

2008年8月,她在网上发现了朱永新的博客。在那里,她读到了张硕果带领她的团队开展新教育实验的精彩故事。看完故事,她马上搜索教育在线论坛,一头扎进了毛虫与蝴蝶版块,看完了导航帖和推荐的所有榜样帖,毫不犹豫注册了网名,然后申请加入毛虫群落……

她行动了。处于困顿境地的她,在没有任何支持的情况下,只身加入新教育实验,一开始,她用信用卡分期付款给孩子们买书,后来又买了笔记本电脑、摄像机……为了能够买自己想要的书或者电子产品,她还把每年两次的绩效工资偷偷截留两千多块钱,省下留作备用……

她安下心走新教育的路,也并非顺风顺水。比如最初买书,家长不理解不配合,不仅说风凉话,甚至指着她的鼻子骂她,给校长打电话举报她收钱买书,扬言要去教育局告她……

身正不怕影子歪:买书的钱,家长代收;买书的过程,任何家长都可同行;购书后,实际书款和书目在教室张贴,随时欢迎提出质疑……她只能以微笑和泪水,来回报这些冷遇。

朱永新在教育在线读到她的故事后,用个人稿费,给她配了六十套新教育儿童阶梯阅读书包。这套书包共分低中高三套,每套各有童书十二本。也就是说,朱老师给她配足了一到六年级可供六十个孩子同时共读的两千多册图书!

她的亲人、家长、同事,都惊呆了。家人从以前对她不太理解到鼎力支持。

从乡村小学并校入城任教的时朝莉,真像从田野里刮来的习习小风,轻轻拂来,温润温馨,悄悄吹去,扑面扑怀,把新教育的花儿,栽进孩子们、家长们的心田;将新教育的硕果,展示在新教育全国讲坛、新教育人的智库里,成了新教育人一个美丽传奇……

对精神上的流浪者,导其转向——开拓一方教育乐土。

2012年的9月18日,李镇西在武侯区教育局做新教育培训,双楠实验学校的女教师王兮听得格外入神。

按照李镇西的建议,王兮当日细读网上新教育榜样教师的传奇,文章入眼入心,她竟动情地哭了。那一个个朴实无华的故事,别样浸润心灵的教育,一种充满人性关怀折射着宗教情怀般的教育理想啊。真乃感人肺腑,拨云去雾!

激动之下,王兮当即给李镇西发去短信——"是您,让我茅塞顿开,领我走上了新教育之路。谢谢您!"

在这之前,王兮患有严重的职业倦怠,她甚至想辞职去当网络作家。几年后,王兮在其专著《做有温度的教育》中,对2012年的9月18日深情回望:"从那天开始,我的教育生命被改写。"是的,她流泪那一刻,做出了庄严承诺——我要做一个新教育者!李镇西为其开启新教育之门,王兮紧随而入。

接下来几个晚上,王兮失眠了,脑袋里翻腾的都是新教育的信息。我要怎么做?当时她所在的学校还不是新教育实验学校,周围没有搞新教育的老师,只能自己摸着石头闯路。

然而,目标定了,就不怕远;榜样在前,就不怕难。

她想到教育在线网络平台,就注册了会员,观览有关新教育的帖子,继而学习网师课程。她决计从阅读入手,营造书香班级,着手"缔造完美教室"。

她理出了一个清晰的思路——

1.利用百度等网络资源,收集绘本资料,将每周五的一节语文课定为阅读课讲故事;

2.全班统一购买两个笔记本,进行读写绘作业和晨诵作业的记录;

3.启动读写绘作业和晨诵评价表;

4.通过联系学生们的父母,让其获悉班级开展的阅读之旅,并及时指导亲子共同阅读;

5.请同学们给班级取一个响亮又富有意义的名字,设计独一无二的班级标识。

通过举手表决，孩子们选出了"星星班"这个班名，围绕着星星的主题设计了班徽，确定了班歌——《星星的心》。王兮带领四十个孩子出发了。目标是擦亮每一颗"星星"，赋予每一颗星星独一无二的价值。

星星班的孩子啊，寻找你的理想之星吧，或许它就藏在你内心深处，等待你的唤醒。

种下梦想，够吗？不够，那只是种子。

种下热爱，够吗？不够，那只是阳光。

种下坚持，够吗？不够，我只是营养。

我们还要你相信自己，相信岁月。

从每一天清晨，用美妙的声音唤醒黎明开始——

从每一个故事，用高尚的德行唤醒心灵开始——

从每一个反思，用深刻的铭记唤醒自己开始——

就这样，被新教育重新点燃职业理想的王兮，在她的新教育实验中荡舟划行。

长话短说。王兮借助丰厚的阅读底蕴、生命灵感和文学功力，在"星星班"里，创造了有生动情境、精彩故事、丰富经历，让"每一个生命拔节"的多彩课程，将观察、阅读、绘画、练笔融为一体，将数学、科学、艺术、语文等多学科整合一起，还将"新父母课程""生命课程""经济学课程""甲骨文课程""吟诵课程"整合一炉，独辟新教育实验的一角田园。

2015年7月，王兮被评为全国新教育榜样教师。给她的颁奖词写道：

一场邂逅，一次追寻。从初始到深谙，从懵懂到热爱，她选择了新教育的路，一条注定不平凡的路。这里，有她甘愿奋斗的理想，有她倾心呵护的孩子。听，那清越激昂的晨诵清音，不正是她和学生们共同吟诵的生命之歌吗？

对年轻的踏浪者，示之以精神路标——滋养高雅的灵魂。

韩帅，一位河南油田高中的英语教师。学校位于偏僻农村，交通不便，信息阻塞。在应试教育的乌云下，他见不少学子无学习兴趣，厌恶甚至痛恨读书，呈现可怕的"精神贫瘠症"，体味到当下教育如此使师生沉重不堪。他仅任教三载，职业新鲜感即逝，终日觉得天空、心空都是灰蒙蒙的，做什么事都提不起精神，烦躁、郁闷。这些负面情绪让他对教室中的孩子失去了耐心、爱心，对自己也失去了信心。

无形的镣铐，紧紧地铐住了他和学子们。

正当职业厌倦袭来时，他在名师指点下，开始了静心读书，做笔记，写感悟，书籍似缕缕清泉，不断地滋润着近乎干涸的内心，他不再像周围人那样，为待遇、为工作唉声叹气、郁郁寡欢。然而，真正使他生命明亮多彩，精神发生质的嬗变，还属邂逅新教育之后。

2012年底,他上网读到"种子教师招募令",怀着为孩子们找寻优秀读书资源的目的,加入了项目群,开始一场如痴如醉的学习之旅。这一次,已从以往凭爱好兴趣读书,到全面、系统、有针对性深入求学,无论是开阔视界,还是畅达思路、锤炼魂魄,都呈现了全新的境地。而更令他内心激动的是2013年11月,他去成都参加新教育国际论坛,聆听朱永新老师的《阅读的力量》讲座:"对人类,阅读是一种生命本体的互相映照;对教育,阅读是一种最为基础的教学手段;对社会,阅读是一种消弭不公的改良工具;对个体,阅读是一种弥补差距的向上之力;对生命,阅读是一条通向幸福的重要通道……"讲得太好了,对极了!他兴奋得差点跳起来。自己走的路得到了导师的肯定和印证啊!

他将书的智光引进班级,利用学子有限的时间推荐好书。轻轻叩开一扇扇心扉,让稚嫩的心灵进入美妙世界中遨游。他和学子们捡塑料瓶子攒钱购买图书,建起拥有三四百册书的班级图书馆。

他将优美、睿智的英语诗歌引入教学,在浪漫中开启一天的晨诵,还在教室里张贴出读好诗、唱好歌(英语)、写好感悟体验的"征稿启事"。

由诗歌到小说到影剧,师生共读一部部经典,不断编织构建共同的心灵密码。诗歌共读了朗斯顿·休斯的《生活》、叶芝的《当你老了》、顾城的《梦想》、艾米丽·狄金森的《没有一艘船能像一本书》、郎费罗的《高度》、谢尔·希尔福斯坦的《跳水板》等;小说共读了英国C.S.路易斯的《纳尼亚传奇:狮子、女巫和魔橱》、美国海明威的《老人与海》、英国王尔德的《快乐王子》等;电影共看了美国电影《十月的天空》《凡·高传》《纳尼亚传奇》等。学生对外文的诗文影剧兴趣盎然。

他还将书之光、诗之韵,扩散到师生对话、书信、读书沙龙、诗词朗诵等活动中,化作锦绣生活的经丝纬线。

他寻得通向心灵的一条幽径和用文化解锁心门的那把钥匙。

那就是——师生借此丰沛的文化源头活水,解析他人,盘点自己,思索人生,润泽灵魂,超越应试,创造幸福,真正地做到"生命在场",让沐浴新教育阳光的高中教育,也能戴着镣铐跳舞。

从职业的新鲜期、倦怠期到成长期,从不读、阅读到共读,一路匆匆走来的韩帅,给我们深刻的启示:新教育塑人,如水润风拂,无处不在,无时不有。

对深度迷途者,给予警钟棒喝——使其获得精神上的皈依。

"记者同志,我可以说是一个'五毒俱全'的人!以前下了班喝酒、打牌,日子就是这样过来的。"站在记者面前的是一个很普通的农村教师,虽然记者深知这是一句恨己不争的玩笑话,可还是吃了一惊。因为这毕竟是位在一所有一千二百多名学生的学校任教的骨干教师。

在记者准备离开贵州凤冈县时,又是这位老师在送别时当面表态,"回去之后我要把摩托车卖了,买电脑!学电脑!写教育随笔!"而后,记者了解到,这位老师说到做到,已经在教育在线上的新教育贵州凤冈教育专帖上发表教育随笔数篇。学校在他的带动下,已经有三个实验班、十名实验教师投身到新教育中。

上两段描述,摘引于《现代教育报》记者刁文的《"灵山——新教育"2007贵州行特别报道之一》。"昨天已是过去,今天才是远航的开始。航行中,也许会遇到海浪,也许会被暴风雨所吹打……我有可能会倒下,但只要在呼吸,我一定又会爬起!因为我确认有海岸,海岸那边一定是一片蔚蓝的天空!"如今,这位老师戒了以前的"毒",上了新教育的"瘾"!

该县教研室主任曾令广撰文《爱心传四方,真情助教育》,也写到新教育实验彻底改变的教师典型。Q老师原是一个下班过后就热衷于休闲和从事第二职业的人,加入新教育实验后,他的业余时间都放在了读书学习、写随笔、网上交流上,参加实验八个月以来,在博客上发表两百多篇近八万字的随笔,还在教育在线的论坛里开设了自己的专帖。Z老师一直因家庭琐事对工作时冷时热,有时还着迷于打牌,这一次在绥阳一小参加观摩学习,内心的激情一触即发,痴迷上了新教育,他在一次座谈会上说:"我的下半辈子做定了新教育这件事,牌我是不打了,酒也不想喝了,摩托车我也不想骑了,因为我想把摩托车变卖后,买电脑。"他如今已坚持天天写随笔,上网交流……

往往青涩起步,克难而上,迷路上叩问,彷徨中觉悟,一个传染一片,头羊领来群羊,从风采,到精神,到生命……醒了,悟了,动了,可以犹豫徘徊,但不能永远沉睡不醒。可以拒绝晨风,但不能拒绝进步与成长的朝阳。

新教育就有如此的魅力。唤深睡者猛醒,拉歧路者反正,使丢魂者归来,让漂泊者皈依,在心灵的深处掘出清泉,于精神的高境扯起风帆。

三

笔者列举了十二种教师在新教育引领下穿越迷途,并与其良性互动的例证。迷途原因有外在或内在的,大局的或小家的,生计的或心灵的,表层的或深处的……

任何个例都囿于自身的局限性,不可能囊括方方面面。但若抛去鲜活的具体例证,论断就不免虚空。造成中国教育的长久迷途,让教育人深感穿越迷途之难的症结在哪里呢?新教育实验又是如何高屋建瓴地点亮一盏盏心灯的呢?

2006年,《北京青年报》记者李彦春采访了朱永新。

问及为什么要进行新教育实验,朱永新回答得很干脆——"补缺失误"。

失误的成因在哪里?核心病灶在急功近利。

其结果会怎么样?不是教给孩子一生有用的东西,而是为了中考、高考。长跑十二年身心倦怠的孩子往往错将高考当终点,殊不知,此为人生起点。

这种见分不见人的恶果可以预测一下吗?六年功利教育将带给学生六十年混乱和迷茫。"教孩子六年,我们要为他的六十年打好底色。"

一语问破,一言中的。是的,教育的失误,导致了对教育本质和教育规律的偏离:校不校,沦为考校;生不生,沦为考生;师不师,沦为考师。甚至,父不父,母不母,父母沦为孩子应考的督学。

于是,悲剧迭出,泪洒人寰都是怨。

1985年,北京49中十二岁女孩隋鑫因父母逼迫,考分低,而服毒自杀,死前,哭泣着自录了一段给父母、给小弟的绝命自白。

2000年1月17日,浙江金华四中高二学生徐力,因不满母亲的严格管束(不准看学习外的书报、电视,不能接电话、踢足球),趁织毛衣的母亲不备,用铁榔头向她头部猛击……

2008年,柳斌先生曾向笔者讲述北京一家惨事。父母离异,女儿随母。女儿把考取北京大学当成生命。母亲将女儿视作生命。第一年只差几分没能录取。第二年高考,女儿患重感冒,昏昏沉沉,不知所答对错。明早就要发榜。母亲去市场买菜。女儿左思右想,怕明日还是落榜没脸面世,越想越怕,心慌意乱中,竟手执菜刀割断左腕动脉,血流尽,人消亡。母亲归来见状,赖以生存的希望去了,自己活着又有什么意思?找一条绳,几分钟魂断半空。十几个小时过后,一张北京大学录取通知书前来叩门时,这里人去楼空,母女俩与到手的渴望失之交臂……

一再发生的悲剧表明,我们的教育病了,病得不轻。一切只为分数,只为考试,哪里还有人的自由成长、生命的舒展鲜活?

教坛在发问,百姓在呼吁,官员在反省,智者在沉思。

其病症表现在学生,根子在政策,关键在导向,出路在创新,起点在教师,办法在行动。

不怨天,不尤人,新教育人站出来了。他们以教师成长为出发点,以营造书香校园等十大行动为途径,以帮助新教育共同体成员过一种幸福完整的教育生活为目的,投身于教育实验。

天地之物,人为至尊;世间诸业,师为至圣;为师之道,生为至重。

理论激活心灵,行动带来成长。历经专业阅读、专业写作、专业交往的"三专"之旅(见本章第三节),榜样教师首先被唤醒,一盏盏心灯点亮了。

于是,才有了2007年7月15日,在山西省运城市新教育的第七届年会上,榜样老师常丽华、顾舟群、马玲、吴樱花、高溧霞、赖联群、刘洁、周素芳、黄芳、沈春媚、张巧平、原华秀、陈美丽、周益民等的第一次集中亮相,讲述自己的故事;继而又有了2010年7月9日—11日在石家庄市新教育第十届年会上,窦桂梅、张硕果、顾舟群、郭明晓、管建刚、吴勇、王桂香、牛心红、刘思远、杨超、徐斌等城乡新教育名师的深度展示。人们惊喜地发现,这些来自教学一线,穿越迷途后的新教育榜样教师,饱含激情与理想的火焰,带着七彩智慧和沉甸甸收获,其前行的迸发力、突进力强劲得不可思议。他们创造着新的自我,也再造着新的学子。

让我们看看顾舟群教育孩子的一个范例。

2006年,任教一年级的顾舟群遇到了一个叫丫丫的女孩。一副白白净净的面容很招人怜爱。入学测试时却一句话也没说,一道题也没完成,成绩为零分。第一次在校吃饭,竟然吃了七十五分钟。第一次做作业,抄写一排拼音α整整用了一节课,算出3-2等于几要花半节课……

新教育开始开展"读写绘"实验时,顾舟群观察到,她对绘本的阅读特别感兴趣,听课时眼睛一眨也不眨,在读《可爱的鼠小弟》时,她对绘本喜爱得着迷,眯着眼睛,笑咧了嘴。但她还没有交过一张绘画作品和一个续编的故事,顾舟群也并不指望她能回家去复述故事,画画续编故事。可是一段日子过去了,在师生共讲《小熊的哈欠》时,她竟交出了第一幅作品。从图片的内容看出,她完全听懂了故事,图片中出现了小老鼠的家、蜜蜂的家、小兔子的家、狐狸的家。她妈妈在图片上写了这样一段话:"今天是我难忘的一天,放学了,我骑着三轮车接女儿回家的时候,女儿不但开口主动和我说话了,还有头有尾地给我讲了《小熊的哈欠》的故事,我一边骑,她一边讲,女儿长大了懂事了。"

顾舟群为一个生命的蜕变惊呆了。她收到意想不到的果实。靠敏锐发现,咬住契机,系列跟进——以绘本故事为抓手,引来奇异兴趣,叩动求知暗门,凝聚散乱精神,唤醒沉睡巨人,长久压抑在心灵深处的表现欲和创造欲,终于被激活了,丫丫第一次获得了生命的尊荣感和幸福感,扬起了从儿童到少年开始起航的第一叶风帆,真乃踏破铁鞋寻秘法,终究是一把钥匙开一把锁啊!

顾舟群连忙在全班正式表扬了丫丫,并在全体同学的掌声里,给她的作品颁发了奖状。丫丫亮晶晶的眼睛涌出泪花。这是她生平得到的第一张奖状啊。从此,她的兴趣完全被激发起来了。每节绘本阅读课她听得更认真了,每次画画续编故事完成得都很好。三个月过去了,她的改变越来越大,逐渐每天一首儿歌她都能熟练地背出来,语文书上的课文每篇都能背出来,每一个生字都能默写出来,在月质量调研中她得了71分,一个学期下来,她已能熟练地背出上百首儿歌。

在2007年4月顾老师的爱人因车祸去世的日子里,丫丫的妈妈比任何人都着急,一次次打电话询问情况,又一次次发来短信希望顾老师振作起来。她说,丫丫不能没有顾老师,因为她不希望丫丫和她哥哥一样——丫丫的哥哥,和她一样的入学测试成绩为零。可是六年过去了,她哥哥还是一句话也不说,毕业测试成绩依旧零分,后来只好休学在家。

新教育人就是这样,聚焦于学子的生命开发,精神雕塑,智能再造,人格重塑,终身关怀,一生幸福,而不再只盯着考试,盯着名次,盯着名校。那样急功近利而疲于奔命的教育,在新教育人的眼里,就是令人窒息的雾霾,引人蒙头转向的迷途。

四

笔者油然想起郭沫若的那首《天上的街市》。诗人由盏盏街灯遐想到天幕上的点点明星,又由点点明星推及眼前盏盏街灯,将人间天上连成一体,创造出一个充满幻想、诗情画意的意境,驰骋了美丽的梦。

而新教育人,不也极像一盏盏传承薪火,为复兴伟业增光添彩,为学子照明引路的群灯吗?他们照耀的,是学子们眼前的路,远方的景;是新教育当下的行,未来的梦。

此处,笔者选取一幅剪影。

2015年8月24日,湖北随县教育局八楼会议室正举办新教育"点亮心灯"系列主题沙龙活动,自2011年始,这是第十四次。主持人彭静副局长激动地致开场白:"幸福、快乐是教师的精神需求,当你的爱好与你的事业相吻合时,你才会是幸福的。过一种幸福完整的教育生活,不是燃烧自己,而是点亮自己,越点越亮,温暖自己的生命,又照亮别人的世界,让自己的心灯长明!教育不是把篮子装满,而是点燃一盏灯。既然选择了新教育,就要风雨兼程,让我们的教育充满阳光。"

序幕揭开,沙龙的五光十色倏忽纷现:翻转课堂的阐述,书香校园的论说,践行新教育的体悟,当下教育的理性思考,以身相许教业追梦的无限情怀。摆脱职业倦怠而实现专业成长的老师们,像雪莲花般粲然绽放!

扇扇心窗洞开,知行融通,灵感互动,五彩的梦境,翩翩呈现眼前。

第五节　守望灯塔

一

穿越岁月,到灯塔去!拉姆齐的幼子詹姆斯极想去灯塔,因天气不好未能如愿。第一次世界大战爆发,拉姆齐一家历经沧桑。当初强烈支持幼子去灯塔的拉姆齐夫人已死。战后,拉姆齐携带一双儿女乘舟出海,终于到达灯塔。

这是英国现代主义潮流先锋女作家——弗吉尼亚·伍尔芙长篇小说《到灯塔去》的情节。作品透过拉姆齐一家人及几位客人在大战前后的生活经历,探讨人生的意义,指出自我有可能逃脱流逝不息的时间的魔掌并不顾死亡的威胁而长存不朽。

灯塔,魂牵梦绕的灯塔啊。

在拉姆齐夫人眼里:"那灰白色的灯塔,矗立在远处朦胧的烟光雾色之中……"

在为拉姆齐夫人作画的莉丽的眼里:"在有时候离海岸很相近的灯塔,在这天早晨的朦胧雾霭中,望上去似乎距离十分遥远。"

在詹姆斯眼里:"当时,那灯塔对他说来,是一座银灰色的、神秘的宝塔,长着一只黄色的眼睛,到了黄昏时分,那眼睛就突然温柔地睁开。现在——詹姆斯望着灯塔。他能够看见那些粉刷成白色的岩石;那座灯塔,僵硬笔直地屹立着;他能看见塔上画着黑白的线条;他能看见塔上有几扇窗户;他甚至还能看见晒在岩石上的衣服。这就是那座朝思暮想的灯塔啰……"

面临灯塔,即将下船的苍老的拉姆齐扣好上衣纽扣,卷起了裤腿。……他如此执着、如此专心、如此沉默地在探索什么?

十年过去,物是人非,唯有灯塔光耀依旧。拉姆齐先生隐约感到,灯塔塔尖的闪光即夫人的灵魂之光。他带着最小的两个儿女终于到灯塔去,实现多年前的夙愿,完成了与夫人精神上的会合。岸边画画的莉丽恰好也在拉姆齐一家到达灯塔的瞬间,灵感突至,洞若观火,向画布中央添上最后一笔,终于画出了多年萦回心头的幻景,大功告成,多年追求的艺术境界须臾间炉火纯青。

笔者顺着到灯塔去这一条线索,观览书中展现的一帧帧画面,为作者的心灵写生而触动。作品中的灯塔,尤让笔者思绪万千。

二

人生,都有一座须时刻眺望、终身求索的灯塔。

大凡成功的教育人,在整个教育生涯里,无不在远方矗立一座灯塔,心里亮着一盏心灯。心灯映灯塔,灯塔耀心灯。年年岁岁点亮心灯,憧憬灯塔,追求灯塔,守望灯塔。新教育人大都如此,将新教育喻为心中的灯塔,追寻着理想境界的前景。

其向往灯塔,追求灯塔,很有"溯洄从之,道阻且跻。溯游从之,宛在水中坻"的意境。这是一个渐悟的过程:印证内心的真与谬、美与丑,辨明坐标系下的是与非、曲与直,检讨人生、事业的利与弊、得与失,找准本真的自我,实现人生的顿悟,确定人生事业的走向。

其守望灯塔,会升起"桃之夭夭,灼灼其华。之子于归,宜其室家"的感觉。坚持本真,不因境遇、外界的改变而退缩,不因自身的荣辱得失而犹疑,在时代的大理想中,在千年的教脉中,明晰定位,矢志不渝,在新教育中共同守望,共同行动。

三

新教育人守望灯塔,守望的是什么?

初看上去,守望的是教室,是课堂,是课程。

教室,新教育人想得很精深。在人类教育史上,他们第一次提出了缔造完美教室的命题。即在新教育生命叙事和道德人格发展理论的指导下,利用新教育儿童课程的丰富营养,并以理想课堂的三重境界为所有学科的追求目标,师生共同书写一间教室的成长故事,形成有自己个性特质的教室文化。

教室是师生的生命"场"。教室里每一个日子都值得珍惜。为了用心擦亮每一个看似平凡普通的日子,许许多多新教育老师,组建了由老师、父母构成的成长共同体,共读共写共同生活,有着共同梦想,彼此为对方的生命祝愿祝福,为生命中的偶然相遇而珍惜珍重,共同创造一个完美的教室,共同书写一段生命的传奇。

课堂,新教育人看得很透辟。他们赞同日本教育家佐藤学的主张:"学校改革的中心在于课堂,真正意义上的教育革命是从一间间教室里萌生出来的。"三尺讲台连着世界,小小教室关乎天下。

教师的气量与眼界,决定教室开放的容量,也决定学生胸襟的变量。理想课堂是科学发挥教师的引领作用,有效激活学生的注意力和智力潜质,完美实施三维目标教学的课堂。在理想课堂上,教师追寻"眼里有学生,心中有文本,课堂有生成"的理想境界,用全部学养储备激活每一节教学,以和美的音符演奏着自己教育生命的华彩乐章。学生是有活力的灵动的生命体,他们以身心的投入创造性发展自己,一节节课,铺就其成长、成功、成才的台阶,构成了他们探索、感悟、升华的人生之旅。

课程,新教育人盯得很紧很牢。抓住这个"牛鼻子",做好当前的课程,研发卓越课程,开凿一项必要而艰巨的工程。

外在的执着来自内在的清醒。他们悟得:教室是河道,课程是水流,两者相得益彰,方能涌现教育的精彩。课程以人为中心,勾画着师生成长的历程。积极开发新教育课程,使教室成为汇聚美好事物的中心,学生在其中经历体验、探究,建立知识与自然、与社会、与自我的内在联系,将所有与伟大知识的遭遇转化为智慧,转化为想象力、创造力和文化力,从而使生活更加丰盈。

深层面解读,守望的是师生生命,是教育本真,是世间大道。

师生的生命成长,是新教育关注的出发点和归宿点。从这两点扩展而去,无论时间和空间,都交会在活生生的生命之上,日月为梭,课堂为线,课堂、教室、班级,演绎着生命的故事,一幅幅在岁月里织成的生命的锦绣。守望灯塔,就是守望师生成长着发展着的生命:守望他们的知识开花,智慧拔节,灵魂坐果;为幼儿送上生命雨露,领少年走进七彩阳光,给青春打点精神行囊。

"过一种幸福完整的教育生活"这一核心理念,再明晰不过地宣示了"以人为本"的价值取向和行走目的,每时每刻皆是对生命深情而睿智的发现——于事实中发现价值,于瞬息间发现永恒,于现象中发现本质,于独木里看见森林。

新教育讲教室时突出完美,靠师与生的心灵呼应书写生命传奇;

新教育讲课堂时力倡理想,用教与学的深度思维缔结多重境界;

新教育讲课程时强调卓越,由共同体合力冲向成长可能达到的极限。

许许多多新教育的一线教师,将教育良知融进生命深层的脉动,静静地守住一间小小教室,守望着每一个孩子自主学习的快乐,发现自己潜能的惊喜,守望着孩子们和自己的梦,从中自生命幽深之处体味,该珍惜每一个时辰啊,实实在在过好那充满惊喜与欢笑、眼泪与疲惫的每一天。历经岁月的风霜洗礼后,他们蓦然回首时会深深笑慰,因守住了新教育的初衷而致良知,师生的生命才如此丰盈,花开的声音方这般动听。

教育本真是新教育追求的所在,恪守的铁律。新教育学理基础和行动主张是从新教育实验总结出来的,充满校园泥土香,是生命故事的理性升华,给了新教育人行动的路标,更有理性武装与精神支撑。因其基本符合教育的本质规律,而较彻底地与思想理念的碎片化、割裂化、陈腐化告别,逼近系统化、整体化、网络化。

江苏新沂市阿湖小学,基础薄弱,办学困难重重。当时两个乡镇合并后,该校由乡镇的学校变成一所村小,房子建一半就没有资金了。教师人心涣散,学生厌学成风。后来。校长组织教师学习新教育理论,参加新教育实验,心志被焕发起来。参加实验没有图书,校长组织全校师生一起想办法去找书,没有电脑让家里条件稍微好一点的老师自己先垫资买电脑,老师们在网上写日记,发随笔交流,为学校发展献策献力。朱永新考察了这所学校,惊喜地发现教师们进步非常快,一些老师开始出版自己的著作。这对很多城里老师也是个梦。

该校的孩子读了众多经典诗文和世界名著,文质彬彬,成长得非常好。徐州市有一位领导考察该校时,就对老师们讲,你们的孩子比城里的孩子一点儿不差,你们孩子讲话的品位比城里的孩子一点不逊色……

透过阿湖小学这一窗口清晰可见:教育人一旦拥有了新教育思想,就能师变、生变、学校变,定会志大、智大、能量大。

人间大道是新教育遵循的根本法则。新教育人提出新教育具有两大基本特征:一是一种富有辩证法精神的教育,二是一种动态的、面向未来的教育,[1]较早地为新教育定格了坐标之点。

这两大基本特征向世人明示:新教育不是空穴来风的编造,不是头脑发热的奇想,它遵法而依,有大道可循,是基于对当下教育发展现状和社会发展走势进行分析之后的批判和重构,并将随着社会的进步和教育践行的发展而处于动态生成完善之中。"新教育是一个不断生成的过程。它不是一个框架、一个理念。我们在行走的过程中不断创造,不断汇聚,不断生成。"

守本、承继、重构、创新,是对新教育本质特征的总括主题词。

四

守望心中的灯塔,很难,不啻行蜀道,上青天。

从社会大环境看,偌大中国,弥漫着心浮气躁的气息。这几乎成了特定阶段

---

[1] 《"新教育实验":意义、谱系与展望》,《教育研究》2005年第6期。

的流行通病。这,也成了干扰教育知与行的杂音。

中国何以浮躁？中国教育何以浮躁？

根源在于,中国正历经一场划时代的超常规跨越——用几十春秋的突进完成西方社会三百多年才完成的经济社会转型。在此"压缩式成长"过程中,我们摸黑索行,既没有现代的哲学、宗教、科学、思想的传承,又不可无视国情照搬西方模式仓促应对,一切又尽在高速度、快节奏、急行军之中运营。在历史与现实奇异交织,时间和空间激烈震荡的节点,急求物质繁荣,难免忽视了精神失序；聚力经济崛起,难免漠视了道德沉沦。超速现代化导致人性的超速异化,深刻社会危机与负面因素也随之伴生,价值嬗变,欲望膨胀,文化虚无,追逐实利,世风日下,人心灼躁。

大趋势左右小环境。纵横决荡于教育领域里的浮躁之风亦由此而来。

从教育特定环境看,当下的教育战线,布满了急功近利的荆棘。

山东有的考生呼喊:"流汗流血不流泪,掉皮掉血不掉队！我们不能做贵族的后裔,而要当贵族的祖先！"四川有的学校高考誓师会上口号雷人:"只要学不死,就往死里学！"南京一高三教室里书出:"我拼命,我怕谁？"……这些锤炼的心语,百倍自信里含三分凄婉,万般雄豪中藏半腹悲怆。

高考如胜败的战场,考生如沉浮的舟船。多少素质教育的金言玉行,都被高考洪峰荡涤无存。

新教育的运行,既要抗住社会大环境无孔不入的侵蚀,更须顶起教育领域暴风骤雨般的冲击。其行路之难,可想而知。

从家校班的小环境看,家家有难唱曲,人人有难念经。拮据的经济,繁重的负担,上老下小的家境,僧多粥少的评职,外界舆论对心灵的扭曲,教学惯性与新教育前沿理念的碰撞,坚守职业操守与过好小家日子的纠结。凡此种种,断不可小觑,很可能牵一发而动全身。

一时一刻守望灯塔易,旷日持久守望灯塔难。一时一刻做成一件事情,可能是作秀,或属心血来潮,容易。旷日持久做一件事很难,却可以成就一项事业。1948年,牛津大学请丘吉尔演讲成功的秘诀。他说:"我的成功秘诀有三个:第一是决不放弃,第二是决不决不放弃,第三是决不决不决不放弃！"台下沉寂须臾,遂爆发雷鸣般掌声。

五

小学教师出身的美国儿童心理学家吉诺特万般感触地说:"教学的成功和失

败,'我'是决定性的因素。我个人采用的方法和每天的情绪,是造成学习气氛和情境的主因……无论在任何情况下,一场危机之恶化或解除,儿童之是否受到感化,全部决定在我。"

作为新教育的师者,如何让班级每一个生命都能树起光闪闪的灯塔,让个性各异的学子都能实现超越?

说说江苏省海门市海南中学初中英语教师殷卫娟吧。

前几年,她曾遇到前所未有的挑战:她很同情班上一个孤儿,把他带到家,当亲人关爱他,他却偷了她的钱和东西。班上一名她平时很关心的女生离家出走,打牌成瘾的父母把满腔怒火泼向了她,三天后她在网吧找到那名迷恋游戏的女孩。

她很纠结,怀疑自己的能力,甚至滋生离开教师岗位的念头。

2007年暑假是她生命的转折期。始发点是仔细研读了新教育的书。头脑开窍,思想转弯了。

她发现:自己错在"保姆式"的班主任管理。这种范式不适合当下需要,不可能培养有理想有智能有竞争力的现代人。她进而分析:缔造完美教室最大难题,是当下孩子生命信仰的缺失。表现为热爱自我、热爱生活、热爱世界的真情实感的严重流失与蒸发。

怎么办?学生需要心灵的导师,精神的引领者,需要在学校生活中体验、领悟生命的广阔与精微,从中找到他们的自身价值。教师当以敬畏生命、尊重生命和发展生命的承担,带领学生建立精神高地。

殷卫娟选择改变自我,率先点亮了自己的心灯和灯塔。

她决定先抓住课程,从抓住每周一节班会课开始,让它变成生命演讲课,由孩子们轮流演讲。

初一时,老师提供演讲主题,学生四人为一组,各自分工。每组五分钟,每节课轮四组。

初二时,学生自定题目,制PPT进行演讲,设演讲、学生提问、老师点评三个环节。

初三时,阅读+演讲。学生读佳作共鸣而进行演讲,并对生活、生命进入更为深刻的思考和理解。

演讲强调说真话,说实话,说心里话,切忌无病呻吟的文字游戏、哗众取宠的表面文章,所有演讲的题目,都来自教室,来自孩子们的真实生活。初一时学生的眼睛,更多注视身边的生活,如《节约从小做起》《换位思考,律己宽人》;初二时的视界,进入了更为深刻的内心活动,如《品味时尚》《论集体》《触摸幸福》;到了初三,思维的犁铧面向青春的原野,演讲起《困境中的思索》《生命的本色》《面朝大海,春暖花开》……

孩子们一次次演讲,是一次次自我成长的展示,更是一次次成功的自我教育的演习。针对学生们的困惑,殷卫娟也即兴演讲了《勇敢走出人生黑暗》,交流自己在黑暗中曾经的无助和努力。

离异家庭的女孩陆韵怡勇敢地面对着生活中的不幸,她刚毅地说:"哪怕身处黑暗,也要坚持寻找自己心中的光亮!"这一刻,师生都很感动,有的眼睛湿润了,对她发自心底的感受,报以热烈的掌声。

茜茜讲起她深深迷恋手机的不堪回首的事儿——

> 我迷途不觉,深陷不能自拔。上课时反应迟钝,吃饭时"爱不释手",对作业只有反感。家长劝阻,不听,别干涉我的自由;老师没收手机,经我保证还回,我再继续玩。妈妈一气之下把手机给砸了,我捡起来继续和网友聊天。那些日子里,白天昏沉沉,觉得云压气闷,魂不守舍,晚上精神亢奋,无法入睡,满脑子都是聊天,我发现我的灵魂我已无法控制了。
>
> 老师发火了。她通知我的妈妈和叔叔到办公室。那天,老师说:"茜茜,你看着老师说话。你现在没有选择了。我给你一个月,必须改掉,否则你完了!你可以不做作业,不学习,整天睡觉,你可以做你喜欢做的事情,但就是不能玩网络,走向堕落,茜茜,你看着我!看着我!"当我迷茫的眼睛触到老师尖锐的目光时,心里似乎有了一些力量。我答应了老师要求。妈妈、叔叔也认真向老师和沈校长表了态。
>
> 从那天开始,我不能离开教室,同学们上课,回答问题,我就在他们声音中昏昏沉沉入睡;晚上,妈妈通宵陪我聊天,聊我小时候的事。我发现妈妈添了白发,多了皱纹,我忍不住难受,想流泪。第二天一早,老师就找我,对我说加油!坚持!同学们都不嫌弃我,我课上睡觉,同学们下课陪我玩,帮我忘记网络,陪我锻炼身体。真是全天候的守护啊!要在别的班,我早被赶回家了。那是我最刻骨铭心的一段时间。大家对我这么宽容,这么好,我无论如何不能让他们失望,我得对得起这个集体。慢慢地,我晚上睡得着了,白天能集中注意力听课了。慢慢地,我的灵魂回归了,我开始和大家一样正常了!

真是撕心裂肺的演讲,浪子回头的自白。从身坠泥潭到走出陷阱,从灵魂出窍到真心归体,若在一个普通班级,只能是天方夜谭,而在殷卫娟的班里,却是活鲜鲜的现实。这个灵魂复苏的故事演讲起来,只是短短二三十分钟,其实发生在2012—2013整整两年!

笔者采访时,殷卫娟的酸甜苦辣涌上心头:傅老,真正的课程不是编写出来的,而是生活的积淀。生命课程有很多无奈,真实的教育生活不是一首美好的诗,守住教室有时候很难很难啊!

她带2007届学子时,她的实验处于尝试阶段,就凭对新教育初步理解,就起班名、建设班级书橱、班级电影院、班会课改成展示课,做出了一些改变;

带2010届学子时,她的实验已进入深入实践阶段,从情感和人生价值观的维度,从教育渗透到课内外每个细节的角度,去唤醒每一个不同个性孩子深藏的潜能,在不断挑战自我的历程中发现并赏识自己的优势,从而对生活充满激情,对人生充满信心;

到了带2013届学子时,她到达和孩子们一起超越阶段——在人格、知识、能力诸方面创造生命的奇迹,走向人生的完美。她发现:教师的高度决定学生的高度,教师的追求层次带动学生的追求层次。老师的改变和孩子们的改变息息相关。因此,她静则常思已过,动则突破自我。

她在2010年至2013年里,制作了两本师生共同成长的画册。

翻开他们的《成长的奇迹》画册,开门见山,是开学第一天种下"奇迹树"的故事。"创造生命的奇迹,走向人生的完美"成了大家共同的朝向。这本画册记录了"奇迹树班"的节日课程、演讲课程、电影课程、活动课程等,它记录了一个个让师生难以忘怀的美丽故事……

翻看《生命的信仰》画册,一篇篇成长日记扑入眼帘:绿茵场上的跳跃,塑胶跑道上的奔跑,编写剧本的痴迷,跳健美操的沉醉,大型舞台完美教室展示的荣耀,更有对校门外大千世界的流连,国门外奇异风情的心动……那些心中最美好的翩翩回忆,带你穿越2010年至2013年那段幸福感动的日子。

两本成长记录也是课程,是师生共同创造的践行着的生命课程!

画册以外,更有感人故事。2014年,原"奇迹树班"已毕业经年的一男孩的妈妈患白血病。原班学生纷纷捐款。黄圣钤同学当时在南通,殷卫娟去南通学习时,他特意送钱让殷老师转交。黄炎同学当年很叛逆,也特意打电话给殷老师,送来两百块钱。四十五个孩子,捐了六千多元,那位男孩感动得泪如泉涌。三载生命教育显现酵母效应,对生命教育的考量亦属有力验证。

进入2013届,殷卫娟将新教育实验植入英语学科。除继续深化生命演讲课程之外，开始研发和创造了英文赏析课程，成了学生参与度高、触动大、饶有生命力的课程。这一开发意涵至为深远，表明新教育足可以成为开发各学科课程的主轴。

英文赏析课程，从让孩子们喜欢英语课开始，以培养自学能力为基础，以英文经典讲述生命故事为切口，创造一切锻炼孩子的机会，滋养孩子们的生命。

英文赏析课程包括诗歌赏析、电影赏析、经典小说赏析。孩子们在英文赏析的旅程中，完成了多方面的自我教育，根据音标读单词、查阅字典、自我思考、自我表达，享受了学习的快乐！而殷卫娟，为了不断满足孩子们课外阅读赏析的需要，也不断更新自己的英文知识、提高自己的英文能力。

这课程实实在在地改变着师生们的学习和思考方式。

一天早晨，殷卫娟走进教室，居然发现课代表在领诵泰戈尔的《飞鸟集》，还做了PPT，配上了音乐。

她非常欣赏，忍不住表扬："你还能做PPT？了不起！" 于是，殷卫娟选了英文版《泰戈尔》中的四十五篇，作为领诵的材料发给每个孩子。

对性格不自信的，她让其品读：

小草呀，你的足步虽小，但是你拥有你足下的土地。

对不懂得感恩的，她让其品读：

谢谢火焰给你光明，但是不要忘了那执灯的人，他是坚忍地站在黑暗当中呢。

一个星期后，师生开始了泰戈尔《飞鸟集》英文诗歌赏析课程的穿越之旅。一个多月，每节英语课的前三至五分钟，在音乐中，他们就与泰戈尔进行心灵的对话。

老师说：小丁，一定要成为考第一名的男孩。

小丁用英语领诵的却是：这诗句告诉我，我不可能把每件事情做到完美，我应该尽力做好每件事情。

殷卫娟用英文点评：什么是最好的？享受做的过程。太重视结果，是自我折磨！

孩子们在诵读的旅程中，渐渐地完成了多方面的自我教育。

《飞鸟集》完成后，他们开始读雪莱的诗歌……

那学期的期末庆典上，演讲达人、英文诗歌领诵达人，都会在家长面前展示，并骄傲地走上红地毯！

尽管面临毕业升学的压力，殷卫娟毅然放弃了题海战术，守住她理想中的新教育，拒绝把孩子当成考分机器；而将"深度阅读"带入学生的课程里来，要孩子们更多地了解世界，倾听世界的声音，以此扩大视界，深化人生，让每一个孩子拥有人生的信仰，成为拥有中国灵魂、世界眼光的当代先锋！

于是，她和孩子们坚持"原版英语读书漂流"活动，并坚持课前三分钟演讲，用英语介绍所读到的和所思考的。

初一时，他们坚持阅读新课标五级阅读丛书，共二十册。

初二至初三上学期，殷卫娟不甘心于纯粹的阅读，把老外请来，就有了"空中英语教室"。孩子们除模仿地道的读音外，还能深入地感受美国人的幽默、开放，能从日常生活的视角了解西方文化及世界最新信息。"奇迹树"教室一下子通向了世界。

学生们的收获远远超越了英语知识本身。

在"成长　梦想"毕业班会上，一个个同学慷慨激昂地争着亮相。轮到老师发言时，泪花在殷卫娟眼圈打转，胸中热烘烘像燃着一团火，急跳的心儿似乎要蹦出来，张开的嘴动了动，语声忍不住哽咽起来，这是她第一次在学生面前无法保持平静，她是为这些孩子感到骄傲，感动于他们的大气、志气和豪气。

生命演讲课程，将真情演讲与人生成长融为一体。

英文赏析课程，将外国文化与生命再塑冶为一炉。

校内外活动课程，将丰富多彩的活动与熏陶七彩个性打成一片。

如此多种课程的开发，终于使"奇迹树"结满了金色的硕果。

中考的体育考试，全班在一片欢呼声中轻松结束，人人满分！英语满分150分，"奇迹树班"平均分146分！高得不可思议！

殷卫娟也创造了人生奇迹，她两次被评为南通市优秀班主任，获得2013年新教育全国十佳教室缔造者的美誉，2015年的1月10日，她又站在北京师范大学的舞台上，演讲"奇迹树班"的传奇——《让每个生命创造奇迹》……

第六节　啄羽再造

一

　　自然界与人,大道至理息息相通。作为万物之灵的人,若真的能从自然界的启示里,灵犀一点,斩获天机,必会及时地更新自我,强劲生命。

　　就说阿尔卑斯山上雄鹰的再生吧。这种雄鹰的寿命在百岁以上。它活到六十几岁时才突然老化,变得无精打采,如患大病。爪子变秃变钝,无法有效地抓住猎物;翅膀越长越密,变得沉重无比,飞翔十分吃力。此种孤寂无助的境况持续几周,忽一日,它幡然醒悟,开始用嘴去啄击岩石,又用它的翅膀和尾巴用力地拍打岩石,直到老喙磨落再长出新喙,老化的羽毛都掉下来。岩石上滴落斑斑血迹,它的嘴、翅膀、尾巴也现出血染的风采。尽管剧痛难忍,老鹰的心儿却通明:不如此只能老死。只有历经啄羽再造的悲壮一幕,方能再生活力,自由翱翔,续写后四十年的生命华章。

　　鹰的啄羽再生,是青春的复活,生命的展延。而对于人,则是生命的启示录。它告诉人们,壮丽的生命,若不经过一次次吐故纳新的内化,乃至脱胎换骨的再造,就不可能实现人生的完美之旅。

二

　　在中国教师军团里,数量相当多的人,已沦为病态的"鹰"。

　　初任教师时,往往激情鼓胀,活力迸发,而在教旅途中,渐而蜕变,生显病象:激情流失,活力枯萎,斗志衰微。

　　教师中的病态"鹰",不只因到了一定教龄,更因躲不过的难关:

　　一是教龄三至六年时,即一个教学循环周期时(初高中各是三年,小学六年),自以为入了教门,事事已通晓,闻鸡起舞似的投入开始懈怠,满腹激情的梦想悄然蒸发;

二是成家添子、上有老下有小时,琐事缠身,矛盾加剧,捉襟见肘,如牛负重,身心疲惫,美梦远遁;

三是高级职称搞定,再无目标可索时,追求怅怅然,眼前茫茫然,心里空空然。

这就是患上了职业倦怠综合征,即面对高期待值、大工作量、强竞争压力,在重压与烦躁中心志滑落,而在身心上产生的高度疲惫症。

这个偌大的黑洞,像蛀虫一样慢慢吞噬教师的心,让其主动性和创造力神不知鬼不觉地丧失,事业坐标轴发生缓慢性的错位:目标呈现一片空白,心志空无所依,激情犹如船帆没了风助,心浮气躁地重复编织着的人生经纬。久而久之,知识旧化,能力退化,观念老化,大脑僵化,思维固化,文风套化。

教师的职业倦怠实乃精神倦怠、思想倦怠、心态倦怠,一句话,教育生命的动力源疲软。此倦怠有轻有重,轻者尚可在自我救赎中渐行渐悟,重者则坠落精神的深渊难以自拔。教师的心灵倦怠,造成生存与职业分离、生命与事业分离,因此说,职业倦怠是冷面杀手。

若问,中国教师何以患得此病?从教育大环境看,中国教育病了。许多教师在此异化的生态下,会觉得手足难动,思维难展。进而言之,教师的地位、待遇与其奉献、作为不在一个天平上。知识贬值,斯文冷落,职业困顿,师者的心魂难免不招致创伤。

出现在精神、文化上的职业倦怠,虽说客观上有其土壤,但对育人事业计,确构成一种销蚀。钱理群说:"做任何事,刻苦的结语常常是两个字:及格;兴趣的结语常常也是两个字:出色。"[1]身患职业倦怠综合征的教师,教育人生既无兴趣激发,又无幸福感受,何谈优秀出色?

三

进入21世纪,世界教坛将目光聚焦两大问题——一个是教师的专业化发展,即教师的心志雄起与智能重塑,另一个是课堂的高效教学,即解决效能的"少慢差费",两者相辅相成,水涨船高。

对此,中国教育的高端开始行动:新课程改革迎着新世纪的曙光拉开序幕,对教师专业化培训也提到了日程。顶层设计的眼光准,方向正,思考对,但是,产生的结果却因诸种原因而不尽如人意。

---

[1] 钱理群,《兴趣是一个人的生命质量》。

君可见，在一些培训大厅前，被培训者签个字，便走人了事。有的台上讲师讲经布道滔滔滚滚，台下学员谈天说地不紧不慢。有的教师所提交的作业像一个模子刻出的，原来是同抄一个答案。培训成了走形式做样子。

　　就在职业倦怠氤氲了许多教师的双眼以至心灵，网络化、信息化、智能化迎面扑来，知识的更新翻番式加快的时候，新教育人早已看清了情势：时代招引与环境所迫皆在眼前，再不啄羽再造，师者必落伍于时代。

　　2009年，在江苏省海门召开的新教育年会上，朱永新在《书写教师的生命传奇》的主旨报告里，第一次提出了教师摆脱种种虚无与倦怠的上策良方，即以孔子为职业榜样、人生典范，发展自己的"三专"模式，书写教育人的生命传奇。

　　提得适时，持之有据。

　　笔者深深感喟，新教育实验精深洞察、精当概括、精确推出的新教师成长的"吉祥三宝"——"三专"之路，是一条冲破迷途的路，一条自我解放的路，一条啄羽再造的路，一条教师发展的优化之路。

　　专业阅读——站在大师的肩膀上前行；

　　专业写作——站在自己的肩膀上攀升；

　　专业交往——站在集体的肩膀上飞翔。

　　新教育不仅提出了"三专"模式，向教师推荐了基本书目，还打造了教师专业发展的系列平台：以"教育在线——教师专业发展论坛"为主阵地，汇聚热心于专业发展的实验者组成共同体；在"海拔五千——新教育教师读书会"QQ群、构筑理想课堂QQ群的基础上，正式建立了新教育网络师范学院，在网上开设许多课程，将专业阅读、课堂教学彼此打通，使一大批实验者借助专业发展共同体提升自己的专业化水平，构成了新教育亮丽的组合风景。

　　当目标与需求双双签约，当心灵开采与载体发掘连体齐动，当教育生态与自身发展高度合拍，中国教育便进入了星光闪烁的瞬间。这就是新教育人走上时代舞台，担任重要角色的那一刻。

四

　　专业阅读是教师发展的第一台级，也为基础台级。

　　自古至今，阅读为上。海纳百川，阅读化人。阅读以智火给人生供氧，用书香为生命奠基。

　　假如教师的文化库存枯竭了，事业就搁浅在沙滩了，精神就窒息在暗室了。

古人云：修净土者，自净其身，方寸居然莲界；学坐禅者，达禅之理，大地尽做蒲团。阅读之于教师，既是随时随地又是永永远远的准备。

这很像非洲草原上长得最高的尖茅草，最初半年，只有一寸高矮，半年后雨水一来，它像施了魔法一样，三五天便长出一米六至两米高，完成"一鸣惊人"的蜕变。原来前六个月，尖茅草一直长在根部，根扎地下超过二十米，为雨季的跨越做足了准备。

教师专业阅读的根本任务，就是以广阔的智力背景滋养生命，构造一个睿智的大脑，一个用深博学识和宏富智慧武装起来的大脑。

新教育所倡导的专业阅读，不是随意的、零乱的、仅出自兴趣的，而是从建立教师终身受用的职业综合素质出发的，将自己变得无比丰饶、睿智、强大的主要手段和路径。

新教育的阅读方式，属于带有咀嚼性质的研读，通过对书籍的聆听、梳理、批判、选择，进行正能量的吸纳、内化。

教师该读哪些书？笔者从网师课程及新教育研究院力推的书目中，感到新教育教师的专业阅读书包括：

一是处于学科前沿的专业书，建立学术高地的"孵化器"。这些书犹如精品细粮，需要细嚼慢咽，来厚积学科知识，激活学术智慧。每个人都应该立足自身实际，纵览事业发展的宏阔学识背景，确定一份属于自己的专业阅读地图，并扎扎实实加以落实。

一是多棱镜似的人文科学书，如文学、哲学、历史、社会学、科学、美学、伦理学、人物等多方面的书，树起健全人格的"定海神针"。这些书广开视界，全息思维，纵横支撑，多元建构。

一是搭建"教学后台"的教育理性书，如教育学、心理学、管理学、学习论、方法论等方面的书，带给教师教书育人的"内功"。有了"内功"做根底，教师在教育、教学的践行中，就能打开一扇扇心门智窗，搭就师与生的情感虹桥，让师生过一种幸福完整的教育生活。

《中国教育报》2010年推出的"读书十大人物"之一、新教育人张硕果堪称教师读书的典范，她对读书的体悟，深邃而富于启示。她说她经历两次不同的阅读。

第一次在2000年，她入选河南省中小学百名教育教学专家，进行为期一年的脱产进修，听顶级课程专家全新的教育理论，读《课程与教学论》《课程与教师》《新课程的理念与创新》《多元智能理论》……选购的书大部分都是客座教授的课程理论书籍，和自己的实践之间还存在一段真空地带。这个阶段，书虽读得多，读得深,却因不清楚自己的知识结构,也不知晓该具备怎样的知识结构,便无法借助阅读解决在专业成长和教育实践中的诸多问题,反而一下子迷失在这些书籍和词语中,陷入更深的焦虑。

第二次是在2007年春季,赴贵州省凤冈县参加了支教。在与新教育研究中心专家及优秀同仁的邂逅中,阅读开拓了她的教育生命。《学校是一段旅程》《孩子们,你们好》《静悄悄的革命》《朗读手册》……这些针对性极强的书让她如获至宝,疯狂地阅读,紧张地思考,她步入了快速成长期。在交流碰撞中,她慢慢学会了"啃读",尝试通过对一本书的聆听、梳理、批判和反复多次的对话,吸收内化书中的信息,完善自身的知识结构,形成教育智慧。如此阅读,使理论和现实、阅读与实践之间的距离一点点缩短。华德福的教育理念、阿莫那什维利的课堂教学实践、帕尔默的教师职业认同等理论,如水之浸润,气之弥漫,光之照耀,使其先前阅读的教育理论慢慢复活并相互融通,她也拥有了自己思考教育教学及阅读其他书籍的原点。

当下,每每谈到阅读,教师常将脑袋摇成拨浪鼓——哪有闲工夫读书啊。错了,阅读时间靠挤,靠抢,靠咬。

新教育名师、荣获中国网"中国好教师"称号、河南省商水县化河乡一中王桂香老师(网名麦子)的专业阅读情状,足可以给教育同仁上一堂令人醒思的教育课。

这位1978年出生、1999年任教的乡村女教师,个子不高,一脸童真笑颜,是孩子们心中无所不晓的"师圣"。

任教初期,在忙碌着班主任的琐碎事务之余,她购得《读者》等多种杂志,一册册浏览。开卷有益,她增加不少人生和社会知识,心里颇有几分自我满足。

2009年春,她的心灵开窍,自我发展意识骤醒。不能这样活!当老师就当学识渊博的出彩老师,过日子就过充实、幸福的教育日子。她制定了短期职业规划:两年内,利用早自习辅导时间,背《论语》《古文观止》,与学生一起,每节早自习背一首唐诗或宋词。每月读文化、教育或文学类三本书,并写读书随想,留下思想履痕。每周看三个语文教学视频,至少写三则教学反思日记。每月至少请一位同事听她一节课,虚心听取意见和建议。她甚至还在网易博客上,与好友素儿、若涵结成监督同盟,对计划完成情况一周一小结,每月一总结。彼此取暖,互相给力。此后三个月里,她"充实愉悦地过着这种有目的的教育生活",读了《季羡林文集》《言说抵抗沉默》《苏东坡传》《论语别裁》《阅读教学艺术50讲》等一大批著作。

接下去,她又一次陷入彷徨。心里飘过的阴影纠缠着她:她怀疑计划执行的效果,是否做了无用功?这样坚持两年能实现目标吗?

这种迷茫持续到7月末。她偶然看到新教育网师的招生简章。上面对教师生命价值的描述,对理想境界的追寻,深深地撩拨她的心。她决定加盟网师。

一年的网师学习刻骨铭心。她一门课一门课地学,一本书一本书地读,《构筑合宜的大脑》《第五十六号教室的奇迹》《中国哲学简史》《古老的回声》……每一门课每一本书带给她的都是前所未有的紧张、刺激、快乐、痛苦……渐渐地,宁静下来,充实起来,目标明晰起来。她竟然一口气选了七门课程,写了近七万字的作业。她将时间按分钟计算,每日用五个小时做每天必做之事:读《论语今读》十则,读或批注《人间词话》三则,批改作文十篇,编写教案一篇,备课一节。用两个小时亲子共读:中午读《阶梯数学》十页左右;晚上读《夏洛的网》十五页。每晚用少于一小时多于三十分钟的时间倒走,解决难忍的腰痛。用四个小时做家务:拖地,整理床铺,洗衣服,做饭……八个小时睡觉休息,还剩下四个小时呢,看书、闲聊、上网……

2010年7月,在石家庄召开的新教育年会上,这位目光坚毅、语气沉稳的女教师,叙述自己的成长故事,两千五百人的会场鸦雀无声,许多人为她身处艰难之中,却对专业阅读始终不离不弃,感动得泪如泉涌。

笔者在访谈中得知,从2009年至今,王桂香紧随网师走在专业阅读的路上,一直没有止步。梦在远方,路在脚下,硕果结在心里。

——阅读视野的开阔让她知天命。作为语文老师,阅读绝不能停滞于文学领域,否则就只是文青一个了,人文、历史、哲学,她都涉猎。读《苏菲的世界》《非理性的人》,让她了解西方哲学史,也对自己开始心灵的拷问。读冯友兰的《中国哲学简史》,读《论语》,让她认识到了自己的天命所在:自己的天命在教室里,带领一届届学生在知识与精神的领域里走得更深更远。

——解读文本的功力使她有底气。2009年初接九年级语文课,不借助教参,不知教什么,几年下来,她已能独立解读文本。师生共读,数量由第一年的三本到如今的六本。阅读数量递增和解读能力提升在一个层级上。深入读叶嘉莹、王富仁、王国维,读外国优秀童书、中外寓言,读金庸、苏轼,读《西游记》……久而久之,她拥有了站稳讲台的底气。

——中外教育理论带给她深刻的洞察力。她啃读多部教育经典——《给教师的建议》《民主主义与教育》《教育人类学》等,她用苏霍姆林斯基的"第二套大纲"指导学生课外阅读,用"交集点"大问题引领课堂,用怀特海"浪漫—精确—综合"审视一门课程、一节课甚至一个学期的安排,用博尔诺夫的"危机与遭遇"解读班里某个学生的成长,用佐藤学的"润泽"与"倾听"反思自己的课堂。

2015年夏天,她在梳理反思中惊喜地发现:上述诸种理论是可以互相打通的!在打通中内化,成就了她对教育深刻的洞察力。

——通透哲学思维为她安顿了灵魂。读西方的哲学家,对她影响最大的是克尔凯郭尔。他的"怎么信仰就怎么生活",他的"纵身一跃",让她思考自己存在的意义。以前,她小心翼翼,总担心会得罪什么人,很在乎别人对自己的评价。现在,学校领导用"单纯"来形容她,说她的心态就像二十岁左右的年轻人,其实,她觉得人应该越活越纯粹。2016年秋天她领着学生晨诵冰心的《繁星·春水》,读到"母亲啊!撇开你的忧愁,容我沉酣在你的怀里,只有你是我灵魂的安顿"这首小诗时,她跟学生探讨什么是灵魂的安顿,学子也分享了王桂香凝思已久的心得。老师,在人生道路上,就是学生的榜样啊。

——创造性的劳动赋予她一个书香家庭。开展这么多课程,做这么多活动,不间断阅读,不累吗?她总是笑笑回话:不累。一个追求卓越的老师,所从事的是创造性劳动,当他(她)不断体味学以致用的快乐,不断体验创造性劳动的成就感,怎么会累呢?

王桂香也努力做一个好妻子、好母亲。起初,看到她深夜工作或阅读,无暇顾及家务,也在同一所中学教物理的爱人抱怨她;她建设"班级图书馆"时,要爱人帮着在当当网下订单,去县城邮局取书,她爱人极不情愿……如今,王桂香的教育教学绩效令他非常钦羡,再无怨言了,他还一改先前宁愿发呆也不读书的情形,主动请王桂香为他推荐好书来读。

十岁的儿子受妈妈熏陶,既喜欢每天与自然亲密接触,又喜欢晚睡前沉浸书的世界里,甚至吃饭时也忍不住看书。从他一岁到二年级上学期,每天晚睡前是母子共读,大量的听读,让小儿喜欢上了读书,自二年级下学期他就达到了苏霍姆林斯基说的"自动化阅读"。他们家境并不好,购书却绝不吝啬,不仅购给自己看,给孩子看,还掏腰包为班级图书馆买了五千块钱的书。她的行为也潜移默化影响了儿子。儿子的好书,也捐给了班级图书馆。

五

专业写作是教师发展的第二台阶。如果说,专业阅读是信息的输入,其输入的形式是在广博精深的吸纳中,完成一种至关重要的积累(间接的生命积累、思想积累、表达积累等),那么,专业写作则是信息的内化,其内化的方式是以反思为主线,在梳理、取舍、重组、深化、发展、润色中,实现一种与他人沟通与世界对话的跨越,将活得精彩,做得精彩,深化升华为写得精彩。接下去,则通过再实践,达到信息更高层次的转化。

2009年7月12日,在新教育实验第九届年会上,朱永新提出"一个人的专业写作史,就是他的教育史"的理念。教育生活是由无数碎片组成,这些碎片往往会形成破碎的未经省察的经验,使教育教学在比较低的层面上循环往复。而专业写作则能有效地对经验进行反思,从碎片中提取有意义的东西并加以理解,形成经验融入教育生活,使我们的教育实践更加富有洞察力。这样,这些碎片就可以经过拼合成为美丽的图景,就像散落的珍珠串成美丽的项链。

新教育教师的写作分为教育感悟、教育叙事、教学案例、教育案例、师生共写随笔等五类。

可以说,此种由新教育人力推的教师专业文体的写作,是新教育团队对中国教育一大贡献,是献给中国教师的一份实实在在的厚礼。

在很长时间里,教师为完成派下来的各种写作任务,往往东拼西凑,书抄网摘,其结果心口不一,言不由衷,既费时耗力,又劳心伤神,于自己成长无补,对事业收效甚微。

这一回,我笔写我行,我文书我心。从虚到实,由远至近,自身至心,践行的案例,案例的叙事,叙事中的感悟,再不用生编硬造,实工虚做,专做给别人观赏,而做得踏踏实实,叙得真真切切,悟个明明白白,心里亮亮堂堂。对广大教师,这是事业的解放,心灵的歌唱,是思维的修炼,表达的提升。试举一例。

在苏州市昆山区玉峰实验学校初中教师吴樱花的班级里,有一名来自单亲家庭的"另类学生"——宋小迪。这是一个矛盾的个体:脑子聪灵而性格乖戾,兴趣盎然但习惯极差,向往上进又破罐破摔,个性张扬却恶作剧不断:随意顶撞老师,辱骂同学,挑衅打架,把同学的牙刷粘上粪便,洗下去后再看着人家刷牙,把自己喜欢的女生名字用刀片刻在胳膊上……他被同学公认为"天地间第一恶人"。

为了改变宋小迪的成长轨迹,吴樱花倾洒了一腔心血,动用了全部心思。每一天她都仔细记录并思考宋小迪生命成长中的每一个细节:行走坐卧、喜怒哀乐、读说写绘、举止言行、心路历程……记不得有多少次谈心、家访,也记不起有几多回点赞和欣悦的眼神,以及一番番的进步—反复—再成长的曲折经历。三年如一日竭尽心力地引领与守望他,坚持不懈地赞美和欣赏他,积累着大量鲜活的第一手资料。

吴老师说:"不管将来成功与否,这都是一份珍贵的研究资源,至少能为另类学生的教育提供可参考与研究的依据。"就这样,为一个学生,三个年头,她整整写了十五万字的观察日记。一行行浸满灼灼目光、带着暖暖心温的文字，无声无息，却如涓涓细流，点点滴滴滋润在岁月深处；亦如轻轻熏风，丝丝缕缕柔软了扭曲的心性。宋小迪以吴老师的日记为镜子对照反省，开始了一步一步地蜕变，渐渐地知错了，懂事了，感恩了，转化了，奋进了，令人难以预想的是，他毕业之前，竟以全昆山区第一名的成绩升入高中。

救人一命，胜造七级浮屠。在新教育教科研的田野上，吴樱花用十五万字日记拨正了一个孩子的人生轨迹，改变了他的命运走向，育出一株茂盛的生命之花。她荟萃十五万言日记的一本书——《孩子，我看着你长大》[①]出版了。她在扉页上道出心曲："让往事凝固成记忆，让琐碎串联起美丽，用真心见证你成长，用执着雕琢你希望。"

郭明晓则将自己的专业性写作分为五个方面。

一是记录教育教学现象。自己的教育教学有成功，有失败，有热烈，有沉闷，有欣喜，有沮丧……她都要记录下来，并运用理论进行反思性分析。

二是给学生父母们写信，把读到的理论用自己的语言给家长们转述一遍，并描述自己在教育教学中的运用，最后给家长们提出运用此理论的建议。这样就把宏大的教育学原著的理论，分为一个个小点化为自己的技能，化为生命的一部分。她就是如此讲述怀特海的《教育的目的》中"浪漫—精确—综合"的重要思想的。

三是写读书小论文，如读了维果茨基《思维与语言》后她写了《为何出错》；读了多部心理学的著作，她以一个孩子的生命发展史为蓝本，运用心理学理论分析，写下从更专业角度理解孩子的文字。这样，深入理解了原著，又反思了运用原著理论的成功与不足，有利于把原著的理论转化为自己的技能。

四是写理论解读。读了童话理论就写童话解读，读了散文理论就写散文解读，读了诗歌理论就写诗歌解读。

五是参加文本解读课程的学习，坚持写网师的文本解读作业，不断地提高自己的文本解读能力。

郭明晓尤其重视反思性的写作，称其为"拽着自己的头发往上拔"的方式来成长——并认为这是自我成长的最好方式：只有写作才是真正的思考，只有在写作中才能与原著作者进行深刻的对话，只有反思才能把过去变成力量，化作飞向未来的翅膀。

---

① 吴樱花著，江苏文艺出版社2007年4月版。

六

专业交往形成的共同体是教师专业发展的良好生态环境,宽松氛围的人脉土壤。

传统共同体的课题组、教研组和备课组,构成了教师历练的熔炉,而包括读书会、名师工作室、项目工作室、课程研发小组、网师和萤火虫工作站等,则为新教育教师在互动中成长的坚实链条。

就像一株树之于森林,一滴水之于河流,教师有了专业共同体,便可以彼此呼应,互相拉动,取长补短;就有了兵团作战的气候,群策群力的环境,集思广益的平台,形成长久不衰的态势,可以飞渡关山,携手走得更远。这样,也摆脱了独木生长的尴尬状态:孤立无援,孤苦伶仃,或像堂吉诃德挑战风车一样的蛮干。

他们互相接力、借力、给力,结成更大的合力。2006年8月16日—21日,在苏州市苏大附中,新教育实验举办第一次"毛虫与蝴蝶"阶梯阅读高级研修班时,还只有常丽华、顾舟群等少数新教育的火种教师参加,很快,王丽君、刘思远等许多人通过"网师"的招生简章跨进来了,更多人读懂了这些探路者不平凡的经历跟上来了。时朝莉看顾舟群的帖子走进来了,李霞听到时朝莉执着、勇敢的故事后赶来了,姚修萍深受李娟"一年级,我们曾经这样走过"主题演讲而怀揣着梦想上路了……

专业交流,是新教育人的联络方式、存在方式和齐走方式。他们在心田上种太阳,为生命引清泉。让智慧与人性同时入住,教育的内核与生命的坐标一起入席,个体心灵成长的地图与改造教育生态的脚步相映成趣。新教育人的践行证明,思想建构不可唯我独尊,更多是建立在个人的差异性思维或认知之上的,且还须进行一系列的碰撞才得以生成的,唯当这种多元思维或认知多样性足够大或多时,才有可能构建起一个相对完整的视野。

自古流习"同行是冤家"。当下一些学校,同事间也往往讳莫如深,经验和发现不愿与他人分享,此种同仁犹如路人的情态,与根深蒂固的传统旧习俗有内在关联,一些渴望成长的年轻教师处于被封闭状态,须自己长时间在黑暗中摸索着行走。

新教育反其道而行之。同仁是伙伴,教友是知己。教育追梦团体乃是专业共同体,专业共同体更是事业共同体、命运共同体。因此,开诚布公的对话,推心置腹的交流,针锋相对的碰撞,不遗余力的扶持,群策群力的攻关,彼此接力似的进击,乃是其相互关系的常态,越来越多"尺码相同"的教师彼此激励和互相温暖,创造了一个立足于网络的、以知识为精神食粮的互动空间,这也是他们成长和发展的宽宏世界。

如是,新教育要打破千百年的同行间的壁垒,把崭新的赤诚、和谐共赢的翠芽,植入中国当代教师的队伍里。

新教育的专业共同体深层所解决的,已不完全是为了创造一个教师发展的氛围、环境和家园,而是对人际间千载陋习的一次认真挑战。

2012年11月9日,新教育发布了"新教育种子教师喜悦汇聚令"。

此汇聚令彰显了六百二十一名种子教师乃至数万新教育人的生命状态。气势磅礴,激情喷发,有赏有析,有叙有议,看得见旌旗奔突,听得清鼓号嘹亮。请看:

> 生命,总在天空与大地之间。生活,总在理想与现实之间。
>
> 我们追寻着,或许,已是满心疲惫,正在坚持与放弃间挣扎……
>
> 我们相信着,或许,已然疑窦丛生,正在叩问与麻木间犹豫……
>
> 我们行动着,或许,已经伤痕累累,正在前行与退缩间徘徊……
>
> 可我们相信——人心不会熄灭,但它可能蒙上灰烬而不再燃烧。灰烬本来是燃烧的产物,但它反过来又抑制了燃烧。拨开灰烬,你会看到重新燃烧的人心。
>
> 我们不是脆弱的理想主义者。我们是柔韧的现实理想主义者。如果你迄今仍然没有放弃拨开灰烬的努力,欢迎与我们在"新教育种子计划"公益项目里并肩。
>
> 我们呼唤这样的你——种子计划公益项目呼唤符合以下特征的一线教师(含实习教师)汇聚,共同组建学习共同体:(从略)
>
> 我们一路如此走来——……
>
> 我们习惯了仰望,却孤独站立在茫茫大地之上。我们不愿跪倒,因此默默生活在现实重压之下。
>
> 孤独沉默了太久,以至我们几乎忘却:每个生命的诞生,本都是一个奇迹,一场胜利。我们每个人的存在,本应自有价值。眼下我们正在度过的,是自己唯一的人生。
>
> 而今天,恰恰是此生最年轻的一天。
>
> 倘若你心为火种,此刻何不倾情燃烧? ——点亮自己,照亮他人!

七

新教育人这群特殊的人,没有"职业倦怠"一说。他们累却快乐着,苦并甜蜜着,忙且惬意着。

他们圣化了事业的意义,事业也圣化了他们自身的价值;

他们守望了事业的崇高,事业也守望了他们内心的宁静;

他们做强了事业的功能,事业也做强了他们的才干。

他们似乎动力无限,活力无限,有一股用不尽使不完的拼劲儿。

他们似乎无高不可攀,无关不可破,命里注定要担起为中国教育探路的这副担子。

他们不是几个、几十、上百个典型,而是典型数千、个体数万的群体。

让我们从其大量寻常而美丽、普通而独特的剪影中,捡拾几幅晒晒。

——夜深最美妙的守候。

夜半。在长春市南关区一栋居民楼里,灯还亮着。明珠小学的老师梁彩丽(网名一朵闲云)打开收藏的粉红色页面,看到"教育在线"这块绿园,心顿时沉静下来,一天的劳累云消雾散,她在这里挥洒快乐,收获温暖,守候幸福,灵魂得到舒展。今夜,她要给远方不曾见面的几位教友一一回帖。

她当初好奇地进入这块领地,懵懵懂懂地四处乱撞,却只能做个隐形人,敬慕地看人家侃侃而谈,静静听人家讲话,不敢插言。忽一日,走在心灵港湾,觉得这里可以袒露心思,即便烦乱也有人安慰、劝解,终于忍不住浮出水面,她试探着发去了一首诗《我庆幸,我是教师》。在怯怯的期待中,时任版主晓简帮她修改了版面,邱海华版主跟帖热情鼓励,让她顿觉找到家的感觉,从此一发不可收,她迷恋得再不想离开半步。

不知不觉间,这个"恋人"——教育在线影响了她,改变了她,曾经习惯于躲在角落里卑微地看着别人表演的她,开始在阳光下展露自信的笑脸;曾经总是一个人缩起身子温暖自己,如今却喜欢把快乐撒到港湾,让每一个行走路过的人都带走她的温言暖语。

从不显山露水,常常暗存几分自卑的她,好像借得仙人之气,倏忽间有了质的转变。

她觉得,自己如蜜蜂一样舞动在繁花间,到处采撷营养充足的花蜜,营造自己的教育花园。自己当及时反思自己,守望美好的存在:过幸福完整的日子,让自己和学生们都拥有自由的呼吸、舒展的时空。

她渐悟,自己每一日都是追梦之旅。梦想建在新教育人令人敬佩的言行里,思考融进教育在线令人感叹的诗文里,实践糅入榜样同仁令人向往的脚步里。比照那些标杆,她暗自汗颜。

她开始学步。每堂课前给孩子们讲一个益智小故事,叩开他们智慧的小宇宙;和他们一起读书,让书香氤氲在教室中。她也学着每天记录班主任的辛苦甘甜,把点滴思考晒在网上。于是,分数不再是"晴雨表",平等的交谈让她贴近孩子,在班级的"小树林"里,孩子们成了快乐的小鸟。

连老公都夸赞她,会用头脑思考,有自己语言,遇事挺理智,不再是那个傻乎乎爱生气的怨妇。

此时,女儿卧室的灯已熄,老公睡去。她的笑眼从家人的脸上移过来,开始埋头回帖。指头娴熟地击打着键盘,像弹奏琴键,一支支美妙的乐曲顿时自心窝飞起来……

——一个从阴转晴的故事。

故事发生在2008年2月24日下午。河南省焦作市马村区工人村小学新教育实验优秀教师赵素香满心乌云,泪下如雨,自己的课堂新行动遭误解,委屈异常。刚才,她接到一个学生家长的电话说,有位家长向教育局督导打匿名电话,举报她向学生硬性推荐课外书,搞什么家长和孩子共读,让她准备挨处分。

在大山里任教的父亲曾获乡亲馈赠的"人师难得"巨匾,赵素香一向以此为训,孜孜矻矻,未敢稍懈,视教育为生命,以学子为心肝,夜里给孩子们收集合适的晨诵诗,中午和孩子们共读童书,还经常起早贪黑给家长写信,常常顾不上自己孩子。如今的变故,怎不叫她心伤呢。

当晚,她无法控制又气又躁的情绪,心声化作《我想知道你是谁》的网帖:

　　当我踌躇满志地站在讲台上时,
　　当我和孩子们一起在美妙的故事中畅游时,
　　我想知道你是谁?
　　当凌晨我还在给督导办写说明材料时,
　　当需要七十个孩子来证明我的无辜时,
　　我想知道你是谁?
　　……

她还在QQ里以一个网友的身份,给自己做新教育的引路人——张硕果老师写去长信,大吐苦水。硕果老师的回复,动情晓理,善导解意,让她的心安稳下来。

许多家长纷纷在帖子中留言:

赵老师,我们永远支持你!你为毛虫们所花费的心血,会在他们翩然化蝶的瞬间得到永恒的补偿!赵老师,坚定地走下去吧,莫为小小阻力而灰心。你的身后,站着挺你的我们家长群呢。

几天后,区纠风办与教育局派人到学校调查,赵素香从第一次家长会,谈到了亲子共读、师生共读,快乐二五班的班级主题帖,谈到了孩子和家长的改变……她边说边展示出一封封她写给家长的信,一本本学生的写绘作品,一次次家长会的记录,一条条家长的回复……

几位调查人员静静地听着。她讲得落泪,听的人动情。

最后,纠风办赵主任只说了两句话:"我孩子的学校怎么没有开展如此好的实验呢?我的孩子怎么没有遇到这样的好老师呢?"顷刻间,赵素香一肚子委屈顿然消散。

那天下午她如约召开了家长会。家长会的主题是"回顾 展望",她和家长们一起回顾所走过的毛虫之路,展示孩子的成长,也给家长讲了实验的未来。会上,她把谢尔的《桥》送给了家长。

是啊,这座桥只能带到半路,孩子教育如果没有父母的支持和参与怎能走通。会上,不知是谁又提及告状事,再勾起她的泪水。张翼飞的妈妈一边递上纸巾,一边哭着说:"赵老师,不要哭,你看我们都在支持你。"教室里除了哭泣声,就是质问声。是谁伤害我们的好老师?

按照惯例,家长会结束时她都要向家长们征求对实验的建议。结果六十多位家长都在捍卫着新教育实验。赵素香还发现了一张与众不同的便条:"老师您好!我一开始真的有点不赞同,您让孩子买那么多的课外书。也是我没什么文化……不过,以后知道了,您给我上了一课。我以后也会支持买课外书,也会认真和孩子共读,写读后感,给孩子签好字。"

这段话语句多有不通,还有很多错别字,但是赵素香发现这位家长从头至尾一直使用一个词"您",她知道他是谁了……

雨过天晴,长空如洗。

会后,赵素香感慨万千地写下个帖子——《我不要知道你是谁》:

当我看到其他家长义愤填膺指责你时,

当我看到你的孩子上课把小手高高举起时，

我不要知道你是谁！

我怕看到孩子就想到你，

哪怕是自己眼底的那一抹忧伤

我怕被孩子看到。

我知道你是谁，

但我不要知道你是谁！

当其他家长都想查查你到底是谁时

我真的不要知道你是谁……

——火种，点亮在忻州凌晨。

3:50，山西省忻州市小学教师郭良锁匆匆起床，将编辑新教育网络刊物《火种》时，见妻子正绣着十字绣《花开富贵》，妻子又是几乎一夜没合眼！家过得拮据，自己一不吸烟，二不饮酒。为了照顾身患脑瘫的小儿，和支持上大学的长子学业，他每日放学后到托管中心辅导学生三个小时，专门照顾病儿的妻子则做起十字绣，贴补捉襟见肘的家境。看着她花白的鬓发，郭良锁的心中五味杂陈，真愿为她分担一点什么，哪怕递去一根针，穿引一丝线，倒上一杯水。然而，他只默默地看着她飞针走线。

那是2004年，他看《教师博览》了解到教育在线，但2008年方接触网络，2009年，自己有了电脑才开始认识新教育。为此挤出些钱来，购新教育的书，从了解到认同再到实践，又加入网师学习……上了路，衣带渐宽终不悔。已经错过了太阳，再不能错过星星了。妻子默默地支持他，没说半个"不"字。因为种子营在每周星期二有活动，网师星期一、四有活动，每到此时，妻子就需要分担更多的家务，照顾小儿吃喝拉撒睡……

"你快做你的大事吧。"妻子一句话提醒了他。他的神思被拉回来。自己须不断否定旧我，超越自我，成就新我；做平凡人，干平凡事，坚持下去做到极致，才不负妻子的厚望，变成新教育的"火种"。

编辑《火种》，还有三部曲。郭良锁主抓三年级种子营后，最初在教育在线建立相关帖子，继而编写《三年级种子营工作简报》，最后才决定牵头主办三年级种子营营刊《火种》电子版杂志。一步比一步大，一层比一层高，一曲比一曲难。每一期十万多字，一篇篇叙事要评点，连一个标点也不能放过。随着优秀叙事越来越多，他们编辑评点的工作量也越来越大。一篇叙事长一点一万多字，短一点几千字,光阅读,也需要大量时间。而他又格外较真,力求卓越!编好《火种》,还要多多联系教师,约重点作者稿件,也约新人之作,并须善于从中发现好苗子。所有这些,都是在别人休息时,他选在每日凌晨。

这是在寒假。郭良锁读大三的儿子志楠回来了。他与孩子商量可否用所学的设计知识参与编辑排版,儿子说试试,学有所用,自然开心。就这样,前线父子苦战,后勤妻子补给,一家人深度卷入到《火种》之中,而且,统统是不拿一分报酬的义工啊。

此时,郭良锁对着电脑屏幕上的叙事文章,心神凝聚,思路幽远,评点在键盘敲打中涌出:

人的差异性用形象性语言表达出来,就更易为家长接受——人生四季有花开。

最好的老师、最好的家长、最好的孩子一起朝向一间最好的教室,目标清晰。

有多少老师被安全第一的紧箍咒给扼杀了,怕这怕那,哪敢带学生走出去生活即教育,功夫不全在课内,更在课外……

就这样,《火种》点燃在凌晨的忻州一家住户里。一期期《火种》从这儿走向全国。到2015年9月,《火种》已成为新教育实验的全国网师刊物……

第三章 弄 潮

艾伊瓦佐夫斯基画作:《九级浪》

伊凡·康斯坦丁诺维奇·艾伊瓦佐夫斯基(1817—1900),俄罗斯浪漫主义画家。

这幅画是根据俄罗斯民间传说创作而成的。九级浪到来,轻则摧帆断桅,重则船覆人亡。所以,要躲过它的巨大摧毁性威力几乎是不可能的,但是画家的立意就是要表现人们征服这九级风浪。

虽然天空云雾浓重,但是透过云层的阳光洒在大海巨浪上,映照得灿烂透明,这给挣扎在死亡线上的人们以光明与信心。画家表现光与色的笔触,完全融化在海浪中,让人在身临其境之中,感受到一部宏伟壮丽、高昂激情的大海抒情诗篇。在死亡与希望之间,如同天海之间壮丽而永恒的正剧,艾伊瓦佐夫斯基挥洒着大自然气势磅礴的力量,更是咏叹着大无畏的英雄主义精神、人能胜天的深沉信心。

选这幅名画,让人们油然联想:弄潮儿排山倒海般的心志气魄。

题　记——咏叹弄潮

文化之潮、文明之潮，涌动的是书海的能量，
接引阅读的春潮席卷校园，浸透社会，润美千万颗心灵。
中国新教育人就是置身浪尖的弄潮人，
晨诵·午读·暮省，将习惯性的深度阅读视作基本的生存方式，
去燃烧自己，温暖周边，擦亮"星星"……

弄潮的全部精彩，尽由阅读一以贯之——
冲进"读书破万卷"的激流，
划破"智者不惑"的烟波，
立于"腹有诗书气自华"的涛头，
"海到无边天作岸，山登绝顶我为峰"，
阅读，悦读，穿越从必然到自由的进化之旅。

是星光，自有星光的位置，
是太阳，该有太阳的辐射，
师生成长密码，尽在中流击水中破译：
诗化生活，创意生存，大写生命，
俯仰无愧，活一场迎风搏浪的快意人生！

第七节　擎起闸门

一

新教育的最大的亮点在阅读,最大的勋劳在推广阅读,最大的成功在培植阅读习惯。有的人曾退一万步评说:"新教育即使什么都不做,仅把阅读这件事做好,就已经很了不起了。"

阅读何以重要若此?新教育为何如此看重阅读?朱永新的话语中自有答案:阅读是教育中最核心的能力。

没有阅读就不可能有个体心灵的成长,不可能有个体精神的完整发育。

人类精神的阶梯就这样随着重复阅读不断延伸。如果没有这样的重复,人类的精神就会退化,就会衰落。

阅读改变我们的一切。阅读不能改变人生的长度,……但可以改变人生的宽度和厚度。阅读不能改变我们的长相,但可以改变人的品位和气象。

为倡导师生阅读、社会阅读、全民阅读,朱永新撰文演讲,著书立说,从人类精神进与退的视角谈经论道,自中外阅读比较的窗口阐发己见,尤从对当下学生对阅读的厌弃条分缕析,让人们心动,舆论注目,人们对读书的价值由此多了几分重新考量和面对。

总体说来,我们的国民不喜读书之风久矣。读书人几近整体滑落,对书籍缺乏发自真心的热爱。在中小学,大多引导学生只去购买教科书、教辅书、习题集,阅读已成学生闲暇做得最"奢侈"的事情;社会上更是无人读书,或只是附庸风雅,研读的多是《厚黑学》《成功术》之类,幻想一鸣惊人,一夜暴富,一举成名。

在全民读书的低潮期,新教育人行动了,为师生们开启阅读闸门。

他们憧憬给民族注入攀升的精神动力,让优秀的民族文化之源滔滔而来,让美好的外国文化之流源源而至。如此师生和国民便可以径直地站在巨人的肩头,立于人类以往所达到的精神世界的美景奇境,砥砺思维,让文化之旅提速展延。

要让阅读成为教育的方式,成为教育的主要内容,首先要成为新教育人实验的内容。

新教育实验的大幕一拉开,读书就开宗明义地被定位为启动的序曲和围绕的主题。

造化心灵之举,势必应者云集。数以百万计的师生汇集在阅读的旗帜下,同声相应,同气相求,上演了连台好戏。

2002年的一天,朱永新在"新教育实验学校"授牌仪式的讲话中,对全校孩子们提出五条要求,第一条就是要让校园散发书香,后来演变成新教育"营造书香校园"等六大行动、十大行动。而十大行动无一不与"营造书香校园"的阅读有关。

新教育人在推进阅读中,提出了五个重要的理论观点:

一个人的精神发育史就是他的阅读史;

一个民族的精神境界取决于这个民族的阅读水平;

一个没有阅读的学校永远不可能有真正的教育;

一个书香充盈的城市才能成为美丽的精神家园;

共读共写共同生活才能拥有共同语言、共同价值和共同愿景。

毫无疑问,书籍在今日仍是能让人们拥有系统的知识、理性的思维和深厚的情感的绝佳载体。新教育实验因此牢牢地抓准了阅读,撬动使人走向崇高、逼近智慧的闸门。

美籍华人严文蕃教授对笔者说,自新世纪之初,他一直关注新教育实验的发展进程,给他印象最深的,也是新教育实验最成功之处,即在实验的核心——阅读上。此见地颇为精辟。

阅读是新教育大交响乐的华彩乐章,阅读是新教育长轴画卷的浓墨重彩之处。

这是一个较顺的切入口。

高考指挥棒的指向,限制了中国教育整体改革的深度。而新教育却要深耕中国教育,从何处着眼?青少年好奇心最强,读书能满足他们的内在渴求,新教育就以学生的读书兴趣为抓手,搭就丰富人生智慧的平台。切入口选正了。

这是一个较好的突破口。

表层上看,倡导师生读书,进行精神熏陶,是让眼睛从死盯分数的小胡同走出来;从深层看,则是以人文情怀为旗帜,引导师生走上人生梦想的大舞台,潜移默化予以精神润泽,对"分数第一"的应试教育,是一种釜底抽薪的纠偏。突破口选对了。

这是一个较近的"上道口"。

天下大事,必先作于易。领儿童读一册绘本难不难?让少年看一本趣书难不难?教青年浏览一部经典难不难?都不难。况且,读书有趣有悦有瘾,为学生搭就易行的软梯,登上精神世界的大展台,东风化雨,润物无声,一点一滴完成精神气质的嬗变。"上道口"选准了。

聚精会神的阅读乐趣无穷——
是和伟人、先哲、智者的娓娓交谈,
是与过去、现在、未来的悄悄联手;
是让伟大事物及其思想的清泉从心田穿越,
是使真、善、美的和煦阳光照亮灵魂纵深;
是为奠定精神底色一次次濡染,
是给前驱生命列车一程程助推;
是超越时空放飞梦想的翔舞,
是充盈知库点燃心光的旅行;
是激发教师情智的加油站,
是实现家校共建的连心锁;
是构筑学校特质的立交桥,
是记录孩子成长的密码簿;
是激活人生精气神的一剂灵药;
是展延生命长宽高的一宗秘宝……

二

新教育人力倡读书,对国民"有如时春风雨化之者。"[①]他们破解了阅读几大关节性难题,细化了推进阅读的关键性举措,为阅读的落地生根,制定了细致招法,提供了渡河之舟。

一是选最该阅读的好书,精制出导赏手册。

世间的书林林总总,汗牛充栋,浩如烟海,选准了好书最为要紧。

何谓好书?新教育人眼里的好书,应该有如下的特质:

其一,对形成良好习惯和综合素质,给予定向、立标、树魂的书;

---

① 《孟子·尽心上》。

其二,对发展和健全人格,极具正能量、深启迪、高效益的书;

其三,对开拓创新思维和多元智慧,起统领、唤醒、推助作用的书。

柳斌在《求解"钱学森之问"》一文中摘引一例:1978年诺贝尔物理学奖得主卡皮察被记者问及:"您在哪所大学、哪个实验室里学到了您认为是最主要的东西?"这位白发苍苍的老人回答:"是在幼儿园。把自己的东西分一半给小伙伴们;不是自己的东西不要拿;东西要放整齐;吃饭前要洗手;做了错事要表示歉意;午饭后要休息;学习要多思考;要仔细观察大自然。从根本上说,我学到的全部东西就是这些。"这些最基本的做人准则和良好习惯,是幼儿园老师教给他的最早最好的书,为其人生早早确立了精准的坐标。

学者袁振国讲述的故事同样令人深省:南京有一位教化学的名师,所教的学生高考化学平均成绩94分(满分为100)。一年后,这些学生暑假里来看望这位老师。老师突发奇想,拿头年高考的化学试题再测试他们,结果平均成绩只有16.3分。知识和运算几乎遗忘殆尽,所得的分数主要是与化学思维方法有关的内容。[1]可见,思维方法像开掘在心田上的潜流,它不会蒸发干涸,永远滋润生命之树的青枝绿叶。

最好的书与最好的教育正是这样,给学子以习惯、素养、思维、智慧,和受用终生的诚实正直与善良的品格。

新教育人为不同学年段、不同性格、不同兴趣的学生,量身定做了各自不同的好书。如是,"阶梯"阅读的黄金律产生了。

由朱永新牵头,新教育新阅读研究所精心研制,全国数十位著名教育专家联袂推荐,又在规模实验、广泛征集意见的基础上,出版了《中国幼儿基础阅读书目导赏手册》《中国小学生基础阅读书目导赏手册》《中国初中生基础阅读书目导赏手册》和《中国高中生基础阅读书目导赏手册》,是目前中国最专业、深受学生群体喜爱的阅读经典书目。新教育人要这些美好的书籍,缔造更美丽的童年、少年和青春。朱永新说:"如果说阅读就像一次精神的游历,这四本书则是一个非常细致的导览手册,甚至堪称四份藏宝图,父母和老师们完全可以带着孩子按图索骥,选择自己需要的图书。"

以《中国小学生基础阅读书目导赏手册》为例,基础书目30本,推荐书目70本:

---

[1] 袁振国,《教育新理念》,教育科学出版社2003年4月版,第41页。

中国小学生基础阅读书目(30本)

学段	类别	书名	作者(译者)
小学低段(10本) (1—2年级)	文学	蝴蝶·豌豆花	金波/编,蔡皋等/画
		稻草人	叶圣陶/著
		没头脑和不高兴	任溶溶/著
		小猪唏哩呼噜	孙幼军/著,裘兆明/图
		猜猜我有多爱你	[爱尔兰]麦克布雷尼著,(英国)婕朗/绘,梅子涵/译
		不一样的卡梅拉(我想去看海)	[法国]约里波瓦/著,[法国]艾利施/绘,郑迪蔚/译
	科学	第一次发现(濒临危机的动物)	法国伽利玛少儿出版社/编,[法国]雨果/绘,王文静/译
		神奇校车(在人体中游览)	[美国]乔安娜·柯尔/著,[美国]布鲁斯·迪根/绘
	人文	千字文·三字经·弟子规	周兴嗣、王应麟、李毓秀/著,罗容海、郝光明、王军丽/译注
		中国神话故事	聂作平/编著
小学中段(10本) (3—4年级)	文学	千家诗	谢枋得、王相/编选,李乃龙/译注
		三毛流浪记	张乐平/绘
		宝葫芦的秘密	张天翼/著,丁午/图
		安徒生童话	[丹麦]安徒生/著,叶君健/译
		长袜子皮皮	[瑞典]林格伦/著,李之义/译
		亲爱的汉修先生	[美国]贝芙莉·克莱瑞/著,柯倩华/译
	科学	奇妙的数王国	李毓秀/著
		让孩子着迷的77×2个经典科学游戏	[日本]后藤道夫/著,施雯黛、王蕴洁/译
	人文	林汉达历史故事集	林汉达/著
		书的故事	[苏联]伊林/著,胡愈之/译
小学高段(10本) (5—6年级)	文学	西游记	吴承恩/著
		城南旧事	林海音/著,关维兴/图
		草房子	曹文轩/著

	我的妈妈是精灵	陈丹燕/著
	夏洛的网	[美国]E.B.怀特/著,任溶溶/译
科学	科学家故事100个	叶永烈/著
	昆虫记	[法国]法布尔/著,陈筱卿/译
	地心游记	[法国]凡尔纳/著,杨宪益、闻时清/译
人文	孔子的故事	李长之/著

中国小学生推荐阅读书目(70本)(从略)

难怪新教育的新阅读研究所荣获全国阅读推广机构大奖,在中国,如此精细、缜密地为各个年龄段的人,量身研究和推广阅读,并深受全国各地欢迎的公益机构,目前仅此一家。北京大学中文系教授、博士生导师曹文轩评价说:"朱老师的书目,是中国最靠谱、最权威的书目。"

二是选最适切路径,导航阅读。

最适切的路径,是把每一所学校建成"图书馆",为每一个学生指明最合适的阅读方法,让每一位教师成为虔诚的阅读者。

新教育2006年始,开展"毛虫与蝴蝶——新教育儿童阶梯阅读"项目。此名称来源于毛毛虫蜕变为蝴蝶的美丽故事。

该项目着眼于孩子们的懵懂阶段,将最核心的人类文明价值通过故事的方式,循序渐进地传授给少儿,打下其人生的文化底色。所采用的实验项目名称,极富思维张力和想象魅力,又充满了童话色彩,易记,易学,易做。

顾舟群回忆说,2006年8月15日,是她教育生命转折点的日子。她参加"毛虫与蝴蝶"研修班。她第一次听到"毛虫与蝴蝶"这个名字,新鲜又好奇。她被眼前一群人的热情所吸引,当他们如数家珍地说出一本本童书的名字、提炼一本本童书的主题、道破一本本童书后面的秘密时,她完全沉入其中:童书,竟会这么神奇?她开始萌发构想:何不在自己的班级开展"毛虫与蝴蝶"的实验,通过设计有趣的课程,和孩子一起阅读,引领孩子们爱上阅读,在阅读过程中,一起蜕变一起破茧成蝶?她的新教育实验就从那时起步了,她本人也蜕成了新教育的一只靓丽的蝴蝶。

三是提出最适合的方法,即师生、亲子的共读共写。

"共读共写共同生活,是过一种幸福完整的教育生活的必由之路。"此为新教育第七届年会上的报告主题。这既是对前段实验的总结,又吹响了深入实验的号角。

其中的共读,是指一个班级、一个家庭、一所学校、一个社区通过阅读继承共同的文化遗产,拥有共同的语言密码和价值。其中,低年级的学生注重听读绘说,中年级的学生要进行大量阅读,高年级的学生则要采取整本书共读,有针对性的共读更有奇效。

共写,是指同学间、师生间、亲子间通过反复交互的书写,彼此理解,并在不断的自我反思中加深认同、体认存在的过程。共同生活,是指同学间、师生间、亲子间,通过共读共写共做等途径彼此沟通,逐渐拥有共同的愿景,共同的未来。一句话,以共读为纽带,达成社会成员间的深度理解和凝聚,使社会文化形成深层凝聚力,创造新的更加美好的未来。

新教育共读共写的范例数不胜数。笔者讲述一位长期默默耕耘在小学天地,执着、好强,炽烈中带有几分疯狂气息的时朝莉。

2008年8月,一个偶然的机会,郑州市牛店镇牛村小学教师时朝莉接触了新教育实验,她给班级命名为"飞宇班",开始了专业阅读——她带着一群乡村孩子开始了"毛虫与蝴蝶"儿童课程,这个课程以大量绘本、童书阅读为基础。

为了让孩子亲眼看到电子绘本精美的图片,她分期付款买了笔记本电脑,连上学校远程教育的大屏幕电视,组成了简单的多媒体播放环境。在家长还不太理解,学校也不太认同的情况下,她透支信用卡,为班级买了六百多元的图书。那时的她,就像踽踽独行的卖火柴的小女孩,要用手中的火柴擦亮寒冷的黑夜。

"我现在一无所有,有的只是一个班级。我的班级就是我最大的财富,这五十六个孩子就是我的田地。我想让我地里有好收成,就需要比别人多费劲,精耕细作,悉心料理,期待在岁月深处结出小小的果……"她情不自禁地笑着说。她这种忘我举动,感染了校领导,打动了家长们。家长们也自发组织起来,捐款购买童书,充实班级图书角……

为做好晨诵,时朝莉索遍所有帖子上的晨诵素材,下载所有同仁做好的课件比较分析,在广博吸纳中内化出自己认为最适切的晨诵课件。很多时候,她都到凌晨才合上眼睛,也有很多时候,黎明时分她就悄悄出发了。

每天早晨,时朝莉都精心准备一首诗歌,带着孩子们诵读,开启新的一天。中午,她都会给孩子们讲一个故事,在孩子们心灵间撒播美好的种子。晚上,孩子们都会从班里带一本书回家,和家长共读。她在经济很是困窘的境况下,暑假推辞了做家教赚钱的机会,义务组织起班上的学生们共读共写。他们来到一位农民家长新建成尚未使用的小楼里及小楼附近的田边、树下、河畔,一连数日,心沉意醉,徜徉在纯粹的富于人文情味的阅读之中……

每周五的最后一节,是该班的读写绘时间。以前从不读书的家长们也养成了习惯,只要有空就进教室,陪着孩子们听故事。

很多家长,正在地里干活,忽然想起是亲子共读时间,就急匆匆赶到学校。那些满脚泥、满身土的家长,坐在板凳上,抱着孩子,津津有味地听故事,享受幸福的教育生活。

孩子们的日记本上,也会看到很多家长歪歪扭扭的字迹。他们有的连小学都没有上完,现在却鼓足勇气,重新拿起笔……

一位家长五十多岁了,小学三年级没有读完,也开始尝试着拿起笔写阅读的感受。她担心写不好,每次都是孩子先写草稿,她戴上老花镜,再一笔一画誊写。

另一位家长在集市上摆了小菜摊,每天早上三点多要去批发菜,卖菜,起早贪黑。有一次,开完家长会,他非常感动,为了给时朝莉老师写一封回信,他熬了通宵,写得不满意,撕了重写,反反复复……

还有一位家长,当初曾经因为不理解为什么要阅读,到学校和时朝莉吵了一顿。后来,他发现原本内向的孩子,通过读书,竟神不知鬼不觉地开朗起来,就坚持陪孩子阅读。在镇上小餐馆当厨师的他,早上五点多出门,晚上九点多下班,却每天都赶回家和孩子一起读书,一起写日记,一起参与班级活动……时朝莉微笑着,感动着,幸福着。她用心听到"石头"发芽、开花的声音……

2010年11月,时朝莉从乡小调到城郊的航空港区实验小学,有幸成了新教育首批种子教师。她的心更痴迷了,劲儿更足了,脚步也更从容了。

笔者翻阅时朝莉班级的班报《萤火虫周报》,登载几位五年级小朋友写给《草房子》主人公陆鹤的信,其中杨鹏飞写的信尤令人感动。童心浸染朝霞,童真融入景深,萤火虫班孩子们稚嫩的生命啊,在阅读中体味大千世界,在思悟中颇有心得,在共写中写活了美好心灵,他们所读图书的故事美,指导教师的襟怀美,孩子们的情思更美。请看——

亲爱的陆鹤:

你好!我是杨鹏飞。

我非常喜欢你在《草房子》里的表演,特好,我得给你竖起双大拇指。

我本来觉得你很坏,因为你们班在整个学校会操比赛中就要得第一了,可你把自己的帽子摘下了,让大家笑得无法认真做操。你的行为,让油麻地小学得了倒数第一,别人看见你就像看见了空气一样。

　　最后一次表演中,一个角色没人敢当,可你勇于担当,又把角色演得栩栩如生,你赢得了尊严。我这时才发现了你特别了不起。原来的你总是被别人欺负的,嘲笑的,经常被别人说你是光头,被别人起了个外号叫秃鹤。现在的你知道了尊严才是最重要的。我悟出来一个道理:一个人想要得到尊重就要加倍努力做好自己,得到别人的尊重,换回自己的尊严。你有了尊严虽还有缺点,但可以用尊严弥补缺点。陆鹤,我说得对吗?……

你的朋友:杨鹏飞　2014年5月12日

几年下来,这位种子教师究竟为"共读共写共同生活"做了多少?

仅以她一年的付出为例——晨诵一百九十三首儿歌,晨诵写绘一百九十三次,阅读五百本绘本,进行三十五次亲子共读课,完成三十五次亲子写绘日记,三十五封家校信,至少五次家校联谊会……

一位教师变了,随之变了一个班级、一个学科、一间教室,也影响了一所学校,一位位父母,生命因之改变,幸福由此降临。

四是思索出最适宜的程序,即新教育人倡导、发展了的读写绘。

若要懂得读写绘,首先要懂得绘本。

"绘本",英文称"picture book",译作图画书,是一种主要以丰富的图像语言来传达思想的书籍形式。优秀的绘本往往以其极具风格的图画、直观的表达、生动的题材、丰富的细节、优美的色彩,对儿童形成吸引力和感染力,为填补低幼儿童因文字阅读能力不足提供了有效途径。据儿童心理学家、认知心理学家皮亚杰研究,儿童从四岁到七岁处于直觉思维阶段,该阶段思维主要形式是具体形象。基于学龄前儿童具有直观性和具象性等特点,以优美图画为创作核心的绘本,是儿童早期阅读的最佳读物和有效工具。在欧美和日本等国家,整个社会从教育界、出版界、文化界到个体家庭,对绘本的教育功能都极为重视。

鉴于我国对此研究和推广较晚,新教育实验为达到弯路赶超,立即将这种少儿教育样式,糅入大量中国元素并迅速推出,开拓出用绘画、语言、文字等人类文明表现形式高度融合的绘本故事,在叙述中完成心灵教育、语言教育、审美教育、知识教育、能力培养等多元的教化功能,形成一种效果极佳的课程程序。

该程序先由老师有声有色地给孩子读绘本故事,而后孩子们将故事复述或改编,再为故事配画,继而由孩子自己或爸爸妈妈在图画旁写下画面的意思。这种整合了图画、语言、文字的读写绘作品,贯以老师和学生、家长和孩子之间的联袂互动，构建一种新型的教学样式，成了很符合儿童心理和思维的发展规律，让孩子喜闻乐见的阅读程序。

读写绘开启儿童思维想象空间之旅，是绘画语言与口头语言的奇妙结合。它以"读"为核心，用绘与写来丰富发展孩子的想象与表达能力。"读写绘"唤醒了童真的梦，让稚嫩的心学会飞翔，使丰富而神秘的幼小心灵得以痛快淋漓地展示。在这里，笨拙或涂改得厉害，都不是问题，而展露孩子们心中的故事才是最该关注的焦点。严格地说，每一幅写绘作品不是绘画，而是由看得见的绘画语言、文字语言和看不见的口头语言组成的生命故事。

力倡读写绘，是新教育助推中国教育改革的精彩之作。它从理性述说进入教育行动，返璞归真，教儿童成为真正儿童，让教育复位于教育。对于儿童来说，早期读写绘的学习，会将儿童早早送入有梦圆梦的轨道，并在悠远的岁月中一路伴随。

浙江省苍南县新教育实验区从2005年起，将新教育的"读写绘"融入新课程改革中，多次通过观摩绘本、课例观摩、专题讲座等形式，分享读写绘的魅力，该县的新教育的学校，在读写绘方面校校皆有创造。

在西安市高新区第四小学，读写绘是孩子们最喜欢的课程。教师们引导孩子们将阅读、情感、想象、思维、表达等整合为一体，让低幼儿童的学习力与创造力得以发挥，以完成其对生命特定阶段的完整表达。为了储存童年记忆，留下烂漫瞬间，给读写绘寻得合宜的呈现与表达方式，在校长马东支持下，学校卓有创意地出版了《手心里的光》1—7系列写绘作品（连环画）集，共收录了学生们自己创编、改编或续编的绘本故事一百一十四个，七百六十四幅绘画作品。

"哇！太有趣了！太精致了！""这是孩子们自己画的吗"是的！孩子们的作品，引来参观者啧啧赞叹。该校对所有作品不做丝毫修改，展示原汁原味的本真。透过一幅幅作品，我们足可以观察、理解、洞悉一个个鲜活可爱的孩子，和他们天真烂漫、异想天开的心。

五是开辟行之有效的阅读课程，品最好的文化。

书籍选好、路径选准、方法选对之后，要在什么时间读什么书呢？新教育人在借鉴古人优秀文化遗产的同时，探寻并开创了"晨诵·午读·暮省"的儿童生活方式。

晨诵·午读·暮省，聚焦了一日里早午晚三个时间节点中，该做的有意义的事，该过的有生命力的生活，既是一日之中系列文化的缩影，也是师生们以学习为轴心的朝气蓬勃生活的写照。

  晨诵,应了古人那句真言:一日之计在于晨。清晨,用一首诗擦亮每个日子,开启孩子文化生命中的黎明,拉开一天生活的金色大幕,使其渐而养成与黎明共舞的生活方式。这该是何等的舒心与惬意!曙光初照,气畅神爽,心智饱满,灵感飞动,记忆超拔,在此美好的时刻,用自读、齐读、领读、诵读、背诵等方式,或像山泉咚咚,或如河水滔滔,让古典诗词、儿歌与儿童诗、现代诗的清词雅韵、诗情画意从生命的黎明穿越,唤醒灵魂,涵养身心,储存知识,充实智慧,领略乐感,滋生神圣,真乃荡气回肠般的大美大乐。

  新教育的晨诵在发展完善中,已走出语文老师独自领衔的小舞台,而拓展为数学、英语、自然、美术、音乐等诸学科教师齐来参与,多门学科协同登场的大天地。

  午读,每天中午,孩子们阅读那些符合他们年龄阶段的书籍,尽享阅读的无穷乐趣:"读书之乐乐何如, 绿满窗前草不除。读书之乐乐无穷, 拨琴一弄来熏风。读书之乐乐陶陶, 起弄明月霜天高。读书之乐何处寻?数点梅花天地心。"[①]若问,古人此种读书之乐,今人还求得到吗?新教育人回答:能!古今人心,灵犀相通,喜读之趣,人皆有之。只要将学子们引入古人痴迷于读书的情境,再供之以囊括古今中外最好的精神食粮,那阅读的乐趣,自当如旭日之喷薄而出。许多新教育实验所达到的境界,已做出了充分印证。

  午读读什么?低年龄段的孩子读写绘一体、大一些孩子的大量阅读、更大一些孩子的整本书通读,由低至高,由浅入深,由形象思维为主到形象与抽象并举。此针对性极强的午读显现出超强的学习效果。

  暮省,是对曾子"吾日三省吾身"的继承和弘扬。新教育提倡的"暮省",要学生们每天完成学业以后,思考、梳理与反省一天的学习生活,用随笔、日记等形式,记下生活剪影,更有对剪影的追问与思悟,是与非、对与错、进与退、立与废,都将在暮省的镜子前一一审视,吐故纳新,这是很有意义的生活过滤和生命吸纳。毕竟,"一个未经省察的生活是不值得一过的生活"[②]。

  日照市高兴镇中心小学金星班的师生,每当夕阳西下,都进行别样的"暮省"。在组长带领下,面向"组徽"鞠躬话别,述说自己的收获,道出自己的小错误和不足,诚恳接受组员的建议和监督。

  师生之间,亲子之间,亦可通过日记、书信、批注等手段,相互编织和解读生

---

① 翁森,《四时读书乐》。
② 柏拉图,《苏格拉底的申辩》,华夏出版社2007年版,第131页。

活,抚慰心灵,激励成长,真正地感受到幸福完整的教育生活。

新教育以阅读为主导的"晨诵·午读·暮省"儿童课程,已成了新教育实验的重要组成部分,并渐渐演化成了日常的生活方式。

河南省内黄县第七实验小学研发了《春之声》《夏之舞》《秋之果》《冬之韵》的《四季晨诵》教程。当学完《春之声》时,师生们带着喜爱的诗歌韵律,踏进漫山遍野的绿丛中。"小草灰扑扑的,雨把它们洗干净了。小草湿漉漉的,太阳把它们晒干了。都是为了可以让我可以这样躺着,舒舒服服地仰望天空。"看,大家读诗歌,做游戏,玩儿得开心极了。等活动结束时,孩子们还创作了很多关于春天的诗、文、画等作品,等到晨诵课程《秋之果》学完,他们又随即走进了一片金黄的秋天。秋风萧萧,满眼一片金黄,耳听一首首诗歌……

每日清晨,小鸟、大树和该校的孩子们被清晨的阳光招引,孩子们一起跟老师"边读边舞",用诗歌唤起一天的活力,大家无拘无束,自由自在,师生距离就在这样诗意的晨诵中拉近了。

中午,和煦的阳光让大家暖洋洋的,孩子们选择自己最舒服的姿势趴下来,听老师讲故事。《爱心树》《爸爸我爱你》《妈妈我爱你》《美人鱼》《小猪变形记》……一本本书,一个个故事,从老师嘴里读出来总是别具魅力。老师站在阳光里,读着那些金子一样的书,好像整个人都在发光。

傍晚,大家都写暮省笔记。"新年的白雪盖在小女孩的身上,她冻死了。身边散落一地燃烧过的火柴棒。她是为了让自己暖和暖和。这就是可怜的卖火柴的小女孩。她没有暖和的衣服、香甜的食物,没有爸爸妈妈的爱。我真幸福。"这是申杨祎小朋友在听老师读完《卖火柴的小女孩》写下的暮省日记……

2016年9月28日,捐赠新教育研究院编著的"新教育晨诵"丛书的仪式在北京国家图书馆隆重举办。首印三十四万册上市一周被抢购一空。这表明,晨诵受到师生和社会怎样的欢迎。同时,新教育研究院主办了2016年领读者大会,成立了全国领读者联盟,朱永新、金波、曹文轩、梅子涵、王志庚、许新海等众多阅读领域专家学者登台演讲,共话阅读的力量;发布了《中国教师基础阅读书目》《中国父母基础阅读书目》,旨在凝聚社会各界领读者的力量,将书香校园推广成书香社会,最终升级为书香中国。

晨诵·午读·暮省,这一新教育创造和力推的儿童生活方式,既连接了古风古韵,让历朝历代的学术佳境穿越时空,在当下复活,又蕴含新气新象,使融汇古今的学习生活,伴着现代化的旋律和节奏,信心满满地走向未来。

三

2015年5月21日,在奎屯市召开的全国新教育实验区工作会议上,奎屯市第四小学教师张遵香以《精灵的力量》为题演讲,让与会者眼睛发亮,感慨唏嘘:在遥远的新疆,新教育的阅读竟有如此的感召力、如此的典型。

张遵香遭遇新教育,还真够曲折呢。

她不爱从众,特立独行,颇具几分恃才傲物相。2006年奎屯市成了新教育实验区,大家都唱赞歌,唯独她沉默不语,拒绝让高段的学生去做写绘作业,甚至不准在她耳边提起"新教育"这三个字。

何以如此?她最厌烦"推广"。她认为新教育徒增一线老师的压力。

这样厌恶近四年。一个叫潘静的教友来到身边,频频与她说起新教育,且赞不绝口。从此,张遵香开始看新教育教友的微博,去读网师推荐的书。

随即,她内心震撼,有醍醐灌顶的顿悟,新教育的精深思想如同给她开了天目。

她在学习、思考、印证中有了一个重大发现:天下所有好的教育都是一样的——让孩子的生命有深度。

2011年9月,正好她担任一年级班主任,她选择用新教育的理念来构建她的教室。教室取名"精灵教室",设计班徽,创作班歌《向着明亮那方》,下大气力推动儿童阅读,让文化浸染稚嫩的心灵,为每一名孩子耸起人生的灯塔。

她从网上下载了大量的绘本,以每周三个绘本的速度和孩子们共读着,到后来,她自己创编故事给孩子们讲。孩子们在这些故事中消除了刚入学的不安,勃勃的创造力和想象力被唤醒,完成了一幅幅创意十足的写绘作品,故事精彩,想象丰富,画面奇丽!张遵香终于明白,自己苦苦守望的理想境界,就存在于每一天的教室里,是自己和孩子们共同的生活和创造的展痕,是生命开发的步履啊。

到二年级,在"精灵教室"里,已诗意栖居五十二名"小精灵"了,还有上千册班级藏书,都是张遵香和学生父母们共同捐款,在网上购买的。她专门把每周五作为读书交流日。假期还定期举办"精灵教室"的阅读日活动,每一次的阅读日,都由学生担任图书管理员。

三年级,共读课被正式列入课程计划。每个学期,她都设计最少一周时间的专门围绕一本书的共读课。共读课还有了程序:由"开启仪式""共读讨论课""共读主题交流课"组成。

在四年里,童话课程、"四季"晨诵课程、旅行课程(桃花源春游、金秋远足、科技馆参观……)、科技课程、节气课程、《三字经》中国文化课程……充实着课堂生活,他们围着知识的篝火,汲取精神力量,感受世界美好。

每学期初,张遵香都设计一个开篇绘本课,为孩子们在第一天就燃亮新的希望。她把本学期所有单元打散重组,添加同主题的大量诗歌和文章,变成"深度阅读"的各种课程,让他们文化的精髓愈加入脑入心,七彩纷呈。

为了给每一个孩子都构筑一座心中的灯塔,张遵香着意寻找一个焦点、一个切入点或一个最佳突破点,即主题交流课的主题和孩子们生活的向往,故事书中人物的语言思想和孩子们的思维表达的交融,从中寻求师生共同的契合点。

这是看似简单实则高深的求索,只有沉潜到教坛的深谷,又有前沿思想引路,才有可能取得突破。如四年级共读《绿野仙踪》一书,"狮子的勇气"成了"精灵"们日常频繁出现的词汇。张遵香鼓励孩子们时就说:"请你拿出狮子的勇气来!"孩子们马上心领神会。"狮子的勇气"就像是一粒小种子,种在心田,渐渐化为她和孩子们的生命密码。

少儿好奇无比活力无比,依据马卡连柯"要求教师不断地向集体提出新的奋斗目标来刺激集体的活力"的思想,点子极多的张遵香在每一次主题交流课上,都设计共读书籍的一系列活动。读完《爱丽丝漫游奇境记》,开始了"幻想小说"大赛。读完《巨人的花园》,一起排练《巨人的花园》生命叙事剧。

如此这般,张遵香带领孩子们,从阅读到写绘,从主题交流到播种精神,从操作到排演,将孩子们的眼、耳、体、脑、心全部调动起来,让外变和内化联动起来。这些系列"深加工"活动,将故事的真善美主题及友爱、善良、勇敢、担当等人类的伟大思想,穿越启蒙的岁月,涵养稚嫩的魂魄,融入孩子的言行生活中,渐而充当起生命灯塔的动力之源,物化为灵魂深处的一簇簇火种。

该多书一笔的,当属2013年春拍摄的班级电影《丑小鸭》。笔者曾被这部近三十分钟的电影深深打动。总导演、编剧、化妆和剪辑都是张遵香,演员是她班的二年级学生。

张遵香想,为了孩子的生命构建,若让孩子们理解角色、扮演角色,从而改变自己,最好拍摄生命叙事的微电影。把班级作为剧组,每天拍摄几个场景,全部拍摄完毕就可以公映。

目标既定,行动开始。她先上了一堂"电影知识了解课",把拍摄一部电影需要的工作详细介绍给孩子们,再上"电影任务分配课"。她把拍摄所需的全部工作,都展示给了班级五十二个孩子,请他们选择演员、责任编剧、分幕导演、剧务等自己喜欢的各种拍摄职责。然后选拔演员看表演。每人拿到剧本准备一天,谁演得好,那角色给谁。

于是,出现了因没有认真准备而被淘汰的惋惜情况。一个孩子说,原以为这个角色绝对是自己的,没想到它会溜走。张遵香很高兴他有这次体验,独生子女向来娇惯,且不知珍惜,错失"这一课"必不可少啊。

"鸭妈妈"的角色最终选定了怡。她的试演太精彩了。她告诉老师,为了演好这个角色,她和爸爸一起为角色设计动作,设计表情,忙活到半夜。她的妈妈在QQ中对老师说,从没想过自己的孩子还有表演的天赋。

涛的选择出人意料。父母都不识字,他又是学困生,特别调皮,每天放学都在老师那里写完作业,不然就不做。他居然选择表演指导,让老师吃惊不小。但这毕竟是孩子第一个梦想啊,必须全力支持!

接下去,张遵香购得人体彩绘的颜料,为小演员化妆。

她还特地买了一台七千多元的索尼摄像机,每天坚持两个小时的剪辑工作。

拍摄场成了创造力的聚焦场,生命力的迸发场。在拍摄过程中,七八岁的孩子显现了与年龄不相称的老成持重,他们得到几倍于平时的成长。

主演丑小鸭的庭庭,生在优越的家庭中备受宠爱。入学之初,被别的孩子推了一下就哇哇大哭,他的父母随即赶到学校表示不满。在拍摄丑小鸭钻入荆棘时,庭庭受伤了。荆棘在他背上留下了几道不浅的划痕。老师吓坏了,他却表示没事,为了拍好,他毅然再次钻进了树丛中。拍摄丑小鸭被欺负一场戏时,他被几个高大的男孩子按在地上,抱着头,老师担心他真的受伤,嘱咐男孩子轻点,而他说:"没关系,使劲打,轻点就没效果了。"

奶奶帮他洗澡时,发现了血痕,心疼得不得了。他却说:"当演员就是这样的,这没什么大不了。"妈妈大呼不可思议——这还是那个一贯撒娇的宝贝吗?演电影让他变得坚忍起来,转移到学业上,他也敢积极挑战困难了。

再看选择做第一幕表演指导的涛,拍摄时,他对故事情节已有自己独特的理解,在老师和演员一起设计动作时,他能拿着剧本与原著和老师讨论动作的合理性,令人意想不到!从此以后,他也开始主动读书了。共读和艺术活动让他生命的灯火重新燃亮了。

还有一群孩子,尽管没当过主演,表现可不一般。如可爱的小姑娘朱路宁心,仅仅担任一个小角色,神情却十分入戏,哪怕站在舞台最后方,表情依然那么动人。张遵香在班级第一百零一封每周一信中,要全班以她为榜样,后来生命叙事剧空出了一个角色,张遵香又毫不犹豫地选择了她,让孩子们感到:机会总会留给连小事儿都能认真去做的人。

师生们一起拍摄,一起修改。庭庭说,丑小鸭服装用灰色和头饰的黑色配不上,他选择了一件黑白条纹的衣服。从拍摄效果看,他的选择是对的。他还觉得,当鸭妈妈召集孩子时,丑小鸭还是很快跑过去的,但是鸭妈妈说他丑,要他站到最后边时,他才开始自卑了。就这样,孩子们几乎人人是编导,人人动脑子创造。

在二年级结业典礼上,张遵香播放了这部电影。一双双晶亮的眼睛,一眨不眨地盯着银幕,看着那些个奔来跑去的小精灵,演绎着流光溢彩的故事,惊喜中又有几分疑惑:这就是自己吗?这就是小伙伴吗?这就是"精灵教室"班吗?孩子们被感动得不能自已了。他们说,在这部电影里,有欢笑,有泪水,有思考,有努力——这一切,都因为其中已不仅仅是作者那个故事了,它融入了孩子们的人生思考和生命解读。

用拍微电影记录学子成长,不仅为一线教师开了先河,也为孩子们树起了生命灯塔。电影上映后,大受赞誉。家长们喜形于色,异口同声肯定说,重要的不是影片的精致,而是孩子们的经历,孩子们获得了真正的成长。

是啊,谁都意识不到:小小孩子身上,能爆发出不可想象的巨大能量。一位爸爸曾对儿子说:"只要你把课文背好,次次都考一百分就行了。其他的书读不读,没关系。"但是,当他看到三年级的儿子居然能写小说,用的很多词语都是课文里没有的,故事情节也绝不与语文书雷同,他恍然大悟——这就是阅读的力量啊。于是,他开始给孩子买各种课外读物,积极支持孩子参加假期的"精灵教室"阅读日活动。

如今,"精灵教室"里有自己的小小童话作家,也有各种各样的节目编导和表演明星了。

四

新教育人执着而真诚的行动,悄悄改变着当下的阅读生态。在天长日久的耕耘中,朱永新被国家新闻出版总署聘请为"全民阅读形象代言人",《中国新闻出版报》也在他并不知情之时,评选他为2012年阅读推广的年度人物,颁奖词中这样写道:"毋庸置疑的是,在过去的十年里,朱永新一直站立在中国阅读推广的精神之巅……"

为推动广大教师阅读,进而在学校、家庭、社会织就一张爱书之网,《中国教育报》于2004年开始,举行每年一度的"推动读书十大人物"评选活动,评选面向全国各级各类学校的1539万教师。令人艳羡的是,新教育的教师总要独领风骚,每年都有一到三人荣膺"推动读书十大人物"。其中的2010年和2016年分别各有三人。他们是新教育人许新海、张硕果、李庆明、樊青芳、高子阳、郭明晓。

新教育教师遨游书海,他们的学生、家长也与阅读相伴。变化尤为明显的,是新教育的学生。阅读让他们拥有了一片美丽丰饶的精神家园和蓬勃日进的生命气象。据美国休斯敦独立学区研究员叶仁敏进行大量调研证明:"新教育学生在阅读能力测试的成绩,极其显著地高于非新教育学生的成绩。这充分表明在小学阶段,新教育的精神、理念、改变、行动和措施在学生阅读能力的教学和阅读素质的发展上取得了非常有效的成果。"[1]这一结论,有科学的严谨,含数据的厚实,支撑它的是大量的鲜活例证……

---

[1] 叶仁敏主编,《行动的力量》,北京大学出版社2017年版,第241页。

第八节　时空交响

一

　　新教育实验的神髓——阅读,看似简单实则神奇。步入阅读深处,新思想撞击出一串串耀眼火星,新践行让每一天都嬗变成了红火的节日,新发现将教育人推向了一个个生命流变的新峰奇境。在这里,鲜活正替代沉闷,迸发正替代凝滞,进取正替代逍遥,心灵的呐喊正替代倦怠的梦呓。

　　习惯性阅读,实为在各个实验区、在各所实验学校、在数以万计的师生中兴起的一场深刻的教育革命、学习革命,正构筑一个书香弥漫的时空,形成了生命激荡、智慧迸发的宏大交响。

　　倡导阅读,文章万千。阅读道法,路径纵横。

　　在新教育人的眼里,学校教育最关键在阅读,而阅读最关键是让学生和教师养成阅读的习惯。一名教师若没有阅读习惯,就丢失了专业成长的关键环节,不去吐故纳新,啄羽再造,终究走不出平庸的窠臼,以至于误人子弟。学生在十多年的学旅生涯中,如果还没有形成阅读的兴趣和习惯,一旦离开校园,就会将书本弃置一边,慢慢地与精深的文化切割,青春和人生也就难以精彩而充实。这样的教育,无疑是失败的教育。

　　积久成性、司空见惯,是谓习惯。好习惯,金不换。积千累万,不如阅读好习惯。好的阅读习惯,就像心灵深处隐形的发动机,操控着人生,自然而然地形成某种心理反射,作用于人的思维、行动乃至人的全部生活格局,习惯成天性,习惯出能力,习惯结硕果。

　　它强过规则,胜过涵养,重过承诺,甚至高过信念。乌申斯基说:"良好的习惯乃是人在其神经系统中存放的道德资本,这个资本不断地增值,而人在其整个一生中就享受着它的利息。"

　　阅读习惯是学生的第一本领和核心素养,是师生的人格储蓄的丰厚利息。

二

新教育实验不仅仅将阅读习惯的培养视作学校教育教学的关键,还从多个方向上践行,求索阅读习惯的修炼之路,笔者梳理其培养阅读习惯大凡有五大路径。

路径之一,在阅读流程中上路。

在这方面,新教育实验提出了许多举措,做了若干实事,在知与行、点与面、局部与整体、理论与实践上开拓出较为完整的流程:营造书香校园,阅读立校;倡导共读理念,共同生活;探索儿童课程,幸福童年;重视教师阅读,专业成长;研制推荐书目,精神配餐;倡导精神扶贫,阅读推广;呼吁战略升级,全民联动。实验指导者从基层实践总结出的这些顶层设计,带有根本性的指导作用。

路径之二,在阅读氛围里滋长。

新教育实验倡导的阅读,聚焦于共读行动。师生共读,亲子共读,从共读一首诗、一篇文章,到共读一本书、一个系列书;共读的范围,小有一个家庭、一个班级、一所学校,中到一个实验区,大至新教育整个实验场乃至大社会。共读共写共同生活一经深化,就会形成氛围,造成气候,使共读场中的每个人相互照耀、彼此润泽。这种给力与借力,随时随地,潜移默化。

路径之三,在与反阅读的对冲中爬坡。

当下,反阅读之声也不甘沉寂。把学生铸成标准化的应试机器的现状,注定会不时地啸聚反对、抵制和摒弃阅读的阴风冷气。新教育实验为了培养师生的阅读习惯,在理性上正本清源,以正视听;在舆论上迎着高压,与种种违背规律的谬误撞击;在行动上针锋相对,以阅读为翼,朝向理想的天空飞翔。

谈正本清源,新教育汲取古来学人成长的力量。阅读与反思、学习与反省,几乎贯穿了他们的一生。孔子对读书的喜爱有一明证:"孔子晚而喜《易》……读《易》,韦编三绝。"[①]孔子将自己的一生说成学而不厌,诲人不倦,教学相长。子贡破解了其中的奥妙,不禁感慨:"学不厌,智也;教不倦,仁也。仁且智,夫子既圣矣。"荀子《劝学》一文有言:"吾尝终日而思矣,不如须臾之所学也。"荀子所言的学习究竟应从何入手又从何结束呢?《劝学》中做了回答:"其数则始乎诵经,终乎读礼;其义则始乎为士,终乎为圣人。"即从诵读《诗》《书》等经典入手到《礼》结束,这样就能从做书生入手成为圣人。

---

① 《史记·孔子世家》。

华夏自古就这般一以贯之强调学习,有学而时习之的合一,有学思践悟的递进,有学之而不厌的师道传承,有朝闻道夕死可矣的不灭理想。这里的学习,囊括学习"六经""六艺",既有书本又有实践等诸多方面,阅读是其中最基础的门径,成就了中国传统教育之根,并通过与实践结合完善为中国儒家修齐治平的路径。

阅读让校园书香四溢,阅读者成了蜂儿采花酿蜜。此等气象足以令人欣慰。阅读像呼吸空气一样自由,"啃书族"是最美的时尚达人。阅读给予他们的,不只是知识,更有许多额外的奖赏:阳光的心态,勃发的个性,萌生的兴趣,试飞的勇毅,跨越式的成长……

这样的孩子与教师,在新教育实验的学校里,比比皆是,举不胜举,他们造就了阅读的无限风光。而他们也在这般无限风光里备受熏陶,品足了阅读的无限甘甜。

路径之五,在恒久地坚持阅读里定型。

叶圣陶有一句真言:"什么是教育?简单一句话,就是养成良好的习惯。"[1]阅读习惯,尽在恒久坚持的路径上。据专家研究发现,21天以上的重复会形成习惯,85天的重复会形成稳定的习惯。而笔者从新教育人的践行中体悟,阅读习惯远不是百八十天就能培养起来的,而需要长年累月乃至几年十几年的重复,才能扎下深根。

坚持成习惯,习惯成信念,信念成素养,素养定终身。

三

新教育造就的阅读时空,以生命发展为主旋律。在心与心的碰撞,气与气的涌动,情与情的濡染,智与智的助推中,飞进最美丽的音符,汇聚成雄浑磅礴的交响。

湖北省随县三山环抱,深山密林深处的环潭镇㴔水小学,有一位年过五十的老教师王从伦,常常在回忆中计算退休时日,等待回家养老,一想到韶华早逝,人将暮年,心里不免蒙上灰色暗影和淡淡忧伤。精气神一日日不济,思维和行走也缓慢下来。

2011年9月,随县整体加入新教育实验。大河涌动小溪淌,寸草喜得春晖来。王从伦濒临沉睡的教育梦被激醒激活了。其奋起得益于新教育的理念文化——"教育是唤醒,每一个生命都是一粒神奇的种子","教育又是给予",给予下

---

[1] 叶圣陶:《当前教育工作中的几个问题》(1979年10月),《叶圣陶全集》,第11卷,江苏教育出版社1987年版,第228页。

一代以"民族文化的特质"和"普世文明的价值"——自己平凡的劳作能融入这般伟大事业里,还有什么倦态可言呢!

他的生命重新加大了"油门",工作中追求创造、阳光、尽善尽美,生活里显露快活和幸福。在他的命名为"阳光班"的班级里,他和四十七个孩子做着喜欢的事,沐浴新教育的曦光与晨风。

他用阅读涂写孩子们的人生底色,培育孩子们的阅读习惯成了他的朝思暮想。

王从伦第一次和孩子们共读了《伊索寓言》,读出了童趣、快乐,也使孩童读懂很多道理。一时间,他觉得孩子们长大了很多。紧接着共读《夏洛的网》,孩子们认识了那只为朋友奉献一切并实现生命价值的蜘蛛;后来共读了《假如给我三天光明》,孩子们为海伦·凯勒不幸命运而感伤,更被她那坚强向上的精神深深激励。

几年里师生共读了《窗边的小豆豆》《木偶奇遇记》《海底两万里》《绿野仙踪》等许多书,如饥似渴地遨游在书海中,脸上写满了喜悦。

随着孩子们渐渐长大,文学科幻、科学历史等各种类型的书籍也都悄然走进了他们的生活。在他的班级,学生年平均阅读量达到六百多万字。2014年生均阅读量竟达一千万字以上。孩子们爱书,读书,谈论书。天长日久,书籍成了他们的至爱,生命成长的牧场,朝夕不离的好友。最是书香能致远。在阅读的滋润下,齐加伟同学写出了两万三千余字的小说《人间真爱》,徐蕾、刘星语成为随县"十佳读书少年",齐楚珺也成为澴潭镇小学组的"故事大王"。

王从伦致力于让家庭与学校都成为孩子健康成长的摇篮。"推动摇篮的手,就是推动地球的手。"有了家校"摇篮",就可以让学生成为最好的自己。近年来,王从伦通过主题班会、QQ群、家长委员会、亲子连线、"相约星期三"等形式,让家长走进孩子们的阅读学习生活,将师生共读与家校共读打成一片,同为孩子成长努力。"热心妈妈"刘阿姨为留守生写信、送书,鼓励孩子们阳光生活;"爱心妈妈"涂阿姨为孩子们送医送药;星语的爸爸为孩子们上安全教育课。刘成才的妈妈在遥远的马来西亚务工,平安夜前夕,她委托刘成才的舅妈给班里送来了一箱苹果,祝同学们平安快乐。王从伦把苹果分给孩子们,让孩子们品尝刘阿姨的浓浓情意。然而,没有一个人吃,他非常意外,问为什么。梦迪说:"我想送给爷爷奶奶,愿他们平平安安。"天浩说:"我想把这个苹果切成三块,一块给爸爸,一块给自己,一块放在妈妈的遗像前。"多好的孩子啊,他们长大了,知情、有意、感恩!

涢水小学条件极为简陋,资源匮乏,基本没有自己的校本课程。王从伦相信"种子在岁月中的过程,就是课程。"2012年4月的一天,他带领全班学生赶到涢水河的河滩举办生日聚会,共读共诵。孩子们从诵读的灵感里,用捡来的各种各样奇美石头,拼出一幅幅创意新颖、寓意深刻的石头童画。

阅读化为孵化器,童趣激活想象力。王从伦为孩子们的创造力惊叹不已。他的脑海里一忽儿生发一个意象,这遍布河滩的大大小小、奇形怪状、色彩斑斓的石头,不是普普通通的石头,是有生命有感情有血有肉的石材,承载着孩子们的生命与思考啊。他由此想到该靠山吃山,因地制宜,开拓出"石头拼画"的校本课程。

此后,在校领导、教师和家长的支持下,他一次次和同学们走进大自然,选石头,捡石头,借得天然丰富的乡土资源,又共读不少美学书籍以提升艺术的欣赏力、想象力和表现力,对奇石涂色拼接,将无趣的石头,点化为生动的艺术作品。

如今,"阳光班"每周开展一次石头拼画。孩子们拼画的技巧、技能有了飞跃。王流星同学看了美国儿童文学作品《一百条裙子》后,用石头拼画《一百条裙子》告诉大家:同学之间应该互相尊重,不欺负贫穷与弱小者;黄清华的石头拼画《春耕》记录了爷爷在田野里晨出暮归、辛勤耕作的场面。四年来,王从伦的"石头画"课程成了随县用"石头拼出的奇迹",吸引了很多老师和领导前来观摩。小小的石头,在师生的手中,变得生机勃勃,有情有义,散发出真善美的人性意蕴,闪烁着灵动而智慧的生命之光。

这期间,王从伦也写下教育随笔一千多篇一百多万字,出版了十六万字的个人文集《心履历程》。2014年,王从伦被评为"全国优秀班主任"。2015年7月,在四川金堂召开全国新教育年会上,他缔造的教室入选"十大完美教室"。

四

这里展示的是新教育的一个特殊角落——家庭时空。

2007年秋的一天。夜深人静,昏黄的月亮洒下淡淡的清光。朦胧的月光下,一个女子踟躇在窄窄的胡同里……她就是河南省焦作市一位离家出走的老师大杨树(网名)。

十几分钟前,暴躁的老公又冲她大喊大叫发脾气。她伤心至极,不愿再如此痛苦下去,于是,她背上挎包,装上钱包,也把存折放在里边,拉开房门,毅然决然地离开了家。

她走在胡同里,目光茫然。远方黑乎乎一片,让她有几分恐惧,脚步越来越慢。一抬头,家属院附近的操场的门开着,她便走了进去,找了块石头坐下来。

她想起去山西运城参加新教育年会时产生的一个心结,那时她刚接触新教育不久。她依稀感觉,走上这条路会和老公的距离越来越远,共同语言越来越少,说不定会离婚的。

刚过几个月,这话就应验了。但是,新教育是她教学二十多年接触到的最好的教育。即使离婚,她也会坚持在自己的教室里做新教育,让每个孩子的生命开出最灿烂的花朵。

想到新教育,她的心情平静了许多。倏忽间,感觉周围亮了许多,仰望夜空,遮住月亮的云朵已经悄悄离去,淡淡的云彩轻拥着柔和的月色。她静观云舒云卷。伤心、烦恼,也像被风儿吹跑了一般。

她又想起白天给孩子们讲的绘本《苏菲生气了》。苏菲和姐姐发生争执,她气得就像火山喷发一样。苏菲走出家门,来到河边,呼吸着清新的空气,幽静的景色使她的内心得以平复,她的心情静如秋水,高兴地回到了温馨的家。自己的今天,竟然遭遇了和苏菲同样的事情!这位在新教育前沿弄潮的榜样、特级教师油然想道:"心教育",真好!

是啊,为什么要自寻烦恼?现在做着这么好的新教育,有一间教室尽展生命的活力,有六十多个孩子和自己一起在诗歌中、故事中穿越,天高地阔,大可作为,休生闲气,日有偏西啊!

站起身来,掸去身上的尘土,整理好衣服,她步履坚定地向家走去。打开房门,洗漱完毕,美美地睡上一觉。

第二天,她又投入了心爱的新教育。忙碌之余,她的脑子里一闪而过的仍是家庭。

老公是个很不幸的人。他的父母在"文革"里是被批斗对象。他年幼时也被同龄孩子叫骂为"小反革命"之类。他毫无办法,就知道和别人打架,以解怨气。父母听说他到外边打架,就又是对他一顿打骂。因此,他形成了易怒、暴躁的性格。十六岁,父母相继去世,他顶替父亲的岗位开始工作。

大杨树又想起自己的身世,自己的性格深受母亲的影响。母亲十几岁成了孤儿,最大女儿十几岁夭折,四十几岁时老公离世。悲惨人生让母亲活得很苦,留给自己的,就是动辄爱生气的习惯。

她意识到,能看清自己和丈夫,是得益于新教育所带来的阅读习惯,得益于那些图书中的故事。那些故事是伟大的,一个个经典故事滋润了孩子们的生命。而且,也在不知不觉中浸透了她的生命,在她的家庭时空产生交响。

她跟着《绿野仙踪》中的多萝西、稻草人、铁皮人和胆小狮经过一番游历。她和他们一样,也找到了自我。她和胆小狮一样找到了胆量,她看到了老公童年的不幸，开始换一种方式去爱他，给他以妻子的爱，还要像母亲一样去爱他、包容他，补给他童年缺失的母爱。稻草人让她学会睿智，和老公的坏脾气斗智斗勇。

对她震动很大的还有《波丽安娜》。波丽安娜是个没人疼爱的孤儿，却总是做"快乐游戏"，她让整个小镇的人都变得开心、快乐。

大杨树豁然开朗了。过去总是艳羡别人的一切，对待老公，总愿拿他的短处去和别人的长处比。波丽安娜让她学会换个角度看老公：老公虽然脾气不好，但是他是一个对家庭非常负责的人。他爱女儿，对女儿呵护有加；他爱自己，总是督促自己好好工作，努力学习，锻炼身体。

她开始学做"快乐游戏"。不高兴的事，开始往乐观方面想，有时生气了，及时转换心态，也能云开雾散。

那年除夕，一家人正忙着过年的最后准备工作。忽然客厅里传来刺耳的声响，她跑过去看时，只见玻璃茶几已经裂开，边缘的地方变成碎块掉在了地上。原来老公把刚烧开的水壶放上去，炸掉了。看到眼前的惨状，她做起了"快乐游戏"，对老公说："不要紧，茶几打碎就打碎了，'岁岁'平安嘛。现在商场都关门了，我们就把茶几用胶带粘粘，先过年再说。"自知理亏的老公没有听到埋怨、指责，就像个孩子似的行动起来。那天，他特别勤快、温和，他们度过了一个最美好的大年夜。

一本本书读下来，她的内心逐渐强大，对自己充满信心：我能改变自己，我也能改变老公，改变家庭。就像《人鸦》中说的：你改变了自己，你就改变了整个世界。

她变了，她的老公、家庭也悄然发生了变化。同事们说，你看看小常，人家工作做得好，孩子很优秀，老公脾气越来越好，家庭也越来越和睦了。

是新教育成为滋养个人和家庭的圣水泉，让家庭的时空交响着完整幸福的快乐颂。

第九节　化蛹成蝶

一

新教育实验力倡阅读,伴随而来的则是教师的践行与思悟。阅读是学,践行是做,思悟是提升。提升的表现形式,则是言语和书面的表达,淋漓尽致地道出自己的主张,写就有生命体温和真知灼见的文章。

阅读是出发点,口头表达和文字写作是检验方式和归宿地。

新教育提倡的教育写作,并非作家式苦心孤诣的创作,不为立传不求扬名,乃是记录自己从教之旅的一路风景及体悟,对全部教育生活进行及时的回顾、梳理、剖析、总结和升华。新教育倡导以"师生共写随笔"为行动统领,其形式包括教育或教学的纪实、案例、故事、随笔、经验、论文、诗作、日记等等,具有及时性、客观性、坚持性、精思性、发展性等特点。

新教育研究院院长、名师李镇西反思自己的成长之路,兼对教师的专业成长提炼出了"四个不停":"不停地实践,不停地思考,不停地阅读,不停地写作。"而"写作,是一个教师从优秀到杰出需要打通的'最后一公里'"。这推心置腹的话语。道出了一条名师的攀升之路。

这四种程序彼此连续,缺一不可,方为全程。阅读是积累,实践是应用,思考是优化,写作是结晶。

从阅读到写作,是阅读的深化和发展,是一次化蛹成蝶的升华。

上述程序对老师如此,对学生也是如此。

二

让我们选取样本,走进山西省绛县第一实验小学,一间取名为"小种子"的教室。

2012年8月18日,六十八个小朋友从幼儿园跨入小学的大门,像一群叽叽喳喳的小鸟,落在小种子教室,成了小学生。

该班班主任、年轻女教师孙薛莉笑微微地看着他们,暗暗发誓:让小种子教室里的每个生命都开出一朵花来。

从哪里着手呢?她早已想好,从阅读入手,从写作着眼,写作宜早不宜晚,让孩子们及早用手中的笔表达自己的心,用写作搭起每个生命走向卓越的桥梁,既利于其当下成长,又有益于其一生成就。开学第一天,孙薛莉向家长倡议,要大家开始写"亲子日记"。

怎么写?起初,她只要求孩子们每天和父母聊班里发生的事儿,并选择一个有趣的内容记笔记,孩子们的写作之路就这样蹒跚起步了。

刚过五岁的浩浩(梅银浩)是班里年龄最小的孩子,性格内向、不善言谈,就拿这个"小不点"说说吧。

这粒小种子,最初和妈妈一起学习《汉字宫》,简单的象形文化正是浩浩识字的启蒙,接着母子俩同看绘本《小种子》《爱心树》《我是霸王龙》,也开始一块儿写日记,从用拼音代替不会写的字起步,从写下一句话到写出一篇三百字的简短作文,浩浩每走一步都很扎实。

为激励浩浩坚持,妈妈每晚都把他的日记拍照发到网上,孙薛莉则选了一些发到小种子班的班级主题帖里,将他树立为小种子班写日记最有坚持力的小种子。有此额外奖赏,且有了读者,浩浩更积极了,周围很多孩子也学着他写日记了。熟悉的伙伴,熟悉的话语,极易引来见贤思齐的效应。

孙薛莉抓住"小不点"这颗火种,把班级的火点燃了。

"小不点"坚持每天写日记,这一坚持就是三年,60本日记,1058篇,176528个字。这一本本日记,讲述着属于他的故事:有丰富多彩的校园生活,有匪夷所思的历险记,还有奇思妙想的科幻故事连载……

小学三年生的他迎来了庆典——他有十余篇日记发表在《快乐阅读》《快乐日记》《快乐新语文》《意林》等杂志上,获得了468元的稿费,他还是2015年第5期《快乐日记》的封面明星呢!封面《日记名人堂》上印着他的明星照及简介:

性格:稳重

兴趣爱好:玩轮滑、骑自行车

最大的愿望:当一名宇航员

最大的优点:好学

最大的缺点:自制力差

最骄傲的事：自一年级以来，一直坚持写日记。

目前拥有的日记本数量：60本，近1000余篇日记……

笔者从浩浩的日记中随手摘下三则：

2014年10月23日　星期四　晴　十月的趣事

十月，昆虫基本都销声匿迹了。晚上，刺猬偶尔钻出地面，伸出头。冷风摇动，树的叶子都变色了。

通过阅读《虫虫世界》《森林里的十二个月》，我认识了石蜈蚣、千足虫、艳大步甲、埋葬虫、土鳖虫，认识了山梨叶、枫树叶……它们都是十月里的动植物。

2014年10月25日　星期六　晴　蚂蚁能识天气

一天下午，我和爸爸到公园游玩。刚走到公园亭子，天空乌云密布，要下雨了。我发现脚下黑压压的一片——原来是蚂蚁王国的子民全部出动了，只见大批的蚂蚁和幼年小蚁都往一棵桂花树上爬去。

瞧，那边还有一群蚂蚁正拖着一个大蝗虫，运送食物。

我奇怪地问爸爸，爸爸微笑着说："蚂蚁有天生的本能，能感觉到天气要下雨。有句谚语说得好，'蚂蚁搬家晴必雨，蜘蛛结网雨必晴。'"

不一会儿，狂风大作，天空果然下起了大雨。我在亭子里拍手叫道："蚂蚁能预报天气！"

2015年9月18日　星期日　晴　蟋蟀的自述

我是一只会唱歌还会建造住宅的蟋蟀。

别的昆虫大多在临时的隐蔽所藏身，它们的隐蔽所得来不费工夫。我会慎重地选择住址，要排水优良，有温和的阳光。我靠自己一点一点挖掘，从大厅一直到卧室。

在朝着阳光的堤岸上，你会找到我的住宅，青草丛中隐藏着一条倾斜的隧道，隧道顺着地势弯弯曲曲，最多不过九寸深，一指宽。出口的地方总有一丛草半掩着，这就是我住宅的门。那微斜的门口，经过仔细打扫，收拾得很平坦，这就是我的平台。当四周很安静的时候，我们就在这里弹琴……

"小不点"迅速成长的秘密是什么？是阅读，是课程，是生日庆典，是家教倾力配合，给了这粒小小种子插上飞翔的翅膀。

阅读是写作的源泉。小种子教室的图书柜在新教育基金会的资助下,童书的内容与质量可谓"量身定做"。三年里师生共诵读诗歌二百四十四首,阅读绘本一百六十八本,彩乌鸦系列等桥梁书三十二本,而且每人每学期自读书籍在十本以上。

当浩浩的六周岁生日时,孙薛莉特意把绘本故事《图书馆老鼠》和《书》这首诗送给他。他更痴迷上阅读了,特别喜欢科普读物。三年来,他成了小书痴,主动去县城联合童书馆、中部移动童书馆、感恩乡师苗沛旺童书馆,共阅读书籍两千三百多本。丰富的阅读,成了最美味的营养。在阅读中,浩浩也变得勇敢了,爱思考了,自信了,常常会和大人们一起商讨、辩论。渐渐地,读书就像吃饭、睡觉一样成了常态。

课程则塑造着孩子们的精彩生活,丰富其生命体验与练笔题材。孙薛莉与孩子们共同进入了经济课程、种植课程、节日课程和社团、手工、童话剧课程……

书信交流尤为写作注入了活力。小种子班分别与四川、北京、山东的三所小学开展了"手拉手"活动,每周三天的固定作业是给笔友回信。孩子们在信中交流成长经历,谈理想聊未来,话题特别丰富。浩浩自然不甘落后,每次书信都是洋洋洒洒。以至于第一次写信,山东的六个同学同时都要和他交笔友,这更让他开心不已。地域的差异使得孩子们书写交流的内容更广,交流也成了彼此生命相互影响的过程。

小种子教室有着别样的生日庆典,仪式以孩子为主角,再现孩子的成长,使生日故事、诗歌、蛋糕成为生命中最好的记忆。孩子们饶有兴趣地讲述经历:翟琳浩讲述了自己饲养宠物的过程;从海南归来的王皓冉像小导游一样介绍旅途见闻。生日仪式锻炼了孩子们口头作文能力,也彼此倾听到了生命拔节的声音。

每个孩子生日时,孙薛莉都会用心地将孩子童年的照片制作成PPT。浩浩七岁生日的前一天晚上,她妈妈发来近三百张孩子的照片,孙薛莉整整熬了一个通宵制作PPT。第二天,浩浩兴致勃勃观看自己的照片,为大家忘情地讲述自己的趣事,他的妈妈感动得热泪盈眶。这样的庆典以珍重唤起珍重,以成长助推成长。

小种子教室是一个基于家校合作共建的教室,父母深度卷入了孩子们的课程生活,他们以新教育萤火虫项目为平台,以亲子日记为纽带,与孩子们展开了生命的对话,以生命滋润生命。孩子们写日记,家长们写寄语,亲情交融,家庭和美。

浩浩妈妈在日记中写道:"有许多家长感叹,现在的孩子越来越难管了,而我和孩子之间相处极为融洽,这一切归功于孩子的日记。"

浩浩在学期末的颁发生命奖仪式上,给妈妈写下了这样的颁奖词:

您是一位出色的萤火虫,点着灯笼为大家照路,前行的路被您照得那么明亮,走过的路留下了多么美好的回忆。

您是最好的妈妈,也是最棒的导师,坚持每天在日记中与我交流心声。

您获得的奖项有:坚持之星、最佳萤火虫、最棒妈妈之星。

在小种子教室,每个孩子都有与写作有关的精彩故事。截至2015年8月的三年时间,日记记录着小种子教室每个生命的成长史。在浩浩的带动下,每个同学都积累了厚厚的一摞日记本。天天同学写了60本,1052篇;小雨同学写了6大本,1012篇;涵瑜同学写了45本,975篇;潇鸣同学写了19本,958篇……张力天同学的绘本获得了第二届艾瑞卡尔创意作品大赛最动人创意奖;邓雨菲同学参加了2015年"我要上春晚"的选拔赛和山西省庆六一晚会的录制;全班一共在各类刊物发表文章151篇,多位同学连续四个月获得《快乐日记》全国"坚持之星";全班同学成了2014年《快乐日记》的封面明星……

孙薛莉的小种子教室荣获了新教育2015年度"完美教室"的称号。其颁奖词为:68张纯真的笑脸,68个完美的童年。当天使般的微笑在一张张生命叙事的照片中定格,那光影下绽放的便不只是难忘的岁月。一颗种子发芽,变成了家喻户晓的小诗人;一颗种子长大,出落成技惊四座的小画家。在孙薛莉老师的小种子班里,生命的惊喜,总在不经意间,开出最美的花!

三

唐诗淼,这位身体羸弱却气质不凡的五年级女孩,是宜宾人民路小学郭明晓老师班级的骄傲。她天资聪颖,各科俱进,语文尤佳,善于形象思维,被同学们称为"小白天鹅"。

五年级下学期,中国教育的特色景观粉墨登场:各种学校蜂拥而至抢生源,家长为孩子选择哪一所初中焦灼万分,孩子们卷入应试洪潮身心受损。

结果,命运与诗淼开了一个大玩笑。

绵阳市东辰国际学校来招生,只考数学,且多为奥数性质的题目。唐诗淼平时未参加奥数培训班,虽然数学成绩优秀,但她无疑用自己短处与别人长处竞争。在四五百名考生中,能考上东辰免费生的仅有三十人。郭明晓班上有几个孩子入围,小诗淼却以第三十二名落选。她的家长立马对她紧张地施以培训,天天到晚上十一点。一个月后,又带她到成都参加某名校的考试。该校更怪,虽然语文数学都考,但数学必须在六十分钟内完成七十道题(多是奥数题),得分在七十分以上方能录取。她语文成绩名列前茅,两科总分远远超出录取分数线,却又因数学六十八分而落选。两次应试的"失败",折断了小白天鹅的翅膀。她满眼茫然。在童话剧的排练中,孩子们各自投入到角色塑造中去,而她不知所措,反应呆滞。

那些日子,郭明晓吃不好睡不宁,她不能阻止小白天鹅伤心,却不停地为小白天鹅修复调养,决计托起受伤的小白天鹅再度飞翔。

她勉励她参与童话剧的排练,让她找到成功的感受。

她与其父母交流,让父母为她构筑温馨的精神家园。

她让她阅读狄金森日记,写出自己的人生体悟。

她特意为她梳理生命朝向的坐标,为她的生命颁奖,并写出如下的生命叙事:

> 唐诗淼啊,你的作品,是班级中最闪亮的星星。你的《诗与音乐·神游》,把诗歌与音乐融为一体,既有理解的深沉,又有想象的浪漫,还有童真的活泼;你的《诗歌生命》,歌咏自己的生命状态,吟唱出"守得住孤独,才能超越别人",超越你年龄的深刻体验……唐诗淼啊,你让我们看到你的成长状态,你的诗人的天赋与才能。你知道郭老师为什么如此兴奋吗?因为你是我教书三十几年来遇到的唯一!
>
> 唐诗淼啊,你是我们班语言学习潜力最好的人,你的语文学习出类拔萃,数学成绩也很优秀。你的长处重在形象思维,但你的抽象思维也不差啊;你的数学成绩不如语文成绩,是因你花在数学上的工夫远远少于语文,自然就有落差。对你学好数学,老师充满了信心,因为聪明的你,只要想做的事就没有做不好的。加油,不必为此自卑,超越就能让丑小鸭变成白天鹅!
>
> 唐诗淼,体弱的人对生命的感悟更深刻,热爱更强烈,这也许是你的诗歌能写出超越年龄的感悟的原因吧。须知,羸弱的身躯是可以强壮起来的,老师相信你,能找到一种适合自己的锻炼方式,练得身体棒棒的,意志强强的。
>
> 唐诗淼啊,老师憧憬着有一天,一位身体健壮、有诗人气质的女数学家站在我面前,我会欢喜得老泪纵横!那会是谁?那一定是生活中的"黄蓉"——唐诗淼女士!

真乃赞美与剖析里饱含深情的颁奖词。心语,让心苗由黄变绿;嘉奖,为内伤精心养护;激励,叫才干之火再次点燃;举措,使自信之钟重新走动。

一套催化内心的组合拳打下来,唐诗淼从挫折里昂起了头,露出了笑脸,渐渐完成了少年成熟的跨越。在郭明晓引领全班每周解读泰戈尔的《吉檀迦利》时,唐诗淼写出《倾注生命的歌唱》的诗:

> 我用心地歌唱,
> 每一个音符,每一个字,我都倾注了全部精力。
> 当声音从我口中发出时,我也震惊,
> 在耀眼的神明面前,我不跪倒,
> 只全心全意地歌唱,
> 唱出生命——我是那个歌者,
> 就当我投入生命去做的时候,……
> 正因为这样
> 我才得到了伟大事物的召唤!
> 神说,"许多人已把生命托付给我。"
> 我却不一样
> 把生命托付歌唱——就像夜莺
> 听啊——那声音,在树林上空久久地回荡。

郭明晓欣喜得热泪盈眶。她又听见哑默了的小白天鹅纵情歌唱,又看到折羽的小天鹅翔舞蓝天了。

四

2006年9月,李镇西出任成都市武侯实验中学校长不久,年轻的女教师唐燕找上门来,说什么也不想当班主任了,理由是一名叫"方舟"(化名)的男生无法无天,一条鱼腥了一锅汤。她气愤地说着,脸涨得通红。

"我恭喜你有了一个极好的科研对象啊!"唐燕怎么也想不到,校长的第一句话竟这么说,接着他解释道,"你看啊,有哪个科学家反感过自己的研究对象的?又有哪个医生反感就医的病人呢?因为每一个病人都是他的科研对象,名医是治疗研究了无数疑难病症才成名的。教师最好的科研就是转化后进生,而你居然遇到了这样的学生,真是好福气!"校长诚恳地建议以研究的眼光看方舟每一天的表现和变化,思考其为什么会有这样的现象和变化。"比如他打架了,你就应该研究:

他为什么会打架呢？他的性格如何？他的生活经历如何？他的人际交往如何？等等，然后你把这一切都记录下来，包括你和他打交道的过程，以及你的感悟和琢磨。这就是教育科研！"

她惊讶地看着校长，先是似懂非懂，后是若有所思，轻轻点点头。

从那以后，唐燕煞费苦心地研究小方，几乎每天都把"研究成果"发到网上。一年后，唐燕交给校长一篇两万字的教育手记《小方的故事》，完整地记录了她与小方打交道的过程，其实，这何尝不是她的精神成长的路程呢。她说："小方促使我快速成长。"

手记夹叙夹议，有故事，有思考，故事呈现出生活本来的面目，真实而波澜曲折乃至跌宕起伏，会让阅读者时而忍俊不禁，时而掩卷沉思，时而焦急不安，时而会心一笑……故事给人的启示很多：教育的爱心与智慧，复杂与无奈，还有教师的倾注与坚忍，彷徨与坚守……

比如，唐燕在研究小方与其父母的关系时，观察细腻，思考幽深，笔触也精准——

小方这孩子缺乏最起码的荣誉感和上进心，也缺乏正常的情感。他曾直言不讳地告诉老师："我到学校来干什么？耍！"而缺乏情感则主要体现在对待他父母的态度上。

他最害怕他的父亲，最看不起的是自己的母亲，曾经在大庭广众之下对母亲大呼小叫，甚至有大打出手的冲动。我认为造成的原因，是因为父亲管得少但狠，母亲管得多且乱，他比较敬畏自己的父亲。为了改善他与母亲的关系我找他聊过，他对母亲颇有微词，但从来没有对父亲的不满。然而这学期似乎一切都变了，他对父亲的感情一落千丈，言语中甚至充满了仇恨和轻蔑。

我了解到其中原因，变化源自经济利益，因为母亲说要将一套房子给他，但父亲没作声。别人的家事我不能妄加评论，但一个十二三岁的孩子，因为一套对当下的他毫无影响的房子居然如此对待自己的亲人，这让我不寒而栗。

一个本来应该很单纯的孩子，内心却充满着"利益""仇恨"之类的东西，仅仅因为一套房子而抛弃亲情，仅仅因为经济利益而完全忘记了此前父亲对他种种的爱，推翻了此前父亲的所有付出，哪怕以前是如何的崇拜，这种行为放在一个市侩式的成人身上，我们都会谴责，怎么会出现在一个半大孩子身上？

  我时常想,造成这样的局面,他所受的家庭教育,他的家庭环境应该承担怎样的责任？如果从小他生活在一个稳定、温暖的家庭中(传言,小方的父亲几进监狱),那么还会有今天这些令人头疼的问题吗？他的父母不爱他吗？肯定不是,但他对父母的感情却如此浅薄,这里我不得不说:"自己酿的苦酒只好自己喝吧！"

  写到这儿,心头竟涌起了一丝心痛和怜惜,突然觉得这孩子其实挺可怜……

  手记结尾时,唐燕摘录了青年马克思的一段话:"我们的事业并不显赫一时,但将永远存在。而面对我们的骨灰,高尚的人们将洒下热泪。"

  刻骨铭心的教育经历,对孩子深深依恋的师者情怀,学、践、思、写的科研之路,使原本带着几分稚拙气的青年教师唐燕迅速走向达观、深邃、成熟,她在学生的心灵深处巡查把脉,体味到教育者苦中有乐的幸福,较快成长为新教育实验的前行者。

第四章 竞放

凡·高画作:《向日葵》

文森特·威廉·凡·高(1853—1890),荷兰后印象派画家。

《向日葵》是凡·高的代表作,也是他在最痛苦的煎熬中所倾心绘制的最充满光明的精神追求的作品。凡·高的艺术是伟大的,他作品中包含着深刻的悲剧意识,其强烈的个性和在形式上的独特追求,远远走在时代的前面,的确难以被当时的人们所接受。

这幅流芳百世的《向日葵》,是在阳光明媚灿烂的法国南部所作。在人们对凡·高误解最深的时候,正是他对自己的创作最有信心的时候,因此才留下了永恒的艺术作品。凡·高笔下的向日葵,像闪烁着的熊熊的火焰,同时又是那么和谐、优雅甚至细腻,在这种粗厚和单纯中充满了智慧和灵气,含无限说法,似天使咏叹,这幅《向日葵》是美术史上最受欢迎的静物写作,是一幅以植物为题的《蒙娜丽莎》,把繁华怒放的生命抽象成为绽放本身。

选此幅名画,暗喻沐浴在新教育十大行动的阳光下,师生们旺盛的精气神。

题　　记——点赞竞放

竞放,是十里春风林初展的繁盛,
竞放,是百花斗艳春满园的绚烂,
竞放,是千江有水千江月的和谐,
竞放,是万物霜天竞自由的奔放,
杏坛,就该在万涓归海的智慧坚守中,成就一本万象的精彩。
人格的芽苗,渴望自主吮吸阳光雨露,
精神的蓓蕾,寻求特色突破秀满枝头。

精彩阅读是心智的律动,
个性张扬为天赋的迸发,
课堂自主乃思维的飞腾,
行动,行动,行动,融入十大行动追梦;
习惯,习惯,习惯,一以贯之大事乃成。

青,取之于蓝,而青于蓝;
相信种子在岁月里嬗变,
相信耕耘必获金色收成;
坚冰打破,目标指明,航线开通,
生命蓬勃竞放,已是指日可待的预定……

第十节　相信种子

一

如今的孩子怎么了？怎么变得有些陌生？

一个读小学的男生，给同班小女孩写去"我对你的爱很深很深，像无底洞一样深"的情书，经网络传播，让大人们感慨唏嘘。

一场高三毕业前的疯狂撕书活动上演时，上前制止的老教师竟遭六名学生用拖把棍暴打，老师的头上脸上鲜血流淌……

一名高一男生给父母留下遗书："假如我死了，请不要悲伤，也不要找老师，找学校，我在很久以前，就想品味一下不靠任何飞行器在天空中飞翔的感受了……"随后纵身跃下教学楼。

说来惊心，听来错愕，然事出有因。

在物质繁荣与精神失序、经济崛起和道德沉沦、科技突飞猛进却人性根基动摇的关口，种种社会问题暴露的是人们的心灵危机——欲望膨胀，文化虚无，人心焦躁。

学生问题是社会问题的翻版。孩子现象是大人现象的投影。社会上心浮气躁的情绪，趋利忘义的思维，急功近利的脚步，不知不觉间折射到了学生们的内心世界。

为此，有的孩子怒而出手了。

上海十岁男孩陈鲁直，一次挨了亲人打骂，含着泪，十分钟一挥而就《我们孩子的痛》，真是"愤怒出诗人"。该诗如下：

> 我们这些小学生，
> 痛苦实在太多太多，
> 在我们这年头，
> 光是思维就已被大人侵入。
> 即使不被侵入，

也已经陷入黑暗。

因一点小错误而挨骂，
因成绩不理想而被斥责。
因想考上好中学而被迫奔波于补习班，
这些都是大人制服我们的军队。
我只是想通过这首诗，
给那些大人提示。

如果你们觉得语言过激，
那我就告诉你一个道理：
当局者迷，旁观者清！①

对如此诗句，做怎样解读都不免苍白。在这观念多元化的时代，我们还是应俯下身来，听一听孩子的心声，体会一下幼小心灵深处的痛苦。

2012年1月10日，中国人民大学图书馆，在《朱永新教育作品》新书首发式暨新教育新年报告会上，来自石家庄四维小学的四名小学生，用诗歌表演的形式，表白内心诉求，抗议异化教育：

我要上学了，邻居大姐姐告诉我，上学就是做题做题还做题。不好玩。
我要上学了，邻居大哥哥对我说，上学就是考试考试再考试。很可怕。
我要上学了，妈妈说，上学要听话，不然会被老师批评，还会挨罚。
我要上学了，爸爸说，上学要听话，不然回家挨揍，让你屁股开花。
我不想做题做题还做题，我不想考试考试再考试……我不想上学，我还想玩耍！

泰戈尔说："我们把世界看错了，反说它欺骗我们。"②是的，当下的孩子涉世不深，面对社会转型期的矛盾丛林，世界广角镜的竞争浪潮，文化大环境的万花筒，家教小环境的盲区，难免困惑多多，是非模糊，进退维谷，有的心灵异化，亟须

---

① 此诗后被《新民晚报》记者发现并刊载于该报2007年6月21日。
② 泰戈尔，《飞鸟集》。

社会环境的激浊扬清,老师、亲人的点化与助力,没有大人们的正确前导,永远不会有孩子的茁壮成长。

二

当下的青少年,究竟是具有怎样特质的一代? 该如何恰当地面对他们? 如何精准地为他们把脉? 这是一个时代大课题。脉把不准,认识不清,路就引不正。

对此,新教育人有一个常常说在嘴上、铭记心头的标志性话语、统领性理念:相信种子,相信岁月。

"两个相信"看是简单的八个字,却蕴含了新教育人的教育观、人才观。

"两个相信"的着眼点和归宿点,聚焦于下一代莘莘生命。相信里饱含着望穿秋水般的殷殷期冀,包藏着坚如磐石般的旦旦信誓。

"两个相信"的理论基础,是新教育五大理念之首的"无限相信师生的潜力"。潜能的开发,是对生命价值的体认。只要唤醒潜能,激发力量,就能促进教师和学生走向成功。"皮格马利翁期待效应"和"期望值与孩子成长正相关"的心理学实验表明,如果在相信和挖潜上下大功夫,必将赢得成长的风景线。

稍稍展开"无限相信师生的潜力"理念,即是:

——相信每一个独一无二的生命个体都有成功的机遇和可能;

——相信每一个活生生的生命都蕴藏与生俱来的能量,都有待于教育的唤醒与发掘;

——相信每一颗种子在岁月的土壤里,通过科学、艺术的耕耘,定会回赠以世间的珍奇。

——相信每一位教师都是阳光雨露,能带给每个受教育者出彩的人生。

"两个相信"的现实基础,是对丰富而复杂的青少年群体的透骨剖析。

新教育人看好了当下的青少年:其神采日趋开朗、开通、开放,其向往求新、求美、求特;其才干走向思考、思辨、思悟;其心灵自尊、自爱、自我;其性格趋向自主、独立;其学情尚有几分呆滞、古板、拙笨。他们面临着精神断乳期、心理中心期、青春躁动期的"人生三期",一些孩子时而表现出:是非糊糊涂涂,做事马马虎虎,错误反反复复,成绩起起伏伏。无疑,这一代青少年是困惑多、气象新、舞台大、担当重的一代。给多大的舞台,他们就可以演绎多大的精彩,达到苏霍姆林斯基所认为的"教育和教学的技巧和艺术在于,要使每一个儿童的力量和可能性发挥出来,使他享受到脑力劳动的乐趣。"

"两个相信"的本质,是相信教育巨大的力量,相信生命无限的潜能,相信心智付出的必然结果,并做好了接受未来种种挑战的充分准备。

笔者曾参观苏州市一所进行新教育实验的爱心学校,学生多是脑瘫儿和少许智障人。教师们没有放弃,积年累月,帮助他们恢复健康,为使脑瘫智障儿成为一个正常人而千方百计,取得的成果令人感动。

朱永新曾举广西一位母亲的事例,她通过艰苦的努力,把自己的脑瘫儿变成了正常的孩子,送入普通学校就读。该女士还倾其家底创办了一所培智学校,要把更多的残疾孩子培养成人。

"两个相信"的哲学思考,是对立德启智育人这门科学的洞彻。

教育是潜移默化中的精工细活,是《牵一只蜗牛去散步》般慢的艺术,等待的艺术,水到渠成的艺术。它不是短跑,而是一场马拉松,并不会输在"起跑线上"。

自野至文,从知到行,遵循生命成长规律,需要等待,需要观察,需要顺势,需要反思,需要积淀;人的成长有"明心见性"的顿悟,也有水滴石穿的渐悟;有少年早熟,也有大器晚就;有飞速跨越的快进,也有缓行沉潜的慢长。切勿急功近利,拔苗助长,竭泽而渔,只想毕其功于一役。

江苏泰州市姜堰区四中的石建华,是一名新教育教师,她每接新班级,都主动加学生为QQ好友,并妙用QQ签名这个心理变化的晴雨表,解读学生心灵。

一天,她上QQ,看见男生小A的个性签名刚更新为:你是方便面,我是白开水,泡定你啦!小A花钱大手大脚,情感却丰富细腻,这个签名暗示小A有了心仪的女孩。石建华先不动声色,暗中找和这个男生走得近的学生了解,果如所料,他喜欢上了别班一个女孩,而那个女孩对他的热情嗤之以鼻,让他很伤自尊,他亮出这样的签名,以昭示决心。

石建华没有立刻出击,而是迂回找到那个眉清目秀的女孩,那个女孩开门见山地说她不喜欢小A,还请老师能让小A不再打扰她。得知女孩心意后,石老师继续关注小A的QQ签名,静候时机。一个月后,他的QQ签名更新为:方便面怎么泡不开呢?看出他有退缩迹象,但未完全死心。又等待月余,小A的QQ签名变为:没有了方便面,白开水依然是白开水。看来他试图放弃了,该出马了。

一天放学后,石建华留下小A,先和他聊学习,再自然转到见他不断更新的QQ签名,内容有点奇怪,说到这儿,他的脸微微红起来,石老师假装没看见,自顾自地说,强扭的瓜不甜,早开的花注定是个美丽的错误,何苦为难自己呢?放弃也是一种选择。小A听了这话"嗯"了一声似有所悟。次日,他又更新了QQ签名:放弃是种别样的美丽。

一朵遮掩心空的积雨云,就这样悄然散去了。

相信种子,相信岁月,静静地等待种子发芽、生长、开花、结果。教育"就像牵着一只蜗牛在散步",需要"陪着孩子静静体味生活的滋味,倾听孩子内心声音在俗世的回响。"

新教育人的"两个相信",不仅有理性根基,更有实践依据;不但仰望星空,而且脚踏实地。它凝聚了教育者的无比自信。倘若没有相信,还会对这些孩子施以爱的教育吗?还能办好教育吗?

对此,新教育人深有体会。如果说种子是希望与愿景,岁月是坚守与意志的话,那么这两个词前都用了"相信",则表达了这种对世界对生命的根本信任,是对自己职业的最终的体认与认同,是坚信自己所从事的育人职业,终将如草木萌芽、葱茏繁茂。有了如此信任、信赖、信仰,职业生涯中冬的寂寞与夏的炎酷,都能够视若等闲乐于承受。所有的酸甜苦辣,都能看成必尝的人生百味而从容以对。

"我看透了这个世界,但我仍然热爱它。"[1]这应是为师者的襟怀、境界和勇毅。一个真正的教师,应该让学生,也让自己,在跨越重重困难以及怀疑之后,仍然能够建立起对于世界、人类、自我,以及存在的根本信任乃至于信念。这种信念一旦发展为信仰,便成为一名教师立身的坚不可摧的基石。

新教育人对中国教育的若干问题,所以能坦然面对,不偏颇,不偏激,不偏执,原因即是立足点高,视界广阔,辨析力强,他们能从古与今、中与外、继承与扬弃的坐标之上观照教育,透析育人,谙生命之运律,悟灵魂之羽升,拥有观古今于须臾、品一瞬于永恒的超越眼光,迈出融中外之美善、汇知行之德智的前行脚步。

三

新教育"两个相信"的论语,是建立在对当下青少年的剖析基础上的。

纵向看今昔青少年坐标。

70年代画像:困惑、迷茫和焦灼。当时风浪迭起,人妖难辨;路标不清,行走艰危;惊雷十月,才始现曙色。那时段的青少年,有理想而缺路径,很像歌词中所言:"迷迷瞪瞪上山,稀里糊涂过河。"

80年代画像:朗润、自信和豪迈。当时天地更新,春光明媚;国运扭转,人心思变;少年气盛,朝霞如火。此时的青少年,突兀天高地阔,顿觉心潮澎湃,为未来

---

[1] 罗曼·罗兰。

苦学苦练苦做,成标识性心态。谷建芬谱曲的《年轻的朋友来相会》,抒发了他们的主导理念和火焰般情怀。

90年代画像:奋发、开放和缺失。当时改革深化,国门洞开;地球变小,碰撞加大;智能解放,个性初显。这时的青少年,因德能及功力的准备不足,在突然变幻的时空面前显得手足无措,教育上的乏力也在此时显现。

新世纪画像:主体、排他和多变。处于市场经济、信息爆炸的时代,多元思维、个性张扬的青少年,多为矛盾的"多棱镜":聪明而糊涂,思考而盲目,果敢而草率,求索而迷惘,赶潮而从众,热忱而冷漠,阳光而阴暗,坚强而脆弱;追求完美又总有缺憾,回避教诲又渴求帮助……

聚焦数十年青少年的演化史,他们从格外单纯到精明复杂,从循规蹈矩到富有主见,从闷头听话到善于表达,从不出校门到走出国门……

横向比中外青少年的坐标。

笔者愿重温中外青少年几次较有影响的碰撞。

一次是中美小学生的调研比较。

1979年,中国、美国初等教育访问团互相考察。中国的考察报告认为,美国学生趾高气扬、踌躇满志,整天奢谈发明创造,重音、体、美,而轻数、理、化,课堂几乎处于失控状态,该报告结论:美国的初级教育已经病入膏肓。而美国的考察报告认为,中国的小学生规矩,学习最勤奋,起得最早、睡得最晚,还做"家庭作业",都追求成为考试分数最高的"优秀学生"。该报告结论:中国的学生的学习成绩和世界上任何一个国家的同年级学生比较,都是最好的。预测二十年后,中国在科技和文化方面,必将把美国远远地甩在后面。

25年过去,"病入膏肓"的美国教育培养出四十三位诺贝尔奖获得者和一百九十七位知识型的亿万富翁,而扎扎实实的中国教育却未能如人们期望的那么闪光。[1]

透过中美两国小学生迥然相异的学习生活的强烈对比,揭示出智慧律动、生命开发、教育关注的不同目标与路径,激起我们换位思考的另一种眼光。

一次是中日孩子夏令营中的较量。

1992年8月,七十七名日本孩子来到内蒙古,与三十名中国孩子共同参加了一个草原探险夏令营。这场心性较量、意念博弈、毅力抗衡的活动,经青少年研究专家孙云晓采写并撰文《夏令营中的较量》[2],让国人震撼,央视专题片称其为"教

---

[1] 刘燕敏,《保护好你孩子的天赋》,《读者》2004年第4期。
[2] 《读者》,1993年第11期。

育改革的前奏曲"。

中日孩子在草原野营拉练的较量令举国醒思。因其毕现了两国下一代对生活、生命各不相同的答卷。在表层上，让国人看清我们教育目标与路径上的缺憾，深层次透析，已经触及改造中华民族的传统性格乃至精神灵魂的着力点。

第三次当属上海学生PISA测试排名"全球第一"。

2011年3月17日，中国教育报以《上海学生PISA测试排名"全球第一"引发教育思考》为题，报道了上海学生2009年首次参加PISA测试，在六十五个国家、地区中，成绩排名第一。该消息立即占据各大媒体的头条，一贯被西方人看作只会死读书的中国学生，居然能在国际性的素质能力测试中获此佳绩，岂不令世人震惊？这也引发了中国全社会对学生素养问题的关注、审视和思考。

上海学生在认知方式各方面分量表上成绩均位居第一，访问和检索上却比较薄弱。

他们在学习策略运用中，概括、理解和记忆策略接近或高于OECD平均值，但自我调控策略低于平均值，说明学生自学能力还不够。

令人担忧的是阅读成绩的性别差异，上海男生阅读平均成绩比女生低40分。

"学生网上阅读活动广度指数平均值仅为－0.35，显著低于OECD各国的平均值。"这显示我国中小学生有效的网上阅读活动很是欠缺。

更为严重的是，上述结果与学生课业负担繁重关联极大。上海学生每周校内外上课共计三十四点八小时，尚不包括作业时间，比美国和芬兰的学生多十小时以上。这就剥夺了本应属于学生的休闲时间，包括课外网上阅读时间，也导致网瘾学生数居高不下，学生需要用网游来宣泄课业带来的心理负担。不像欧美学生，课外还有余暇进行网络综合阅读和探究活动。

认知技能并不代表创新技能，上海学生排名第一也不代表中国学生排名第一，况且，用长时间苦练苦磨，以牺牲学生自由时间为代价来换取成绩，竞争得不公平，又为蚀本生意。这亦是中国教育的一个缩影。

第四当简述中国教师赴英"支教"行动。

2015年，英国广播公司（BBC）邀请五名中国中学老师到英国汉普郡一所顶级中学，对该校五十名九年级学生进行了一个月的"中式教学"，并拍了一部名为《我们的孩子足够坚强吗？》的纪录片。结果，不少英国学生的举动，让中国的老师十分抓狂；英国学生也无法适应高强度教学，常被中国老师训哭。中国老师表示，英国学生缺乏进取心，懒散无纪律。尽管互不适应，但一个月后，几位中国老师带领的英国学生在数学、科学和中文考试中不仅全面击败对手，而且每门课均超出十分。

对这场中英文化与教育的碰撞,中外议论纷纭,各执一词,莫衷一是。

朱永新撰文《中英教育对比中国真赢了吗?》,提出了衡量教育水平的标准:一看教师与学生能否拥有一种幸福完整的教育生活;二看教育能否培养出社会需要的人才;三是看教育是否符合一个国家和地区的文化传统。此文的结论是:真实世界里的教育趋势,是中国在向西走,从纪律走向民主,从灌输走向讨论;西方在向东走,注重自由和纪律结合,强调评价的引导和影响。只有东西方互相学习共同努力,才能有真正的好教育,才能实现人类教育的幸福完整。

东西方成功育人的实践表明:树起探求的天线,展开想象的翅膀,开启自省的闸门,向着既定的方向,交流中化解歧义,融通中凝结共识,方能切实实现教育的超越。

四

中国新教育人从昔与今、中与外两个坐标系上,读懂了当下孩子的处境,痛感"人的教育"缺位所造成的危害。

2004年5月,朱永新接受《人民日报》记者专访时,就深刻剖析人文教育缺失的恶果:"危害就像片面追求GDP一样。现在我们已提出要树立科学发展观,扭转片面追求经济的行为;同样,教育片面求分,不考虑人的协调发展,也会带来社会畸形。发展经济不应该以破坏环境为代价,教育也不应该以破坏人格、精神为代价……"

是啊,不少孩子虽能背记一门门知识,会做一本本试题,赢得一次次考试,却一定程度上欠缺精神的丰厚,自信的心态、丰富的想象、合作的精神尚显不足,与人们对其成才的期望尚有不小的距离。

相信种子,相信岁月的新教育实验,聚焦"人的教育"的心灵播种,让师生与人类的崇高精神对话,重在唤醒师生的生命激情和教育梦想,努力改变师生的生命气象。新教育的举措,则如扬帆的风、春夜的雨,长志,厚德,润心,补气,益智,发力,促进了师生生命精神的竞放。

两个相信引导下的心灵播种,着眼于人格,入手于心态,核心在文化,关键在风气,成功在细微,突破在盲点。

五

2014年11月的一天,不惑之年的曾郁满怀神圣的责任感,从城区一类学校到城郊一所三类学校——贵阳市云岩区林泉小学担任校长。她发誓将林泉校园建成教育的乐园,让新教育的理念在此尽情地舒展开来。

该校建于1970年,最初是厂矿子弟学校,占地面积两千四百平方米,有一栋三层教学楼。

曾郁穿过嘈杂而又脏兮兮的菜市场,看到了坐落在半山腰上的林泉小学,学校倒显得宁静而安闲。

时值冬季,清晨的校园空气格外清爽,几个孩子在花坛边擦拭着白色的瓷砖,来了新校长,本来都知道的,几个孩子却不好意思地低下头。曾郁微笑注视着他们,孩子们始终没有勇气走过来喊她一声。

孩子们的目光怯生生的,老师们的眼神是疑惑的。他们似在观望也在等待,曾郁读出了他们"寻求变革——寻找我们想要的"的心声。

从哪里入手?好,就从为"种子"厚植沃壤开始。

办学校是一个创造的过程,创造自己的特色和个性,特色是卓越,个性是品牌。

曾郁和老师们一次次分析自己的学校。学校位于云岩区新老城区的城乡交会点,孩子们生活在城市文明和乡村文明的夹缝中,许多孩子在逐渐脱离乡村文明的根的同时,艰难地融入城市文明的枝干。为这样的孩子,理应创造出一个格外优雅、清幽、舒适、诗意盎然、别有洞天的精神居所,陶冶其情操,滋生其雅兴,坚定其眼神,升扬其风采,支撑其魂魄。

在交流与碰撞中,曾郁发现师生们很喜欢"林泉"这个名字,喜欢"明月松间照,清泉石上流"这句诗。有的孩子说:"老师就像林,为学生遮风挡雨,学生就像泉,在大森林的怀抱欢愉地流淌。"这诗一般的话语,像电流一样将她的心路连通了。师生之间,应该如林与泉相辅相成,共生共荣,教学相长,林因泉而茂盛,泉因林而源远,生命与生命之间相互润泽。学校啊,要培育每个生命向上的生态!"成就每一粒种子的梦想"的办学理念就此确定了。

林泉小学教学楼卧在山的怀抱里,大自然成了绝好的教材,"种子"也有了愉悦生长的空间。学校对面有一块荒坡地。早在她未上任,区教育局李华荣局长领她参观即将工作的学校时,就曾从这片绿坡联想到了少年鲁迅曾嬉戏的乐土百草园。

此次,曾郁立马想到了要给林泉的孩子一个美丽的"百草园"。她找到这块地的主人:金鸭村委会。村委会很快答应和学校签订租约,将原本打算修路的荒地无偿租给学校。很快,这小小一块荒地上,建造出假山、喷泉、曲径、回廊,亭台水榭、茂林修竹,很有几分"明月松间照,清泉石上流"的意境美。

就这样,林泉小学从诗意中悄然走出,从画境里款款而来。"百草园"成了学校的一张绿色名片,学校成了闹市中的世外桃源,正如大门对联所书:"不出城郭而获山水之怡,身居闹市已有林泉之幽";园内深处陶然亭对联为:茂林修竹纳贤者,清泉活水濯俗心。好一个清心、养气、益智、怡情的办学之所。

有了环境,曾郁想到课程,那是成就每个孩子梦想的土壤啊。

在办公会上,她提议找出带"林"和"泉"的诗,汇编成册,成为晨读教材的设想。读林泉诗,唤醒内心中林立泉涌的生机。做林泉人,涵养生命里林木争荣泉水叮咚那种状态。倡议得到热烈响应,于是,全校教师总动员,搜集素材,找来儿歌、古诗、外国诗,给诗配上图……很快,老师们亲手选编、制作的作品《林籁泉韵》完成了。笔者从该校这株"诗树"上采撷几支:

> 《题袁氏别业》(唐·贺知章)
> 主人不相识,偶坐为林泉。
> 莫漫愁沽酒,囊中自有钱。
> 《画眉鸟》(宋·欧阳修)
> 百啭千声随意移,山花红紫树高低。
> 始知锁向金笼听,不及林间自在啼。
> 《小池》(宋·杨万里)
> 泉眼无声惜细流,树阴照水爱晴柔。
> 小荷才露尖尖角,早有蜻蜓立上头。

孩子们拿着印刷好的诗集,一个个兴奋异常,喜悦无比。他们激动地朗读着,由衷地自豪地背诵着。

当孩子们生命里那股炽热的感情急需托付,又终于找到托付之物时,才会四溢出这种会心而愉悦的笑。林泉成了他们生命出发的起点,生命活力充电的所在,也是生命的归宿地啊。今后,无论他们能走多远行多久,"林籁泉韵"都会定格在他们的眼里心里梦里,永远化作生命叮咚作响的一部分,润泽着他们,抚育着他们,召唤着他们。人文之美,不知不觉地筑起越来越高的精神大厦;人生之路,潜移默化地铺向愈走愈亮的远方。

曾郁发现,在统一播放音乐时段,进行晨诵、午读、日日练(写字训练)时,许多小朋友尚未进入状态,一部分人还在校门口或路上,好好的晨诵就在三三两两的

"报告"声中结束。曾郁在校会上讲鲁迅先生"早"字的故事,告诉孩子:"当年的鲁迅,就是从百草园、三味书屋走向一个个决斗场,向一切愚昧宣战,同一场场黑暗决斗!"不到两天,迟到的人数一下降到最低点。

于是,学校果断地以"早"为校训。林泉之境给了孩子们"早"的气息:要像草木一样勃勃向上,像流泉一样日夜不舍。"早"作为一个标尺,时时早,事事早,毫不松弛地奋斗一生。

据此,林泉小学文化理念的框架初出雏形:

办学理念:成就每一粒种子的梦想

文化主题:木欣欣以向荣,泉涓涓而始流

特色教育:百草怡心,万卷明智

校　　训:早

校　　风:栖林知书,居泉达礼

教　　风:执林为笔以治学,蘸泉为墨以修身

学　　风:布衣暖,菜根香,读书滋味长。

让每一棵小草都成为装点林泉容颜的亮色。

一天,曾郁在走廊尽头,与一个像狮子般的男孩相遇,他发怒地追逐着身边的同学,孩子们被他追得团团转,看到校长的到来,他停下脚步,可是脸上怒气冲冲的样子没有丝毫收敛,看着他鼻子下挂着鼻涕,眼睛里含着泪水,曾郁啥也没说。在随即召开的班主任会上,她举了这个例子,说:"这个孩子绝对是班级的弱势群体,保护这样的孩子就是我们的使命。"

原来,这名孩子患有"鱼鳞病",脸上、身上都是一块一块的皮屑,一到冬天他的鼻涕就流淌不止。同学们瞧不起他,不愿与他接触,他自己也无法融入集体。通过新教育的诵诗、写诗、作画、练字、办手抄报、写读后感、创意盆栽、科技制作……他一次次地进步,班主任表扬他,同学们高看他,他变得自信心强了,慢慢地能做到每天穿衣整洁、仪容干净、字迹工整,课间他都是笑嘻嘻的与同学们一起玩。他坦然接受了自己,生活充满了信心。

酷爱教育的代课老师梁倩接任了全校公认最难管理的三年一班。没多久,她就找到了班级改变的突破口,班级开设茶道课,每周三进行,还请来家长。学生们很喜欢这门课,通过沏茶、赏茶、闻茶、饮茶的路径,让同学们增进友谊,美心修德,学练礼法,领略传统美德。学子们也渐渐体悟到茶道的和美效应,喝茶能静心、静神,陶冶情操,去除杂念。

梁老师在教育随笔中写道:我挺欣慰,茶艺课让同学们有了很大的改变!我

刚接班时，王清宇是我最头痛的一个孩子！异常叛逆，对老师非常不礼貌，不听课，不答问，不交作业，对他越严厉要求，他越和你对着干。

我试图和他交流，从各个角度细细了解他：他属于单亲家庭，两岁时母亲出走，当工人的父亲终日忙累，他缺失母爱，缺少父爱；还发现他很想得到重视和夸赞，我一次次鼓励他，递给他赞许的眼神，温暖他的心。而茶艺课学习，尤其助推了他的大变化。

那一次，他没有及时完成作业，我请他到教室后面完成作业，他没有反对，还说对不起，因一时找不到书，所以没有完成。

感恩节前日，他主动找我帮忙，想做张贺卡给父亲，感谢父亲的养育之恩，为了养育他，父亲起早贪黑上班，节假日很少休息。他想用贺卡表达他的心！多好的孩子啊，我激动极了，对他全都理解了，每个叛逆的孩子都有丰富细致的内心世界，就看我们老师能不能走进他们的心灵。想到这，我马上帮他设计，在贺卡纸上帮他画画，修改贺词，看着他一字一句写上后，开心地笑了。我也惬意地笑了，好像这贺卡就是写给我的，是对我至高无上的奖励……

曾郁进林泉小学做新教育不到三年，这里已发生显而易见的变化：师生鲜花般的笑容替代了羞涩的苦脸，活跃的思想替代了僵滞的思维，阳光的心态替代了云遮雾罩的魂魄，拧紧钟弦的少年替代了松松散散的个体，走向崇高而舒展的生命替代了平庸而禁锢的人生……

新教育研究院常务副院长陈东强来该校调研，孩子们成为接待的主角，他们微笑着上前，毫无拘束地迎接客人，用口用手用心展示着这样的成果：学校独具一格的林泉沃壤已然形成，新教育播在他们心灵的种子已经发芽展叶。

第十一节　扎根行动

一

新教育实验始发在校园一线,凝集起草根队伍,聚焦于热点疑窦,突破于攻坚克难,紧贴地气,直抓人心,有的放矢,切中肯綮。

回眸新教育之旅——从星星之火,经程程突进,到步步登高,无时无刻不基于对师生尤其对学子成长的细致调研和悉心思考,而后施以适切对症的举措。

墨子说:"志行,为也。"①新教育人深知动机与行为的关联,故怀有极为强烈的问题意识。当下中国教育最为迫切的问题,往往都进入了新教育人的视野,化作了他们的攻坚行动。可以说,新教育实验一路发展的主轴,贯穿的不是理论逻辑,而是问题逻辑,即发现问题、分析问题、解决问题的求索过程。

这样,新教育对中国教育问题的破解,绝非浅尝辄止,而是注定要扎根在行动中,行动必然是历史时空里的定影。朱永新阐释:"中国教育有弊端,但怒目金刚式的斥责和鞭挞,虽痛快却无济于事。对于中国教育而言,最需要的是行动与建设,只有行动与建设,才是真正深刻而富有颠覆性的批判与重构。"

新教育的实验旗帜高标着"行动",价值取向定位在"行动",实验成果体现在"行动",理论源泉开掘于"行动",行动是到达新教育目标彼岸之桥。说新教育是行的教育,实不为过。

二

新教育实验的大幕一拉开,开宗明义地确定用行动来上路。

那是2002年10月28日,受聘为新教育第一所实验学校——苏州市玉峰实验学校名誉校长的朱永新,在"新教育实验学校"授牌仪式的即席讲话中,对全校孩

---

① 墨子,《经说》(上)。

子们提出要做到最基本的五条：

第一条,学生在校期间必须至少读满一百本课外书。如果一个孩子在他的人生的最初阶段,读一点最经典的书,让孩子们与大师对话和人类最优秀的文化遗产、文化财富进行沟通,这是孩子们一生的财富。

第二条,学生在这个时期每天要坚持写日记。……这样一种练习对孩子们的成长来说,终身是一个财富。因为它不仅是写作,也是一种自我对话,也是一种自我沟通、自己对自己监督,是人生一个道德的场所。

第三条,学生至少听满一百场教育报告,把我们昆山名家、名流全部请到这个学校来,让孩子们经受榜样的鼓励,今后不仅仅要做一个有丰富知识底蕴的人,更要成为具有创新精神、有创造才能的人。

第四条,这所学校的孩子们能讲一口流利的双语,既能讲中文,又能讲英文。

第五条,所有的孩子能使用计算机,非常熟练地获取他需要的任何信息,与他想沟通的人进行交流。

这五条是我们"新教育实验"最基本的五条,当然我们还希望今后丰富和完善。

2003年6月,上述最基本五条要求扩展开去,演变为新教育营造书香校园、师生共写随笔、聆听窗外声音、培养卓越口才、构筑理想课堂、建设数码社区等六大行动,到2012年10月20日第二届新教育国际高峰论坛上,又增添推进每月一事、缔造完美教室、研发卓越课程、家校合作共建(2017年年会修订为家校合作共育)四项,扩展为新教育十大行动。

十大行动成了新教育实验的十大行动路径,旨在为转型时期迷失的教育重新召回灵性、魂魄与神圣。

当初五条要求,着眼于具象,尚未提炼为抽象理论,却作为雏形,播下了良种,埋下了日后拓展的伏笔。新教育实验追求"上天入地"的科研,也只有付诸操作层面的"入地",找到了生长点,才迸发出"上天"的强大生命力。

新教育人炽热的教育情怀、现实的急切需求与时代的强劲脉搏相碰撞,产生强烈共鸣,形成高度契合。

每一个行动都树起一面鲜亮的旗帜。

每一个行动的背后,都是对中国教育一个重大问题的一种彻悟、一方应答。

这些行动囊括了课上课下、校园内外、国内国外,涵养着德智体美劳等全人化教育的方方面面,唤醒了大脑、心灵和人格,盘活了知识、智能和个性。

路靠行动踩出来,渠依行动挖出来,知因行动浮出来。

临渊羡鱼,哪如退而结网?坐而论道,何抵起而行动?一个行动胜过一打纲领。因为它将虚的变成实的,将看不见的变成看得见的,将平面文字变成立体景观。

行动是产婆,行动是播种,百闻不如目见,目见不如足见。只有行动拼出来的美丽,没有坐等盼出来的辉煌。

新教育的行动,是旨在追寻理想教育而改变行为的行动,是不断超越自我的行动,是相信"坚持"就会产生奇迹的行动。

行动找回了教育的本真意蕴、内在脉络和综合素质。行动赋予教育学术深度、理性光照和文化品格。

杜威说:"一切教育的最终目的是形成人格。"十大行动是从千百种有助于形成人格的教育行动中,通过前沿实践探索和高端理性论证的融合,一步步优选提炼而来,又经过投身新教育的几百万师生十几度春秋创造性的反复实验和检验,证明是对形成人格最为给力最见成效的行动。

由此观之,起源于现实渴求,扎根于圣园热土,推进于践行运作,打磨于知行合一,完工于顶层设计——新教育实验十大行动之所以有如鹤立鸡群,与那些凭空杜撰的、想入非非的五花八门的"教育"和"动作"划清了界限,就因其时时刻刻紧贴地气,在教育改革的粗糙地面碰撞中不时迸发出耀眼火花,还因其事事处处沐浴星光,不断攀向就事论理、以行增知、由知到智的高境,于是,也就拥有了清醒的头脑、明亮的目光、结实的骨架和不可撼动的力量。

十大行动将如诗如画般的教育展露给杏坛。

十大行动遣多彩多姿的生活走进师生心灵。

利在当下,功在久远,其走势将超越时空,正牵动踏实而悠远的足音。

当新教育实验的"十大行动"以一个重要知识产权,亮相于中国教育的舞台时,它其实已经将代表中国声音、饱含中国特色的创举,展示在世界教育的前沿展厅,让各国聆听到铿锵有力的中国教育宣言,感受生机勃发的中国教育画卷。

三

新教育实验的十大行动,已在教坛产生热烈反应,师生生存状态业已发生显著而深刻的变化。

笔者愿同读者朋友一起探究。

一是营造书香校园,此为精神追求层面。

通过创设浓郁的阅读氛围,使学校成为学生享受成长快乐的理想乐园,让阅读成为师生最常态化的生活方式,进而推动书香社会的形成。

在常州市湖塘桥中心小学,新世纪之初就建成了书香校园。该校创建了"三级"书香网络:学校图书馆和阅览室组成的三百平方米的"书苑",供学生自由选择,自主性阅读,每学期奖励学习型教师与小小读书迷;每一楼层都设立级部书吧、级部乐池,打造书香级部;班级设有图书架,存书量不少于三百本,课间随时阅读。书架有形,引领无形,有形的阅读场所,无形的读书习惯,提升了学生的人格、品位、素养,打好成长的底色。

每个教室开辟"书墙",推荐新书,粘贴书报,展览读书笔记、读书成长册。

在"书香校园","我读书 我快乐""我读书 我美丽""与经典同行,打造人生底色"的口号随处可见。书成了最高级别的奖品,奖给运动会高手、课堂智人、读书迷、成长幅度最大者。

学校选择《经典诵读》为晨读教材,班级自编了古诗词赏析教材。全校开展诵诗词、品诗味、唱诗歌、写诗字、画诗意、演诗情、办诗报、研诗教等多种方式,品读经典,触摸时尚,诗化环境,诗化管理,诗化交往,诗化文化培养模式,使学校成了国内最早的书香校园之一。该校学生也以知书达理、外秀内慧的形神而出彩。

二是师生共写随笔,此为读写能力层面。

欲写得精彩,先学得精彩,做得精彩,活得精彩。新教育倡导通过日记、随笔、故事、案例、教育叙事等形式,反思教育和学习的点点滴滴,促进了教师的专业成长和学生的自主发展。

江阴市环南路小学参加新教育实验半年,就出了《放飞希望》两本日记集。教导主任说:过去孩子们讨厌写日记,写东西都像挤牙膏一样,现在都是从心里流淌出来的。

邳州市八路实验小学五(4)班小朋友刘云2003-12-19发的帖子《冰上的太阳》:

> 早上,我路过南河边,惊奇地发现远处,那是什么?可能是河边的草被点燃了,我想。走近一瞧,啊!原来,是阳光照在了冰上,那冰被火红的太阳感染了,冰面像着了火一样,散发出光与彩,远远看去,好像是童话故事中的辉煌的宫殿。太阳慢慢上升,这时像饱饮了玫瑰酒似的,醉醺醺地荡漾着红光,我瞪大双眼正在欣赏着,那红光竟然慢慢地消失了。啊!这就是冰上的太阳!

冰上的太阳,写得很美,饱含童话色彩,漫画笔调,诗歌意蕴。小作者只有用心观察,才捕捉得到天地间这奇美的一幕,也激活了那颗酷爱自然、酷爱生活、酷爱美的稚嫩的心。

三是聆听窗外声音,此为扩展视界层面。

充分利用校外的教育资源,开展报告会,运营参加社区活动、游学、综合实践等形式,拓展师生视野,接触人生榜样,使教材"小课本"与生活"大课本"、校内"小课堂"与社会"大课堂"有机结合,引导学生热爱生活,关注社会,形成多元的价值观。

激动人心的时刻来了,戴着厚厚眼镜、满脸童话色彩的儿童文学作家冰波出现在海门市通源小学的报告厅时,厅里响起了一片"冰波老师好"的问候声,小记者代表向冰波老师献上了美丽的鲜花和精心准备的礼物。

活动开始,陈校长代表一千七百多名师生致欢迎词,简要介绍了学校情况及读书活动,还鼓励小记者一定向冰波老师学习,早日"圆自己的作家梦"。小记者代表顾宇堃上台做表态发言。

接着,冰波老师做了题为"走进童话王国"的讲座。和其他作家不一样的是,冰波老师一开讲,就出了一道看似简单有趣实则需要精心思考的题目:以门、窗、房子三个最简单的事物为原型,编写一个童话,时间为一分钟。

一石激起千层浪,问题点燃了小记者们的创作火焰,大家交头接耳,议论纷纷,不一会儿,各具特色的答案纷纷出炉:有的编了《小兔子造房子》,有的编了《未来的房子》。冰波老师对小记者如此迅速地编写出这么精彩的故事深表惊叹,他也亮出自己的解答,只见他把"门、窗、房"这三样事物画在纸上时,神奇的景象发生了,居然是一只可爱的甲壳虫,冰波老师说,他的想法就是编一个《甲壳虫历险记》。由此伸展开去,冰波老师鼓励大家平时要仔细观察,认真思考,尤其敢于做出大胆奇特的想象,只有这样,你的童话才会被更多人所接受。他还鼓励大家平时多看书,多看儿童文学,多看童话,多看绘本童话。

讲座过程中,一阵阵爆豆般的掌声伴随着欢笑声此伏彼起……

在边陲小城满洲里的第六小学,新学期的一个午后,刘颖老师的六年级彩虹班沸腾了,在文化长廊里,各小组的孩子守着各自的文具货摊,招手,亮嗓,叫卖不停:

"快来买呀,大算草、大笔记、大英语五本四元,多买几个不亏,留着用您放不坏!"

"瞧一瞧看一看哪,走过路过可别错过啊!咱卖的中性笔样子多,品种全,超便宜,机不可失啊!"

从楼里奔来的同学们拥向摊位,转眼间围个水泄不通,不一会儿,各小组的钱盒子里装满了零钱,还有几张百元大钞在最下面压着。

刘颖老师穿梭于各摊位间,抢拍一些瞬间,留住孩子们的成长故事。这些文具,都是她和几名学生干部假期里从批发部购得的,专意让孩子们演练经营,理解服务的吃苦精神。

一名挂着鼻涕、校服满是灰尘的孩子正在和飞飞讨价。他特喜欢八元钱的钢笔,可只有五元钱。飞飞竟自掏腰包送给他,小男孩儿抿着嘴笑了,飞飞知道他是留守儿童。她希望小弟弟能满心快乐地生活。

大课间结束,孩子们收摊时,石忠岩校长赶来:"孩子们,你们有没有红笔,我给老师们买一些。"

小彩虹莹莹不慌不忙介绍着:"校长,我们有两种红色中性笔,都是十二支一盒,一种是八元一盒,但不太抗用,另一种是十元一盒……"她一口气介绍完,瞪大了眼睛等待回应。

校长当即决定:"我买五盒,若不多买几盒,都对不起你这张巧嘴啊!"

四是"培养卓越口才",此为口才能力层面。

人才未必有口才,有口才大抵是人才。"把话语权还给学生",通过讲故事、演讲、辩论等形式,让孩子愿说、敢说、会说,从而形成终身受益的自信心、沟通能力和表达能力。在日益国际化的今天,卓越口才自然也包括英语或者双语的训练。

贵阳城乡接合处的野鸭中学青年英语教师寇艳,曾为本班学生的英语学习苦闷得寝食不宁。他们大多是农民工的子女,家境窘迫,父母为生存操劳,顾不上他们,他们的学习基础和习惯异常糟糕,从小学到初一,二十六个字母还分不清。

寇艳开始了"探索之旅"。她采用团队合作的方式激发孩子们,按学习程度分成A、B、C三大组,A组基础较好,B组是有潜力的中等生,C组为"后进生"。名单公布后,让A组的学生自由选择B组和C组的学生,形成一个团队,全班四十八名学生,就诞生八大团队,每个团队推举一个队长,带领团队想名字、起口号、挑战格言、设计队徽……孩子们选队长,并未都选A组学生,有两三个组推举的是C组有胆量有号召力的孩子。寇艳要求一周内制作好团队海报。孩子们开始分工,有想口号的,有画队徽的……结果每一组都完成得保质保量。八个有生命力的团队就此产生。第一组组名:希望之星;口号:一息若存,希望不灭。第五组组名:公牛队;口号:野牛冲锋,牛气烘烘。第三组组名:王者归来;第六组海报写着:"面对困难,我们挺直身子倔强地抬起头来不服输,倒下去,就马上爬起来,即便翅膀断了,我们也能飞翔!"

变了,班级生机勃勃,孩子们精神抖擞。晨诵英语,课间问英语,课堂出现了意想不到的风景,为了给本组争得勋章和荣誉,平日里连句"Excuse me"(打扰一下)也发音不好的学生,都争相站起抢答,英语课从一潭死水到波涛滚滚。孩子们不知不觉地投身其中,情满课堂,开心对话,各组间你追我赶,课堂效率自然节节提升,他们不断突破自己,有三分之一学生能用英语脱稿演讲,到初三时,平均分、及格率和优秀率已在学校中独占鳌头。

五是构筑理想课堂,此为主渠道综合素质层面。

课堂是以发现和解决问题为中心,通过创设平等、民主、和谐的气氛,在人类文化知识和学生生活体验之间形成有机的融通,达成高效并追求个性,从而实现知识、生活和生命的深刻共鸣,成为智慧增长与生命生长的沃土。一节节的课,展示了教师的生命创造,铺就了学生成长、成功、成才的一级级台阶,构成了师生探索、感悟、升华的人生之旅。

理想课堂从来是有充分准备的课堂。情境教育的开拓者李吉林对新教育同仁讲述了自己的感悟,他在几十年里进行了多方面储备,才成就了课堂,造就了人才,完美了自己。

> 四十年前,走出师范学校的校门,我便走进了小学,一进去就是四十年,我感受最深刻的就是:不断塑造自我,努力提高自身素质。最重要的是心灵的塑造,对高尚精神境界的追求。……
>
> 这样的精神境界驱动着我,鞭策着我,不敢怠惰,不肯荒废。我会为寻找孩子观察的野花,在郊外的河岸、田埂专心地识别、挑选;我会为了孩子第一次感知教材获得鲜明的印象,在家人熟睡的时候,一个人在厨房里练习"范读课文";夜深人静之时,我进入教材所描绘的境界会为文章中的人物深深感动,从而一个个巧妙的构思如涌之泉流泻而出;课堂中,我的一举手、一投足都能使学生心领神会;一场大雪后,我又会兴致勃勃地带着孩子们去找蜡梅,去看望苍翠的"松树公公",然后和孩子们在雪地上打雪仗。当孩子们把雪球扔中了我,我笑得比孩子们还要开心,仿佛一下子年轻了几十岁。
>
> ……我每天黎明即起,坐在校园的荷花池畔背唐诗、宋词,背郭沫若、艾青、普希金、海涅、泰戈尔等中外名家的诗篇,陶冶自己的情操,我摘抄的古今中外的优秀诗篇,就有厚厚的几本。近二十年来,我又如饥似渴地学习教育学、心理学和美学,阅读了许多中外教育家的论述及国外教学实验的资料,做

了不少卡片。学习对教师是永无止境的追求……

六是建设数码社区,此为开放式网络学习层面。

此为通过学校内外网络资源的整合,建设学习型的网络社区,让师生利用网络学习和交流,在实践中培养师生的信息意识和信息应用能力,促进学习方式的伟大革命。

信息技术革命是新教育的助产婆,是新教育得以实现的桥梁和通道。新教育实验学校无一不十分重视该项重大工程,激励孩子长出网络学习的"翅膀",变传统学习方式为借助网络资源,快速提升获取信息的能力,学会网上表达与交流,利用校园网制作个人网页。目前,相当多的实验学生已建立了个人主页。

七是推进每月一事,此为修炼习惯与培养全人层面。(下有详述,此处略过)

八是缔造完美教室,此为以个性文化助推成长层面。

缔造完美教室,即在新教育生命叙事和道德人格发展理论的指导下,利用新教育儿童课程的丰富营养,晨诵·午读·暮省,并以理想课堂的三重境界为所有学科的追求目标,师生共同编织生活和建构知识,书写一间教室的成长故事,形成有自己个性特质的教室文化。

新教育人将这间教室看作师生的中心。含天地之精华,集众美于一身,努力在教室里过一种幸福完整诗意盎然的教育生活,每一日都用心去擦亮,每一人的潜能都得以最大发掘,每一个生命都书写出独一无二的故事,每一间教室都给未来留下以文化人的佳话。

一位宜宾的新教育女教师,与孩子们在教室里晨诵暮省,海量阅读,增补教材,挑战思维,诵诗作诗,写日记班志,记生命叙事,排演多部小型乃至大型生命叙事剧,激发孩子们的幸福感和获得感。

班上有个男孩,与人极少交流,内心又很坚硬,对班级事与人漠然不睬。在"白露"课程,读着韦应物的"秋草生庭白露时,故园诸弟益相思"时,他对老师说:"古人好无聊哦,自己做自己的事就是了,干吗去相思哦?"当"霜降"课程,读着曹丕的"援琴鸣弦发清商,短歌微吟不能长"时,他又对老师说:"好奇怪啊,读着这样的诗,我心里有一种说不出来的感觉!这种感觉从来都没有过,这是什么感觉啊?"就这样,在晨诵里,这孩子学会了相思,内心有了温暖的风、柔和的光。他对秋天这样写道:

秋天来了,秋风吹落了树叶,那树叶飘飘落下,让人相思,真是"自古悲秋多寂寥"。我喜欢范仲淹的《苏幕遮》,"明月楼高休独倚,酒入愁肠,化作相思泪。"我也在这个秋天里有了浓浓的相思。我思念奶奶,想得心里空落落的;我思念爷爷,想得心里暖乎乎的。我写的思念奶奶的习作《等鸡下蛋的趣事》和思念爷爷的习作《爷爷的方便面》,我觉得写得很有趣,让人一看就知道我在思念爷爷、奶奶。在这个秋天,我知道了思念既让人伤心,又让人感到暖和。我更珍惜和爸爸、弟弟在一起的日子了,我在享受亲情带给我的幸福。

一间小小教室啊,给予稚嫩生命的,远远超越知识泉、能量块,更有那精骛八极心游万仞的绵绵情思,和比天宇宽宏比大地广袤的精神世界,以及天地间真善美的人性光焰。

九是研发卓越课程,此为以课程为载体开发生命层面。

剧本,一剧之本。教材,教学之材。课程,是开发学生生命载体的本源工程。

教室是河道,课程是水流。课程以人为中心,承载着师生生命成长的历程。课程的丰富和卓越,决定着生命的丰富和卓越。

新教育实验鼓励教师对教材进行二次开发和新的整合创造,带领学生经历体验、合作探究,建立知识、世界与自我的内在联系,将所有与伟大知识的相遇转化为智慧,使生命更加丰盈。

在湖北随县大山里的净明小学,十四名教师都是县级以上的骨干,学生大多为留守儿童,孩子们对种子的发芽、成长很好奇,王云想校长就带领老师们研发了种子课程,编写校本教材《神奇的种子》,又建起种子馆,以"每天成长一点点"作为馆训,学生兴趣可大了。一个月里,他们收集到了两百多种种子,增长不少见识。

二年级的王朝霞老师是一个爱花的花痴,春播季节,她班的孩子们将带来的芝麻、绿豆、黄豆、花生、秋葵、黄瓜、豇豆等种子小心翼翼地种在自制的花盆中。他们用笨拙的小手捧起泥土放进盆中,精心挑选种子放入土中,再细细浇水。平时最爱美、爱干净的小公主蒋辰泠汀的手上沾满了泥巴,可她毫不在意。一双双小手都脏兮兮的,一张张小脸全这么专注,一颗颗心带着温暖的期盼。

学生们都有一本成长日记,将每天的守望、观察,记录在上面。乔晨姿:"一个星期过去了,种子的四周土层开裂,我的种子破土而出啦!两颗小芽,它只有两片小小的叶,分别向着两头,可爱极了,我很想让它开花。一天又一天,芽终于长成大叶子了,我高兴极了,我给它松土浇水施肥,我跟爸爸说,爸爸也很高兴。"种子课程的学习,也提升了绘画能力和想象力。朱彦仪在读写绘的本子上画了两幅图,第一幅画了种在石缝中的种子和山脚下的野草,并写上种子和野草的对话。

种子说:"这地方又小又不舒服,我很难想象你是怎样长大的。"野草说:"别着急,你看我的小伙伴们,也有在石缝中生长的,而且比我长得还好呢。"第二幅画了长在山岩间的松树竹林和小草。说明词写道:"我知道山岩中的种子力量多么强大。小草、松树、竹子的种子那么小,生长环境那么差,但他们一点儿都不嫌苦,小草长出绿绿的叶子,松树长得高高大大,竹子长成一片浓密的竹林。"

一盆盆种子长大了:一簇簇的花生,一蓬蓬的西红柿,辣椒出了八九片小叶子,白边的兰草高高伸展脖颈,长着藤蔓的牵牛盛开粉色的花朵……

其实,孩子们不都是种子吗?虽长势不同,却同样茁壮,自有其美,各展特色。

来该校考察的新教育人兴奋万分。李镇西说:"净明小学,一个村小,能把种子课程这个微课程做成大课程,这是我所见到的农村学校中印象最好的学校。"

在海门市举办的开放周上,笔者被东洲国际学校副校长陈铁梅"一棵长大的树"的课程叙事深深吸引了。

该校2009年兴办,校园里种植了五六十种花木。一片葱茏繁盛,花团锦簇。

"给树木挂个说明牌吧。"2012年秋,当生物老师将孩子们的期望反映给陈铁梅时,她很兴奋。这是为孩子们打开相关知识的一扇门,辟出情境学习的一条路啊,倏忽之间,一个"生活事件"课程的设想,在她的脑海里形成一条美丽的思维链:以这个建议为源头——由教师指导全年级学生自己做——激活学生的学习探求潜力——挖掘教师课程开发水准——一年后让树长高,让人长大……

陈铁梅博学睿智,谙熟艺术,志趣高雅,是教授级江苏省名师。她曾提出了直指美术教育之魂的"审美人生教育"教学主张,将美术教学升扬到了一个崇高的境界,将生命体验、智慧驱动与境界攀登融为一体。

此时,她果断表态,随即与生物老师将课程开发讨论出大纲来。这以后,该课程就进入了她的规划、引领、指导之中。

一开始,陈铁梅紧紧抓住了孩子们思考的亮点,细致论证了该课程的核心——历程的运作及价值:

经历知识形成的过程。给一棵树准确挂上说明牌,孩子们自觉地探索、研究,认识不同树种的品名、生长规律及其生长环境,以及与之关联的文学、艺术、地理等许多关联知识,孩子们同时学会质疑,形成批判性思维,挖掘并体验着知识内在的伟大魅力。

经历合作学习的过程。给树挂说明牌,须有较深厚的专业知识积淀和广博的关联知识,这需要同伴间协作,老师和专家等指导者的协助。这期间孩子们能够学会理解和宽容之道。

经历成长的过程。给树准确命名，孩子们就种下一颗求索的种子，在对树的观察体验中，展开每一个细胞吸取知识营养。孩子们也就成了一棵"长大的树"。

教师也在经历中成长，在参与和完成课程再造里，检验知识储备和孩子们对自己前沿认知的倒逼，得到幸福的生命体验。

生物组与孩子们联合组成研发小组开发这一课程，做成什么样，由他们说了算。

研发小组先对教材进行了梳理、分析，将课本上的生物学知识当作生发点，既能生成生物命名、营养供给、生殖、生态学等众多学科内知识，又将生成文学、美术、音乐、化学等等学科知识。毫无疑问，这一课程是一棵"知识树"，在孩子们的手中蓬蓬勃勃地生长起来，织结成一个内在网络，帮助孩子们充实知识体系，生长智能结构，创造生命故事。

识别开始了。全班学生分乔木组、灌木组、草本三大组，两三人一小组，生物老师和孩子们一株一株寻找，一株一株识别，共找出二十二种乔木、十七种灌木、十七种草本，并分别从学名、别名、科属以及习性等项目进行梳理、发掘。当识别产生分歧时，便由学校出面聘请专家进行"仲裁"。这样，整个教学都交还给了孩子们，课堂成为孩子们猜想、探索、发现的场所，这一美妙的、美好的教育理想就这样慢慢化为现实。

五十六种树木的命名开始了，这也同样一波三折。

命名的定位初始较简单，就是"查阅植物的俗称和学名，为校园不同树木分别制作一块名牌。"在实际操作中，孩子们又萌生了为树木寻找英文名的想法，这是依据"东洲国际"校名而来，拿孩子们的话讲，这才有"东洲"的"国际范儿"。又过不久，一位语文老师提出了新见解：可否增加一个"中国范儿"？课程研发小组觉得有道理——作为中华儿女，就应该有民族情怀，况且每年来学校进行汉语学习、"浸濡计划"的外国友人很多，我们有责任为他们提供学习汉语、了解中国树木的机会和平台，"中国的也是世界的"，于是"中国文化"成了命名要点之一。

撰写说明同样充满争执、纠结，甚至是苦恼，有时为了树种的学名、别称，有时为了英文的准确性，有时为了诗词歌赋。如梅花，有王安石的"遥知不是雪，为有暗香来"，有《警世贤文》的"宝剑锋从磨砺出，梅花香自苦寒来"，有毛泽东的"待到山花烂漫时，她在丛中笑"……这些名句，用哪一个更合适呢？

也有满世界都找不到谁描写过的花木，比如银海枣，怎么办？孩子们"当仁不让"："我们自己写。"就这样，新创举诞生：铭刻在不锈钢名牌上的，是1222班黄天骄的文字：银海枣，一位贵族公爵，挺拔的树干，婆娑的树冠，令人瞩目。在海绿色的燕尾服下,笑傲于植物的舞池。

该制作名牌了。"我们自己写吧",孩子们的心灯点亮了。它洋溢着孩子们的生命美感。美术老师也被请来,为体现"国际范儿"加"中国范儿",共同提各种设想,包括名牌的外形,文字书写方向、字体、内容等。

杜威说:"教育即生活。"无论是徘徊、纠结,还是矛盾、争执,这一过程不正是在经历学习吗?学校是真正发生教育的地方,孩子和老师正是在这样的地方经历着直观、有效、生成、体验性的学习。

最后,编著"一棵成长的树"的课程,主要分"青翠独言奇——灌草木""植根沃土待春华——乔木"两部分。分别由配以植物名称及照片的"校有美树"、介绍相关传说故事的"那树那事"、相关文学作品参考阅读的"此树当读文"、相关艺术作品介绍的"名作守望"等板块构成,给孩子们留有"随思随想"空间。

一年以后,校园每一个种类的树下,都凝结了孩子们渐厚的学养。它是师生共同经历的课程成果,用愿景与计划、行动与策略,呈现着聚合之力和美好的结果。

"一棵长大的树"课程,帮助孩子们解决了为什么学、学什么、怎么学,帮助老师解决了为什么教、教什么、怎么教,这正是教育学的核心所在。

参与研发的孩子非烦说:"这是一个神奇的、令人激动不已的学习之旅。许多年后,我们都会记得:在初中时,我曾参与一项课程研发的全过程,它教会了我怎样去观察,教会了我怎样收集资料,教会了我怎样进行研究,教会了我用美的眼光欣赏我的同学、老师和爸妈,发现世界与生活的美好,教会了我们用热情与责任对待生活中的每一件事。"

树木生长的地方,又成为班级绿色卫士的每天管理、巡视的工作场,生物教学的实验场,美术教师的写生基地,语文老师带着孩子们寻找"写"树、"咏"树的灵感发源地。这里,更成了孩子们生命成长的见证地,他们听得到自己生命发出清脆的拔节声。

瞧,孩子们拾起一片片落叶,制成精致书签,融进浓浓情意,书写美美祝愿,装帧后,送给同学、老师、爸妈,也留给自己,再细细密密地压入书里,让绿叶的清香慢慢地沁入书香,随着书页翻动,阵阵飘来,何等静美而沉醉啊。

这就是生活教育、创造教育,还是智慧教育。教育一旦进入此种境界,"审美人"的精神纹理便已舒然而现,审美人生的心灵韵律也已悄然而动。

这不正是海德格尔所说的人"诗意地栖居在大地上",新教育所倡导的"幸福完整的教育生活"吗?

十是家校合作共育,此为育人的合力层面。

英国著名政治家、文学家切斯特菲尔德(1694—1773)给儿子的书信结集为《一位好父亲胜过一百个好老师》,被称为"生存教科书",其子也成了杰出的外交家。

一位好父亲胜过一百个好老师,不免有些夸张,但父母是孩子的老师却毫无疑问。父母从骨肉亲情出发,对孩子耳濡目染,潜移默化,入耳入心,自然莫能相比。

而在我国,家教缺失,科学的家教尤缺。不少操劳在社会底层的家长以为,教育孩子是老师的事,把孩子交给学校就OK了。

新教育实验通过家校联动的机制,将家校合作共育列为一项重大行动,视其为学校文化建设和制度建设的重要内容,意在通过亲子共读、新父母学校、家校合作委员会等形式,建立新型的家校合作共育方式:2005年3月,玉峰实验学校的《玉峰新父母校报》正式印发。2006年全国教育科学"十五"规划重点课题"新教育理论的实践及推广研究"结题报告中,详细介绍了新教育实验"优化家校合作"的行动。

2007年7月,新教育运城年会正式提出"共读共写共同生活"的理念。2011年11月,新教育成立了新父母研究所,现有义工四百九十六人,在全国三十余省市建有萤火虫工作站五十六个,汇聚四万多位父母开展萤火虫亲子共读。2012年,在新教育宁波国际高峰论坛上,"家校合作共育"正式成为新教育实验的十大行动之一。新教育实验从践行到理论开始了家校合作共育探索的新时期。

所有这一切,旨在努力发掘父母在学校教育和家庭教育中举足轻重的潜能,让家校共育机制落地生根,让家庭深度卷入教育之中,让合力打造的育人沃土更有底蕴,家校交融,家校一体,家校共赢,为学生的成长创造任意翔舞的蓝天碧野。

在2017年新教育年会上,来自各地家校合作共育的故事感人肺腑。山西绛县新父母学校正一点点、一步步地汇聚力量,他们以阅读为经线,以家教为纬线,以心灵唤醒心灵、以阅读影响阅读,因读而聚,因爱而行,因智而强,共同编织起一张亲子共读的网!

江苏省海门市"智慧父母研习坊"培训出一批批足够好的父母,用心梳理自己孩童时的经历,发现孩子养育中的问题,化解成长中出现的矛盾,实现着精神生命的二次发育。

南京市芳草园小学的小曹爸爸在亲子共写日记中,发现儿子做事丢三落四、虎头蛇尾,毅然做出决定——戒掉抽了二十八年的烟,要给儿子做个榜样,让孩子学会坚持。儿子每天坚持跳绳,父亲坚持戒烟,父子互相监督、激励。经过一个半月的努力,父亲戒烟成功,儿子则从原先一分钟跳一百多个增到二百八十个!儿子各方面进步显著,责任心、上进心大大增强,做事力求做到最好,深受同学敬佩,老师信任。

四

笔者之所以将十大行动之一的"推进每月一事"单独列出来,是感觉它在新教育人的思考、运作和耕耘里别具一格,其效已彰,堪为妙径,直抵心灵;它起点低,境界高,抓手于治标有效,着眼于治本有道,对学生的生命成长、人格发展尤见收益。

笔者阅读朱永新的博文随笔看到,他一迈进2006年门槛,就格外着意地思考:新教育要教给人一生中最重要、最有价值、最有用的东西,究竟是什么?是如何学好教科书吗?不是!教科书对孩子有用,然岂能管得了一生的所有问题?是精通考试之道吗?更不是!考试作为一种选拔,更多考察知识和技能,考得好的就保证能在以后的人生中志向高远、脚踏实地、实现自我吗?

思来想去,结论只有一个:习惯。如果根据学生的身心发展特点和学校与社会生活的节律,每月开展一项适切的主题活动,通过主题阅读、主题实践、成果展示与评价等方式,实施不同的主题内容,着力培养学生良好的行为习惯和公民意识,岂不就教给了学生一生中最有用的东西吗?

他随即想到,让思想成为挺立起来的只有行动。阳春时节,他或直接主持,或引导性聆听,一次次召开新教育每月一事沙龙研讨会,碰撞共识,梳理思路,完善主题,论证计划,与会者无不认为,每月一事是新教育行动的重要载体,具有纲举目张、牵一发而动全身的效用。

老教育家叶圣陶曾一语中的地说:"什么是教育?简单一句话,就是养成良好的习惯。"

习惯乃做人之基,人格之种。好习惯一经形成,便如日月经天,江河流地,自然而然,见性觉悟,修成"正果"。

对播种良好的习惯,新教育人深耕细作,春华秋实,既有每个月主题,还有使其顺利萌发的办法,运用广泛的主题阅读、主题实践、主题研究、主题随笔等方式与路径,把公民教育、生命教育贯穿其中。

其推进每月一事的具体设计是:

1月,吃饭——节俭的主题
2月,走路——守规的主题
3月,种树——环保的主题
4月,踏青——公益的主题
5月,扫地——勤劳的主题
6月,唱歌——审美的主题
7月,玩球——健身的主题
8月,问候——友善的主题
9月,阅读——好学的主题
10月,家书——感恩的主题
11月,演说——自信的主题
12月,日记——自省的主题

有设计,有训练,有激励,有反思,有评价,一条龙作业,一以贯之的要求,出发点和到达点得到了有效的对接。

在西安市高新区第四小学,演讲已成为学校的一抹亮色,化作全体学生的一个特色。该校十分重视演讲习惯的养成,让每一名学生都学会演讲,成就自信而快乐的人生。他们在语文课堂上,有三分钟演讲,学生们轮流展示;在班级里,电台搭建了更广阔的演讲空间,让朗诵、推介好书、科技讲堂、佳片有约、故事讲演等电台节目融入班级生活,让每个同学都参与互动;在年级间,开展"大手牵小手"的演讲传帮带、一对一的提升活动;在校内外,故事会、小法庭、大讲坛等主题实践活动更是精彩纷呈,形成了一轮又一轮冲击波。

在该校课程负责人王蓉的班上,口吃的孩子小轩轩因自卑特别不敢当众讲话,上课缄口不言。为鼓励他说话,王蓉沟通其家长,得知孩子的自卑和口吃源于孩子父亲的过分要求和粗暴对待,就和孩子一次次谈心,鼓励他打开心扉,战胜自我,大胆交流,并引领他从朗读小故事开始。当他第一次战战兢兢站在台前,用颤抖的声音给同学们讲准备已久的故事时,王蓉带头为他鼓掌,顿时,班里掌声雷动。在喝彩声里,小轩轩的眼眶里涌出晶莹的泪珠,向老师投来感激的目光。短短的瞬间,这位孩子却走完了长长的路,心田播下自信,长起精神,开始朝着阳光前行。就这样,全校周密策划,精细指导,全员打磨,有效演练,不仅每一名学生都历练得伶牙俐齿,心高眼宽,更引发人生的信心满满,动力足足。

四年级女孩赵曼写道:"自从做了主持人,我发现我变了。以前,胆子很小,不敢上台,一提上台马上就脸红,心跳加快,不敢抬头往下看。见了生人,总往妈妈背后躲。现在不一样了。我能在电台里声情并茂地为大家朗诵美文,能落落大方地站在同学面前说事情,能主持班级活动,还能及时圆场,替同学说出他想说的话……"

毋庸置疑,推进每月一事的行动,在教坛已像涓涓清泉、潺潺溪水,点点滴滴滋润了上百万学生的心田,使得下一代的人性、人品、人格的生命之树青翠欲滴。无须枚举,你尽可以真切地耳闻目睹,从他们甜美的微笑和轻柔的问好里,从他们拾起路边的烟头和搀扶跌倒老人的举动里,从他们至孝的书信和思悟的日记里,从他们纵情的歌唱和激扬的演讲里,从他们赛场的拼搏和劳作的汗水里,从他们求知的眼神和惜时的计算里……

难怪,新教育学校的家长们惊呼,孩子们一天变一个样!

五

十大行动作为新教育实验的教育宣言,聚焦于树德立人,它给人的启迪颇多。

一是将育德视为总开关,是主动轴,是树人核心工程。基于德启智、德益美、德健体、德促劳的特点,十大行动作为充满活力、张力、魅力、威力的德育系统,它超越应试,激活生命;超越教化,耕耘心灵;超越行为,升华人格;对学子给方向,给精神,给能力,给智慧,给个性,给全人。

二是树德立人在动态中流变,犹如看水修渠,水变渠变,水到渠成。它因势利导,因材施教,而不是死堵硬塞,就像为预防学生早恋,有的学校竟规定:男女生交往必须在明亮地方,需五人以上同学在场,否则将被开除学籍、勒令退学云云。其实,变堵为导,改塞为疏,才是良策。还有的给"差生"佩戴"绿领巾",指令成绩较差学生在寒冷的教室外面考试等等,都是死堵硬塞的变形。新教育人对学生一视同仁,呵护每一颗稚嫩的心,爱怜每一双清亮的眸子,让每一株小树枝青叶绿,让每一朵花儿竞相开放。

三是育德者怀德,德即旗帜,德即路标。新教育教师激情四射,热情似火,为重塑自我拼命苦斗。为了孩子们闪亮的目光,欢喜的笑颜,他们把学子爱在心里,爱在梦里。为求得中国教育的真精神、教书育人的大气场,他们视事业比天大,于是,他们给学生做向导,更成了学生的路标和旗帜。

第十二节　优化基因

一

李白诗云:拨云寻古道,倚石听流泉。

笔者曾访问许多青少年朋友,倾听他们的心里话。

他们说,在"90后""00后"的标签下,我们人小事杂,节奏快困扰多,社会给大人们的压力与日俱增,家长和学校给我们的压力不断加码,我们如同笼中的鸟、水盆里的鱼,活得很难,过得很苦。

城里的孩子,早早就进了培训班,童年时陀螺般的习练琴棋书画舞,稍大后课后走马灯似的穿梭于各类补课班,假期积郁了由"闭门上学"到"闭门上网"的封闭情结。

农村孩子虽没有补课之累、学练才艺之苦,但农村教育条件简陋,高水平的教师多被挖走,家长忙于生计而鲜有家教,留守儿童卷进苦海忧心忡忡,教育学习氛围不浓,难以得到优质的学习资源。

南宁市教育局局长施日全曾借用学生自己的话,表述孩子们的苦恼:"读书苦,读书累,越说心里越流泪;老师说,家长批,这样的生活真受罪。"

于是,不少中国的家长、学生总想寻觅捷径,获得秘诀:他们或寻找"状元笔记",讨某某考生状元的诀窍加以复制;或早早出国留学,渴求"西方秘籍"。然而,终是得意者少,败兴者多。

二

康德在《论教育》第一章导言里断言:"有两类人类的发明被认为最困难,一是政治的艺术,一是教育的艺术。对于这两者的真谛,人们至今仍在探索。"[1]二百

---

[1] 康德,《论教育》,《世界教育名著通览》,湖北教育出版社1994年版,第498—499页。

余个春秋流光过去,这句话还没有过时。

谁都期望教育能迅速地大改大变,教育又最不敢轻易地大改大变。因为对人的教育极具时空性、适切性、差异性,不容许有误导与闪失。

中国教育就在变与不变之间脚步不辍。不变的是教育的规律和教育的本真。这是教育之树的根。唯有坚守教育的本真和规律不变,才能积淀历史,形成文化,铸就特色。变的是教育的内容、教育的重心和教育的方法,这是教育之树的枝叶。只有在继承中创新,在发展中进化,与时俱进,乘势而上,不是推倒后一切重来,方可使教育之树枝繁叶茂,郁郁葱葱。

中国的新教育,以"新"字为主要特征,纵横驰骋于中国教育变与不变的辩证统一中。它让陈腐停滞的、违规失律的、令人窒息的教育内容、教育形式、教育方法休息,而代之以时代鲜活的、契合规律的、催人发展的教育内容、教育形式、教育方法。朱永新说得好:"新教育实验的'新',并不是赶时髦,也不是强标榜,而是一种传承,一种呼唤。"[1]他还具体诠释说:

——当一些理念渐被遗忘,复又提起的时候,它就是新的;

——当一些理念只被人说,今被人做的时候,它就是新的;

——当一些理念由模糊走向清晰,由贫乏走向丰富的时候,它就是新的;

——当一些理念由旧时的背景运用到现在的背景去继承、去发扬、去创新的时候,它就是新的……

新教育的"新",寻求理论与实践的统一,历史与逻辑的统一,继承与创新的统一。让教育返璞归真,回到教育的原点。新教育不仅有现实的关注,更有终极的关怀,激励我们对当下的教育反思,对历史的教育怀想,对未来的教育前瞻。

如此教育,实质在扎扎实实地完善着几千年传承下来、独有特色与优势的中国教育的元素,优化着当下乃至未来的中华子孙的生命基因。

新教育的十大行动实验项目就是如此,着眼于当下孩子的健康成长,纵目于未来的民族气韵,属于生命基因的优化工程。

这种生命基因的优化工程,绝不可类比那些定质定时的物质工程,可以毕其功于一役。此为关乎民族特质、人性情怀、生命气象的精神工程。这需要在漫长的时空里,一代代人传承接力,历经水滴石穿、聚沙成塔、愚公移山的不懈努力,才

---

[1] 《新教育》。

有可能完成的浩大工程。任重而道远,当前赴以后继。

三

基因即遗传因子,是具有遗传效应的DNA片段。基因支持着生命的基本构造和性能,储存着生命的种族、血型、孕育、生长、凋亡过程的全部信息。生物细胞内还有部分病毒的遗传物质RNA,也能携带遗传信息,如不加以改造,就会导致基因的病变和异化。

笔者借用"基因"一词,迁移到精神生命上来,意在通过内在因素的作用,诠释新教育对民族精神的图谱所产生和正在产生的建树性影响。

新教育对一代代师生及辐射于国民的此种精神层面的影响很是特别,表象轻微实则重大,看似眼前实则久远,见诸言行更深入骨髓。也许越走进历史的景深,其价值与影响越能清晰地映照出来。

华夏民族的文明基因源远流长。简言之,从盘古开天辟地始,华夏民族在不断战胜险恶境况中与大自然相依共处,又在与相邻部落的竞争、战争里,以其持续创造的文明得以连连胜出。在此期间,有聪明的中国人开始纪事、写史、议是、论理,到春秋战国时,此种关乎民族精神与民族质地的遗传密码,通过文明整理、文化提炼的大事业已趋于完成,华夏的文明基因也得以相对固定化,成为最为珍贵的瑰宝。

历经三千多年历史长河的大浪淘沙,无论朝代更迭、兵火战乱、外族进犯、文化浩劫,濒临被践踏被异化被改造的危机,而我们的镇族之宝却始终没有丢弃,华夏民族统一的思维方式、人性特质、精神操守、价值观念,一直以超强的能量,超越了时空,得到承继与传扬。

新教育对当下学子的影响,就深刻地体现在对民族文明基因的吸纳与弘扬上。我们可以从以下窗口窥睹一二。

四

——人文情怀的注入

中华民族作为情深于海、义薄云天的民族,留给世间至为浩瀚至为动人的人性财富。然近代以来的民族浩劫,及近几十年里阶级斗争的刀光剑影,经济竞争的急功近利,教育应试的心浮气躁,让深入民族骨髓的人文情怀逐渐变淡,人与人的情感纽带呈现松弛之象。在学校里,人际交往中的礼文化悄悄消失,师生、学友间的感情慢慢断裂,对优秀传统文化源流的依恋渐渐冷漠。

所有这些,让以师生发展为己任的新教育人充满了深深的忧虑。

源远流长的人文情怀是中华民族道德伦理的根,优秀传统文化是中华民族魂魄之源,其中,思想含大智,科学有大真,伦理藏大善,艺术呈大美。为使其薪火相传、历久弥新,为国人源源提供精神支撑和心灵慰藉,须让经典、让人文情怀成为民族的生命基因。

目前所缺的,恰是新教育实验聚力所为的。

他们倡导一系列的顶层设计、行动导引,并着力跟踪推进,包括:

——推动书香校园,把最美好的东西,捧给最美丽的童年,为民族精神家园培植出茁壮的芽苗;

——提出"共读共写共同生活"的理念,创建教师与学生、父母和孩子乃至更大的共同体,扩充共同精神家园的范畴;

——淬炼出"晨诵·午读·暮省"的少年学子的生活方式,让人类创造的最美好事物在共同生活和课程穿越中不断复活,师生重塑他们精神世界的版图;

——主张师生、亲子共同的文化诉求,使每个人通过生命叙事都找到自己的精神家园,将有意义的生活编织成一方方锦绣、一道道独具特色的风景线;

——力推十大行动项目,为优化一代代学子、教师乃至国民的精神世界,提供着精神给养,让五千年深厚的华夏文明款款走来,并与现当代的世界文明熔铸在一起,撑起中华民族明天瑰丽的大厦。

在数以千所计的学校里,新教育的师生一路同行,为践行和完善这些顶层设计,匠心独运,倾情耕耘,扬长补短,以文化人,在各自班级的田园里,收获春华秋实,谱写各自的人文篇章。

管窥蠡测,让我们走进贵阳市第三十初级中学快乐七班的教室吧。

班主任彭绍宇,彝族,是一位对新教育一往情深的名师。

他从美国著名电影《音乐之声》中一句话"上帝为你关一扇门,一定会为你开一扇窗"受到启示:做班主任的,可以给他们多开几扇窗,去感受窗外世界的美妙。而这些美妙一定会变成音符,在学子生命流动的旋律里,产生奇妙得无法想象的作用。

他所任教的每个班级,都加"快乐"为情感属性,引导学生的思维价值定向和情绪管理导向。

第二季的快乐七班有自己的"班级话语系统"和"班级行为标识",演绎着内在生命温润的蜕变。

每天晨诵前,学生提前二十分钟到校,前十分钟是班级晨跑,从开学到期末结束日日如此,除非下大雨才有所间断。

从奔跑的律动里,看得到蓬勃生命内在的坚忍和坚定,这是对班级的热爱,对青春和生命的敬仰。坚持变成习惯,习惯涵养素质。毕业那天,彭绍宇发完毕业证出屋时,看到学生们拿着毕业证,正在操场上列队有序地奔跑,他走过去,"孩子们,已经毕业了,今天就不用跑了。"孩子们回答:"老师,就让我们跑吧,今后,再把大家集中在一起跑一次步,怕是很难了!"

小仪式做成了大典礼,彭绍宇被感动得热泪盈眶,三年的苦和累,竟一忽儿一扫而光。

"世界给我一个舞台,我还世界一个精彩!""我对未来的想象,就是我今天的能量。"班级口号活画出快乐班的精气神。

这种精气神,从墙壁上的文字透出的文化气息里,从班级整齐划一的桌椅摆放里,从桌子里书本的陈列中,从书柜里学生阅读登记册的数据上,从自我设计的座右铭和给自己设计的未来职务中,都看到了小摆设传递出来的大滋味。

"班级行为标识"最为典型的是儒家礼节,彰显内心书香气质的高贵和优雅。

预备铃声一响,班级礼仪队值日同学便站立教室门口,门外的同学给老师行礼,问候"老师好";然后跟随老师进教室,门内的同学向老师行礼,问候"老师辛苦了",接过老师的教具摆放在讲台,后回座位上课。

对来访的客人,学生们都会以儒生之礼相迎,主动地承担班级文化的讲解和引导。

始于礼,终于礼。这是班级个性能量走向共性需求的"行为标识",一次次获得师长们的首肯。

南京市东庐中学校长、"讲学案"创始人陈康金来参观教室,凡是走过他面前的学生都行了一个儒生之礼,并问好:"老师好!欢迎光临快乐六班!"陈康金感叹:"没想到,在贵州,在三十中这样的城乡接合部的学校,还有这样一群优雅的孩子!"

市教育局徐局长来检查工作从行政楼往外走,在楼道里,遇到了快乐班两个学生。两个学生侧身站在楼道的一侧,伸出两只小手,四指并拢,十指交叠,拇指内扣,躬身三十度向领导们行了一个礼,问了一声"先生好",直到领导们的身影在拐角处消失,孩子们才离开。那份优雅,那份自然,让人心畅气爽。

每年年度结束,班级都有"快乐家长"评选,受褒奖的条件:以"亲子"能量为中心,凡为孩子的学习与成长,主动与班级教师团队联系的;孩子在家主动交流的;积极参与班级发展建设的;为班级未来发展和学生成长献计献策的。

褒奖很简单,在思教处打印奖状,写上颁奖词,盖上思教处的印章,举行仪式,邀请领导颁奖,然后让家长拿着奖状和自己的孩子照一张相,彩色打印后贴在教室里。

贴在教室墙上的照片,像一个个追寻快乐的能量发射塔,提升家长和学生的思维格局,激发思维灵性成长的张力。快乐班罗敬佩的父亲罗森辉是一家公司老总,拿过很多国家级的奖状,他竟把班级发的奖状装裱后视为珍品。

快乐班的班级生活,着力培养孩子们"互助"的能力,群体的发展智慧。

快乐班很少有禁令,道德坚守系统是"慎思守志",文化推行"慎独""立乐"。通过暮省,领悟"独"的文化内涵。追求快乐使大脑处于最佳状态,发挥潜能,焕发创造力,不断修正和整合对生命的责任意识和使命期待,想象力便会从纷繁中走向具体,形成正能量。

快乐班构建多平台:家长授课平台、学生授课平台、教师授课平台、专家授课平台、校长授课平台,QQ群、座位牌、班旗、班币、黑板报、文化墙、QQ群、微信群、班级报刊《快乐风筝》、快乐视频群聊会议室、班会、家长会、家长委员会例会、学科教练团队例会、家长接待日及其他传统节日等,让一切想象都变成看得见的风景,杂而不乱。让窗外的风在班级日育课程、周育课程、季育课程、年育课程里,都吹向了班级"快乐"文化场。

用有品位的生活,丰富班级的生活;用科技的力量,激活学生的想象。

在2012年贵州中学生建筑模型比赛"城市梦想"项目中,一等奖六个名次,除了第二名之外,其余名次全部花落第一季的快乐六班。

2015年4月,快乐班第二季的"快乐想象"队和"青春快乐队",在DI青少年创新思维大赛贵州赛区的比赛中,同时获得"科技探索奖"和"文艺复兴奖"两座奖杯……

价值观的合理定位,才会让一切主观的意义变成美好。心灵要长翅膀,梦想才会飞翔。

彭绍宇似乎给每一个孩子心灵的柔软处,都安上学会倾听的耳朵,让"教育"从平面文字因为灵魂的渴望站立起来,让班级因为生命的思辨立体起来,让育人的每一个细节,都充满教育的人文韵味,为每一个生命的拔节鼓掌。

风起毫末,水涌细泉。生命的情怀、气质、人格,就是这样一点一滴在哺育中生长起来的。

五

——美善心灵的建设

教育是心灵的艺术。新教育的根本特征,是关注人的心灵。因此说,新教育也是"心"教育,是相对于以分数为主要导向的应试教育而言的"心灵的教育"。

新教育认为,让人成为他自己,一个完整的自己,才是教育的最高境界,也是新教育人追求的最高教育境界。没有心灵的建设、精神的成长,教育就只是空谈。

新教育鼓励学校成为汇聚美好事物的中心,努力于新教育卓越课程的研发,以便给所有孩子的发展以无限的可能性。在2016年3月14日全国两会上,朱永新提出:对目前全国六千多万留守儿童的心灵陪伴尤为重要,当加强亲子间的交流,实现"让孩子心中有梦想,脸上有笑容,学到终身受益的东西"。

新教育所着力建设的完美心灵,因凸显自己而完整,因对话崇高而博大,因追求美善而卓越,其核心是对亲人、对老师、对同学、对他人、对祖国、对世界的深挚的爱。

这种爱无边无际,山高海深。

在四川泸县二中外国语实验学校,有一位网名为"爱的色彩"的新教育女教师,以诗意厚重的爱,在教育的天空点染出绚丽的色彩。那厚重而多彩的爱,化为一堂堂语文课,一本本学生读书笔记,一封封与学生们的"私信",一篇篇写给教育的博文……

她叫谢华,是一位集感性、理性、灵性、悟性于一身的才女教师。

她认定对学生最大的爱,是引领他们到阅读场,开阔其视界,充盈其心灵,为一生的精神涵养铺垫底色。于是,谢华在语文课中开设阅读课。阅读的书,自己掏钱买。

谢华将读书的愉悦体悟说与学生,把几十本读书笔记示范给学生,上面有目录,有卷首语,有重点篇目,有佳句赏析,有整本书阅读留痕,有多本书的精彩汇聚,有报刊专栏阅读,有旧书淘宝荟萃……学生们惊叹不已,把她作为标杆,读书热情被点燃了。她的班级每周有一堂开放式阅读课,学校摆放的书被盘活了。不久,阅读课在全年级推开,全校渐而效仿。阅读课堂而皇之进入课程表。

为使阅读常态化、习惯化,谢华推行了"七个一"涵养方式:每堂课前三分钟演讲;每天午休前半小时阅读;每周一次阅读课;每周交一次读书笔记;每月一次读书笔记交流;每学期一次好书交易活动;每学年有一次颁奖典礼。每逢盛典,谢华都掏钱买好书奖励爱读书的孩子。她给每一届孩子购书都花了几千元。她要让他们感受阅读像呼吸一样自然。

爱到深处,情至深处,谢华的深情博爱,无时无刻不流淌在学生的心里。

2015年夏,她所教的初三班级最后一堂语文课,教室里氤氲着几分凝重、几分感慨。

"感谢每一位孩子,在我的教育生涯里精彩走过!我的教育故事里有你们每一个孩子!今天,特别致以深情的谢意!"她的激动语声里藏着微微颤抖。

她给学生发奖,特别给语文课代表颁发了奖状,三年来语文课的种种精彩,课代表工作出色,功不可没!

接下去,晾晒师生往来书信组合的吉祥图案。昨夜谢华设计这些信的摆放,竟花去近三个小时,着意摆放出寓意深远的图形。19班的图案是"19.V",中间摆放了一架玩具飞机,寓意一飞冲天。20班的图案是"20!"意在一个精彩的结尾。她又将语文课上各种活动的图片一一回放,三年学习时光充实而又轻盈地掠过,岁月啊,注满青春的张扬与活力,留下青涩步入成熟的诗行,充溢着担当的进取与坚忍。

继而,像竞技场上高喊"加油"声那样,全班喊亮每一个孩子的名字。屏幕上礼花绽放,附以旁白深情依依:"每一个名字都是一首青春的诗歌,都是温暖的记忆,都有故事传奇,都在语文课堂上响起!"全班异口同声,把每一个温暖的名字连喊两遍。这是特殊的加油方式啊!孩子们目光闪闪,笑容荡漾,声音高亮。每喊一个名字,爆发一片掌声,众人的目光集体转向名字的主人!好纯真的孩子啊,加油,中考!加油,青春!

最后,以音频的方式,播放校长语重心长的寄语。孩子们静静聆听,好多双眼睛已是眼泪汪汪。在笑声和泪花融汇的课堂里,谢华祝福孩子前程似锦,一路顺风!母校永远关注他们前行的方向……

两个班一百一十二名学生告别时,都收到了谢华老师的临别书信。

这些信,是她在两个多月的深夜里,回眸三载岁月一封封写出来的,她也把滚烫的心儿掏给了孩子们。字里行间跳动着深情的点赞、感怀、希冀、祝福,她要孩子们,"带上我的书信"走。

那是怎样的信啊,从设计到印刷"爱的色彩"专用信纸,谢华都琢磨再三,力求让孩子感知信的分量。信纸上有她的新浪博客"爱的色彩"图案,是她的国画习作。另有一枚老书法家刻制"读书美"的印章,意在"阅读值得一生品味"!书信装在泸县二中外国语实验学校的专用信封里,意在莫忘母校的根。

她微笑着,走到每一名孩子面前一一送信。所有的人,目不转睛地盯着她,盯着接信人。我们共读其中一封信吧。

致朱洁(2015级20班班长,女孩)

亲,你和我之间是有故事的:

第一次你开口喊我"谢妈妈",我外出学习归来,你第一次拥抱我,嗯,还有第一次你的作文在班级作范文读,全班同学都喜欢那个句子:"听到了春芽迸发的声音!"

你作为班长,在阅读上做了好榜样:会讲很美的诗歌鉴赏,会做图景专业的群文阅读类型的"百家微讲座",还会做生活的小主人,听同学们说,你的厨艺也顶呱呱!

还有我们之间私密的话题,我们也一起其乐融融交流过,成长真美!

赠:朱洁,满格的正能量!

你的朋友:谢华　2015年5月

信一一发给后,谢华的眼睛有点湿润,说:

"亲爱的孩子,今天的努力就是明天的收获。杜威说过:'教育是生活的过程,而不是将来生活的准备。'但愿在今后日子里,我和同学们都享受着学习的乐趣,生命中奔涌着向上的快乐,共同书写着热爱生活的昂扬心态……"

"捧着一颗心来,不带半根草去。"谢华耕耘在新教育田野里,倾其心智,只为雕塑出一颗颗金子般的心灵。学生们把"最有爱教师"奖颁发给她。她典藏在书房里的一沓沓书信、贺卡、便利贴,像一股股小溪,跳跃着童心,流淌着纯情,还原着生活,这远远超越了语文课堂,超越了世俗名利,甚至超越了职业履痕,这是心灵深处的大爱大美!

学生们这样赞美她——你是个带着书卷气的女子,像江南水乡的水潭,披着青铜月光;你像塞北荒漠石滩的野草,源源不断地呈现生命和希望。

"站在三尺讲台上的您,或是带我们走进自然,或是引我们推心置腹交流,您不断变化着语文的样式,让我们兴趣盎然……老师,感谢您对我们青春成长重要的映射,感谢命运让我们相遇了您这样的好老师!"

六

——综合素质的重塑

新教育的梦想的两个重要目标之一,是成为中国素质教育的一面旗帜。之所以这么提,笔者认为,其一坚守方位,素质教育确实因其致力于全员发展的人本性、和谐发展的全面性、个性发展的超越性,而成为中国教育改革的主旋律,上升为党的文件、国家意志、政府政策;其二针砭弊端,针对素质教育行之不远,应试教育扎扎实实的现状,素质教育中健康的人格、精神、道德、情志的重建,一直成为最脆弱的环节。

"新教育实验"是素质教育的行动化、具体化、系列化、大众化,它要"育出的一群又一群长大的孩子,从他们身上能清晰地看到:政治是有理想的,财富是有汗水的,科学是有人性的,享乐是有道德的,造就出最好的自己,真正的人。"[①]而这种人,与中华民族数千年来形成的本质人格和核心素养是完全一致的。

那么,这种中国人的本质人格和核心素养包含哪一些内容呢?

抛去就某时社会乱象的文人断语,以及针对某种时弊的高端政论,中国人要重建的本质人格、核心素养,还是"仁义礼智信"的儒家"五常"。其中,孔子提出"仁、义、礼",孟子延伸为"仁、义、礼、智",董仲舒扩充为"仁、义、礼、智、信",后称"五常"。它集两千多年文化积淀,贯穿于中华伦理的发展中。《三字经》有云:"曰仁义,礼智信。此五常,不容混。"五常之道乃做人的起码道德准则,是一切社会成员间理性的沟通原则、感通原则、和谐原则,也可以理解为中国人的人格名片和心灵密码,于当下仍需取其精华,加以合理传承。

"五常"以德为重心,以孔子所言"志于道,据于德,依于仁,游于艺"的四大文化思想修养为基点。

2009年,新教育在江苏省海门举办的年会上,朱永新做《书写教师的生命传奇》的报告,论述了孔子、孟子为改造社会而终身奔波,为教育英才成就生命,为中国社会不断更新提供了永久的资源,呼吁新教育教师"以孔子为职业榜样,为人生典范;重新体认以儒家精神为主体的依然有生命力及超越意义的思想传统,把它们作为自己生命叙事的元语言;把自己的生命看成一首由自己书写的诗歌,一部精神的小说(传奇)",这是极有生命内涵的昭示,树立孔子这面旗帜,弘扬孔子的生命精神,意在坚守并弘扬其思想灵魂,让华夏民族的成长踩上古贤先圣踏出的路一往无前。

许许多多的新教育教师将新教育之梦演绎成现实情景,他们带着孩子们读童谣、儿歌、儿童诗,吟诵唐诗宋词,并且开始了儒家思想的课程:从阅读《论语》开始,慢慢抵达儒家思想的核心。儒家文化的种子,华夏民族素养的基因,统领着富

---

① 《朱永新(微博)教育小语》。

于魅力的学科知识,让孩子们沉醉不已,渐渐地根植于心。这些稚嫩的生命,慢慢地朝着伟大而美好的知识系统开放。

七

——完整性格的淬炼

人们几乎都会说"性格决定命运",完整的性格承载着什么,却未必了然于胸。

笔者以为,完整性格囊括古人深度开发的德行,自古至今持续发掘的智性,现代人致力塑造的现代性,更拥有当代人本着遗传基因、天赋禀性、兴趣爱好等差异,所独具的个性。

德行撑人以优良品格的靠山,智性润人以卓越能力的源泉,现代性注重现代社会的公民素养,个性助人滋长超凡的特色。

新教育人力主"过一种幸福完整的教育生活",正是为了孕育下一代乃至整个国民如此完整的性格。反之,只有"过一种幸福完整的教育生活",完整的性格方能够培养和淬炼出来。

新教育实验一向反对急功近利的教育观,倡导教育返璞归真,回到孔夫子所主张的教育原点。勉励教师像孔子那样对学生知己知彼,"因材施教",使其得到全面发展,又各具特点,如颜回仁义,子贡善辩,子路勇敢,子张庄重……

在完整性格中,个性不是无依无靠的金鸡独立,而是居于德行、智性、现代性的地基之上的自我成长。

长久以来,中国教育漠视教育的特色塑造,无视学生的个性发育,须知,无特色的教育和无个性的学生一样,常常导致寻常与平庸。

新教育实验最为崇尚的特色,是个性,是品牌。朱永新说:"我们希望每个学校都办出特色,每一位老师都拥有自己的个性,都拥有自己的特长,让每一个人成为他自己。"什么是个性"个性发展是指个人在禀赋、气质、兴趣、情感、思维等方面的潜在资质得到发现,心灵自由和精神世界的独特性得到尊重,思考的批判性、思想的创造性得到鼓励。一句话,在心理方面存在的个别差异性得到正视和发展。"

个性发展的至高境界就是精神发展。

特色并不意味着圆满,但特色是卓越。什么是最好?最好的就是最有特色的。

教育从培养造就"接班人",走向"使每一个人都能成为他自己"。

特色能给人自信,特色能张扬个性!

人无特色不立,校无特色不兴。

特色是一种自然的形成和积淀,特色也是一种预设和养成。

新教育这些论述,与当代世界教育的脉动同一节拍。美国著名学者J.W.基夫就认为:"个性化教育将成为21世纪教育的必然选择,也是教育改革的核心。"

对于特色的培育,新教育一线教师也在多元探索,多方实践,对自己对学生的性格加以认真的淬炼。

这是湖北省监利县实验小学四年级老师田萍的一堂语文课——《乡下人家》。课文展现浓浓的乡土景色的美:爬上屋檐的瓜果架,满园盛开的花,池塘中嬉戏的鸭,树林中觅食的鸡,还有河池边捣衣的妇女……这些朴实自然、充满诗意的乡村生活对于整天走在柏油马路、住高楼、谈论电脑游戏的城镇孩子来说,无疑是陌生的,如何让学生们感兴趣?

田萍想到个性化教学思想,何不还学生一片自主的天空,以驰骋他们自由发展的个性呢?于是,导入新课后,她告诉孩子们,课文交给你们了,你们用自己喜欢的方式走进乡下人家去看看吧。孩子们看着老师信任的眼神,慢慢进入了讨论和沉思之中。

几分钟后,孩子们便以自己喜欢的方式,选择自己喜欢的段落,他们或读或演或画,灵性凸现,个性彰显:喜欢读的学生,通过美美的读,领略到乡下的景美人也美;会表演的同学,把大公鸡傲慢神气的样子表演得惟妙惟肖,同学们不约而同地竖起了大拇指;擅长画的几个孩子,更是大显身手,彩笔一挥,一幅幅优美的乡间风景画就跃然纸上……孩子们越学越有劲,课堂气氛的高潮一波盖一波。这堂课在全县质量课评估中得到一致认可,同行都称赞学生个性发展突出,教师的特色教育上乘,让学生得到知识,增强了多方面能力和人文素养……

在江苏海门常乐中心小学黄海泉的班上,有一名学生成绩特别差,同学们都不喜欢他,他性情乖戾,脾气暴躁,越来越自暴自弃,打架骂人是家常事。一次偶然机会,黄海泉发现这个孩子的手很巧,画画也很好。于是,在一次为老师做贺卡的活动中,黄海泉主动让他为自己做一张,这个孩子答应了,很快就做好了,当他交来贺卡时,黄海泉高兴地说:"太漂亮了,真棒呀!我简直不敢相信自己的眼睛,你真了不起。你画画这么好,还有什么事做不好?你只要努力就一定能成功。"有了这一次的成功体验,这个孩子变了,心性逐渐平和,对人转而友善,做事用心,学习慢慢也跟上来了,从一名后进生变成了蓬勃求进的好学生。

让孩子获得成功体验,暗淡的心灵得到慰藉,在展现能力的同时完成了一次个性的伸展;抓住特色适切赞美,施教的巧手洒下甘露,教师的心性进入佳境——无论生与师,都是对完整性格进行一次有效的淬炼。

八

——创新因子的激发

任何时代都有自己的命题。在知识经济、云计算的信息时代,创新成了最为重大的时代主题。

没有创新的优势,就没有发展的强势,也就没有立足的气势。

创新是新教育自始至今一直高举的旗帜。

沿着"新教育之新"的思想脉络,明晰可见:新教育并不是历史上新教育浪潮的简单重复,而是在新的历史条件下进行的"新"的教育实验和教育革新活动,是建立在中国文化基础上的新的教育;新教育与"大学之道,在明明德,在新民……"中的"新"一样,用具有新教育鲜明特征的理念、课程、教材和方法,培养未来社会的栋梁之材。

若从新奇的"新"计,我们更该看到,新教育的五大理念是创新的,新教育的十大行动是创新的,新教育的系列课程改革是创新的,新教育的教师"吉祥三宝"——专业阅读·专业写作·专业交往是创新的,新教育的儿童"晨诵·午读·暮省"的生活方式是创新的,新教育从出发、突进到壮大的生长运作链也都是创新的。

上述种种,包含创新内容的新、创新形式的新、创新平台的新,足见新教育的含"新"量很足,既有对落后教育方式摧枯拉朽的冲击,更有对鲜活教改内容日新月异的创造。新教育实验创新的知与行,破解着"为什么我们的学校总是培养不出杰出人才"的钱学森之问,引导师生的智慧大解放、大释放,这样,才能使中国教育的优秀传统、中华民族的优良基因不至于变异或流失。

新教育堪为典范的人与事,多如繁星野草。而笔者对新教育看好的,绝不单单是某一些媒体对若干新教育人的评选、多少新教育学生在全国大赛所斩获的奖项,而是洞见其带给师生生命深层的一步步嬗变,以及这些嬗变对民族性格乃至民族基因优化的一点点濡染、一寸寸助推。

"一夜腊寒随漏尽,十分春色破朝来。"[1]新教育教师成百成千地成了弄潮儿,以悄然却深刻变化着的思维方式和行走方式,书写了连他们自己都不曾思议过的生命传奇。那生命传奇,比优美动人的抒情诗还清纯、隽永、独特,比波澜起伏的

---

[1] 朱淑真,《除夜》。

戏剧还沉醉、抓人、惊心动魄,汇集在一块,就是一部中国新教育的史诗。

你看,新教育万万千千的学子,一双双眼睛放射出幸福光芒,个个像追逐阳光竞相开放的花朵,激情地吮吸经典的芬芳,品味知识王国的魅力,真正享受教育生活的甘美,走上自己的舞台,过着梦寐以求的日子,让生命写就瑰丽灿烂的传奇篇章……

第五章　燎　原

温特画作:《麦田》

彼得·德·温特(1784—1849年),英国画家。

温特十分擅长乡村风景画,他是自然田园的行吟者,描绘清澈明艳的英格兰风光,使其成为充满遐想和憧憬的田园天堂。这幅油画运用细致缜密的油画语言,描绘了一望无际的广阔平原,阳光灿烂,空气透明,充满泥土芳香。画面的近景、中景、远景,线条柔和,轮廓清晰,鲜明而深厚的色调,敏锐的色彩感觉,展示出辽阔与深远的情思;繁忙的农民、无边无际的麦田、和煦的阳光组成了这幅让人瞬间回归自然的名作。

《麦田》铺展着彼得·德·温特笔下的世界,是他心中的田园,也成为19世纪田园油画的经典之作。朴实的画风,清晰的线条,温暖而透明的光线,让读者甚至有种已经闻到泥土气息的错觉,画中的乡村田园是那样真实明朗,如同一首天堂中的永恒牧歌。

选此幅名画,蕴含新教育历经播种、耕耘,到了收获季节。

题　记——凝望星火

点点星火,映亮一个个完美教室,
簇簇心火,温暖一方方有梦圣园;
风生水起,由点及面,展开人才磁场的既往长卷——
从筚路蓝缕到狂飙突进,
新教育何以如此神奇地化蝶破茧?

志同道合同圆美梦,相同尺码甘当义工,
假舆马者能致千里,假舟楫者而绝江河。
万千同仁此呼彼应下活一盘棋,
百十实验区彩云追月各辟新天地,
网络成了织结八方的联络员。

登高而招,臂非加长也,而见者远。
新教育靠什么风行大地霞染长天——
先哲立标,同仁拓路,教育梦同频共振,
方倾筐倒箧积土成山,气吞长虹风雨兴焉;
那灿然星火,终成心心辉耀的盛势燎原。

第十三节 火光烁烁

一

　　在一个漆黑的秋夜,一叶小舟行驶在西伯利亚一条阴森森的河上,船转弯处,只见前方黑山峰下面,闪出一星火光,又明又亮,像在眼前。

　　夜航者兴奋至极:"马上就到过夜的地方啦!"

　　火光……闪闪发亮,令人神往——依然是那么近,又依然是那么远……生活中曾有许多火光,似乎近在咫尺,使这位夜航者心驰神往,而火光依旧非常遥远,尚须加劲划桨。因为火光啊,毕竟就在前头……①

　　这是俄罗斯作家柯罗连科创作的小散文《火光》的片段。它形象地描绘了夜航者发现并奔向目标的心理,深刻地昭示了目标对远征者至为重要的领引与召唤。火光在,希望就在,它照亮前方,招引着行人,抚慰着灵魂。

　　笔者使用火光的意象,喻指新教育团队里特殊的一种人——即马克思所说"最先朝气蓬勃投入新生活的人们,他们的命运是最令人羡慕的"那种人。

　　他们最先投身新教育的潮头击水,最早让新教育的理性燧石在实践里撞出火花,最快育出新教育的甜美果实,最深获取新教育的精髓。

　　他们身在今天,却生活在未来里;他们暗示着人们,若不这样,明天,你就一定生活在过去。他们对既往贯穿着清醒的反思,对当下进行着精到的谋划,对未来充满着圣洁的憧憬。

　　他们是新教育燃烧着的火种,奇美的花朵,报晓的金鸡。

　　朱永新说:"一朵具体的花,远胜过一千种真理。"新教育不是靠概念写进历史,也不全靠理论写进历史,而是靠榜样写进历史。

　　四川师范大学附小的一位老师,在听了新教育榜样教师的故事以后写道:"我

---

① 《世界优秀散文诗精选》,北方文艺出版社1990年版,第84—85页。

本来以为做小学老师还能怎样？这些新教育老师让我知道,自己可以有另外一种活法,可以找到自己人生的方向,可以发现自己存在的意义和价值。一名小学老师的生命同样可以很伟大,可以很骄傲,可以写出自己的尊严,可以写进中国教育的历史……"

此案例表明:一位新教育的榜样教师,具有摄魂动魄的感召力与月映千川的影响力,而一位见贤思齐的教师,对现实佳境怀着强劲的吸纳力,对生命发展拥有深刻的洞察力。

花果胜于真理,典范超越论道。

没有榜样的花,再硬的道理也尚未落地扎根,难辨其真伪,再好的方案也属纸上谈兵,并无信服力。

倘若新教育没有这些一朵朵榜样的花,一颗颗燃烧的火种,会怎样空荡无依,黯然失色,哪里会有后来的风生水起,星火燎原？

于是,新教育实验很快就发现了一条运营的铁律——"底线＋榜样"。

底线,是加盟新教育的地区、学校和个人,必须认同和遵循的最起码的教育要素和教育要领。这些最基本的教育要素和教育要领构成了新教育的一整套理论路数、行动规矩和心灵密码。新教育研究院、各实验区、各实验学校都可以制定不同的新教育管理底线,并且时时刻刻关注底线、审视底线、完善底线、评估底线的运行状况,让新教育实验按照既定的方向和轨道,一往无前地走下去。

榜样,则是新教育实验深入运行的探路尖兵和前导之力。其中有教师的榜样、学校的榜样、实验区的榜样。尤其是老师的榜样,扎根在教坛,示范在前沿,花开在身边,在新教育实验筚路蓝缕、突进受阻、拓展艰辛之时,榜样教师往往想在前,做在前,走在前,顶着春寒料峭,迎着举步维艰,成了东风第一枝,笑在百花前。

二

若问,遍布于新教育实验的天南地北,领路在教改深水区的弄潮先锋——新教育的一支支火种,是怎样应运而生,应时而动,乘势而进？这一群群堪为火种称谓的人,何以像雨后春笋涌现出来,又像江河的潮涌浪推不息前冲？

应该说,某种人与事的闪亮登场,往往恰逢其时,又遇其势。时至而势出,地利唤人和,可能性遂成了现实性。

新教育的火种教师,原本是一批普普通通的教师,不显山不露水,如果不曾遭逢新教育,其教育人生大概会平淡无奇,过一种不见火光只冒烟的日子。他们想修炼,要发展,然而目标却往往是一头雾水,渴望突破自己,真谛却无从接近。

但是,这些人的心灵深处,却有与众不同的潜质——埋藏着一星星渴求燃烧的愿望,让他们不甘于平庸、寂寞和自消自灭。这即如鲁迅所说:"地火在地下运行,奔突;熔岩一旦喷出,将烧尽一切野草,以及乔木,于是并且无可朽腐。"这些人倾听着,眺望着,几用全部生命盼望着,寻找着火光,等待着燃烧。

倏忽之间,地平线上崛起的新教育实验的身影,令他们如久旱逢甘霖一样,急切地与之相遇,投以全部的精力和智慧,与新教育开展对话,迅速应和。于是,那原本将要凝固了程序化的生命顷刻间复苏,灵动跃起,呈现出星火飞迸的美丽景象。

新教育是一种生命拯救,拯救的方式是点燃内心的火焰,"让生命燃烧,而不是冒烟。"①使其成为新教育思想的追随者。于是,奇迹出现了:先前表现一般的教师,变为呱呱叫的名师;将要退休的老师,焕发出教育的第二个春天;昔日研究应试的教研员成为新教育的优秀校长;原来的教育行政长官蜕变为教育前沿的专家;儿童作家演变成极受师生欢迎的卓越志愿者……

与此同时,新教育也在期待着追梦人,遴选着播种人,以实现新教育实验的原始突破,强势积蓄,凌厉爆发,将理念化作行动,把梦想变成现实。

可见,火种教师和新教育的相遇,是在梦想感召下心灵的契合,是教育人的生命和新教育事业的生命历史性的契合,是在中国教育综合大势下前沿思想的发起者和实践跟进者的契合。此种契合,偶然中含必然,前因里有后果,是同向的思想运动、心灵升华的必然结晶。

历史就是这样遵时循势运行着的,在特定的时空里,思想者找到了志同道合的践行者,践行者遇见了心仪已久的思想者,两种人心合一起,力使一处,律动而行,共举一面旗,同拓一条路,此乃无巧不成书。

三

"隔岸桃花红未半,枝头已有蜂儿乱。"②

新教育的火种以拓荒者的角色上场,挣脱世俗,破茧而出,逆风以行,开拓新路,初出茅庐便不同凡响。

---

① 伊琳娜,《古丽雅的道路》。
② 王安石,《渔家傲》。

2007年3月下旬至4月上旬,新教育专业研究培训团队到贵州凤冈县开始了长达一个月的"贵州行"公益培训活动,点燃了凤冈新教育的火把。这支由十七人组成的支教团队,既有干国祥、魏智渊、朱寅年等饶有建树的新教育研究员,又有马曙辉、庄惠芬、朱雪晴、张硕果、李健等富于一线体悟的实验骨干,还有如王晓春等学术功底渊深的教授,可谓见规模,上档次,有力道。

他们夜以继日地读书,拼命工作,追根究底研讨,求真务实给力,用"疯狂"来形容这个被众人称为"魔鬼"团队的生活常态,一点也不为过。

他们将新教育实验最新研究成果——教师"三专"发展模式和新教育晨诵·午读·暮省的儿童生活方式,扎实地播种在基层学校,引导实验教师有针对性地读书写随笔,在实验班级践行晨诵·午读·暮省方式,低年级则开展读绘写活动。

他们紧贴一线,面对面地指导实践操作,把一节节"家常课"上成"有效课",有机渗透了新教育的最新理论;他们还面对孩子们上课,改变了"双耳竖起听,人走杳无音"的低效学习观摩形式。

他们在凤冈成立了第一个移动图书馆,供当地辐射范围内的师生借阅图书;还出版了书籍《一次梦想的远征》,记录了这次播火活动。

新教育之火在凤冈点燃了,教师受益,精神振奋,纷纷按动专业化发展的快进键;学生受益,生命热情被激发,生活方式被改变着。

此次凤冈播火活动之前与其后,还有新教育若干支教播火活动,如早在2004年8月3日至12日,第二届教育在线西部支教活动深入陕西延安、定边及宁夏中宁、石嘴山等地基层,有朱永新、储昌楼、高子阳、卢志文、洪超等带头,边远地区的教师深受鼓舞和激励。再如支教团队在2008年地震前后两下汶川,奔赴甘肃宕昌、内蒙古阿拉善等十多个省份的边远地区,实实在在推助了各地教育的发展。

天南地北,一次次播火;东奔西走,一番番点燃。在广袤的地域,新教育思想在传播蔓延,新教育的行动在落地生根,渐而成了教育前沿的文化地标,化作历史记忆的锚点。

四

影响至深的火种,还属一线的教师。一支火种照耀一大片,点亮一大片,引领一大片。正所谓"村看村,组看组,户看户",一线的火种就亮在眼前,极具说服力;又因其能打开同行的心扉,更有催化力。

这些火种身处制度的裹挟,面对冗繁杂务的缠绕,从夹缝里突出来,干一番教育前沿的新事,往往招来质疑、冷眼与讥讽,其工作难度与律己高度可想而知。

常丽华,这位山东省淄博市临淄区金茵小学语文教师,是被朱永新点赞为"比美国雷夫毫不逊色、更加卓越"的"我们中国的雷夫",堪称新教育一线的耀眼火种。她有一个朴素的教育理想:让每一个孩子能在清晨醒来时,对即将开始的一天充满期待和向往;让每一个孩子结束一天的学习回家时,能对教室充满留恋和不舍。

她依据儿童身心发展规律和精神成长的营养需求,创造出"在农历的天空下"的晨诵课程。该课程以农历时间为主线,以两百多首唐诗宋词为主体,将书法国画、民风民俗、古典音乐等都沿着农历节气这条线索一一串起,摒弃死记硬背,让每一首诗词"醒"过来,每一幅画动起来,活在孩子们的生命里。

一年光阴,一间小小教室,常丽华带着孩子们,走过春夏秋冬,穿越唐诗宋词,沉浸在古今的广阔时空,感悟着华夏文化的高雅格调与温馨气息,触摸着诗词所包容的一颗颗跳动着的真善灵魂。生活被诗化,人生被亮化,星汉灿烂的民族骄子,博大精深的精神盛宴,留给孩子们太多的营养,太大的震撼。

她的班级命名为"小蚂蚁班"。新的一年级不到一学年,她每天给家长和孩子写便条,写了近十万字;每周给家长写一封信,从教育学心理学的角度讨论孩子的成长,写了近十万字;每天以现象学的姿态记录教室里发生的故事,写了近十五万字。她还坚持每日一个小时"根本性书籍"阅读。这筑出了她的路,也把家长们带到了和孩子共同成长的路上。累吗?她笑着说:"一个人每天做的事情,都是自己喜欢的,怎么可能累呢?"

她的"小蚂蚁"们非常热爱阅读和写字,善于观察和表达。这源于她摒弃了费力教拼音、教生字、教书写的枯燥教法,改造为拼音国、生字国,用童话的形式,像做游戏一样,非常浪漫地学拼音,非常有趣地学生字。当拼音国的旅行结束时,孩子们意外地收到了拼音国"国王"的礼物:一盒盒精美的橡皮泥;生字国的"国王",则时时把一些小点心奖励给那些喜欢写字的孩子。从二年级下学期开始,孩子们每个月的阅读量是五十万字,三年级下学期就到了每个月的一百万字,优秀孩子一周的阅读量有时就能达到近百万字。

如果说,读书是"小蚂蚁"们的至爱,那么,演童话剧,则是小蚂蚁班最隆重的庆典。

童话剧是集语言、表演、音乐、舞蹈于一体的综合艺术。对全方位磨炼与提升孩子们的才艺、智能、思维和人格,都有很大的补益。在音乐、美术老师的帮助下,从一年级到三年级,该班就演出了四部童话剧《彩虹色的花》《鸡蛋哥哥》《木偶奇遇记》《德国,一群老鼠的童话》和一部歌舞剧《绿野仙踪》。角色由个人申请,排练后大家投票决定——即使演不上主角,孩子们都知道,配角同样伟大——舞台少了谁都不行。

这里有太多的故事。胆小的孩子坚强了,贪玩的收敛了,放任的规矩了,尖刻的宽容了。《木偶奇遇记》里匹诺曹的扮演者许泽昊,聪明却贪玩,对小妹妹少有关爱,同学间相处也唯我独尊。常丽华在匹诺曹救爸爸一幕中,给许泽昊设计了如下一段内心独白:"亲爱的爸爸,自从您把我创造出来,不知道为我担了多少心。我是那么不听话,撒谎,贪图享乐,不上学,可您一直没有放弃我,为了找我,您掉进了大海,被鲨鱼吃掉。爸爸,谢谢您为我做的一切!爸爸,一直以来,您为我做了那么多,现在,就让我为您做一件事吧。爸爸,快走啊,鲨鱼要打喷嚏了,快走啊,爸爸!爸爸,爸爸……"每一次排练,许泽昊都泪光闪闪。演出时,这段深情道白让师生们泪水涟涟。许泽昊更是泣不成声。生活中的许泽昊变了,知道体谅妈妈让着妹妹了。暑假,小蚂蚁班去学游泳,许泽昊的耳朵划伤了,爸爸和他去医院处理了一下,几天以后,妈妈才发现他耳朵的伤疤,问他为什么不告诉妈妈,许泽昊很淡定地说:"不想让你担心呗。"一个稚嫩生命就这样悄然地成长起来。

一次,中央电视台《对话》栏目录制现场,主持人和现场观众情不自禁为一个七岁小男孩的博学与机智点赞,小男孩就是小蚂蚁班的王文瀚。散场时,观众纷纷为他喝彩,有人摸着他的头问:"小朋友,台词是谁教你的?""没人教,我自己想这么说的。"王文瀚干脆利落回答后说,"真正值得喝彩的是我的老师常丽华。"……

这是常丽华在2009年7月五(3)班的毕业典礼上。

五年一瞬,浓缩为两个多小时。孩子们用自己创作的毕业诗朗诵拉开了典礼的序幕——回忆、留恋、不舍,以及对未来的憧憬,浓缩在十几分钟的朗诵中。为了这个朗诵,孩子们不知道暗中排练多少次。当孩子们以敬礼向老师表示感谢时,很多孩子已泪流满面。

接着,在幻灯画面里,师生们慢慢地回味了五年流光的点点滴滴。五度春秋,三百多张幻灯片,稚嫩生命的一步步成长浸透在这里,很多被遗忘的珍贵瞬间也铺展在这里,有欢乐,也有伤痛。生命年轮就是在花开叶落中一圈圈地沉淀的。主人公是每一名孩子。

孩子们的毕业告别演出开始了。诗在飞,歌在扬,音乐声中,笑声荡漾,都活灵活现地诠释着少儿的成长。

末了,是孩子们的庄严承诺。

孩子们用心把承诺说给老师听,说给父母听,说给自己听——他们的神情也越来越庄重肃穆。这是一个朝向未来的承诺,是为他们五年,甚至十年几十年之后相聚时做出的郑重一诺啊……

常丽华像一位经验丰富的农艺师,对根基不同、长势各异的禾苗了如指掌,因苗而育,恰到好处,各得其所,其对课程创新的把握,几乎到了得心应手而驾轻就熟、随心所欲又不逾矩的境地。虽身在小学,担当教师,所引发出光耀八方校园的效应,足以令人惊愕和赞叹。

说起火种,不能不提网名为"大西洋来的飓风"的那位女教师。一位新教育人感慨地说:"我第一次见飓风,就好像采矿的人突然发现巨大的金矿一样,虽然一直知道她,但从没想着我们会有交集,她站在那里不说话都是力量!"

这就是郭明晓。一位年逾五十的名师,本想慢慢等退休,一朝受新教育激发,原先的念头在痛苦的思辨中破灭,轻车熟路的讲授式教育就此转轨,学习充电之路如此漫长,经历一场灵魂再造、生命蜕变的磨砺有多难啊。

然而,郭明晓挺住了,一心朴实地投入进来。(见第四节 穿越迷途)

她痴迷读书,仅2009年就读了近两百本绘本,给学生讲了一百多个绘本故事。这些故事,让她感动,激发出一颗孩童般的心。

她跟随网师读完了《论语》《中国哲学史》《静悄悄的革命》《心理学》《教育的目的》等一大批理论书籍,从强手林立的千余名网上学员中脱颖而出。

她在教室里开展新教育儿童课程,力图通过静悄悄的教育改革改变课堂的容颜和内质,改变自己和学生的思维律动,让生命走向博大;从中认定,如是科学艺术的践行就是自己的天命。

她从五方面卓有成效地探索了专业写作,使自己飞得更高。尤其她的年度叙事,让阅读者无不掀起感动与感慨交融的波澜。

她挑战原有的教学方法,运用《给教师的建议》的思想开展思维挑战,让孩子们把学习当成了游戏,快乐无比。

她引导学生的父母参与共读共写共生活,她还每周给学生父母们写信从未间断,一直写到退休,整整五年。

她建立班级书柜,力倡海量阅读。四年级上学期寒假,她提出挑战一百万字的阅读量,写了一封题为《一百万,想要吗——寒假致父母信》,二十九人完成任务,"阅读挑战英雄"朱锐卿达二百五十二万字。四年级下学期,全班又开始挑战四百万字的阅读量了。

她指导班级排演的六部十四台大型生命叙事剧(一部剧几个剧组),为孩子们搭建起恢宏的生命成长平台,一次次挑战不可能,将孩子们送往生命的高地。

她作为新教育的首席培训师,每一场种子营培训都少不了她的身影,她要求自己的水准能代表新教育的高度,她把助推每一个种子教师的成长作为自己的责任。她成了培训场上最累的人。

退休后的她越发强大,将几年里做的课件都献给学校,献给新教育种子计划公益项目,在校长挽留下,她成了学校里新教育年轻种子教师的铺路石,指导年轻老师开展新教育课程的良师益友。

全国新教育2017年度人物花落郭明晓。在颁奖台上,她的感言情深意远:"……新教育让我的生命又迎来一个春天。我从新教育的实践者变成研究者,最后变成推广者。在为新教育付出绵薄之力时,我自己也成长着。我悟到,成长对我是一辈子的事情……"

笔者在宜宾采访她时,曾问及年轻教师是否对新教育有畏惧感。她说,怎么会呢?新教育是教师的天堂。走进去身心感到美好,每一天怀有一种幸福感,更渴望追求下一个更大的幸福呢……

郭明晓已经成为一种现象。这种现象昭示:新教育魅力无穷,走进它其乐无穷,它能让生命变化无穷,它让教育变得力大无穷。

新教育火种,中国教坛极为特殊、甚能感染人的一群人——从习风扑面到飓风摄魂,从小舟成群到硕果累累,从志在书里到行走无疆……这群人像火线上长久激战毫无稍懈的士兵一样,如苦行僧似的竭尽心智地编织日夜,挺起中国教育的脊梁,迸发出中国教师的真精神。对此,有人揶揄新教育实验是一个"疯子"带着一群"傻子"奔跑!这一含有几分玩笑意味的说法,道出了新教育人极其忘我的痴迷状态。

五

就这样,火种教师都如饥似渴地参悟新教育理论,注重活学活用,加进个人的苦心创造,在自己的一方田园里,异彩纷呈,特色凸显,形成一种强大的回馈作用,反哺新教育。

反哺之一为例证支撑。

新教育实验开展后,亟待理想主义的研究嬗变成现实主义的耕种,靠践行的试金石来检验、证实和修正。

以火种教师领头的新教育人,恰好主动地担当了这一使命,在一间间教室里耕耘,在一方方心田上播种,在家庭学校之间架起一座座心桥,将一群群孩子摆渡到新岸。他们自己,则握"专业三宝",攀"课堂三境",啄羽再造。这些遍布在全国各地的例证,让新教育人对实验眼前有了路、心里有了底。

反哺之二为思想支撑。

新教育的核心理念,像在崇山峻岭中勘测出一条路线,但如何完善这条线路,筑成这条线路,还必须融入践行者的亲身感受、切肤体悟。这种在实践中微调初衷,甚至修改初衷,就像"水的载歌载舞,使鹅卵石臻于完美"一样,是走向真理的必由之路。

反哺之三为信念支撑。

信念是无形又无价的精神力量。这一力量在顺境时可以移山倒海,在逆境时让人永不绝望。在旷日持久、滴水穿石的新教育实验中,不仅普通的新教育教师需要不断磨炼精卫填海的信念,就连发起者朱永新及其核心层人员,也需要持续强化精诚所至金石为开的信念。

信念从哪里来?毛泽东说,"战争伟力之最深厚的根源,存在于民众之中。"新教育信念之最深厚的根源,也当存在于广大新教育教师之中:在发现问题的万万千千个帖子里,在相互给力的万万千千条信息里,在排忧解难的万万千千个锦囊里,在追求高境的万万千千间教室里,在开发身边课程的万万千千次探索里……他们做新教育实验,不只是用行动,用思想,更用整个的心灵,还信心满满地投入了自己的年华,正如顾城《我耕耘》的诗句:"我播下了心,它会萌芽吗?会,完全可能。"

广大新教育教师的此种信念,归根结底,发自对新教育的理论自信、文化自信、道路自信、行动自信。"理论一经掌握群众,也会变成物质力量。"[1]强大的信念,成了新教育实验的坚强支撑。

反哺之四为路径支撑。

作为一场中国规模最大的民间教育改革,新教育实验所描画的,是总体上的前沿理念和趋向性的框架设想,并尽可能地将诸种工作、各个环节、运营要点部署到位,但是具体路径及方法,还需靠一线的教育工作者去创造性完成。这就是说,新教育在框架上有规定动作,而欲完成此任务,必须从本地、本校、本班、本人的实际出发,创造出有深度、有特色、高效益的自选动作。若没有这样的自选动作,规定动作就一定做不好。

新教育的教师们用创造和创新,开拓出贯以方法、载以措施的路径,极大地推

---

[1] 马克思,《〈黑格尔法哲学批判〉导言》。

进了新教育实验的运行。

反哺之五为攻坚支撑。

教书育人是人世间最复杂的艺术。新教育又是探索教书育人的科学艺术,难度尤大,靠几个几十个大脑的思考、攻关,是远远不够的,需要的是数以万计的大脑紧张的运筹和脚踏实地的行动。新教育的十余万教师志愿者攻坚克难,数百万学子踊跃参与,占足了天时地利人和。

事实上,由新教育火种带头探路,悉心研究,勠力实践,已经和正在揭开一个又一个"老大难"问题的面纱,变难为易,变不可能为可能,成为教育史上波澜壮阔的一次攻坚克难的大工程。

六

新教育火种教师的相互关系和行为方式,充满了大爱与和美。

有难题,大家攻。一人做,众人帮。乐同伴之乐,忧同伴之忧,喜同伴之喜。没人看笑话,使反劲,习惯于抱团取暖,捏指成拳;搭台不拆台,补台不撂台。彼此珍惜生命中偶然的相遇。

此种携同方式,出于团队效应,也包含有效分工后的各自突破。一个人或许走得很快,一群人可以走得更远。新教育种子教师们都切切实实感受到了此语的内蕴:无论日常教学教研,还是举办大型活动,或者研发课程,搞观摩教学,做班级文化,种子计划团队人人互相砥砺,抱团成长。

当下,新教育实验组建了由近千人参与的种子计划项目组,分设一二三四五六各年级的语文组、数学组、英语组、高语组、综合组共十个组。种子教师在教育教学中遇到疑难时,会将问题发到网上种子教师群里,引来群策群力的呼应、集思广益的突破。在各实验区、实验校,也都有自己的种子教师。

在种子教师群里,最大的快乐是彼此有依有靠,最大的幸福是相互激发照耀,最大的感动是彼此珍惜和守候,最大的满足是大家的宽厚包容。他们每一次攻关,每一回活动,人人点燃自己的生命,面对成长的短板,让灵魂与灵魂娓娓对话,经历无可比拟的辛苦过程之后,享受着无法描述的甘甜。

2015年8月,新教育第三届种子研训营和萤火虫之夏活动在山东省日照市五莲县举行。"小萤火虫"活动的总负责宋新菊向笔者介绍,参加活动的小萤火虫有一百五十四名,值班义工六十人,上课老师五十四人。大家兴致高,劲头足,心气盛。为让每一个种子教师都能闪亮地站在舞台上绽放,童喜喜手端着盛着稀饭的杯子,争分夺秒地为每个种子教师们量身定做个性演讲。"飓风"大姐从晨诵到语文课堂,从新课标到整本书共读,指导个性与风格不同的种子教师备课。刚刚做了手术的顾舟群又带着自己分站人员做了线下的活动。

自费参会的义工们,守护着"小萤火虫们"的安全。本地和外地来的教师,或当义工上课,或担任会务,或协助准备晨操用的音响、排演童话剧的道具,为"小萤火虫们"购买上课用的材料和水果……

上课老师为了"让孩子开心,让课程有趣",精心备课,让教室里流淌着音乐,充满了笑声。五天时间,他们操持好晨操、晨诵、瓶子彩绘、纸折仙桃、彩泥小鱼、童话剧排练,带领"小萤火虫们"开展《绿野仙踪》等书籍的共读、剪纸、科学试验、趣味足球等课程。活动结束时还献上一台精彩的节目。

参加活动的"小萤火虫"的妈妈说:"没想到,孩子们的活动安排如此完美！我只想要一盅水,新教育却给了一眼清泉……"

时朝莉念念不忘2015年1月,在北京完美教室叙事研讨会上,为了能够帮助她梳理出独特的叙事结构,尽可能达到理想的讲述效果,新教育团队成员深更半夜,围坐在一个房间里,细听着演讲,逐字逐句推敲、研究表情动作、完善表达方式,无论是童喜喜、郭明晓、蓝玫等诸位名师,抑或与会的其他种子教师,莫不全力以赴,每一位种子教师,都感受到了团队的力量和作为……

独木难支,众木成林。新教育的种子教师,体现了生活成长的群居性,相互依偎,彼此提携,在互学里互长,于共进中共赢。

第十四节 区域联动

一

山一程,水一程,身向榆关那畔行,夜深千帐灯。
风一更,雪一更,聒碎乡心梦不成,故园无此声。

此为清代词人纳兰性德所作的《长相思·山一程》。其意为:(我)随着千军万马跋山涉水,向山海关进发。夜已深,营帐中灯火一片。帐篷外风雪交加,嘈杂声吵扰了思乡的梦,家乡没有这种声音。

此词是对在外将士思乡情结精致入微的白描。词的弦外之音是:征程越是急管繁弦,越欲弥合梦想与现实的距离;考验越是艰难繁巨,越想从心出发不离初衷。显然,这给纳兰性德带来了难解的困扰和遗憾。

而不忘初心,避免"走得太远,以至于忘记了为什么而出发",也是创业者必经的现实挑战和心理难关。对于志在重塑中国教育基因的新教育团队来说,又何尝不是如此?

当新教育人由四方散落的精英凝聚成一个团队,团队意识从自发走向自觉时,如何与更多的教坛互动,如何在更广大的范畴影响中国教育的走向,即成了根本性命题。

这个根本性命题,使得新教育的核心成员魂牵梦绕,也让基层的追梦人踌躇不已。这关乎新教育实验的战略布局,未来走势,目标定位,新教育人心往哪儿放,劲往哪儿使,步往哪儿迈,根基向哪儿扎?

新教育人的目光聚焦在朱永新身上。学者出身的朱永新认同的是,虽则实验规模越扩大,不足之处也越明显,但还要全域推进。他注目教育的大历史,新教育的全国大棋盘。

在2014年5月的采访中,他给笔者算了一笔账:我们把最好的教育理论和教育实践相结合,在当下的两千多所实验学校里推行新教育,为中国教育探路,如果百分之一成功,就是二十所;百分之五成功,就是一百所,一百所是什么概念?是成千上万教师、几万十几万学生走进新教育的幸福完整的教育生活啊!

心急火燎去做,四面八方去做,放手发动去做,显然,这更是从面向全国教育发展的战略纵目,从尽可能让更多师生受益出发,展现的是一派国际人才竞争的大视野,一种质量互变哲理的新运作,一条有行动必有结果的行动前导观。

"不谋万世者,不足谋一时;不谋全局者,不足谋一域。"[①]自然,朱永新与全域派成了众人认可的多数派,遂明确了新教育全域布局铺展开来的大走势。

由此而进,接纳更多学校成为新教育实验学校,接纳成片的若干学校群为新教育实验区,便成为新教育发展的重要策略。"理想同样需要进行巧妙的市场推广,才有可能真正改变人们的看法与行为。"朱永新说自己是新教育的"啦啦队员",勤勤恳恳地做着"市场推广"。于是,从2004年5月,全国出现第一个实验区,到笔者行文至此时,第一百二十四个县级实验区已经挂牌,新教育的区域联动,势若迅雷。

这是个历史性的挺进与突破。普及新教育,向全国推进,从点到面,从一子而至全局,比起做几所精品式的新教育学校,所花费的心血和气力,岂可同日而语?

倘若对形势把握不准,对困难估计不足,举措谋划失当,也会有一步错,步步错之险,一步走失,满盘皆输之忧。然而,唯其艰难,才更需勇毅;唯其笃行,才弥足珍贵。茫茫九脉流中国,纵横当有凌云笔。

推助区域联动,这对新教育人意味着什么?意味着必须承受更重的担子,做出更大的奉献,要求新教育人的品格、素养、境界更高,需要有破釜沉舟的决心、百折不挠的勇毅,更需要具备高瞻远瞩的洞察和攻坚克难的睿智。

二

"小荷才露尖尖角,早有蜻蜓立上头。"[②]

新教育实验区的第一支雁阵,起飞在江苏省泰州市姜堰区实验区。时间为2004年5月。领飞的头雁是时任姜堰市教育局党委委员、教研室主任的李宜华——一位拥有智者眼光、书生情怀,内敛而专注,理性而实干的人物。

2001年金秋十月,江苏师院1977级政史系同学于苏州聚会期间,李宜华与朱

---

① 陈澹然,《寤言二迁都建藩议》。
② 杨万里,《小池》。

永新促膝交谈,相通的教育情怀,将身份不同的两个朋友紧紧地联系在一起。说起新教育,二人的谈兴更浓。于是,李宜华当即打电话征得姜堰市教育局局长张逸群同意,面邀朱永新尽快到姜堰讲学。一个月后,朱永新专程来到姜堰,为全市中小学校长和城区骨干老师代表做关于理想教育的报告,这对姜堰市的广大教育人来说,无异于春雷春雨,新教育理念的种子也随之播入心田。

2002年,由李宜华提议,张逸群拍板,向全市中小学校长和学校赠送了《我的教育理想》一书,引发了校长、老师们浓厚的学习兴趣。2003年,李宜华连续组团,带领一些有强烈改革愿望的校长赴海门参会,去昆山玉峰考察。其时,李宜华敏锐地注意到新教育课题研究的特点——不以营利为目的的公益性、师生有切实行动的操作性、全校师生参与的普及性,格调很高,意识到此项实验的价值非同小可,如与新教育实验零距离接触,会使姜堰的教育振兴获得新载体,给姜堰教育跨越式发展注入不同寻常的能量。随即于当年5月、6月,他屡屡推荐参加"新教育实验"课题研究的通知,引导众多学校以先驱者的姿态快速跟进,转变也随之发生。

王石中心小学是变化的缩影。这所普通农村小学,条件很差,硬件滞后,新教育实验带来的是师生"软件"的升级。一年之后,教师们在省级以上报纸杂志上发表论文、随笔七十多篇,学生在省级以上的习作、论文竞赛中也屡屡获奖。该校又建立了"新教育实验成才俱乐部",开展"农村学校师生在新教育实验中的成长"研究,走上打造学习型学校、构建人文和谐校园的新路。

里华中心小学则从更高起点出发。该校于2003年秋成立了人手一机的信息班,进行了共创动画、电子小报、信息技术奥林匹克、汉字输入等方面的训练。由此促进了信息技术与学科教学的整合,实现了教学方式的根本变革,构建了以学生为中心,以学生自主学习、自主参与、合作探究为基础的全新的教学模式。

群雁高飞头雁领。所有这一切,都与李宜华有莫大的关系。他对新教育一见钟情,一片真情,一往情深,躬身基层,倾心指导,将局长的强力支持和骨干教师的强劲支撑,化作了姜堰新教育的强势崛起。到2004年5月,全市有十九所学校接到了总课题组认可子课题立项和学校作为子课题单位的批复,里华小学、南苑学校和姜堰四中则率先成为新教育实验的挂牌学校。这时,全国新教育实验第一个实验区已经宣告诞生。

姜堰实验区一出现就卓尔不群,尤其在三个方向上伸出了有力的触角:

一是大力营造书香校园,创造性地做实了关乎育人成败的硬文章。他们编写了地方课程教材《三水鹿鸣》五套,包括科学知识、语言特色、风俗习惯、道德传统、自然资源、商贸发展等地方文化内容,这套地方教材,是姜堰打造"厚重通灵"教育特色的一个标志性进展。

二是建构理想课堂,从践行和理论两方面做透了大文章。不仅深入地解读了朱永新关于理想课堂的参与度、亲和度、自由度、整合度、练习度、延展度,还从教师、学生、师生互动三个层面一一加以落实,编写出《姜堰市中小学学科教学常规》《姜堰市中小学教科研手册》《构建姜堰特色素质教育课堂教学模式研究成果集》。行知实验小学还将"写随笔"与"小课题研究"有机结合起来,该校教师几年里在《江苏教育》等二十多种较高层次刊物上发表了四百多篇教育教学文章。

三是带头开展数码社区建设,做足教育前沿的这篇新文章。实现实验区教育资源网上共览共享,师生电子档案记录了成长的足迹,新教育实验课题的网上管理一清如水,迎来了2005年4月由姜堰承办的全国新教育数码社区项目会议。

长江后浪推前浪,雏凤清于老凤声。

姜堰的新教育发展精彩继续。十几年间,这里有十多名教师成为江苏省特级教师,更多的新教育人成为各校的掌门人和省市同行的标杆。多年深度追随、践行新教育的姜堰市教育局副局长林忠玲,接替李宜华成为实验区的灵魂人物。

林忠玲提出,理想的学校教育,应该能为儿童的前行点亮几盏灯:好习惯这盏灯,可以让学生走得更从容;好德行这盏灯,可以让学生走得更完美;好体质这盏灯,可以让学生走得更轻松。

姜堰的实验尤为注重创新,以新教育本土化的"十个一"运作目标,打下了鲜明的姜堰印记:一书一世界、一人一博客、一周一行走、一生一舞台、一课一风格、一人一平板、一月一主题、一班一风景、一人一课表、一校一时空。这"十个一"的运作,则有赖于"三大"支撑。

一是阅读支撑。从营造书香校园、书香家庭到共建书香社会,姜堰的"大阅读"没有作秀意味,旨在让孩子和大众养成阅读习惯,积淀一生受用的营养,走一条精神发育的捷径。姜堰人说:"得阅读者得语文,得语文者得素质,得素质者得人生。"大阅读活动已成了整个实验区的品牌,仅2016年一年,就有省内外六十多批次的考察团队,前来姜堰,学习汲取他们组织"大阅读"等先进经验。

二是课程支撑。课程决定师生的生活内容和生命成长方式,从研发卓越课程到国家课程校本化,姜堰的课程实验已处处开花。有聆听窗外声音的"一周一行走",有综合实践活动课程的"灵动周三",有社团活动课程的"多彩周五",以及一些先行老师的国家课程校本化的创新实验班。

其中,白米中心小学潘兆良领衔的"童画课程"创新实验,入选2016年度新教育全国十佳完美课程。潘兆良,一位乡村美术老师,孜孜以求美育之道,潜心研究童画课程。他研发的"童画融合课程",包括"童画与读写""童画与情怀""童画与做人",守卫童心的天性与梦想,让书香与画韵在乡村流淌。

三是评价支撑:姜堰新教育人在实施构建完美教室、完美办公室、完美课程、完美教科研等系列文化工程时,及时出台了相应的评价标准,又每每推出先行现场,旨在用创新评价机制为新教育实验保驾护航,营造教育文化大场。截至2016年底,姜堰实验区已经命名了三百多个完美教室、一百多个完美办公室。

姜堰还开通教育博客平台——师生共写随笔,成了霞光耀晨的亮点。近十年先后有五千多个注册用户在此登陆,有数百名活跃的博主在自己的"责任田"耕耘。他们先后组织三届博客大赛,出版了《三水师韵》优秀教育博文集。不少老师因课余时间栖息教育博客,改变了人生轨迹。在江苏省首届师生原创诗歌散文大赛上,全省十个一等奖,姜堰拿回了三个。第二实验幼儿园从园长到员工(含食堂工友)全员开博,那些朝气蓬勃的合同制女教师,文字一天天由稚嫩变得成熟进而隽秀。她们中先后有十多人,通过招考由体制外跻身体制内,实现华丽转身,其中有四人被招聘当了园长。

再如智慧课堂,他们自承办新教育"建设数码社区"的全国性会议之后,一直寻找传统教育与互联网教育的最佳接口,在江苏率先推动"云桌面"落地。现已建成一千六百多个云桌面,建成了六个梦想中心、近三十个平板实验班,让学校尽可能跟上互联网的速度。

"在新教育实验的历史源头上,姜堰实验区最早起步;在区域教育文化的提升上,姜堰品牌将不断地贡献我们的'姜堰智慧'。"姜堰区教育局局长武晓明在展望姜堰新教育实验的未来时如是说。昨日与明日同轨,信心与雄心齐飞。

引领探究风气之先,最早收获硕果于前,姜堰实验区就这样崛起在新教育的发展史上,留下了闪光坐标、时代记忆和一个硕大的惊叹号。

三

2004年6月,全国第一个以政府主导而加入新教育研究的区域群体——石家庄市桥西区新教育实验区正式建立。

建立新教育实验区,是新教育实验在管理上的独特创造。实验区管理实验学校,贴近、径直、适切、高效,具有无可比拟的地缘优势、行政优势和同质化程度优势,能靠集体行走加速运行。

第五章 燎原

自上而下运筹,具有高屋建瓴的优势,便于整个板块的推移,下面若能借此势能一跃而起,就可能出现突进式发展的局面。

桥西区新教育实验区是由区政府牵头运筹,由区教育局组织运作,以行政力量推动新教育践行的实验区。

代表区政府牵头运筹的,是2003年初来到桥西区的主管副区长邓小梅。她与新教育邂逅,既出于偶然间碰面,也源于对理想教育的不懈追寻。

邓小梅长于深入体察,在体察中思悟。她一上任就走校访师,调研教情。面对区内几所名校满足于现状,薄弱学校自暴自弃,教师身心疲惫,家长急功近利的情状,她反复考虑着一连串问题:作为省会主城区的桥西区政府应该办什么样的教育?怎样争当本地教育最发达区域?途径究竟在哪里?理想的学校和教师是什么样子?该向谁学习?学习什么?怎么学?

在阅读教育书刊时,她发现了关于"新教育实验"的一些报道,偶然间还看到了朱永新教授所写的《我的教育理想》。报道展示一片绿洲,朱文如同火种,倏忽间点亮了邓小梅的教育理想。

说干就干。2004年6月,邓小梅带领区教育局和当地学校的领导一行十几人,前往苏州"拜师学艺"。看学校,阅资料,听讲解,特别听取了时任苏州市副市长的朱永新的指导,众人的心像燃着了一团火,觉得新教育理念先进,宗旨科学,行动具体,路径可行。一回石家庄,他们在研讨中达成共识,又通过会议决定,以区域的形式整体加入实验,以行政力量有力地推动新教育。

如影随形易,举旗开路难。

实施起新教育,心理障碍与实际难题结成了有形和无形的网。

"新教育实验"毕竟是一项民间课题项目,不是教育行政部门或政府必须做的事。如何宣传说服群众?又如何发挥政府的统筹、引领作用?

课题要学校做。学校里教师短缺,实践新教育和正常的教育教学工作发生冲突,给老师们增加负担,怎么办?如果学校、教师达不成共识,不认同,心里顶牛,行动抵制,又怎么办?……

疑窦纷纭,与日俱来。能否前行,就看决策者。此时的邓小梅,以其果断、执着、朗润的个性毅然拨云破雾,显出惊人的魄力和决心。她在相关会议上说:"什么群体都是参差不齐的,想法都不一样,如果等思想工作做通了,大家都认可了再行动,就太晚了,只能边推进边摸底做思想工作。"她用"只要行动,就有收获"激励大家,并断然做出决定——"以行政力量推动,普遍实施,榜样带头。"

区长定砣,教育局运营,紧锣密鼓,步步扎实。

桥西区教育局发文,成立了实施新教育实验的组织机构,成立了区新教育研究室,请专家给各学校教师培训;李英辉局长几乎每个月都要带团队到一个实验区考察学习,借他山之石,攻自己的玉。当运行中效果不甚明显,一度"好像走进了死胡同"时,他们请来朱永新把脉,"一句话点醒梦中人"。

区里拿出专项资金给各学校配备了新教育"儿童书包",专门指导各年级的学生阅读,组织力量对"儿童课程"、理想课堂、教师专业发展、每月一事等项目进行具体研究,布置学校实施。同时,桥西新教育小学成立,桥西新教育网站建成,《桥西新教育》杂志创刊。

邓小梅一向亲力亲为,参加新教育工作例会,研究问题,商讨策略,突破难关,鼓励校长教师坚持网师学习,争取成为教育专家。在承办新教育第十届年会的筹备中,她主动争取区主要领导和市有关部门的大力支持,带领区局班子研究部署,周密组织,做思想守旧校长的工作,促其破茧成蝶。年会展示的学校文化成果丰硕喜人,一千五百名与会代表反响极其热烈,赞叹之声不绝于耳。

十二载风雨兼程,十二度春华秋实。桥西区实验区一路披荆斩棘,执着耕耘,迈动开路者的脚步——

梦之缘起——结缘"新教育",营造书香校园;梦之启航——完善机构制度,推进项目研究;梦之扬帆——启动学校文化,承办第十届年会;梦之远航——推进学校文化,缔造完美教室。四段发展里程,印下了深深足迹。

提供了"行政推动,政策支持;专家导航,提升水平;团队助力,深入实践;点面结合,全员参与"的区域推动策略,即政府推动、专家引领和草根行动,三股力量拧成一股绳,结晶了探索者的心血智慧;

尤其在一所所校园里,突出了"一校一品,文化立魂""一师一专,三专模式""一生一特,书香润泽"的文化自觉和文化魂魄,为师生注入了生命活力、成长动力和创造潜力。

十二年,一个属相轮回。桥西新教育人无情地剥除自身异化教育的成分,渐渐返璞回归于教育的本真,扎扎实实完成着理念的深入和升华,获得一种心神不曾有过的静定、大气、厚重、饱满,走向与既往不同的桥西教育路径。

四

群雁展翅头雁领,百花齐放梅花先。

在各领风骚的全国新教育实验区版图上,有一个独占鳌头的实验区,一个众望所归的实验区,一个被朱永新称之为"全国新教育的重镇"的实验区。

这就是江苏省海门实验区。

何为重镇？原指军事极其重要的要塞、要地之谓也。新教育的重镇,即新教育实验至关重要的实验地、扎根地、绽放地、高产地,因为有它,万万千千的新教育人便眼前现胜景,扑面有春风,心中涌清泉。

话归海门。在那里流传着"全国教育看江苏,江苏教育看南通,南通教育十分好,海门占了九分九"的说法。笔者虽未去细致考究此语的来龙去脉,但海门教育在江苏的引领之势,确已得到了民意的认可。

教育是海门的一张名片。那里上上下下聚焦教育,看中教育,家家户户认同教育,投资教育。教育当仁不让地充当各行各业的领跑者,海门各类教育特色鲜明,亮点连片。

新教育是海门的一个品牌。海门新教育实验起点高,方向正,路径对,策略准。

从2003年4月至2005年8月的实验萌动期,面对面受到朱永新的指导,东洲小学和实验小学率先加入实验,点上探索,面上辐射,新教育以强劲之势,迅速扩展其影响。

从2005年9月至2009年7月的实验推动期,海门市三十七所小学成为新教育实验学校。这里的新教育人紧握项目抓手,推进"达标创特",聆听、践行朱永新提出的"新教育精神",成功承办新教育年会,更提升了该实验区的美誉度和影响力。2007年,江苏省教育学会新教育研究专业委员会成立于海门,许新海、吴勇分别当选为理事长和秘书长。

从2009年8月至今的实验辐射期,各学校、各学段全面进入新教育常态化实验,新教育理念深入人心,新教育项目渐次展开,成果日益丰硕。2013年3月,海门市委、市政府批准成立正科级事业单位——新教育培训中心。

难怪,连开的士的师傅一聊起海门新教育,都喜形于色地打开话匣子,似有说不完的话。

海门新教育是中国新教育最为亮丽的地标。中国新教育的发展高度、推进广度、探索深度、收获丰硕度,到这里就一目了然。这里当是观察新教育运行发展的窗口。

海门,成了新教育多项实验的前沿运营中心、新教育实验的理论研求中心、新教育实验区域推进中心、新教育实验行政指挥中心、新教育教师校长培训中心、新教育实验硕果展示中心、新教育榜样教师培养中心……

海门新教育人对全国新教育做出了全方位多角度的特殊贡献。

一是为新教育的运作打样。

自2013年始,海门每年在上、下半年各举办一次全国新教育开放周活动,吸引全国大批新教育人前来观览。上半年的开放周活动,为新教育7月年会做预演,相当于一次彩排。下半年的开放周活动,大都围绕某一个专题,为新教育打样。活动中都有海门的展示交流、主旨报告和专家演讲。这些带有超前性的运营,既有理论牵引,更有行动导向。

由于海门诠释了新教育的内蕴和精彩,使得四面八方前来取经的新教育人纷至沓来,光山东日照市组织的赴海门"跟班蹲点"人员,就有十五批,一千多人次。

二是给新教育的前行探路。

在他人未曾进入的领域找矿,虽艰难却也幸福。在课程上,海门新教育人率先研究了名画、名曲、电影、儿童剧,并引入课堂,还出版了百部名画、百部名曲、百部电影、百部儿童剧的欣赏教本。从2006年始推进了选定一个主题的"每月一事"活动。经几年实践,摸索出"主题阅读,主题实践,主题展示,主题反思"项目操作流程。

在最难运作的课程建设上,海门新教育人构想于先,操作在前,最早探出一条可行的轨迹。比如,创办于1908年的德胜小学,充分挖掘校名的内涵,让德韵润泽生命成为最重要的命题,积极打造以礼、智、勇为核心的德文化,提炼了"以德制胜"的校训,他们视理念为课程——千淘万漉虽辛苦;视环境为课程——山色空蒙雨亦奇;视教室为课程——满架蔷薇一院香;视教师为课程——为有源头活水来。化难为易、无处不可施妙手,正是海门推行新教育的神髓所在。

三是用实实在在的改革为素质教育正名。

在海门实施新教育,不局限于小学、小学语文的小范围,而是在小、初、高各级学校同时全面铺开。这里开展"营造书香校园"等十大行动,要抓就一贯到底,回归到读书、自学、思悟的教育原点,不怕质量下滑,影响高考,迎考也摒弃死抓蛮干、题海战术、挑灯夜战。结果如何?笔者访谈中得知,海门高考连续八年居南通之首。优异的学业成绩只是对海门新教育的额外奖赏。在体艺科技各类竞赛中,海门捷报频传,难以计数,既展示了海门新教育的实力和魅力,也成为中国教育的一个极具价值的参照坐标。

四是将实验架构做实、做大,成系统化。

新教育专业委员会、新教育学术委员会、中陶会新教育分会等机构落户海门,使新教育的事情有人问,有处管,落地生根。如近几年全国新教育榜样教师的年度生命叙事,都由新教育培训中心勠力修改,使其完善。这对于提升生命叙事的品位,进而提升叙事教师的格调,颇有补益。

海门新教育人走在实验头里,以身示范。海门实验学校附属小学班主任高波,以近乎极致的师道,演绎出一间教室的尽善尽美。他守着"君子兰"班的时空,每天辛苦并幸福快乐地工作十三个小时,带领五十六个孩子,乘着"我要做绅士(淑女)""醉心阅读"这两条轻舟,奔向明亮前方!他们开君子兰书吧——与人类的崇高精神对话;建君子兰银行——无限相信每个孩子的潜能;设君子兰展台——让每个孩子成为最好的自己;做君子兰慈善——让生命融入更多的生命;写君子兰博客——勾勒师生成长的履痕。六年下来,血沃心田,镌入秀美;春催桃李,凝集隽永,每一个生命都竞相绽放。

五是示范一套行之有效的方略。

新教育没有行军图,只有方位示意图。如迈克·富兰所言:变革是一项旅程,而不是一张蓝图。而海门新教育人创造出颇具操作性的一套方略:满怀理想,以共同愿景作为新教育实验的发动机;创新运作,以完善机制作为新教育实验的推进器;突出重点,以行动项目作为新教育实验的主抓手;搭建舞台,以多彩活动作为新教育实验的催化剂;榜样引领,以卓越典型作为新教育实验的风向标;强化宣传,以多元媒体作为新教育实验的增值源。

六是当好全国新教育的培训基地。

顺应全国新教育实验发展形势而诞生的海门市新教育培训中心,是海门对新教育运动的历史性贡献。

它虽是政府批准的事业单位,却纯属草根运作,饱含民间色彩。全国各地的新教育人和教育同仁慕名而来海门取经问道,近两年的年培训量都在一万五千人次以上,海门名副其实地成为全国新教育实验的培训基地。

做培训报告的专家主要来自海门的教育一线。其思想和言语与地气相接,贯以海门教育发展的精华,且寻得自己的逻辑脉络,创生概念,再造理论,每每让人怦然心动。他们不仅承接外地团队到海门培训,还应全国许多新教育实验区的邀请外出培训。

至今,这支特色鲜明的培训师队伍,有教育行政管理和教科研部门的领导许新海、吴勇、许卫国、王领琴、何仁毅、丁建强等,有中小学校长石鑫、张炳华、祝禧、滕玉英、吴建英、卞惠石、施健斌等,有特级教师陈铁梅、俞玉萍、王美华等,有新教育榜样教师倪颖娟、殷卫娟、刘宇禹、夏冬平、高波等,人才济济,各展奇彩,他们已成为海门教育培训体系的一种核心力量。

七是造就名师成长之路。

海门的新教育团队中,先后有石鑫、何仁毅等十六人被评为江苏省特级教师。许新海入选《中国教育报》"2010年全国推动读书十大人物",俞玉萍被评为新教育"完美教室缔造者"、全国优秀教师、全国"五一巾帼标兵",倪颖娟被评为"中国好教师"、全国优秀教师,殷卫娟被评为"新教育实验2015年度榜样教师",倪颖娟、殷卫娟、夏冬平、高波的班级先后被评为新教育"十佳教室",海门教育人实现了生命的拔节。

此外,还有祝禧"文化语文"、张炳华"智慧管理"、陈铁梅"审美人生教育"等名师工作室和"学程导航""完美教室"等二十个项目工作室,出版了《完美教室——中国百合班的故事》《一生有用的十二个好习惯》等几十部书,有计划地组织经典共读、观课评课、主题沙龙、专题讲座、课程研发等活动,逐渐发展成为海门市名师成长的孵化器、教育成果的集散地、教育智慧的辐射源。

新教育培训中心主任吴勇,精于筹划,善于思索,工于运作,巧于文字。在协助许新海统领新教育实验的全程中,吴勇每每夜深人静或晨曦初显,总是习惯性地将亲历感受诉诸笔端,将所思所想嵌入屏幕,传递教育正能量,升华教师精气神,编织校园七彩梦,展示海门的新美特。他捧出《海门教育的温暖记忆》《学校文化的展示与解读》《漫话新教育》《当好孩子的父母》等十部专著。每部专著均理据相宜,洗练朴质,风趣抓人。如说新教育"三专模式"促进教师由内而外的成长时说:"一个鸡蛋,由外而内破裂,是死亡,由内而外破裂,是生命的诞生。"酌奇不失真,翫华不坠实。其勤其钻其智其功,造就了思想行家,教坛俊才。

海门实验区之于中国新教育,因其充当要塞角色,可谓重中之重;因彰显脊梁功能,可谓强中之强。它不仅是新教育实验的践行根据地,也渐渐成为新教育实验的前沿指挥大本营。

传奇海门,圣地海门。若问,海门何以如此?

水有源,木有本,海门能够成为新教育重镇,出于内外相互作用的组合动因,诚如恩格斯对创造历史诸因素的合力说所言:"这样就有无数互相交错的力量,有无数个力的平行四边形,而由此就产生出一个总的结果。"观照海门新教育的磁力场,可以发现如下一些特点。

——历史与今朝碰撞。

海门市,是江苏省南通市代管的县级市,东濒黄海,南倚长江,与上海隔江相望,素有"江海门户"之称,被誉为"北上海"。

海门历来崇文尚学、明理养德。清末,海门常乐镇出现的状元张謇,提出"父实业,母教育"的思想,更创办了二十多家企业、三百七十多所学校,为我国近代民族工业的兴起、为教育事业的发展做出了从知到行的宝贵贡献。海门人每每提及张謇,莫不怦然心动,激情顿起。先贤高树路标,文化厚积魂魄。

水相荡乃成涟漪,石对击而发灵光。

当时代列车载着新教育思维奔至古老而新生的海门时,海门人仰慕先贤的情结与崇信新潮的脉动合二为一,历史的惯性力与今朝的爆发力迅疾碰撞又瞬间相融,海纳百川的海门人一旦等来这历史的一瞬,立即以其卓尔不群的壮美行动,投身新教育的潮头,掀起弄潮风浪,展示幕幕丽景。

——经济和教育交汇。

经济与教育,从来如鸟之两翼。2006年的海门,经济排于南通市各县市之首,而教育却位于三四名。

新来的市委书记曹斌急了,教育和经济不能同立一个平台吗?他请来教育界主管层人士,专门分析、比较、研究、策划,换了教育掌门人,做出加快教育发展的决定,提出"教育是社会经济发展的强大原动力。抓教育就是抓经济,抓教育就是促和谐,我们要像抓经济一样抓教育"的号召,开展"一年打基础,两年见成效,三年上台阶"的"台阶工程",主要举措就是推行新教育,设立评比机制、奖励机制以保驾护航。各部门不准随意闯入教育系统检查,影响其正常秩序,给教育适宜生存发展的时空。

时任县教科室主任的吴勇撰写了专题报道《像抓经济一样抓教育》,提出目标既定,曙光在前,"冷水泡茶慢慢浓",需要持续大干的势头。

从秋冬到春夏、从黎明到深夜、从教育局到各级各类学校,每天每时,每处每地,海门教坛尽展"海纳百川、强毅力行"的海门精神的跋涉风景,到2008年,海门教育实现了升格,成了南通市的排头兵。

——哲人同师者结缘。

2003年4月2日,江苏省"新世纪园丁论文大赛颁奖活动"在海门举行。活动主持者请来著名教育家朱永新做学术报告。朱永新第一次系统地阐述了《新教育实验》的理念意义,让海门人喜见新教育别一种的奇美阳光。2005年9月,海门整体加入新教育实验。2007年11月24日,省新教育研究专业委员会在海门成立,朱永新来此做了《新教育精神》的讲演。第一次提出了新教育的四种精神:追寻理想的执着精神,深入现场的田野精神,共同生活的合作精神,悲天悯人的公益精神。这四种精神非同小可,是从精神层面为新教育树起了灯塔。

此后,朱永新一次次来海门中小学考察指导,为海门指点迷津(当然,也依托这里策划新教育的全国大方略),对海门杏坛的新创举予以点赞,委以瞩望和重托。

如果说,新教育决策大本营先在苏州,后移至北京,而江苏海门,伴随许新海当选为新教育研究院院长,这里就渐渐成了新教育运行的前沿指挥部,开展计议、组织、实施新教育诸项工作,承担大本营交付的种种任务。去年4月初,海门东洲小学校长祝禧在策划4月份的每月一事,定主题为审美,但主题词即核心词,却一时选不中,忙打电话问许新海,许新海也一时拿不准,就打电话问北京的朱永新,朱永新随即作答:"走在春光的大地上!"两分钟之内,问题迎刃而解。大本营、指挥部、第一线都皆大欢喜。

就这样,北京与海门,一线贯穿,热线相连,因教结缘,因缘柜聚。新教育的海门人,常常沐浴新教育的第一缕晨风、第一场春雨,其所作所为也往往获取北京的第一时间反馈,做到第一现场微调。海门的新教育人离不开朱永新,朱永新也离不开海门新教育人,哲人与师者架起了美好情缘的心灵之桥。

——领班跟群英默契。

海门新教育有一个好领班——许新海。2012年5月,他被提拔为教育局局长,更成了海门新教育的"指南针"。属下说他人品好,读写勤,思路清,作风正,从不搞尔虞我诈那一套,事业上强势,说话率直,办事麻利。

采访时,笔者感觉他是一位有理想、有激情、有智谋、有理性,执行力尤强的人。他有一句话镌刻在笔者的心头:"新教育是我终身的信仰。"一个人的内心深处若有了某种信仰时,他的外在形态便会产生无可言状的执着。

2003年4月,和朱永新近距离接触与新教育相遇的许新海,开始认真学习研究朱永新思想。2005年他从澳大利亚做访问学者归来不久,被提拔为海门市教育局副局长,随后考取了朱永新的博士生,遂开始做新教育的义工,新教育项目的总负责人。同时,他又将海门的教育推上新教育的舞台,立即在书香校园、新公民教育、理想课堂、共同体建设、特色发展、文化立魂、完美教室、卓越课程等八个方面一起行动。这既需要领导层面的勇毅和智慧,更需要教育中坚力量的认可和呼应。

海门教育的群英都动起来了。

各校的校长、楷模教师,乃至全体同仁——这些新教育实验的力量源泉,与许新海默契配合,孜孜矻矻地精雕细琢,创造出不同凡响的新教育硕果。其目标绝不是要给海门百姓做出满足一时舌唇之香的"快餐",而是执意开一家引领潮流的"百年老店"。

海门实验区让人首先产生顿悟,凡是新教育的成功实验区,都必须有一位成功的灵魂人物领衔,带动数位特别能干事业的校长,发现并培植出几个重要的实验基地,打造出若干极有特色的榜样实验项目,这肯定是一条优化教育、螺旋上升的路径。

——理想共现实齐飞。

新教育是中国的教育梦。海门的新教育怀揣理想上路,一步步踏石留印、抓铁有痕地行进,不断缩小现实与理想的反差,使教育的梦想逐步成真。

为让每个孩子拥有相似的阅读背景,自2006年年初,"书香童年计划"在全市范围内正式启动,首先实施面向全市所有村小的"图书漂流"行动。他们设计了"阅读手册",进行系列化的阅读指导和训练,如火如荼地评比"书香学生""书香教师""书香班级",把学校办在图书馆里,让每一个学生养成良好的读书习惯。

为让每个教师拥有共同的精神家园,2005年9月,成立"海门新教育共同体",这是教育科研的台面,更是教育文化的内存。它构建起新型校际合作横向与纵向双轨制的城乡联动发展共同体(2012年发展为教育管理集团)。他们创办"海门新教育在线",设多个版块栏目专业引领,在校本研修、网络教研、学科共同体联动中凸显得天独厚的效能。他们还通过2006年成立的海门校长俱乐部,让每一位校长都拥有自己独特的智慧型、文化型办学理念与风格;与南京师范大学教科院联手打造"海门市名师发展中心",使一大批新教育的名师前赴后继地成长起来。

为让每所学校拥有不同的特色品牌,他们切实开展"达标创特"活动,即所有乡镇中小学必须达省级办学标准,并创建成海门市特色学校。历经几年的运作,海门办学水平实现整体提升,办学特色彰显,文化意蕴丰厚。每所学校都开拓了属于自己的"跑道",每所学校都拥有师生引以为荣的特色品牌。

五

绛县为山西省南部中条山区的农业小县。本世纪之初,教育处境尴尬:优秀的学生、教师匆匆外流;苦学、厌学,苦教、厌教,苦管、厌管互染成风;全县的中考合格率仅百分之三十,高考达线生不及先进县的一个班。这块曾孕育尧帝造福子民故事、晋文公逐鹿中原故事的热土,亟待演绎出跨越式发展的教育交响曲。

在绛县教育兴衰攸关的时刻,陈东强就任教育局局长。当他苦觅脱困之路时,恰与新教育不期而遇:先是运城市人民路学校做新教育的"六个一"材料让他怦然心动,网上新教育实验知与行的众多事例,打开了他的视界,对《朱永新教育文集》的阅读,让他卷起海潮般的共鸣。

引新教育入绛县，教育局班子发誓：要给全国农村教育改革探路，为农村孩子幸福成长示范。

很快地，以局长陈东强为总负责人的新教育实验办公室成立了，下设行政领导、组织协调、业务推广三个小组，形成三条线平行推进、相互促进、上下互动、左右联动的格局。

学校是实验的主战场，校长是实验的关键人。他们格外注重校长队伍的建设，给想干事的人机会，给能干事的人舞台，给干成事的人地位。

绛县人见贤思齐，务求有果；见优就学，学就有绩。想一件，干一件，成一件，见效一件。历经七八度春秋坚毅而聪慧的播种耕耘，绛县实验区脱颖而出，成为新教育实验四大地方研究中心之一，让天南地北的参观者"在绛县看到了中国农村教育的希望"。

香港凤凰卫视制作的专题片《启动黎明——走读绛县新教育实验基地》热播，真乃枯窘成绿洲，僻野飞凤凰。三万多名孩子用一首诗开启每日黎明，成了生存常态；三千多位老师中竟有两千多坚持写教育博客作为成长方式。

绛县的新教育实验自始至终摒弃行政迫使，那样会带来教师无声的抵制和沉默的对抗。他们在当前升学压力和学生今后发展需求中，探索着开辟新途径，在进退两难间，寻找最佳结合点，那就是把新教育实验与日常教育教学教研管理的一体化，让教研室承担起实验指导与日常管理的重责。由教研机构牵头，从教学的实际出发，引导教师开展新教育实验，避免教学和实验"各吹各的调"，减少和消除教师的心理压力，既保证了新教育实验有条不紊地推进，又借助新教育的理念与课程，促进教学科研的创新。

绛县的新教育实验不是在做一般性的教育课题，而是力求对教育模式重新架构，最终剑指教育思想的解放，形成了一种开放的有机的充满活力的教育文化。其路径，就是要用新教育的理念、思想、逻辑与框架来改造和建构日常教育教学，把新教育渗透到教育教学的方方面面，而不是在日常教育教学之外再叠加一套"新教育实验"的系统。他们摒弃那种抽取几个日子搞上几次活动、几场会演、几回展示的短平快做法，而是把新教育的理念默默融化在教学中，夯实在课程中。

绛县的新教育实验贯穿了实验者的大爱。从局长到工作人员，从校长到教师，都满腔热忱地视新教育为生命，实心实意地做，达至纪伯伦所言："所有工作都是空虚的，除非有了爱；当你们带着爱工作时，你们就与自己、与他人、与上帝合为一体。"

绛县新教育教师赵晶真挚地对笔者说："因为信，所以爱。新教育是美好的教育、幸福的事业。它不仅成为我的教育观,更影响着我的家庭观和育儿观。在推进新教育的进程里,我从一名普通教师成长为中心校教研员、县域教研员,从辐射一所小学、一个中心校到参与引领一个县的新教育事业。如今十年行走,新教育像血液一样融进我们的头脑和身体,已经成为一种精神与骨骼,在我们的灵魂里汩汩流淌与深深塑造!"

绛县种子教师王丽娟的《生命,因遭遇新教育而美丽》一文,感人至深。几年里,王丽娟以两百多万字的随笔,见证了在三尺讲台上的成长轨迹,镌刻与新教育相知相守的美丽岁月。2008年,她抛家别子,到江苏宝应新教育小学访问学习半年,如饥似渴地读着、写着、做着,充实着自己。"5·12"大地震后,她随新教育团队赶赴绵阳支教。入夜,房顶漏雨难以入睡;白天,板房教室热得像蒸笼。她克服蚊虫叮咬、缺医少药等种种困难,把支教活动开展得有声有色,还自觉地进行灵魂的洗涤。待返归绛县,她已不仅提升了自己,更成了新教育的播种人,把自己所学、所见、所闻倒箧倾囊,与同事们分享。她顶酷暑大干半月,编写出《构筑课堂——新教育有效课堂研究》,连续六天十二场四十八小时进行专题培训,又日夜兼程地与教研室老师编撰出《框架百问百答》《课堂教学模式》等理想课堂系列指导手册。后来,她调任县里的教研员,更是步履急促,行色匆匆……

大爱衍生大善,大善成就大美。

在绛县第二实验小学付芳任教的班级,年初转来一名叫壮壮的学生,非常内向,胆小,上课经常垂首,从不主动答题,碰上老师低头就走,下课很少和同伴玩耍。后来才知道,他的父母离异,他一直跟着爷爷生活。

一个从小就缺少父爱母爱的孩子,内心多么孤独,又多么渴望得到关心得到爱啊!付芳在课堂上给他更多回答问题的机会,想以此来锻炼他的胆量。一段时间后,她发现效果并不理想。他的内心很脆弱也很孤僻,如果让他感到的仅仅是同情,他是很难接受的。

一天放学时,壮壮的同桌跑过来对付芳说:"老师,壮壮说明天是他生日呢,还说爷爷要送他一辆'闪电飘移'赛车!"付芳旋即找到壮壮,关切地问:"壮壮,明天是不是你的生日?"孩子抬起头看着付芳,微笑着点点头。孩子当时露出的惊喜、兴奋的表情,是付芳第一次见到的。作为班主任,该送给这个孩子什么样的礼物呢?想来想去,付芳觉得这孩子最需要精神上的给力和爱护,便决定在次日晨诵课上送他一首诗歌,用朴素的仪式、美妙的诗歌为他的生命喝彩。她遂精心准备,根据壮壮的性格特点,慎重地选定一首《全世界都在对我微笑》,并认真细致地备课,教案和课件反复修改了十多次。

第二天一早，全班开始声情并茂地朗诵："今天，我偷偷做了一件事，于是，全世界突然对我微笑起来。绿树对我招手，花儿对我挤眼，小鸟儿在枝头叽喳叫，小草儿弯腰齐声问我好！而我，只不过暗暗下了决心，从今要做个好孩子。就这样，突然间，全世界都在对我微笑。"

晨诵将结束时，付芳打开录音机，熟悉而又优美的生日快乐歌缓缓流出。付芳微笑着说道："亲爱的孩子们，今天是我们班壮壮的生日。壮壮同学，九年前的今天，你幸运地降生到人间，你是上天送给老师和全班孩子的礼物。在今天这个美好的日子里，我们一起把这首诗送给你，祝你生日快乐，希望你今后拥有全世界最美的笑容！"接着，全体学生集体朗诵：

> 亲爱的壮壮呀，
> 今天，是属于你的节日，
> 全世界都在对你微笑，
> 绿树对你招手，
> 花儿对你挤眼，
> 小鸟儿在枝头叽喳叫，
> 小草儿弯腰齐声问你好！
> 我们共同对你说：生日快乐！
> 而你也会暗暗下决心，
> 从今天起，做个快乐勇敢的好孩子，
> 就这样，全世界都在对你微笑。

"孩子们，在这个特别的日子里，你们还想对壮壮说点什么呢？"

"壮壮，祝你生日快乐！我还想对你说，你在我们班虽然不是学习最好的学生，但你在学习上非常努力，我要向你学习！"

"壮壮，我觉得你是我们班的环境小卫士，特别讲究卫生，我也要向你学习！"

"壮壮，你是个特别孝敬老人的孩子，我经常看见你帮爷爷干活，你真是我们学习的榜样！"……

壮壮低着头一言不发。当他抬起头的时候，眼睛氤氲，眼眶发红，却带着灿烂的微笑。这一刻，付芳也笑了，因为她知道，也许这就是他收到的最好礼物，让他孤僻、封闭的心灵在一瞬间敞开。

这以后，壮壮变了。他开始和同学们一起学习，一起玩耍，开始主动回答问题,期中考试时,语文考了九十多分! 每看到他有一点点进步,付芳就会和孩子们朗诵起《全世界都在对你微笑》这首诗,不断为他加油,这成了全班共同的精神密码。

一份普通而又特殊的生日礼物,一次心灵碰撞,感情升华,付芳和孩子们走进了壮壮的心里,更让壮壮走进了集体的怀抱。感性话语,柔美诗歌,和谐氛围,一句句,一声声,一幕幕在生命的回音壁作响……

若问,绛县实验区为新教育贡献了哪些新的营养素呢?答案很丰硕。

——提炼了"行政参与,本土导航,区域推进,有效行动"新方略。

——推出了"校长引领、四课联动、十化课堂"新策略。

——运营了方方面面的新举措——

管理上的铁律:底线设置+榜样打造;

推广的范式:日常教学+项目实验;

工作室建设:课程研究+引领服务;

教师专业成长:共读自读+教育随笔;

开放周活动:常规展示+重点工作;

评价体系:综合评价+奖励机制。

实践业已证明,绛县新教育的方略完备而适切,策略明晰而对路,举措系统而精当。因紧贴地气,极具针对性;立足点高,富于导向性;适合操作,具有践行性;处在僻壤,更具农村地区推广的适用性。

从这些举措里,我们能看到绛县新教育的哪些诀窍呢?明眼人不难看出:领导内行有招,目标明晰有力,管理细实有法,机制架构有效,典范高特有彩,全员精进有梦,教育快进有路。

上导下动,外引内化,悉心构创,聚力落实,乘势续进,不断完善,绛县的新教育实验开采出中国新教育的优质富矿,产生了活生生的新教育的教育学、教学论和管理学。

在这里,你看得清教育人将全部身心交给教育的赤诚,量得出领军人物能将一个区域教育带向远方的能量,弄得懂真教育改变教育生态的神奇,认得准新教育生命力究竟有多强的真谛,你甚至还可以缅想沉思,新教育对嬗变一方地域的文化水土、民质民风何以有这般深的动因……

多少心血,多少智慧,多少运筹,多少操劳,在贫瘠的黄土高坡,唱响了一部超迈的教书育人交响乐,描绘出一幅豪迈的新教育长卷。

小药铺里有大人参,山区飞出了金凤凰。绛县先后荣获中央教育科学研究所

《有效推进区域教师专业化发展》项目研究一等奖和实验工作先进单位,荣获山西省教育厅"三晋课改先进县""远程教育应用先进县"称号,荣获市教育局授予的"教育工作先进县""课堂教学改革先进县"等多项荣誉。

天南地北的教育同仁被震撼了,络绎不绝的来访者留下赞美之辞:大开眼界,不虚此行,获益匪浅……

教育界官员被激动了,山西省教育厅副厅长张卓玉说:怎样评价这样的课堂都不过分,你们的改革大有希望。山西省教育学会副会长张崇善对绛县教育有"三个没想到":一是没想到运城市的课改先进典型竟是几年前基础教育薄弱的绛县;二是没想到绛县的基础教育课程改革是全县集体推进,每所小学都达到了标准化水平,所有乡镇初中均突破了传统教学格局,课堂教学实现了全局开放;三是没想到2003年以前从未从事过教育工作的陈东强竟设计和引领了这场全县教育的大变革……

教育家、学人被感动了,朱永新感慨万千地说:这是我第一次看到有人如此真诚地在整片的土地上播种,让大片的黄土地如此麦苗青青,生机孕育……绛县对探索农村教育的未来发展之路有着突出贡献,我们要有更多的人嗅到这里的芬芳。

六

就在绛县新教育团队干得红红火火的当儿,一棵新教育实验区的大树正在河南焦作的土地上潜生暗长起来。

一叶一菩提,一花一世界。焦作实验区的起步、前行简直就是中国新教育实验的草根起步、民间运作的缩影。

草根运作的自觉播种人是张硕果。

她原本是高中的历史教师,又读了教育硕士,思维活跃,话如爆豆,行似闪电。为追求教育人生的走势和价值,她曾冥思苦想,渴望走进更深层的生命里去。当命运之神让她相逢新教育,倏忽之间,她沉潜的理想显露出可以实现的曙光。

那是2006年仲冬的一个午后,在苏州新教育人经常聚会的"两岸咖啡"厅,她与朱永新第一次会面。那是一场愉悦又极具能量的畅谈,朱永新向她开启了一扇新教育的大门,展示了另一种教育实践的无限可能性,希望她成为"新教育的一粒种子"。

一次不寻常的谈话,点亮了心头的灯火,从此,张硕果便真正地"皈依"了,她说:"新教育永远直抵人的灵魂。因为一次真正的相遇,从此心属新教育。"

2007年3月,她参加了"灵山——新教育"贵州支教行动。经过那次与新教育一个月的美丽邂逅,她的教育生命开始承受新教育之重:做一粒新教育的种子渐而化作她最大的渴望。回来后,她急于践行新教育的儿童课程,便毅然走上正读小学二年级的儿子的班级讲台,讲起一本经典绘本《我的名字克丽桑斯美美菊花》。这第一节"新教育"阅读课,孩子们听得眼冒亮光,班主任喜出望外,连平时注意力分散的孩子都听得聚精会神。她惊喜地尝得新教育实验的甜头。

一叶知秋。张硕果想,若要做一粒种子,就需有带动、吸引、影响、改变教师群体的宏愿。当年7月,她带领五十人的焦作市观摩学习团,赴山东临淄金茵小学,考察"毛虫与蝴蝶——新教育儿童阶梯阅读",与火种教师常丽华深挚交往;又与三十余名焦作老师奔赴山西运城,参加新教育实验第七届研讨会,正式拉开了焦作新教育的帷幕。

2007年8月的焦作市,尚没有新教育实验学校,新教育在这里还是一张白纸。张硕果不是领导,又没人授意,一位普普通通的科研员,独自迈开腿,走基层,蹲学校,谈弊端,话改革,兴新教育之风,燃起教师内心深处沉寂已久的教育激情,掀动触及灵魂的新教育风暴。这要求她具有改革意识、觉醒意识,更要有坚如磐石的教育信仰,坚信不疑的新教育主见。

她一个学校接着一个学校地跑,一场报告接着一场报告地作,不到半年竟走进几十所学校进行公益培训,不到一年就写了十万字的行走日记,记录下自己传播推广新教育的历程。在一场场讲座中,在一首首童谣中,在一本本绘本中,她和孩子们分享着童年的味道,她向老师们演示着教育的另一种可能。她说:"对于这个世界,我们真的改变不了什么,我们能够改变的只有自己。唤醒一个教师,就等于唤醒了几十个孩子,唤醒十个教师,就等于唤醒了几百个孩子。我们所做的一切,这几十个几百个孩子在乎。"

听完报告后,修武县一位老师给张硕果发短信说:"真的很欣赏您对新教育的理解,这改变了我十八年来对教育的看法甚至对人生的理解。无论是为人师还是为人母,我都会坚定地、幸福地一路走下去!"像这样被唤醒的老师有很多。

当然,众口难调调众口,人心叵测测人心。做一场报告如做一席精神大餐,就餐者的消化和反应是不同的,有人热血沸腾,有人将信将疑,有人半路退出,也有人中途入席,一切都是自愿,大浪淘沙,最终留下来的自然是新教育的种子。被唤醒的老师有很多,虽然是未曾谋面的陌生人,没有任何行政的指令约束,但大家因为成长的愿望被激活而走到了一起。一部分"尺码相同"的老师开始慢慢会聚在她的身边，形成了焦作市最初的新教育团队。

于是，她策划举办了焦作市新教育实验启动仪式和专题培训会，让参加的老师们感觉"幸福像波一样辐射"。短短的十个多月，焦作的新教育如星火燎原，蓬勃发展，从不知"新教育"为何物，发展到能够"让诗歌穿越生命"，开始"感悟童书的魅力"，与学生的父母"共赴心灵之约"。2008年7月13日，在浙江苍南召开的年会上，焦作市接过了新教育实验区的牌匾，成为河南省首个新教育实验区。

张硕果的手机遂成了热线，问询、答疑、交流、沟通，不计其数的短信飞来传去，她乐此不疲，读书、思考、解惑、克难、策划、撰稿，天天忙到午夜，有时竟到凌晨。眼看新教育宛如东风化雨，种子教师在焦作市遍地开花，她好像打了兴奋剂，辛苦而心甜，精力透支而精神振作。

焦作新教育发展势头快又好，来访的团队也多而频。其中，有一对来自湖北随州的夫妻。

那一天，张硕果接到一则短信："张老师，我是湖北的包小红。我和老公正在开往焦作的火车上，此行目的有三：一是拜您为师，二是学习焦作新教育，三是有很多疑惑请教。打扰您了，请问我明天什么时间可以找您呢？我明天晚上七点就要坐上回家的火车。"

张硕果很感动，她深悟新教育才有如此魅力。

后来得知，包老师是湖北随州均川镇农村教师，渴望走进新教育，湖北随州先后赴焦作参观考察的八批团队她未能赶上，此次她着意选在三十四岁生日这天和丈夫自费赶来学习，且只有一天。

在异常繁忙中，张硕果专门陪这夫妻俩到解放区上白作乡中心学校。许三营校长专门布置了新教育资料室，将晨诵资料、新教育报纸、读写绘作品、教师专业成长随笔集一一摆放在那里，学校项目负责人从新教育实践、新教育儿童课程实施、榜样教师的叙事等不同角度进行介绍。交流结束后下着大雨，许校长留下两位老师吃午饭。张硕果顾不上用饭，赶去陪高烧的儿子输液，还要安排下午包老师去修武县第二实验小学参观，四十分钟车程，雨天路滑，张硕果打通朋友的手机，务请帮忙把他们准时送过去……包小红夫妇十分满意，满载而归。她后来成为随县新教育项目组的兼职人员，并在班级实践新教育的儿童课程。此为后话。

张硕果是个求精较真的人，分内的新教育践行和研究已超负荷，加之大量接待考察学习人员，随时应邀去传经送宝，几乎让她疲于奔命。她却全然不顾，恨不得长出三头六臂，将事业推向更高端。

2014年3月,她应童喜喜之邀,毅然接过了新教育种子项目负责人的重担,自此更没有了个人时间,每日的电话、短信、邮件,频繁的会议、培训、成果研发,或面授机宜,或远程指导,她会聚了散落在大江南北的个体优秀教师,及时激活并提升其本属原生态的智慧。一想到自己的行动影响着无数间教室里的花儿成长,她时时感到欣慰与幸福。

有一次,她从一所学校做新教育回来,天已经很晚了,从朋友家接过儿子,一起走在回家的路上。儿子走在她的前面,弱小的身影背着一个大大的书包,在路灯光影下一点一点地向前移动着。他们谁也没有说话。走到楼下,楼前的桂花正开,飘来阵阵香气,儿子回过头叫她:"妈妈,好香啊!"她看着儿子,疲惫里神志似乎被激活了,突然间,心里顿觉一阵酸痛,眼睛湿润了。

这就是张硕果,爱事业如痴如醉,干事业风风火火,己立立人,己达达人,从一个人的觉悟到带起一支素质高、有持久创造力的新教育实验团队,从带好团队到激活一个区域教育,从一个区域教育到影响更深广的教育层面,真是从一粒"种子"到一树树"硕果"……从她的身上,新教育火种的风采、神髓和价值一目了然。

正因为她如此地奔走、指导、组织、策划,水映青山,风鼓白帆,在焦作这块热土上,自发兴起、自愿组合,一些优秀的教师共同体涌现出来,润德屋书友会、山阳毛虫俱乐部、四棵柳读书沙龙等百舸争流,凝聚起越来越多"尺码相同"的新教育人,也感动着越来越多"尺码不同"的人,通过共读共写,通过网络研修,更多的老师抱着团成长起来,清雨雅竹、听雪、踏雪寻梅等一批农村"博腕"也随之出现。薛志芳领班的修武县第二实验中学,李志强掌门的焦作市人民中学,成了新教育实验路上奔腾的骏马。

2008年,薛志芳一担任校长,就明确提出"教师发展第一"的管理思想,积极打造"三个一"工程,即校长"每天一语",利用校讯通短信平台发送,让教育智慧润泽教师心灵;"每周一文",每周一他都精选、印发一篇文章,让老师们与多种教育思想碰撞;"每期一书",每一学期,他都会精选一本教育专著,免费赠给教职员工,让大家共读、共研、共提高。他还开展了"图书漂流"活动,深度推进教师的读与写;组织老师们成立了"四棵柳读书沙龙",倡导老师们天天读书、周周写作、月月提交"精彩瞬间"。

在他的力倡下,老师们在校讯通博客上共发表博文一万多篇,五人被河南省校讯通网站评为"教师博腕"。在教学上,薛志芳也独树一帜,他和老师们一起研发出了许多优秀课程。由他编制的"国旗下经典诵读""天天成长课""阅读课""名家有约""午后一首英语歌"等课程,在当地区域中学探索出了一个崭新的教育模式,促进学生个性、学校特色的形成。薛志芳本人也荣获"全国新教育实验先进个人""河南省教师教育专家"等多个奖项。

也像新教育力抓实验区的大发展一样,焦作实验区紧抓、狠抓更多名师的培养,不是抓出几人十几人,而是几十人星光明亮,上百人群星灿烂。

这里,且不说新收获多多的特级教师常瑞霞、脱颖鹤立的名师赵素香、即将退休却"青春不老"的尤晓慧,笔者只将镜头对准一位原本不显山不露水的小学教师——齐加全。

2012年秋,齐加全接过一个有三十二个孩子的二年级班,他命名为雨滴班。在"打造一间润泽的教室,拥有一种阳光的生活"的愿景里,他更全神贯注地弹奏起新教育的琴弦:为雨滴班的孩子们撰写"课堂最佳发言奖""每周期语""成长颁奖词",将自信、快乐、成就感植入孩子的生命中;开展了"布克节""想象节""摄影节",激发着孩子们的生活乐趣。

新教育生活,需要用卓越课程来吻醒。他创造性地开设了乡韵童谣课程、电影课程、节日课程、观察课程、葫芦丝课程、蚕桑课程、"静待花开·成长"课程、雅客课程、仪式课程、挑战不可能课程等十一类小课程,充盈着孩子们的精神世界。

在上"静待花开·成长"课程时,班级出现了踏书事件。

上午第三节课之后,几个孩子匆匆跑来报告:"老师,班上有几个同学把玉珊的本子踩得稀巴烂。"

齐加全意识到问题的严重性。孩子们对玉珊为什么会如此"无情"?

他赶到教室,玉珊的桌下已经一片狼藉。几个孩子远远地看,和他想的一样,玉珊不在。"快,帮助玉珊收拾一下。"在老师的督促下,三四个孩子捡拾着掉落的各种书、本、纸、笔……

此刻,玉珊也从外面匆匆跑进了教室,看到地上的东西,似乎也没多少惊讶,弯腰一起捡拾起来。

课下,他了解到玉珊一些不良表现。可今天的事儿毕竟涉及一个孩子的尊严,以及尊重他人的道德底线啊。

午读后,齐加全抽时间与孩子们讨论了上午发生的"踩踏书本"事件。

他让所有的孩子当晚写一篇特殊的日记,题目就定为我想说……。他又以新创作的《踏》为题,临时调整了第二天的晨诵。

这是一个很美的字。

踏春而歌,

走进大自然，
在渐渐苏醒的花草丛间，
感受生命的灵动与美好。

可是，这也是一个让人伤心的字。
踩踏花草，
我们也将美好踩在脚底；
践踏书本，
我们更将文明踏在足下。

踩在脚底的应该是——
黑暗与丑陋，困难与荆棘。
千里之行，始于足下，
当我们抬起脚时，
踏出的应该是一串七彩的人生。

孩子们知道，今天的晨诵和昨天班里发生的事情有关。他们一小节一小节读起来。

一件野蛮充斥的事件，在诗情画意和歌声里落下帷幕，却在几十颗稚嫩的心灵上，悄悄播下了美善德行的种子。日后，这些种子注定会萌发，绽放品格的芳华，飘洒人性的幽香。

没有生命绽放的教室，不可能是润泽的教室。齐加全为孩子们撰写一个个生命成长故事。让这些故事吻醒岁月，触摸生命，更积淀着教育的智慧与思考，享受着教育的尊严与温度。

对齐加全访谈时，笔者觉得遇见了一位将真纯、柔情、创意、联想、践行冶为一炉的文青教师。他的诗人气质，诗化着他的教育人生，为他播火新教育注入了助燃剂。

默默地守，细细地耘，擦亮盏盏心灯，梳理缕缕情愫，这就是齐加全，被许新海点赞为"生命深处的呐喊"的齐加全。

这里，不可不提及一位发现和支持张硕果、力挺焦作新教育实验的重量级人物——原焦作市教育局局长张丙辰。朱永新曾著文写诗点赞他：暮迎晨送劳丙辰，春耕夏种显精神。携手追梦新教育，局长本是一书生。

张丙辰饱读诗文,汇通古今,思维含千山万水,闲庭中静观一生;写今纵览万里,读史入骨三分。在中原人才的俊采星驰之中,可谓一诗人雅士。他激情澎湃,作风硬朗、行动风行,教育思想更占据前沿。

2007年8月,张丙辰邀请朱永新和常丽华去焦作讲新教育。

2009年在海门年会上,张丙辰带着张硕果和一群焦作的新教育"毛虫",带着焦作新教育的展板来到海门,并与上千名老师一起,奔走在各个新教育现场,不断地记录、不停地询问,宛如虚心的学生。

2009年冬,去山西绛县参加新教育会议,张丙辰冒着鹅毛大雪,驱车数百公里,沿途几次遭遇堵车,几次绕道行驶,走了近九个小时才赶到。他发言时说,焦作实验区虽然是新教育的"新兵",但行政推动的力度非常大,不仅写进了政府工作报告,把新教育实验作为实施素质教育的重要突破口和主要抓手,成立了新教育实验研究室,配备专门编制,同时建立了"新教育之家",为培养新教育的骨干提供专门的场所。

他的发言,使在场的新教育人甚为感动。一个老师参加新教育,就会有几十个孩子受益;一个校长参加新教育,就会有几十个教师、成百上千个孩子受益;而一位教育局局长参加新教育,就会有上百位校长、几千名教师、几万名学生受益。后来,张丙辰还写一首诗表露急切进行改革教育的心魂:叵耐日月太匆匆,谁解燕然未勒功?教苑每思旌旗动,龙泉屡作风雨鸣。臂有蛮力能屠狗,心无良策难雕龙。惆怅不忍临晚镜,因怕须长称老翁。

焦作实验区的产生、发展、壮大的历程,显现了许多特点,给新教育人许多有益的启示。

特点及启示之一,草根起步,民间运作,做出业绩,争取重视。

不是由政府领导牵头,不是靠教育行政下令,而由一个人的孤独行走,到一群人的结伴而行;由教师们的自发行动,到教育部门的聚力支持;由草根钻土的悄然行动到行政力量的造势推助,并最终成为焦作教育的主流文化。

如此的教育实验,有根,根深;有播火人身先士卒的拼力闯关,也有响应者赢粮影从的勤力呼应;带着强烈的教育理想,也带着浓重的文化自觉。

特点及启示之二,精选种子,精心培训,落地生根,影响一片。

传播形式是一个又一个教师的串联扎根,一所又一所学校的宣传启动,一批又一批种子教师的培训,注定了实验实实在在,推广朴朴素素,收获丰丰硕硕。

参加的都是自愿的,自愿的都是认可的,认可的当然是心入的,心入的就没有掉队的。新教育一点一滴地植入了实验教师的心,已经成为他们一种不可或缺的行走方式。

特点及启示之三,种子教师,堪为典范,精神属性,各具特色。

因运行的根基牢固,且采用孔子"举善而教不能"的管理智慧,就决定了这里新教育人才储备的丰饶雄厚,种子教师六十三位,比其他实验区多得多,占了全国种子营教师的百分之十。

这些种子教师经自愿和选择而加入新教育实验,带着各自优势与特点,不再是简单的模仿、复制,而是各自在躬耕一间间教室的"王国"中,演绎属于自己的故事和传奇,追求精神上特质上的饱足,故显得弥足珍贵。

特点及启示之四,播种人真诚,公信力强大,勤于实干,巧借群力。

张硕果以其领先思想、坚定意志、超强行动力和魅力人格,成了地地道道的核心。

实验之初,她在全市精心选拔那些扎根教室的教师和有改革意识的校长三十多人进行培训;对实验教师面授机宜,跟踪指导,对课程、学生、家长都了若指掌;实验效果靠参加实验的学生、家长、课程来说话,证明新教育的魅力;持续、谦逊地全面汇报,争取领导支持,借助行政力量进行区域推进。

自2007年以来,她带领焦作新教育团队,先后培训本地教师八千多人次、家长四万多人次,培训外地教师四千多人次、家长七千多人次。她还自觉承担了新教育的领航任务,先后赴周边地市培训辅导,召开专题座谈会,为一线教师开展实验予以援助。

特点及启示之五,实验区大,位居中原,引航周遭,辐射力强。

焦作实验区统领四个市区、六个县(含两个县级市),走出"准确定位,行政保障,培植榜样,开拓创新,合作共享"之路。它以强辐射力、大影响力,成为河南新教育培训基地,改变着一个省的教育生态。2012年8月,中央电视台读书栏目推出"我的一本课外书"暑期特别节目,在全国海选三十位最会读书的孩子,焦作就有五位入选。2014年5月,河南省校讯通第十届书香班级评选结果揭晓,在近七百个奖项中,焦作就获得一百七十九个奖项。有人把这称作新教育的"焦作现象"。

在焦作影响下,河南已经发展了滑县、洛阳、洛宁、洛阳高新区、伊川、平顶山、郑州管城区等八个新教育实验区,数量居全国之首。张硕果的足迹遍布河南的十七个地市。由于深信"走在路上就是最好的一种状态",她领唱的新教育之歌不曾有休止符,本来一粒种子已结得一树树硕果,她和她的团队依旧挥汗如雨地播种耕耘着……

七

在桐柏山南麓、大别山西端、大洪山东北部的鄂豫交界缓冲地带,即炎帝诞生地随县,历史悠久,文化厚重,1978年春夏之交,沉埋了两千四百余年的国宝编钟在此处问世。2009年7月,古老的随县在神农故里厉山镇恢复建制,成为中国最年轻的有县无城的县。

土地古老而神奇,然教育文化却很羸弱。全县一百零八所中小学、一百三十五所幼儿园星星点点地散落在广袤的群山和乡村之间,教育资源和条件远远落在其他县市的后面。

等吗?靠吗?怨吗?不!等是懒汉,靠是孬种,怨是懦夫,这在炎帝曾筚路蓝缕、拓土开疆的随县,只能被视之为孬包。

随县教育人拥有两大特点:一是天生心志高远,此为不甘平庸;二是认准路埋头实干,此为实心实意。他们从久远历史的深深纹理,洞察到教育发展的丰饶潜质,又从新建县城所迸发的火焰般情势,看到培育人才所呈现的广阔前景。他们在挑战中寻找,在践行里沉思,誓将明亮的教育走势牢牢抓在手里。

天雨虽大不润无根之草,佛门虽广不度无缘之人。

当"新教育实验"一进入随县教育人视野,他们立即抓住了美好的邂逅,并视之为历史厚待他们的一次全新机遇。机不可失,他们立即追踪新教育旗帜,吸纳新教育的神髓。同时,新教育也热情地拥抱随县教育。张硕果前来做《走进新教育》专题报告,卢志文赶到悉心指导。

新教育理念的春雨,灌溉着随县教师沉寂却饥渴的心,点燃了他们的职业尊严和追求,构筑起随县学子成长的梦想。全县十八个乡镇(场)中心学校纷纷行动起来,呈现出"宣讲新教育、启动新教育、感受新教育、尝试新教育、给力新教育"的新气象。只短短六年,百所园校瞳瞳日,旧貌一改换新颜,一条中国农村教育的突围之路,也从随县新教育人的脚下起步,铺向辽远的前方。

"学最好的别人",弄斧先到班门。

——2009年11月,彭静副局长带领四位校长冒雪长途驱车前往山西绛县,参加全国新教育实验工作会议,这是他们第一次近距离走进新教育,其感动与震撼多多:原来教育可以如此美好!从此,新教育就变成了随县人追寻的最本真、最执着、最美好的梦境。

——2010年7月,随县教育局教学研究室组织本县二十多位青年教师参加第十届新教育年会,拉开了随县新教育实验的序幕。

——2011年3月21日—25日,十五人的随县新教育考察团,五天行程三千多公里,先后到河南焦作市山阳区塔南路小学、江苏宝应实验小学、海门市实验小学等七所学校考察学习,零距离接触新教育实验的阶段性成果。教研室先后在草店镇中心小学和厉山镇中心小学两次举办新教育实验研讨活动,为全县全面推行新教育造势。

——2011年9月17日—19日,由县委县政府领导带队,县教育局又组织了二十七名校长和教师奔赴内蒙古鄂尔多斯参加全国新教育年会,会上,随县正式成为全国新教育实验第二十八个实验区,也是湖北省唯一的县级实验区。

寥寥天宇,星光灿灿。悠悠岁月,吮吸多多。

随县教育人如海绵吸水一样,感悟着临淄年会"缔造完美教室"的完整策略,沐浴着浙江萧山年会建构课程体系的和煦阳光,咀嚼着苏州年会"艺术教育'成人之美'"的非凡命题……采百花兮酿蜜,寻千泉兮润心,他们从感性到理性充分准备着,厚积而薄发,久蓄而突进,成就自我芬芳,一朝惊世绽放。

"做最好的自己",论剑练就身手。

——改革从理念开始。在实现乡村教育蜕变的路上,随县教育人驱动学校德育、课程改革、校园文化"三驾马车",建设活力校园、魅力校园、和谐校园"三大校园",逐梦随县师生幸福完整的教育生活。局长杨光明说,我们关注每个生命的成长,注重每个生命的独特性,尊重差异性,倡导生命成长的多样性,强调体验性,建立和践行随县的"生态教育"理念。

——育人从阅读开始。该县以"我的一本课外书"为精髓的"阅读巡礼",夯实"书香校园"建设。

多元阅读方式助推着阅读:个人自主广泛阅读和定期集体共享阅读相结合,个性阅读与集中交流相结合,精读与泛读相结合。

展示阅读成果深化了阅读:每月从师生阅读随笔中评选出优秀随笔,打印整理成册,进行阅读后的交流和碰撞,让教师的阅读持之以恒;每学期举办两次校级"览月亭"读书沙龙活动,评选该阶段的"阅读天使"。

许许多多随县孩子因阅读而开化,因开化而智慧陡升,品位高雅,生活变得丰盈,生命变得精彩,涌现出众多荣获了县、市、省、全国奖励的读书少年。

在随县校园,书香的味道最美,师生的阅读像呼吸空气一样须臾不可缺少。

——转变从教师开始。师资是教育发展的核心动力。教师发展决定学生发展。在构建生态教育系统中,教师是活力的源泉。随县特别注重教师的进步。

他们创新了培训机制,与北师大等高校合作,"走出去,请进来",开展多形式、多层次的学习培训活动。

他们成立专业交往共同体,建立"教育QQ群"和"教育读书会",开展"相约星期一""相聚星期四"等读书分享和教学研讨活动,全县共创办"随县教育在线"、《随县教学与研究》等网站、专刊共二十七种,为广大教师提供发表论文、案例、反思和教育叙事的平台,组织评选"身边的最美教师",激励全县广大教师奋发向上,享受职业人生。

——文化从传承开始。他们努力发掘地域文化课程,让本土教育落地生根。

2015年,在郑州管城举行的新教育国际高峰论坛上,随县研发的卓越课程引人注目。他们将地域文化(炎帝文化)与乡村教育的特质进行深度融合,实现地域故土情结的教育皈依,用炎帝首创"耒耜"的农耕精神来彰显乡村教育的底色。他们研发了"种子课程",设置了农耕馆,开辟了农耕体验园,用课程来实现乡村教育的本真回归和未来凝望。

小林镇艺林学校音乐教师梁春生,编排了校园千人合唱《炎帝大歌》。洪亮而磅礴的声浪,一次次冲击、洗礼、修复着师生心灵深处的炎帝文化和故土情结。那是炎黄子孙对炎帝的敬意和随县儿女对故土的依恋啊。

天下事,起自理想,行辟蹊径,成于细作,功在恒久。朴实的随县教育人学习他人,旨在赶超,攀山抵顶;做自己,瞄准最好,探路留痕。他们按动了乡村教育快进键,只短短几年,在这块华夏的圣地上,倾洒心血,献出智慧,展示奇特,守望朴素幸福,让新教育之树开枝散叶,吐蕾绽放,硕果累累。

2015年,随州市对全市七十三所初中教育教学质量综合考评,随县的二十五所初中,有二十三所进入了全市前三十位;有十四所进入了全市前二十位,有七所进入了全市前十位。2016年又有新突破:随县有八所进入全市前十位,有十六所进入全市前二十位,呈现"风景随县这边独好"的喜人态势。

随县几乎都是纯农村的学校啊,竟为城市教育领跑。随州市教育局蓝莜康副局长说:"随县的新教育犹如一块试金石,激活了随县教育的一池春水,也在随州周边地区乃至整个湖北省刮起了乡村教育改革的强劲旋风。"

是的,山西绛县作为早期涌现的新教育乡村代表,展现了中国未来农村教育的希望和曙光,而湖北随县则是"守望乡村新教育"的典范,以全方位大跨越的拓路之举,提供了一种全新的生命编织和精神穿越,成了中国乡村教育的又一面旗帜。

八

上面只择写姜堰、桥西、海门、绛县、焦作、随县六个实验区,对百花竞放千秋各异的新教育实验区来说,既有管中窥豹之感,也有挂一漏万之憾。

孙子说:"故善战人之势,如转圆石于千仞之山也,势也。"[①] 下面,我们从新教育的态势、借势、逆势、造势、走势等几个侧面解析一下新教育实验区的特点。

态势——

新教育实验区的出世、发展和扩展,以其突进快、爆发强、能量大的特点,呈现出"一千里色中秋月,十万军声半夜潮"[②] 的恢宏态势。截至2017年岁尾,全国新教育的县级实验区已发展到一百二十四个。

因各地域的历史、文化、经济、风俗等等积淀不同,各实验区也随之显现出不尽相同的特征。

从一棵棵树,到一片片森林;由一支支细流,而成一条条大河,从一人一校实践操作,走向群体运筹,团队作为,区域推进,板块移动,标志新教育实验冲破了山峡险阻,开始面对宽阔的江面。

一人动,动一点;一校动,动一片;一区动,动一域;连片动,动一方。

这是当下大格局下传火者美丽的互动。它有力地体现信息时代的蝴蝶效应:江南苏州、海门的新教育蝴蝶扇动一下翅膀,北国的吉林、西陲的奎屯就可能引起新教育的风暴。

这是撒种人借着东风细雨的联袂春播。它将集约型经济增长方式信手拈来加以借鉴并予以内化:依靠提升教师专业化的综合素质、研发卓越课程及追求理想课堂的境界,来收获教育的灿然秋色。

这是发起人的精心布局和有力推动。它雄辩地证实了"预则立不预则废"的规律。想在前,布局在先,个体、学校和区域同时推动,导航者的脑海里反复推演过不止一次。有了本初的设想,才有顺理成章的局面。

要看到,区域联动,不只在规模上实现量的扩张,更在内涵上完成质的飞跃。无论是成果彰显还是人心大变。

借势——

---

① 《孙子兵法·兵势篇》。
② 赵嘏,《钱塘》。

借什么势？天时、地利、人和。天时是个大剧场，能让你在绝佳的时间里释放力量。地利是个好舞台，能使你在理想的空间里演好自己。人和是上佳的团队，能全力支助你演得精彩绝妙。

能借势者，既有识时务明大局之锐目，又有识人用人之韬略，还有掌控时空乘势而上的艺术。

如何借势？

借时代发展大潮的呼唤。浪涛滚滚的大潮所形成的大势，对改革者，乃是助力。发起人盯准了改革的有利时空，恰到好处地借得了这种力，应和大流，顺风顺水。一处爆发，全国脉动。

借教育改革蓄之已久的大能量，引发张力。中国教育的积弊已久，教师学生家长倍感"痛苦指数"。新教育感触着人心的脉动，借势发力，以迥然不同的视界开辟教育的另一种境界，势必引出别一番风景。

逆势——

有顺必有逆，顺盛逆也强。顺时想逆境，逆浪变顺流。

新教育在区域推进中，已经和正在接招于种种逆势：

顶着应试弊端举步维艰；从一人一校，展延发展到数所学校的实验区困难重重；

在中国教育一级一级管理体制下，人为的非规范管理太多，有时地方教育长官一换，便昨是今非，新教育人的行动就阻力加大；

实验区属民间运作，没有上级拨发的一分钱活动经费；

总有一些人，或为激情冲动，或被大潮裹挟，或让人怂恿，或随帮唱影，仓促上了新教育的车，结果这些人由于目标混沌，准备不足，又跟跟跄跄下车分手，造成一时间人手短缺……

逆势，给新教育的发展带来许多困难，却也给新教育人带来了砥砺与磨炼，其结果是让新教育的发展更壮实，更有底蕴和厚度。新教育人也多了些厚积薄发的等待和储藏。

造势——

势是指力量、威力、势力。新教育的发展需要新教育人不断地创造这种势。此为累积优势，创造条件，储存能量，蓄势待发。

此种造势不是笼络人心，也不像商业行为的虚张声势，而是遵循教育规律，通过如年会、开放周、元旦论坛、实验区工作会议、报告会等有效高效的形式，点燃心灯，激活灵魂，交流心得，凝聚共识，树立典范，指点迷津，校正路径，勤力攻关。

走势——

目前的新教育青枝绿叶,方兴未艾。

它应和着改革大势,和弦律动,顺之者昌,有理。

它推进在教育前沿,代表方向,势如破竹,有步。

它眺望着世界格局,带头领跑,永无止境,有戏。

附录:新教育全国实验区附录:

2004年新加盟实验区五个:江苏省姜堰市、河北省石家庄市桥西区、江苏省张家港市、江苏省吴江市、江苏省常熟市;

2005年新加盟实验区六个:江苏省灌南县、山西省绛县、江苏省海门市、浙江省苍南县、山东省淄博市临淄区、山东省威海市;

2006年新加盟实验区四个:浙江省嘉兴市秀洲区、江苏省昆山市、浙江省杭州市萧山区、浙江省平湖市;

2007年新加盟实验区三个:山西省运城市、江苏省太仓市、贵州省凤冈县;

2008年新加盟实验区三个:四川省北川县、内蒙古自治区鄂尔多斯市东胜区、河南省焦作市;

2009年新加盟实验区一个:江苏省如东县;

2010年新加盟实验区三个:江苏省常州市武进区、安徽省霍邱县、甘肃省庆阳市;

2011年新加盟实验区六个:湖北省随县、重庆市长寿区、四川省金堂县、山东省莱芜市、浙江省乐清市、山东省日照市;

2012年新加盟实验区五个:山东省诸城市、山东省济宁市任城区、福建省福州市、浙江省宁波市鄞州区、江苏省苏州市;

2013年新加盟实验区三个:河南省平顶山市、江苏省南京市栖霞区、北京市海淀区;

2014年新加盟实验区七个:内蒙古自治区满洲里市、四川省金川县、河南省洛阳市伊川县、河南省洛阳市国家高新技术产业开发区、新疆伊宁县、四川省成都市武侯区、四川省阆中市;

2015年新加盟实验区八个:江苏省南通市通州区、江苏省徐州市贾汪区、辽宁省沈阳市、河南省滑县、河南省三门峡市陕州区、辽宁省大连瓦房店市、河南省洛宁县、辽宁省沈阳市皇姑区;

2016年新加盟实验区十一个:河北省邢台县、江苏省新沂市、江苏省盐城市盐都区、黑龙江省依兰县、陕西省安康市汉滨区、贵州省贵阳市云岩区、天津市河西区、河南省洛阳市老城区、江西省南昌市高新区、山东省青岛市、江苏省盐城市大丰区；

2017年新加盟了实验区十五个:辽宁法库县、贵州铜仁市、湖南花垣县、河北隆化县、河北蔚县、甘肃兰州市、甘肃兰州市七里河区、甘肃兰州市榆中县、广东广州市越秀区、山东枣庄市山亭区、山东枣庄市中区、湖北宜昌市高新区、四川攀枝花市、浙江东阳市、江西余江县。

上面实验区为八十个。但是,因其中有十三个地市级实验区各包含了数个县,故全国县级实验区已达至一百二十四个。

第十五节　网上家园

一

2002年6月18日,对于新教育实验,这是一个智光闪烁的日子。

新教育人记住这一日,由朱永新挂帅的教育在线网站正式开通!中国第一家公益性的民间教育网站问世!

新教育实验有了梦幻般的网络世界。

新教育人有了魂牵梦绕的精神家园。

新教育突生振羽高翔的信息翅膀。

自此,传播新教育理念的热土开犁下种,汇集新教育人才的平台搭就揭幕,交流新教育成果的论坛宣布开讲。

她一现身,就一枝独秀,卓尔不群,光彩照人,生机蓬勃,根扎校园一线,触角伸向辽远,展露了"自由表达、开放宽容、张扬个性、专业发展"的风姿,聚焦着教师专业化成长的立意,营造出网络精神家园的心相,深受教育一线教师的喜爱。

第一任教育在线论坛总版主李镇西著文,昵称教育在线网站为"我们共同的孩子"。他煞费苦心,计深虑远,设计了多种"营养食谱",为其注入智与德的营养。

朱永新也视教育在线为孩子。夫人对他说:"网站就是你的儿子,你对网站的感情投入远远超过了自己的亲儿子"!朱永新不仅自掏腰包支付开网站的全部花销,更是一个守望者:每日晨五时,他已游弋在教育在线论坛,向全国发送晨诵的帖子;晚上又发出暮省的文字;哪怕外出参会、出国交流,他也无一日不倾注教育在线。时任教育部副部长的韦珏有言:"敢办论坛的教育官员只有朱永新。"他视新教育如生命,视在线论坛如眼睛。

对教育在线网站,新教育人纷纷赠以发自肺腑的话语——

张向阳:"攀上了教育在线,我终于到家了。"

于春祥:"教育在线,我的天堂。"

褚向阳:"教育在线,我的至爱。"

陈笑春:"教育在线,我亲爱的朋友和导师。"
窦桂梅:"教育在线,构一道新的教育航海线。"
高子阳:"教育在线,我的生命园。"
钱海荣:"教育在线,一泓教育的清泉。"
刘进云:"教育在线,点燃了我的希望之火。"
苏静:"教育在线,永远的天堂。"
柳三变:"教育在线,中国教育需要的特立独行的精神。"
王军:"教育在线,撑起教师心灵的天空。"
何英:"教育在线,一片可以让生命密度增加,让生命长度延伸,让生命厚度凝重的沃土。"[1]
……

河南省濮阳油田第一小学侯长缨以诗礼赞:

假如没有了在线,
生活就多一份遗憾。
奋斗中的苦乐,
寻不到共鸣的空间。
假如没有了在线,
就失去这许多灵感
枯燥的生活,
总让人日渐厌倦。
假如没有了在线,
工作就趋于平淡。
没有了动力,
就看不到你追我赶。
假如没有了在线,
就无法了解教育的浩瀚。
如井底之蛙,
只看到井口上一片蓝天。
假如没有了在线,

---

[1] 《发生在教育在线的故事》,福建教育出版社2005年1月版。

还不知能建随笔专栏。
没有了和网友的切磋，
一切就恢复了懒散。
假如没有了在线，
无法体会距离产生的美感。
现实中的交往，
毕竟有太多的遗憾……

焦作市焦东路小学五十四岁的女教师尤晓慧写道："第一次敲击出自己期望的文字时,我竟然像考得一百分的小孩子欢呼雀跃。"

拥有千般魅力,赢得万众痴情,是因网站办到新教育人的心坎上了。只要你瞥一眼那些引人入胜的分论坛栏目——"李镇西之家""菜鸟俱乐部""政协回音壁""专题探究""科学研究基地""德育论坛""管理在线""语文沙龙""班级在线""小学专区""家教之窗""滴石书斋""心灵港湾""英语园地""理科世界""文学时空""轻松驿站"……就很难不被打动。网站本着透明、平等、协商、尊重的原则,从自由谈很快转入新教育的话题,到成为新教育的专门网络平台。

她横空出世,卓尔不凡,第一个月就网来五千网友,短短两年多就发展到十一万人,访问量达到三百五十万,将至五个年头的2007年6月11日：教育在线第二十万个注册者——山东省邹平县台子中学老师宋守忠现身。至今,注册的教师已四十多万,五万多人开设了自己的教育博客,发出的各类文章当以百万计。

磁场似的引力,闪电般的神速,国内发展最快的网站。如此的运行轨迹何以出现？李镇西在《教育在线周年感言》中揭秘：是共同的情怀,把我们凝集一起——爱心与童心辉映,生命与使命同行,激情与柔情交织,思想与梦想飞扬……

二

世纪之交的2000年,朱永新就开始苦苦思考,有没有一种方式、一条路径,能迅速地传播新教育理想,指导新教育现实？此困惑久久地缠绕着他。

最后他发现,答案就在身旁,起点就在脚下。在信息浸渍了每时每地每人每事的时代,完美答案就是创办教育网站。

创办这一网站,最大功臣当属朱永新的博士生李镇西。朱永新与李镇西的师徒关系,是近二十年来中国教坛的佳话。两人都有独特的个性和影响力,有趣的是，一般都是学生寻找老师，而朱永新求才心切，主动去找李镇西，希望他做自己的学生。俩人一拍即合，教学相长，合筑事业。

朱永新在《自从上了网……》一文中写道：

> 我本来是对网络"不屑一顾"的，不仅反对儿子上网，而且也曾批评我的博士生李镇西"陷得太深"。我当时看来，他们是远离了严肃的学问而大肆浪费时间，虚度光阴。然而，批评归批评，儿子仍然我行我素，镇西更是痴心不减。再后来，我发现所了解的一些教坛才俊，如卢志文、袁卫星、焦晓骏等，竟然也都是"网虫"！他们在网上展露才华，结交同仁，指点江山，激扬文字。互动的网络，给了他们一个表演的大舞台！我不由得想探个究竟。终于有一天，2002年4月16日晚，我被"策反"了。

至于究竟如何"策反"的，李镇西有一段生动的文字：

> 2002年4月16日，朱老师请我吃晚饭。饭桌上，朱老师问起我的论文进度，自然又谆谆告诫我"不要迷恋网络"云云。这次我可没有唯唯诺诺，而是向他大谈网络对"做学问"的好处。我从青年话题论坛谈起，然后又谈我在K12做版主的感受，我对朱老师说："网络本身只是工具和媒介，它自身并没有价值取向，全在于使用它的人。比如菜刀，在不同人的手中功能可能完全不同——或切菜，或杀人，或自杀。"我又说："网络也是一种阅读方式，或者说是一种做学问的方式，而绝不仅仅是一种娱乐消遣，何况我从来不会今后也绝对不会玩游戏的。"我还说，我在网络上结识了一批志同道合的朋友，这都是一群非常优秀的教育者，我们在网上一起思考教育、交流经验、碰撞思想，而且还打算以网络为中介进行教育科研呢！当时，一起吃饭的还有袁卫星，他也大谈网络如何如何美妙。
>
> 当时，我并不是被动辩解，而是主动向朱老师展示网络的魅力。也许是我的言辞恳切而真诚，也许是我说的网络魅力打动了朱老师，总之，我看到朱老师入迷地凝视着我，端着酒杯的手久久地停留于空中——他显然动心了。
>
> 当我说到我的有些网友就在苏州时，他问："在苏州都有谁？"
>
> 我说："工业园区教研室的焦晓骏！"
>
> 他立即说："马上请他来一起吃饭！"
>
> 我赶紧拨通了焦晓骏家的电话："市长有请！"

二十多分钟后,焦晓骏来到我们的饭桌上。于是,我们一起向已经半醉的朱老师灌输网络的意义,苦口婆心兼语重心长,终于打动了朱老师的铁石心肠:"哦,原来网络是如此美好!"我见他面呈茅塞顿开状,便问他:"朱老师,你为什么不开一个网站呢?我们通过网站联络全国更多的教育者一起干,岂不更好?"

　　但见红光满面的朱老师悲壮地将酒杯往桌上重重一放:"干!"

　　我和晓骏、卫星都听清楚了,他说的不是"干"(gān)而是"干"(gàn),他的意思是我们也要建立一个自己的网站!

　　那天从酒楼出来坐在车上,我喜不自禁地对晓骏、卫星说:"哈哈,没有想到我居然把朱老师'和平演变'了!"然而当时我没有意识到,朱老师所说的"干",对我来说意味着什么——他是要我和他一起"干"!他不由分说,要我当教育在线论坛的总版主!……①

　　钱穆有言:重要的历史只在比较少数人身上。历史是关于全人类的,但在此人类中,能参加创造历史与持续历史者,则总属少数。

　　苍天有眼,将教育与网络名家李镇西在第一时间送至朱永新面前;历史有心,让虚怀若谷的新教育发起人朱永新在最急需时进入网络的秘境。两位亦师亦徒、亦朋亦友的先觉先行者,为中国民间最大教育网站的创生拉开了序幕。

　　历史熠熠闪耀的一瞬,就是这样被心光灿烂的领头人创造出来的,看似平常,但意蕴深远。

　　这也为新教育的编年史添增了一段趣闻。

三

　　网络世界,无奇不有。教育在线,七彩纷呈。

　　每每夜深人静,或凌晨时分,万千双新教育人的眼睛聚焦于论坛的显示屏上,问候、通告、发帖、回复、信息、案例、悦读、书评、随笔、时论、人物等滚滚滔滔扑面而至,暖洋洋的幸福感油然而生。出人意料的惊喜,预料之中的欢愉,远离尘嚣的宁静,心灵洗礼的朗润,思舟破浪的酣畅,学术争鸣的探索,彼呼此应的默契,如此这般,苦而甜,累而乐,醉而醒,虚而实,羽化成仙一般的感受,远远胜于其他精神

---

① 李镇西,《我的网络生涯三部曲》。

形式的享受之上。

手指触摸在键盘与鼠标之间,思想流淌在网络与屏幕之上,奇迹诞生在疲惫和奔波之后。

自感"惰性很强"的吉林教师张曼凌,在窦桂梅等网友的影响下,结缘于教育在线,开了"小曼讲故事""小曼课堂""小曼随笔"三个栏目,并有二十几篇反思性文章在各类报刊上发表,以后更是一发不可收拾。她也从一名普普通通的教师成长为一位杏坛明星。

江苏宝应的陆友松第一次接触网络,是登录教育在线论坛上"卫星话语"首页的"卫星独白"——

> 那是一个细雨中的午后,一位农民父亲打着土布的雨伞来找他的孩子,这是一堂寻常的语文课,课开始仅有五分钟。
> 我说:"有什么急事,你把孩子叫走吧!"
> 那位父亲连连摇头:"这怎么行,这可是一堂语文课!让他听完这堂课我再带他走。"
> 于是,这堂课有了一位特殊的听众——一位打着土布雨伞站在教室外边滴雨檐下的父亲;于是,这堂课我上得特别投入,我就像一位高超的琴师,极用心地在五十多名学生的心弦上弹奏了一曲……
> 教师的一生不一定要干成什么惊天动地的伟业,但应当如百合,展开是一朵花,凝聚成一枚果;应当如星辰,远看像一盏灯,近看像一团火……

陆友松自贪婪吮吸"卫星话语"的雨露阳光始,进入了教育在线的网络生活。在网上,他频频接触精深而随和的朱永新、仁爱而大气的李镇西、幽默而机智的卢志文、质朴而勤奋的储昌楼、深味而精进的袁卫星、率真而博雅的焦晓骏……大家指点,名人感应,使他渐渐成长起来。他与网友们一起沉思中国教育,撰写教育随笔,文章从网络登上杂志,又结集成书,他还成了一些杂志介绍的内封人物。

本书第一节提及的《"朱永新成功保险公司"开业启事》的帖子,就是"教育在线"开通的第七天,即2002年6月22日发出的。第一个投保的,是苏北盐城偏僻水乡年轻数学老师张向阳。他写信诉说他的苦恼,说教了十五年的书却始终感到没有目标没有方向。朱永新回复他,你只要想成功可以来投保,我保证你能成功。我的保约只有一条,就是必须每天坚持写教育故事……

张向阳当时在一所农村小学工作,连工资都不能兑现,只能花钱到网吧上网。在忙碌与艰辛的生活里,张向阳写下了第一篇教育日记《听课随想》,由于真情实感,静思深悟,他续写的教育日记开始屡屡见诸报刊,有的还刊登上《人民教育》。从2002年9月开始,到2003年8月,不到一年他写出了近三十万字的教育日记,在全国媒体上发表了一百多篇,他在教育在线上表达心声:"用我的生命擦亮新教育之梦的火花。"

李镇西之后继任教育在线总版主的刘恩樵,盘点壬午年(2002年)时写道:

> 要说壬午年最迷恋的事是什么,那我会毫不犹豫地说:"教育在线"网上游。我也不知道是什么时候迷恋上"教育在线"的,也不知道为什么迷恋上了"教育在线",总之,每天我都少不了与"教育在线"的若干次的亲密接触。每天走进办公室的第一件事就是推开"教育在线"的大门。每有闲暇,哪怕只有一点点的时间都要和她相拥一次。浏览,发帖,跟帖,不亦乐乎,我就像一只小蜜蜂,百花丛中采蜜忙。更快乐的是,在"教育在线"网上,我结识了许多的朋友,我虽身在小镇,但和远方的朋友一线相通,一网情深。在"教育在线"上也更使我明白了外面的世界很精彩,天外的天很远大。

交流的平台,展示的舞台,冲击的高台——眼前的、心中的、梦里的教育在线啊。

这里是温馨的家园。俗话说不是一家人,不进一家门。一旦步入此门,地不分东西南北中,人无论男女老少,也无论名望高低、资历厚薄、智能大小、居第城乡、境况富贫,一律引为同仁,视为知己。打拼一个目标,同圆一个美梦,自然心里无防线,智源不私藏,出谋献策,倾筐倒箧,有求必应,俯仰无愧。活得清醒,做得自觉。其情也真,其心也诚,其友也纯,其文也正。

这里是美丽的"花园"。漫步其间,满目奇丽,满心馨香。一朵朵思维花绽放,一棵棵智慧树峥嵘,一株株知心草拂动,一眼眼灵感泉喷涌。"百般红紫斗芳菲"不足以喻其色,"大珠小珠落玉盘"不足以喻其声,"千树万树梨花开"不足以喻其状。难怪网友许丽著文慨叹唏嘘:"让我怎样感谢你呢?当我走向你的时候,原想捧起一簇浪花,你却给了我整个海洋;原想采撷一枚红叶,你却给了我整个枫林!"

这里是富饶的学园。学术平等,思想自由,人格解放,成了这所学园的立园之宝。理论前沿的激烈论辩,辅之以真诚求知的基石。科研架构的相互磋商,承载着新教育人使命感的许诺。网师学院的严苛要求,蕴含着彼此攀登的强烈渴望。即使偶有异腔怪调,也大多是善意的揶揄与让人松爽的幽默。在这片主旋律为较真求索的热土上,无时无刻不是因思辨而出现跨越,因突破而彰显智慧。

这里是酣畅的乐园。天人合一,古今一览。人人是思想者、践行者、寻找者、给予者,又是播种者、收获者、共享者。在这块精神的沃土上,弱苗被扶壮,小苗被养大。无论对新教育个人还是新教育学校,无不如此。于是,明察、审思、博学、笃行,找准自己的坐标点,把握自己的支撑点,寻到自己的突破点,描绘自己最为壮美的人生风景。

这里是丰盈的诗园。新教育是一首诗,其科学性好比经丝,其艺术性就像纬线,经丝纬线才织成新教育一卷宏伟诗章。人在线上走,心在诗里行。栖居在诗的境界里,人格的品位、气韵的格调自然水涨船高,氤氲着儒雅之采、美善之气、崇高之境。常州湖塘桥中心小学校长奚亚英说,在新教育实验中,我很是幸福。尽管心有沉沉负累,但我却能以充满诗意的憧憬表述我的管理新主张,以充满智慧的对话催生富有创意的新结果……就这样,月映千川,日耀万岭,打碎桎梏,走出倦怠,展开被缚的一双翅膀:新教育人比其他教育人增了许多人文情怀,诗情画意,也增添了脱颖而出的机遇和时空。

一批志在教育改革的专家、学者走来了。

一大批最炽热最活跃的新教育人走来了。

数以千万计的新教育践行者源源不绝地走来了。

于是,在"教育在线"之上,一支为新教育理想殚精竭虑,为自身修炼啄羽再造的梦之队,从四面八方汇集而来。在"教育在线"巨大发展空间里,经闪转腾挪的演习,摸爬滚打的历练,耳濡目染的点化,他们以笔为锉刀,把思想磨砺得更锋利快捷。他们视阅读如呼吸,让思维的触角直逼卓越的朝向和崇高的担当。他们鼓荡着激情,用越来越高的心气,追求像马克思所说的"成为他能够成为的那个人。"

他们或鬓染银丝,或面抹红霞,群贤毕至,八仙过海,身藏灵蛇之珠,手握和氏之璧,思想论剑,践行赛马,逢山开路,遇水搭桥,云蒸霞蔚,气象万千!携手打拼出新教育家园,开拓中国教育别一番丽景。

四

网络家园在发展着,向广,向深,向高。

在新教育"教师专业发展年"的2009年,新教育人以"教师专业发展论坛"为主阵地,汇聚热心于专业发展的实验者组成共同体;立于"海拔五千——新教育教师读书会"QQ群、构筑理想课堂QQ群之上,将专业阅读和课堂教学彼此打通;为实验者提供优质的实验资源，包括阅读书目及路径、绝版图书的电子版、高品质研讨课资料等。

2010年，中国民间最大的教师培训学院——新教育网络师范学院正式在网上开课。该课程设置非常灵活，基本课程分为必修课程、选修课程以及毕业课程。必修课程分为公共必修课程和学科必修课程。公共必修课程以根本书籍研读为主，也包括一些实践类书籍研读，涵盖哲学、心理学、教育学、课程理论及实践等领域。学科必修课程主要包括本学科的根本书籍、实践类书籍研读，以及课例研讨等。网师的学习，日常资源的下载与上传、个人作业的收领及提交、集体讨论学习等均通过网络来完成。授课时间通常安排在晚上七点至九点。学员自主选择，可选择三年完成全部学习，也可无限延长学习时限。

笔者采访和记录了网上讲师郝晓东（网名清风竹简）的一次授课。

2011年11月3日傍晚七时，对支教在海南五指山下的山西忻州师院附中教师郝晓东来说，进入了一个神圣而酣畅的夜晚。他第一次在教育在线主持研讨课。此时，他穿过校园密密的槟榔林来到办公室，炎热犹在，打开风扇，再瞥一下电脑上的课程讲义。

二十天前，接受主持网上研讨课的任务后，他压力颇大，这显然堪为岁月长河中意义重大的行动。没这一次，就没有后来连续主持的《教育学经典》《儿童的人格教育》课程，《给青年教师的四十封信》也不会面世。

距离研讨课还有二十分钟。窗外的紫荆花怒放，几只肥肥母鸡在门前草坪上悠闲啄食。他重新打开学员作业，在大脑中预热发言内容。

这成了后来他主持课程的习惯，每每主持当日，他都沉浸在课程内容中，让脑细胞充分活跃，让身心高度"在场"。只为这两小时，大脑已活跃近一个月，心路一直停泊在《泊船瓜洲》的解读与设计中，还为支教的班级去上"下水"课，在QQ群中对课程几番预热讨论，可谓海量付出，三千五百字的研课框架，七千五百字的课堂实录，一万一千多字的主持稿均悉数写完。

倒计时三分钟。他下意识在屋子里转了几圈，活动一下手脚和脖子。任窗外凉风吹进，槟榔林沙沙作响。

研讨课开始。屏幕上的字行鱼贯跳出，带着情感的熏风，理性的思辨，巧妙的插言，睿智的应变，穿越古今，聚焦当下。郝晓东和天南地北的网师学员们步入京口瓜洲一水之间，于山重水复中此呼彼应，在春风明月里相濡润染，思路从布疑而至清醒，心境自诘问赢来豁朗，思维的星光烁烁闪亮，灵感的清泉汩汩流淌。两个小时不知不觉地疏忽而逝。

他成功了！魏智渊在他的研讨课后跟进三个词:感激,感慨,感叹!

九点整。时间到。QQ群中头像闪烁,南岛的夜晚,星光灿烂,深邃静谧。屋子里,键盘声咔咔。郝晓东心情平静,为记录下这一历史瞬间,他敲出了一行行字:

老师们,大家好!

今天是11月3日,农历九月二十七,星期三……

网师培训是没有围墙、不见校舍的大学堂。

这个大学堂是个求知学习场、素养再造场、智能升华场。

进得其中,如润春雨如沐春风,竟神不知鬼不觉地飞翔起来。如本书写过的郭明晓、常作印、张曼凌、王丽君、王桂香等人即是其中的典范。一些平凡的甚至平庸的教师,经网师的沐浴和岁月的洗礼,快速地成长为高度专业化的教师乃至教坛名流,产生的精神巨变与创造活力令人惊叹。

这里,笔者只是采撷网师学员大树的一片绿叶。

她叫党玲芳,河南省孟州市育新小学的教师。多年的教育生涯使她知道:老师的根在课堂,学生的成长重在课堂;学子能否享受课堂上高质量的教学,依仗老师课堂的功力:阅读导引的深度,思维开发的力度。

如何提升功力?她选修了网师的《文本解读与设计》课程和《构筑理想课堂》研讨课程,开始了以文本解读能力为突破口的艰苦修炼。

乍上路时,心怀几分忐忑。一旦投入其中,胡思乱想倒成了一种奢侈。

她争分夺秒地啃读《语文教学内容重构》《听王荣生教授评课》《教育漫话》《爱弥儿》等一本本书籍。啃读方式让她很难适应,经常因不得要领而痛苦不堪。但她知道,半路逃脱几乎等于精神自杀,慢慢地锻炼阅读能力,从沼泽爬出来就有希望。

一做起作业她更吃不消了。所选两门课,作业密度、强度都很大,文本解读八次,研讨课八次,两门课作业上交时间相差无几,让她极伤脑筋的是,作业字数都要在一万字左右,且质量要求很高,否则就是无效作业。而自己文学素养积淀不够,阅读量又不足,只能搜查更多相关资料帮助理解。解读刘禹锡《酬乐天扬州初逢席上见赠》一文时,她在网上查阅资料数十万字,阅读了相关书籍,每日纠缠于诗句间。她凌晨三点醒后便无睡意,就继续做作业,但是,对自己的解读仍很疑惑。没料到,组长公布第一次《文本解读与设计》作业优秀名单时,自己竟列其中,她微微感受一点乐味。直至这学期八次作业全部上交,并得到四次优秀、四次合格,她的心才觉甜丝丝的惬意。

在四次课例——《落花生》《威尼斯的小艇》《小露珠》《我爱故乡的杨梅》的研读中,她曾有因对案例框架不理解而作业不过关的苦恼,也有因文本解读下足了功夫，作业水到渠成的松爽，还有曾因不能把握课业的核心目标，又未细致梳理，以致陷入理解片面、拓展肤浅的焦虑。

一次次庆幸过关，一番番冷水泼头，情绪在起伏中走向淡定，反思于突破里凝结真知。

她写微博体悟："……最开始的道路是最难走的，会觉得自己欠缺的太多，头绪纷乱无抓手，自卑感几乎可以把自己打垮。这时，需要的是让心静下来，慢慢来，寻找到千丝万缕中最重要的那一根，最关键的那一点，需要最先去解决去突破的。这个时候，一定不要被打倒啊。"

需要的是勇毅。因为新教育的理想课堂与现实中的教学氛围几乎格格不入。

她先从教案做起，采用新教育有效教学框架来备课，仅教材解读一个板块就写了将近两张，一课时教案要写三四页。以此框架备课，须查阅大量与教材与文本相关的资料进行解读，设置教学环节。从读课、备课、研课、上课几个环节，对课堂的核心问题也如层层剥笋渐渐豁朗。框架备课的关键仍是细读文本的环节，细读，批注，直到对课文有感觉，有自己理解，相看两不厌。

需要的是反思。此乃人类智慧的产床。反思是梳理、厘清、映照，乐中品乐，不一定品味到乐的意味；痛定思痛，却能深切地咂摸出痛的滋味。

她扑在网师学习上磨砺生命。

繁重的承担，铺天盖地的杂务，身体健康的问题，都抵不住心无旁骛的倔强，心向伟大知识的执着。网师一个学期选修两门课，共十六次作业，全部上交。每个月她需要完成四次作业，相当于一周一次。她觉得网师是锻炼自己做事品质的好机会，学到的不仅是知识，更多的是一种坚持，在成长遭遇疼痛时坚强站立，坚守着信仰，头脑便清晰，做事也严谨。她觉得，这就是自己要的最好的活法。

她于不倦阅读中沉静成长。

年到四十，仍觉得自己无知、浅薄，亟待汲取、补充，甩去纷扰，从头做起，每天给自己一个起点、一个希望，孜孜不倦地阅读，寻找新的增长点。每当夜深人静，她倚在床头打开书，一字一句慢慢浸润进入时，才听得到灵魂落入身体里的声音，也伴以体味生命微弱拔节的快乐。一年里读了四十多本书。没有人要求她非这么做，也没有人知道她这么做。她写的《2014，我一直在努力沉静》《2015，教育行走 一路欢唱》，都成了新教育年度叙事的佳篇。

她守在教室里创造幸福。

她的心总能在其中找得到无边的安宁。她和五年级孩子诵读泰戈尔的《新月集》及边塞诗、中秋诗词，共读曹文轩系列小说，组织丁香班大讲堂，让孩子们讲述

《上下五千年》，还开展班级口琴学习等，此后，她又开始了《论语》的晨诵、《哈佛家训》的共读，以及对礼仪课程的探索。她说，"我想为这间教室结个茧。"破茧而出的，是一只只纷飞的美丽彩蝶。

网师学习成就了人生。她从自我小圈子里走出来，影响到本校和校外的许多人，她被评为河南省"最具成长力教师"，颁奖词是："您怀揣成长的种子，视学生为生命的贵人。您守住教室，将课堂作为教育生命的道场，以自己的专业理想和坚持，开发出诗意盎然的课程，照亮每一个和您相遇的孩子。心中有人，行知有据，您在课程的点滴实践中彰显教育的智慧。"她把这评价视为路标，更加快前行的脚步。

她告诫自己，内心的沉静才是成长的常态，表面的浮华只会包裹焦躁的心灵。

五

前台唱好戏，幕后有英雄。

在教育在线后台，有一群人，默默无闻地掌管着搭台、化妆、道具、布景、灯光、拉幕，为顺利而精彩的演出频频按动快捷键，这就是教育在线的总版主和几十个专栏的正副分版主一百余人。斗转星移，世事沧桑，时序交替，人有进出，但这支队伍的队形未变，竭忠尽智的做派未改。

夜很深了。在苏州昆山市锦绣嘉园19幢403室灯下的电脑前，一位中年教育人正锤炼着自己几天来的思考，把一朵朵思维的花，串联成一条思想的花练，伴随他敲打键盘的轻声，屏幕闪现出一行行字——

《教育在线网刊》编辑方案
网刊宗旨：
汇集博客论坛精华
展示在线网友风采
放眼教育改革前沿
关注网络热点话题
提供一线教学资讯
交流教学研讨心得
栏目设置：
开篇：类似卷首语。

专题：每期设置一个专题，围绕专题组织一组文章。主题由编辑确定。
时评：侧重近期某一教育时事的解析。
深度：以教育之外的人文视角看教育等，主题由编辑确定。
读书：关于读书的话题（书评、荐书、读后感等）。
案例：刊登教育（德育）教学（侧重课堂）案例，特别注意要有多人点评。
沙龙：围绕一个话题的讨论，话题由编辑确定。
讲述：介绍网络行者。
随笔：刊登教师随笔
生活：刊登教师生活类散文
编辑方法：……

他就是2007年5月30日始任教育在线总版主和《教育在线周刊》主编的刘恩樵，网名大河潮。

他供职于苏州市昆山国际学校，是江苏省著名特级教师，苏州市学科带头人。与之交往，你可感受到他"诚于中而形于外，慧于心而秀于言"的气韵，"腹有诗书气自华"的内蕴。一位肩挑教学担子，被邀请四方讲学，写出《一个人的教育史》等九部著作的人，哪还会有接过教育在线总版主的精力？那要旷日持久地指挥着一台急管繁弦的大合奏啊！

这需要砥砺而进，将教育在线办进新教育每一所校园、每一间教室、每一位教师的心里，并引发强烈的共鸣；

这需要合拍律动，让教育在线的每时每刻，都成为网友们掘进的窗口，能把得准、看得清数十万网友的思想脉动和精神跋涉的屐痕；

这需要厘清思路，推出集思广益、找寻差距、制定方案、立下规矩、举贤聘任等系列举措，让新教育网站成为新教育实验运营的高速路；

这需要上下同心，对四大区（新教育实验区、媒体区、研讨区、服务区）二十三个分论坛的一茬茬分版主、周刊编辑、博客阅管、网管人员，都能融通感情，畅达心路，指派任务，督办版务，导向中肯，让分管与总策划心心相印，休戚与共，聚精会神；

这需要管理有道，倚重每日每时的多向联系和年会及特殊时段的版主例会，慎思形势，破解瓶颈，改版换面，寻求开拓，凝聚共识，沉思静如秋水，行动迅若脱兔；

这还需要运营有术，要开展一个个活动以激发活力，用一次次教育在线优秀网友"走进乡村学校"公益培训行动，通过上课、讲座、沙龙、赠书、结对等形式与乡

村一线教师互动交流,以增大影响力;

这更需要指挥若定,心细如发地计算效益,事无巨细地亲力亲为,握紧新教育团队文化纲要的方向盘,巧用教育在线管理手册的导航仪。

一言以蔽之,如此的总版主,当是思想者、策划人、实干家、协调师、多面手。尤为重要的,务必是思想觉悟者和精神领跑者。

善思而博雅的大河潮做到了,而且做得到位而精彩。这得益于他的个性:睿智而平和,可敬而可亲,精细而坚忍,简约而豁达。

他用一双明察秋毫的锐眼,观览教育主河道与支支潜流的态势走向,寻觅线上的能工巧匠、卧虎藏龙。他借助多谋善断的大脑,常常在第一时间接受教学、育人、网站、写作、讲学等多头信息,并迅即多方位伸出触角。他还在强劲信念的助推下,用似乎不知疲倦的手和脚,来丈量教育,书写人生,编织锦绣。

他构创栏目,谋划论题,阅管博客,撰写文章,变单调为多姿,以聪慧替呆滞,代漠然以其激情;给文字注入灵气,让理性带上体温,使思想挺拔雄立,叫数据朗声言说。如"教师心灵港湾"栏目,他就用心选定"报晓鸡声、拂晓钟声,声声悦耳;赏心国事、舒心家事,事事关情"的坐标,对栏目的内涵予以精准定位。

版版篇篇皆心血,十年辛苦不寻常。十年,三千多个日日夜夜啊。他像一个农夫朝耕夕耘于斯,如一名绣女飞针走线在此,兢兢业业,有条不紊,紧跟节奏,新招迭出:修订版主宣言,形成在线共识,明确上下职责,主抓多项行动,编印教育在线蓝皮书,版主会议开得有声有色,网络论坛一年比一年出彩。他赢得了同仁们的口碑。朱永新两次发帖,肯定其付出,赞他是"版主的榜样"和"教育在线论坛的雷锋"……

在教育在线的田野里,有一位网名为"新老人"的会客厅分版主,他叫黄锡润,年近七旬,是江苏常熟特殊教育学校的退休老师。

自2006年6月进入教育在线至今,十年已过,教育在线的朋友来来去去,而"新老人"除了做胆结石手术和老岳母去世休假不到十天外,坚持天天到教育在线为朋友们"端茶送水",做好后勤服务。他说,是新教育召唤我,教育在线拥抱我,无数网友支持我,我愿在有生之年继续做一点点力所能及的事情,这就是我的心愿。此乃"苍龙日暮还行雨,老树春深更着花"。

十年里默默无闻地义务做一件事,靠的是坚持!从他锲而不舍的坚持里,人们读得出新教育人的伟大精神。

1998年前,"新老人"没有电脑,他每天早六点到校,先打扫办公室,到食堂灌罢热水瓶,就静静按动鼠标,服务于教育在线。门卫和炊事员为他只能早早起来。校长夸奖他是老黄牛！休息日不能到学校，他就悄悄花钱到电脑房去，去久了，与老板熟了，总给他留个安静位置、好一点的电脑。

家人、同事、亲戚、朋友都不理解他。一次，老伴要他烧早饭，他打着火就上网了，结果把稀饭烧得冒烟了，招致一顿吵闹。又一次，老伴出门临走前，再三叮嘱他把洗衣机里的衣服晾出去。他正在网上，应承：知道了。晚上，老伴见衣服还原封未动，便火冒三丈。多少次该去乡下走亲戚，他总是婉拒，因乡下亲戚家没有电脑网络。

如今有条件了，他更是不忘在线。他吐露心声：教育在线就是我的家！版主是门卫，我要守住新教育的一方净土！版主是清洁工，偶遇垃圾，随时清理！版主还是驾驶员，各负其责，相互激励！

他从早到晚盯在网上，看潮涨潮落，云起云飞，察青萍之末，毫厘之误，见着好帖子就跟帖盛赞，发现新人立马举荐，抓住萌芽问题即刻敲响警钟。

2007年的一天，他发帖子写道：

> 昨夜我失眠了。我思考应该怎样把我这版主做好？反思着近一个半月在线的事。
>
> 刚开始，我的到来，引起了一些波动。我坚持认真地看好这个家，让人说话。风波慢慢平静。
>
> 有的帖子开始有不文明的语言。我表了态，风波是减了一点，可有的人对我意见不少。有个别人还离开了这个家。我好难过，我偷偷流眼泪了，我的心好痛啊！

2013年7月，在浙江萧山新教育年会期间的版主会上，"新老人"发言说："新教育是草，我们是根！在线是窗口，我们是守护者！作为版主，'责任'是我们的工作，'坚持'是我们的生活。种菜需要浇水与除虫，版务需要我们去打理，种菜需要种子，新教育同样需要种子，这种子有自育的，也有我们版主去发现去培育去呵护去服务的……"

他的服务体现为"六及时"：对广告毫不留情地及时删去，有一次一大早就删了一百多个；对每一位来教育在线的朋友亲如手足，总在第一时间及时回帖跟帖支助；对需要帮助，需要解决的问题，及时帮忙解决，解决不了的也做好沟通；对每一位网友虚心学习，及时传递其特色经验；对个别网友私下用"在线短信"版块聊天，及时告知需要注意和改正的问题；对在线的通知、公告和部分版块的好帖及时给以支持。

新教育网友都很敬重他。李镇西为他题词:"用心灵赢得心灵,以人格塑造人格"。一位网友发帖点赞他:"新老人不老!"他为新教育寻觅、发现、培养着"革命战士"。当我们胆怯地步入"新教育在线",是他第一次为我们的主题帖建立了超级链接;当我们蹒跚着在新教育的路上,彷徨、忧虑时,又是他在幕后助推,在激励,在引领,在鞭策……那无私的点点付出,都展现了新教育人的纯真、圣洁、善良、热情,让一位位新兵从心里感激、敬佩!

在教育在线,版主和编辑们都十分注意发现和挖掘教育底层的故事,拾起散落在生活中转瞬即逝的珍珠。请看由星月先锋所写、版主"士心得意"编辑而发出的《偶遇》:

今天星期五下班。我骑上车子到了校门口,瞥见一位女孩躲在墙角哭。我下车问:"你怎么了?"她见有人和她说话,转过身来,边哭边说:"没有人来接我回家!""哪个班的,平时是谁接你啊?""我是四年级……是我奶奶,平时是很早的,今天不知怎么了。"四点四十多了,小孩等了一个小时了,家长肯定有什么急事,或者忘记了。"小朋友,你家号码知道吗?"她慢慢走近我说:"知道的。"我按照她说的拨了号码,可是拨了三次,都打不通。"你知道你爸的手机号码吗?""知道的。"小孩子还是很机灵的。她说了个手机号码,打通了,她拿着手机走到了传达室的后面,说了好长时间,我走过去看,原来打错了,她的情绪又低落了下来。我安慰说:"不要着急,再等一会儿,他们肯定会来的,可能家里有什么急事,你要耐心一点,看,学校里还有老师,传达室里也有人啊,你就站在传达室里,不要到处跑,你跑到别的地方,家里人来真的找不到了。"听了我的话,她情绪稳定了很多,说:"好的,谢谢老师,我在这儿一直等下去,我相信他们一定会来的。"我牵着她的手,走进了传达室,跟门卫长明交代了一番……

【点评】

chengyp:偶遇中,凸显着教育机智。

笑对人生:从小事中看出,你是一名有爱心和责任感的老师!

玻璃娃娃:我也碰到过。有一次,我和一个女孩子一起在传达室,等到六点。为了不让她等得太无聊太孤单太害怕,我特地和她聊天。她爸妈来接她的时候,她微笑着向我告别!

六

靠网络无所不在的触角，新教育迅疾而高效地燎原到四面八方，在一座座校园、一间间教室、一个个家庭点亮了心灯，绽放了心花。

但是，你却难以想象，新教育的明亮之火，竟还能越过教坛，引进焦南监狱的高墙之内，照亮数千罪人的精神世界，开启了铁窗变寒窗、监牢成学校、服刑为重塑的历史性一幕，让世人惊愕而见：监狱与学校竟能够如此完美地得以结合，管制与文化竟可以这样自然地合二而一，腐朽和神奇竟产生如是匪夷所思的质的嬗变。

将新教育之火引向焦南监狱的第一人，是该监狱的狱警黄永明。

2008年3月，一场大病死里生还后，黄永明的灵魂突然开窍，久久沉浸在对服刑人员施以人性化教育的思考上：作为囚犯获得新生的第一任老师的狱警，如何使高墙内的教育不再冰冷，让其循着"悔过·感恩·向善"之路，走向精神上的"浴火重生"？

解题的导火线是妻子苗麦青为之心醉神迷的教育在线。

那些天，黄永明发现担任焦作市解放区教科所副所长、新教育研究室负责人的妻子，工作量陡增，每夜上网、打字、读书、撰稿，忙到凌晨两三点，有时还干个通宵。她忙什么呢，竟这么样专注？一次夜深，他好奇地走过去看个究竟。妻子向教育在线发一个帖子，是她体味新教育的一首诗——《向下扎根　向上结果》。

黄永明好生奇怪，半夜三更还诗兴大发？他随手取过妻子身旁《我的教育理想》《新教育之梦》等新教育的书，也连夜读了起来。妻子则饶有兴致地对他讲起新教育的人与事。某中学推广新教育实验，没一个班主任敢接此任，学校硬交给初一最差的一个班，没想到，学生们在实验中变了，由打游戏机昏天黑地、谈恋爱蜜姐甜哥，到上厕所都不忘看书。一年后，该班的各项成绩居然名列年级第一名。某小学一名患有自闭症的孩子，因迷上了读绘本，画绘本，讲绘本，以至成了正常向上的好少年。

黄永明转而想到，服刑人员很多原是差生，有的也患有自闭症。他觉得教育原理应是相通的，改造罪犯教育与新教育实验都是对人的教育，都须动之以情，晓之以理，化之以文。"过一种幸福完整的教育生活"，恰恰是犯人最缺乏的。他进而想到，能否摒弃那种形式化的枯燥说教，将新教育理念的种子播撒在高墙之内，使其开花结果呢？

当初,他提出这种想法,单位并不认可。理由很简单:事儿太忙,顾不上。虽然满腔热情遭遇一盆冷水,但黄永明看得很开:"我不求当官发财,当时是想干点儿事,不让干就算了。"

一天,他又与所在的三监区监区长王学印聊起新教育,王学印说:"新教育这么好,怎不做呢？我支持你!"

黄永明上路了。

他上网浏览到名叫《天堂午餐》的六分钟的短片,讲述儿子给去世的妈妈做了一顿她曾盼望已久的午餐,然而却只能送往天堂。他下载了那个短片,在晚上值班时通过电视播出。没承想四五百名服刑人泪流满面,有的失声痛哭。埋藏在心底的孝心和亲情一下子迸发出来。

黄永明当即要求说:"孝心不能等! 拿起你们的笔,现在就写一封亲情家书。"不少犯人边哭边写,字字句句饱含了真情实意。黄永明发现在监狱里面做新教育,"亲情牌"是连心带肺的幽径。

一个活动,开了一扇心门。之后,他在三监区又连连组织了"母亲节亲情祝福""寸草春晖、感恩父母"等大型帮教活动,邀请犯人的亲属一起参加,做到教育者与被教育者心灵互动,思想联通,追求精神上的默契。把传统教育中"我教你学"强制命令式的单向教育,提升为心灵感悟式的教学相长双向教育。其收效赫然。服刑人葛某,不仅写出了厚厚四本读书笔记,并根据自己的从医经历,写出了自传体小说《一个白衣使者的堕落》。一时间,一些媒体纷纷报道,在社会上形成了一定的影响力。

木秀于林,风必摧之。一些风凉话也随之不翼而至,说黄永明是"出洋相,出风头""肯定有所图的""新教育是学校的事情,与你监狱八竿子打不着,没事找事"……黄永明开始听到时,心里很难受,听多了,反倒不在乎了,头脑也更冷静。他想,人在干,天在看。计较别人怎么说干吗？大病后灵魂蜕变,让他有了绝不虚度人生的强烈念想。他知道,人生"不如意事常八九",而教育是慢工细活,一时半会儿看不出太大成效,自己干新教育,认准了就该一条道跑到黑。

黄永明顶着压力,持续而行,渐渐形成了做新教育的基本方法:教育内容围绕亲情、责任、习惯的主线展开,教育方式采用晨诵、读书、看绘本、写家书,每月改掉一个坏习惯、养成一个好习惯等有效手段推进,教育模式以听广播、亲情会见、帮教会、专家讲座、共同阅读等有效载体落实,以此创设学习氛围,培植自身修养,打造"书香监区"。伴着诗文、音乐,服刑人员被带入对往昔美好生活的回忆,对甜美的爱情品味里,勾起了对亲人的无限思念,灵魂深处最柔软的东西,被触碰、唤醒和激活,从懊悔自己到攀上再造之山。有个学员聊天时说:"黄警官,我知道你的管教是珍惜我,我能不积极向上向善吗!我愿意接受你的管教,就是被骂也幸福!"黄永明被感动着,也愈感尊重服刑人员的人格意蕴。

做着做着,他体悟在监狱里做新教育,其实就是做文化,用文化改造灵魂,驱逐邪恶,升华人生。认识深化了,行动更自觉了。他不仅组织活动,还走上讲坛,自己为服刑人员做起新教育讲座。

"试想一下,你还能用什么方法,来让自己比这样的与诗共舞、与黎明共舞更美好,更能丰富自己的语言与精神?假如刑期五年,一直与诗歌为伍的人,用诗歌开启每一日黎明的人,他的精神、情绪、语言会是什么样的?"黄永明调入十六监区,做《相约新教育 开启新生活》的讲座时,如此大声疾呼着。

他给服刑人算了一笔账:一周学诵一首诗,一年就会五十二首,五年就学会二百六十首。一个月欣赏一首名曲,五年就是六十首名曲。人的文化深了,人格随之高了,人生的正能量就足了,驱散负能量的本事就大了。

为此,他还举了音乐改造灵魂的典型例子:澳大利亚悉尼西区的各个火车站点,曾经被中学生流氓所占据,吸毒、性交和斗殴事件频繁发生,警方和铁路管理当局都束手无措。最后一位文化策划师的提案解决了问题。这个提案要求那些犯罪率高发的车站,每天二十四小时播放莫扎特音乐。铁路当局为此购置并安装了相关设备,但所有人都对此举的效果深表怀疑。一个月后,奇迹却悄然发生了,那些问题学生的行为,因倾听莫扎特而变得"合法"起来,以致火车站犯罪率急剧下降。它证明了经典和灵魂的密切关联。

黄永明开展读诗、晨诵、音乐欣赏,引起了服刑人员的热烈反响,他们对新教育推崇备至。写家书时,赞不绝口地向亲人介绍着新教育,介绍狱中的诗歌朗诵,畅谈狱中音乐欣赏的奇妙感受,还有的学员让家人教育孩子时,吸纳"新教育"的精髓。

黄永明推行新教育的尝试和探索,引起监狱领导的高度重视。尤其2014年初,以郭永禄为监狱长的新领导班子组建后,敏锐发现了黄永明的"新教育实验"效果,与朱永新亲切会见,并听取了朱永新的殷殷嘱咐。

于是,他们认真总结试点成绩,全面整合教育改造资源,充分借鉴"新教育实验"理念,推出了《河南省焦南监狱创新教育改造工作的实施意见》。

如火如荼,全狱迅速动了起来。政委宋茂松精读朱永新的两部新教育著作,结合实际写了一大本笔记。副监狱长殷四海热情关注、积极支持黄永明,这次更是建言党委开展新教育,从方案的设计推敲到举措的实施指导,他都事必躬亲。

各监区的警官们无不积极投身其中,主动参与新教育的课堂建设,有计献计,有才展才:有的对服刑人员推心置腹地进行传统国学教育;有的利用书法知识温暖了老病残犯们的心灵;有的娴熟地讲解天文地理、时事政治等知识,开启学员们渴求知识的心扉;有的利用专业知识开展教学,陶冶了学员的情操;有的开设了名著、诗歌、音乐、美文、电影等艺术欣赏课程……

这些"特色课堂",有效地提高了服刑人员的文化欣赏能力。陶冶情操,活跃生活,再配以实用技术课程的学习,在寓教于乐中增长了服刑人员的知识能力,激发出其改造热情,为监区注入了浓郁的书香气息、人文情怀,让改造人、再塑人的工程无时无刻不氤氲着文化的浓重氛围。服刑人员贾××,年少轻狂,数次进出公安机关,在新教育活动中,仅有小学文化程度的他,一次次流泪写就十万余字的忏悔录《忆悔望晨》,发誓痛改前非,用一生时间去回报父母的恩情。

拉升历史视野,纵览焦南监狱的文化坐标,该监狱用教育的时空、载体,赢得狱内教育的深化;用教育的理念、方略的推进,造就了独特的感化效果。他们正让希冀的力量、责任的力量、共识的力量、合作的力量彼此激荡,谱写出中国监狱的"教育史诗",在中国乃至世界监狱教育发展史上,留下卓有特色的一笔。

郭永禄监狱长感慨地说:"从新教育种子破土到今天的初见成效,新教育之花是绚丽的,新教育之果是幸福的,这是我狱干警用信念和爱心去担当的结果。我们已经感受到了新教育实验在教育改造服刑人员方面的魅力,也促使社会感受到了我们监狱的温度。"

焦南监狱发生了历史性的大变化。

文化环境大变。以"导向""导行""笃行"为主题的文化广场、生活广场和习艺区彰显了文化功能。遍布狱内的"石文化""雕塑文化""橱窗文化""喷绘文化""廊道文化""标牌文化"和"楹联文化",多方位体现了监狱的理念、风貌和核心精神。

文化内容大变。"书法绘画"兴趣小组遍布全狱,"假日活动"场面火爆,"特色课堂"遍地开花,"种子教师"无私奉献。三监区"营养学"培训班,五监区"微电影"教学法,六监区"监区纪事"活动,八监区"国学"精进班,九监区"科普"兴趣班,教育监区"美育"教育法和生活监区的"饮食文化"班等,各自绽放,处处出彩。

文化特色大变。铁窗监狱悄然演变成文化监狱、书香监狱、学堂监狱,人文关照替代了冰冷改造,特色课堂替代了苦熬急盼。

2015年12月9日,朱永新教授莅临焦南监狱,在感受了该监狱推行新教育实验取得累累硕果后,给予了"有书香、有温度、有未来"的高度评价。

笔者也曾参观过该监狱的学习室、教室,观览服刑人员书画展、队列训练、文

娱排练。有感于该监狱犹如大花园、大学园,在殷四海副监狱长的提议下即书感怀:

真文化润泽监狱堪称华夏翘楚

新教育塑造灵魂真乃世间奇勋

如此这般,新教育从一个狱警的施教探索,到一个监狱上上下下的全员行动,借鉴窗外又做实窗内,对特殊人群的改造蓝图就这样实实在在绘就,一条再塑扭曲心灵的康复之路,就是这样用心血和智慧开拓出来的……

焦南监狱燃起一个点,亮了一条线,照耀一个侧面,辉映新教育实验的一泓大海。

焦南监狱创造性的实践昭示世人,美善人们心灵的新教育,在最难教育的群体里都能产生奇效,其操作的适用性高效性远远超乎常人想象:凡是有人群的地方,都能开放出芳香的花朵。

第六章 塑 魂

拉斐尔画作：壁画《雅典学院》

拉斐尔·圣齐奥(1483—1520)，意大利画家。

此画位于梵蒂冈教皇宫殿的签字大厅，此大厅堪为当时欧洲的宗教、权力中心。拉斐尔绘制的这幅壁画，把古希腊以来的五十多位著名的哲学家和思想家聚于一堂，包括柏拉图、亚里士多德、苏格拉底、毕达哥拉斯等，巨匠荟萃，鸿儒云集，柏拉图携弟子亚里士多德行在中央，大厅弥散着浓重的儒雅之风学者之魂，歌颂人类对智慧和真理的追求，赞美人类的创造力。

在拉斐尔所处的年代，正是新柏拉图主义思潮的巅峰。在拉斐尔的作品中，处处看出他笃信人类智慧的和谐、对人类智慧的赞美，《雅典学院》表现的就是这样一座神圣的知识殿堂——从数学到音乐到哲学到科学——一切的一切都是如此和谐、如此神圣、如此有秩序。这幅体现此类文化观念的作品天才横溢，是弥合宗教、哲学、科学隔阂的经典之作，成为对人类文化与智慧的至高礼赞。

选此幅名画，意在表明新教育以深幽的文化塑魂。

题　记——文化立魂

孔子之学,志于道,据于德,依于仁,游于艺。
新教育的魂,流芳在圣园——
在一草一木的述说里,一诗一画的独白里,
在一笑一颦的坦露里,一歌一语的抒怀里,
让所有时空都充溢幸福,时空所有皆承载明亮:
外显于境、内化于心,贯通心神德行与智慧。

大学之道,在明明德,在新民,在止于至善。
新教育的魄,生发于团队——
在理想主义的坚守里,田野意识的耕耘里,
在合作态度的共赢里,公益情怀的润泽里,
新教育丽景青山不老,新教育情怀绿水长流:
春风化雨,培育万物,格物而致知,诚意而正心。

中华文化之核,在于为天地立心,为生民立命……
若问,新教育团队的魂魄从何而来?
谁给这群新人生生不息的心灵诉求和精神自觉?
只有这博大精深、超越时空的中国文化啊,
它尽染神州大气磅礴、文明灿烂的千载气象;
它形成华夏小德川流、大德敦化的当下风光。

第十六节　圣园之魂

一

拉开新教育塑魂的帷幕，不禁引人发问：圣园的魂魄安放何处？

"一切问题，由文化问题产生。一切问题，由文化问题解决。"[①]国学大师钱穆以明晰的视角，做了精准解答。

一所学校的真正灵魂在文化。主宰学校发展的趋向与走势的是文化。学校鹤立鸡群的核心竞争力靠文化。文化之于学校，具有冶情、励志、养心、塑魂的巨大能量，无论怎么估量都不过分。

学校文化，自古以来就是最受仰慕的精神气象，拥有极高地位。

民间祭祀设天地君亲师牌位或条幅供奉于中堂。天即天道：天行健，自强不息；十二个月春夏秋冬，因果生住异灭自有运行过程。地即地道：厚德载物，福德之道；广大的心，接纳万物；众生平等，众善奉行。君为天子君王。父母亲乃人际关系的直接示范榜样。师即教师，传道授业解惑。此中国传统文化，体现了儒家伦理道德，表现了民众对天地感恩、对君师尊重、对长辈怀念之情。师与天地、君王并列，占据社会人伦的一极，而学校文化亦是社会文化的一大发源地。

公元前522年，三十岁的孔子开始创办平民教育。每日在杏坛讲学，四方弟子云集。这里，氤氲着"志于道"的高远境界，"据于德"的人世善行，"依于仁"的博大爱心，"游于艺"的渊博学识。岁月无声，时空有痕，精神不老，文化常在。孔子与学生精英荟萃、布道讲学的杏坛，不仅是孔子教育光辉的象征，更是超强的文化磁场，历经薪火相传，构成了中国文化源远流长的魂魄。两千五百多年之后，华夏儿女仍承继着孔子杏坛文化的精粹遗产，创生着卓绝的世纪伟业。

以岳麓书院为首的宋代四大书院，塑造了一个王朝的精神气质。著名理学大师朱熹、张栻主持岳麓书院的全盛时期，学生达一千人。因师生学识较高，加之多

[①] 钱穆，《文化学大义》，《钱宾四先生全集》第37册，联经出版事业公司1998年版，第3页。

代著名学者努力,建院有章,治学有方,培养了一代又一代的经世济民之才。当时有民谣"道林三百众,书院一千徒",并称岳麓书院为"潇湘洙泗",将它与孔子在家讲学的地方并称。

可见,学校文化就是中国历史演进的一条动脉。即便在村野僻壤,一座学校也能凝聚一方精神气脉,守望着文化人的地域使命。

及至五四新文化运动,及现代社会的到来,在传统社会向现代社会演变的阵痛中,独尊儒术的土壤不再,多元化社会思潮的反复冲击,校园文化面临着解构后的重塑使命。

二

新教育实验聚力运作着学校文化,既纵目教育的大历史视野,回溯到学校文化极为深邃的中国底蕴,更因能居高临下,读懂了当下学校文化被漠视、遭扭曲、遇排斥的尴尬一幕。

新教育人深味:学校文化是真正的学校软实力,是学校的核心竞争力,是立校之本、兴校之魂、强校之源、护校之宝。教育的愿景、意义、价值和使命,理皆孕育其中,形尽彰显其外。此等本魂瑰宝,当抓紧抓实抓住不放,让其在显性和隐性中潜移默化地吐纳,调息着立德树人的功能,实现着教育功能的和谐化和生态化。

新教育人通晓,学校文化既至高无上,微妙至深,又鲜活自然,无处不在。学生在学校中的所有时间,都是学校文化时间,学校所有的空间,都是充溢着学校文化的空间。校园的一草一木、一砖一石、一物一景,莫不浸润人的情致,濡染人的品格,给人以视觉冲击、精神安放和心灵熏陶,这就是文化的力量。文化和地气结合,顺势而为,因势利导,借势而行,乘势而上,就能打造出独特的学校文化,形成自己的基本盘。

新教育人悟得,必须以"十年树木,百年树人"的眼光酿造学校文化,塑造圣园高贵的魂魄,此工程不像物质工程,有预定限期,精神工程须精耕细作,耳濡目染,精雕细琢,如好雨悄然而入,似天籁余音绕梁,长年累月,聚沙成塔。

新教育人感知,知识不等同文化,学位不意味品位。当人性异化和精神危机成为新的社会问题,在物欲横流、信仰丧失、精神荒芜、情感沉沦等表象的背后,其本质上已构成文化的危机。文化危机是失魂落魄的危机,立于大环境中的学校,当以独立的精神、自主的思想,搭就新舞台,形成小气候,加足正能量。

新教育人洞见,一些学校以玩弄物表化、文本化和标语化的形式主义方式,在那里做着虚假的、供观赏的、停留在口头和纸面上的"学校文化"。

物表化着眼于建筑的现代，又只作景观或摆设，并未成为"文化"标识，成为师生生命和记忆的组成部分，自然不具备文化内涵和教育意蕴。

文本化则是为应付检查、参观能够拿出完整的台账、制度文本，只是纸上谈兵，没有真正凝聚规范学校成员行动的力量。

标语化指墙壁写满各种琳琅满目的标语口号，并挂在嘴上、印在宣传品上，却没有成为师生自觉的文化追求。

上述种种，徒有其表，无法化人；徒具其形，僵化虚无，如同沙滩上作画、夏天里的冰雕。

更有的学校，将文化视作考试机器，将学校变成中考、高考集中营，让应试赶考成为吞噬师生精力的黑洞。如此学校，应试利益高于心灵发育，功利目的大于理想追求，将学校蜕变成文化的荒漠。

这是反教育反文化的悲哀，不少人争先恐后在文化荒漠的跑道上狂奔，他们以为，存在的就是真理，随大流就是正道，于是，"一往无前"，那些坚持要扭转错误方向的，反倒被斥为另类异端，被冷落和边缘化。

三

在社会文化面临危机，学校文化出现荒废的时节，新教育人站了出来，以众人多醉而我清醒的态势和学校文化兴衰责任在我的担当意识，从教育大视角、育人大眼光出发，来解决坚守文化精神、建设真正意义上的学校文化的大问题。

2010年7月11日，在石家庄桥西区召开的第十届新教育年会上，朱永新代表新教育人，以"文化，为学校立魂"为题，交出了如何书写学校文化辉煌的历史性答卷。

笔者简述一下该报告的理性深度思考。

——从文化长河的源头款款而来，一路上，广角观赏并梳理名家哲人的文化理念，冷静沉思当下更为适切的文化主张，在大量比较与综述里，提出了新教育人的文化定位，有准确定位，才会有举措到位、运作对位，实现文化的最大价值。

> 文化其实就是指一个群体、组织在长久的共同生活中形成的生活方式，包括他们的思想、理念、行为、习俗、禁忌、传说、建筑、制度、一切作品……这个群体整体的一切活动，都将是这个方式的某种体现。

学校文化是学校组织成员的精神皈依,是他们认同的信念、观念、语言、礼仪和神话的聚合体。它决定着人们的使命担当、价值追求和发展目标,同时显现在学校的一切教育行为、各种物质载体和全部的符号体系之中。

——水一样柔软,石一样坚硬,报告在对学校文化的软与硬实力的辨析之中,提出了学校师生文化认同的命题,申明此命题决定学校文化的走势和效能。形柔质刚,上善若水,学校文化软实力一旦与学校物质硬实力有机结合,势必形成塑魂树人强大的综合实力。

学校文化认同一旦形成,就会表现出强烈的稳定性、聚合性、亲和性,其精神结构、价值系统、心理特征和行为模式,具有极强的渗透力和吸引力,能够产生巨大的弥漫和辐射效应,会超越时空,持久地支配每个师生员工的思想和行为。学校文化认同是维系学校秩序的"黏合剂",是培育师生员工学校意识的深层基础,是任何刚性的物质力量、制度力量都无法替代的。

——化解学校文化危机,新教育人责任在肩。报告指明了一条教育拯救之路,即唤醒学校的文化自觉。文化自觉是心魂的清醒、人格的解放。物质的力量用物质来打造,精神的境界靠精神来提升。精神一旦升华,物质随之变样。

具有"文化自觉"的学校,则清楚地知道自己在秉承什么,知道自己想要用一种怎样的理念去贯彻到学校的方方面面,去影响全体师生的生活,它关注的是呼唤教育教学的精神追求和皈依,反对任何形式的精神奴役,拒斥心为物役的精神扭曲,崇尚扎根于心灵深处对自由、高卓、尊严、纯真、圣爱和诗意的精神祈望与关注。

——报告人目览古今学校春色,寻出凝聚校园文化的原动力,是"过一种幸福完整的教育生活"。这是绝对标尺,量得出学校文化有与无、高与低,循此标尺,便揭开了学校文化之魂的神秘面纱,展示出新教育学校的文化魂魄,也找得到做好学校文化的路径。

个体生命和共同体生命的良好状态,是一个绝对的原点。而倡导"过一种幸福完整的教育生活",就是为了能够最大限度地实现这种良好的生命状态。为此,新教育也努力为自己树立起一个绝对的标尺,一切其他的因素,都要以此为尺度,并从这里得以澄清与阐明。而这个标尺,就是作为新教育共同体成员必须共同遵守的学校使命。

——教育生活的主体是人,"儿童的生活是一个整体,一个总体"[1],受教育者要求"身、心、灵"的幸福而完整,即"全面和谐的成长",从这一总的观念出发,推演出新教育学校文化的一系列特征:形与神兼备,力与美并举,德与智同行,情与智联动,新教育人以高雅、康健、丰盈、美好的文化元素和文化符号,建构起新教育学校的文化骨架,耸起立人塑魂的文化基石。

使命、愿景、价值观:新教育学校文化的核心;
制度:新教育学校文化的"契约";
师生行为:新教育学校文化的气质;
仪式、节日与庆典:新教育学校文化的"节气";
建筑:新教育学校文化的物质载体;
故事:新教育学校文化的英雄叙事;
校风:学校已经形成的文化风气和氛围;
校训:学校想要拥有的文化,借一句警言,把自己带往一个理想之境的文化灯塔。

四

新教育人有一种非凡的眼光,不断寻找培育年轻生命、塑造未来社会的最佳途径,积淀有益于师生身心生长的第一等文化沃土,让学校拥有崇高品位,焕发无与伦比的教育魅力,师生潜移默化地拥有美丽的灵魂。

这种有品位的学校文化,以明确而科学的理念统摄着学校生活的一切领域,就像一轮太阳,照亮学校教育生活的每一个角落,无论课堂和课外的、校内和校外的、教师和学生的、教科研和管理的。

它引领教师向深度发展,全神贯注地助推学子的强健成长,每日都将学生和自己带到奔向明亮远方的路上。做经师更做人师,自己快乐更让学子幸福。

---

[1] 杜威,《学校与社会·明日之学校》,人民教育出版社1994年版,第116页。

它要让学生感到:早霞如染,东风扑面,身处佳境,春笋拔节;没有陌生、失落、浮躁、迷惘,有同学少年,蓬勃向上,书生意气,和谐攀升。圣园有知识更有文化,有学科竞争更有人文关怀。

这近于理想境界。然而在当下,校园不再宁静,外界的喧嚣随风而至,多元思维纷至沓来。学校文化,一时一刻都没有真空地带,不管其经营者对文化持以什么态度——重视或漠视,高看或小瞧,文化都是一个全时空的阵地。高雅的文化不去占领,低俗的文化不免会充斥;健康的文化不去占领,腐朽的文化便会乘虚而入,至少,会出现文化荒漠,让师生无立足之地,身心空无所依。

近年来,校园暴力频繁,老师受苦,学生受害,留守儿童受害尤重。暴力花样之翻新、手段之恶劣闻所未闻,漠视人的尊严与生命的行为之甚,几乎没了道德底线。

这从反面警示,做学校文化势在必行,迫不及待,十万火急!学校文化不兴,受损的是人才,丢掉的是未来。

五

新教育的学校文化,以文化人,以理服人,以境感人,以情动人,文精而理正,境真而情切。在如燕子衔泥般的建构中,新教育教师是播种者,也是收获者。

"忽如一夜春风来,千树万树梨花开",学校文化不仅让激情的心昂奋无比,更使倦怠的心倏忽间转为振作,让脉动缓慢的心,激越地律动起来。

山东省日照市连云港路小学女教师王芳,性情孤独,喜欢沉思,寻求特立,曾经厌恶教师职业。初中毕业时被关照自己的班主任报考了师范,师范毕业几经挣扎还是难逃宿命。考公务员、考研究生,三番五次折腾还是脱离不开讲台。她甚至去找算命先生去算能否改行。

一晃十几年过去。2011年,三十二岁生日那天,灵魂突然开窍,一束火光将她的心儿照亮。这就是过一种幸福完整的教育生活的理念火光。这句话,以往只流动在口头,那天则照在心窝里,温暖、亮丽、精彩,怎么想都特对,特好,特棒!生命,再不能稀里糊涂地过,她要重新点燃生命的火炬上路啊。

顿悟!新教育的核心文化让她顿悟,心灵朗亮,周身清爽,神采明亮。一个转身,让她打开一个全新的视界。她重新审视自己的生命价值和职业价值,与其在痛苦中挣扎至筋疲力尽,不如在自我完善的路上殚精竭虑。路在何方?就在眼前!

两年前,新教育实验在日照已开展得如火如荼。迷茫、怀疑、抵触中的她,生活却依然如故。

　　这次,她来到新教育重镇海门,亲眼看到了上自许新海局长,下到海门普通新教育人都那么奋进与执着。一位毕业才一两年的女教师,神采飞扬地讲述电影课程,把全场听众的心神都吸引了去。课一结束,她却泪流满面,不能自已。主持人介绍说,该教师是强忍哀痛上这堂课的,她的奶奶今日去世了……王芳用心去感受和触摸着新教育的圣洁与美丽。她懊悔了,懊悔来迟了。她折服了,为新教育的人文精神、理想主义和坚定信念。她的内心在呐喊在欢呼:我终于找到了幸福,从此开始,生命将扯起风帆!

　　她读了李镇西的《做最好的老师》,忽觉字字句句说到了心坎儿里。教育不是件苦差事,充满着幸福。教育不是教教书那么简单的事,它是育人心灵的大事。教育不是机械重复的讲解,它是精彩飞扬的创造。

　　她开始专找教育类的书籍读。抓紧读网师推荐的书,读新教育同仁阅读的书,读新教育种子教师成长的书。她读起原本不想看的《给教师的建议》《帕夫雷什中学》《第56号教室的奇迹》《教学勇气》……

　　她找到了属于自己的精神家园。

　　她订阅了七八种电子刊物,下载了阅读软件,一有时间就读一点,时事要闻、经典篇章、名人传记、好书推荐等等,短小隽永,发人深省。她视阅读为通达灵魂的梯子,凝聚起自己的灵魂和力量。

　　每天走进学校,上课、批改、辅导、网络阅读、撰写工作日志,工作繁忙,她享受着充实的幸福感,内心平静而温馨。是阅读的力量,抚平了浮躁和功利。幸福并不是世俗意义上的快乐,而是精神层面的满足和认可。曼德拉被监押在荒凉的海岛囚室二十七年,出狱时把怨恨和痛苦留在监狱,带给世人的是宽容和平和。自己的幸福是什么?她重新给了定义:朝着心中的目标行进,深度阅读、提升学养、与学生共成长,积淀生命厚度和亮色。

　　这时,她接了个新班。一位思考的师者,一群回归生命本真的孩子,一间摒弃浮躁的教室,一场与生命相连的故事,这些美好的事物积聚,便是王芳和这群孩子一起缔造的完美教室。

　　师生们以"鹅卵石"为班名,设计鹅卵石班徽,创造班歌《鹅卵石之歌》,办起班报,推演"不是锤的击打,乃是水的载歌载舞,使鹅卵石臻于完美"的班级愿景,研讨出"博闻强记、自觉砥砺、涵养个性、臻于完美"为班级精神,形成了班级语言体系。

每天与黎明共舞,在诵读唐诗、宋词、《论语》之前,先唱起优美童真的班歌:

我是一颗小小的石头,深深地醉在书海之中。

我是一颗美丽的石头,微笑着迎接风吹雨打……

王芳要让每一个生命找到自己的位置,绽放出自己的色彩,或如牡丹般耀眼夺目,或似雏菊般清新淡雅。

她带领着孩子们,用心地规划和开展生日送诗、读书交流会、好书推荐会、诗歌朗诵会、演讲赛、辩论赛、古诗文考级、图书跳蚤市场、参观、出游,走出校园,参观社会厂矿,亲近大自然,到荒山植树……每个孩子都是主角,在其中获得的体验和感悟,往往超越了课堂的学习。

一向腼腆不善表达的司昀鑫在第一届诗歌朗诵会上出了头彩。

平素行为懒散、对班里活动懒得理睬的李松阳,在演讲比赛中成功地挑战了自己。

聪颖而胆小、说话声音如同蚊子叫一般微弱的小男孩李昊,竟然上台参加班干部的竞选。

几年下来,她和孩子们、家长们整理印刷了师生文集《致我们终将逝去的童年》,活灵活现地记录了一群人的行走。

王芳自己也收获多多:全国新教育实验优秀个人、2014年"鹅卵石班"获全国新教育实验"十佳教室"称号。

每每夜深人静,她还忙里偷闲,记下课上碰撞的火花,梳理对教育的反思与拷问,有时还填填小词,写写小诗,充实的日子竟如诗如画联翩而至。她忽而发现心灵深处这一角栖息地——书写鲜美生活。几年累有数十万言,生命的厚度就在不间断地书写和思考中延展。

为走进孩子们的心灵,她每个周末都赶到培训中心听心理学讲座。一年后经严格考核,她成了国家二级心理咨询师。子夜,伴着儿子香甜的梦,她流连在安静而丰盛心灵世界里,沉思该如何去缓解情绪,化解源自人们内心的烦恼。学生身上那些不可理喻的错误,难以解释的事件,无法理解的玄秘,她几乎都恍然大悟,本着一份宽容、关爱、理解的情怀,一个个孩子在她心中便有了安琪儿的纯洁与高尚,在心理学的世界里,她觉得遇见了最好的学生!

六

新教育的学校文化,触及学子的心灵深层,形成了强大的能量场。

它着眼于人性的美善,人格的坚实,着手于人心的塑造,人智的培优,又以青少年喜闻乐见的形式切入,足以激得学子们热血沸腾,心驰神往。

试看,黎明即起,与经典诗歌共舞,让生命在一日开端就进入舒展状态,持之以恒就将给生命注满充沛能量。午读(不止于正午),通过师生、亲子的共读,让经典穿越生命,融入精神,形成共同的语言境界与心灵密码。暮省,日落灯明,反思一天轨迹,评点行知得失,去疵从善,与日俱进。这样的生活方式所体现的新教育文化,怎不让人心悦诚服?

试听,理想课堂上,学生们伴着轻声阅读而深深思索,小组里彼此理论着激烈的思辨,孩子在知识海洋里穿越时的怦怦心音;完美教室的每一个角落,都有不俗的突破——或台上侃侃而谈,或娴熟地动手实验,或平板电脑屏上的指尖敲打,你可感觉到了由衷的欢欣?这是心志攀高还是智慧跨越?是岁月的足音还是生命的拔节?是灵魂的独白还是灵感的闪耀?

试想,多有亲和力、凝聚力、感召力的十大行动啊。沉醉的书香给人以崇高的朝向。窗外美妙的声音让孩子们看见山外的山、天外的天。卓越的口才使人娴于表达和沟通而自信满满。做好每月一事终能获取造福一生的核心素养……

在这方热土上,印下了昔日名师卓有神韵的风采,校友刻苦攻关的身影和一个个曾让人热泪盈眶的捷报,以及对生命呈现七彩的颁奖词……往昔与当下叠印,校友和同窗暗合,历史为现实培土。不停的接力赛,流淌的思想河,幽深的智慧海,越积越高的精神塔,越变越美的承继人。

这就是魅力无穷的新教育的学校文化。

学生在新教育的学校文化里,不是旁观欣赏者、被动接受者,而是积极参与的弄潮儿。

每个学生都是文化的充盈体,又可转化为承载者、创新者。他们将自己的眼光、心志、思维、运筹、生命活力和创造才智,都加入学校文化的创建中,将带着自己印记的思维符号、创造元素、精神因子奉献出来,融进学校文化里,这样学校文化才会时时翻新,有增无减,生生不息,永不枯竭。从这个角度看,学生是学校文化主体性的参与者和创造者。

新教育的孩子们,就这样把教育写成精致动人的诗篇,演绎出活生生的学校文化。

2014年5月,湖北省随县万福店农场中心学校的霍莉莉和新街镇中心学校的周纯伊两名学生,在中央电视台科教频道"2014——我的一本课外书"活动中,取得了跻身全国十八强和三十五强的好成绩。两个孩子还是全国仅有的农村县代表。两名儿童给随县教育增光添彩,也引发了全县学生的读书热潮。

霍莉莉原本是物质困乏与精神孤独的留守儿童,父母多年在新疆打工,母亲又是侏儒,家里距学校二十多里路,每天早晚她骑着一辆自行车往来其间,从小就受尽了冷眼和热讽。

当"营造书香校园"行动在万福店农场中心学校"着陆"时,霍莉莉有了最美的遇见,成了沉醉其中不知归途的"神农故里书香少年"。她如饥似渴地吮吸着书中的营养,把阅览室视为天堂。她到小伙伴家串门时,第一件事儿就是询问"书"的"踪迹和身影",到了如痴如醉的地步。

她宁愿以辅导同学做作业为由,去走家串户借阅书籍。教室里的图书角、学校的"阅读吧""阅览室"成了她最为温暖快乐的去处。她边读边记边写,把伙伴们玩耍的时间都用在看书写心得上了,在高手云集的全国"阅读擂台赛"上一路前行。

在央视读书活动的录播赛中,霍莉莉给大家分享的是沈石溪的《狼王梦》。尽管书中的母狼紫岚对待子女异常残暴,但她却羡慕这种母爱,因她觉得能够每天拥有母爱就是莫大的幸福。她忽然想到这些天来京的经历,很多小伙伴有父母陪伴,甚至全家出动,精心准备比赛,而自己只有大字不识的年迈的外公跟随,她也想到远在新疆打工的妈妈,那么瘦小,会不会受人欺侮?会不会因活重而患病呢?她触景生情,数度哽咽。主办方却给她一个惊喜,把她很久没见面的母亲接上了台,当观众们看到只有女儿肩膀高的袖珍妈妈时,都深感母女俩的艰辛。

因思维独特、表现出色,霍莉莉最终被评为"全国读书少年"。她的坚忍、自强、勤奋好学,为农村孩子,尤其是留守儿童树立了榜样。她的成长折射了新教育实验注重生命在场、充盈生命阅历的教育行为。

作为自我发展主体的学生,拥有极大的教育潜能和文化创造力。难怪意大利教育学家蒙台梭利坚信"儿童是成人之父"。是学生对自我发展的渴望,让教师充满创造的欲望;是学生的学习过程,让教师不断审视和提升自我;是学生的热情参与,让教师对课程开发充满信心和期待;最终,是学生的巨大进步让教师看到了创造的快乐,从而坚定前行的勇气和信念。

七

新教育的学校文化有一个极为重要的特质:充满诗意。

这深深打着中国优秀传统文化的鲜明烙印,继承和弘扬了华夏民族源远流长的人文基因和文化瑰宝。

这也有机地糅入新教育人"晨诵·午读·暮省"生活方式的高雅品位。

倘若走进新教育的学校里,你会无处不感觉在诗意生活里栖居,在诗化家园里成长,在诗歌氛围中吐故纳新。一墙诗报,一篇校赋诗章,一册诗集,一场诗会,一台诗剧,浸润在诗河歌海中,涵养着身心,润泽着生命,让人意气风发,豪情逐浪。

2017年5月,笔者参加了沈阳市皇姑区新教育开放周活动,在珠江五校偶然发现该校三年级十一班孩子们精美的小诗集《童年童心童诗》。

翻开扉页,是年轻的班主任任娜写的开篇寄语——送给我的五十六个小诗人。她说,把这些小诗结集出版,完全是因为写得太好啦! 稚嫩的语言,真挚的情感,丰富的想象,童真的表达,让她为之感动和骄傲! 她希望,孩子们也能像她一样,将这本小册子珍藏! 将这份对语言文字的热爱珍藏! 将来,翻开这本小诗集,就会想起小学的生活、老师、同桌,那美妙的有故事的值得回忆的童年!

接下去,是五十六个宝贝儿每人一张主题页:一首诗,小诗人的姓名年龄,旁附一幅倩影及一句读书心语。

风　刘丁木(九岁,男)
春风快乐了
沙沙沙……沙沙沙……
哇!
真像妈妈的爱抚
轻轻的……柔柔的……
啊!
小树被春风剪了一下
树叶绿了。
刘丁木的读书箴言:读书让我越战越勇!

顽皮的梦　刘艾歆 (九岁,女)
梦是一个顽皮的孩子
天天带我去旅行。
生气的时候,带我去看恐龙。
高兴的时候,
带我去游乐园。
梦啊!

我真希望你天天高兴，
天天带我去玩游戏。
刘艾歆的读书箴言：人应该时时学习，学习一切，知道一切。

  九岁男孩王肖文轩笔下的小蜜蜂——
我们是一群勤劳的采蜜工／采不了人们制造的假花／采不了女孩头上的蝴蝶结／我们来采真正的花朵／下雨了／有叶子给我们撑起绿色的伞／刮风了／有花丛给我们筑起安全的墙。

  九岁张亦弛的《打猎》——
"玩耍""打闹"的小兔／被猎人抓住／猎人很高兴／小兔哭红了眼睛……

  笔者不觉暗暗惊喜，为孩子们明净的眼、清纯的心、阅世的视角、奇丽的联想，还有水灵灵的词语。须知，这只是刚刚启蒙的八九岁的孩童，离开妈妈手心，告别幼儿园还不算久啊。
  好奇心促使笔者细致采访了任娜。
  她激动地回首：2012年9月，小十一班的教室坐满了一群可爱、天真的孩童。我望着他们那充满好奇与惊喜的表情，满心欢喜。内心只有一个念头，建成阅读班，让小十一班的孩子个个喜欢读书，享受读书的愉悦，收获健康与智慧。不久，我就建起班级小图书馆，孩子们纷纷捐了《十万个为什么》《上下五千年》《伊索寓言》，拼音版的名著《三国演义》《红楼梦》等三百多本书。
  她告诉笔者：两年间每个宝贝都大有收获，不是外显的，是内涵、底蕴，个个变成了小书虫！我不断琢磨，思索，渴望让阅读更上层次。思来想去，决定先带宝贝们读童诗吧！从三年级开始，我们班每周二、四两天，早晨由一名同学上讲台当小老师，主讲一首小诗。在父母协助下，他们将自己精心准备好的图片、作者简介、阅读感受等精美课件和大家一起分享。午休时，他们又将诗歌抄写在诗歌积累本上，并写上阅读心得，晚上回家，背给父母听。一学期下来，宝贝儿们积累了二十几首童诗。那一段段质朴的心得，就是一首首短诗。
  任娜笑微微地说：2015年寒假，我利用网络每天给孩子们分享一首小诗，还鼓励他们仿写小诗，并传到班级群里，让师生、家长共读、共评、共赏。孩子们仿写的小诗，尽管语言直白、浅显、稚嫩，但有几十位叔叔阿姨的称赞，竟变成了共有的珍宝，化作了宝贝们最美好的记忆。一个假期，每人竟积累了近三十首童诗。为让更多人阅读感受到这些诗,我就结集出版了……

听到这里,笔者仍不免冒出疑问:那么小的孩童,你是怎样引导他们写诗的呢?

任娜说,诗本来在儿童的生活时空里无所不在,教师的任务是因人因时因地利导,让诗的芽芽随时随地从不同个性孩子的心田钻出,你再看护好这芽芽长出青枝绿叶。她还从孩童诗的写作源头分析了他们班儿童诗的成因:

一种源自形象迁移。田嘉宇的《小草》,是听到《小草》那首歌,促动起心灵深处的爱,写下的赞美诗:冬雪尚未消融／小草就偷偷地探出头来／东瞧瞧,西望望／像个调皮的娃娃／你瞧／石缝里、瓦砾上长出了小草／一团团,一簇簇／为大地增添了一抹新绿／酷暑难耐／小草却英姿飒爽／秋风瑟瑟／小草渐渐枯萎了／它仍为秋天增添独到的色彩／北风呼啸／小草不见了踪影／它在冬雪下积蓄力量／准备迎接明年春天的再来……

一种源自家庭际遇。时浩源的《夏天的秘密》:夏天有很多秘密／躲在世界的每个角落／每天起床／会闻到它的味道。这是在初夏清晨,他随家人出游,观察到草地上的露珠、小花的花瓣、地上搬家的蚂蚁,就信口说出的小诗。天真活泼的王肖文轩所写的《课本》,记述假期在家收拾课本时,对过往的怀念、对新生活的向往及对岁月的叩问:收起一本旧旧的厚课本／一边放好／一边惦记着／过去一学期的生活／拿来一本崭新的厚课本／一边读着／一边期待着／未来一学期的生活／啊,日子／就这样过去了吗／我们要怎样／才能抓住这每一天呢?

一种源自校园生活。曾宪搂的《雪花》写入冬的头场大雪,午休时,大家兴奋地堆雪人,玩得好开心,回到教室,他就写下小诗:雪花飘洒在大地上／像绒毛似的铺满了大地／一到冬天／它就为大地铺上了一层雪白的地毯／看呐!孩子们来了／他们在雪地上／堆雪人,打雪仗／把一片银白的雪地涂抹得像老人脸上的皱纹／春天来了／那雪儿也化了／滋润了大地,唤醒了小草／雪花的影子在翠绿中微笑。

一种源自美丽愿景。像李奉悦的《一块蓝布》:妈妈给我看了一块蓝布／清澈又干净／我问她这是什么／她告诉我／是她小时候头顶上的天／我多渴望我的头上／每天也能顶着这样一块蓝布。该诗是李奉月上二年级的冬初,沈阳雾霾天,刺鼻的味道扑来。妈妈嘱咐路上不要说话。几天后,秀伟阿姨发来一张图片,一块四四方方的蓝天,妈妈让她猜。"一块蓝布。"她说。妈妈把手拿开,下面留言是:可算看到一块蓝天了。原来阿姨拍了那几天久违的蓝天。"妈妈小时几乎天天都能看到这样一片蓝天,天上飘着白云,而对你却成了奢侈品。"妈妈喃喃自语。带着一种憧憬,她就这写下了《一块蓝布》。

一种源自心灵畅想。徐茗宣《秋天的风》就写她的心里秋风神奇的魔力:秋天喜欢让秋风来帮忙／吹黄了枫叶／吹落了果子／吹开了农民伯伯的笑脸／迎来了大家的赞扬／它却悄无声息地走了……

笔者感到,所有这一切,皆在导向、点拨、鼓动、赏识,萌发于一双发现的眼睛和点石成金的聪慧的心。

我们赞美可爱的孩子、情真的童诗时,该将点赞也送给可敬的任娜老师。

她沉静观察每一双亮晶晶的小眼睛,聆听每一颗心儿的怦怦律动。她用一颗灵秀仁爱之心,默默地躬耕在一块块小小心园,每日每时播撒着种子,守望着破土而生的一株株诗之心芽。

她走进五十六个清纯的心宫里赏花观景,把脉看相,精思点化。

她触摸着稚嫩的心灵深处最为柔软的温馨情愫。

她弹拨孩子们创造灵感区最为敏感的诗意神经。

她引发几十条想象的光束穿透黑暗,照亮人生的伊甸园。

她像绣女一样引而不发,引导每一个孩子穿针引线,濡红染绿,织就属于自己的那一方诗锦,而方方诗锦的每一经丝纬线,又都源自她的心坊……

当然,像任娜一样的老师,像沈阳市珠江五校这样的宝贝及其童诗,在新教育学校里并不少见,此例,是笔者顺手拈起的一朵小花。

八

"江南无所有,聊赠一枝春。"①

这是笔者记忆最深、思索最多的一所凸显文化特色的乡村学校——苏州市昆山市千灯镇的千灯小学。

在相当多学校的软件太软、文化缺文、育人少育的当下,这所南国小学却卓尔不群,校长埋头,师生勠力,努力寻找属于自己的文化密码,凝聚学校的神魂气韵,让"文化立校,课程育人,特色办学,又好又美"的方略,"一灯一世界,一灯亮一灯,灯灯相映照,千灯耀乾坤"的宣言,为每一个生命注入了文化自觉、文化自信和文化自立的基因,让这所拥有一百一十二年办学史的乡村学校,上承百年教魂,下启时代丽彩,内担树人重任,外接民族需求,演绎成艺术、科学、文化等特色奇崛的圣园,江苏省学校文化现场会上众口点赞的好学校。

绵延两千五百多年的古镇千灯,是昆曲的发源地,是昆曲鼻祖顾坚、爱国学者

---

① 陆凯,《赠范晔》。

顾炎武的故里,是江南丝竹创始人陶岘的出生地。

坐落于古镇区东隅的千灯中心小学,紧邻秦峰塔、顾炎武故居和千年石板街。自学校向西十公里的苏州甪直,有叶圣陶先生曾执教过的甪直镇吴县第五高小,叶公曾经在此与志同道合的同事,开展了轰轰烈烈的"为人生而教育"为主题的乡村教改实验。从千灯中心小学向东十公里的花桥镇徐公桥,黄炎培先生曾发起创办"中华职业教育社",创设了"徐公桥改进区",开始了一系列乡村改革事业。如此的文化坐标,让千灯中心小学受传统文化、炎武精神、现代情怀的幽深熏陶与浸染,蕴藏着厚重的文化底蕴和教育气息。"像叶圣陶一样做老师,像黄炎培一样为社会",成了这里为师者心底的念想。

走进"千小",右手边醒目的路牌为"顾炎武大道",左手边路牌为"顾坚曲径",校园无处不氤氲着江南水乡特有的典雅之气,形成宏观大气时尚、微观精致邃密的华夏元素所形成的"文化场"。来到教学楼一楼,犹如步入学校的历史博物馆,醒目的校徽昭示着建校年份的演化,百年"千小"石板街的照片记载着岁月沧桑,1912年"千灯兮小学教育风气开通早,美哉集灵堂,春风育英豪……"的校歌,1920年"一个社会雏形的小学,是无数活泼儿童的本营,努力前进要把千灯改造光明博得民众欢迎……"的校歌,与"一千盏明灯亮在心房"的今日校歌,上下排开,无声诉说着育才的时光屐痕。

在每间教室的外墙壁上,都挂着一张扫描版的老课本,这是孩子们的太爷太奶辈的老教材——由叶圣陶编写、丰子恺写并绘插图,1932年出版的《开明国语课本》。孩子们可在与老辈人的"邂逅"里油然而生学习乐趣,无形之中挽留遥远的乡村记忆,领会中华文化的袅袅吟唱。

二楼则是学校的六艺展厅。孔子当年崇尚的六艺为:礼、乐、射、御、书、数。"千小"开设的六艺课程,一为昆曲,二为民乐器,三为国画,四为软笔书法,五为发明创造,六为足篮排球。此"六艺"彰显的是办学特色,培养的是每一个孩子的兴趣特长和生命素养。学校设有"昆曲馆""国学馆"等传播演练学校文化理念的场所。一灯一世界,一光一妙境。小学校,大目光;小学校,大课程。他们研发了《一笔一世界》《一乐一世界》《一曲一世界》等校本教材,让其走进课程表,旨在尊重每一个生命,点亮每一盏心灯,激发每一人潜力,让每一个生命在课程的润泽里更美丽。

昆曲为"千小"特中之特。三年前,储昌楼任校长,第一次到小昆曲班看训练,就发现了小女孩杨优:容貌清秀,面色深黑;一双大眼睛惊奇、茫然,又藏着难以言说的苦楚;衣服又旧又小,不太干净,像无人过问的流浪儿。但在训练时,她一招一式,极为投入,脚踢得比别人高,劈叉时间比别人长,口一开腔,眼一转神,你马上会被她带入昆曲之中,好一个昆曲小精灵。他当场夸奖了她,向指导老师徐允同了解得知,这朵"小梅花"实为在逆境中绽放:她的祖父母和外祖父母早早过世,母亲和父亲又先后意外亡故,杨优如今和继母住在一个三十多平方米的车库里,靠着继母每个月一千五百多块钱的退休金生活,还经常遭继母打骂。孩子学习一般,不太专心,作业较马虎,注意力易分散,习惯问题较多。

储昌楼慈爱的心被深深触动着,他和班主任、辅导老师一起,对杨优施以大爱:让她给全体老师表演了一段昆曲,学校特意颁发给她一学年两千元的奖学金;学校为她做三套校服,让孩子穿上校服抬起头走路;冒雨对她家访,送去床被和橄榄油,叮嘱继母要对孩子施以关爱;造访社区,请社区人员关心这个特殊家庭的特别孩子。这一切,为的是杨优能够心无旁骛,悉心学习唱好昆曲,让艺术点亮生命。

十分耕耘,十分收获。杨优渐渐认真多了,成绩赶到中上游,各方面都明显好转。尤在昆曲学习中,能力更强,也更刻苦。她喜欢看书,却不擅长考试。而昆曲则成了她的人生乐趣,一个人在家"空下来"时,便会尽情哼唱,温习白天学的新动作。有时候一些大爷大妈会被吸引过来,给她鼓掌,她会害羞说:"唱得不好的,明天还要跟老师再磨磨。"她会唱十多个昆曲选段,众人认为最难的《思凡》她最擅长。

在全国第十八届戏曲小梅花奖总决赛的舞台上,十岁的杨优粉墨登场。一上台紧张得浑身发抖,当望见台下人鼓掌微笑,她气定神安了,表演的恰是昆曲界所谓"男怕《夜奔》,女怕《思凡》"的《思凡》。瘦弱身躯,娇美扮相,纤细手指、稚嫩嗓音,六分钟内,唱念字正腔圆,做行丝丝入扣,一颗稚嫩的心饱含对昆曲对生活无限的爱,赢得满堂喝彩。她以九十七点二二的全场最高分,摘得小梅花金奖之冠。这也是"千灯"小昆曲班自2008年以来累计获得的第十六朵小梅花金奖。2015年9月26日下午,在三年评选一次的"德润少年"——第三届江苏省美德少年颁奖会上,十一岁的杨优荣获了江苏省"十大美德少年标兵"的称号。省委常委、宣传部部长王燕文为她颁奖时说:"你是全省几百万少年自强不息的典范啊。"

如此范例不可胜数。灵秀、厚重、精湛,古今时空在这儿浓缩,文化经典在这儿荟萃,教育史剧在这儿上演。酒香不怕巷子深,仅2016年以来,"千小"就接待了上级各部门安排的外省教育参观团十多次。

说说连做梦都想办一所新教育理想学校的储昌楼。他有一个愿望,学校同时是历史博物馆、珍品收藏所、美好事物的展示地,是历史与现实的传奇故事发生的地方。民族文化的精华,当地文化的精髓,本校文化的奥秘,脚下这片土地的特色,都应该在此精彩呈现,成为学校文化活的源泉。

"千小"是他的梦想园,他的家。"志士惜日短,愁人知夜长。"①他常常夜里住校,晚九点入睡,晨四点半起来读写,六点半巡查一圈校园,构成了简单而朴实的修行习惯。在学校他心定神安,他掌"千小"三年,梦想初圆,满头黑发却也变成双鬓染霜。

2016年8月,储昌楼被调到昆山市里的娄江实验学校。他执掌新学校的法则,仍是文化立校。美丽的娄江是昆山的母亲河,娄江实验学校位居母亲河畔。校名注入了乡情的基因与情怀。从点"千灯"以火,火照人生,到润"娄江"用水,水润心魂,储昌楼反反复复思索,终将"上善若水"凝练为"润泽"二字,将学校转型升级打造为上善娄江、优品娄江、幸福娄江、大美娄江、文明娄江,以温馨、柔和的教育形态关爱一切的人,关怀人的一切,润泽人的一生。

娄江文化的解读随之而出。

娄江全人课程:致力于每一滴水都最美。在保障国家课程的基础上,大力开发校本特色课程——建构生命课程、公民课程、艺术课程、智识课程、特色课程、亲子课程等六大板块,关怀娄江每一名学生的各种可能性,培育学生独特的个性气质,让学生能够获得全面而具个性的发展,把学校办成有品牌、有特色的学校。

娄江物型课程:校园文化的课程创新。校园文化,学生学习的新视野、新空间。地表文化,追求天人合一的自然境界。空间文化,构建知行合一的识见维度。学科文化,创生手脑合一的智慧教学。格物文化,提升物我合一的精神品质……

航线明晰,风帆高悬,起航笛鸣,且看"娄江"文化在岁月长河里御风前行。

昆山市两所学校文化,留给广大教育同仁许多深邃的启示:

启示之一:发掘本地优秀文化传统,解决学校文化的古今联通问题。努力开发当地学校文化底蕴的源头,会发现优秀传统文化距当下并不遥远,就在身后。不管其深浅,价值极大。教育同仁应从学校和地域的历史里获取营养,深度尊重传统,唤醒文化自觉;从学校的未来发展中获得激情,主动把握脉象,强化文化自信。古今一脉连通,织密扎牢学校文化发展的保障网。

启示之二:依据文化的润泽效应,解决学校文化的多方融汇问题。这两所学校的文化皆不是外在硬贴强挂上的,而是浑然一体,可谓"万山红遍",圆融了课

---

① 傅玄,《杂诗三首》。

程,和融了活动,具有多元性;像如水之浸润,润物无声;气之弥漫,随器成形;又似光之辉耀,悄然给予,具有自然性;师生易于接受,以之为"雅",为"高",为"圣",为"洁",具有神圣性。如此运作,铺架起学校文化四通八达的"立交桥"。

启示之三:遵循文化的悄然内化作用,解决学校文化的塑魂开智问题。两校的文化,以其顶层设计的科学性、内涵挖掘的深邃性、特色打造的精准性和软件把握的实用性,全覆盖了整个教育时空,浸透着圣园的每一个师生,引导生命,直击灵魂,激活智能,"各美其美"。塑魂直通开智,开智馈赠塑魂,让全人化的教育取代了畸形教育,个性化的教育取代了千人一面的教育。

启示之四:做精做细文化的实体,解决学校文化的根魂色三角支撑问题。这里的一流文化昭示人们:根是做好文化的信仰和情怀,为定海神针;魂是对文化的理念、思想的良知,为望远镜;色是对文化特色的智慧探寻,为"百宝盒"。三者缺一不可,共存共荣。

启示之五:做强做大文化的生命,解决校长、教师、学生三者的联动问题。学校文化主体为师生,师生共做新文化。储昌楼说:学校的神、学校的魂在我们心里,我们在孕育学校的文化生命,只要我与师生们用心用情地思考、用脑用脚去运作,就能完善学校文化的每一个细节。

九

新教育人如同蜂群投向了学校文化的百花,吮吸各自地域的花蕊,加入独具匠心的制作,酿成各有千秋的"鲜蜜",创造着特色鲜明的学校文化,涵养出美妙高贵的圣园之魂。

新教育人念兹在兹、精心塑造的圣园之魂,产生着怎样的价值、突显哪些特点呢?

笔者曾久久凝思,梳理,愿拿这些见解与同仁分享。

一是雅与兴。

雅指文雅、优雅、高雅、博雅,此乃新教育人的生活特点。从黎明即起,数以百万计的学生教师就与古今的美妙诗章激情会面,沐浴晨光,穿透生命,营养心性;中午与中外的优秀作品娓娓交谈,除去孤陋,增长情智;晚上,用文字记录日知,过滤时空,修炼思维,让儒雅成为常态,卓越化作习惯。更有琴棋书画、歌舞剧艺,贯穿于教育全程,精粹的文化就这样款款走来,让学校成了大雅之堂。

新教育人不仅仅让学校文化达至雅的层面,更致力于雅文化在学校的全面勃发。

兴，即兴起，方兴未艾之意。不是将文化做得刮一阵风，下一阵雨，而是持续、持久地做下去，宛若呼吸一样须臾不可停息，达到马克思在《青年在选择职业时的考虑》中所说的"我们感到的将不是一点点自私而可怜的欢乐……我们的事业并不显赫一时"那样。如是，"雅"的目标，通过"兴"的运作，就成为一种学校现象，一种主导势头，一种文化气候。

二是学与校（jiào）。

学是学习，学习新教育理论的文化积淀，学习新教育兄弟学校的文化亮点。在学习、借鉴的基础上，实验学校都自觉地运用新教育的文化思考、文化系列和文化语境为自己树文化坐标，立文化规范，培植文化珍珠，让文化光彩夺目照彻灵魂。学校文化形成和壮大的过程，是一个不断学习、吸纳、内化的过程。

校是校正，修正，完善。校正文化内容、文化形式、文化方法，以适应网络时代的当下学子，适于地域特色。文化的校正有始无终，属于全方位的运作，包括学生文化、教师文化和学校文化。

一所饶有发展力的学校，一定是饶有持续文化创新力的学校。其持续文化创新力是一步步形成的：在学习吸纳中谋划建造，在建造中更新校正，在校正中发展完善，打造出有根基有特色有亮点的学校文化体系。

这样，在学与校之中，健康高雅的学校文化无所不在：在课堂上，在活动中，在学与教的行为里；在眼里，在心里，在师生每一细微的情感里；在家里，在社会，在生活触角涉及的每一个故事里；在制度、目标、理念里，在校园每一寸时空、每一块心田、每一个人的言行里，甚至，那一张张自信的面孔，一个个个性化的身影，一声声爽朗的笑声，都折射着学校文化的含金量。

三是志与向。

教育最重要的功能就是引导志向。《学记》中七处说到"志"。其中一处说："凡学，官先事，士先志，此之谓乎。"其意说，在教学活动中，教师首先要尽职，学生要先立志。就是这个道理。

志是大志，为志向，心之所向。即从心灵深处要成为什么样的人。学校文化的重要指向，是让学生明其志，立大志，有宏志。志为火，为光，为灯，为帜，为塔。无志即心火熄了，心灯灭了，心帜倒了，心泉枯了。

但是，单有志而无行，只能算空怀壮志。

向，指的是找准实现大志的方向、路径。

新教育人做学校文化，一有其志，二是找到了操作的方向和路径。两者缺一不可。既有目标,更有道路;既有愿景,更有践行;既有理性思考,更有操作要义;既有远方的彼岸,更有到达的方法。

如此这般,学校文化才让学校变了模样,把应试教育的一潭死水变成造就综合素质的一泓波涛。学生、教师也随之变化,文化给他们注入了精魂,也注入了气魄;注入了活力,也注入了韵律;注入了火的热情,也注入了水的温润;注入了积淀的凝重,也注入了超越的灵动。他们的人生浸染圣园之魂,有了完整的幸福感,安身立命的归属感,和对母校的认同感。

四是融与合。

这里的融,指调和,和谐,进入。学校文化需要从学生层面、教师层面,到学校层面乃至家庭层面的积极融入。

这里的合,指合拍,契合,合流,几种力量勠力同心,方能渐入佳境。融为身入,合为效果。

许多新教育实验学校,家校一家,师生一体。说建立书香班级、书香校园,大量的图书源源到位;说开展兴趣小组活动和开设选修课,一些家长或当义工或自荐担任义务讲师;说搞才艺大赛,又是教师、学生、家长三结合,把服装、道具、灯光、布景、烟火等准备得妥妥当当。

只有这样融而合之,学校文化方能做强做足,形成学校文化那种无处不在无时不有的、显性与隐性的、主流与多元的、稳定而持久的、鲜活而深刻的影响力,以文化磁场的莫大张力,迸发出文化树人的精气神来。

五是闻与达。

闻即听见,听说,知道。达即实现,达到,通达。闻是一种认知接受力,达则是一种参与创造力。

新教育实验是师生共同的事业,没有主角配角之分。新教育的学校文化将学生当作主力军,而不是别动队。它在重视教师的导向作用的同时,更推崇广大学生作为文化建设的主体自觉自愿地参与其中,贡献出朝气勃勃的精神动能和生命活力。

全体学生将前沿的、有辐射力和爆发力的新鲜文化元素源源不绝地注入进去,更使学校文化接地气,有源泉,聚人心,出新意,持续繁盛。实践证明,凡是学生成了文化的创造者和主力军的学校,其学校文化才更生机勃勃,入身入心,化德化人,富于生命力。

从闻到达,从知到行,学校文化才能蔚为大观。

第十七节 四重交响

一

穿越两千三百多度春秋的漫漫时空,孟子彻悟人生的经典之论,仍鲜活于当下人的唇边脑际:"天降大任于斯人也,必先苦其心志……"亚圣推出一个担大任者的必备前提,若能经受身心、意志、性格等多方面高强度几近极限的历练,在常人眼中则近乎超人。

新教育实验无疑是大任,如在移山填海:要从行动上整修教育的情态和走向,进而不断优化民族基因,并在世界教育文化的潮流中,树立令人心悦诚服的中国坐标。

大使命需要大承担,大承担需要齐发力,齐发力需要真精神。

有了真精神即非凡的精神品质,才能统领人们统一朝向,整体行动,令行禁止,各自慎独,成就大事业。

这种非凡的精神品质就是呼唤生命、凝聚心志、激活创力、铸就灵魂的新教育团队文化。

这种文化是新教育团队成长壮大的根,聚心凝力的旗,推陈鼎新的生命泉。

虽然似乎看不见,摸不着,却有海潮一般澎湃的活力、山岳一样稳稳的定力。

它是一条明晰的内心路径。

它是一个共同的精神磁场。

它是一个导行的思想坐标。

自新教育实验一揭幕,这道大题就镌入了朱永新的思考里。他无数次叩问,竭力准确寻找到那么一个精神源、动力场、思想凝聚高地。

一家一国一民族,都有自己的文化精神,作为不受任何行政力约束,散处在八方各地的新教育人,尤其需要一个共同的文化精神的航标。

文化精神一旦确立,新教育人就能构筑稳定的文化心理结构,进入全神贯注、物我两忘的状态,其行为便自动地打上鲜明的团队烙印——共同的心灵密码、精神基因、目标朝向;其作风便以挑战身体和心理的极限作为常态化的生活方式,迈出赫然超前的步伐,写就执着于理想的教育心史。

渐渐地,新教育团队文化坐标也越发清晰,从感性而达理性,一步步逼近定位。当实验进到2007年11月24日,在海门举行的江苏新教育专业委员会的成立会议上,朱永新应邀主讲阅读话题,他临时改为思考渐趋成熟的新命题——关于新教育团队的文化架构,即"新教育精神"。

他开门见山激动地说:"今天我要讲'新教育精神',为什么改讲这个问题呢?我昨天收到一份杂志《焦作新教育简报》,看了这份杂志我流泪了……"

原来,他为焦作市的新教育风暴感动:那么多校长和父母亲全身心地投入其中,六十多位"毛虫"的主题帖、随笔写得精彩纷呈,退休的教科所所长周秀龙撰文,表达了献身新教育的心愿:"我已经风烛残年,后半生就交给新教育,真正让我动心的不是新教育本身,而是新教育的精神……"老所长还引用美国诗人狄金森的诗句:"如果我能使一颗心免于哀伤/我就不虚此生……"末了写道:"而新教育的精神便是如此,我愿意做一个不虚此生的人。"

这份简报,成了点燃朱永新深一层思考新教育精神的导火线。

从中原焦作而至全国八方,新教育人行色匆匆,步履急促,心潮逐浪,托起新教育事业的大厦。那别样的心志、理想、态度、情怀,何等感人涕零。这一切在朱永新心中,终于定格为以下四句话,即新教育实验所追求的质朴精神:

第一,追寻理想的执着精神,也可以称之为"理想主义";

第二,深入现场的田野精神,也可以称之为"田野意识";

第三,共同生活的合作精神,也可以称之为"合作精神";

第四,悲天悯人的公益精神,也可以称之为"公益情怀"。

这个开云见天的报告,提出了具有全局性奠基性的思想纲领,精粹地概括了新教育人的精神特质和文化追求,有助于新教育实验开辟新境界。

可以预想,新教育的运行越是走进历史的景观深处,新教育精神的泉水越会格外显得清冽甘甜。

二

"此曲只应天上有,人间能得几回闻?"[①]

新教育人的四种文化精神,浑然天成,无可替代,也难以增减,可谓新教育文

---

① 杜甫,《赠花卿》。

化精神最炽烈的四重交响。

它恢宏而辽远。抬望眼,仰视长天;扎深根,脚踏大地,将教育的远方和近地一览于怀,抓近旨在奔远,奔远必须抓近。理想在前方,"田野"是抓手,团队永远奔走在践行宏图的路上。

它和谐而优美。在演奏中,人人是乐手,又是亲密合作者。"岂曰无衣?与子同袍。"①默契的配合,协调的演奏,心灵的交融,团队的和谐,将新教育的交响乐演奏得流光溢彩。

它慈爱而美善。远离功利主义,告别一己私心,把新教育视作公益的事业,毕生的追求。于是,倾注满腔热血,把善事做善,好事做好,大事做成。

朱永新在《新教育精神》演讲的尾声总结道:

我想,我们新教育人,应该心中有理想,扎扎实实植根于田野之中,怀抱着一种合作的精神,努力做出一番公益的事业,去成就我们的人生,去成就我们的教育,去成就我们的民族。这就是我们的使命,这就是新教育精神的本质内涵。

这四种精神,以宏阔的历史视野与深邃的人格品质为背景,解读新教育文化内涵的伟大使命,将其与教育者人生、中国教育和中华民族的复兴大业联系起来,简约而深刻,朴实而精准,诠释了新教育团队文化精神的本质所在。

此四种精神,是四个必不可缺的侧面,各自独立又彼此联结,相互支持且互为补充。

理想主义,指向知(目标),此为新教育文化精神的支柱;

田野意识,指向行(运作),此为新教育文化精神的地标;

合作态度,指向术(方略),此为新教育文化精神的家园;

公益情怀,指向德(举措),此为新教育文化精神的魂魄。

理想主义是导行的灯塔,给团队以路标,给前行以动力,给心灵以霞光,给精神以净化。理想主义之于人、团队、事业,无疑如水和空气,须臾不可缺少。而长久误入应试迷宫的教育,对近利孜孜以求,对理想也予以功利化设置。新教育将理想主义总结为团队的文化精神,且置于首位,其普照意义深莫大焉。

理想主义必定是形而上,"形而上者谓之道"②,属宏观精神范畴,容易高高在上,眼高手低,说做分离,到头来流于浪漫空想的乌托邦。解决走偏的办法是田野意识、田野行动,时时处处把根子扎进田土里,接通地气,吸收营养,杜绝虚空。新

---

① 《诗经·秦风·无衣》。
② 《易经·系辞》。

教育用教育理想唤醒一线老师,用理论武装一线教师,使其在各自的田园里,将理念、践行、反思、突破融为一体,破解理论与实践脱节这道世界性难题。其引领价值高莫大焉。

在新教育耕耘的田野里,全靠众人划桨开大船,而不是凭独行侠的一叶扁舟闯天下。在当下互联网引领的信息时代,共建精神家园,同享耕耘硕果的合作态度才是明智正确的选择。新教育为中国教师指明了倚重专业交往共同体的成长之路,让新教育人告别职业倦怠,一大批榜样教师奇迹般地脱颖而现,其再塑效益善莫大焉。

这些努力旨在给中国教育以灵魂,让教育人优化发展。为此,悲天悯人的胸襟,使天下黎民百姓普获教育红利的信念,自成了新教育人始终不变的公益情怀。此公益情怀激励人们爱满天下,恩惠于人,其内核则是回赠给新教育人的厚礼:高贵生命的气象,圣洁精神的魂魄,成就事业的助力。在物欲纵横、利益为上的时节,新教育人忘自己忧天下,弃小利建大业,其精神能量纯莫大焉。

岂曰无碑,圣园为碑;无须碑文,人心即文。

三

"落日千帆低不度,惊涛一片雪山来。"[①]

方兴未艾的新教育实验给理想显得苍白、激情日渐蒸发的中国教坛,注入了教育理想的冲天火光和滚烫热忱。这让生活在教育理想严重缺失中的教育人,看到美丽的希望。

中国新教育展示的教育理想和世界教育的意向性潮流——寻求"教育:必要的乌托邦"高度契合。教育是为未来做准备的,未来是以光灿灿理想为依据的,新教育乃是为打开未来的理想之门所精心配制的一把钥匙。

新教育的理想主义是内在的,发自心灵深处的,是一种帮助他人走向崇高也成就自己奔向崇高的文化自觉。它有时空的多重维度,有众望所归的旺盛气脉,有温暖师生每一个生命的热能,有照耀各处城乡教坛灿烂的光源。

它的价值就在于有梦。有梦就有希望在,就有远方,而且,它又不仅仅有梦,且在十大行动践行中寻到了较为理想的着陆点,较能把握的支撑点。如是,心灵火光与眼前亮色互耀,耳畔鼓点和脚下步履同声。

---

① 李攀龙,《送子相归广陵》。

它的力量就在于迸发。它极大地调动起新教育人强劲的冲击力、奋斗的动力、聪慧的智力、生命的潜力,奉献给一个伟大的事业。新教育人像大漠驼队,风雨无阻,日夜兼程,坚定地朝着目的地步步逼近。

四

"纸上得来终觉浅,绝知此事要躬行。"①

躬耕田野,扎在田野,收获田野,反思田野——田野意识,不仅仅是亲力亲为的踏实态度,更有精耕细作的经营意识,和将实验者的心儿和新教育思想一同种进"试验田"里的科研意识。这一充满了无穷想象力与包容力的词组,选择准,命题深,最符合第一线教师的心理渴求,也最有利于新教育实验的广泛普及与深入推广。

这是一种召唤。到田野去!到问题的发源地去!到研究问题、解决问题的现场去!不要二传手,亲眼看田野,亲耳听心声,亲身干在田野,观察、发现、记录、分析、实验在田野。"我的引导者啊,领导着我在光明逝去之前,进到沉静的山谷里去吧。在那里,一生的收获将会成熟为金色的智慧。"②

这是一流视界。山在天边,走到天边,山还远;月在水面,划破水面,月更深。人若要发展自己,超越自己,最有效的章程,是躬行沉潜于"田野"里。"田野"为人们展示第一流视界,蕴藏着第一等的真知。躬行即为独寻真知,增长智慧;沉潜即为腾跃蓄力,给丰盈储备。

这是一等哲学。知在行里,理寓事里。实践出真知,做事而明理,行动方启智。只要上路,天天走,总会遇到机遇的垂青。作为应用性普及和推广性研究的新教育实验,给力于每一个应用者和推广人,时刻体味着充实、丰硕的人生况味,富有、高贵的生命意蕴。

这是一声警钟。不可坐而论道、纸上谈兵,书斋化的教育研究常在现实中碰壁。新教育指挥者、研究者、工作者,都沉到新教育践行中去,和一线教师、学生、校长零距离接触,在田野中寻找着解决疑窦的真理。

这是一种褒奖。褒奖众多新教育一线的探索者——那些在引领十大行动中,扎扎实实做出了非凡贡献的人们,田野意识对其长年累月的躬耕,投之以赞许,报

---

① 陆游,《冬夜读书示子聿》。
② 泰戈尔,《飞鸟集》。

之以敬意。

新教育人就是这样一群躬耕于田野的农人。

每天清晨,在新疆奎屯市第二幼儿园门口,都有一名哈萨克族女教师,笑容满面地等待着家长带着孩子到来,听到孩子们甜美的声音"阿老师好!"她也会用微笑和拥抱回应他们"早上好!"开启她与孩子们快乐的一天生活。

她就是在培育幼儿的岗位上操劳了十八个年头的哈萨克族教师阿依努尔。

阿依努尔读新疆兵团民族师范时,就能歌善舞,又练得一手好钢琴,想不到初当幼儿教师竟遇到大难处,因少年时她进的是民族学校,汉语说得不地道,有家长写信要求园长换下她。那天领导听她上语言课,一紧张,她又说错了话,念错了字,领导决定让她先干保育员。她伤心极了,却也勇敢面对。她报考了大专班,专攻汉语言文学,利用三年的寒暑假,一天不落地学汉语,因苦学苦练,加之平日里与同事、小朋友们频频交流,她的汉语水平进步飞快,拿到了学前教育本科证书,又当上幼儿大班教师。

2007年3月,新教育实验在奎屯全面启动,阿依努尔像一只报春燕,快乐地飞翔起来,全身心地振翼在新教育的天地间。

风云多变,两年后,儿子达任出生,长到四岁,竟发现患有罕见的I型糖尿病,只能靠她学着打针,每日给孩子注射四次胰岛素维持生命,还要每隔两小时扎孩子手指测试血糖。阿依努尔曾失声痛哭,日夜哀叹,捶胸顿足自责,甚至几近崩溃。痛楚过后,她仍以乐观心态,教育儿子勇敢面对,认真正视,拥抱坚强,她知道,这是新教育赋予她的力量!与新教育美好相遇相伴相守,她的生命已属于新教育,感恩新教育;新教育则滋养她的心魂,铸造她的精彩。她成了大西北新教育田野的一枝奇花。

让我们走进她耕耘的田野,跟上她匆匆的身影吧。

课上课下,她耐心捕捉每一个孩子的精彩瞬间,用相机记录其成长中一个个珍贵的脚印,让孩子们获得自信的力量,家长们看到自己孩子的点点滴滴,这些年下来,阿依努尔已拍下十万张照片,每一张照片都藏着孩子们过往的生命故事。

她让小朋友在人生成长的第一步便吮吸新教育的乳汁。

她又用音乐架起与孩子连心的桥。她给幼儿上厕所、洗手、喝水、上下座位、午睡、休息设定了不同的音乐,用乐曲引导孩子们遵守规则,学会尊重、交往和互相帮助。她还开展了《五指歌》《小手拍拍》等丰富多彩的音乐游戏活动,把维吾尔族、哈萨克族音乐融入教学中,孩子们快乐地欣赏音乐,做律动,舞起来。

她用经典诗文和绘本故事开启孩子智慧,用载歌载舞或吟唱的方式,领着孩子们学习《唐诗三百首》《弟子规》《三字经》等,配乐诵读有效地提高了孩子们听觉、视觉和艺术感知能力。她精选了《狐狸和乌鸦》《鲤鱼跳龙门》《狼来了》等许多动画故事送给孩子们,让他们从小将诚信、尊重、坚强、自信、友爱、善良、合作、分享、感恩等道德理念存入大脑,刻进心灵,融入行动。每天放一个动画视频,用以充实幼儿的生命旅程。

教室是生命的栖居室、人格的成长室。她为孩子们设立了探究室、展览室、阅读室,创建了娃娃家、语言表演区、益智区、阅读角、建构区、小医院、音乐区、自然角、美术区、生活区等十三个游戏区,让孩子们在玩中学,在学中玩,学习知识、获取经验、提升能力,做游戏的主人,感受游戏带来的幸福与快乐!

她抓住每一个节日,开展幼儿喜闻乐见的教育活动,不仅使其了解节日的来历及风俗,通过一起包粽子、包饺子、做月饼、做礼物、打雪仗,以及逛农贸市场,参观邮局、超市,捡社区垃圾,做环保小卫士,一块种菜、养花、养鱼、养乌龟,让幼儿学着动手动脑,认知生活和社会,渐渐塑造起健全完美的心灵。

教室里的生日祝福是阿依努尔小天鹅班的一个特色。每位幼儿每年至少要当一次主角,孩子们一起享受许愿,吹蜡烛,唱生日歌,分蛋糕吃,拍下生日美好瞬间,从中体味自己独一无二的生命的珍贵,父母养育的重恩,老师同学关爱的幸福,让孩子们高兴得像花儿一样开放。

阿依努尔在新生进班前,一家不落地先走访,了解孩子,联系家长,共商培育大计。她还通过家长会、家长培训、家园联系栏、家长班级群等形式,将家校的合力拧成一股绳。家长们主动献策献力。原先担心她汉语说不好,紧锁眉头的家长不见了,转而点名要进她的班级。

2015年全国新教育年会上,阿依努尔的班获得全国十佳教室提名奖。笔者几次采访她,她总是笑笑,最爱说:都过去了,前面田野里还有挑战,往后争取收获再多些!

五

"实赖同心同德之臣,亟合群策群力之助。"[1]

新教育的"共同生活的合作精神",与宋代诗人陈元晋所撰的对偶联句阐明的道理,很有几分相吻合,都讲究同心同德,群策群力。

---

[1] 陈元晋,《见郑参政启》。

德国哲学家马克斯·舍勒谈及人的本质时说:"爱与亲密无间、心心相印与携手共进,才是人生在世最深沉的基础结构。"

新教育的合作精神是什么?就是"共读共写共生活"的共进精神,就是以"共同体"为标志的团队精神,就是求真务实、科学民主、群策群力的平等精神。

朱永新如是表达:"如果说理想代表着我们的追求,田野代表着我们的行动,合作就代表着新教育的一种新型的人际交往的方式。"如此看来,矢志不渝,行动不止,交往牵手,此三位一体,缺一不可。

不是吗,无追求即"天低吴楚,眼空无物";不行动只能"坐吃山空,立地吃陷";缺牵手就难免"茕茕孑立,形影相吊"。新教育研究院原主任朱寅年解读合作精神时,有一句很贴切的话:"单打独斗的佐罗式的孤胆英雄时代早已过去,作为具有科学研究性质的教育实验,离开互相合作,几乎就不可能进行。"

合作精神的表现形式,就是群策群力。在人类社会化、生活群体化、攻关团队化、行为互动化的今天,群策群力几乎浸透了每时每地每事。

哈佛大学认为:"群策群力是20世纪的一场伟大管理革命。"美国GE公司——相当于企业界西点军校的哈佛商学院,将群策群力视为制胜法宝。

新教育团队是理想主义者的荟萃,"相同尺码"的人具有天然合作的根基。

群策群力的合作,其首要前提是相互诚信与尊重。自发起人引领者,至一线年轻教师,从新教育的弄潮新锐,到新教育的众多追随者,只有岗位不同之分,毫无高低贵贱之别。在交流主张、讨论问题、论证方案上,每个人都是一个世界,说理言事不给对方留情面,雄辩求真可以吵得脸红脖子粗,彼此是同志是友朋,人格独立,意见自由,话语平等,集思广益,谁对服从谁。如此同心同德、群策群力,在国内外的学人团体中,罕见又独特。

群策群力的合作,其终极目标是成就教育大业和幸福人生。新教育人勇敢地打破人际、校际、地域的壁垒,结成圣洁坚强的阵线,彼此呼应,协同作战,不见文人相轻的弊病,也绝无同行是冤家的内斗,有的是真心诚意的携手而行,并肩以进,正如他们喜欢存在主义大师卡缪的那句话:"请不要走在我的前面,因为我不喜欢去跟随;请不要走在我后面,因为我不爱充领导;我只期望,请与我同行!"

群策群力的合作,其核心是真情、真心、真力的奉献。这些有教育理想、教育实践和学术能力的人才,在倾箱倒箧的奉献里,相濡以沫,灵感互动,激情迸发,心路畅通,生命高歌猛进——鲜活的生命活力与生命气象迸发。毋庸置疑,新教育实验团队也就成了极为令人羡慕的团队。

"浩淼三江合,千家古渡头。轻舟天上生,远市水中浮。"古人曾经如此盛赞

"天府水城"金堂,这里2011年正式成为新教育实验区。从此,上上下下,同心合力,匠心独运,曲径通幽,合作演出了一台"行政主导、教研驱动、根植常规、差异推进、评价激励"的新教育大戏,旨在为了生命的丰沛,推进师生的精神成长。

云飞月走天不动,浪打船摇道不移。几年来,尽管县、局的领导有多次变化,金堂的新教育航向却始终没变。分管教育的县领导和教育局新局长一上任,往往第一时间就参加新教育的活动,研究新教育的走向,解决实验中实实在在的问题:及时成立新教育研究室,将新教育实验列入学校目标考核范围,建立和落实新教育先进的集体、个人和项目的评奖制度,选派干部教师外出学习,落实专项保障经费,对校长和科室干部开展"新教育专项培训"和新教育常识书面考试……让新教育真正成为金堂教育飞升的内动力。

袖藏乾坤怀日月,求宏索微越时空。新教育研究室的领导、教师潜入深水,导航前沿,培育典范,解惑教坛,在迷茫处寻求源流,于云雾里精思变化,完成了从追随者,到研究者、开发者的历史性嬗变:他们以金堂为实验田,在"完美教室""卓越课程""生命课堂""书香校园""家校合作"诸方面,创造性地进行了践行与学术的探索,有力推动了新教育实验较迅速地走向纵深。

海阔天高任翔舞,心灯盏盏耀杏坛。教师,在本地培训和外出学习中,被一次次唤醒,使教育生命走向自觉。一位农村小学教师感慨万千地说:"过去我以为工作就是饭碗,新教育让我猛醒,教书育人是我的生命所在。唯有用心,才会精彩,有了精彩,才有幸福!"

读书,点化了师生灿烂的生命。全县成了偌大的阅览室,书香成为校园的魅力所在。校长发给教师学生的奖励往往是好书。做新教育,学习是最核心的竞争力。学习也是金堂新教育人的成长引擎。在许多学校,"晨诵·午读·暮省"已成家常便饭,"读、写、绘"也是儿童生活的新常态。县局开展每年一次"共读一本书"征文评选活动。该县的师德楷模、治学典范,身患绝症的教师李国斌的生命力作——《我的学生我的班》出版后,金堂县教育局专门发文件,学习李国斌先进事迹,开展该作品的读书活动,身边典范更引发震撼和冲击力。

教室和课堂,让师生的生命在对话中,朝着完美,走向精彩。在杨柳慈济小学钟燕老师的"爬山虎班",孩子有三多:留守儿童多,单亲家庭多,身体不好的孩子多。钟燕起了这个象征着勃勃生机、坚忍不拔、勇于攀登的班名,确立了"向上、向上、再向上"的口号,专门做了《爬山虎》班歌,开展了一系列班级活动,让他们的童年诗意盎然,日子嵌入温暖的记忆,思维插上想象的翅膀,教室撞击出智慧的浪花,用爱心用素养给孩子们的生命润色。几年下来,孩子们变了,一脸阳光,一身朝气,一等成绩,一流班风,各个说话侃侃而谈,举止落落大方。来该班的客人感慨唏嘘:"这哪像农村的孩子啊!"

文化,贯穿着"扬长教育"的理念。金堂创造了适合学生的教育,使孩子们的潜能得以迸发。新教育研究院常务副院长陈东强对笔者说,看金堂县孩子们的才艺展示真是极美好的享受。金堂实验小学合唱队清纯的童音可谓天籁;赵镇一小的校园充满翰墨幽香;赵镇三小的川剧文化表演有板有眼;赵家小学的排球课程,将农村孩子送上了全成都市冠军的领奖台……金堂的教育圣园,无处不见独特的精彩、生命的绽放。

金堂新教育大戏在上演中,上下齐动,家校并举,师生同心,知行一体,共同追求奏新曲,合作精神谱华章。这里虽略去很多精彩的细节和美妙的体验,你依然可以感触新教育的效力,金堂教育人的有力脉动,深化改革的车轮滚滚……

六

"蜡烛有心还惜别,替人垂泪到天明。"[①]

新教育的精神的魂魄所在,即悲天悯人的公益情怀。

德国哲学家康德说,人类最震撼的秉性,就在于为他人而工作,为后代而牺牲。新教育的公益情怀,正是实现了康德对"人"的崇高礼赞。

公益情怀,是从美好理想和善良愿望出发,自觉而努力为公众利益而悉心奉献的高尚情操。这高尚情操既涵盖了一种人生的价值取向,又凸显了一种文化的精神追求。

新教育实验从第一天起,就敞开了大爱的情怀,开始自己的公益行动,用公益的精神开展教育实验。朱永新、李镇西等新教育人几次西部行,路费、饭钱自己掏,当地的几十万册图书,由他们自费购赠。后来虽说接受一些捐赠,却未曾用来改善研究人员的待遇,而是去帮助最需要帮助的人和学校做新教育实验。

每一个新教育人都是新教育心甘情愿的义工。他们常态化地疯狂学习工作,不休节假日,甚至废寝忘食地奔波操劳。不仅如此,有很多新教育老师为孩子们买书,自费购买做新教育的必备器具,朱永新拿出自己上百万元的讲课费、稿费,花在新教育实验上。

当一个人圣化了事业的意义,守望了事业的崇高,做强了事业的功能时,这个

[①] 杜牧,《赠别》。

人的生命就融入更多人的生命里,增加了厚重的分量,获得了更多的意义,化作一颗伟大而美丽的灵魂。

新教育事业,只有靠公益情怀,才是铸其魂魄的源头活水,只有具有公益情怀的人们,才堪为建其大厦的四梁八柱。也只有越来越多公益情怀者投身其中,新教育才能成就其梦想。

袒露公益情怀的主体,自然是万千新教育人。他们中的哪一个人,没有奉献于新教育感人肺腑的故事?而那些灵魂与新教育共振的慈善"有缘人",其慷慨解囊的义举,又何其感人肺腑!

自2005年起,灵山慈善基金会就向新教育实验课题组伸来公益之手,以资金支持了灵山—新教育贵州推广计划、灵山—新教育种子计划、灵山—新教育儿童阅读推广计划,几番扶助帮衬,解了燃眉之急。

"寻找比自己更出色的人,为他们铺好红地毯。"新教育义工、来大陆创业的台商营伟华自告奋勇地请缨,帮助新教育实验做宣传、策划,曾经几乎辗转不寐。这位给新教育实验拈花传心的才女,教育圈之外的台湾企业家,倾其所能资助大学生到西部义务支教的西部阳光事业,以爱之泉润泽新教育的田园。为其壮大,一次次心甘情愿地解囊捐助;为其发展,倾其精力做新教育第一义工;为其奔波,四处筹款,八方邀人,感染着周遭,影响了一片;为其实干,传授管理理念,编写宣传画册,成立造血公司……因此,朱永新在《美丽而睿智——义工营伟华印象》一文中情深依依地写道:"我最怀念和最不敢辜负的,就是像营总这样早期对新教育全力以赴的人。"

在新教育第十二届年会上,华严集团董事局主席徐锋慷慨激昂致辞,对新教育给予历史性的评赞,还郑重宣布,从当年始,企业每年拿出一百万元,设立一个新教育特别贡献奖,奖励在新教育实践中成绩卓著的先行者。

拥有这样一批呵护者,新教育何其幸运!

这里有必要提及王海波、赵一平对新教育的情怀。

2006年7月下旬的一天,王海波被《经济观察报》"新教育进京赶考"那篇文章吸引住了,便主动给朱永新发去一段留言:

朱老师:您好!

　　由衷希望能为新教育事业尽绵薄之力,我是一个自由职业者,看了2006年7月24日的《经济观察报》才知道您的理想的,希望通过捐赠能支持您和您的团队,我的手机是……王海波,向您和您的团队致敬。

朱永新很感动。他当时还不知晓王海波是一位青年企业家——先前只瞄准赚钱的目标,而没有明确的人生追求。所做的善事,是偶然看到一些可怜人后的相助。正是《经济观察报》那篇文章,让他觉得新教育是一个不可思议的大工程,他愿意全力支持,并首先捐献十万元作为第一笔新教育的研究基金。

2006年8月21日,在朱永新的办公室里,这个让朱永新敬佩而感动的年轻人第一次现身了。

在朱永新的眼里,海波的衣着朴素,一副大学生模样。

他说起自己:一个一岁孩子的父亲,1995年大学毕业时,炒股票的朋友的一句话,改变了他的人生,他成了"个体户",股票和海运成为他事业的双翼。在轻松赚钱的同时,他感到怅然若失,钱只是钱,目标虚空。

海波知道新教育人是一群理想主义者,新教育事业需要大量的资金,来维护职业的队伍、可持续的发展。这些正是他能够贡献的,他希望帮助新教育建立一个源源不断的"造血机器"。

一杯清茶,两张笑颜,彼此感染,相互共鸣。

他们达成共识:由王海波出资两百万元共同成立"新教育基金",基金由他亲自运作,所有的盈利全用于新教育事业,每年以不低于五十万元支持新教育事业,不足部分由他另外支持。他说,许多年后这可能是一个很大的基金!

朱永新为王海波的慷慨无私而感动,王海波为新教育的未来而期冀。他说,真正的教育就应该像新教育,让孩子们快乐读书,健康成长。下午两点,海波匆匆驾车离开苏州。"新教育基金"也已正式启动!

见证了这一切的营伟华,对朱永新感叹地说:"这位从天而降的兄弟,如一平所说,是你的心念感动了上苍。"

一平,是无锡灵山慈善基金会的赵一平居士。如果说王海波给新教育开拓了海一样广阔的空间,那么,无锡灵山则给新教育带来了山一样厚重的基石。

与无锡灵山结缘,也可归因于《经济观察报》的主笔章敬平先生。2004年,他是《南风窗》的首席记者,当年朱永新被《南风窗》评为"为了公共利益年度人物"。章敬平路经苏州送来了奖牌。他从此也与新教育结缘。

这里,当"节外生枝"地说说章敬平。

在众多报道新教育的媒体记者中,章敬平是极特别的一位。他那锐利的眼光,滚烫的责任心,别有洞天的新闻视角,入木三分的本质剖析,以及望穿古今的洞察功力,使他成为新教育的知音和鼓呼者。

他早早将新教育实验命名为"新希望工程",并提出:作为一场对抗"教育异化"的实验,理想主义者试图从源头上救赎中国教育危机的努力,起码可以视作以"人的教育"为要旨的"新希望工程"的剪彩仪式。

当社会对新教育实验出现多种发声,乃至争议时,他在《南风窗》著文说:"新教育实验"能在如此短暂的时间内,快速精进与完善,离不开媒体的褒贬互动。

当新教育第六届年会在清华大学礼堂召开时,他的文章《新教育实验进京赶考》一石激浪,令多少人心潮起伏。像王海波等许多人,都是靠他的文章与新教育结缘的。

他写新教育之所以如此入木三分,源于他渊深的多方面功底,也与他对新教育实验的密切关注、深度参与不无关系。

章敬平的朋友、无锡灵山慈善基金会的董事长吴国平居士读到《新教育实验进京赶考》一文,马上邀请朱永新去洽谈合作事宜。

二人谈得非常投机。灵山慈善基金会是真正意义上的民间基金会,旨在利用灵山的社会资源,探索慈善事业发展的新路子,为社会的公平、进步、稳定与发展做出更多贡献,其目标是给人信心、希望、力量,这与新教育实验的追求不谋而合。二十分钟交谈,两双手就紧紧握在了一起。

此后,在赵一平具体负责下,灵山与新教育的合作全面启动。2005年夏天,在太湖之滨灵山大佛脚下,灵山慈善基金会启动了资助新教育实验的"试点工程",在全国八个省,为二十所"新教育实验学校"配备了电脑、图书等必备的资料,成立"新教育实验工作室";并为"试点学校"培训师资。2006年6月,基金会在贵州湄潭、凤冈举行了"新农村、新教育、新希望"的专场报告会,向一千多名教师传播了新教育理念,点燃了西部教师参与"新教育实验"的激情。

2006年7月14日晚,吴国平告别病危的父亲,到北京参加新教育第六届年会。在15日上午的开幕式上,当他激情讲解灵山为什么结缘新教育时,他的父亲已离开了这个世界。讲完话的吴国平看到短信,肝肠欲断,强忍哀痛,悄然离开了会场。朱永新随即给他发去短信:"为了新教育,你没有见上父亲最后一面。我们五百零四所学校五万名教师八十万学生与你同悲共泣!"

"青山缭绕疑无路,忽见千帆隐映来。"[①]对于资金竭蹶、举步维艰的新教育实验,这些馈赠可谓雪中送炭。新教育人非常欣慰的是,与他们一道同行者,有"山"的仁慈厚爱,有"海"的博大胸怀。

---

① 王安石,《江上》。

七

新教育团队的四种文化精神,宛如车辆的四轮驱动,弦乐或管乐的四重奏,形成了一种强大遒劲的力量,引发雄健浑厚的共鸣。当它与崇高、深邃、炽热的行动融合在一起时,便产生了一种震撼灵魂的大美。

此四种文化精神,不是生发于朱永新的冥思苦想,也不是拾他人牙慧拼凑所成,而是萌芽在新教育实验的园地,生长在新教育人耕耘的田野,壮实在新教育人劳作的丰收里。诚如海德格尔所言:"我深信,没有任何本质性的精神作品不是扎根于源初的原生性之中的。"

透过这四种文化精神,我们能看到什么?

这里有眼光,认准方位做好抉择。

这里有途径,穿过迷茫走出困境。

这里有智慧,优化生命还原本真。

这里有力量,排山倒海无往不胜。

新教育的"钢花铁水",新教育人的"钢筋铁骨",正是在这四种文化精神的熔炉里炼成的……

第十八节　　溯流寻宗

一

以孔子为职业榜样,为人生典范;重新体认以儒家精神为主体的依然有生命力及超越意义的思想传统,把它们作为自己生命叙事的元语言;把自己的生命看成一首由自己书写的诗歌,一部精神的小说(传奇),成为我们民族元语言的守护者和传播者。

2009年10月12日,在新教育第九届年会上,朱永新在《书写教师的生命传奇》的主旨报告中,向新教育教师们发出上述号召。

推崇孔子为职业榜样,视之为"千秋师表",一个民族灵魂的精神领袖,就抓住了全民族认同的文化之源、教育之根。孔子及其思想,已沉淀为中国文化与教育的基因、国民性格的主流元素、社会特征的大写符号。

中国古代文化高峰在孔子,孔子的文化高峰在教育,他的教育高峰不妨用一堂讨论理想的课来诠释。

子路、曾皙、冉有、公西华陪孔子而坐。孔子说:你们不要因为我年纪大一点就不说了,你们平时总说"没有人知道我呀",如果有人知道你们,那么你们打算怎么办呢?

子路不假思索地回答:一个拥有一千辆兵车的国家,夹在大国之间,常受外国军队的侵犯,加上内部又有饥荒,如果让我去治理,等到三年的工夫,我就可以使人人勇敢善战,而且还懂得做人的道理。

孔子听罢,微微一笑,问:冉求,你怎么样?

冉求说:一个纵横六七十里或五六十里的国家,如果让我去治理,等到三年,就可以使老百姓富足起来。至于修明礼乐,那就只得另请高明了。

孔子接着问:公西赤,你怎么样?

公西赤回话:我不敢说能够做到,只是愿意学习。在宗庙祭祀的事务中,或者在诸侯会盟,朝见天子时,我愿意穿着礼服,戴着礼帽,做一个小小的赞礼人。

孔子又问:曾点,你怎么样?

曾点弹瑟的声音逐渐稀疏,接着铿的一声,放下瑟直起身子回答说:我和他们三位的才能不一样呀!

孔子说:那有什么关系呢?不过是各自谈谈自己的志向罢了。

曾点说:暮春时节,春天的衣服已经穿上了。我和五六位成年人,六七个青少年,到沂河里洗洗澡,在舞雩台上吹吹风,一路唱着歌儿回来。

孔子长叹一声说:我是赞成曾点的想法呀!

这一堂课,无比生动,直击生命,穿越了数千年。孔子为弟子们进行了一番做人理想的点拨,尤其点明了中国的文化精神。人生不忘教育,教育即是人生。一花一世界,一沙一恒河,从一堂课入手,可见孔子的教育人生。

《庄子》云:"孔子游乎缁帷之林,休坐乎杏坛之上。弟子读书,孔子弦歌鼓琴。"杏坛是一方栽有杏花的高地,既非学校,亦无教室,孔子实则在家设教。

孔子的教育理想,崇尚修齐治平。诸弟子皆言治国之象,唯有曾点所言乃平天下之象。曾点说的春天里大家一起洗澡唱歌,其快乐是无牵无挂的本心的光亮,平天下的胸襟就寓于其中了。在这里,暗含孔子仁学的超越性质,呈现出他对人生境界的最深洞察和最高体悟。

二

文化,滋养一个民族。教育,崛起一个国家。

溯流寻宗,孔子为代表的中国古代教育,主要传承给我们哪些文化精华呢?

此文化精华包蕴母语文字、道德伦理、价值追求、法纪制度、文明科学、哲学视野、人性涵养、教育之道等宏富内涵,它以儒家文化为代表性符号,兼容道家、法家、墨家乃至佛家文化,融汇成华夏文明的大智慧。此大智慧成了特色独具的文化元素,并以一种独有的书写方式强劲地延续着,融入民族的性格、气质、魂魄,建构出中华文化独到基因,浸渍世代儿女的精神细胞,打造出中国人的独有心灵。具体可剖析如下方面:

第一,民间办教育的开创精神。

孔子以一介平民创办私学,以诲人不倦的精神,开拓了全新的教育时代,拥有弟子三千圣贤七十二,他们不限于一国一地。北自黄河流域,跨过淮水,南及长江流域,且有教无类。受教者有贵族,有平民,有穷,有阔,经孔子教育,都变为学成行尊,出类拔萃,显于当时、传于后世的一批人物。

这就揭开了将贵族教育下移为平民教育的序幕,成为中国教育史上开天辟地的伟人。孔子开私学之风是源,引来诸多百家兴起之流,使私学大行其道,成了教育断然缺失不得的一条泓脉。孔子别具一格的开创精神,像开垦思想处女地的明亮犁铧,构成了中华民族极为锐利的精神武器。

第二,教育育人,育全社会,育全人类的博大胸怀。

中国历史上的传统教育,首先应该提到它的精神和理想。这种精神和理想,创始于三千多年前的周公,完成于两千五百年前的孔子。其主要意义,并不专为传授知识,更不专为训练职业,亦不专为幼年、青年乃至中年以下人而设。其教育主要对象,乃为全社会,亦可说为全人类,不论年龄,不论男女,不论任何职业,亦不论种族分别,都囊括在教育之中。

此种胸盛天下苍生的博大心怀,如海纳百川,构成了我们民族的恢宏气度和悲天悯人的情怀。

第三,教育的格物致知、修身齐家治国平天下的人生观。

炎帝、黄帝、尧、舜、禹、汤、周公、孔子,因为他们德服众人,功绩使后世受益,比如周文王的故事:"文王身体力行,为人君,止于仁;为人臣,止于敬;为人子,止于孝;为人父,止于慈;与国人交,止于信。"[①]这些先贤给人们立下了格物致知、修身齐家治国平天下的人生观。这些道理都是社会繁荣,国家稳定,民族昌盛的基石。

此等精深的教育理想,足以高山仰止景行行止,构成了华夏独放异彩的教育大观。

第四,"学而不厌""诲人不倦"的师道传承。

这是一个永恒的命题。师道,是为师者的理念、情怀、操守、人格、智慧、方法等集大成的统称。换言之,即为师者的为人之道、为学之道、为教之道;引发开去,"师"亦可理解为教育,"道"亦可理解为最高道理,"师道"即激活教育生命力的基本法则、原理和运行轨迹。

父母孕育了人的肉体,师者培育了人的心灵。师道内涵宏富,价值重大,影响深远,给师者以永恒的精神牵引与践行导向。孔子是开创师道的宗师,其后的诸子承袭弘扬,历代教师完善发展。"道之所存,师之所存也。"一句话,"道"乃教师存在的基础与前提,"道"也通过教师的创造得以弘扬与展延。

[①] 《大学》第三章。

此等洗涤人世、提纯人生的师道,如同一弘流香的清泉,净化着中华民族美丽而圣洁的灵魂。

第五,"志于道,据于德,依于仁,游于艺"——全面育人的教育眼光。

孔子的话可译为:志向在道,根据在德,依靠在仁,而活动在礼、乐、射、御、书、数六艺之中。

孔子培养学生,就是以志向为目标,以仁、德为纲领,以六艺为内容,使学生能够得到多元发展。其中"游于艺"代表了儒家理想人生境界的群体精神层面,朝向超越世俗、回复自我的天性发展的境地。《礼记·学记》说:"不兴其艺,不能乐学。"

此等全面整体育人的眼光,犹如培育人发展人的精准路标。

第六,授课充满乐趣、礼乐的文化观。

管窥蠡测,孔子的这一堂课,以治天下的乐趣,寓于礼乐之中,文化的乐更胜于政治权谋之乐,生活的乐也高于高调空谈的乐。教学原本就是推心置腹的对话,教育乃是润物无声的耳濡目染和交流生发。

此等氤氲着民主、愉悦之气,充满了探究、辨析之息的现场生发课,像穿越古今的样板,给华夏的教育教学以无限想象与创造的空间。

正是在对以孔子为代表的中国古代文化的传承中,新教育人建立了文化认同、文化自信、文化自觉。

三

新教育人以文化为学校立魂,为团队立魂,而立魂的源泉,就是中华民族的优秀传统文化,或者说,中国文化是新教育的学校文化和团队文化的压舱石。

在朱永新看来,孔子的为己之学,把一个民族的目光,社会荣衰的责任,从关注他者、上位者转变到每个个体身上;孔子的仁学,把人的目光,从关注世界,转变到了关注自己的内心。然后再由内而外,从改造自身开始,来改变社会。

新教育人由中国文化这一坐标点出发,俯仰古今,面向未来,下大气力,用大智慧,从源头做起,自理念而至行动,在广度、深度、力度等方面与时俱进地发掘,承纳传统文化的精华,推出连通古今的教育大行动。笔者将其定位于五大叙事诗。

其一,新教育的理想——呈现中华民族的文化复兴

中国台湾著名学者余英时读了"Our Time"这部资料书,发出很深感慨:21世纪中国即将成为科技大国,因为中国人既聪明,又灵巧,特别在技术方面确实具有

无穷的潜力。……但是我总想问一个问题：即使这一天到来了,中国人便真的感到完全满足了吗？科技彻头彻尾是西方文化的产品,而且毫无可疑是从一种更高的精神境界中转出来的。难道中国人百年以来追求的仅仅是魏源所谓"师夷长技以制夷"这一件事吗？①

很显然,余英时所担心的是中国文化的丢失,古老的中华文明的传承。

朱永新回答了民主自由的政治体制,能否与中国文化的根本精神兼容这道难题,他从同样曾是儒家文明圈中的新加坡、韩国、日本及我国的台湾地区,近半个世纪以来的经济发展与民主进程发现:儒家文明并非与民主体制不相兼容,至少,它并不比基督教文明差。②他认为,教育应该是文明复兴的新动力,学校应该是文化发展的新中心。没有教育对于文化的自觉"选编",就不可能有真正意义上的文化复兴和重建,也就不可能拥有真正的精神家园。所以,这既是国家文化建设与教育建设的重大任务,也是新教育人义不容辞的神圣使命。在新教育实验发展过程中,这个使命不断地清晰和明朗起来,在新教育的理念与实践中,把中国文化作为新教育的根基和创造之源,已经成为新教育人的文化自觉。

这种文化自觉,彻底读懂了中国文化之于新教育,是源与流的关系。千水奔腾,根在源头。无源则流断,无本则木枯。

这种文化自觉,更从根本上让新教育人看透了理想与行动的关系,遂以先知先行者的身份,一路一程,去完成从理想到行动的伟大嬗变。

新教育人提出了"过一种幸福完整的教育生活"的价值追求和追寻理想、深入现场、共同生活、悲天悯人的新教育精神。前者为其核心理念,后者成其四种文化精神,都明显浸染了儒家文化厚德载物、自强不息的精神元素,透露着中国文化的人文关怀和道德情操的神髓。

新教育实验把教师发展作为教育改革的逻辑起点,以孔子为榜样,选择了一种更本真的生活方式,在攀登"己立立人、己达达人"的境界中,书写自己的生命传奇。

如此这般,有力地承继了华夏文明,弘扬了传统文化,修复着遭受损伤的民族基因,为形成民族的共同精神家园,像农夫般勤恳耕耘。

中国教师大军也就出现了这样一批探路尖兵:怀有深切的思想认同、文化认同、职业认同,以其整体迸发的生命能量贡献给自己崛起的民族,为民族文化的复

---

① 余英时,《中国情怀》。
② 朱永新,《新教育》第三章《新教育与中国文化》,第55页。

兴担当开路先锋。

其二,新教育的基点——复兴源初创造性文化

新教育实验开宗明义地表明了行动诉求——复兴源初创造性文化。

这就与创制心理学理论、哲学理论的职业理论家不同,新教育人更多的是以行动者的姿态,把前人的研究成果、哲学思考,纳入教育生活的相应位置中,最终目的始终在于:创造一种本真的教育。

这也与同样冠以"教育实验"之名的一些教育理论有本质差异。教育学者杨东平指出:"目前见诸文字的教育理论据说有六百五十八种……但真正能够用于指导教育实践并改变教育现状的理论非常匮乏。"[①]以致"各式各样的教育理论满天飞,而教育却依然呈现出应试的病态"。主因是绝大多数"理论"上不着天——缺失理性支撑,下不着地——不接实践地气,一问世便在大浪淘沙中灰飞烟灭,连昙花一现也都是奢望。

那么,如何复兴源初创造性文化?

在新教育人眼里,成熟的新教育实验,将是一个从幼儿园到高中以至大学的完整教育形态,一个从学校文化建设到所有学科课程的创制,以及师生、家校共读共写共同生活的独特而完整的教育生活形态。在这样的新教育学校里,每一个生命的自我叙事不断展开,"晨诵·午读·暮省",人类创造的最美好事物在共同生活和课程穿越中不断复活,师生生命也因此不断充盈。新教育人不愿意错过任何可以企及的人类美好,也不愿意把自己的存在局限于某一局部,更不愿意把自己研究的这一局部与整体相分离。

在此种共同的文化诉求中——

每一间教室创造着独具一格的生命。

每一个生命都是一个完整而独立的世界。

每一个世界都珍藏着各不相同的生命密码和存在境域,因此成为独一无二的生命叙事者。

每一个生命叙事者都能创造出生命的最高境界——最好的自己。

每一个最好的自己与其他最好的自己相辉映,就能组合出一道新的精神风景线。

这道新的精神风景线安顿着新教育人的全部教育使命:中国文化的重建寓于其中,每个人的精神家园落户其中,学校将重归文化与社会的中心,引领和促进社

---

① 杨东平,《教育的理论和活力存在于第一线》,《中国青年报》2005年11月22日。

会的进步与发展也尽在其中。

其三,新教育的真谛——文化的自我创生

文化,既有在特定历史中与具体环境相适应的形式部分(如中国文化中的礼乐、习俗、古代法律),也有超越时代的精神实质部分(如仁、义、爱、自强不息、逍遥自然)。

文化即教育,教育即文化。文化和教育的这种高度的统一,正是人类完全不同于、超越于其他生物的最大特征。人之所以成为人,其本质乃是文化,乃是教育。

文化是一条流动不息的河流,每一个人都是某一文化河流中的水滴。没有水滴的河流会迅即干涸;而没有河床,历史将失去方向,每个个体将陷入生物性的本能中简单重复。①

认定了文化的这些概念后,还须弄清,新教育的自我创生,立于传统文化哪一些根本点上?

——立于孔子仁学的"己所不欲,勿施于人""己立立人,己达达人"之上。前一句是儒家文化精华之处,明示仁以"爱人"为中心,揭晓出处理人际关系的重要原则。此言已成为世界范畴最高境界的道德用语。后一句提出了一条修行仁德的途径:自己做好也让别人做好,自己明理也让别人明理。将心比心,换位思考,推己及人,成人之美,一步步实现心中的理想。

——立于《中庸》"天命之谓性,率性之谓道,修道之谓教。道也者,不可须臾离也"之上。取钱穆解,"天命所与你的,就是人之禀赋,这就叫做性。人受了此性,这就在人之内有了一份天,即是说人生之内就见有天命。""性可以讲是天性人性,道亦可讲是天道人道。率,遵循之义。遵循你的天性而发出的,便是人生大道,亦可说是自然大道。""人道需包括天时地理及社会人群,故需随时随群而修。周公所讲的道,孔子出来修,以下仍需不断有人起来修,此便是修道之谓教。亦即是司马迁所谓通古今之变。……中庸开始的三句话,实是含义无穷。"②

——立于《大学》"古之欲明明德于天下者,……物格而后知至,知至而后意诚,意诚而后心正,心正而后身修,身修而后家齐,家齐而后国治,国治而后天下

---

① 朱永新,《新教育》第三章《新教育与中国文化》,第61页。
② 钱穆,《从中国历史来看中国民族性及中国文化》。

平"之上，从推究事理而获知识、智慧与能力入手，获得真诚的情感和正直的理想，修养高尚的德操与情志，再由整治小家而达治理天下的伟大目的。

——立于《周易》"天行健，君子以自强不息；地势坤，君子以厚德载物"之上：人们应像天一样刚毅坚卓，永不停息；像大地一厚实和顺，容载万物。

——立于《孟子》"恻隐之心，人皆有之；羞恶之心，人皆有之；恭敬之心，人皆有之；是非之心，人皆有之。恻隐之心，仁也；羞恶之心，义也；恭敬之心，礼也；是非之心，智也。仁义礼智，非由外铄我也，我固有之也，弗思耳矣……"之上，以"五常"为中华伦理，成为中国价值体系中的最核心因素。

——立于《道德经》"故道大，天大，地大，人亦大。域中有四大，而人居其一焉。人法地，地法天，天法道，道法自然"之上，认识整个宇宙的特性和天地间所有事物的属性，效法或遵循"道"的"自然而然"规律而行。

……

立于这许许多多淳厚、美善、率真的文化思悟之上，又该如何创生呢？

新教育人已经和正在做的，就是在虚心学习、深入探究上述（又远不止这些）传统文化根本点的同时，努力创造自己人生的魅力诗章、动人故事、英雄传奇，使之成为更新了的新教育文化里的英雄、榜样、先知、楷模，并以当代文化中最明亮、最灿烂的光点，汇入中国文化史继往开来的书卷里，以便实现文化的自我创生这一新教育的真谛。

其四，新教育人的使命——自觉地把中国文化作为自己的精神家园

1875年，大清帝国四川省乡试副考官张之洞（1837—1909）为全国"初学者"开列了一个书单，从先秦到清代学术，甚至包括天文几何等所谓新学，总共列了两千两百种书，两千多位作者。《书目问答》流传很广，影响极大，透露给我们的等于是一百年前中国知识分子的"共同知识范畴"。在这个共同范畴内，从周秦诸子到程朱陆王之学到乾嘉汉学，都是中国学界可以指涉运用、彼此沟通辩诘的知识符号。

一百年后，钱穆惊慌万分地说：今天我们对传统的旧中国，已可说是完全无知识了。那么对以后的新中国，我问诸位又有什么理想抱负呢？我们中国民族将来的出路究竟在哪里？

1979年，钱穆开出一个国学书单：《论语》《孟子》《老子》《庄子》《六祖坛经》《近思录》《传习录》，总共七本。书单开出的同时，钱穆还赶忙强调：后三本，全是白话文！

张之洞的两千两百部必读书和钱穆的七部必读书放在一块儿，这一百年间中

国人抛掉了多少自己的东西？这个过程，称之为集体失忆、自我清减，也不算太过。

今日，中国的学子又有几个通读过钱穆的书单呢？在知识界精英龙应台那双忧患的眼里，中国的近现代是一个被各种西学分割得支离破碎的时代……这些来自西方文化的"狂风暴雨"，使中国传统文化被"连根地摇撼着"。

对于新教育的根基和创造之源，朱永新一直坚定地表示，我们就是通过努力来推动文化的自我创生，让中国文化的根本精神在我们这个新时代重新显现并焕发青春，喊出自己的声音，显现出大道本真的创造精神。

不错，从以儒家思想为主导的汉朝，到魏晋玄学（道家）的兴起，到魏晋隋唐的佛教之兴盛，是道的一次反动；而到唐朝的韩愈，宋朝的周敦颐、程颢、朱熹、陆象山，以及明朝的王阳明，则是又一次思想碰撞之后儒家思想吸收对方精华的整体性运动。及至宋明清的儒教，在维系中国文化社会运行的同时，因对体制的过度自我维护，导致中国文化自近四五百年起，远远地落后于西方。依据"反（返）者道之动"的规律，可以从文化精神的遮蔽与显现，重述我们的历史，"回顾所来径，苍苍横翠微"①。

今天，新教育人步上了这条曲折而光明的文化之道，借着记诵经典、民间习俗和传统、古老的节日和传说，通过"在农历的天空下""走近孔子"等课程的开发，"知识、生活和生命的深刻共鸣"等主张的提出，加之儿童生活方式的普及，以及开学日、涂鸦节、毕业典礼等各种庆典和仪式，把树德育人的根深深扎在中国文化的沃土中；更通过开展"文化植根""文化塑形""文化育人""文化强师""文化立信"等文化实验，将中国传统文化的精神、理念渗透到学校建设的各个领域，让学校环境、教育行为的细微处浸润文化精神，凝练生命精华，令师生沐浴在道德、科学、数学、语言、历史、艺术等人类文化的熠熠光辉里，耳濡目染，行以成之。

新教育人扎扎实实地开展气势磅礴的新教育实验，自觉地肩起把中国文化作为自己的精神家园的伟大使命，正全面拾起被长久遗弃了的传统文化的奇珍异宝，找回了维系华夏民族几千年不曾被割裂的文化精魂。有朝一日，当这座精神家园郁郁葱葱、千红万紫之时，我们一定会对其勇敢的守望者——新教育人，由衷地投以钦敬目光和高声喝彩。

其五，新教育人的胸襟——将中外的文化教育冶为一炉

---

① 李白，《下终南山过斛斯山人宿置酒》。

1907年9月,古稀之年的张之洞从湖广总督奉调入京。行前登上黄鹤楼,凭栏远眺,武汉三镇车水马龙,烟囱高耸,帆樯十里,回想督鄂十余年历尽艰辛,换得今日景况,心潮澎湃,感慨万千,一副脍炙人口的黄鹤楼联一气呵成:

> 昔贤整顿乾坤,缔造先从江汉起;
> 今日交通文轨,登临不觉亚欧遥。

张之洞是"中学为体,西学为用"思想的开篇者。他的"整顿乾坤""不觉亚欧遥"这样中西融合的路径并未尽如人意。

五四为里程碑,现代中国的文化激进主义发生了质变。从那时起,不论批判传统或提倡变革,中国知识分子几乎必然诉诸某些西方"典范"、作为正当性的最终依据。西方文化成为判断中国一切事务的最高标准和终审法官。

中国的传统文化不但没有获得应有位置,而且愈被看作"现代化"的阻碍,"现代化"每受一次挫折,推动者对传统的憎恶便随之更深一层。这一心态的长期流行终成一种惯性,即文化传统可以一扫而光,在一张白纸上建造全新的文化。

在中国学界,始终摆脱不掉"尊西人若帝天,视西籍如神圣"的心态。西方知识界稍有风吹草动,中国便有人闻风而起。清末的"神圣"是达尔文、斯宾塞一派的社会进化论,五四时代是科学主义、实证主义,到现在的"东方主义"、解构主义之类。但是另一方面,中国知识分子对自己历史、文化、传统的认识则越发疏远。时至今日,很少有人能够离开某种西方的思维架构,而直接面对中国的文化、教育了。

在"体"与"用"中迷途了的中华民族,在世界思想的海洋中何以丧失了自己的发声?学者余英时归结为:中国人集体处于一种脑震荡状态之中。[①]我们掉入陷阱,完全成了所谓真理、结论、模式、教科书的奴隶,成为被动的客体。我们与生俱来的创造力、生命冲动、自主性、想象力都被抹杀殆尽。

观览现当代中国教育的列车,也时而在寻觅他人思想的轨道时忽东忽西。先是一股脑扑向苏联凯洛夫的"智育至上""三中心"的教育思想,"文革"中便斥其为"封资修"扫地出门;伴随改革开放的雷霆,一忽儿潮水般涌入各显神通的西方教育思想:美国心理学家布卢姆的教育目标分类法,美国认知主义心理学家布鲁纳的"发现法",保加利亚心理学家洛扎诺夫的"暗示教学法",德国教育

---

① 余英时,《从历史看时代转移》。

家瓦·根舍的范例教学,苏霍姆林斯基的全面发展的教育理论,巴班斯基的"教学过程最优化理论",哈佛大学教授加德纳的多元智力理论……与此同时,联合国教科文组织又努力推动"终身教育""全民教育""终身学习"等教育思潮,将原本由各位教育家特定范围里的教育实验,推向综合性、大范围、广角度的教育改革运动。

中国成了偌大试验场。各种思想思潮,无不展灵蛇之珠。中国文化教育陷入"不中不西""不新不旧"的危机,过去的文化积存乏人问津。少数青年知识分子心态浮躁:浮慕西化而不深知西方文化的底蕴,憎恨传统而不解中国传统为何物;其思想境界没有超越五四人物,其学术的修养又远不及五四先辈那样坚实。

就在这个历史的节点处,新教育实验者打出了一面文化自觉的旗帜。

"文化自觉"是费孝通晚年提出的重要概念,意在中国文化对全球化潮流的回应:倡导"和而不同"文化观,不是单纯地"复古",也绝不是"全盘西化"。新教育实验与此完全契合。2017年7至8月间,首届新教育中国文化研习营在北京北郊的辛庄师范开营。来自四面八方三百多名学员共修中国传统优秀文化,用身心脑去阅读去感受去体悟,沉心静气地去学去修去行,吸纳传统文化的营养素追寻民族的魂魄,借鉴古人的智慧泉启迪今人的头脑,全体学员无不感觉半月之学机缘难得,收获颇丰。

新教育人的文化自觉体现在哪些方面呢?

一是把中国文化作为新教育的根基和创造之源。一个并不知晓自己家底珍藏,对本民族的文化教育传统精华集体丧失记忆的人群,又焉能把握本体的优势,借助其他民族的"酵母",在世界民族之林中铺展自己的枝干?

二是明示新教育是为"失魂落魄的教育"重新召回魂魄、灵性、神圣性,其中一个做法,即是秉持"教育本身不过是对成熟的思想文化的一种选编"的理念,为中国教育打造可以流传久远的成熟课程;

三是主张不同文化的交流互鉴和吸取。简言之,牢牢把握以民族性为基础,以世界性为方向,两者互相融合,取长补短,冶为一炉。

"既滋兰之九畹兮,又树蕙之百亩。"[①]新教育人承继和弘扬优秀传统文化的五大叙事诗,宛如滋兰树蕙,让古老而悠久的中华文明之花重新芳丽奇香,同时,又辛勤培养出新教育许多贤良之才泛舟海海。

---

① 屈原,《离骚》。

四

在新教育传承和弘扬民族文化,书写五大叙事诗之中,既有新教育实验上层策划、组织的呕心沥血、精思苦想,更有广大新教育人的竭智尽力、孜孜矻矻,由此步入了"当其下笔风雷快,笔所未到气已吞"[①]的佳境。

笔者选取一局长、一校长、一教师,以他们对新教育文化的努力,权当例证。

在新教育的实验区山东省日照市,一群执着的教育人,因为阅读而相互砥砺,彼此温暖,使得新教育日照实验区"有如一道灿烂的阳光,让新教育多了一份光芒,多了一份温暖。让全国新教育人为之骄傲与自豪!"[②]

读书活动可谓新教育在当地的一大亮点。阅读之风由弱到强,每前行一步,都离不开一位灵魂人物——教育局局长张传若。

这位二十余载一线从教、三年援疆,从教师、校长一步步走来的博雅智者,深知阅读的价值大于海,重于山。2006年底一任局长,他就决定以局机关的阅读为圆心区,画一个阅读的圆,涵盖局机关、校长、教师、学生、家长、全体市民共六环。为画好这个六环圆,他提出了局长带着机关读、机关带着校长读、校长带着教师读、教师带着学生读、学生带着家长读、家长带着社会读的"六环驱动"机制。

根据各科室职责,张传若绘制了专业性的"阅读地图",伴随个人自主阅读、科室共读、阅读沙龙、科室讲坛的强劲东风。一个阅读氛围浓郁的机关清晰而现。书香飘动,书迷迭出。各教研员也为师生绘制了"阅读地图",组织教师阅读学科相关书籍,导其由传统的学科教学向学科教育转变。

一批有着浓厚教育情怀的校长走上阅读之旅,渐渐成长为专家型校长。桂林路小学校长孙成良自己酷爱阅读,还喜欢和老师们、家长们、孩子们共读,感受书香,洗涤心灵,让读书习惯嵌入生命,成为不能割舍的生活方式,从而极大改变了众人的生命气象。他已积累了二十七本近百万字的教育日志,七十多篇论文、随笔在报刊发表。校长们又点燃教师乃至学生的阅读之梦,学生的阅读为培养核心素养奠基。

张传若着力于开展阅读的基础建设。他一次次找政府,为全市各级各类学校建设图书馆四百余处,学校每个楼层设立图书吧,班级设立图书角,让书无处不

[①] 苏轼,《王维吴道子画》。
[②] 朱永新在2014年新教育国际高峰论坛上的致辞。

在，触手可及。他又推动政府相继投资两亿余元，为学校配置优质图书一千余万册。

阅读的薄弱环节在农村。自2013年，他推动政府将资源向农村倾斜。先后投资三千多万元，为农村学校建设超市式图书馆，为教师、学生以及家长提供阅读资源，开展农村家长阅读培训，将阅读的理念、方法传授给农村家长。三年多来，他走遍了日照各乡镇街道学校。农村孩子脸上洋溢自信的笑容，农村家庭的家教版在悄然升级。

基础设施的完善，千万册图书的投入，撑起阅读之圆的坚实轮廓。

张传若启动了全市"读经典名著，做智慧教师"阅读工程。每年精选重点阅读书籍直接配发给全市三万余名教师，构建起"读—教—学—研"的教师专业阅读机制，成立了市、县、乡、校四级读书社团四百余个。研讨会、报告会、演讲会等成了推动教师读书的重要平台。

金海岸小学老师牛见玉动情地说：自参与阅读工程活动以来，我找到了教育的另一条路径，那便是阅读；我喜爱与书籍谈心，四十多本博文集——《日子流淌的声音》，见证了我的教育岁月；阅读让我的性情越来越沉静，看学生的目光更多了温柔，处理学生的差错更多了宽容，对教育的理解回归到本真。这位日照市新教育实验第一人，几年里带着学生、家长在阅读中飞翔。每日早晨和中午，牛见玉都播放轻柔的音乐，伴孩子们二十分钟读书。她还指导家长给孩子读书。嘉璇的爸爸欣喜地说："儿子上学后，家里藏书已超千册。每当儿子和我分享读书心得时，我都有很强烈的感受：得遇良师，家门有幸啊。牛老师不但改变了儿子，也改变了我——我开始追问生命的价值和意义；改变了我整个家庭的生活氛围，家里从此书香浓郁。"

深度阅读让少年沐浴朝霞。牛见玉班级九岁小学生王舒仪爱书如命，尤爱古诗词、世界地理、生物，对古诗词的理解及语言文字的组织能力超群。2015年暑假，她写出一万字的童话《小农场》，引起轰动，《齐鲁晚报》进行了大篇幅报道。张迅、翟露铭两位同学走进中央电视台读书栏目，参加"我的一本课外书"决赛，他们以海量的阅读、伶俐的口齿、独到的见解、不凡的举止，分别获得了第三名和第五名的好成绩……

一个孩子带动一个家庭，亲子共读成为日照另一道亮丽的读书风景。夜幕降临，华灯初上，你捧一本书，我读一佳作，阅读让每个温暖的家庭书声绕梁，袅袅书香让整个港城文气灵隽，韵味无穷。

张传若带头阅读，还注册博客，记录收获，撰写书评，推荐书目，开通"校校通"

数字图书馆,开办"书香港城"读书网站,让全市师生、家长以及市民都能通过便捷平台随时随地阅读。目前拥有十五万粉丝的"日照教育发布"微信公众号,高频率推广阅读,如一张网,连接你、我、他,上到耄耋老人,下至稚嫩孩童。

每年的9月为日照的读书月,要集中举办上一学年的读书总结和表彰,书香学校、书香教师、书香学生、书香家长,一本本荣誉证书和红丝带捆扎的图书奖品从张传若手中传递着,这是日照精神动力源的传递,也是日照教育人薪火的传承。

让师生过上别样教育生活须从阅读开始,推动教育前行须从阅读开始,让一座城市美好也须从阅读开始——这是张传若多年来的真切体悟。日照的阅读之圆越画越大,越画越实……

别离东海之滨日照,笔者的脚步来到新疆新源县,一迈入县第三小学校门口,三米高的孔子浮雕像耸立眼前,令人油然而生崇敬之意。进校门,甬道两旁饰以文化柱,分别以"读书""励志""求索""惜时"为主题,言简意赅的古训配上中国古典的云纹的镂空图案,庄重而古朴。甬道两侧覆盖着如茵绿草。在右面绿草鲜花里,"厚德载物""上善若水"等篆刻雕塑散布其间,错落有致;在左面的草坪上,掩映着王羲之《兰亭集序》仿真迹卷轴雕刻,醒目大气。

走进教学楼,楼道内悬挂师生的优秀书法作品,成了校园常换常新的独特风景。一所西疆小学,尽显"以字育德,以字启智,以字益美,以字健体"的书法特色,流溢着写字教育的神韵和国粹的翰墨之香……

这一切,构创于投身新教育的校长刘志新——一个事事追求精细、完美、特出的教育人。2011年8月,刘志新接任校长后,提出了书法教育三年发展目标:打造书法名校,创办精品教育,培育艺术人才,构建花香、墨香的书香学校。在校党支部书记姜鑫、副校长艾玉琼等领导的通力配合下,《书法特色建设规划》《书法教学指导方案》《书法教师量化考核方案》等相继出台,"写字教育对小学生育德、启智、审美、健体功效的研究"随即申报,被批准为国家"十二五"课题,开展了书法与习惯、书法与人品、书法与情感、书法与育人等方面的深入研究。刘志新主编的《翰墨飘香》校本教材也正式列入校本课程。

新源三小的书法教育,践行和科研两翼齐飞。为此,刘志新多方运筹:多次送有书法爱好和特长的教师参加各级书画培训、外出观摩,提高其能力;每年特邀自治区书法教育专家来校开讲座、现场指导;组织教师"三笔字"比赛,评选优秀作品并展出。

学校每天安排二十分钟的微型写字课,双师进班:一师负责学生的"双姿",一师指导学生的书写,教师轮流带班、批阅习作,每月小结,期末评优,展示优秀习作。每周三书法课,中、高年级学生由学校统一提供毛笔、小瓶墨水、专用大字本,由书法教师进班指导学生书写;坚持在各科教学中落实写字训练;开设特长班,培养骨干;每年举办书法节,定期举行各类书法竞赛活动。系列举措适切给力,书法活动常抓不懈。

刘志新深有感触地对笔者说:"境由心生,景由人造。我们不求人人成书法家,但求个个写好字,以此弘扬民族文化,传承书法艺术。让博大精深的书法艺术,变成一条以书载道、书道育人的路径,化作我校素质教育的重要载体,也是我们着力打造的办学特色。经过这几年努力,一种独特的气场已初步形成了。"

墨染圣园香致远,德润童心亮久长。全校师生在规矩、方正、规范、端雅、艺术的"立字"中"立人"。五(3)班学生张家瑞的母亲感慨地对笔者说,练字就是练人啊。我的孩子从一年级进入三小,不仅能写一手端正规范的硬笔字,而且毛笔字也有了自己的风骨,性格也变得沉稳了。近年来,作为"新教育实验学校"的新源三小,先后荣获自治区"德育示范学校""第四届全国中小学生硬笔书法大赛优秀组织奖""全国中小学生硬笔书法大赛组织奖""'十一五'写字教学实验学校",三十多名老师、两百名学生在国家和自治区书法比赛中荣获一、二、三等奖。书法艺术引领着全校文化建设,如芝麻开花节节高,似伊犁河水浪打浪……

我国的高中教育,似乎成了践行和深化素质教育的禁区。学生要分数,家长要成绩,学校要升学率。背不完的公式,记不完的单词,做不完的练习,考不完的试,学生哪有时间阅读?师生哪能奢望呼吸得到芬芳的书香?

然而,在广西百色高中,却有一位"70后"的特别女教师,教书之余读书,授课之余笔耕。她倾情校园,和学生一起尽享班级生活的酸甜苦辣;她遨游杏坛,即使戴着应试的镣铐也跳起轻快舞步;她酷爱读书,在阅读中悉心采撷美德之蜜,依托班会和活动,让音乐伴青春纵情飞扬。

她叫黎志新,志在以思想犁铧拓荒,用满腹诗书鼎新,授之以渔,巧改学法,提升学力,在重压下掘一方小孔,让学生得见诗河水光潋滟,用诗词文赋擦亮每一个清亮的日子。

她开拓了每日十分钟的"熹微晨光一日始"专题晨诵。先从纪伯伦的诗起步,走进张养浩的《晨起》,感悟"触处是诗题"的美妙;诵读陈与义的《早行》,在耳畔"稻田深处草虫鸣"里领会黎明前的沉静;诵读温庭筠《商山早行》,在"鸡声茅店月,人迹板桥霜"的早行里,体会"莫道君行早,更有早行人"的韵味;朗声背诵《忆秦娥·娄山关》,感受"雄关漫道真如铁,而今迈步从头越"的雄豪……

黎志新的晨诵像连续剧一样继续下去。

国庆前夕,开展了"位卑未敢忘忧国——爱国诗词晨诵专题";
重阳时节,开始了"千古高风说到今——咏菊诗词晨诵专题";
秋末冬初,启动了"只留清气满乾坤——咏梅诗词晨诵专题";
寒假之前,诵读了"书卷多情似故人——咏书诗词晨诵专题";
……

黎志新做了一个学期的"晨读"示范课之后,又将诗词晨诵之旅的接力棒交给了春季开学已是十七岁的学生们。人人摩拳擦掌,跃跃欲试,琢磨主题,选择诗歌,制作课件,争先恐后地开始了"与诗歌相约,一展迷人风采"的晨诵活动,纷纷上台,推出"春风春雨花经眠""梨花风起正清明""此曲只应天上有"等咏春、清明、音乐等一个个晨诵专题……

一位新教育路上追梦的女教师,播撒以诗路花雨,萤火灵光,给重压下的郁闷日子注入了爽爽晨风、汩汩清泉,让学子们在苦苦拼争的青葱年华,得以文化润泽,诗词滋补,人文关怀,于是钟天地之灵秀,集睿智于一身。我们也能从这位女教师所作的《江城子》中,分享其文化自觉的幸福与舒畅:

八年杏坛走仓皇,意迷茫,无方向。回首来路,无处诉衷肠。纵使夙兴又夜寐,身空忙,心自伤。

追梦路上忽闻香,书声朗,弦歌扬。丹青美妙,星星被擦亮。料得余生心安在? 新教育,乐徜徉。

五

让我们立于高远的文化视角,解析新教育实验是如何穿越以下六个层次,进入幸福而完整的教育大乾坤的。其六个层次,可理解为六个文化侧面,亦可视为六重文化境界。限于篇幅,笔者在此简列提纲。

第一重文化境界:穿越课堂教育

《书经》中的《兑命》有言:"敩学半。"前面一个字读 xiào,后面一个字读 xué。教是一半,学也是一半,拼起来是教学,即教师一半是教,一半是学,学生一半靠旁人教,一半靠自己学,这就是"敩学半"。教的主导在学,学的主导在教。好的教师永远把自己当学生,而学问的有些至深之处,只有为师才更能领会。一旦渐入佳境,发言吐句,往往惊人又惊己。师与生教学相长,共同进步。

课堂教育,中国教师的毛病往往是"师心自用",按自己的主观意图灌输。

老子论道时说要"复归于婴儿",明朝学者李贽有"童心"说,耶稣说只有孩子能进入天堂。毕加索曾经说,"我希望此生能为孩子画画。"童心在发明着天地间的道理,但是成人设计的课堂,体制打造的模式,往往过分功利和先验,不知不觉成了孩子们天性的宿敌。

教学相长,长是目标,相是核心。

新教育极好解决了这个核心性的关键难题。该实验抓住教师理念陈旧这个罩门,极为重视教师心智、知行的科学化艺术化的修炼,突出唤醒教师施教的教育自觉与文化自觉,调动起教师巨大的生命能量、蓬勃生命状态:一是通过创设一种平等、民主、和谐、愉悦的课堂氛围,真正做到了教师和学生共读共思共做共写,一块攻关克难一起成长。朱永新提出理想课堂的六度思考(参与度、亲和度、自由度、整合度、练习度、延展度),透辟地阐释了此问题。二是通过教师专业阅读、专业写作、专业交流的自我重塑,加大与学生沟通与互动;学生开展自主学习,将人类文化知识与自己的生活体验参照融通,通过对话,师生共同穿越所有课程的总和,达到理想课堂的三重境界。两者相辅相成,水涨船高,互为表里。

锁定并抓住了转变教师这一个入口,教育教学改革之路,就会一通百通,难题迎刃而解,展现"潮平两岸阔,风正一帆悬"的豁朗风光。

第二重文化境界:穿越学校教育

一个学校犹如一个小社会,古今中外知识俱全,各个国家与民族,无不希望把人类智慧凝聚于学校当中。如何实施以更科学的理念,更现代的方式,更有效的方法,至为关键,极大影响着这个国家与民族前进的脚步。

学校教育看似简单,融通全世界的文明积淀,贴近国情世情即可。实际操作起来则甚为艰难,失之毫厘,谬之千里。当下学校教育尤难,往往陷入应试性的简单、直接、填鸭式的模式之中。校校相袭,家家如此,将斜当正,以丑为俊,已经走得太远,以至于忘记了出发时的初衷。

新教育实验反其道而行之,从关注教室里发生的事情、关注师生的生存状态起步,走出了一直困扰学校教育的"沼泽地"。推进十大行动,启动"三专"工程,实行"四大"改变,深化生命教育,成人艺术之美……这联动的"舞步",别开生面,直抵灵魂,悄然重塑着中国的广大校园。

从理念到践行,从风采到心魂,从师生到家长,从学校到社会,从眼前到长远,新教育从文化、心理层面切入,为中国教育的深重积弊除疾去病,唤起师生与家长的文化觉醒,为学生、教师和公民的整个人生打下精神底座。

毫无疑问,新教育实验的学校教育给教育以真灵魂,给师生以活生命,给社会以正能量,给历史以牵引力。

第三重文化境界:穿越地域教育

中国教育,有教育部的指挥系统,各省市区又有管理机构。虽然,国家依照现状与需求制定了教育发展的战略规划,却因幅员辽阔,民族各异,各地区发展不平衡,政策很难一一适切。教育管理也因条块分割,举措僵硬,教育系统内又缺乏整合,致使无法满足各地域多层面的需求。

中国教育到哪里去找寻"最大公约数"?新教育人试着解题。

新教育为了一切的人,为了人的一切。

在城与乡、富与贫的地域内,新教育都可以落地生根,开花结果,而且,越是乡村,越是穷乡僻壤,新教育越能接地气,服水土。中条山区的山西省绛县,桐柏山、大别山、大洪山三山环抱的湖北省随县,新教育开出鲜艳的教育之花,就是明证。

在应试教育和素质教育之间,新教育视二者间并无鸿沟,围绕提高学生综合素质,像庖丁解牛那样得心应手,运用自如。从而证明,为民族复兴打造人才的高素质,与为个体发展追求升学的高目标,共有一个并行不悖的主题——求得生命健康、高雅、强劲的发展。没有分数,学校过不去今天;光有分数,学生过不了明天。因此,新教育人聚力素质,笑对应试,于前者登峰,在后者夺魁。

在国家官办教育和民间草根的教育实验之间,新教育人以其俯视全球文化的眼光,自觉地为中国教育的若干薄弱处攻关克难。举一例,新教育对生命教材、公民教材、智识教材、特色教材等教材进行了源头开发,犹如古人钻木取火、浚渠泄洪,在育人命脉上聚精会神,这是极艰难极高深的思想文化的"选编"传承活动。

第四重文化境界:穿越社会教育

社会大潮滚滚沸沸,教育不能独居"桃花源"。今日之社会影响今日之教育,今日之教育影响明日之社会。社会问题,一定会显性反映在教育。教育则从人才这根本上,左右着社会。

《学记》说:"君子如欲化民成俗,其必由学乎。"其意是说,君子想要教化百姓,并形成好的风俗,就一定要重视设学施教。化民成俗的"俗",亦是鲁迅一生所重视的国民性。

新教育对社会的影响,对民风的改造,是通过对社会的细胞——家庭的改造、重塑、提升来实现的。

新教育从文化的视角透视了家庭。认为家庭是家校合作共建的主体,父母是孩子的第一位和终身成长的老师,是完成育人重任的奠基性力量。

新教育用文化的元素改造了家庭教育——家庭的风气风俗,家教的方式方法,大力倡导共读共写,加深了家长和孩子的关系,建立共同的心理密码与语言系统,让父母与子女和谐,合家和乐,进而扩展到全社会。

新教育以文化理论培训出胜任的家教教师。他们建立新父母学校,开展读书会、报告会、优秀父母养育经验交流会,讲授儿童生理与心理发展的理论和教育学的理论,帮助父母更新观念,掌握方法,成为内行,科学育子。

新教育立足大文化的背景,实现了对家庭的文化重组。其路径是让千千万万个家庭,以学习型文化型的家庭融入大社会之中,让千帆竞发,百舸争流。

新教育将整个大社会观照在统一的文化大场里。新教育人视天下为己任,所作所为志在中华民族的文化复兴。从此出发,社会各角落的文化,尽在视野之内,关注之中。如朱永新两次赴河南省焦南监狱,调研新教育与监狱施教相结合的情况,并给予高度评价和精细指导,使新教育之花,亦能在狱中开放。

第五重文化境界:穿越民族教育

亚里士多德《政治学》结束于教育。在中国著作里,政治、经济都归结于教育。《论语·子路》中有这样的记述:"子适卫,冉有仆。子曰:'庶矣哉!'冉有曰:'既庶矣,又何加焉?'曰:'富之。'曰:'既富矣,又何加焉?'曰:'教之。'"这里牵涉有三,首先是人口,人口多了要靠经济致富,致富以后要靠教育来提质升档。

教育之大者,在于整修或优化民族基因,影响民族灵魂的景深之处。大凡在历史转折、民族转折之时,也是教育转身的节点之际,要求教育为转折提供从思想到精神、从人才到人力的强大支撑。如果历史呼唤教育,教育没有及时应答,则一个民族很难完成转型的重大任务。历史上的无数教育大家,无不为本民族思维之提升,为祖国跨越式的发展,自觉地做出不辱使命的贡献。

当下,新教育在中国从崛起走向强盛的转折当口,以清晰的理论,优化的方案,踏实的践行,科学的引领,荟萃古今中外的思想,聚集五湖四海的有识之士,推进着重塑教育、再造新人、优化基因、影响社稷的事业。

新教育缘起的动力,是实现中国教育的"乌托邦"之梦。

新教育思维的源泉,来自源远流长、生生不息,千载颠沛精魂不散、万般磨砺浴火重生的华夏文化。

新教育推崇的楷模,为列"世界十大文化名人"之首的孔子。

新教育行动的方针,贯穿了民族的精神、道德、伦理的崇高而神圣的追求。

新教育道德图谱的最高境界,饱含儒家"惠泽天下"的仁爱境地。

新教育实验的本质,是借鉴传统教育精华的"师道"说,以教师成长为起点,以十大行动为途径,以帮助师生过一种幸福完整的教育生活为目的的大型综合性的实验研究。

新教育引领的生活方式,是融汇着中华民族文化元素的"晨诵·午读·暮省"系列课程。

新教育的理论视界,是打造"面向现代化,面向世界,面向未来"的中国本土新教育学派。

新教育持续推进的中坚,是一群为新教育之梦竭尽全力的"尺码相同"的人。

新教育彼岸的胜景,是成长起政治有理想,财富有汗水,科学有人性,享乐有道德的中华栋梁才俊。

由此观之,新教育不愧是生于斯、长于斯的中华民族的新教育。

第六重文化境界:穿越人性教育

一位纳粹集中营的幸存者、后为美国一所中学的校长,在给新老师的信上写道:

亲爱的老师,我是集中营的生还者。我亲眼看到人类所不应当见到的情景:毒气室由学有专长的工程师建造;儿童由学识渊博的医生毒死;幼儿被训练有素的护士杀害;妇女和婴儿被受过高中或大学教育的人们枪杀。看到这一切,我怀疑:教育究竟是为了什么? 我的请求是:请你帮助学生成为具有人性的人。你们的努力绝不应当被用于制造学识渊博的怪物、多才多艺的变态狂、受过高等教育的屠夫。只有在能使我们的孩子具有人性的情况下,读写算的能力才有其价值……

此信令人震撼而感慨。人性比知识更重要。"教育者最可贵的品质之一就是人性,对孩子们深沉的爱,兼有父母的亲昵温存和睿智的严厉与严格要求相结合的那种爱。"①

人性教育应为教育者的最高境界,是看起无比简单思来也不高难的境界,实则是教育难以做到的返璞归真之境,亦是人类教育的合流之境。孔子提出最高的准则"君子"为道德楷模:"学而时习之不亦说乎,有朋自远方来不亦乐乎,人不知而不愠不亦君子乎?"此句似乎简单,实含人生至理、至高至难的境界。西方文明奠基者柏拉图的《理想国》中,亦将哲学家作为人类最高精神的化身。

新教育无比重视人性教育。在教育沦为单向度、片面畸形、唯分数的教育,立德树人成了最大困惑时,"新教育要做的,就是给教师和学生一种幸福完整的教育生活,一个开阔无垠的精神视野,让他们对人的内心的复杂性有更为深切的体验,不但要了解生命的伟大和宇宙的博大,而且要感受生活的丰富与人性的丰厚",

---

① 苏霍姆林斯基,《把整个心灵献给孩子》,天津人民出版社1981年版,第10页。

"通过浪漫精神的引导来塑造个性的心灵、通过理想信仰的生成来积淀人性的底蕴则是第一位的"。痛感人文精神远离教育实际的惨淡现实,朱永新把关于人性若干深沉的思考,写入了他的《我的教育理想》《新教育》《致教师》等多部著作里。

新教育人如是而行。他们视每一个学生皆为鲜活的有个性的独一无二的生命,加以敏锐发现、欣悦赏识与顺势开发;让世间最美好的东西与他们相遇,催助其创造并拥有美善的人生、人格和人性;将每一个生命随时随地推向出彩的平台,让其最大限度得到展示与发展;观照每一个生命的些许进步,为才露尖尖角的"小荷"喝彩,为每一个生命颁奖……

如是,我们自会知晓,新教育缘何而美丽?因思想的灵光直入人性,因文化的雅韵润泽心魂,因天光与地气相映,因大爱与历史同行。

第七章　筑　峰

黄公望画作：《富春山居图》（局部）

黄公望（1269—1354），元代画家。

黄公望所作的《富春山居图》，有着中国山水画作品中"第一神品"之美誉，被称为"画中兰亭"。开卷描绘坡岸水色，远山隐约，接着是连绵起伏，群峰争奇的山峦，再下是茫茫江水，天水一色，最后则高峰突起，远岫渺茫。

这是一幅浓缩了画家毕生追求，足以标程百代之作。画中凡十数峰，一峰一状；数百树，一树一态。雄秀苍莽，变化极矣。董其昌见此画惊呼："吾师乎！吾师乎！一丘五岳，都具是矣！"膜拜此画一山藏百韵的造化之功。

选此幅名画，以示新教育学派筑起了一座学术峰峦。

题　　记——峰头眺望

歌德说,理论是灰色的,生命之树常青。
我要说,教育常绿,新教育的学理长青。
她从古今中外渊深的育人理论中悉心采撷,
她自几百万生命的真实体悟里细细提纯,
她浓缩着新教育人的浩浩能量闪闪心光。

高山不辞土石方显巍峨,大海不弃涓流才见壮阔。
在学理的峰峦上,刻满新教育人的攀登屐痕。
对开拓者的理性提炼,如蜂儿采百花而后酿蜜,
面壁十年,力通百家之说,扶摇而上；
画龙点睛,独成一家之言,蛟龙腾飞。

如凌绝顶一览众山,览胜新教育的理论之峰——
不只是几百部书、几万篇文章及一个渐起学派,
也是广大新教育教师的教科研"宣言",
还是全球最宏阔教育舞台的攻关捷报,
这更是中国教育人向世界教坛的理性发声。

第十九节　岁月经纬

一

流年如水,岁月似河。

普通教师的教育生活,总是像小溪流的水,潺潺地静静地徐流缓动,虽也不舍昼夜,却难见波澜起伏。而新教育人的教育生活却像奔湍的江流,两岸青山,面朝大海,浪花涌动,好戏连台。尤其是一年一度的新教育年会,堪称新教育人的盛大节日,兼具盎然之春和成熟之秋的特性,牵动着新教育以一年为周期的和谐律动。

在新教育的编年史上,年会是盘点前一年的检阅大会,是再出征的誓师大会,更是对某一个重大而急迫的教育主题进行破解和发布的学术探究大会。

新一年的精彩在这里拉开序幕。新教育最新成果全面展示,围绕一个亟待破解的教育课题集中探讨。年会上有传奇展示,思想碰撞,理论探索,可谓凝神一点突破个人的屏障,合力一处寻找更新的发现。新教育人更在深度交流中,彼此照耀,同心共进。进而渐次改变的,是新教育树德立人的精度,新教育课堂的境界,新教育师生的心性。

年度诗剧在这里定格。起初曾有两年(2004、2005),年会在一年内开了两次,后来约定俗成,一年一次,开在7月,成为名副其实的年会。届时,在全国范围内,选派各实验区、新教育学校及个人代表前来参加,通过一系列展示、交流、探索等活动形式,总结经验、取得共识,推助新教育持续发展。

幸福的心儿在这里翔舞。一次聚会,十几项日程紧锣密鼓,急管繁弦:视频、致辞、汇报、演讲、交流、展演、考察、沙龙、点评、论坛、报告、颁奖、签约、授牌、交旗……扑入人们眼帘的,是思泉喷涌,智光四射,才艺展翅,是外在活力、自身动力、组合张力,融合而成的内在魅力。

责任的坐标在这里耸起。这集中体现于年会的超级重头戏——朱永新代表新教育团队所做的主报告。主报告从首届年会就有,但明显纪年的主报告应推2006年,在北京的清华大学礼堂。自此,朱永新将教育理论的高度与团队文化的深度,贯之以社会责任的厚度,三者通透融合,开动了问题导向的思想引擎,给每年的教育主题以本真性的建构、阐释和引领,与会代表分享精神的盛筵,增添了持续创造性的动力。

会场上,掌声火爆、笑声荡漾、眼神专注、记录飞快、手机抢拍、提问踊跃,构成了一道道独特的风景。接近,接触,接合,与会者与学者专家名师零距离,与教育媒体零距离,与现场的师生零距离。

会场外,众多新教育人,投来急切关注的心情,与年会会场遥相呼应。

这是上上下下勠力运作,尤其是几百万师生长年累月践行所创造的浓缩精品啊。

一次年会筑起一座山峰。有形,有量,有质,不仅吸引眼球,更动人魂魄;不独有行动展示的突破,更有学术上的突进。

一座山峰连接一座山峰。几年一个阶段,攀上新的层级,形成一个群峰烘托的高原。不知不觉的运作中,高原之上又耸起新的山峰。如此这般,山的脉系出现了,这就是新教育运动的学派之脉啊。

这使年会的成果,不会像头顶的光环昙花一现,也不会像某种流行现象转瞬即逝,因其由表及里地镌刻深意,注满暖情,而留下明晰的印痕,无论是对岁月还是对人。

笔者将十七届年会的历史脚步简录如下:

2003年7月21日—23日:新教育实验第一届年会(江苏昆山玉峰),主报告:新教育理论的实践及推广(朱永新);民主教育的理念与操作(李镇西)。

2004年4月11日—12日:新教育实验第二届年会(江苏张家港—常州),主题:研究新教育课题方案。主报告:激情演绎新教育理想(朱永新)。

2004年7月31日—8月1日:新教育实验第三届年会(江苏宝应),主题:新教育、教育在线和教师成长。主要报告人:朱永新、杨东平、魏书生、卢志文等。

2005年7月12日—14日:新教育实验第四届年会(四川成都),主题:新德育——生命教育与公民教育。主要报告人:朱永新、石中英等。

2005年12月24日—25日:新教育实验第五届年会(吉林),主旨报告:教师专业化成长(朱永新)。

2006年7月13日—15日:新教育实验第六届年会(清华附小),主旨报告:过一种幸福完整的教育生活(朱永新)。

2007年7月14日—16日:新教育实验第七届年会(山西运城),主旨报告:共读、共写、共同生活(朱永新)。

2008年7月11日—13日：新教育实验第八届年会（浙江苍南），主旨报告：知识、生活与生命的共鸣（朱永新）。

2009年7月10日—12日：新教育实验第九届年会（江苏海门），主旨报告：书写教师生命的传奇（朱永新）。

2010年7月9日—11日：新教育实验第十届年会（河北石家庄），主旨报告：文化，为学校立魂（朱永新）。

2011年9月17日—18日：新教育实验第十一届年会（内蒙古鄂尔多斯东胜区），主旨报告：活出中国文化的根本精神（朱永新）。

2012年7月14日—15日，新教育实验第十二届年会（山东淄博临淄区），主旨报告：缔造完美教室（朱永新）。

2013年7月13日—14日，新教育实验第十三届年会（浙江杭州萧山区），主旨报告：研发卓越课程（朱永新）。

2014年7月12日—13日，新教育实验第十四届年会（江苏苏州），主旨报告：艺术教育"成人之美"（朱永新）。

2015年7月11日—12日，新教育实验第十五届年会（四川金堂），主旨报告：拓展生命的长宽高（朱永新）。

2016年7月9日—10日，新教育实验第十六届年会（山东诸城），主旨报告：习惯养成第二天性（朱永新）。

2017年7月15日—16日，新教育实验第十七届年会（南京栖霞），主旨报告：家校合作激活教育磁场（朱永新）。

感官化看待中国新教育的十七届年会，大致可以划分为三个发展阶段。借用孔子从宏观视角透析人生轨迹的方式，笔者以为各阶段的称谓，很近似于初出茅庐、激情呼唤的"而立"阶段，登高望远、知行醒悟的"不惑"阶段，以及精骛八极、目游古今的"知天命"阶段。

二

初出茅庐、激情呼唤的"而立"阶段（2003年7月—2006年7月）。

孔子的"而立"，指十五岁志于学，至三十岁所学已成立，即学有了根底，凝聚了力量，自立于世，非外力所能摇动。

对于新教育来说，从1999年9月在湖塘桥中心小学初见萌发，到2002年秋第一所新教育实验学校正式挂牌，新教育正式扎根于现实，可谓大器初成。从2003

年7月第一届年会,到2006年7月第六届年会,新教育初露锋芒,独立承担起自己应承受的责任,且已确定了实验的终极目标与发展方向,方算步入"而立"阶段。

不妨简要地回眸一望。

2003年7月,江苏昆山年会的开山特质。

会议开在苏州昆山市玉峰学校的会议厅。主席台上方,"新教育实验"2003首届研讨会的大字,标志着开启新篇章的深厚意味,在背景幕布上,第一次现身的新教育标识十分醒目。

朱永新、袁振国[①]、李镇西、储昌楼、程红兵等出席,近五百位来自全国各地的教师、校长莅临盛会。

一开幕,先对第一批新教育实验学校授牌,对教育在线先进个人颁奖,接着,中华经典、英文名篇诵背展示,玉峰学校学生日记、老师随笔展示,上诗歌教学、日记教学研讨课,程红兵点评。次日,朱永新和李镇西先后做报告,教育在线分论坛讨论,与教育媒体面对面对话,第三日考察后散会。笔者作流水账似的勾勒,是想让教育同仁感知,会议开得很实在,开创了抓本、务实、干事的会风。

是年3月和5月,朱永新首次提出新教育的六大行动和七大定位,且分别成立六大行动专业研发组。昆山年会明晰了目标,会后,新教育把议题集中在"改变教师行走,促进教师专业成长"的方向上。

时下有一篇报道说这是一次"中国教育的丐帮会议"。所以如此称谓,因是一场非官方主办的民间的会议,且以农村的困难学校为主体,来了一批有激情有理想的校长、教师。会议没人赞助,也没多收代表一分钱。吃家常便饭,睡学校的学生公寓,免收住宿费。会议虽然清淡甚至寒酸,但"尺码相同"的与会者却动情地说,参加新教育实验,澎湃的是激情,涌动的是理想,激起的是热情,付出的是真心,发展的是智慧,收获的是每一刻的生命。

这一届会议振奋了新教育人的精神,第一批新教育实验学校诞生了。

2004年4月,江苏张家港年会的鲶鱼效应。

两日会议,先后在张家港高级中学和武进湖塘桥中心小学连续举行。高朋满座,大家云集,官方认可。有专家报告,有对开展的新教育行动的研讨,有对新一批实验学校的授牌。

朱永新做了《新教育的理论与实践推广研究》方案的开题报告,激情演绎了新教育理想。

---

① 时任教育部社政司副司长。

新教育的课题得到全国教育科学规划领导小组办公室正式批准立项,列为"十一五"重点课题研究。新教育人越聚越多,新教育共同体静悄悄形成,一切显现出新生事物的新锐之气。知名的教育家陶西平在会上预言:"朱永新提出的新教育实验,是对过去教育的完善和发展,其观点性、针对性、操作性都很强,新教育实验会像一条鲶鱼,把中国教育这缸水搅起来!"形象比喻,精准定位,分量很重,影响颇大。

2004年7月,江苏宝应县年会的集思广益。

此次与会人数多达八百,热烈空前;年会主题:新教育、教育在线和教师成长。

新教育烈焰熊熊。总课题组编发的新教育实验系列丛书《新教育实验指导手册》和新教育"我的教育故事丛书"(5册)出版。赞扬声不断,质疑声随之而起。新教育人边走边思,奋然前行。他们不愿坐而待之,而要主动前行,以变应变。

为展示"翔宇"等实验学校的改革成果,给新教育人以旺盛斗志,让专家、学者和新教育人帮新教育多提建议,开好新教育的航船,"新教育实验学校"代表、教育在线各论坛正副版主、"教育在线"的前沿网友与特邀嘉宾、教育媒体代表四百五十六人参加了会议。

与会代表聆听朱永新、魏书生、杨东平、韩军、程红兵、卢志文等学者、名师的报告,阎学、邓彤、夏青峰等特级教师担纲开设的研讨课,名师李镇西、窦桂梅的随堂评点,与翔宇教育面对面的对话,对于教育在线的定位和新教育实验的历史意义进行了深入探讨,明确了新教育实验的五大观点及六大目标,并特别为四川新教育实验学校、山西运城市新教育实验学校、福建南少林武术学校以及北京中关村一小等七所实验学校授牌。

翔宇教育集团还推出"翔宇之夜"迎宾晚会,举行灯谜有奖竞猜活动,增添会议花絮。

此次年会,教海探骊得珠,杏坛真言献宝,成了新教育途中的加油站;因全面展示和多方成功,也为以后的年会打了样。

2005年7月,四川成都年会的智能充电和幸福叙事。

会议主题为新德育与理想课堂;寻求新教育实验转型,开拓"新公民教育,新生命教育,新职业教育,新教师教育,新农村教育"等实验项目。

来自两百多所实验学校四百多位中小学校长、教师,赴盐道街外国语学校参会,听取朱永新、朱小蔓、顾泠沅、王晓春、游永恒、李镇西等多位专家讲学,是一次集中的充电。会议又分两个场地,听了名师的说课与点评;再由名家主持,分课题、分学科地开展聚焦性很强的讨论;王晓春、徐斌、贺杰、姚嗣芳、窦桂梅、干国祥、谢丹旖、卢志文等名师、名校长在各自分会场做了交流；与会者研讨班主任工作和学科教学的深水区改革，努力提升自身的智能和境界。

与会者白天开会，晚上品茶畅谈自己的故事，最大的收获是新教育的"幸福"。其内涵是：改变了单兵作战、暗中摸索的生活状态和发展方式，开始实现教师行走方式、学校发展模式、学生生存状态、教育科研范式的转变。

2005年12月，吉林年会的教师专业化成长，奠基"三专理论"。

在吉林市第一实验小学召开的"北国之春——全国新教育实验与教师专业化成长研讨会"，正值冰雪隆冬，这里却盈满教育春光。会议提出了新教育实验"三专模式"的雏形，意义重大，为实验注入新的活力。故定其为第五届年会。

该年会的缘起，颇有一段故事：该校十分普通的青年教师张曼凌，以"个体户"的身份参加了新教育，并担任了教育在线小学教育论坛的终身版主。她每天都记载自己的教育故事，书写教学反思，陆续开设小曼讲故事、小曼课堂、小曼随笔三个专栏，写出《我的语文教学实践》《心路为你开——小曼教育随笔》《小曼老师讲故事》等文稿。

小曼慢慢出名了。当她的故事讲到第二百个，辽宁音像出版社和辽宁少儿出版社主动与她联系，希望出版《小曼老师讲故事》，请她讲学的邀请接踵而至。

小曼的飞速成长感动了邢校长。2003年，小曼所在的小学成为新教育实验学校。一个人，撬动一所学校。

2005年10月，小曼和邢校长来苏州，希望举办一次新教育实验与教师成长的研讨会。邢校长说，他们从小曼的身上看到了新教育对于教师专业发展的明显促进作用，希望好好总结交流。于是，以揭示"小曼现象"为引发，研讨教师如何专业化成长的会议落户于该校。

从解剖一个教师的专业性发展入手，召开一次全国性的会议，在中外教育史上也未曾听闻。独具慧眼的新教育正是凭此不拘一格的创意思维，取得高屋建瓴、以小见大的轰动效益。

新教育"而立"阶段的年会，树起了一个很高的教育标杆、文化标杆。举旗，展标，亮相，采用年会的形式，加紧策划，加快凝集，加强宣传，加大力度，旨在从外塑形象、内增意蕴上，达到真正的"而立"。

倘若盘点"而立"，立起了什么呢？

——立项目。2003年12月22日，全国教育科学规划领导小组办公室下发通知："新教育理论的实践及推广研究"课题被列为全国教育科学"十五"规划重点课题。这一立非同小可，一项民间的草根实验研究至此就加入了中国教育改革的大合奏之中,代表国家意志,凝集民心民力,便于团结更多有教育理想有改革情怀的同仁们一起奋斗。

——立旗帜。打出一面旨在拯救"人的心灵",对抗"教育异化"的旗帜,强调激情与梦想,强化职业认同,带领新教育人超越知识,健全人格;以人为本,发展个性;根植生活,关注社会;怀揣理想,埋头耕耘。

——立团队。几年里,新教育实验组织起一支浩浩荡荡的队伍,形成了特殊的风采:有犟龟一样的执着和信念,"敢死队"一般的猛劲和冲劲,高尔基歌咏的海燕那种面对风暴的勇毅……

——立一代人。主张"人的教育"的新教育实验,无疑是希望工程的升级版。它以放飞中国教育新希望的作为,吸引了一批批教师,自表至里地改变了他们的风采、思维、气质和生命气象。这是具有中国心灵、世界视野、博大襟怀、丰盈智慧的新一代人啊。

时代所向,迎势而起。自2003到2005年,中国的民间力量与新教育携手努力,一次次怀揣希望上路,一次次大美勃发,众多生命的崛起与教育理念的融合,渐渐形成新教育律动的偌大格局。

"而立"阶段的几届年会,留下了新教育初期摸索行进的足迹:从无固定专题,到有聚焦性课题;从每年并不固定一会,到每一年7月一次年会;从没有主报告到有主报告;从主报告多为工作报告,到具有理论色彩的主旨报告;从最早年会以思想交流取得共识为主,到多角度的综合展示……新教育年会在思考与践行中不断进化,当然,实现更大的突破,还需要岁月,需要耕耘,需要远行。

三

登高望远、知行醒悟的"不惑"阶段(2006年7月—2010年7月)。

孔子的"四十而不惑",即学至四十岁,就内心不再惶惑,行动不再摇摆,面对复杂事物能够从容而淡定,能够给自己做出准确定位。"不惑"阶段的新教育,也包含着类似的特点。

2006年可谓新教育的不平凡之年。

2006年2、3月,浙江杭州萧山区、浙江省嘉兴市秀洲区分别成立新教育实验区。

3月11日,华南师范大学黄甫全教授致苏州市副市长朱永新博士的公开信发表,对新教育发起人公开质疑。一时教坛里论辩纷纭。

5月3日,新教育实验决定重建新教育研究中心,新教育有了专职专业团队。

2006年6月—7月,新教育实验团队酝酿着架构与机制转型。

是的,新教育实验一进入2006年,波涛滚滚,暗流涌动。赞扬与质疑,作用力与反作用力,搅动得岁月不宁。然而,进入"不惑"阶段的新教育,开始变为趋于成熟的舵手,从容不迫地开局布阵,构筑每一个年会的思想峰峦。

2006年7月,"进京赶考"年会:剑指新教育核心理念。

朱永新在2006年7月13日的博客上说:"晚上与李庆平、皮鼓、干干、王元磊等一起乘火车去北京,在火车上继续讨论六大行动的基本定义,讨论主报告的主题和内容,一直到深夜。"笔者访谈得知,"过一种幸福完整的教育生活"这一新教育的核心理念,就是那晚在赴京开会的火车上,朱永新与新教育的骁将们经反复商论、论辩、推敲、润色,字斟句酌,时至凌晨才最终确定下来的。核心理念问世,等于为新教育运动树起一座世纪灯塔。

此次年会的议题与地点也至为重要。

《经济观察报》记者章敬平、王延春以《新教育实验进京赶考》为题,报道新教育"征服了清华大学附小这样的'中国顶尖级小学',并由此获得了'进京赶考'的机会"。各地近七百名实验代表云集,全国人大常委会副委员长许嘉璐发来贺信,盛赞"为了一切的人,为了人的一切"的新教育实验,以教育在线为平台,努力实践五大观点和六大行动,积极探索教育改革发展之路,在全国引起了很大反响。在清华大学大礼堂,朱永新以一个民间教育实验者的名义,做《过一种幸福完整的教育生活》主题报告,为摆脱畸形教育的桎梏,开拓出幸福完整的教育新世界,划出了优美的地平线。

北京六一中学、清华附小、中关村一小提供了展现舞台。

一些普普通通的新教育教师,也登堂入室,成了年会的主角。浙江丽水的女教师含烟和她的女儿带来了母女合著的新书《一个老师和她女儿的故事》。苏州玉峰实验学校老师吴樱花为一个调皮大王写下十五万字的观察日记,在女教师努力下,这个孩子以全市第一名的成绩考上昆山中学!这些故事赢来一片认同的掌声。年会对玉峰实验学校、湖塘桥中心小学、运城新教育实验学校颁发了新教育实验示范学校的牌匾。

此次年会是一个重要节点:有了核心理念,有了机制转型,有了职业化专业化人员的加盟,新教育遂由一种教育实验,全面嬗变成为新教育运动。

2007年7月,山西运城年会:达成共读共写共同生活的共识。

开幕式不设主席台,无按部就班程序,而是推出一台公益晚会,一些参与公益活动的志愿者讲述在贵州支教的感人故事,并为王海波捐资成立的新教育基金会揭幕。别开生面的开幕震撼了六百多名与会者的心灵。

次日,有童书阅读展示,常丽华等讲述美丽的教学故事;有教师发展交流,赖联群、高丽霞等畅叙成长的传奇。是夜,烧烤啤酒自助研讨会开得酣畅淋漓。

上一年,新教育提出"过一种幸福完整的教育生活"的核心理念,然而路径在哪里?此次年会,"晨诵·午读·暮省——新教育儿童生活方式""毛虫与蝴蝶——新教育儿童阶梯阅读"等项目正式亮相。就新教育儿童阶梯阅读课程、教师"专业阅读+专业写作+专业发展共同体"模式等专题,用践行予以深入回答。朱永新所做的"共读共写共同生活"报告,更从理论层面上予以解说:"共读共写共同生活,是过一种幸福完整的教育生活的必由之路。"从此,"共读共写共同生活"成了新教育的核心话语。该报告成了广大同仁久盼的"甘霖"。新教育研究院院长卢志文还做了《新教育组织新架构及团队文化》的工作报告,为新教育运动注入动力。新教育实验的重要管理机构——新教育研究院随之成立。

年会反响热烈。杨民华:"这是我有生以来所参加的活动中最精彩的一个。" 紫云岚烟:"两天大会的内容浑然一体,点是点,面是面,点融于面,面面俱在,像是超级组合。" 卢志文:"我评会议六个字:精心,精致,精彩。"网友草:"会议内容的精品化,让我们享受了一次精神的盛宴,绕梁三日,余音不绝。《人民日报》记者温红彦:"听了'毛虫与蝴蝶'发言,为这群理想主义者的信仰而感动,看教师专业发展单元,赖老师的执着,点评人的坦诚,更是让人产生敬意!新教育进一步教育了我!……现在做学者当专家不难,当官也不难,像这样坚守信念真正做实事最难!"会议原来可以这么开,真够创新的,从内容到形式。

2008年7月,浙江苍南年会:厘清课堂三重境界。

学运城,创自己。在县第一实验小学三(4)班学生天籁般纯美的诗歌朗诵中,苍南年会的序幕在晚七时徐徐开启。来自全国二十多个省市的六百多位"新教育人"云集苍南,参加"北川——新教育,血浓于水的教育情缘"主题公益晚会,共同进行新教育实验研讨,聆听朱永新《知识、生活与生命的共鸣》的主报告,该报告对新教育理想课堂的三重境界,做了开门见山的讲解与鞭辟入里的剖析。

年会的绩效自不必说。笔者发现网名为"行者思绪"的吴江松陵镇一教师,撰《浙江苍南行》文说:"朱老师三天里从始至终和新教育人融在一起,他对教育的情结永远无法割舍,对师生充满了那么深的情和爱,他属于教育,属于我们每一位师生。""会议在四点半结束,我们邀请朱老师和我们十一位赴浙江苍南学习的'追梦人'一起合影,近距离和朱老师接触,感觉他老了很多,虽然与我们交流谈话时给我们的感受是热情、豁达和精力充沛。据他的秘书说,人家领导下来视察工作,结束了就去休息,但朱老师总是不忘他的'教育',每到一地总要去看学校和师生,了解当地的教育情况,关注当地的教育发展……我们为有这样的超重量级领衔人物而感到欣慰和无悔,这是我们的幸事,中国教育的幸事。"

亦师亦友,且歌且行,"行者思绪"的话,道出了许多新教育人的心声。

2009年7月,江苏海门年会:拓出生命叙事与专业发展的新路。

一千三百多人齐聚江海门户,共话教师发展,其规模空前。新教育在海门大地上穿行,留下了阶梯阅读、每月一事、新教育共同体、学程导航、达标创等五个品牌,每个品牌都凝聚了海门新教育人的清醒使命、前导理念、明确目标、扎实行动与显赫效果,代表们从这扇全国新教育实验的窗口里,透视多多,感受多多,收获多多。

精彩的一幕,还属朱永新所做的《书写教师的生命传奇》报告,充满激情,充满思辨,也充满热望,对时下教育的解剖,对新教育实验的回望,对教师现状的分析,对新教育人的点赞,为他们点亮一盏明灯——浸染生命叙事理论和"三专"理论,把职业认同和专业发展作为教师成长的双翼。

人在海门,饱受精神洗礼,顿觉能量倍增;别离海门,带走的是经典,留下的是信念。

2010年7月,河北石家庄年会:播种学校文化。

相约燕赵桥西,共叙学校文化。报到当晚,"开放式论坛"格外迷人。在桥西实验小学十一间教室里,一千二百多名代表分别聆听了卢志文、许新海、李镇西、窦桂梅、张硕果等十一位名家的专题报告,并与其展开了真诚的对话,被称为"一道惬意的餐前甜点"。

翌日,桥西区十二所新教育实验学校的文化展示,尽显其脱胎换骨的风貌。来自全国各地的十所新教育学校,也精简地展示了其学校文化的内蕴,共献一席文化大餐。

桥西实验区关于学校文化的汇报,牵动众人心。网络师范学院自2009年9月4日正式开学授课将一年,其网师课程与文化的展示,赢得满堂彩。

卢志文代表新教育研究院做年度报告——《希望,总在努力中》,那些饱含深情的话语,撞击着人们的心魂。压轴戏是朱永新的主报告《文化,为学校立魂》,高屋建瓴、博大精深,对学校文化阐述幽深,对学校灵魂定位精准,卷起了人们头脑中的风暴。

无疑,桥西年会是新教育实验对于学校文化发展给予了统筹性的定位,这对于新教育学校自微至宏的探索具有框定化的价值取向。

"不惑"阶段的新教育,究竟在哪些方面已然不惑了呢?

举纲。把握教育脉动,点准当下教育的要穴,提出了"过一种幸福完整的教育生活"的核心命题,为中国教育和世界教育注入了活力。

开渠。开拓出多条渠道,直通幸福完整的教育生活大场。

一条是儿童课程的探索之路。新教育团队经过几年的努力,探寻出"晨诵·午读·暮省"的儿童生活方式。

一条是凝集共同体的必由之路。新教育实验找到了"共读共写共同生活"的生存方式。

一条是三重境界构成理想课堂的深化之路。此路经历了2002年提出理想课堂的"六度"、2004年将"构筑理想课堂"列为六大行动之一的实验、2006年"课堂的多元文化理解"和"风格与个性化课堂"的研究目标确立,2008年"知识、生活与生命的共鸣"的有效课堂框架正式在学校探索,一步步锤炼而出。课堂复活了它的本真。

一条是教师专业发展的拓进之路。新教育实验证明,"三专"乃是教师发展的上佳模式。

一条是做好文化为学校立魂之路。全方位地提升学校文化的软实力,达到新教育关于学校整体发展秉持的理念和追求。

融通。从整体到局部又回到整体,宏观布局微观入手,再回到宏观反思——新教育如此知行结合,攻下一个个"山头",完成了对教育诸多方面关键性难题链的深入解码,伴着行动和思辨,一路充盈。

所以能如此,还因新教育人在与人类最伟大思想的对话中,寻找到普世情怀和个体的使命,才迸发杜鹃啼血式的呼唤、精卫填海般的精神,形成了新教育的最基本的阵势和队形。让教育回归本真的正轨,让课堂进入生命的主阵地,让文化为学校安放灵魂,为师生的长远发展立命。

四

精骛八极、目游古今的"知天命"阶段(2011年9月—2017年7月)。

"五十而知天命。"天命,即自然的规律法则。孔子到了五十岁时,规律法则通透于心,看清了未来的走向,知道自己该做什么,该怎么做,从而按照规律,一心一意地去做自己该做的事情。

从孕育到问世再到运行十余载的新教育运动,也已经从"不惑"走来,清楚自己的命运轨迹,遇挫不怨天;找准自己的人生定位,失误不尤人;知道自己未竟的责任,埋头不旁骛。

这是自必然王国步入自由王国的成长阶段。感知时代沧桑变迁、事物起承转合之后,走向妥洽、成熟的发展节点,即从追求绚烂到归于雅淡的从容转身的节点。

我们看看此阶段新教育年会前行的屐痕。

2011年9月,内蒙古鄂尔多斯年会:立魂中国文化,高扬民族精神。

年会开在黄河"几"字形怀抱的草原腹地,蒙汉文化的兼收并蓄之处。帷幕一拉开,十多所学校同时展开新教育实验的万花筒,并以"晨诵·午读·暮省""破茧课堂""终身修炼""校园立魂"四个主题篇章反映了鄂尔多斯市东胜区新教育的足迹。罕台新教育实验小学则以"劳作·栖息·歌唱"为题,一展该校文化的叙事探索过程。所有展示与发掘,皆呼应了"中国文化中国思想"的年会主题。

纵目文化,着手文化,立足文化,注定了此次年会非同寻常的高远境界。

原中央教科所所长朱小蔓的演讲,剖析新教育文化主题的深刻意义,非常认同新教育实验起始就把学校内部改革、教师改变作为突破口的精准选择,认同草根力量所引动的自下而上静悄悄的学校革命、教室革命,做出"新教育实验本质是大型的综合性的行动性的实验研究"的定位性判断。

各分论坛研讨得如火如荼。七位与会的普通讲述者,以浓郁的文化意识照耀着各自教室,创造出动人的生命叙事。

众人翘首期盼的朱永新的年度主报告——《人能弘道:活出中国文化的根本精神》,以东胜区四小的孩子们诵出闻一多的《祈祷》诗开头:"请告诉我谁是中国人,启示我,如何把记忆抱紧;请告诉我这民族的伟大,轻轻地告诉我,不要喧哗!"

这个贯穿了冷静严密的逻辑思维,且饱含形象思维与激情的学术报告,由迷失了精神的中国人、显现与遮蔽:文化中的真理问题、中国文化的根本精神、文化中已经存在的"他者"、新教育的文化使命五大部分构成。报告人剖析精深,纵横自如,通透古今,把脉当下,梳理文化历史,点评文化精髓,汲取文化根本精神,明晰文化当代使命,即汲取孔子"仁"的"己所不欲,勿施于人,己立立人,己达达人"十六字精华,明晰中国文化作为新教育的根基和创造之源,化作新教育人的文化自觉。

"亲爱的新教育人,让我们行动起来,用自己的真诚和信念,把中国文化的根本精神在我们身上真正地活出来,为培养面向世界的中国人,为建设我们共同的精神家园,为中华民族的伟大复兴,做出我们应有的贡献!"结束语的热诚呼唤,让年会沐浴在中国文化精神的高境之中……

2012年7月,山东临淄年会:相约齐鲁大地 缔造完美教室。

风雨兼程开新宇,十年辛苦非寻常。近一千八百名新教育代表,在新教育上路十周年之际,云集在有两千年历史的齐国都城——临淄,展开"缔造完美教室"的系列研讨。

由晏婴小学的孩子们穿越千年再现《晏子使楚》的表演,拉开年会亮点迭出的序幕。

常丽华和她的小蚂蚁班,为"完美教室"提供了新惊喜。她的教室有说不完的故事。她说,教室是我们的愿景,是我们想要到达的地方,是决定每一个生命故事平庸还是精彩的舞台,是我们共同穿越的所有课程的总和,它包含了我们论及教育时所能想到的一切。

干国祥所做的《凝思一间教室》报告中,着意提出:每间教室要成全每个孩子,教师以此成就自己;用生命赋予每个人的特质,创造一个特别的课程,为新教育大花园添一朵独一无二的花。

卢志文对新教育工作的回首,点拨了新教育的发展之路。直面薄弱,强化管理,咬住机制,凸显精进;述昔今,论纵横,说聚散,道进取,其情也真,其势也盛,其辞也彩:"我们有梦想,所以一直在路上。一直在路上,我们才有今天的相遇,才会有明天的收获。"

朱永新以《缔造完美教室》为题,捧出了精彩的主报告。他从缔造完美教室的意义、完美教室的文化构建、完美教室与道德图谱、完美教室的课程建设、完美教室的生命叙事等方面予以全面阐释,成为"缔造完美教室"总的指导纲领。

华严集团董事长徐锋关于新教育为中国教育"修复基因"的演讲,给新教育以崇高的历史定位。

2013年7月,浙江萧山年会:相约古越萧山,研发卓越课程。

钱塘大潮自天奔涌,古越萧山人气鼎盛。面对研发卓越课程——学校文化的制高点,来自全国各地的一千五百余位教育界人士共聚一堂,开始一场齐心协力的攻坚。

萧山新教育人在"奔竞不息、勇立潮头"的萧山精神引领下,历经八年勠力,逐步形成"文化立校、教师三专和卓越课程"三大特色。专业性的功力和生命的创造力同铸起他们"我就是课程"的超强理念。

陈冬兰、王亚玲、马玲、陈美丽所展示的教师课程和班级课程让人印象深刻。

在"研发卓越课程"四个论坛上,交流课程研发的各地教师同样精彩纷呈,"琳琅满目的课程、色彩斑斓的课程定会让新教育之花绚丽绽放。"①

论坛上,美国团队两位老师畅谈感想,严文蕃立足中美教育比较来解读新教育,带来了崭新的观察角度和策略启迪。

时任中国教育科学研究院院长袁振国发来贺信认为,新教育实验是中国教育改革的一面旗帜:一是具有理想性,超越教育功利;二是具有草根性,面向全体普通教师;三是行动性,不做空头理论家,而做行动家,为中国教育科学研究提供了范本。

年会两个报告激动人心:一个是新任新教育研究院院长许新海做的《总得有人擦星星》的工作报告,一个是朱永新做的主旨报告《研发卓越课程》。主旨报告为卓越课程及特点定位,为课程研发立则,为新教育卓越课程体系构架——以生命课程为基础,以公民课程(善)、艺术课程(美)、智识课程(真)作为主干,并以"特色课程"(个性)作为必要补充,同时向一线教师研发卓越课程建言:要发出"我就是课程"的心声。

2014年7月,江苏苏州年会:相聚烟雨江南,共话艺术教育。

以苏州为起点的新教育,十二载又回到苏州,画出个美丽的圆。来自全国一千八百多名新教育人,见识了这座东临上海、南接嘉兴、西抱太湖、北依长江的历史文化名城的艺术教育之美。

该市教育局局长顾月华演讲中说:艺术教育是素质教育的切入点,也是培育学生创新精神与审美能力的有力抓手,艺术教育之花早一天在我们的教室里绽放,我们就能早一天过上幸福完整的教育生活。

一台苏州市中小学生的汇报演出,诠释了苏州艺术教育之美。声光电交相辉映,江南元素、水乡风情展示得如诗如画。聪颖灵秀的苏州少年,沐浴新教育阳光天性舒展,气质灵秀。节目气韵婉丽,色彩绚烂,光影婆娑,音律流转,舞台美轮美奂,梦绕魂牵,给人强烈的视觉冲击与心灵震撼。苏州市聋哑孩子诗朗诵《让生命在阳光里微笑》、舞蹈《搏击翱翔》,更是迸放出人性的崇高意境,代表们被激动得泪水涟涟。随后,分几路进多所学校参观,与会者从更深更细的层面,感受苏州教育的文化熏陶,艺术营养。

一线专家推出新艺术教育课程叙事:张硕果言读写绘,侯海燕话儿童剧,陈铁梅讲名画,杨川美说名曲,祝禧谈影视,从各自的窗口将艺术教育引向纵深,指向

---

① 李镇西点评语。

"幸福完整"的教育生活。

朱永新的主报告《艺术教育"成人之美"》，展示了浩浩荡荡的艺术长河。徜徉其中，你感受得到艺术教育无比深邃的内蕴，新艺术教育多方伸出的触角，新教育实验关于艺术教育多维探索的有效路径，让艺术教育超越困境，回归到艺术本身、教育本身的高远眼光……

美的善行，美的心魂。闭会前，举行新教育基金会策划的"九九归真"感恩乡师苗沛旺图书馆授牌仪式。图书馆以苗沛旺——三十七年扎根山西绛县峪南沟小学、七十七岁退而不休的老教师命名。伴随悠扬乐曲，许新海讲述了这间图书馆和苗老师的故事，卢志文为图书馆颁牌并赠以价值八万元的儿童书籍。全场对新教育的书香善行、苗老师的执着人生感佩不已。

2015年7月，四川金堂年会：相聚天府水城金堂，共话新生命教育。

"珍惜生命、热爱生活、幸福人生，让每一个生命成为最好的自己"，全国各地的校长、教师代表及教育专家学者共一千七百余人齐聚金堂。

金堂人以"新生命教育"为荣：局长刘斌以《为了生命的丰盈》为题的汇报，打开了新教育在金堂的"幸福教育，励学金堂"的全景图。大型音乐剧《生命之光》，透过一位新教育支教教师的故事，穿插一个个七彩纷呈、深情感人的剧目，呈现金堂县新教育的硕果，有快乐幸福的静美展示，生命价值的深度揭示，其中对5·12大地震中失去亲人的孤儿、留守儿童、聋哑儿童的守护情节，尽显聚焦弱势、深施大爱、丰盈残缺的人文情怀。

八名教师的生命叙事各有意蕴，成尚荣领衔的新生命教育沙龙张翕自如，参观的学校皆具特色，金堂中学外国语学校的楼院，成了众多学子或画或写或剪或制作的现场。

朱永新的主报告《拓展生命的长宽高》，四万余言，博大而精深。他没有一字一句地读，而采取读读讲讲，伴之以投影显示，用时两小时。新生命教育的内涵与特点、价值与意义、探索与展望，条分缕析，理清路明，赢得掌声不绝。与会人聆听中唤醒，反思里体悟，憧憬中期盼，神往中表示将投入行动，让生命因此走上幸福完整的"成人之美"之路……

2016年7月，山东诸城年会：相聚中国龙城·舜帝故里，共话核心素养·每月一事。

一千八百多新教育人云集在舜帝故里、名人迭出的诸城。开幕前，专题片《相遇新教育》牵动与会者的心神。镜头对准了该市城乡四位普通的新教育人：用爱之火点燃每一盏孩子心灯的教师姜蕾，用慈母般情怀温暖留守儿童的教师吕映红，用诗化教育开拓育人新路的校长王洪珍，用五十八年持续书写日记传承文化的退休老教师管炳圣。他们的故事，见证诸城新教育人求真务实的开拓历程。

诸城教育局局长李熙良以"拥抱新教育　放飞新梦想"为题的汇报，有理有据，厚重鲜活，从更广阔时空展示了全市四百零九所中小学、幼儿园一体化推进实验，呈现出文化立魂、习惯厚基、个性发展的一派教育新风景。

年会的现场考察一向引人关注。笔者在文化路小学，欣赏了王洪珍校长一堂《学校叙事：一朵花里的世界和未来》的想象课程。王洪珍每每以寥寥数语启发，学生或教师跟进的诗性叙事表演惟妙惟肖，配之以声光电的变幻背景，满台氤氲着诗情画意的文化气息。

留给与会者桃花源般感觉的，是坐落于乡间的大源学校。进校右转，穿过拱形门，二十亩葱绿的习耕园，竟长着一百多种作物。丰稔亭上，镌刻着陶行知的撰联：和马牛羊鸡犬豕交朋友，对稻粱菽麦黍稷下功夫。众人徜徉在长满紫藤、凌霄，爬满葫芦、吊瓜的漾绿廊内，两侧摆放着孩子们的玉米皮编织课程、种子粘贴画课程、魅丽葫芦课程、石头画课程、黑陶艺课程、插花花艺课程、向日葵种植课程……的作品，听郑明岩校长自豪地介绍学校的核心理念："每一位孩子都像野花一样自然成长。"该校的课程活动已经节日化，包括春耕文化节、夏耕文化节、秋收狂欢节、冬藏品书节等，教师以农人的细心耐心，对待每一个生命的生长与演变，以至于孩子们放学了常常不愿回家。

手捧孩子们赠予的手绘葫芦画，笔者驻足良久，感慨颇深。这里石藏故事，树叶寄情，葫芦有意，天人合一。"学校的本身应当是一个快意的场所，校内校外看去都应当富有吸引的力量。"[①]这里做得何其完美。

承继四千年厚积的文脉，诸城市的新创造浑然天成。

在八位新教育人展开生命叙事之后，中外教育专家孙云晓、严文蕃予以精到评点，黄全愈、严文蕃、李镇西、童喜喜、陶新华、袁卫星、余国志、杨春燕等名家，开辟了各自专题的分论坛，使新教育年会的夜晚星光灿烂。

朱永新演讲的年度主报告《习惯养成第二天性》，从自己年少时得益严父调教，养成早起读书的习惯娓娓道来，进入习惯——人生第二天性的园地，细说后天习惯，指明习养路径，提出改掉恶习之法。他强调"习惯"为素养形成的行动路径，倒逼素养的落实，用每月一事即每个月选择一个主题为习惯纲目，形成相对完整

---

① 夸美纽斯，《大教育论》，乔建中主编，《中外教育经典名著速读》，南京师范大学出版社2009年版，第44页。

的、符合生命律动的一个教育生态系统。这是对生活一串串足迹的梳理,对生命一段段旅程的观照,更是对人格的一次次用心建构,对幸福完整教育生活的一天天真诚践行。

该主报告从贴切而至于辽远,去浮泛而切中肯綮,不失为人生学、教育学、心理学与社会性交融的力作。

此次年会在照例颁奖时新添了一个沉甸甸的奖项:新教育年度人物奖。在郭明晓、张硕果、彭静三位提名奖人选中,花落张硕果,也算实至名归。

2017年7月,南京栖霞年会:相聚行知栖霞,共话家校合作。

时间,丙申盛夏,新教育的年会已进入第十七届。

地点,开在素有"龙盘虎踞"之称的六朝古都——南京的栖霞区。

栖霞乃教育圣地,是人民教育家陶行知倡导新教育的发祥地。他当年"自新　全新　常新"的教育理念,正为当下的新教育团队所勠力传承、发展与创新。会开栖霞,时空相宜。

泰戈尔曾说:"一个人的青春时期一过,就会出现像秋天一样的优美的成熟时期,这时,生命的果实像熟稻子似的在美丽的平静的气氛中等待收获。"[①]

此语对当下的新教育也颇为适用。南京栖霞舞台所展示的新教育实验,即有愈发沉稳的气度,愈发雍容的氛围,愈发精深的内涵。已然少了初始时节的锋芒毕露,横空出世当儿的挥斥方遒,然而,一招一式、一校一人,却自然而然地显露日趋成熟的新特征:那沉淀过后的端庄,历练之后的大气,那吸纳古今的厚重,以及洗尽铅华的淡雅与从容。

创历届年会人数之最的三千名代表,目睹了新教育的栖霞盛景。

真实故事改编的教育微电影《向着明亮那方》为年会拉开序幕。南京市栖霞区教育局局长徐观林的《四通八达的新教育,创生一个四通八达的新栖霞》的主题汇报,言简意赅地揭示了这里新教育运行的科学路径与精深积淀。运用多姿形式推演出的《家校共育·花开四季》,形神兼具地展示了栖霞新教育的丰盈硕果。

与栖霞对照,代表们饶有兴致地聆听、观览和沉思。这里新教育的最大特色是彰显了厚重文化。一是校校有品牌,一校一品,如"世界儿童之金小""真人教育之晓院附小""乐雅仙小""至善实小""灵美龙小""墨韵化纤""善上洲小""星光摄小""爱满燕初"……真乃校校独善其行,独美其中。二是课程有深功,各校积极发掘、融合、创新家长的教育资养、社区的教育资地、地域的教育资源,因地制宜地研

[①] 曲彦斌主编,《世界名言大辞典》,辽宁人民出版社1996年版,第54页。

发出丰富多彩的课程,如附中仙小的《雨竹琴韵》、龙小的《金箔文化》、迈小的《尚美小公民》、洲小的《鹂岛野韵》、伯乐中学的《适性》、燕小的《"八悦"》等课程。课程成为家校共育的桥梁与纽带,成为新父母、教师与孩子一起幸福成长的后花园。如此运作,让栖霞成为南京教坛的一个传奇、一张名片。这里的一校、一师、一生所体现的文化,已穿透表层,深入内里,浸渍灵魂。

年度颁奖环节,前移到年会开幕的上午,吸引了与会者的眼球,引爆了众人的兴奋点。

来自江苏海门、南京、新沂和山东日照、山西绛县、北京等地的十位榜样教师,从不同角度、不同层面分享了各自在家校共育行动中暖心而催泪的故事。十个发言十分精彩,十个故事实在感人。孙云晓、严文蕃的点评则将人们拉入更深维度,切入大时代中的教育问题链与解码要旨。

新增的十五个实验区和三十三所非实验区实验学校登台亮相,他们受魅力招引,听从内心呼唤,成为新教育的生力军,也让人们深以为慰——新教育的追随者热度不减,数量大增,与时俱进。

此次年会的压轴大戏,仍是朱永新做的《家校合作激活教育磁场》主旨报告。家与校是学生生命的主要在场,对孩子的塑造,有如硬币的两面。然而家校间的隔膜与误解、用力不均与观念错位,亦是当下的常见之态,对孩子的成长产生扭曲影响。如何让家校灵犀相契,遂成了众人期盼却又乏人突进的教育大课题。朱永新站在家校合作的理论与实践的制高点上,鸟瞰其历史龙脉,诠释其意蕴内涵,阐发其意义价值,剖析其路径方法。呼吁大家行动起来,在家校合作共育的磁场之中,放射出新教育人生命的最大能量!此报告极强的理性招引力、践行冲击力和情感感染力,让全体代表带着微笑认同,载着收获离去,怀着体悟开始新一轮践行。

互联网的隐形翅膀,让此届年会现场直播于四面八方,会场内外的新教育人同频共振,这一突破也是本届年会的一大惊喜和亮点。

回眸"而立""不惑""知天命"三个连续阶段的新教育年会,让人油然联想一个人从稚嫩到青春而至成熟的生命成长历程。而一到"知天命"阶段,便似卫星发射已经进入正常轨道,甚为可喜。"知天命"阶段的新教育运动具有如下特点:

其一,立于中华民族的文化自觉的基石上,吸纳人类所创造的全部优秀文化、教育的经典为我所用。"各美其美,美人之美,美美与共,天下大同"(费孝通),以大襟怀、大眼光、大汲取而海纳百川,让新教育实验不断在做好自己的同时攻坚克难,一步步臻于至善至美的境地。

其二，登临教育发展的峰峦，鸟瞰古今，通览中外，集百家之言，成一家之说；融教育理论和教育实践于一体，集教育社会学、教育心理学于一身，大融大合。"欲以究天人之际，通古今之变，成一家之言"（司马迁），渐渐创建新教育的理论体系。

其三，依据古贤提出的"尊德行而道问学，致广大而尽精微，极高明而道中庸"的做人求学处世总纲领，新教育在不断折中国情、世情、教情，折中以情，折中以神，折中以境，形成自身的心法和教育理性体系，并以其自身学术积累和话语体系的形成，持续保持新教育的学术张力与研究的引领地位。

五

年会，新教育运行的一个节点，一个综合舞台，一次精粹亮相，一年数百万人筑起的一座山峰。它与新教育运动的命运攸关，与新教育人的教育人生攸关。虽然展现在十几个小时之内，但其决定性的价值，确是超越了时空。

揭开年会的面纱，笔者探知，为年会所做的精心准备，是全方位多方面高标准的。

先是认认真真地思索，提前两三年就锁定一个年会主题，从而明确了日后的行动坐标。其主题要贴切，直接地气；要适切，直面瓶颈；要单一，便于聚力；要深邃，可有益人生；要高远，可给力民族。

紧接着选定举办地。此地须真有突出成果可看可学，且颇有积极申办的意向、行动和能力。

选一两个实验区，围绕着下届年会的主题，悄悄地在试点上实行，以便取得经验，研究问题，完成行知合一的发展经验。近几年，江苏海门实验区就成了一个重要试点，为新教育的年会成果打造雏形、拓展深度。

指导举办地的诸项工作尽善尽美。新教育研究院的院长、常务院长等人带领精干的专家小组深入举办地，巡视、调研、策划、指导。举办地也倾力运作，精益求精。如诸城年会开得精彩、精致、经典，和该市教育局的大量工作密不可分。

最要紧的任务是草拟年会的主报告。此为新教育构筑理论之峰，给新教育人以心灵之镜、透视之眼、攀登之梯。一个个主报告，指明行动路径，隆起理性峰峦。

"千淘万漉虽辛苦，吹尽狂沙始到金。"[①]一个个主报告的诞生无不历经千锤百炼、漫漫苦旅。

---

① 刘禹锡，《杂曲歌辞·浪淘沙》。

君不见，从第一届年会开始，主报告从选题到宣讲，朱永新一直亲力亲为地主持、主导乃至主笔。新教育核心团队的起草成员参与其中，紧张地收集资料、锤炼观点、透析论理、构建骨架、诉诸文字，有时几位起草成员依据朱永新提出的理论提纲或思想雏形各自草拟一稿，由朱永新结合自己的思考，以其中一稿为底本加以综合，吸纳他稿精华，大刀阔斧修订后，发给诸位斟酌，再由朱永新主持深入研讨。是时，几位起草人团团围坐，心放正，舵把稳，迷雾拨开，航线画准；思维映着孤灯忽闪着火亮，论辩伴随深度撞击始发灵光，集体的智慧流汩汩而淌，团队的生命潮交汇成逼近目标的浩浩洪波……

　　君不见，那是怎样激烈的交锋啊。2015年6月中旬的一天晚上，在朱永新的家里，修改讨论《拓展生命的长宽高》主报告。朱永新、童喜喜、袁卫星和卢锋、余志国两位朱永新的博士，对着三个版本洋洋万言的主报告最终选定一个做初稿，再逐段逐句逐字敲定。五个大脑，五张嘴，为了追求至理，不分师生，无论宾主，无暇顾及长幼，很多地方，舌剑火星四溅，唇枪硝烟顿起，有时候争执不下，竟脸红脖粗得似将"吵"起来。个别处，对朱永新的观点也毫不留情地"刺"过去。挑刺，除草，栽花，育果，他们一次次打碎自己，融入别人，重塑思想，自我涅槃，走向完美，很有"千锤万凿出深山，烈火焚烧若等闲"的意味。每每定夺之后，大家方由苦转乐……

　　难以想象，为了无憾，单是2015年7月3日到9日一周间，袁卫星和朱永新的邮件往来就达七十二封。邮件标注的时间，很多是在深夜，甚至凌晨。

　　难以想象，年会不开，主报告便修改不止。童喜喜回首："根据我电脑文档里的不完全统计，从我交稿之后，又改了十八稿。"[1]

　　难以想象，为求精准，在第十一届年会宣讲主报告的前夜，修改报告的朱永新竟不知不觉中迎来鄂尔多斯的黎明。第十五届金堂年会的头一天深夜，宾馆房间灯火通明，朱永新和大家为最后完善及制作PPT还在操劳。第十六届年会在诸城做主报告的前一个夜晚，朱永新几乎通宵都对报告做着修改，下午做报告前午饭都顾不上吃，仍在反反复复地斟酌润色。

　　如此这般，孜孜矻矻地求索打磨，方为报告源源不绝地注入了精神动力和学术智慧，造就强大的思想引擎，终使每个主报告对某一个课题的论述，在深刻性、完整性上，达到了国内对此论述的高端。

　　年会不断呈现新的精彩的同时，也听到许多反思的声音。如质疑年会的功

---

[1] 童喜喜，《沉醉六年》，《教育》2016年第7—8期。

能,年会间隔的时间,年会的方式,一年一个主题是否快了些云云。批评促人醒悟,质疑让人反思,难题催人进取。新教育发展确需多听意见,闻过则喜,获取不断创新为驱动力。只是,与会者有各学科教师、校长、教研员、局长等多方面的人士,"穿衣戴帽,各好一套",各有侧重,不会有哪种万能灵药,对谁的需求都恰好。

每种文化都有自己的文化庆典、文化凝聚方式,而哪一种凝聚方式、文化庆典,都受制于所在时空的社会思潮、人们的精神素养等综合因素。实践业已证明,作为新教育人的诉求与智慧结晶的新教育的年会,极大助推了新教育运动的进展,已是新教育人心中不可或缺的珍宝。

第二十节 "庐山"之相

一

新教育的学术之峰,一座座,一重重,相互毗连,纵横有序,很有几分庐山之象,横看成岭,侧观成峰,岭出精彩,峰具神韵,笔者在此涉猎几座——新教育的核心理念之峰、课堂之峰、新教育人性格之峰、学理之峰,权当管窥蠡测。

千水奔腾源一处,万木峥嵘本一根。

教育的目的是什么?它的核心理念的终极表达是什么?

为此,中外教育人从儿童教育着手探求,皓首穷年,孜孜不懈。立于教育源头,表达终极观点,新教育实验,汇聚世界古今的教育理念的精华,反反复复在理念词语上择优提炼,更通过改革实验的实践持续地超越升华,终于,从几百万师生的行动中,提纯出新教育的核心理念——过"幸福而完整的教育生活"。

幸福而完整的基础,应当是学生的自由、教师的自由、学校的自由,进而形成教育的自由,自此奠基幸福完整的教育理想状态。

"幸福"之义来自西方的传统,旁通东方的神韵。

柏拉图《会饮篇》的主题是对爱的称颂。苏格拉底借第俄提玛之口表达了自己爱的理念,在美的帮助下,攀登爱的阶梯,带领人们去追寻永远的善,过上幸福的生活。

欧美新教育人的"教育",本真为"启发"。他们从苏格拉底、卢梭、康德、裴斯泰洛齐等哲学家和教育家寻得历史依据,还以自己创造的哲学和心理学体系(如怀特海的有机过程哲学、皮亚杰的发生认识论)作为理论根据,认为只有启发性教育才能唤来新人的主体性和自觉性,使之具有独立之人格、自由之精神、科学的思维方式和民主的生活方式,从而获取教育的幸福。

学习是快乐幸福的意蕴,中国古人早已心领神会。

孔子《论语》开宗明义:"学而时习之,不亦说乎。"即表明学习本身的快乐本质。孔子在自绘像中这样说:"其为人也,发愤忘食,乐以忘忧,不知老之将至。"孔门一学,自有快乐之蕴。他甚至说,"朝闻道,夕死可矣。"学习自有穿越死亡之乐。

中国最古老的教学经典《学记》云:"故君子之于学也,藏焉修焉,息焉游焉。""藏"是放在心里,"修"是"治其业而不懈"。"息"是休息,"游"是游戏。"焉"即"于此",藏在这里,修在这里,息在这里,游(玩耍)在这里,乐趣就在其中。

"完整"之义来自东方的智慧,兼有西方的经验。相对于"幸福"一词而言,"完整"有着更深的含义,更高层把握的要义。

东方学说中的完整,有其广泛而深邃的含义。生发在每一个学生个体,表象在学校的生活,旁涉在家庭,展阔在社会,根子则深入在人生;而从历史观之,更在国家民族。

孔子《论语·述而》有"志于道、据于德、依于仁、游于艺"之说。即实践人道,接近天道,实现"天人合一";《孟子·尽心上》有这样的表述:"万物皆备于我矣。反身而诚,乐莫大焉。强恕而行,求仁莫近焉。"虽短短数语,儒家思想的几个重要观念:诚、乐、恕、仁均含于其中。

在西方新教育的发展中,无不扩大新教育的外延,将更多的学科、研究放入教育当中,使"完整"一词不断扩大。新的哲学、心理学基础,实验科学的方法和技术得到一定程度的应用。怀特海的"有机过程"哲学、弗洛伊德的精神分析学说、皮亚杰的发生认识论等为新教育运动奠定了整体主义理论基础。蒙台梭利、德可乐利等把人类学、心理学,特别是生物学和医学的方法引入教学实验中来,使传统的整体主义实验模式获得了新的自然科学发展的支持。新教育实验多数是整体主义实验,千姿百态的教育实验,构成整体主义教育实验运动。

这"完整"的含义,又岂是表面上的课堂、一张应试答卷所能囊括?朱永新写过,最后呈现于世人面前较为成熟的新教育实验,将是一个从幼儿园到高中甚至大学的完整教育形态,一个从学校文化建设到所有学科课程的创制,以及师生、家校共读共写共同生活的独特而完整的教育——生活形态。

西方教育,幽径通天。东方教育,气吞乾坤。

苏格拉底、柏拉图、亚里士多德由人性的爱与美到善和美德,展示出幸福而至完整的教育。老子讲"天人合一"哲学,孔子讲"修齐治平"之道,则是由教育的完整而得到幸福。东西方数千年的教育追求,你中有我,我中有你,竞相前驰,殊途同归。

到了当代中国,新教育的发起者和带领者朱永新和他的伙伴们,集先哲教育智慧之大成,又融入了自己多年教育实验的成果,淬炼出具有真理性的核心主张——教育即过"幸福而完整的教育生活"。

这有别于时兴在某个时段的主打口号,也迥异于统领着某个地域的教育目标,这是关于教育本质解密上的一个重大发现。它可以让人洞见其宏富无比的意义。

说它是真理,因其揭示了核心,道出了本质,彰显出愿景,蕴藏着境界;穿透时空而生,又会超越时空而长。

不管是由幸福入手,还是由完整切入,都相互照耀,旁通彼此。

幸福偏重感性的触觉,阐明了教育的目的;完整偏重理性的透析,昭示着教育的路径。

幸福偏重由内而外,由生活的美善、人格的健全、个性的充分实现与满足,进而逐渐达到整体上的完整,即身、心、灵的和谐完整;完整偏重由外而内,由生活、生存、生命整体上的完全完备、尽善尽美,从而实现身心的幸福,即人的自由和解放。

前者是"世界观",指明了教育总的追求的根本所向;后者为"方法论",道出了欲达此目标所需要的最根本的思维方式和思维理念。前者统帅后者,后者服务于前者。

前者是基础,没有幸福,教育就无根可依,难免会流于海市蜃楼般的虚幻;后者是延伸,失去完整,教育就无繁枝茂叶,安能有花芬果香?

两者合一,教育到位,饱满了教育情怀,完善了教育时空,达成了教育宗旨,实现了教育价值。自然,两者随着时代的进步和新学科的发展,会不断改变着具体的含义。

实验初期,新教育人曾用四句话表达新教育对幸福完整的追求:(1)成为学生享受成长快乐的理想乐园。(2)成为教师实现自身成长的理想舞台。(3)成为学校提升教育品质的理想平台。(4)成为新教育共同体的"精神家园"和"理想村落"。此为新教育追求的"四重境界"的诗意化表达。

本着过"幸福完整的教育生活"的目标,中国新教育从十九年前无名"山丘"的"草根热身",发展至今日全国三十二个省市自治区参加的教育实验,一百二十四个实验区三千五百余所学校三百七十多万名师生正携手前行的浩瀚征程,新教育正依靠着充分的民间自觉和有识之士的暖心扶持,走向更为壮丽的远方……

自21世纪起,新教育运动在中国出现的十多年里,其理论体系日臻完整,理论建树颇为丰实,不少理论主张很是精粹。新教育的科学实验,已远远超越了教育科研专项课题的局限,而以中国办什么样的教育、培养何等类型的人才、承继发展怎样的民族文化等为主题,展现了深远的眼光,形成了浩浩荡荡、横看成岭侧成峰的"庐山之相"。

近十多年来,新教育出版的著作岂止上百,名师名学者岂止上千,推出的论作岂止上万?由此形成了高精荟萃的理论架构:从中国教育深度改革的实际出发,广博采撷古今中外经得起检验,且被证明卓越的散发恒久光芒的教育理论,发掘、提炼新教育前沿的改革诉求和精神财富,有机地融汇成新教育理论体系,形成思想智库。

不识庐山真面目,只缘身在此在中。新教育人以课堂为基础,以教育为载体,搭建起苏州学派的基本骨架,以实际行动成就了知行合一,如此系统的理论建设,渐而形成了新教育理论的"庐山底蕴"。

正因如此,新教育运动能在复杂多元多变的国情、世情、教情里,坚持初衷,做好自己,一枝首秀,笑待百花,且渐渐舒展自由,柔韧有余,领跑中国教育,在世界教育新创造新贡献的平台上,也斩获了中国新教育的一席之地。

二

千江有水千江月,万里无云万里天。[①]

古今中外,所有教育,莫不聚焦于课堂。人类的对话,人类思想与文明的传承,大都通过一堂堂课传播下来的。

千年一课,是对人类最深智慧的礼拜,是无数仁人志士,对古典主义的批判与继承,是人类延续知识的伟大本能。

承袭此类课堂之精华,是新教育筑梦为实的聚焦之点,持续跟踪的求索之点,奠基学理的突破之点。

一次次课上观摩,一届届年会展示,一番番深入研讨,一场场论坛碰撞,新教育人对课堂聚力凝心的关注,对于理想课堂精细幽深的解密,达到有相当水准的地步。

这是新教育人一个重大贡献:即在教改处于心浮气躁的2008年,相当准确又相当深刻地提出了理想课堂的三重境界说,更具有其现实意义的,是新教育广大教师,无论在实验的宏观规模上,还是在实验的运作深度上,都自觉自愿地将三重境界作为理想课堂行动的圭臬,不仅心驰神往,更努力践行,下大气力给予历史性的推进。

[①] 《嘉泰普灯录卷十八》。

诚然，这三重境界，饱含着无数教育实践求索者和教育理论研究者的大量创造性的优秀成果。

提出三重境界说，是对迷途中的教育及时的拨正、聪明的点化、理智的导航。

践行三重境界说，是将搁浅于滩头的教育引向深水区树起的路标，是给力的举措、科学的范式。

这三重境界，不再囿于教学方法，也未陷入教学模式，还不拘泥在教学结构，而是慧眼识珠，在这些运作的景深里，卓有远见地关注了所该达到的内在的邃密层次。

朱永新在《新教育》一书里，代表新教育人如是提出了三重境界——

理想课堂的第一重境界：落实有效教学框架；

理想课堂的第二重境界：发掘知识这一伟大事物内在的魅力；

理想课堂的第三重境界：知识、社会生活与师生生命的深刻共鸣。

此三重境界，从宏观处纵目，恢宏而大气，苴实而厚重，自知识外延、内涵，直逼掌握了它的人的生命的质的嬗变，全已尽收眼底；若从微观处细察，简约而了然，确凿而邃密，从精准的界定、深入的发掘，达至知识与人的互动所产生的力与美的莫大效应，皆在掌控之中。

让我们走进理想课堂的第一重境界：落实有效教学框架。

框架，或者说架构，指的是学科的知识结构，包括最基本的概念，最核心的学科思想和素养，最具有价值的学科学理网络。框架，正是教师引导学生吹尽泥沙之后而获得的知识黄金。

这个命题的正确性，首先来自无数名师呕心沥血的求索。他们从整体的视界把握学科发展脉动，从概括的高度通览知识系统走向，做到教学知识，知行结合，八方联系，浑然一体；高屋建瓴，势如破竹，深入本质，切中要害。

名师都通晓此理：学优生与普通学生的差异，就在于头脑中的知识是否储存得井然有序，有没有构成一个可灵活运转的有机知识系统。假如知识堆积杂乱无序，那么知识积累越多，越缠绕不清，没经过思维梳理和规律统领的知识，近乎杂乱无章的砖石与瓦砾。

新教育人牢牢地造就着理想课堂的第一重境界。他们带领学生，精确地掌握学科知识。且远未满足于此，他们更带领学生，适时地向知识的内在魅力发掘开去，直到自己的生命与知识、生活产生深刻的共鸣。

众多学校的可悲之处，上上下下，里里外外，脚一沾地，就不歇气，长年累月打生命消耗战，只为将熟记知识、娴于做题当作唯一的门死死守住。

如此苦教苦学,则知识被异化为求学就业的工具。知识变成了对每一个人的一种压抑,具有无上的威严,成为命运的判官。于是,学业为小考、期考、学年考、中考、各种模拟考、高考,层层分解,步步为营,国内先后出现了如河北衡水中学、安徽毛坦厂中学等一批"高考牛校"。

这些"牛校"引得国人不能不思考如下话题——这种"考试机器"生产出来的高分学生,会拥有美好的心性、多元的智能和幸福的人生吗?苦教苦学的忧怨曲,还要传唱多久?

我们再攀上理想课堂的第二重境界:发掘知识这一伟大事物内在的魅力。

这是一个十分奇妙的境界:还原知识的伟大,让人们对人类历经千辛万苦所发现的博大精深的知识心领神会,不仅仅是无比感动,而且对精湛绝伦的文明产生敬畏。

进入课堂第二重境界,会让人惊愕知识财富给人世间带来的无穷温暖与明亮,会让人洞悉伟大的事物所产生的照彻心灵的光亮。

科学课上,奇妙的宇宙及生命,光现象和电现象,化合与分解反应,显微镜下的细微之物,以及纳米和激光……这一切带来多少深刻的困惑与舒心喜悦。

语文课上,任何一个汉字、词语,任何一篇课文,都是前人匠心独运的一次次运筹,是思维的一次次锤炼,是字词历史的合理有序的组合,犹如奇美组合的砖石为建筑,严密组合的思想为理论,合力组合的教育为科学一样。

数学课上,不再只展现冷冰冰的图形和数据,而是揭示自然、社会、历史的神秘,探索世界过程中最可靠的武器、工具和真理。教师发掘出数学的独特魅力,学生重现发现数学之神奇的过程。

新教育人对第二境界的层面这样描述:师生围绕着一个"问题—知识—文本",展开一段发现问题、理解问题、解决问题的旅程。在这段旅程,将充满着怀疑、困惑、挑战,也不能完全没有机械记忆、挫败感、羞辱感,但是,它的核心永远是智力挑战、思维训练,是知识作为问题解决的工具而涌现时的惊奇与喜悦,是对复杂问题形成新的理解时的豁然与顿悟。

课堂,即通过师生探究让真理呈现之处;教学,是知识被人点燃而迸发能量之时。

此种教育奇景完全达至了美国教育学家帕克·帕尔默所描绘的"是你深层愉悦与外部世界深层渴望之间相遇交融的圣地"[1]。

---

[1] 帕克·帕尔默,《教学勇气》。

进入理想课堂第二境界,课堂早已告别了学生"一声雷"式的回答,"举手如林"的场面,教师"精彩表演"的浅薄。①因为那种表象上的热烈火爆,只能表明十足的浮躁。而步入第二境界的课堂,则显现出思维紧张而激烈地思辨问题的沉静,知识散发出魅力所形成磁力的强大。这也与笔者经几十年观察、研究的理想课堂思维导向图——由牵动心神的问题链(磁力)→化解问题链的思维流(张力)→统领思维流的智慧网(活力)→编织智慧网的方法线(魅力)→承运方法线的时间轴(定力)连贯通透而构成是一致的。

这样的课堂,已变成了紧迫而强大的思维场,想象与灵性的发现场,智力和创造的展示场。

让我们再更上一层楼,攀上理想课堂的第三重境界:知识、社会生活与师生生命的深刻共鸣。

很显然,第三重境界已极大地超越了对知识基本架构的掌握,也超越了对知识美妙的内在魅力的深入发掘,而达到从认识层面走向行动层面的致良知:人在运用知识中开花结果,人在与知识深刻共鸣里的知行合一。知识转化为能力,能力升华为智慧,智慧爆发为能量。

叶澜曾做出这样的揭示:"把课堂教学目标局限于发展学生认知能力,是当前教学论思维局限性的最突出表现。……就是把生命的认知功能从生命整体中分割出来,突出其重要性,把完整的生命体当作认知体来看待。"是的,教书不是传授死知识,育人不是培训新技工,教育如不把知识和人合一,将知识力和创造力相结合,智慧通道就堵死了。

朱永新从教育思想发展史的高度,剖析了理想课堂的三重境界。以赫尔巴特为代表的传统教育学,相对重视知识传授的精致与效率;以杜威为代表的现代教育学,相对重视的是生活,认为学校只是社会生活的一种形式,不仅仅是一个传授知识、学习课业、养成习惯的地方;而以人本主义和后现代教育学为代表的当代教育学,则把知识、生活、生命的高度融合与深刻共鸣,作为教育的重要使命,追求一种最高的境界。

朱永新还依据建构主义教育学的观点,指出理想课堂不会停留于人与知识对话这一维度,而视为同时展开的三重对话:

人与知识(世界、文本)的对话;

人与他者(教师、学生、其他读者)的对话;

---

① 法国一位教育家预言:"21世纪最重要也是最艰巨的任务是让教师闭上他们的嘴。"

人与自己的对话(反思的、历史性的、生长性的)。

正是这些穿透心灵、照彻生命的对话,达到举一反三、触类旁通的圆融,师生获取了课堂教学目标之外的智力素质(思维方式、智能水平)、人格品位(心性、德行、习惯等)等隐性收获,而这种隐性收获在漫漫人生中时时处处发挥着酵母作用。如此看来,理想课堂的第三重境界,超越一题一课一时的成功,效果效率不全是人生价值的最高标准,超越成功的,是一个人内在的富有、生命投入事业的情趣、自己心灵及自己与他人心灵、与社会需求的高度和谐……

达至第三境界的课堂,因深深镌刻着价值导向、心灵观照、思维聚焦、文化给养、生命点燃等文化坐标,故达到了教学的最高境界。

广大新教育老师,从和学生们共读,到将作品改编成剧本,再到领学生们选择角色,动情排练,最后公开演出,让孩子们在生命叙事剧的创造中,心灵之海一次次激起美丽人性的浪花,向往美好,体悟创造,陶冶情操,营养精神,懂得担当,战胜恐惧,攻克难关,挑战了许许多多不可能,从中充实人生的智慧,展示出彩的才艺,洞见生命的潜能,书写成长的奇迹。他们逐渐攀向理想课堂的第三境界,享受到教育人生无法述说的甘美和幸福。

新教育在教育教学领域里的方方面面,都为教育者搭就了足可尽施本事、绝技的平台,让一线教师在其上闪转腾挪,体验思悟;教育理论者可以观察助阵,抽象提炼,推出章法,引导平台上的角色深入剧情,淋漓刻画,将新教育的大剧演得更加精彩绝伦。

从这个意义上说,新教育理想课堂的三重境界,可视为对课堂教学探索的一个小结,并非穷尽了新教育课堂建设的全部真理,若从新教育的百年岁月千载春秋的发展计,只是出了一张大卷,并动手破了个题,新教育无限未知真理的方程式,就横在面前,亟待新教育人和后来者用更加完美的行知,去反复钻研和破解。

三

"新竹高于旧竹枝,全凭老干为扶持。"[①]

新教育人清楚,这场偌大实验得以生生不息地持续,需要教师生命的在场。教师硕大的生命能量、蓬勃的生命气象是课堂最重要的教育资源。

笔者多次访谈严文蕃教授,他对新教育跟踪研究了十余年。他说,新教育实

[①] 郑燮,《新竹》。

验从行动上破解了一道世界性长久无解的难题,那就是探索出一条教师成长的内在途径,在如何用优秀文化和教育理论武装一线老师,如何让一线老师有了成长的无比渴望,有了对理论的浓厚兴趣,有了教科研的较强能力上,新教育做出了卓有成效的努力,使得一大批活跃在教室和课堂的榜样教师涌现出来。

新教育运动兼顾着贯穿古今的浩瀚视野,与曲折前行的探索之路,在其发展途程的心跳脉动中,渐渐形成了新教育或说新教育人的五大性格。新教育的命运与前程,就从这些性格的沃土中潜生暗长而来。

第一种性格:有梦。

在中华民族复兴的角度上,"中国梦"就是"文化梦,教育梦",要化梦为真,就要在梦想之上开辟新路,制定切实可行的"梦之使命"。

教育是个亘古长存,也是常变常新的课题。每个时代的智者仁者无不殚精竭虑,躬身体悟。当下的中国教育的大差距,也蕴含着发展的大潜力,对现状改造的大突破。有梦想方能超越当下,铸梦为实才能改变现实。

新教育人与新教育运动最大的性格就是有梦,对未来充满了理想的梦,诗意的梦,很高,很远,很美。

只有有梦,才有望,有路,有力。

当然,我们也知道,只有对新教育的认识从"概念"向"信念"推进,由"理想"转为"思想"引领,激发出人们深沉的情感,执着的意志,从精神世界的积淀表现为主题的自觉行动时,新教育实验才可能真正成为人生力量和教育智慧的策源地。

天地正气,杂然流形。为人师表之人,应当先存乎己而后存乎人,先自觉而后觉他,而成时代的表率。印度最古老的哲学经典《奥义书》云:"人很不容易越过刀锋,因此智者说得救之道是困难的。"穿过刀锋,越过困境,自悟而悟他人,自觉而觉他人,顶天立地,气壮山河。

第二种性格:有眼。

千里之行,始于足下。在当今多元化的教育主题之中,唯有敞开五洲四海的大眼光,拨云见日,优中纳优,融汇中国传统思想,借力现代管理之心得,参考西方最新思想,加以精细化策划和运作,才是教育通向现代化的不二途径。

纵观古今教坛,那些或立德、或立功、或立言的教育者,往往能够忠实自己的时代,又会超越这个时代;更因为执着于眼前的教育,而深深地影响到教育的未来。孔子传教杏坛,思维沉淀了上古千年智慧,至今仍是人类的导师;宋儒朱熹传教于白鹿洞书院,思想上出到春秋百家,从而影响到现代东亚世界的儒家文化圈;17世纪捷克教育家夸美纽斯探索新教育,携带文艺复兴的风雷,而成为现代教育的奠基人；美国现代教育哲学的扛鼎人杜威，通过对传统社会与传统教育的反思，升扬出"教育即生活"等诸多重大的命题或观点。

深谙这些道理的人，才能完成从经师到人师的嬗变。或渐悟于先贤而独成一家，或卷入时代大潮而乘风弄浪，或秉承教育使命而上下求索，进而超越时间、空间、内容的三个维度，达以常人无法窥见的精神境界。新教育人自觉地探索着这些路径，力争完成自己的超越。

正因为新教育人拥有吸纳古今、重构教育的大眼光，才能够在超时空当中与古今中外的名校相遇，甚至深入到世界闻名的先进企业那里不拘一格地汲取现代社会的积极元素。

朝乾夕惕，日月耕心。当下新教育人的目光所及，既"仰望星空"，又"脚踏实地"。"仰望星空"是坚定教育信仰；"脚踏实地"是持守教育实践。在"仰望星空"和"脚踏实地"之间寻找科学之径，形成教育的灵动与厚重。

第三种性格：有爱。

新教育有浓得如胶似漆的大爱。这不止于一般性人类之爱的范畴，而是对生命终极关怀的为师者独具的大爱。

大爱是新教育的根、新教育的源、新教育的魂，是一把打开树德育人心锁的万能钥匙。

这是教育者修炼的真善与大美的境界。

当泪水代表内心，而不代表懦弱，你的泪水，会洗刷着心中成见；

当梦想代表美好，而不代表空想，你的梦想不会是虚空，它会照亮生活；

当悲伤不再是怯弱，它会让你充满人性；

当你虚怀若谷时，不代表没有主见；真正的心灵，能够容纳世界，更能接受一个提醒，一次升腾；

当你同情的时候，世界等待着你的帮助；

当你守望的时候，世界等待着你的呵护；

当你担忧的时候，不代表弱小；你的担忧是保护世界的美好，是对灵魂的敏感守护。

所有这些，都来自对世界、对人生、对他人深深的爱。

新教育居于爱，推动的是一场文化的复兴、人性的解放、心中的盛境。

信、望、爱、学、思、恒，朱永新早期提炼出新教育实验这成功六字秘诀。笔者认为，其中"信"为基，即基础、基石。自信是真正教育的开始，囊括对教育对真理的信仰和对自己从教的信心。"爱"则是源，即源泉、根由。热爱是一切教育的原动力。没有信心搞不好教育,没有爱就没有教育。没有了教育,也就没有了人生幸福。

以德蓄德,以心换心,以智培智,以爱育爱。大凡成功的教育家,无不从修身开始,融通齐教之术,感受国家之风,通晓天下之道。《孟子·尽心上》云:"仁言不如仁声之入人深也,善政不如善教之得民也。"高天行云,春风润雨,此为有爱者的气脉。

第四种性格:有法。

新教育导向过一种幸福完整的教育生活中,给广大师生以充盈的人性、丰实的人生、美好的人格和有别于既往的明亮世界。人们还发现,新教育提供了到达的方法,一种依靠行动曲径通幽的方法。此种方法领人穿越路障,走向真理的远方。

这是什么方法？是人类的大成功者都遵循了的方法。无论你是与卢梭散步,与爱因斯坦共舞,还是与裴斯泰洛齐一同沉思,人类必顺着这条窄门走,才能达到真理。

正如耶稣告诉信徒:"所以你们要努力进窄门,因为通往灭亡的门宽,路大,走这条路的人也多;但通往永生的门窄小,路狭窄,找到的人也少。"

乾坤移转,泥沙俱下。时下教育理论纷繁复杂,教育目标倏远倏近,教育问题眼花缭乱,新教育确定"为了人的发展"的目标,指明了教给学生一生有用东西的路径,开出了阅读中外名著,与人类崇高精神对话的首选之法,不可不谓醍醐灌顶。

第五种性格:有魂。

新教育的魂是什么？是中国文化精髓。

史学家、思想家陈寅恪有言:"其真能于思想上自成系统,有所创获者,必须一方面吸收输入外来之学说,一方面不忘本来民族之地位。"

厚德载物,自强不息。教育是一项止于至善的事业,在与时偕行中精进,在宇宙人生中敬畏,在纯净无染中净心,在襟怀天下中静虚,在完美心态中摄镜,在人生修炼中悟境。教育者当回归文化、回归常识、回归生活、回归美育,方能回归教育大道的玄牝之门;回归原点、回归本质、回归人性,方为当代教育的超越之路。

新教育人恰恰在不遗余力地追求着这条超越之路,充当着开路先锋的角色。

他们慎终追远,领会古今,像古今的伟大教者那样,怀有"为天地立心,为生民立命,为往圣继绝学,为万世开太平"之胸襟,为本民族、本国家、本文化的前进上下求索。他们在改变自身的同时,改变着学生、家长,改变着一个个家庭、一所所学校:变教育为有灵魂的教育,变人们为有灵魂的人们,变家庭为有灵魂的家庭,变社会为有灵魂的社会。

现代教育的奠基人、英国教育家洛克曾说:"世上具有高深学识,在任何科学方面享有大名的人,没有一个在教师的管束之下得来的。"新教育将管束换成了唤醒、激活,教种子在岁月里自觉萌发,迸发活力,长出精气神,长成一棵棵属于自己的特立独行的大树。

知与行合一,诗情与实践参糅,此为新教育自强不息的文脉;澄清心空尘埃,播撒灵魂花香,此为新教育厚德载物的高行。

四

"海到无边天作岸,山登绝顶我为峰。"①

新教育从理想的高空俯视现实的土地,用行动将理想种子播向原野。借助实践又检验、修正、发展、完备着独特的思想理论,筑起有践行支撑的学理山峰。

2004年4月11日,在新教育第二届年会上,朱永新在《新教育的理论与实践推广研究》报告中,率先提出要打造中国教育的"苏州学派"。

好一句石破天惊的宣言。

这个有个性、有思想、有气魄的表述一提出,即在中国的学术界激起巨澜。外界为此议论纷纷,一些人视之匪夷所思。

错了!感到震惊是将学派神秘化了,或对古今中外学派的产生不甚了了所致。

对局外人说,呼"某某学派",只是对某一种人的一种称谓,一种叫法,如当下对一类青年称"追星族""啃老族"那样。

对内行人说,创建学派只是一种学人勇气与学术立标,一种目的更明确、知行更合一的理论自觉。有无这个标志及这个自觉,不仅仅视界不同,路径不同,行速也会不同。朱永新创立的新教育学派,就极大地加快了新教育共同体的建设,在为共同目标的奋斗中,加速了基本主张的统一、学术风格的形成、话语方式及做事方法的趋同,成为共同体人所拥有的基本范式。

是时,已初现教育风景,初显文化气象,初露民族魂魄,凸显了一个放眼全国、参与国际的理论气场,这对形成一个具有共同理论基础、方法论特征和基本相同主张的学术共同体,也做实了铺垫。因而此宣言一出,也得到教育界资深人士的莫大肯定。

---

① 林则徐,《出老》。

资深教育家陶西平第一个举双手赞成:"在这次新教育实验当中,朱永新同志很勇敢地提出来,要创造以苏州学派为特点的新教育实验,我想我们并不是绝对要说每一个地方都要有以地方为特色的倡导,但是这种倡导,形成不同教育风格这样一种实验,有助于推动我们教育百花齐放,推动我们教育事业的繁荣……"北京理工大学教科所所长杨东平颇感兴趣地说:"新教育实验反映出一种文化气象,突破了学者封闭的研究,有广泛的参与,调动了一线教师的热情,形成了很大的场。建立苏州学派的说法对我来说很有新鲜的刺激。""新教育最吸引我的,是它的平民教育价值,以及行胜于知的探索精神。它从解决中国教育的实际问题出发,而不是源自学术化的教学实验、为满足学科建设或课题的需要。它是面向农村、面向基层、面向大多数普通学校的,而不是面向少数重点学校、满足它们锦上添花的需要。它是面向普通教师的,明确地将教师的专业发展作为主轴,从而抓住提升教学质量、改善教育品质的核心。新教育实验远远超越了提高教育质量这样稍显功利主义的目标,而直抵教育的真谛:为了孩子的健康成长和终生幸福,给教师一种充实、美满、有尊严的生活,从而走向了崇高的人道主义。新教育学派发在草根,长在草根,特在草根,优在草根。它向人们昭示:越是深扎于草根,就越显十足特色,也越使学派具有较高的学术水准。"中央教科所学术委员会主任程方平博士也著文《走出中国教育自己的路》,对苏州学派予以积极的评价。

自然,也有否定者认为成立学派的梦做大了,是一枕黄粱云云。

时至今日,孰对孰错,事实了然,无须多议。

"江山代有才人出,各领风骚数百年。"[1]苏州学派体现了继承性。继承是珍惜更是弘扬。弘扬光大也是最好的继承。继承苏州教育自古以来的优秀传承,从唐宋兴旺的文化教育至20世纪初叶,陶行知、叶圣陶等名家的教育改革,这是一大笔极为宝贵的财富,朱永新深感极为珍惜,不可中断,必当继往开来。

"花须柳眼各无赖,紫蝶黄蜂俱有情。"[2]苏州学派注重着人文性。"没有人的感情,就从来没有,也不可能有人对真理的追求。"[3]新教育实验的理想,摒弃课堂奴役知识,评价只看分数,把素质教育当应景的违反教育规律的行为,其本质是注重人的发展,让受教育者树德立人,注重人文的终极关怀和一生幸福。

"两岸青山相对出,孤帆一片日边来。"[4]苏州学派强调了实践性。废止那种

---

[1] 赵翼,《论诗五首》。
[2] 李商隐,《二月二日》。
[3] 《列宁全集》第20卷,人民出版社1958年版,225页。
[4] 李白,《望天门山》。

夸夸其谈的教改概念,让最接地气、最适合需求、最解决实际问题的教育理论当家做主。比如实验行动,就是这样源于现实、指导现实、改造现实的理论。

实验在发展中,目标也随之调整变动。到2006年春夏之交,朱永新许是有感于新教育实验已在五湖四海形成燎原之势,囿于"苏州学派"毕竟略显几分狭窄,苏州毕竟只是一个点,一个起点,一个亮点,于是因势而动,改称为"打造植根于本土的新教育学派"。

对此,他在2006年7月14日召开的新教育第六届年会的报告里做了说明:"我曾经提出苏州学派,陶西平副会长也提出了苏州学派。我跟他说我们已经改了,我们不提苏州学派,我们提植根于本土,植根于苏州就是苏州学派,植根于北京就是北京学派,每个单位,每片土壤都可以养育他自己的一棵参天大树,哪怕是一个苏北的农村……"他以后多次如是表述:"在未来的发展中,新教育实验的这四大理想可以归结为两大愿景,这是我们新教育人的共同梦想:第一,我们要努力成为中国素质教育的一面旗帜;第二,我们要全力打造植根于本土的新教育学派。"

任何学派都有根。根扎于营养之地。新教育学派扎根于有代表性的实验基地、实验学校里。在这里,让广大的教师和学生自觉而真实地参加到新教育实验中,用新教育理论自觉地武装自己,不断激发其学术意识和学术自觉,渐渐地达到用学术理论思考,用头脑走路。

新教育学派的提法,大气、包容、朗亮而富于深邃意涵。

新教育学派是新教育实验总的学术旗帜。各地新教育人各以自己独创的教育风格和教育特色,给予热烈呼应与具象阐释。江苏海门,喜望江海拥抱,以海一样襟怀与气度大容大纳,大开大合;山西绛县,扼黄河大拐弯处,看黄河之水天上而来,守望家园,奔向未来;中原焦作,居太行、王屋之间,以愚公后裔的勇毅,挖山不止,不舍日夜,撑起一片蓝天;内蒙东胜,于蒙古高原的沙漠深处,凌于高处而俯瞰中国,书写以文化人的瑰丽诗篇;辽宁沈阳,吸白山辽水之灵秀,发豪情壮志之雄奇,吐故以纳新,博取而再造,一展北国文化之神韵;京华热土,王朝兴旺之地,文化文明之都,以无与伦比的眼界、智慧和能量,领军中国教育赢得万紫千红……

新教育学派不是人为刻意想出来的,树起来的,吹开来的,而是新教育实验的重要产物,新教育运动的必然结果,也是新教育最终的生命力之所在。它凝结在独特的教育理论体系、教育策略和教育实践上。

新教育学派的成因有一个循序渐进的生成过程。它成长于草根之间,繁盛在新教育的多维时空里,它既根扎于历史纵深吸其底蕴,又能立足于当下广宇超越自我。

行于高远,又回到实际;扎根深层,又能仰望高远。成就了新教育学派的独特成长道路,一个透辟的辩证之法。

"我们努力前行。我计划到2020年,写成一本成体系的《新教育学》,涵盖课程论、方法论,有独特的思想观点,形成完整的哲学学派。"2016年初夏,朱永新对第二次系统访谈他的笔者透露说。

冰封业已打破,雪野业已走通。新教育有了核心理念,不仅有了比较系统的理论支撑,各地也出现了百花齐放的实施雏形,其发展态势预示做大做强的无限可能性。

新教育学派呼之欲出,呼之即出,呼之已出,新教育人正在迎接新教育学派的满天霞色、一轮旭日。从新教育实验的大场上,已传来新教育学派生生不息的韵律。新教育学派主导的新教育实验要带来的是对华夏文明,及对于整个东方文明的裨益。

五

"纸上得来终觉浅,绝知此事要躬行。"

新教育穿行在实践的波涛间,时时留意开辟着一条知行合一的航线。

行出知,知导行,行知融通,知行一体。虚空的理论和盲动的践行,都是新教育人所摒弃不取的,而在理论航灯下的行稳致远,才是新教育人的不倦追求。

新教育理论,不是坐而论道,不为理论而理论,不自我欣赏,而是用来引领思维指导行动的,字字要落地,条条索回声,具有莫大的实用性。

例如十大行动,在几年里逐步提出并在践行中完善,终成全面推进新教育实验的十把标尺。

新教育理论,直面中国教育之现状,解决中国教育的困惑,以悲悯情怀、担当精神来攻坚克难,具有极强的针对性。

如"晨诵·午读·暮省"儿童课程的推行,有力地改变着学生应试教育的生存方式,让高尚、善良、淳朴的人文情怀融入孩童的血脉和灵魂,培养了学习力、想象力、审美力、记忆力,促进了健康、高贵人格的塑造。

新教育理论,向着明亮那方,认准了就做,做好了就提炼思想,不因前无借鉴而退却,不以条件不成熟为借口,独辟蹊径,艰难玉成,具有十足的创造性。

每月一事就是极好的一个创造。把习惯养成细化到从具体小事入手,每月选择一个主题,围绕节俭、守规、环保、公益、勤劳、审美、健身、友善、好学、感恩、自信、自省的十二大习惯纲目,形成一个相对完整的行动体系,造就符合儿童生命规律的教育生态系统。新教育的发展论、行动论、状态论、潜力论、个性论、崇高论、和谐论等七大定律,也深深打上了自创理论的烙印。

新教育理论,不是浅尝辄止,应付一时一事,不是从浅层次入手,头痛医头脚痛医脚,而是要从本源上解决问题,具有求真的本源性。

例如新教育的核心价值理念——"过一种幸福完整的教育生活",就是对单向度、畸形、片面、唯分数的教育的彻底否定,更是对有德行、有灵性、有个性、有品位的教育的塑造。

新教育理论,大处着手,细处着眼,环环相扣,由根到梢,由本到末;从顶层设计到基层实施,一以贯之,一气呵成,一贯到底;且从实践中提出,置实践中检验,在实践中提纯与丰富,具有多重的系统性。其例子不胜枚举。

新教育理论,还借用外脑,诚心实意聘请国内外众多的专家学者,一次次给予批评匡正,还注重在多个层面优化,特别注意征求一线教师切身体悟的意见和建议,淬炼后百炼成钢,具有较大的客观性。

美国、日本、德国、芬兰、乌克兰、澳大利亚等国家的教育专家或教育团队都曾参加新教育组织的国际高峰论坛或年会,仅严文蕃带领的美国教育团队,就先后七次前来参加新教育论坛和年会,介绍美国做法,传播前沿理念,比较东西方教育,帮助研讨问题。

纵目教育长河,看新教育的脉系,你会感到年会犹如洪荒之力荡起的大波,从历史的深处涌来,由数百万眼心泉酿出,吸纳古今的思想瑰宝,荟萃中外的精神营养,一步一步地推动教育潮流,涤除离经叛道的浮华乱象,注入塑魂启智的活力元素,滋育了实践丰富了理论的扎实基础,悄然发生着改变民族基因的深远影响。

第二十一节　西成东就

一

谟议轩昂开日月,文章浩渺作波澜。①

茫茫环宇,悠悠万物,相生相应,此伏彼起。这犹如清风流水,连续不断,也如同人生接力,传递不息。一切都在自然而然地酝酿孕育之中,一切都似乎一步步地悄然准备停当,正所谓应时而生,应势而长,西方不亮东方亮。

究天人之际,新教育的生命线,在于对民族性与世界性的认可。此亦为欧洲新教育、民国时期新教育的精髓所在。正如朱永新在《新教育》所说:

> 21世纪初叶在中国产生的新教育,可以视为"世界语境"中新教育在当代中国的一个"回响"。我们的新教育与历史上的"新教育"之间有一些共同的特性:都旨在对现实的教育进行反思、批判和重构,都建立了一批实验学校,都试图对当时的教育和社会进行革新和改良,都是民间自发的改革和创新。在这个意义上,我们的新教育是历史上"新教育"的一段新的"链接"和"延续"。

范例如行路的向导,理论似行动的指南。但是,向导并不能替代旅人走路,指南也不能确保行者明理。

世间的人,都是独一无二的,世间的路,也没有完全相同的。因中国的国情、教情的特殊性,中国新教育实验很有自己的特点。这就是它的行动性。

中国新教育的运行,一直在实践的"田野"上寻路、开路、筑路,在行动中比较、鉴别、选择着最佳路径。

中国新教育人所走的是行动之路,所凸显的是行动教育哲学的学理。其行动

---

① 四川眉山三苏祠对联。

品质有如山岳般的坚实,泥土一样的质朴,水泉似的沁人心脾。

对于西方的新教育运动也好,对于民国时期的新教育也罢,当下的新教育实验,借鉴由行动开头,内化自行动体现,链接借行动结环,回响依行动诠释。若问,中国的新教育为什么选择行动突进,而不是从"学术化"理论入手?

道理很简单:自改革开放以来,中国并不缺乏各种各样的教育理论,往往是你方唱罢我登场,令人眼花缭乱,莫衷一是。而中国教育的大量实践,又不乏反教育的逆向实践,明知违规而为之,约定俗成即正轨。如此这般,年深日久,积重难返,理性的批判绝不能替代实例的批判,逆向的实践还须正向的实践来遏制。

新教育人自称"擦星族",像一群仰望星空的孩童,要把中国教育的星空擦亮,把天空每一颗星星擦亮。无论遇到的是风是雨,是雪是霜,仍会坚定地朝前走。他们知道,自己的力量有多渺小,但是确信,再渺小的一份付出,哪怕小如萤火虫的一丝微光,若融入新教育团队里,也会悄悄点亮世界。

新教育人行动的方位在哪里?在对中国教育问题的破解里。中国教育的问题和难题,就是新教育的课题。新教育之所以备受广大教育同仁欢迎,能在广袤大地上迅速落地生根,其根本原因也在这里。

新教育人的行动归宿是什么?是让中国教育成为有灵魂有智慧的领跑世界的教育。

超乎寻常的奋斗,源于超乎寻常的目的。行动,行动!行动到竭智尽力,在行动中抓铁留痕,筑梦成真。

从湖塘桥中心小学一所学校开始的萌动,到第一所新教育实验学校正式挂牌,再到五湖四海数千所学校扬帆起航,行动的脚步为中国新教育留下了一行深深的屐痕。

如果说,新教育之梦是必要的教育乌托邦,那么实现教育乌托邦,靠的则是中国新教育人十几个寒来暑往披荆斩棘的劳作。

不求打造无懈可击的理念,也不苦心孤诣地提出耸人听闻的命题,却凭借着摸着石头过河的智慧,凭借着敢为天下先的勇气,中国新教育的连续大剧,用行动揭幕;中国新教育高耸的峰峦,用行动筑起。

二

美国教育学者阿克曼在《新世纪的根基:叩响最佳的传统教育与进步教育》的文章里,幽默地告诫我们,不要把有关传统教育与进步教育看成是装饰华丽的手纺车中周而复始的转轮,"学校最显著的哲学形式,就如同DNA的双链一样:进步派和传统派是相互缠绕、相互作用、相互补充的。这就是我们应提倡的学校。"

新教育正是广以包容,深以掘进,精以吸取,在更为广袤辽远的教育时空,叩响了美妙绝伦的进行曲。

大历史时代呼唤大教育革命。大教育革命回应大历史时代。

欧洲新教育运动,来自欧洲、北美的第一次和第二次工业革命。

第一次工业革命,发生于18世纪60年代到19世纪中期,以蒸汽机作为动力源被广泛使用为标志,开创了以机器代替手工工具的时代,从社会关系来说,依附于落后生产方式的自耕农阶级消失,工业资产阶级和工业无产阶级形成和壮大起来。第二次工业革命,发生于19世纪70年代到20世纪初,以电力的广泛应用为显著特点,电力工业和电器制造业迅速发展起来,人类跨入了电气时代。

蒸汽时代需要大量会读、写、算的工人,因此其教育任务主要是普及初等教育;而电气化时代则需要大量敢于发现、敢于发明的创新型人才。它呼唤一场新的教育革新运动。于是,欧洲的新教育运动随之而现,并以多国度、多层面、多地兴办的新学校,培养适合需要的新人才,予以及时而有力的回答。

欧洲的新教育运动落潮三十几年之后,在东方,在中国,新教育团队开始了中国新教育的全新征程。

当下的新教育实验,发生在第三次工业革命向第四次工业革命的迈进时期。第三次工业革命始于20世纪60年代,通常被称为计算机革命、数字革命。当下第四次工业革命在数字革命的基础上发展,显现互联网无所不在,移动性大幅提高,人工智能和机器学习开始崭露锋芒。

兵无常势,水无常形。发端于更新更高更强的科技革命,成长在席卷世界大变革的激进时代——中国的新教育面临的处境,与欧洲新教育有着许多不同,造就人才的竞争近于白热化,人才的需求日趋丰富、复杂、多元化,有着比欧洲当年更为错杂的背景,更为深刻的主题,穿行在一个更为宏观壮阔的历史进程里,与更为复杂的中国社会进行多层次对话,要解决中国以至世界的教育更为棘手的若干老大难问题。

所有这一切,迫切需要更多的实验者倾情勤力投入其中,完成一场深刻的教育实验、教育实践的伟大突破、教育新模型的应时而建;与此同时,自然需要领航者一年一个高屋建瓴的主旨报告,随时随地一语破的地专题指导……这一切,都对中国新教育人提出了更高的要求:务必在实验中与时俱进,随势而变,时时求新,事事寻优,不断将新教育运动推向时代前沿。

不同的历史阶段有不同的课题,不同的时代当书写不同的传记。

清醒地直面考卷,紧迫里迅疾作答,中国新教育实验已经索得前行的一些路径,摸着了过河的若干"石头",结晶了理性思维的一些可喜成果。无数的教育主题与教育实验,如同峰峦起伏,迎面扑来,又被新教育人踏在脚下,握在手中,留下新教育运动清晰的时间线、思维流、智慧网、历史感,初步形成了新教育气势宏大的历史大潮。

若放眼新教育的未来发展,我们只能说,运动正行进中,势头如日中天,方兴未艾,新教育人正不断地与第三、四次工业革命的种种母题进行深度对话,深刻反思,创造行动,并未达到它的边际与终极目标。

从汲取欧洲新教育的精髓,到淬炼中国新教育的精彩;从生发中国新教育的美妙梦想,到当下新教育的立体行动,再到初步形成理论体系,建起学理峰峦,新教育团队给了人们许多的启迪,笔者且将其归纳为九大启迪。

启迪之一:教育观念质的进化,演绎成前导力量。

教育的意义,学习的目的,学校的价值,学生成长路径,这些教育核心观念的进化如指路明灯,决定育人形态,引领教育走向。

新教育理论家皮亚杰阐述教育本质时说,新教育的目的就是造就智力上自由和道德上自觉的人,"教育意味着培养创造者。你必须培养造就创新者、革新家,而不是只会踩着别人脚印走路的人。"欧美现代新教育理论的奠基者、夏山学校的校长尼尔说:"我们理想中的学校是要启发并诱导孩子们的创造力;引导孩子创作一首诗篇要比教育他背诵《失乐园》有意义得多。"

对教育进行反思、批判和重构的理论建树,正是朱永新和他的伙伴们着眼的重点。

新教育人说,现在有许多孩子已失去了凝望世界的明眸,失去了追求理想的激情与冲动,失去了尝试成功的勇气与感恩的情怀……唯分数的教育是单向度的教育,是畸形的教育,是片面的教育,是漠视人的心灵成长和丰富的教育;而新教育提倡完整的教育,是人的完整的教育。一个完整的自己,才是教育的最高境界。因此,新教育所考量的,是要制订出符合人性,贴近现实,助推中华文明,优化民族基因,延续未来空间的教育体系,使民族的发育更加成熟,发展更为强盛。

欧洲的新教育,也并非考量培养出了某个天才,而是考量教育体制发展本身,因而它推进了人类文明,从打造盎格鲁-撒克逊人、法兰克人、日耳曼人开始,深入到全球的文明方式,它的不断涅槃,造就了近现代文明的光芒。

彻底望穿教育,变更观念,换位思考,中国新教育人把教育的本质扩大了,弥

349

漫了,充实到人类文明前行的过程中。

正是这种前导性的思维,洗礼了中国新教育人,完成了与其他普通教育人完全不同的思维嬗变与思维转型,开拓了中国新教育之路。

启迪之二:坚定信仰与献身精神,让每个人都成为一部作品。

"世纪智者"罗素说:"同属于公元前6世纪的老子和孔子,早就具有了我们今天看到的现代中国的特征……在现阶段,我不认为科学能够完全解释国家的特征。……也许在很大程度上,取决于恰好在开创年代临世的卓绝人物的个性,比如像摩西、穆罕默德和孔子那样的人物。"[1]

与欧美开创新教育的先驱们一样,中国当下新教育人,从民族大义国家大业出发,自觉自愿地以身相许,满怀筑梦为实的坚定信仰,废寝忘食推进新教育的车轮,千方百计攻克前行中的路障,即使新教育已然燎原依旧毫不稍懈,仍在更高层面、更深领域、更广范畴上审时度势,修炼自身,破解疑窦。

这就是朱永新和他的助手们——21世纪新教育的播种人,亦是九死无悔的守望者,洞若观火的思想者,视新教育重于生命的献身者。

这种宗教般的情怀,其内核是信仰,其外显是执着,其载体是事业,其心神是忘我。

启迪之三:全体新教育人的专注与执着的奋斗,铸造出新教育崇高的灵魂。

欧洲新教育人或彰显或隐秘,其教育的理想未变;或流离或荣光,其前行的脚步不止。无论是承担着民族危亡乃至世界发展的重量,还是承担着一个学生的某个心理问题,其专注与付出不变。他们,就是人类的灵魂本身。他们每个人依据自身,写作了史诗般的教育故事,融合自己的经历,将灵魂尽情浇灌于教育事业。

中国新教育团队,全面承袭了欧洲新教育人的专注与执着,更用新教育四种精神武装自身,靠新教育"三专"发展工程提升参与者的能力,唤醒了教育自觉和文化自觉,达到对职业的最终体认和高度认同,让人人写出如诗如戏的人生传奇。

本书记叙了许多新教育教师的故事。新教育让他们魂牵梦绕,如痴如醉,一个个动人的故事,像从他们的手中放飞的美丽风筝。他们每一个人,都成就了新教育的一部新颖之作。

正因新教育教师的自觉参加,才使新教育成为真正自觉的运动。为新教育自觉奋斗、志愿献身的教师,才是新教育运动的中坚和脊梁,他们本身,就是新教育崇高的灵魂。

---

[1] 罗素,《中国文化与西方文化的对比》,见《人类的声音②》,商务印书馆,第288页。

启迪之四：实验校为点，实验区为面，织就旖旎长卷。

欧美新教育的浪潮，基于建起一所所实验学校。实验学校是实验场，在各自教育家型校长的统领下，在探索中突破和建树，形成了新教育的历史大潮。这是历史的个性与共性的合一，大历史与个人小历史的统一。在波澜壮阔的历史进程里，欧美的新教育形成了强大的吸引力和多元化的魅力。

中国新教育也将实验的基点牢牢地建在学校，从学校的实验场辐射开去，联结家庭、社区及整个社会。如是，学校就不是新教育的毛细血管和神经末梢，而是至关重要的基地。每一个基地的兴旺衰微都关乎新教育实验的全局态势。

鉴于加盟新教育的实验学校甚多，而作为民间的草根运作的新教育实验组织，难以一竿子插到底，便创造性地建起了新教育实验区。一所所实验校为网眼，实验区就是网络，一个个实验区再联合织结成偌大的网。这在中外的新教育实验史上也属创举。正是这种多元化合力之网，织就了新教育实验的旖旎长卷。

在此环环相扣的大网里，新教育的教师、校长、教科室人员、局长，乃至专家学者和数以万计的家长，都是新教育的义工，他们来自天南海北，来自各所学校，来自科研院所，来自众多家庭，形成了一股大浪潮，开辟出一个大境界。

启迪之五：教师的跨越式发展，打牢共同体的根基。

欧洲新教育发展史证明，新教育真正的江河，就是投身新教育的老师们的献身，是他们的精神、信仰与智慧。没有观念先进、信仰坚实、智能高强的教师，任何新教育的构想只能沦为痴人说梦、一枕黄粱。

中国新教育的缘起，恰是以教师成长为起点，打造"新教育共同体"的"精神家园"和"理想村落"，重塑教育的人文精神，特别是教师深沉的责任感及勇敢的担当精神。抓住了教师的发展，就抓住了新教育的龙头。

新教育人认为，教师的职业认同与专业发展是教师成长的两翼。专业发展是职业认同的基础，职业认同是专业发展的动力，互为前提。没有教师的发展，永远不会有学生的成长；没有教师的幸福，永远不会有学生的快乐。教育成败得失的关键在于教师的素养。

为此，新教育实验不遗余力地多方运作：倡导共读共写，开拓"三专"成长之路，建立网上家园，创建中国最大规模的网师函授学院，开展年度生命叙事活动，组建新教育全国种子营并开展了扎扎实实的培训，评奖新教育年度人物、年度智慧校长、榜样教师、完美教室和卓越课程，改变教师的行走方式和生存方式……

新教育教师就是这样炼成的。

启迪之六：与伟大心灵对话，行在通往高境的路上。

如何让新教育青山不老,使新教育理论绿水长流?古圣与今贤都说,做伟大的倾听者,与最伟大心灵对话交流。

苏格拉底带着高贵的单纯和宁静的卓越说:"就像别人爱马、爱狗或爱鸟那样,我自己甚至更喜欢一位好的朋友……古老的贤人们通过把他们自身写进书中而留下的财富,我与我的朋友们一起展开它并穿行其上,而且如果我们看到了什么好东西,我们就拾起它并把它当作一次丰盛的收获,倘若我们因此能有益于他人的话。"英国新教育理论家怀特海也说:"如果不能经常目睹伟大崇高,道德教育就无从谈起。如果我们不伟大,我们做什么或结果怎么样便无关紧要。对伟大崇高的判断力是一种直觉,而不是一种争辩的结论。"①

作为与伟大心灵不断交流的新教育,最看重的,是要人们走进经典,亲闻书香,净化灵魂,攀登崇高,冲破眼前的浮华世界,穿越它的喧嚣、浮躁、势利的罗网,走出盲目、浅薄、廉价的泥潭。新教育人将"与人类的崇高精神对话",当作新教育实验的伦理学基础。新教育人以阅读为切入点,与伟大的智者对话,让自己的精神丰富起来,让社会向更高程度的文明嬗变。

启迪之七:培育第二天性,穿越古今教育"壁垒"。

皮亚杰说:"正像在医学和其他一些又是艺术又是科学的许多学科中一样,教育学中令人痛心的困难是,最好的方法也是最困难的方法。"欧洲的新教育学校夏山学校,极力采取艺术科学方法,培育起学生们快乐、真诚、善于合作以及发展均衡等优秀品质。

中国自古代教学法的鼻祖孔子起,许多教育家也都孜孜以求育人之道。朱熹还援引孔子的话,从"恭""敬""忠"三大路径揭示育人的目标:"居处恭,执事敬,与人忠,此是彻上彻下语。"②

时至今日,育人的目标与方法究竟在哪里?

中国新教育人寻觅得可谓上天入地。几百万师生十几年的实验,无计其数次的研讨,多元角度的选择——从改变儿童的生活方式上,从创造理想课堂的境界上,从家校合作共育上等等,他们终于发现,当培育受用终身的第二天性——习惯养成,当教给学生一生有用的东西——核心素养。他们体悟,习惯像人类心灵深处的发动机,一旦开始运转,就会悄悄操控着人生;虽是后天形成,却又集中而准确地体现着人的天性,不知不觉中塑造着人的个性。而核心素养,又只有在天长

---

① [英]怀特海,《教育的目的》,文汇出版社2012年版,第94页。
② 《答近思录集注》卷四。

日久的习惯里才能形成。

从哪里入手？新教育人找到了"每月一事"，即从一件件小事做起，如从微笑开始，学会交往；从打球开始，学会健身；从吃饭开始，学会节俭；从演说开始，学会表达；从走路开始，学会规则；从植树开始，学会公益；从唱歌开始，让学生热爱艺术。如此做下去，通过主题阅读、主题实践、主题研究、主题随笔，通过聆听窗外声音、培养卓越口才，通过网络等路径，把公民教育、生命教育贯穿其中，最终，让学生一生有用的最重要的习惯一一形成。

可见，对树德立人的教育根本，新教育做出了开创性贡献。

启迪之八：着眼课堂、教室、课程，发掘出全新意蕴。

欧洲的新教育学校，无一不是在课程设置、教学内容、教育管理等方面实行了革命性的转变，如夏山学校放弃所有管训、指导、约束，以及一切道德训练和宗教教育，根据孩子们自己的兴趣选择上什么课；阿博茨霍尔姆乡村寄宿学校破除了古典传统课程体系，开设了农艺、体育与手工劳动、艺术、文学、语言、科学、社会教育、道德和宗教教育等课程，以训练儿童的体力、智力和手工技巧……

中国新教育全方位地推进了欧洲新教育的伟大成果，而在理想课堂、完美教室、卓越课程等方面，做出了开拓性的发展，即从实践到理论，不仅做了多层面多角度的拓进，更从中发掘了新教育全新的意蕴。例如，发掘理想课堂的三重境界说，缔造完美教室的穿越课程、书写生命成长传奇说，最大限度地实现人的可能性，"让师生过一种幸福完整的教育生活"的使命说。

新教育有理性结晶，更有践行探索，如卓越课程，新教育研究院已经建构起自己卓越课程的体系架构：以生命教育课程为基础，以公民教育课程（善）、艺术教育课程（美）、智力教育课程（真）作为主干，并以"特色课程"（个性）作为必要补充。他们还着手对其中一些教材进行了编写工作。新教育实验学校和教师也都编写了适合于本校实际的课程。

启迪之九：持续的新解读、新行动，获取打开深宫之门的钥匙。

事物永在运动，运动总在发展，许多新问题、新困惑应运而生。新教育永远在行动的赛场、思维的路上。

有什么样的一种力量，能够抵抗时光的冲刷，跨越岁月的波涛，让新教育不忘初衷，永立潮头，永葆其兴起时的冲击力？

新教育人找到了并正在做，那就是对中国教育和世界教育持续不停地进行新解读，随后付诸新行动，以便不断地取得新突破，即在批判与建构之间、反思与行动之间，来回切换频道，以此获取打开新教育深宫之门的钥匙。

他们对做了数年的课题,以高倍显微镜考察和反思,以求得清除瑕疵,臻于至善;对已初步形成的理论成果,边试行边完善,以逼近对事物形的洞悉、质的透析;对一个个待深入破解的大问题,如家校合作共育、科学教育,他们正在全国范围内,举新教育团队之力,动员几十个实验区勠力攻关,予以切中肯綮的破解。

三

寻根溯源,洞察脉象。当下中国新教育,就近缘而言,与民国时期的"新教育运动"同脉相连。

花叶落地归根,学术认祖归宗。

对当下中国的新教育浪潮而言,百年前兴起的欧美新教育是流,而民国以来的新教育则是源,因为同发轫于中华文化的根,同兴起在华夏这块土地,同样面对中国学生、教师和民众,同为圆中国梦——民族的崛起与昌盛。因此可以说,当下的新教育运动,是民国时期的"新教育运动"在新的历史条件下强而有力的脉动链接和跨越式的内在展延。

筑峰须懂峰,懂峰须知峰。当知晓峰峦筑在怎样的背景、怎样的地基上,当懂得筑起了何等峥嵘的特色、何等高度的峰脉。

笔者考察几年感知,当下的中国新教育之峰,是在继承并极大弘扬了民国时期新教育的七大遗产的基础上筑起来的。

第一,张扬科学进步,奠基现当代教育轨道。

民国时的新教育,改革对象是过时的中西传统教育,改革目标是建设适合中国国情,与世界教育发展同步的现代教育。这样,它既有别于清末曾国藩、李鸿章、张之洞等人发起主持的洋务教育运动,又有别于康有为、梁启超等人发起主持的维新教育运动。

民国时期的新教育提倡杜威的现代教育三中心,以民主科学为旗帜,教育与社会生活相联系,以"养成健全人格,发展共和精神"为宗旨,目的是培养合格的国民,以世界各国,尤其是美国的教育为参照,积极创新,自成体系。

因此说,民国时期的新教育不是在中国传统政制的旧教育树桩上的枝条嫁接,而是以教育思想、教育制度、教育内容、教育方法在内的教育整体转换,铺垫了现代教育的基石,奠基了现当代教育轨道。

当下中国的新教育实验,面临着中国深刻变革的转型时期,处于世界教育现代化急速转化的关键节点。朱永新和他的团队,以一种强烈历史责任感和主人翁情怀,点燃教育界众多同仁没有泯灭的理想,不仅坚持中国教育须对接现代化轨道,而且还力争位于世界教育的前列。就是说,民国时期的新教育是寻路、探路、上路,当下的新教育则是创路、开路、带路。

有此等担当,新教育人自然志向高远,直面中国教育的种种弊端时,不会采取怒目金刚式的责怪——深知那是于事无补的下下策,而是通过实验——实实在在的行动与建设,进行深刻而富有创造性的批判与重构。在这个无论规模、发展与深度都堪为空前的实验大场里,所有的行动和举措、主张和理论、宣言和演讲,都贯穿了科学、民主的精髓,以求教育的精进、精进再精进。

第二,展开中外交流,在东西方碰撞中寻求发展。

发生在中西融合的"大变局"时期,民国时的新教育,是教育改革运动,又是思想启蒙运动,还是个性解放运动;既是教育的,又是社会的;既是中国的,也是世界的。

当时新教育的诸将从为国家、民族寻找强盛起来的真理出发,痛感必须门户开放,走出去,看别样风景;请进来,引春雷动地。虽然国内外局势动荡,但中外教育间的交流,却达到了近代史无前例的高度。

当时中国处于十字路口,内部的张力和外部的拉力交相作用,前所未有。国人在深思、回味,苦苦地在东西方碰撞中寻求发展思路。

如今处于改革开放大背景下的新教育人,完全承继并大大发扬了民国时期新教育人的眼光、视界和襟怀。况且,在当下地球村,人与人的时空距离,早让信息化的链条连通得近在咫尺,而人与人思维、理念的差距却往往会隔断人们的视野,引发人们各不相同的生态格局与生活方式。解决这一切隔阂,只能依赖交流、沟通、融合。

因此,每年都有若干新教育人出国,进行有针对性的教育访问与交流。中美教育高峰论坛自2014年始,办在新教育年会的前一天,现已连续举办了四届。每年一度的新教育国际高峰论坛,从2011年起,已经开办了七届,吸引了美国、日本、澳大利亚、新西兰等一些国家的教育团队前来交流,邀请世界一流教育家来讲学及从事科研活动。这使当下的新教育人,观中外于须臾,抚全球于一瞬,择善而从,望高以攀,采百花而酿蜜,集众美于一身,在频频的思想交汇、论理交锋、行动交流中,比较、吸纳、内化、创新,洋为中用,古为今用,新教育的列车由此抵达一个个新站点。

第三,成就中国特色,融于世界新教育浪潮。

民国时的新教育运动,已将中国教育的变革,纳入世界教育革新运动的一部分。当时的新教育人,接引了以杜威为代表的欧美教育新潮的思想、理论与方法,如实用主义教育哲学、"六三三"学制、职业教育、平民教育、教育测量和统计、道尔顿制和设计教学法等,使原本陈腐的中国教育迅速跟上脚步。

1912年1月,时任南京临时政府教育总长的蔡元培发表《对于教育方针的意见》。这份当时中国教育改革的纲领,提出了融国民教育、实利主义教育、公民道德教育、美感教育、世界观教育"五育"并重的教育基本方针,主张教育"以最大多数之最大幸福为鹄的(即目标、目的——笔者注)","以现象世界之幸福为其达于实体观念之作用"。这些教育思想无疑是领先的。美国教育史家巴雷·基南都认定:"第一次世界大战后的新教育改革运动的根本原则,已由北京大学未来的校长蔡元培阐述明晰了。"可见,民国之初的教育改革成了"新教育运动"的前奏曲,与世界新教育的核心精神一脉相通。

朱永新主导的当下新教育,以"过一种幸福完整的教育生活"为实验目的,以"理想主义、田野意识、合作精神、公益情怀"为精神坐标,以儒家文明当核心的中华文化为根基,让师生们独具中国灵魂、世界视界,对人的内心复杂性有更为深切的体验,了解生命的伟大和宇宙的博大,感受生活的丰富与人性的丰厚,新教育人是一群擦星星的人。所有这一切,无论在外延还是内涵,都把自己的特点几乎发挥到了极致,极大地成就了教育的民族特色,可让特色十足的中国教育更有效地涌动到世界教育的潮头。

第四,经丝纬线交织,合力形成新教育流派。

民国时的新教育人——众多的教育家、思想家、社会学家,感同身受着中国的贫、弱、愚,教育在激烈的社会矛盾冲突中四面受敌,茫茫然无路。当他们意识到教育将成为拯救民族的途径之一时,都为此而齐心勠力,焕发出无可言喻的理想激情和教育信仰。

一花数叶齐展,百溪汇涌成河。以留美归国的蒋梦麟、陶行知和胡适为例。三人均出自杜威门下,教育思想都表现出鲜明的"工具理性",但是,因他们的关注重点不尽相同,胡适以"再造文明"为宗旨,努力开拓新教育的门径,是"新青年派"的代表人物,总体在高等教育层面;陶行知一心通过"民众教育"建设民主国家,积极用哲学的视野不遗余力地推行生活教育和创造教育,是生活教育理论的创立者和"人民教育家";自高等教育走向平民教育的蒋梦麟,则由编辑《教育杂志》而主编《新教育》,充当新教育理论家角色,也一直在高等教育的践行中做探索研究,是一位教育理论家型的好校长。

今日的新教育队伍,虽不见当年那般大师成群,巨擘咸聚,却也英才济济,俊采星驰。在这个庞大的群体里,既有教育名流、专家学者,又有一线高师、杏坛才俊;既有研究型官员、学人式校长,又有智慧性父母、热心肠民众,更不乏各行有识之士,各界助教之人。

在新教育理事会的引领和新教育研究院指导下,百十个实验区、几千所实验校、数百万师生,红红火火、扎扎实实、孜孜矻矻,上下打成一片,内外联结一心,抱成团取暖,凝心聚力攻坚,还有新教育研究中心、新阅读研究所、新家庭教育研究院、新生命研究所、新评价与考试研究所、新职业教育研究中心、新教育培训中心、新教育种子营、新教育基金会等,各自分兵把口,守望一路,相互间横向连接,纵向支撑,同圆中国的新教育之梦。

当下新教育团队,可以说心和气盛,其合力创立新教育流派,初已形神兼具。

第五,唤起文化觉醒,明晰新教育历史地位。

领导民国时期新教育运动的教育家群体,领衔中国的教育变革,作国际教育新潮进入中国的二传手,使中国教育汇入国际教育变革大潮之中。这期间,他们变换着角色:在欧美教育面前,充当学生角色;在中国教育变革中,他们则是参与国家教育政策制订的领导者,亲历并导航第一线新教育运动的掌舵人。

时代巨变。当下教育的地位变得更高,一切竞争归结于人才竞争的道理举世尽知。当下新教育人的文化自觉也变得尤为深刻:人才的竞争源于教育的竞争,教育的竞争源于教育理念和教育践行的竞争,教育理念和教育践行的竞争焦点,直指对当下中国教育的质的改造。

新教育人竭尽全力在做:既要改造当下教育,使其成为有灵魂有智慧有品位的真教育——从新教育十大行动入手;又要优化和改变民族基因,一点一滴地扎扎实实去做。

第六,专家教师联动,造就知行合一的发展体系。

民国时期的新教育运动有一个重要特点:领导运动的教育家们不光言说新教育,更投身到教育改革实验中去,以普通一兵的身份身体力行,如前面写过的陶行知、黄炎培、梁漱溟、晏阳初等那样,一举一措,一动一行,实践着教育的民主化、科学化、国际化和本土化。正因如此,他们才分别创立了打着中国烙印的"生活教育理论""职业教育理论""乡村教育理论"和"平民教育理论"。朱永新由此得出结论:在"历史的星空下,那些熠熠生辉的伟大教育家,几乎都是行动家。"

朱永新从民国新教育人身上,接受了重大的启示。他发起的新教育一上路,就以行动为路标,陆续确定开展一以贯之的十大行动和若干夯实十大行动的辅助性举措。在已经走过的征途上,新教育人一直将新教育实验定位在大型的全局性的行动性的实验研究上,做在行动路上,思在行动路上,创在行动路上,恪守"行动,才有收获;坚持,才有奇迹"的信念,坚持行动哲学和田野精神的价值追求,以此废弃了假大空,告别了洋虚玄,结果是种瓜瓜甜,栽果果香。

这方面前述甚多,无须赘言复述。

第七,接过四大命题,化作新教育前行的路径。

民国时期新教育的成功,在于教育家们理性地处理好了上与下、古与今、中与外、表与里这四种关系。上与下是指处理政府与民间的关系,古与今是指处理革故与鼎新的关系,中与外是指处理移植与创新的关系,表与里是指处理教育理论与实践、教育与社会、教育与文化、教育与人性等方面的关系。自然在当时,这四种关系并非并列,而是以中与外的关系为主轴,其他关系由此衍生。在其他关系中,又以上与下为关键。

这四大命题,也成了当今新教育人思考的基点。应该说,朱永新和新教育人不仅接过了四大命题,而且因做得努力而精心,且富于创造性,已经化作了古为今用、外为中用、上下齐动、表里一体的四条路径。

在当代中国做好新教育,处理政府与民间的关系成了主轴。有利条件是,优先发展教育已成为国策,搞好教育也已成为各级政府的要务。新教育作为NGO,一个民间组织,毕竟无权去呼风唤雨,也无财去开路铺道,因而取得各级政府的支持与辅助,方为事业成功的关键。回顾近十几年新教育的实践我们看到,许多基层政府在各个方面给予新教育实验以强力支持:从邀请讲学,新教育培训,到带头参观学习;从申建实验区,开放周展示,再到申办年会,准备年会,现场指导,给予人财物支持……朱永新和他的伙伴们,以其真心,以其奋斗,以其团队文化,以其圆梦业绩,赢得了众多政府官员的信赖与好评,一个民间的教育科研,和政府的教育行政部门结合,成了意义非凡的一大亮点。这使新教育之花,开遍江南水乡、塞北大漠、天山边陲、东海渔村……

至于古与今、中与外、表与里等命题,新教育实验也在一一破解中。

四

"看似寻常最奇崛,成如容易却艰辛。"①

十余年来,新教育如同一座渐渐崛起的峰峦,让笔者凝望,引笔者心动,并联想起筑就这座峰峦的人们,那许许多多美丽而宽广的灵魂。

新教育之峰,正是灵魂与行动互动使然。

---

① 王安石,《题张司业诗》。

凝视新教育人打拼的身影,笔者不由得想起唐代高僧药山那句偈语:"高高山顶立,深深海底行。"

这句修身敬业、知行合一的警句,若用在新教育领域上,"高高山顶立",即是新教育人站在教育的高山之巅,对古今教育智慧的鸟瞰,对世间优秀教育思想的超越。此为知。不过,"高高山顶立"虽然很难,但达到山顶而立之后,还要"深深海底行",还得回到新教育实验的深海区去躬身弄潮,一点点地将体悟传达于践行,这一点更难。此为行。正可谓"非知之艰,行之维艰"。

"高高山顶立,深深海底行",道出的是教育实践家的情怀。得其要旨,则最伟大的就是最平凡的;真正平凡的也是最崇高、最伟大的。呕心沥血的新教育人,正是这种既超拔又现实的人。

李白诗云:君不见黄河之水天上来。君在未见黄河水之时,可能会以为是从天上来。其实,黄河之水是从广袤而深厚的大地上奔涌来的。中国从来就不乏高调的教育家,不乏挥斥方遒指点江山的明星校长。然而在平平常常的实践中,却是更多默默无闻的广大教师托起了教育的大厦。新教育的天空,亦是第一线的新教育人,以燕子衔泥筑巢般的辛劳,托举出来的,擦拭出来的。

当见黄河之水的源头时,方知点滴融合,溪流集聚,方成就一条大河。广大新教育人在当下历史巨变的大潮里,不随波逐流,不畏狂风恶浪,不急功近利,目视远方,守住岗位,无论在把舵或在做其他,都各负其责,各尽其能,竭尽全力,让中华教育巨舰破浪前行,在传承优秀教育传统中与时创新,于借鉴外国先进的教育经验里内化升华,让这项任重道远的新教育事业,于外有造福国家、造福子孙的无上光荣;于内是甘愿承受分外的寂寞与清苦,操劳于春蚕吐丝般的劳作。

贯穿于新教育历史的航船,呈现的是那种香象渡河、截流而过的磅礴气势;那种"莫问收获,但问耕耘"的勇毅精神;那种不辞辛苦、勇于承担的担当奉献;那种耐得凄凉,甘于寂寞,在默默无闻中,撒播无形种子的操持身影。

第八章 砥 柱

徐悲鸿画作:《奔马图》

徐悲鸿(1895—1953),中国现代画家。

中华文明史中,马通常是力量的象征,是中国人自由、潇洒、进取、向上的寄托。历朝历代画家擅马者众多。在中国现代绘画史上,徐悲鸿的马独步画坛,无人能与之相颉颃。以中国的水墨为主要表现手段,又参用西方的透视法、解剖法等,逼真生动地描绘了马的飒爽英姿。徐悲鸿所画的大多是奔放不羁的野马,画马尤重画骨,由骨入神,进而创造的许多锋棱瘦骨的形象,带人进入天马行空、令人神往的思想境界。

《奔马图》的创作正值中华民族全民抗日的最危险之时,徐悲鸿感慨于众多将士的勇烈之举绘此图卷,群马奔驰于旷野之上,豪放犷悍、气度恢宏、奔驰进取、自信昂扬,恰似中华民族慷慨激昂的精神素描。

选此幅名画,既为表现新教育运动的奔腾之势,更为赞誉新教育闯将们那种雄豪的胆魄和无畏的精神。

题　　记——致敬砥柱

君不见黄河自天而来,方见奔腾——
新世纪初的新教育梦,牵出一幅壮阔的出征图;
君不见黄河入海而流,方显浩瀚——
书斋里的心曲,连接神州教坛的冲锋舟。
君不见欲穷千里之目,方现境界——
新教育大厦,仰仗八方才俊砥柱中流。

一锅"石头汤",聚集八方的德者、思者、贤者,
星驰俊采,他们个个独当一面,
沧海横流,尽将英雄本色彰显。
城乡"布道",教室守护,事事躬行,
微博参悟,论题破解,文化引领,
新教育的脊梁啊,开犁播种,鹰击长空,

这是一曲时势与英雄相辅相成的二重奏——
艰难困苦,玉汝乃成;山登绝顶,我乃为峰。
别开蹊径,当仁不让;奇峰迭起,舍我其谁!
惟华夏有才,英姿而勃发,
惟领军人才,于斯为大盛,
惟数风流人物,须看今朝喷薄而出……

第二十二节　击楫中流

一

"弄潮儿向涛头立,手把红旗旗不湿。"①

世间做事也好,做人也罢,莫不借势乘时。时为背景,势为趋势;应时而生,借势以动。

当朱永新最初做起新教育之梦,应的是世纪之交梦想喷发之时,教坛有识之士渴望冲破应试教育困厄之势。这种美妙的教育思想要想落地生根,首先就急需助手和一群人,能跑到朱永新来不及去的地方,传达朱永新最想说的话,将新教育这个团队搭建起来。

这样的助手,当既有崇高的教育理想,又有扎实的苦干精神;既有教书育人的丰富经验,又有凝集调理的突出才干;既具勤恳精细作风,又有广开人脉资源的能力。

朱永新第一位追随者、实地"操盘"助手,应时地出现了。

他就是江苏昆山市教科室副主任储昌楼,小朱永新五岁,一位一直寻求教育理想的追梦人。储昌楼原为南通市高中语文名师,被苏州昆山市引进。他为人率真,理事妥洽,秉性爽直,思维缜密,责任感极强。在江苏省教科研颁奖会上,他的论文常常斩获一等奖。这为他成为新教育运动早期的重要功臣,厚积了铺垫。2000年是储昌楼全面爆发的一年,他连续参加省市六次征文比赛,荣获六个大奖,其中三个荣获第一名。他与同时获奖的卢志文、袁卫星以此文缘而交成朋友,成了新教育实验的第一批人。

2001年9月的一天,储昌楼接到好友李镇西的电话,李镇西向他详细介绍了朱永新的新教育理想,并问他可否协助新教育的事业时,他那根沉潜已久的梦想的引信,顷刻被点燃,遂在心空飞迸出奇美的火花。9月底的一天,储昌楼应约在

---

① 潘阆,《酒泉子》。

苏州会议中心与朱永新第一次见面,便话语契合,深觉见之恨晚。以至于十五年后笔者采访时,他还是激动地说:"自打那天起,我没有犹豫过,对自己经过的这段激情日子,也从来没后悔过。"他常说,他一生中最大的乐趣就是新教育,最大的头衔也是新教育,最大的作品还是新教育,墓志铭也希望能说他是新教育的一员,足矣。

起初,储昌楼以新教育实验的学术秘书、教育在线网站的新教育实验论坛主持人身份出现,不久,新教育实验被确定为全国教育科学"十五"规划重点课题,新教育实验总课题组建秘书处,储昌楼则成了负责总课题组的秘书长。于是,他将新教育的宣传、调研、联络、指导、组织、审核等理念播种、牵线架桥、导演唱戏等数项重担一肩挑,且在八小时本职工作以外,割舍了全部业余时间,心甘情愿做不取一分钱的义工。不仅如此,每年还要自掏腰包,用于新教育实验。

万事难在开端,何况这一项长年累月的精雕细琢的宏伟实验工程。破旧立新,无中生有,在一张白纸上作画,从哪里下手?该如何起步?眼前不免有少许茫然。且是民间行为,草根运作,白手起家,公益特质,心里也难有多少底数。但是,储昌楼坚信朱永新的眼力,坚信新教育的前景,坚信心若在梦就在,人生就该前人栽树后人乘凉。

那是激情燃烧的岁月啊。

有一种追随叫创造,引得天雨流芳。储昌楼在新教育处女地上拓荒,沉下心来勾画未来。

多少次披星戴月,他走进朱永新主持的沙龙,与其博士生及秘书处其他同事一道,悉心地研究新教育科研课题,计议新教育几大行动,按动新教育的快进键。

多少个无眠之夜,他循着发起人的意图,为新教育实验起草计划、方案、通告、报告,撰写文章,掌管网上论坛,答复基层问题。他将自己的教育理念、管理章法、育人智慧,也一并融入其中。

多少个双休日,他陪同新教育引领者,南来北往,东奔西走,开展座谈摸清底细,察看现场发现下情,参加大会把脉全局,一心把新教育的事儿办好。

他参加朱永新发起的"教育在线"西部支教在陕西延安、定边,宁夏中宁、石嘴山的全程活动。他伴随朱永新,应邀去四方讲学——传播新教育实验的理论构想与践行行动,自己更深得精髓,聆听越多,感受越深,理解越透。他写就一篇篇文章,深入解读新教育的原理和深意。2006年3月13日,华南师范大学黄甫全《致苏州市副市长朱永新博士的公开信》发表不到一周,一篇两万字、题为"呼吁理性的学术的批评——答黄甫全先生对朱永新先生的'批评'"的文章,有理有据,掷地有声,便从他的电脑走向众多媒体。据说,他用一个通宵写就。创业者就这样拼着命发掘自己,拼到每一条神经每一个细胞。

有一种宣传叫播种,让心儿开枝散叶。这种播种,当时有一群人做,也有时孑然一人前往,他却浑然不觉孤独。各地的新教育人都记得,实验之初储昌楼利用假日周末深入到下面调研、解说新教育的情景,就像一头老黄牛,默默地,匆匆地,那般勤勉执着,那般任劳任怨。

海门市实验小学教师博客记载:

> 2003年6月26日,我们的版主,储昌楼先生,这位新教育的使者来到了海门市实验小学。对新近申请加盟新教育的我校进行现场考察。到校后,他首先和"实小"的部分青年教师围绕新教育作了问询与讨论。教师们就自己对新教育的理解向他请教和求助,储老师深入浅出,结合实际,对一些热点问题进行了现场的解疑问答。从十二点半做到两点,储昌楼版主还为我们做了一次精彩的演讲,提供了一份美味的精神大餐。全体老师聚集在阶梯教室里,认真地倾听,时不时地进行记录。讲座结束后,与会的老师还就感兴趣的问题向储老师现场提问……

感激昌楼[1]

> 我们一直很感激储昌楼。……因为他是到绛县传播新教育的第一人。2005年严冬,他一个人背着一个大旅行包,来绛县调研,做专题报告,为新教育实验尽职尽责来去匆匆的身影,许多绛县的新教育人对他的这份打扮和装束都留有深深的记忆和感叹;我们都还清楚地记得,他对新教育的热情和智慧的解读,对绛县教育人的鼓励。2009年全国新教育区域现场会在绛县召开之时,他对县直初中的理想课堂非常关注。在考察第二站的途中,有人汇报有几位江苏省的参会者没有上车随行,当时我们很纳闷,还以为是我们的工作人员不细心把他们落下了,后来才知道,这几位喊不走的人,领头的就是储昌楼老师,何以这样?用储昌楼老师的话讲:我们对你们的理想课堂非常感兴趣,想看看下一节课,看看这究竟是教学常态,还是应景之作,当然,我们更是为了拷贝校长的发言材料。从这位曾经的新教育总课题组秘书长的打

---

[1] 陈东强,《我和新教育的故事》摘录。

探中,我们知道了他之所以成为他的秘密。

他就是一台播种机,走到哪里,就将新教育的种子播撒到哪里。

有一种劳作叫耕耘,唤来金风飘香。新教育上路之初,急切需要"招兵买马"造就势头,急切需要揭示真谛展示路径,急切需要验证出台的举措、开展的行动、推出的理念是否正确……所有急切需要穿引的千条线,终归都急需通过储昌楼这一根针。他如绣女绣花一样聚精会神。

为广扩新教育影响,打造新教育一方气候,储昌楼除了陪伴朱永新外出外,还独自走苏北姜堰、苏南太仓,北赴河北石家庄、河南安阳,南下浙江苍南,西去新疆奎屯,东进山东威海……光姜堰市,他从宣传、指导到研究就去了七次之多。他做了多场精彩的报告,厘清"新教育"的概念,梳理新教育的发展历程及目的特点,解说当时新教育实验的课题规划、具体操作与实施,有针对性地提出了一系列建设性的意见,展示了早期实验区的可喜成果,为各地实验提供镜鉴。

储昌楼举荐了一位位新星,或剖析其爆发式成长,或点赞其创造性贡献,或因势利导给予奖掖扶植。2005年12月25日,"北国之春"——新教育实验第五届年会闭会,储昌楼所写的侧记——《冬天里的一把火》上网了:

"红娘"小曼——小曼是网名,大名张曼凌。不知小曼,肯定是刚到教育在线的"小虫"。网上巾帼有数万,屈指首数当小曼。从单飞远赴"K12班主任论坛翔宇会",小曼义举令论坛英豪尽折腰;到后来加盟教育在线,一在三年,小教论坛兴盛一时,小曼功莫大焉。教育在线郑重宣布:小曼为论坛终身版主。功在论坛,心系校园……小曼有梦,梦在个人成长,梦在学校精进,千方百计让新教育实验的火种播撒她所在的"吉一小"。当她获知实验总课题组年底将召开专题研讨会时,还是小曼牵线两头,以她的诚心、真心圆一个梦想:让新教育实验研讨会落户"吉一小",让新教育实验"东北行",让吉林"一实小"全国晓……

此文让小曼回味无穷,能量倍增。

有一种谢幕叫完美,止于连续剧的继续上演。人在旅途,要紧的是勇于担当,忠于职守,倾囊倒箧,尽发光热,不稍懈走神,以完成天命。这样,当适时将接力棒交接给他人时,才会拥有奥斯特洛夫斯基所言的无愧无悔。储昌楼做新教育实验牵头人的五六年里,就是如此一位竭尽全力、无愧无悔的奋斗者。

在朱永新的直接领导下,储昌楼顺应时势,助推新教育由虚到实,从小到大,到2006年7月,召开新教育第六届年会,新教育实验区已在大江南北的江苏、浙江、山西、河北、山东等省建起十六个"根据地"。这些实验区,储昌楼一一去考察、指导、审批,前六届新教育年会,他都具体参与策划、准备、雕琢,一个拥有百万规模的新教育团队,在众人倾力的奋斗中组建起来。

2006年7月13日,新教育第六届年会报到的这天,储昌楼特意翻出三年前首次新教育年会穿过的棕色T恤穿在身上,带领昆山实验区三十余人的队伍来京,作为主持人,这是他最后一次参加年会。因为新教育转型以后,卢志文已经以首任新教育研究院的院长的身份,成为扛鼎式人物,对此,储昌楼胸有大局,理解并愉快接受了这个决策。此前,他还曾向朱永新举荐卢志文,很有几分古代的禅让情怀。

年会有个小插曲:要给二十个单位颁奖的当口,颁奖词找不到了,台上的人捏一把汗。储昌楼却凭着记忆一一道出,竟无一错,惊人的记忆力补得天衣无缝。有人感叹说:储昌楼是上天送给朱永新的礼物。储昌楼却说,新教育是上天送给我的礼物。

谢幕不等于卸妆,退下不等同躺下。这以后,储昌楼还在新教育理事会工作,还负责昆山区新教育的实验,还主动请缨,到昆山市千灯中心小学任校长,很快就把该校办成新教育实验的"一盏灯"。朱永新为他的专著《教育点亮人生》作序说:"一灯一世界。昌楼其实就是一盏灯,一盏照亮千灯小学的灯。"

筚路蓝缕的默默拓荒,东西南北的东风化雨,一城一地的精播细耘,呕心沥血的倾力奉献,这就是"一盏灯"储昌楼——那个时期新教育领军人物的历史雕像。

二

好雨知时节,暗夜亮明星。

教育时空,风云际会,气象万千,俊采星驰。连续剧的舞台总会因时因势呼唤出新的人物,给予新的使命,新的承担,使其在连续推进中再建奇功,自领风骚。

2006年的新教育时空,嬗变出许多拐点时期的情态,注定进入了第一次转型的历史时节。

新教育之火遍及全国二十多个省份的五百多所学校、十六个实验区,大江南北参与实验的教师已达六万多名,麾下有超百万学生大军。家大业大,人多心多,难免泥沙俱下,鱼目混珠。

此时，新教育的理论建设初步完成，六大行动已经开展，各种项目做得有声有色，教育在线也已常态化运转，但是很多新教育人对新教育的思考和理解，还止于浅层表面。"我们已经走得太远，以至于忘记了为什么而出发。"①

团队越来越大，实验区越来越多，新教育运动的气势方兴未艾，内涵发展上出现的疑窦、瓶颈也更为突出，其中发展乏力，管理松散，行动懒散，已显露出来。

一个快速发展起来的民间的教育实验活动、教育改革运动，靠什么凝聚意志？靠什么勠力同心？这个自始至终存在的问题，此时更突出地摆在面前。

公益性的改革实验，没有拨款，又不收学校、教师一分钱，实验的资金一直靠民间的小额捐赠，以及《朱永新教育文集》的部分版税维持正常运转，常常出现捉襟见肘的尴尬状态。

新教育发展亟待突破羁绊走得更远，新教育实验急需有如是素质的操盘手：

要有一双审视问题的眼睛，一种"战战兢兢，如临深渊，如履薄冰"的忧患心境；

要能立于更高的境界透视新教育，并带领全体新教育人较迅速地再上一个层次；

要给原已建起的团队加以思想修养的再培训，进而将一个团队改造成一个系统；

要撑起一以贯之的精神文化旗帜，做足团队文化，去统一意志，提升思想，凝神聚气；

要引来多个教育集团、慈善单位，伸出援助的手，给予新教育力所能及的支持。

一句话，急需经验更丰实、能量更强的人。经过慎重选择，这个人就是全国知名教育专家、翔宇教育集团总校长卢志文。他将新教育理事会理事长、新教育研究院院长、新教育基金会理事长一肩挑起来。

卢志文对新教育接触早，体认深，理解透。他最早以"心教育""欣教育""行教育""醒教育""省教育""信教育""星教育"的命题开拓对新教育的解读，也以"乐于分享，善于沟通，服膺真理，勇于承担，敢于创新" 二十字词语对新教育人的核心品格予以定位。

几年间，这位新教育的担纲人，与朱永新沟通畅达、思维合拍、配合默契，朱永新曾风轻云淡地走笔《睿智幽默的卢志文》评其人，意重情深地泼墨《用脑袋走路

---

① 《纪伯伦作品精选》。

的卢志文》序其书。

在朱永新眼里,卢志文作为名师,成了获奖专业户的骄人履历早就娴记于心;作为"卢志文在线"版主,其出色耕耘也已历历在目;作为学校掌门人,"出五关""掌十校"的非凡经历更是令人感慨唏嘘。从其主业到余业、人品到文品,朱永新能细数卢志文的数桩教育故事,数十个有趣的育人细节,上百句人生箴言。"从容,淡定,坚忍,讲大局,识大体,明大理",这是他眼中的卢志文。精干、灵活、真挚、智慧、幽默,这是他心里的卢志文。

"志文兄是我一直敬佩的朋友。他虽然小我几岁,但是他的睿智,他的大局观,他的财富观,经常让我视他为兄长。在事务繁忙的情况下,他接受了新教育团队的重托,当起了这个不好当的家。"①

"这次年会是新教育转型以后的第一次会议,新的掌门人卢志文已经成为真正的灵魂人物。在火车上,我给志文发了短信,'你是不拿薪水还要付出心血,让我非常不安。'志文说,'这是我的幸运。永远无怨无悔,唯时时担心有负重托,还望不断鞭策!'转型至此,悬心稍放,前路虽艰,信心倍增!"②

诗言志,博客传心。朱永新对卢志文的信赖之深、倚重之高溢于言表。

后来的七度春华秋实,卢志文没有让朱永新和新教育人失望。在朱永新绘制的新教育宏大坐标轴上,卢志文带领新教育整个团队,上上下下一起较劲,东南西北同时驱动,用双手更用心灵,用激情更用睿智,做大团队,夯实管理,厚聚文化之功,广发洪荒之力,使得新教育的杏坛,春光明媚,春色秀美,呈现出千红万紫争芳斗艳的景观。

卢志文带领的团队,沿着新教育的既定目标,革旧鼎新,快马加鞭,至少在以下三大方向上取得了重大突破。

其一,依据科学管理思想和管理艺术,让新教育团队走上机制化的运行道路。

无规矩不成方圆,没机制难以运营。受任于第一次转型刚刚完成的2006年夏初,卢志文眼前的事业千头万绪,但他觉得最要紧的,是让这个偌大团队步调整齐,脉动一致,成就起风雨中不散不倒的"百年老店",因而,必须建起一套完善的适切的规章制度和组织架构。

目标既定,刻不容缓。

卢志文指挥新教育实验日常工作运行的同时,指导研究院的有关同志日夜兼

---

① 朱永新2006年5月4日博客:《读卢志文》。
② 朱永新2006年7月16日博客。

程,座谈、起草、讨论、征求意见,几次修改,下发到各实验区商议,提交新教育理事会审定,再修订润色,到2007年9月29日,在杭州市萧山区召开的新教育实验区工作会议上,《新教育实验区(2007—2010)三年发展规划》《新教育研究院访问教师制度》《新教育实验个体、实验共同体及实验区域共同体管理办法》《新教育实验课题管理制度》推出后备受称赞。

如此这般,实验学校的授牌,实验区整体加盟,实验校、区的定位与考核,研究院的管理职责,实验课题的管理,新教育研究院访问教师的若干事宜,事事有了章法,宗宗立了规矩,犹如让四溢之水入了渠,夜行的人有了路,功效之大一目了然。

在此次历史性会议上,卢志文谈及新教育、新教育实验时,贯穿以深邃的哲学思考,如一道闪电,映照人们的心空:

新教育是有待生成的,不是预设的,需要每一个参与者的探索和创造;

它是一种过程,是不断完善的,逐步深入的,永无止境的探索过程,不能故步自封,一成不变;

新教育是在继承的基础上发展的,不能朝秦暮楚,飘忽不定,或者不断地另起炉灶;

新教育更是整体的、整合的、有机的,不是零散的、割裂的,项目的简单堆砌不是新教育;

它是草根的、民间的、自发的、主动的,是通过感召引领激发的,是"我要做"的;新教育不是官方的,不是靠行政推动的,不是强制执行的、被动的、"要我做"的;

新教育是一份理想,一场运动,更是一项行动……

清晰如明澈秋水,悠远似幽谷深潭,灵动的语言载以邃密的探索,平实的道理借之朴素的表达,与其说是讲话,叙事明理,不如说是一篇美文更贴切,层递错落有致,意蕴深邃;语句长短相宜,辞采飞扬。

他还提出推进新教育,必须坚持的"面"和"点"的结合、"量"和"质"的结合、"管"和"理"的结合、"培"和"评"的结合、"官"与"民"的结合、"专"与"兼"的结合等"六个结合",这些观点,在管理层面上,践行和丰富了朱永新的新教育思想。

卢志文率领新教育团队,推进机制化的运行,有章法,有举措,有行动,有硕果。他指挥着的庞大团队,循着哲思的脉象,饱含文化的诗情,融入新教育人富于创意的想象,涌流成新教育的雄浑交响。

其二,给团队注入大量文化理念,将文化精神的生产力变成了文化物质的生产力。

卢志文眼盯着团队文化,心想着团队文化,手做着团队文化。尤其当新教育实验有了比较完整的理念和理论体系之时,新教育共同体成员急剧增加,他更痛感加强新教育团队文化建设迫在眉睫,形同救火。

他做的团队文化,内化深化着朱永新阐发的新教育四种精神,给予了新教育人丰厚的财富,把引领未来的线索牢牢握在手中。

自2006年7月第六届年会,他的有声有色演讲,至2012年7月第十二届年会,他发表《梦想,在路上》等许多场发人深省的叙述。其间,他主持制定了一个个章程,助力一所所基层学校,莫不浸透了文化的丰饶营养。2007年1月1日,在"梦之旅——新教育实验论坛"上,卢志文推出了《新教育团队文化手册》,系统地阐述了他的文化思想。

新教育团队文化是什么?他告诉同仁:"新教育团队文化,是新教育共同体全体成员共享并传承给新成员的一套共同愿景、价值观和使命。它代表了团队中被广泛接受的思维方式、道德观念和行为准则。它反映了一种提升民族教育的理想追求,一种NGO的生存哲学和一种不断超越的生命态度。"

新教育团队文化因何重要?他明晰昭示:世界上任何一个由组织体系组成的集体,生命力都是有限的。如要其拥有无限生命力,就必须建立另一个体系——文化。它是一种精神期待,精神纽带。它无形而能量无限,它可以超越时空,超越规范,超越生命。它引领团队方向,规范组织行为,指导公益实践,定位学派形象。

新教育团队文化靠谁来做?他直接回答:靠你!他强调了每一个新教育人都是创造的主体;"如果新教育团队文化借由您的放大,传递给您周围可能传达的所有人,那么新教育和您都会因为您的这个行动变得更加美好和神圣。"

新教育团队文化怎么做?他呼吁行动起来,"高扬理想主义,勇于探索"是新教育者执着寻找教育支点的脚步。过一种幸福完整的教育生活,既是新教育的理想境界,也是回归教育的本来面目。留下的遗憾是我们努力的方向和目标。"投入战斗,再考虑胜负。每一位实验者,每一所实验学校,不等不靠,相信每一年都会迈出坚实步子,接近目的,今天的一小步是明天的一大步,教育的一小步是社会的一大步。"

他统领的团队为新教育打造了一个文化杰作——新教育团队文化建设纲要。此纲要于2007年运城年会前提出,经多轮修改,日臻完善。这凝聚了新教育人的智慧、心血的纲要,是新教育文化化人、文化立校、文化建队的传家宝,是一个高瞻远瞩、高屋建瓴的历史性贡献。

阅览此纲要,新教育团队文化的目的和意义、新教育团队价值链、文化建设的逻辑起点和归属、团队核心追求、团队宗旨和精神、团队发展观和生存方式、团队组织原则、团队成员的品格特征、团队的人才观、团队文化的积累和建设等,尽在其中,且言简意赅,意蕴无穷。

其三,成立、主导了新教育基金会,使新教育徒增了造血机能,告别了运行靠别人施舍过日子的窘境。

如果说,急切实施新教育的机制化建设,是为新教育的大进军寻到了突破口;久久聚焦文化建设,是为保鲜新教育的生命力打一场持久的攻坚战,那么,成立新教育基金会,则是为新教育的前方火线,准备了必备的粮草。这样,从前线到后方,自外表至内核,新教育实验有了全方位立体化的推进。

切莫小觑建立基金会,其功之大难以估量,创建之苦难以想象。当时,国家政策对此尚未放开,民间创办基金会鲜有先例。一切全靠创与闯。打报告,写说明,申宗旨,道缘由,述根据,通人脉;讲述,争取,论辩,迂回,跟进,表白;一次次走进政府大门,一番番与相关机构协商,一道道关卡突破,不禁让人生发"敢问路在何方"之叹。人累瘦了,心揉碎了,门踏破了,章终于盖全了。说起这段苦旅,卢志文至今不堪回首,长长叹息着说道:"办学,建校,扩展,办过那么多事,没有一件事比办基金会更难!"其酸甜苦辣,局外人很难知晓。

2010年2月21日,由朱永新、王海波、卢志文发起,江苏省民政厅批文核准的江苏昌明教育基金会宣告成立,该基金会业务主管机关是江苏省教育厅。至此,标志着新教育有了属于自己的支撑实验发展的筹资造血机构。基金会以促进师生"过一种幸福完整的教育生活"为宗旨,援助教师专业成长,服务学校发展,传播新教育理念,推广新教育实验成果。

龙腾瑞气,燕舞春风。教育基金会在卢志文等人的运筹下,发展很快,前景看好。2011年1月16日晚,新教育基金会启业仪式暨慈善晚宴在上海隆重举行,捐助给新教育基金会的二十五件拍品全部成交,共募集善款一百三十多万元,其中卢志文捐赠的一幅沈鹏书法作品以三十万元拍得全场最高价。2012年10月5日,基金会又举办了佛教高僧大德义捐的一百四十余幅书画作品义展,并整体打包义卖。所筹款项,除了奖励新教育实验的各类标兵,评审、投资一些新教育开展的项目,捐助建起数个"新教育童书馆"等公益项目外,还与《中国教育报》社等单位联手,发起了"党和人民满意的好老师"推送和评奖活动,提供资金支持,走向了"己欲达而达人"的仁者境界。卢志文认为,慈善是一缕阳光,相信是一种力量。该基金会秉持造福教育的宗旨,为了千万间教室的明亮,为了每一个孩子的梦想,用好每一笔善款,一心用理想和坚持,扎根心灵,充实生命,点亮未来!

自2006年7月在京召开的新教育年会起,到2013年7月在浙江萧山新教育年会,卢志文领衔指导的新教育团队发力疾行,业绩积累也越发厚实。加盟新教育的实验区已到四十个,实验学校到一千七百六十四所,参加实验的师生有一百六十多万。从这些数字里,你可以静悄悄地谛听新教育运动铿锵的足音。

走笔至此,笔者觉得有必要对这位新教育的思想者、践行者,予以写意式描述。

一是人格魅力:睿智、幽默。

他的思路畅达,想象超迈,应变快捷,箴言迭出。"宽心容物,虚心受善,平心论事,潜心观理,定心应变。""要做一个放风筝的人,既要仰望星空,又要脚踏实地。""有舞台就好好地演一个角色,没有舞台就静静地做一名观众。很多人的失败在于——处于舞台的中央,却做起了观众;或者人在观众席上,却把自己当个角色。""聪明人会把弯路走直,因为他总在努力寻找捷径;豁达者不悔把直路走弯,因为他着实多看了几道风景;成功者会把窄路走宽,因为他心中装着远大的理想;失败者常把宽路走窄,因为他眼里只有足尖前面的分寸空间。""应试的教育只做题,应景的教育常做秀,应付的教育多做假。"……他的睿智又常常以幽默点缀。如一次写文章作自我介绍,采用了"一二三四五六七"的"七股文"给自己画像,其中的"五股"竟如此写道:"五读俱全:喜欢读帖、读印、读史、读谜、读诗,却被迫读考题、读文件、读报告、读发票、读人脸色。"如此解读,妙趣横生。

不知是睿智产生幽默,还是幽默激活睿智,当幽默濡染了睿智的光焰,睿智辉映出幽默的色彩时,睿智与幽默得以双双激活。

二是博雅活力:才艺、灵感。

卢志文本是教化学的理科教师,却不乏艺术细胞。娴于灯谜,精于篆刻,善于诗文,工于书法,甚至还巧于发明。据朱永新披露,卢志文的书法篆刻不仅被地方政府作为礼品送给外宾,许多朋友也都为拥有他治的印章而自豪。

笔者在翔宇教育集团温州翔宇中学采访时,观赏了国内仅有的品位极高的书法、灯谜、昆虫、贝壳四大博物馆,内心为之震撼。"和整个世界站在一起"(该校校训),让校园成为汇聚美好事物的中心,让博物馆成为灵魂洗礼的教堂,让学子观天人于须臾,抚古今于一瞬。校长有如此的宏阔的心胸,方造就出如此大气的翔宇!

不知是才艺激发灵感,还是灵感引爆才艺,当才艺借助灵感的翅膀,灵感搭就才艺的天梯,方展示出令人艳羡的美的综合。

三是情感张力:深沉、炽烈。

卢志文第一次来绛县,在2009年10月。他只身一人从河南焦作坐晚车赶赴绛县,时任绛县教育局局长的陈东强独自一人在高速出口等候,赶到绛县宾馆时已是深夜一点多钟了。二人立即开始新教育实验的交流沟通,几近东方既白。接下去,是考察学校,开会座谈,并做一场报告。送别时,陈东强在无比感佩中心生一个意念:卢院长对新教育的情感、投入、智慧是无人能够替代的。

这只是一幅剪影。十校之长,新教育的掌门人,如此拼命乃属常态。2011年春的一天,他约好与朱永新商量新教育的事宜,乘晚10点飞机赴京,赶到朱家开会至凌晨3点,再连忙赶奔机场,一早又飞回南京,再乘车回校继续新一日的学校工作。如此往返历经多次。翔宇总校办公室主任李玉佩对笔者说,卢校长做事创新,待人包容,惜时如命。在飞机上思考,在车上打字是寻常事,一次从江苏宝应到湖北监利,一路七个小时,写出了《做一个不对下属发火的校长》的文章。①

此人重情重义。2010年7月11日下午,石家庄,新教育第十届年会。卢志文做工作报告将结束时,停顿了一下说:"最后,我们还要特别感谢一个人……大家说我会感谢哪个人?(台下喊:朱老师!)我们真的最要感谢的这个人,就是朱老师……新教育,真的不是朱老师的,它是我们这个民族的,是我们大家的,是我们这个国家的,甚至是我们全人类的!他付出的努力,是我们难以想象的。所以我们也是被朱老师感动得走进新教育,不离不弃新教育,永远在新教育的路上走下去,走下去……"全场长时间的掌声,许多人心动泪涌,竟感染得朱永新也热泪长流……

不知是深沉催化炽烈,还是炽烈连动深沉,当深沉驾着炽热升腾,炽热依仗深沉燃烧时,深沉和炽热才融为一体,获取山高水长的魅力。

2012年末,卸下新教育理事会理事长、新教育研究院院长的卢志文,还肩负新教育理事会副理事长、新教育基金会理事长的重担,加上翔宇教育集团总校长,仍属全负荷,挑大梁,拉满弓。

风格即人。卢志文留给新教育人以君子的儒雅、学问家的睿智、志士的炽烈,代表了新教育文化的神韵与风采,亦是受其感化者的人生财富。

三

"请君莫奏前朝曲,听唱新翻杨柳枝。"②

---

① 卢志文,《今天我们怎样做教育》,文化艺术出版社2011年版,第60页。
② 刘禹锡,《杨柳枝九首》。

时光流逝,潮涨潮落,实验精进,人去人来。当历史车轮驶至2012年的岁尾,新教育的运行,又面临着形势变化而引起担纲人更变的接口。

是时,伴随实验区增多提速,实验的广度、深度迅疾扩展,第二次转型期的运作,急需作为执行新教育理事会决策的新教育研究院,要将诸项工作更进一步优化、细化、实化。正所谓"繁枝容易纷纷落,嫩蕊商量细细开。"①新教育有如一个新生儿,历经了问世之初蒙昧、稚嫩的爬行,少年时节鲜活、勇敢的行走,如今已到了青春光景,当有矫健有力的跳跃。新教育进程每一个阶段的新变化,都急切需要新的应变和调整。

新教育实验早已从以一所所学校为基点,发展到以学校和实验区并行为基点的实验态势。而且,实验区对实验学校的管理,日益彰显出地缘优势、行政优势和同质化程度优势的情况下,建立起一个或几个标准化的公信力极强的实验区予以领飞,更有利于牢固实验网络,推助实验情势,创造各实验区共进齐飞的格局。作为一个面的实验区,比一个点的实验校,则重得多。这就像一条小河对于家乡还可以说很独特,但对于一个地域就不那么典型。

上述局势,亟须实验的担纲者,工作目标更专一,精力投入更增大,责与权的运用须在更大范围、更广群体里,落得实而又实,说了算,定了干,有人力和财力的坚实支撑,能够栽树见果,推广高效。

在历史的节点上,新教育实验理智地选中了许新海担任新教育研究院院长。

许新海,1967年生。朱永新门下的博士生,海门市教育局党组书记、局长。

这是一个嗜书如命、凭借思想引擎探路闯关的人,一个心中有梦、思路快点子多、肯于拓荒的人,一个管理精细到每一角落每一枝节、且"让问题不过夜"的人,一个小胡同赶猪——直来直去的人,一个从来不畏难、不服输、敢开顶风船的人,一个自1998年起平均每两年出版一部著作的人,一个能够无中生有、"没有石头也过河"去创造神奇的人。

人生的路,每一步都是走出来的,而他,由于脚步迅疾得像飞,因而也做出了大量别人不敢想、不能做、不会做的大事,奇迹就是这么缔造出来的。

1992年,年仅二十五岁的许新海,毅然扛起草创中的东洲小学的旗帜,让这所位于城郊荒凉地带、没有操场、只有四间平房和七名教职员工的空壳小学,经过几年时光,竟神话般变成响当当的省级实验小学。

1995年底,他又"异想天开"地提出学校要办少年宫。是时,海门市还不见少

---

① 杜甫,《江畔独步寻花七绝句》。

年宫的踪影呢。他发动全校教职员工每人集资五千元,凑上了五十万元的启动资金。没有上级投入,这个年轻人凭着非凡的眼光和洞见,说服了建筑方的老总投入数百万元,一幢靓丽的少年宫居然真的在平地上崛起!

2000年底,善于筑梦为实的许新海,提出了在小学建教育大厦的设想。他又采取由教职员工集资的办法,于2002年春——东洲小学建校十周年之际,令总投资一千二百多万元、十一层三万多平方米的教育大厦拔地雄起,傲视苍穹。

许新海被人视为能人、奇人、高人!

他曾多次出国考察教育,次次带着问题前去,满载收获而归。1997年他赴美国一个月,回国后即写出《美国小学教育考察》的书稿。2004年,他赴澳大利亚做了一年访问学者,他采用现场观察、访谈、文献、比较等多元研究方法,走访学校、听课、记录、摄录音像资料,获得了对域外教育的深刻体验,结晶了颇有参照价值的近三十四万字佳作《澳洲课程故事》。回国后,许新海即全面启动了"让每一个师生热爱阅读,热爱运动,热爱艺术,热爱实践,热爱生命"为行动纲领的"新生活教育行动"的研究。这在本质上乃是与新教育的一次美丽相遇。

许新海走上全国新教育大舞台,是从做实做强做精海门的新教育开始的。他的思想雄厚有力地指引着海门新教育实验,他本人亦成为海门新教育的灵魂人物。

灵魂,是起关键和主导作用的核心因素。说许新海是海门新教育的灵魂人物,是指他在海门新教育实验的萌动展开、深入推进、推广辐射的十余年运营中,做足了扛旗带路、深耕细作、统领全局的功夫,由此创生了影响新教育全国态势的偌大事业。他的足迹遍布全海门市各中小学、幼儿园。海门新教育人在他的率领下演绎着自己的生命传奇,创造着幸福完整的教育生活。

在采访、阅读、沉思许新海的新教育创业史中,笔者发现,许新海创下的赫然业绩,再次印证这样的道理:凡当大任者,必有非凡的际遇,非凡的际遇又皆因独到的底蕴。有此独到底蕴,方能应天时,得地利,促人和,成气象。那么,许新海的独到底蕴是什么呢?

许氏底蕴之一:理念超迈,感应迅疾,视界高远,行动快捷。

许新海和朱永新的第一次见面,是在1998年江苏省教育厅所办的校长培训班上。当时,他和卢志文是两位身为特级教师的校长。在听到朱永新极具思想穿透力的报告后,他们面对面地向朱永新发问,提出教育中的一些现实难题,二人的才智旋即引起朱永新的格外关注。

2003年4月2日,江苏省第三届新世纪园丁征文颁奖活动在海门举行,已是新教育实验发起人的朱永新应邀做"新教育实验"学术报告。"一语惊醒梦中人。"许新海听得心潮澎湃,热血沸腾,视野大敞,心门洞开——这不就是自己多年来苦苦寻找与追求的教育之梦吗!是夜,他为朱永新细细地整理报告稿。那思维的脉动,语言的泉流,理论的光耀,逻辑的磁力,又给他的精神世界以深刻与明晰的触动。

说干就干。2004年,还是东洲小学校长的许新海,便带领学校在海门率先加入新教育实验。2005年9月,他调任海门市教育局副局长,率领海门区域加入了新教育实验。同时,他考取了朱永新的博士生,当上了新教育的义工,成了新教育项目的总负责人。他以强烈兴趣和探究精神,入迷地阅读了大量的教育前沿书籍,并将阅读后内化的素养与新教育的实践相对接,追寻教育理想,探寻教育本真,成就美丽生命,朝向美好生活,教育思想出现了飞跃式的提升。

2012年5月,做了海门教育局局长的他,提出了"强毅力行,追求卓越"的海门教育精神,引领周围的人一起沐浴书香成长。一次,许新海买了一百本苏霍姆林斯基的《帕夫雷什中学》,召集全市校长,利用半日时间,共读该书中论述阅读的章节。一位年过五十的校长对他深情地说:"我做了那么多年校长,从来不读书的,我觉得我的工作干得也不错。可我读完那一部分后,真是对这本书爱不释手,忍不住一直读完了它。"许新海用读书,扬起了海门教育人的思想风帆。

2015年12月17日,在海门的开放周上,笔者聆听了许新海《新教育卓越课程的理念演进和实践探索》的讲座。讲座立于中外教育理念的峰峦,穿插着海门新教育人一串串鲜活多彩的例证,深入浅出地解说了课程研发的基本方法、课程研发如何有效地利用现代技术手段、怎样保持课程的自洽性等亟待破解的瓶颈问题。他的语调平和,词句率直,然内在丝丝入扣的逻辑力量,形成了强大的磁场。座无虚席的报告厅内,时而寂静得只有他那洪亮而厚重的声音激荡回响,时而引来阵阵欢笑和掌声。

一场讲座,境界万千:理论之树在抽枝展叶,践行之花在吐蕊飘香,文化之气在氤氲弥漫。徜徉在该讲座所构筑时空中的各地教育同仁,如沐春风,如见朝霞,眼心骤亮,很有几分混沌乍开、醍醐灌顶的愉悦。笔者当时的感受是,这场"压轴戏"似的报告,不仅仅贯穿了实践宝珠,更熔铸了理性真金,确属教育大餐、文化盛宴。

许氏底蕴之二:夯实运营,抓住龙头,推进全局,跟进机制。

新教育实验没有行军路线图,只有指引方位的指南针。运营之中必然出现诸多的空白点、疑难带,这就需要创造性的思维与突破式行动。许新海的突出长处恰是：不光靠前沿理论为之导航，更能在紧接地气的打拼中拓进。

他既有海明威笔下《老人与海》主人公圣地亚哥那种不服输的硬汉精神，又娴于运营之术、突进之法，即以行动项目作为新教育实验的主抓手，带领海门新教育人实打实地推进营造书香校园，让每一个师生丰富精神的底色；推动公民教育，让每一个学生形成良好的人格素养；构筑理想课堂，让每一节课堂焕发生命的活力；探索共同体建设，让每一位教师获得成长的平台；启动特色发展引擎，让每一所学校拥有不同的跑道；推进文化立魂工程，让每一所学校怀有独特的气质；缔造完美教室，让每一间教室成为幸福的源泉；研发卓越课程，让每一位学生享受适切的课程；实施家校合作共建，让每一位家长掌握科学的家教之道。

全局齐上，集团推进，是许新海抓好海门新教育很高明的一步棋。这也是其他许多区域无法相比，不敢运作的。在有"素质教育雷区"之称的高中，有谁敢贸然地点燃新教育之火？许新海却做到了，这源于他的科学理念、人文情怀、艺术运作、策略推进：从2005年海门所有小学同行，2010年小、初、幼、特（特殊教育）齐进，再到2012年九所高中（中专）悉数卷入，遂形成一种浪潮、一个趋势、一种气候，新教育在海门遍地开花，成了各学段学校共同的亮点。

改革深处是机制，机制背后是文化。许新海带领海门新教育人不断地创新运作方式，架构起了日趋完善的新教育实验运行机制，推动新教育实验的层层深入。

海门教育人用一句话表述机制：局长率领，基教科、研修中心、培训中心等各部门整体联动，市、集团、校（园）三级全员参与。若将该机制比作一座塔。站在塔尖上的是许新海和他所率领的海门市教育局党组、局长室。塔身，从横向看是基教科、研修中心、培训中心等各部门，从纵向看是市、教育管理集团（城乡幼儿园共同体）、学校（幼儿园）三级各单位。

支撑机制的，是海门不断做大做强的学校文化。他们所做的一切都归于文化，让文化强校，文化育人，文化立魂。

许氏底蕴之三：灵魂芳馨，信仰高洁，睿智运作，夙兴夜寐。

许新海在多个场合，不止一次地表达心曲：教育工作成了他的志业，新教育是他的终身信仰。

内在的信仰造就了他无比的执着。每天晚上他几乎都是12点才睡，或读书或写作，与教育大师交流对话，对自己进行梳理反思，每天早上7点多，他又赶到了办公室，如此地高速运转。许新海曾笑着透露办公桌上五个大小和封皮颜色各异的笔记本的秘密——棕皮笔记本负责记录倾听与交流中的"思维火花"；两个黑皮的会议记录本，一本记自上而下的行政会议，一本则是教育局开会的"备课"本；绿皮本负责备忘和记录批文中各条线的活动;还有一本较薄的是日程提醒本。"我一年大概要用二十本,很多管理经验都是在记录中慢慢沉淀的。"智慧孕于细节,才干来自勤奋。他为新教育实验不辞辛劳,不遗余力,千方百计,没有假日,放弃休息,投身田野,每事躬亲,像士兵一样苦干,让灵魂与育人共融,令精神与崇高共鸣。

十余年的艰辛探索,许新海和海门新教育人一道,收获了探索者风雨兼程的超迈,享受了生命不断成长的福祉,成就了恢宏事业和壮丽人生的幅幅画卷。

性格决定命运,气质注定人生。

率直、刚毅、大气——这三根支柱支撑起许新海的性格气质。

率直带来主张果断,做事干练,举措行为敢作敢当。此乃鲁迅推崇的品格:"敢作敢当,也是不可不有的精神。"[1]许新海向来有话就说,想好就干,快刀斩乱麻。笔者访谈谈及海门十年新教育取得系列成果,他直截了当地讲了四个原因:自身努力、强大团队、能干的校长,还有一个是"我不怀疑我的作用"。绝不藏着掖着,忸怩作态,令人赏心。

刚毅成于刻苦,趋于卓绝,投足出手敢为天下先。2007年4月10日晚7点,新教育研究室"相约星期二"沙龙。许新海主讲新教育每月一事的活动设计。上周五晚朱永新与他谈的设想,他马上接手,几天后就变成了内容丰富的整整七页的文稿。他把"让我们走出校园去踏青"这个主题,具体化为"春之诵——文化阅读篇""春之乐——拥抱自然篇""春之思——研究学习篇"和"春之悟——交流展示篇"。内容新颖,设计巧妙,文案非常仔细。大家的讨论也非常热烈。[2]他极强的执行力可见一斑。

大气源起胸怀,成于酷爱,志在敢教日月换新天。对于新教育实验,从接触的"知",到考察的"识",到践行的"信",新教育成了他终身的信仰而矢志不渝,他始终将新教育视为疗治中国教育病症的良药,用新教育的理念诊断、分析和提升海门的教育品质和格调。在朱永新帮助下,他在海门成立面向全国的新教育培训中心,培训新教育的教师、校长,给全国新教育人示范,其气魄盖莫大焉。

笔者对许新海访谈时,电话连成串打给他,请示的人也不断流,他笑而摇头,像说,这是常态,没啥!

有多大的胸怀,就有多大的格局。有多大的格局,就能利用多大的资源,也能

---

[1] 鲁迅,《两地书·十八》。
[2] 朱永新2007年4月10日博客。

发挥多大的能量。在大胸怀、大格局、大能量面前，走坎坷如履平地，破关隘似若等闲，人生常态，迎难而进，没有风霜，哪有红叶！

作为新教育当下的导航者，许新海全面启动了新生活教育研究，通过新生活来启蒙儿童，关注孩子们的生存状态、生活方式、生活质量和未来成长。对当前教育发展状况和社会发展方向剖析之后，将新生活教育中的"新"，运作成对原有"生活教育"的一种融合和重组，引向素质教育的理想家园。他出版了《守望新教育》《做新教育的行者》《一生有用的十二个好习惯》，展示了深邃的理论探索。

从行动上，2005年9月考取朱永新的博士之后，他就成了新教育几乎阵阵少不下的义工，新教育项目的总统筹人，江苏省教育学会新教育研究专业委员会理事长，新教育研究院副院长、院长，直至接过了新教育理事会理事长的重担。

对于许新海的导航，朱永新一向流露出欣慰参糅欣赏的眼光。几番将他躬耕的硕果细细品味，与同仁分享：

"实验区本身是创新的过程，许新海做了一个区域新教育共同体的模型，尽管还是雏形。他不仅仅把新教育理念做进去，他把教育行政部门纵向管理与实验学校之间横向联合结合起来，这不仅仅是做新教育，同时也是推进区域教育均衡发展。"①

"这一次会议，背后的一个重要人物是许新海博士。他领导的海门新教育实验区不仅承担了2009年第九届新教育大会，而且每年接待上千人参观考察新教育，他的团队还负责与新教育实验区和实验学校进行日常的联系。这次会议的总协调，就是许新海博士。在短短的时间，会议能够完满召开，他付出了辛勤劳动。而召集博士生参加论坛，并且主持昨天晚上的工作坊，也是他的创意。"②

如果说2006年的海门实验区，还只是许新海做出了一个雏形，几度春秋之后，海门实验区则成了朱永新所称道的"新教育的重镇"。

这里正演绎着教育人所憧憬的幸福完整的教育生活：每一个孩子拥有相似的阅读背景，每一名教师拥有共同的精神家园，每一所学校拥有自己的发展跑道。

这里正成长着一个强大的教育团队。实验培训网络牵出许多个名师工作室，崛起一批高水准的名师，校长俱乐部批量培养出研究型的知名校长。

这里正成为五湖四海新教育人向往的家园。来此观览、寻找、探求、深造、攀升、打磨自己的教育之剑，斩去蒙昧、迂腐、迷茫的荒草蒿莱。

---

① 2006年11月11日秀洲新教育实验区工作会议上的讲话。
② 2011年7月11日新教育理论研讨会闭幕式讲话。

这里正变作新教育实验的梦工场。多种前沿实验在此展开,多项深度改革在此尝试,多个专题研讨在此定调。在这里,各个学校给新教育的前行探路,海门教育人为新教育的运作打样,诸种教研行动为新教育的持续发展注入源头活水。与此同时,这里又连同各实验区,引导着诸多实验项目。犹如一张渔网,网之纲在海门。

这里正演化为新教育气息最为浓厚的教育福地。新教育的亮彩引发了海门市委市政府的极大关注,打破常规给予十五个编制,专门设立了一个正科级的单位——新教育培训中心,建起新教育培训中心大楼,该中心与海门市教师研修中心一道,将教师培训、教育科研和面向全国新教育人的培训合在一起,成了全国新教育项目研究、项目实施和项目培训的中心。

海门新教育实验区,是新教育的一座丰碑。

如果说,苏州市玉峰实验学校如同新教育实验的"井冈山",那么,海门则像长久引领新教育运动发展壮大的"延安"。

长江与南黄海牵手,搭就海门这个海上披金戴银的门户。海门和新教育结缘,绘出这里人杰地灵的画卷。

历史将永远记下这一笔:海门实验区作为较为完备精良的实验场,丰饶稳定的根据地,为新教育运动树起了一个足可借鉴和参照的示范性标杆。对于该试验区的主要操盘手许新海来说,别的尚不必说,即便只有这一个历史性的贡献,就足以引以为豪了,何况这只是他新教育之路的一段里程。

关于海门实验区,本书第十四节"区域联动"中有浓重着笔。

许新海大刀阔斧的作风,势如破竹的突破,"咬住青山"的坚忍,极能代表新教育人的生命气象和精神气质,正是此种顽强奋进的情态,舍我其谁的精神,强力助推着新教育的巨舰得以乘风破浪昂扬前行。

四

天地玄黄,时空流转,教坛星起,七彩纷呈。

在新教育的天宇,有一颗光焰四射的星辰——李镇西。

这个名字听来甚为刚烈威猛,颇有将军范儿,像是镇守西部边陲的一员大将。其实,在中国广袤的教坛上,他岂止镇西,何尝没有光耀南北东中?

在新教育实验中,这位大智若愚的人物,虽不是某一个阶段的扛大旗者,却是新教育实验幕后的扛鼎人物,实际上的有力缔造者。储昌楼、魏智渊、焦晓骏等一批骨干都是经他推介走进新教育的。他不止于做赢粮影从的践行者,还是一位彻头彻尾的致良知者。

对这位新教育实验的思想探索者、战略家、学人,笔者勾勒出如是形象:

智慧、幽深、邃密,情真、心美、境高。把自己的教育人生,做成新教育的一块实验田,时时以亲身运作和综合观察的所思所悟,为实验提供必需的营养素,释放自己的优势;同时用历史审视者的警醒眼光观照新教育运动的态势,寻找瑕疵与隐患,及时敲击警钟,进而从更高的层面上,让个人命运与新教育的命运融通一体,辉映成趣,水涨船高。

2015年5月21日下午,在新疆奎屯市召开的全国新教育实验区工作会上,他的讲话回眸了新教育始发的影像:

……此刻,站在这里,我想到了十五年前,在苏州大学老校区一幢旧教学楼二楼的办公室,我作为朱老师的学生帮他校对《我的教育理想》的书稿的情景。那时我刚考上朱老师的博士生,朱老师正在写一组文章:《我心目中理想的学校》《我心目中理想的教师》《我心目中理想的学生》,还有"理想的德育""理想的智育""理想的体育""理想的美育"等等。这些文章汇集成册,便是《我的教育理想》。这一系列"理想教育",就是后来新教育最初的萌芽……

流光如水,逝者如斯。李镇西是幸福的,亲见了当下新教育发展的汩汩源头,最先闻到了清水润禾的芬芳。而他自己也最早投身其中,助推着新教育的波峰浪谷,并在这无比硕大的能量场里,迸发出他的独特力道。

力道之一:搭就平台,开疆拓土。

2002年4月16日晚,是个对新教育发展相当重要的夜晚,朱永新请李镇西等吃饭间,李镇西审时度势,见缝插针,大谈特谈网络的神奇效应,一起用餐的江南才俊袁卫星,也跟着补讲网络如何美妙,后入席的苏州名师焦晓骏同样为网络的价值喝彩,一人打头阵且二友助攻,入情入理又顺势应时,苦口婆心兼语重心长,一向对网络不以为然,甚至怀有偏见的朱永新终于招架不住,被"策反"了,当即决定建立一个网站!说时迟,那时快,经一番紧锣密鼓的筹备,朱永新挂帅的教育在线网站正式开通,他还不由分说,将"教育在线论坛总版主"的令牌,径直发给了李镇西。

本书第十五节曾细写了当晚情景。

建起网上的教育在线,对于刚起炉灶的民间草根性质的小小集体来说,可绝非一桩小事,这是虚功实做,变无为有,为新教育人筑出一个家,建起一个联络站,修成一个心灵共鸣所,搭就一个偌大的教育平台,新教育实验自此在这里传播主张,开掘航道,展示才智,碰撞思想,遴选新锐,广集人才,历练队伍,发出声音……

新教育人假如没有这个网络家园,那会陷入怎样一种后继乏力的窘境?若是晚个三年五载才建,又会因错失良机而步入怎样耗时费力的艰辛跋涉?

李镇西的卓越贡献,在于以超前的眼光,超前的构想为新教育开疆拓土。一经得到朱永新的认同,他又像躬耕农夫,手扶犁铧,足踏荒原,目视远方,竭忠尽智地开垦着第一块处女地,并吸引南北东西的同仁志士一道勠力开拓,春播夏耘,夙兴夜寐,收获着大喜过望的斑斓秋光。

力道之二:做足自己,引领一线。

李镇西以身作则,为新教育人树起一面旗帜。

他把新教育做实在一堂堂课上、一次次活动中、一个个日子里、一句句话语及著述中。在教海涛头击水,浪遏飞舟;在育人的高境运作,风生水起;在人性化兴校里探路,以文化人,有道是杏坛超人多粉丝,天下谁人不识君?

新教育力倡专业阅读,李镇西可为标兵。自少年至青年,他读了大量古今中外的作品。从教以来,阅读兴趣更浓,以至于废寝忘食。苏霍姆林斯基、陶行知等教育大师的一些书,他反复阅读数遍,书上画满了红杠杠,记的体悟密密麻麻。即便攻读博士学位时,周末也带上一本书,一个面包一瓶水,骑上自行车,找个地方一读就到天黑。他侧重四类阅读:读教育报刊,洞悉同行思考的天地;读人文书籍,尽量拓展人生视野;读中学生的书籍,研究如何走进学生的心灵;读教育经典,聆听人类智者的足音。尤其1982年9月第一次读完《给教师的建议》后,便心驰神往地追随并"用整个心灵"拥抱苏霍姆林斯基,后来终于荣获乌克兰教育科学院颁发的"学习和运用苏霍姆林斯基教育思想特别奖"。阅读给了他智山的厚重与思泉的明澈。

新教育的专业写作,李镇西更是头雁。他每晚都以三千字教育随笔,记下他的路,写下他的心。自20世纪90年代中期起,他已出版了几十本专著,字字句句情真意挚。尤其是那部从教育日记、教育手记中采撷而成的《爱心与教育》,更是吹皱了中国教育的一池春水。书中饱含的人间真情,让万千读者感动得油然落泪。大爱无疆,深爱无痕,真爱无瑕。《爱心与教育》可以视为风靡世界的教育文学名著《爱的教育》在当下的"中国版本"。那些春雨润怀的、洪波激魂的、热风沁心的教育故事,每一个都将"爱"演绎得淋漓尽致。

新教育引导教师敬业,李镇西堪称样板。他将敬业提升到"把怎样的公民奉献给未来的中国"的维度,情深意远。

作为语文教师,他的课堂意境通幽,才华涌动,激情流淌,思想激荡,氤氲着民主、科学与个性的气场。让语文大家钱梦龙生出"清水出芙蓉,天然去雕饰"的感觉,说他的课像一道山间的泉水,从高处一路自由自在地流泻下来,曲曲折折,淙淙琤琤,随物赋形,无羁无碍,进入了空灵之境。

作为班主任,他积二十多年的经验,总结出思想引领、亲自示范、培养徒弟、倡导读书、排忧解难、个别谈心、调整心态、推出榜样、能说会写的"九大秘诀",用心灵赢得心灵,以人格塑造人格。

作为一校之长,他结晶出"以人为本,以人为善,以身作则,以规治校,关心老师,民主决策"二十四字箴言。2011年9月,武侯实验中学附属小学在新校园成立。请谁书写校名?请名家题字?李镇西觉得由学生自己题写更好些。开学典礼上,他发号召:每人写一行字:成都市武侯实验中学附属小学。谁写得好,就选用谁的。结果五年级许晴航同学的字入选,几天后,她所题写的校名被醒目地镌刻在学校大门上。后来,武侯实验中学在后面围墙处开了一个大门。李镇西同样请全校同学书写"武侯实验中学"几个字。程文迪同学所写的校名被选中了。他又先后请许晴航和程文迪两个孩子在她俩题写的校名下合影留念,并分别对两个孩子说:"孩子,等你们八十岁的时候,别忘了牵着小孙子到这里来看看,告诉你们的小孙子,这是奶奶当年在这里读书时题写的校名!"如此这般,他让这所学生大多是农民和农民工孩子的学校,有一个"留下了一座满是故事的校园"。

力道之三:战略谋划,望长见远。

身为朱永新的博士生和主要助手之一的李镇西,为庞大的新教育事业进行了多方面的战略谋划、战术盘点,以及形而上之道与形而下之器的磨合打造。

剖析新教育的本质,他极为推崇朱永新原创的对"新"的阐释,认为"说得最到位",即"当一些理念渐被遗忘,复又提起的时候,它就是新的……"那一段,进而发挥道:"我的理解并不是前所未有的'横空出世',而是归真返璞和与时俱进,也就是说,今天所进行的'新教育实验',是让教育回到起点,将过去无数教育家所憧憬的教育理想变成现实。"[①]毫无疑问,他的切中肯綮的理解,是地道的不刊之论。

笔者访谈时,他讲了如下故事:2013年,雷夫到中国广东,我和魏书生与他三人对话。主持人说:"雷夫先生到中国很多次,但一直对'素质教育'这个词没有搞清楚,请魏书生和李镇西两位教育家给雷夫讲清。"魏老师先说,素质教育就是把

---

① 李镇西,《新教育 心教育》。

党的方针政策落实到教育中。我觉得挺好！只是雷夫不懂党的教育方针。我后讲：素质教育就是教育。雷夫顿时瞪大了眼睛。我说比如，你出生了，你妈妈给你取名叫雷夫，后来有很多假雷夫出现了。你妈叫你真雷夫。我拍他肩膀说："真雷夫！"其实真雷夫就是雷夫。再打个比喻，本来糖是甜的，但现在很多糖不甜，所以就说：给我来颗甜糖吧。醋叫酸醋，盐叫咸盐，这就是多余的了。所以，我说新教育就是教育。

李镇西善于观察新教育实验脉动中的每一次变异、某一点征兆，并在第一时间做出反应。他了解到，一线老师最愁那么多的阅读与活动包括排演生命叙事剧"时间不够用"，一些人把新教育实验当作正常教育教学之外的事，出现"两张皮"。他痛感实验应该走向常态，将新教育的理念与实践整合进课堂，融进教室，浸润进师生的生活，与学校、班级的日常生活自然融为一体，将新教育课程与国家发展过程有机整合。为此，他做了大量的实践探索。

去皮见瓤，由表及里，一眼看穿，一语道破，李镇西娴于此道。在山东淄博市临淄区金茵小学，他观看了"青鸟班"的毕业课程的展示。展示孩子们和老师一起走过的日子，从一年级进校到毕业时刻，两千个日子的回顾。高潮在离别，师生拥抱，亲子拥抱，台上的大屏幕上，打出全班每一个孩子的名字。开始有几个孩子擦眼泪，不少家长眼眶闪亮。渐渐地，孩子们控制不住了，泪流满面。"我的眼睛也开始湿润，泪水开始打转，终于流出来了。开始我还有点难为情，连抬手擦拭都不好意思，怕别人看见笑话，但我悄悄看周围，朱老师流泪了，所有老师都流泪了……"在场的人都被打动了，甚至震撼了。由此，李镇西迅速形成观念：新教育现在最打动人的，也最让人看到希望的有两点：一是课程的开发与成熟，这已经深入到课堂了；二是新考试新评价的研究与实验，这点将是颠覆性的改革。而这两点，都不可能在年会上以视觉的形式全部展示出来。如果以此嘲笑"新教育不过就是一台春晚"，不是无知，就是偏见。他还凝成结语："拨动心弦，触动心灵，绝对是新教育的追求。因为新教育，就是心教育。"

人无远虑，必有近忧。事预则立，不预则废。李镇西就是为新教育深虑远眺的谋划者，他在实践和理论两个层面上，谋划着新教育的发展版图。

力道之四：提炼思想，注入活力。

自云"缺乏强有力的行政能力"的李镇西，常常流露自己做新教育的愧疚之感。其实"术业有专攻"，发力自在场。在朱永新总的谋篇布局之下，他以精深的思想，不懈地给新教育发展注入活力。

在成都至洛阳的飞机上他陷入沉思，众多学校加入了新教育实验，实验伊始该从哪里起步呢？他出了四步高招：以开展新教育生活为底色，以培养种子教师为引导，以缔造完美教室为抓手，以研发卓越课程为生命……

走在路上他反复叩问：为什么最好的医院收的病人都是疑难杂症、都是治不了的病人，为什么最好的学校招收的学生却都是优秀的学生？新教育的学校该怎样向"最好的医院"学习？

他对教师们忠告，把新教育实验当作自己的生活方式和成长方式：第一是有行动，第二是有创新，第三是有成果，第四是有理想，朴素最美关注人性做真教育，幸福至上享受童心当好老师。

夜半心静，思路敞亮。他于静夜里精心撰写近万言的《新教育十问十答》：1.什么叫"新教育"？ 2.新教育"新"在何处？ 3.我们学校已经很好了，是一个品牌学校，不需要提升了，搞新教育还有什么意义呢？ 4.新教育能够提高教育质量吗？ 5.新教育实验是怎样促进教师成长的？ 6.新教育能够在中学搞吗？ 7.我教理科，可以搞新教育吗？ 8.做新教育是不是会很累？ 9.我这里地处偏僻，周围没有人搞新教育，校长也不支持，我可以搞新教育吗？ 10.如何加入新教育？

他在师生生命的河流里观赏，倾心导引教师走进孩子的故事，让连续不断的故事如河流一样波飞浪涌，每一天都展现全新的风景——或令人欣慰，或令人惊叹。他相信故事的原创是孩子，但编辑则是教师，如托尼·马伦所说，教师帮助孩子"把信心与成功写入故事中"，为孩子"编辑错误"，并"帮助作者实现一个完美结局"。

思想是一根强大的杠杆，立于地，撑起天。

力道之五：察于端倪，夕惕若厉。

"知我者谓我心忧，不知我者谓我何求。"[①]李镇西的眼里总有几丝忧思的神色。这是忧国忧民的他为新教育之困之艰之缺之弊而焦虑。

他发现新教育势态是，偏远薄弱地区比繁华发达地区搞得好，越是没有名气越是底子薄的地区和学校实验越容易出彩；蓬蓬勃勃的新教育学校绝大多数是小学，初中只是少数，高中则为个别。因此他很是焦灼。

他感觉新教育阅读过于偏重文学，偏重诗歌，偏重童话，就积极主张还应该读科学、科技和科幻这"三科"：读科学读物，是为了培养学生的科学精神；读科技读物，是为了培养学生的创造能力；读科幻读物，是为了培养学生的想象力。旨在不但要让孩子更善良，还要让孩子更聪明。

---

① 《诗经·黍离》。

他得知外界很多人误以为新教育实验就是语文教学的延伸,推出的榜样教师,开发的课程,给人的印象也是文学、道德、浪漫……而少有科学的、数理的、逻辑的因素。他一直期盼并发掘理科方面的新教育榜样教师。

他亲见十年前有一批激情澎湃摩拳擦掌的新教育追随者,已销声匿迹;一些用"新教育实验"招牌装潢门面的学校也与新教育渐行渐远。于是想,如何能让每一个被新教育点燃激情与理想的人,一直用行动燃烧到自己教育生涯的终点? 如何使新教育精神、理念和行动在实验校扎下根子,当成财富,从"随着做"到"真要做"?

他看到有一些新教育年会呈现艳丽、奢华的气味,虽一时里产生过张艺谋大片似的轰动效应,却有异于新教育的草根本色、田野精神和沉静真实的风格,就马上提出了"让新教育年会更加朴素"的议题……

察风于青萍之末,警戒在端倪之初。李镇西为新教育的忧思,让人想起艾青《我爱这土地》里的诗句:为什么我的眼里常含泪水? 因为我对这土地爱得深沉……

力道之六:做实做真,且行且歌。

在新教育第十二届年会的闭幕式上,李镇西立了军令状:朱老师,我一定把武侯的新教育实验推动起来,你再给我几年,到武侯来检阅一下武侯的新教育军团。

他一直在以最成都最李镇西的姿势做着新教育。在武侯实验中学,教师们每日出彩地践行"五个一工程":上好一堂课,至少找一位学生谈心或书面交流,思考一个教育或社会问题,每天读书不少于一万字,写一篇教育日记。几年间,全校老师写教育随笔达一万三千多篇。教师专业发展有着扎扎实实的成效,"构筑理想课堂"的研究与实践也红红火火并初见成果。

2015年7月,李镇西卸任了武侯实验中学校长职务,被聘为武侯区新教育实验区主任,他笑称自己为实验区的"区长"。"区长"比校长更忙碌了。他常常背着双肩包徒步走访一所所学校,去调研,搞座谈,做培训,老师们亲切地称赞他"以搞传销的精神在传播新教育",笔者倒联想起那位曾在武侯地面羽扇纶巾、鞠躬尽瘁的诸葛先生。李镇西出谋划策,指点迷津,种树结果,点石成金,使得一大批年轻的新教育教师迅速成长,"区域推进新教育实验"的实验学校也都业务精进。虽然,今日还没有"荣誉",但没关系,花已开放,还愁不会坐果吗?

写到此处,笔者想起法国有一位诗人的话:假如巴黎这座城市没有一百个科学家,没有一百个作家,没有一百个诗人,没有一百个艺术家,这座城市将充满着腐朽的尸臭,它就是一座没有生气的棺材。借此意象,笔者想说,千水横流显砥柱,万山磅礴望主峰。新教育运动正是由于有朱永新、李镇西、卢志文、许新海、储昌楼、陈东强、童喜喜、严文蕃、张荣伟、袁卫星、张硕果、郭明晓、刘恩樵等十几位几十位乃至上百位思想家、教育家、作家、名师的加盟和联袂努力,才拥有了深厚的文化与底蕴,焕发出"星汉灿烂,若出其里"的壮阔气象。

五

2005年7月11日,从山西运城驶向成都的列车。一节车厢内有三十多名中青年旅客与众不同,人手一册地阅读着《新教育之梦》,时而沉思,时而交谈,眼里溢出期盼而炽热的光彩。

动情之时,他们唱起了当时流行的一首歌《牵手》:因为爱着你的爱,因为梦着你的梦,所以悲伤着你的悲伤,幸福着你的幸福……

歌声虽不高亢,但很是鲜亮;并不激昂,却发自心窝;没人指挥,仍显和谐。先是一人领唱,后是一群人唱和,这个团队的幕后领头人叫陈东强。此行,他带领教育同仁三十多人,走上寻梦之旅。

2002年12月23日,陈东强通过竞聘,在诸多高手的竞争中,以理念新颖、思路开阔、人品实诚而高票当选绛县教育局局长,从此转入教育界。绛县教育正值低谷,厌学厌教现象时有发生,好教师好学生纷纷远走高飞,教育人的颜面颇为尴尬。

突围之路在哪里?陈东强上下求索,内外寻觅,苦苦地筹划着。2004年春天,忽在一份材料中发现,运城市人民路学校的新教育做得不错,"听一百场名人的报告,读一百本经典的好书,写一百篇好的文章,掌握一门好的才艺"的提法好有吸引力。

经仔细阅读,他知道了朱永新与新教育的渊源。他打开"百度",搜索"朱永新"和"新教育"。哪知越看越激动,不知不觉到了下班时间,还止不住那股兴奋劲儿。晚饭后,他又坐到电脑前。朱永新的教育观、新教育实验的价值取向、四大目标、七大定律、六大行动、新教育实验和教育在线渐渐地融入他的生命里。不久,运城市一位朋友送给他一套《朱永新教育文集》。在阅读中,他与新教育产生了深深的共鸣。他想,如此美好的教育理想,为何不去看一看,试着做一做呢?也许会梦想成真,让绛县的师生"过一种幸福完整的教育生活"。

2005年5月,他在"教育在线"上获悉,第四届新教育实验年会将在成都召开。7月10日,他便带领绛县教育局的决策者、教研室和学校实际做事的校长考察团,踏上了学习探究之路。

在成都,经过调研、交流和探讨,绛县教育人认可了新教育的理念和做法。陈东强郑重地对朱永新说:"新教育是好教育,真教育,绛县希望以特殊的方式加入新教育实验——做得好,肯定是新教育的引领,我们为新教育添一份彩;做得不好,是我们的能力问题,我们不会给新教育留下遗憾。"

陈东强待人和暖,干事笃实,承诺如板上钉钉,认准的路一走到底。寻梦路上唱出的"没有岁月可回头",成了破釜沉舟的宣言,开启了绛县新教育的实实在在的行动。

这次牵手赴会,和同年年底去吉林市参加新教育第五届年会的北国之行,绛县遂以区域形式加盟了新教育。他们以六大行动为路径,在全县蓬勃而扎实地开展起新教育实验来。(14节有详述)

天光与地气相映,素养和特色齐升,学子同师长互动,内涵共形象并扬。陈东强带头的绛县教育团队,与时俱进地推进一系列教育改革,并获得了省内外和全县教育人的认可。灵魂人物陈东强,因而两次被县人大常委会授予"优秀人民公仆",先后荣获了"中国2011年度推动读书十大人物"、中国教师报"2012年度十大最具思想力教育局长""中国教育改革创新奖"等诸多殊荣。

对于绛县教育的逆境突围,朱永新如是评价:"新教育在绛县的耕耘,在村小的探索,我们可以把它称之为'绛县模式'。在这个发展模式中,我们能看到中国未来农村教育的希望和曙光……绛县教育的领军人物是陈东强局长,他以他的行动告诉我们,一个智慧而坚毅的行政领导人,可以把一个区域的教育带到多远。"

时任新教育实验研究院院长的卢志文说:"绛县新教育现场会,带给我很多感动和震撼。陈东强局长和他的团队,在那片古老的土地上,创造着我们梦想中的教育奇迹。他们没有彷徨,没有等待,没有埋怨,没有牢骚,甚至没有腹诽,更不表白,有的只是理想、信念、行动和执着。"

上海教科院副院长顾泠沅引用陈东强的一段话,作为对绛县学习的感悟:"校本研修是让教师幸福的事,要让教师感到幸福;校本研修细节决定成败,必须从小事做起,把小事做好;抓好校本教研,必须让想干事的人干事,能干事的人干成事,干成事的人干成大事。"

原《山东教育》总编辑陶继新评论陈东强:"当初,在我的博客上交谈,我认为他就是一线教师,后来才知道他是一位教育局局长。这令我很是惊诧!一位局长,竟然守持住了一个平常人的平常心怀,竟然对一些教育现象的剖析如此深刻尖锐,竟然对万事万物有着深厚的悲天悯人的情结!"

全国区域课程改革现场会、全省及全市的课程改革现场会先后在绛县召开。凤凰卫视中文台著名记者闾丘露薇节目组慕名前往绛县,制作了近半个小时的绛县新教育专题片,在凤凰卫视黄金时段播出,颇具影响,一时传为美谈。

一百人眼中有一百个哈姆雷特,但无数人的眼中,却只有一个抓铁有痕、踏石留印的陈东强:他很少参与聚餐、应酬等场合,但大家找他的事,只要能做,就尽量去做。他把更多时间用在"想大问题,做小事情",谋划落实好长期规划上;每周关注一件大事或做好一件实事,每月在全县一所中小学举办教学现场研讨会,每年深入三十六所中小学搞调研……

德不孤,必有邻。陈东强对全局上下的凝聚力、身先士卒的亲和力、知行合一的行动力越来越大地影响了绛县新教育人。2009年新教育实验区会议开在绛县时,朱永新和卢志文就笑谈约定,计议陈东强以后到新教育做专职工作。2013年7月陈东强退二线后,新教育诸位领导者极力邀请,聘请他为新教育研究院常务副院长。在诸多部门好友盛情邀请、高薪诱惑之中,陈东强选择了继续与新教育携手同行。

在绛县时期,陈东强就十分低调,从没觉得自己是教育人的榜样。那些热情的采访者,若是奔着绛县而来,他会真诚欢迎、坦率作答,但冲着自己而来的采访者,他总是竭力地婉言拒绝。

笔者此番写作,陈东强依然如故,"新教育有太多美好的人和事,我真的不算什么,再次请您不要写我,我只不过是一个新教育的认同者、爱好者、服务者,真的不值一提。"笔者五次欲采访他,五次遭婉拒。

在新教育核心团队内部,每位成员都有其性格魅力与精彩言行,笔者看到的陈东强,以低调现身,大德特立,儒雅独行。他说:"我是一个新教育的受益者,应当感恩,有义务和责任为新教育继续服务,新教育是一件很美好的事情,与美好的人在一起,做一件美好的事情,是我的幸运和福分。"

服行人前,甘居人后;缄默人前,操劳人后,在新教育的舞台上罕见他的风光,在实际运转中却无法忽视他的存在,他以行动的朴素,演绎着另类的激情;他用踏实的脚步,实现着梦想的高远。

陈东强成为新教育一个独特的榜样,一位独特的代言人,笔者也只能透过简单质朴的几页材料,和与他数年交往的印象,勉强为他描绘一幅写意"画像"。

登高自卑,兢兢业业;行远自迩,扎扎实实;居功内敛,孜孜矻矻。作为新教育核心团队成员,参与了新教育重要决策和相关规则的制定。在接近"耳顺"之境时,他更是不抱残守缺,不怨天尤人,不随波逐流,务实而低调地劳作,在新教育这片希望的田野上,埋头躬身耕耘不息。

这几年,是新教育飞速发展壮大的几年,也是新教育版本升级、革故鼎新的几年。在这个特殊的历史阶段,有八方贤士拥来,因种种原因,新教育团队树大分支,也有人从新教育研究中心离开。

先存诸己,而存诸人。凭借着宽厚、理解、容忍与博爱,陈东强和所有新教育成员都有着良好的个人关系,他深知新教育实验开创来之不易,发展过程不易,实践成果不易,他尽自己的最大努力,为新教育大团队的和谐与团结贡献着全部心力。对新教育团队的同仁,他喜欢用一句玩笑"招之即来,挥之即去"表达相处美好之情;对因故离开新教育团队的朋友,他时常念及其付出创造和美好奉献,常怀感恩之心。

下面是一位当事人撰写的真实故事。

2015年2月,我在一次聚会中表示对朱老师过去的一个不当决定非常不满,不仅当面指责了朱老师,而且在散会后和陈院长同路时,又喋喋不休地向陈院长抱怨朱老师。

陈院长突然正色问我:你别说别人,你说说自己。那件事发生时,你想到后来的结果吗?你自己是怎么做的?

当时我一下子张口结舌。想了想,我争辩道:"我也是没有想到啊,但是……我是我,他是朱老师啊!"

陈院长仍然非常严肃地追问:"为什么他是朱老师就应该想到?为什么他就必须有先见之明?为什么他就不能犯了错之后再去改正?"

我彻底哑巴了。

然后,陈院长才恢复平时正常的模样,又笑眯眯地说起平时常说的,诸如"改正错误是不容易的,我们都是老同志了,要相信我们,也要有耐心"之类的话。

陈院长向来比朱老师更温和,他从来没有这样严肃地、毫不客气地、直言不讳地跟我说过任何事。在那之前没有,在那之后没有。仅此一次。

……从这一次受到教育开始,我越来越能够正常和朱老师相处,也度过了心理上自我认同的危机。[①]

新教育的升级嬗变,亟须建章立制。如何规范散落在全国各地的新教育人实现心理同构,如何使新教育人的共识越发凝聚的创造力不至于消减等等,都是难题。

陈东强凭借多年基层工作的经验,对社会生活的洞察,对新教育思想的熟识,

[①] 《教育》,2016年第7—8期,《沉醉六年》,第124页。

对教育规律的把握,参与了新教育团队规则和制度的制定建设。他与众同仁一起,吸取诸多的经验教训,思路敞开,观点互契,交织成一幅新教育的精进蓝图。《新教育理事会决策规则》《新教育实验会议规则》《新教育实验区校发展性指导评估框架》《新教育实验学校标准》……一连串饱含陈东强等同仁心血的新教育理事会、研究院的制度建设,昭示着智者的聪慧、理性的邃远、规矩的冷峻,为新教育实验的顺畅运行提供了重要保障,成为新教育大厦的重要基石。

这几年实验区发展迅猛。2013年年会时有五十余个,2017年年会则到一百二十四个。作为有过十二年教育局局长经历、曾组织区域开展了八年新教育实验的新教育人,陈东强竭忠尽智为实验区、校服务。他"守正笃实,久久为功"[1],南征北战,沟通协调,足迹丈量着大江南北,悉心考察了新教育的绝大部分实验区。

他对区域推进新教育,有着特别的体验和感悟。独具慧眼,对症下药;点破迷津;倾囊传授。他紧盯教育实验区的问题,向各实验区传经送宝。在多次实验区会议的致辞中,他讲得最多的是:新教育是什么?新教育为什么?新教育有什么?新教育怎么样?新教育怎么做?新教育成败在何处?

内蒙古满洲里市教育局黄局长这样评价陈东强:"很难看到有人如此用心致力于新教育,如此为新教育奔走呼号。"洛阳市高新区孙健通局长如是谈及对他的印象:"他的到来,让我们倍感亲切和温暖,让我们更有勇气剖析自己,增加干新教育的信心。"

甘做燃灯者,点亮心之光。如何做好新教育,陈东强最大的体会是六个关键词:相信、学习、结合、开放、专注、坚持。他说,相遇是一种缘分,相信是一种力量,学习是一种能力,结合是一种必然,开放是一种境界,专注是一种智慧,坚持是一种秘密。他常常强调,一定要真正学习、真心真做真的新教育;一定要和区域学校的实际相结合,不能两张皮,更不能贴标签;一定要善于走出去请进来,好教育注定是开放的教育;一定要善于聚焦,四两拨千斤,既能整体推进,又能重点突破;一定要坚持行动,持之以恒……

他所到之处,人们感受得到他做事的踏实感,体味着新教育的质朴亲切;感受得到他思维的缜密性,产生水到渠成、功到事成的期冀;感受得到他知行合一的求索力,让人们在心悦诚服中上路。

拥有如此性格,使他和实验区的局长、校长、老师们都结下了很深的友谊。他关注种子教师项目,关注新教育区域工作会议,还牵头建立了新教育优秀校长微

---

[1] 《史记·礼书》。

信群,频频与几百个校长短信长谈,推动新教育思想在广袤的实验区扎下深根。

讷于言,敏于行。陈东强参与了近几年几乎所有新教育会议的筹备和举办。他始终以自己的低调,助推着新教育事业的昂然前行。

作为一个无怨无悔的行者,新教育各界对他寄寓厚望,先后给予他副理事长、秘书长、常务副院长等职位。这些责任与荣誉,更令陈东强自谦,他经常在不同的场合表示:"首先声明,我不是专家,虽然头顶副理事长、秘书长、常务副院长之名,但我只是一个新教育的追随者,准确讲我就是新教育的一个常务服务员。"

从2013年到2017年,他几乎参与策划、设计、统筹、参加了新教育所有的重大会议,其中包括新教育实验区工作会议、新教育年会、新教育领读者大会、新教育国际论坛四大新教育年度大会,以及面向全国的新教育开放周,每一次都是他与新教育研究院办公室主任杜涛等人事先踩点、到场彩排、反复推敲、咀嚼细节。

会议之前,他运筹帷幄,当仁不当,而当会议开幕,他则退到聚光灯背后,为专家服务。他乐意做一个在路边为英雄鼓掌的人,心甘情愿地为新教育一台台大戏充当配角。新教育这几年会议还算圆满,这是最让他感到欣慰的。

守望岁月,不忘初心。陈东强创办"守望新教育"微信公众号。他夙兴夜寐、日日耕心,做到了信守承诺,风雨坚守。

"守望新教育"是目前新教育实验诸多平台中最受关注的一个平台。日点击量达几万人次,少时也有几千人次。据有关大数据统计,"守望新教育"微信公众号超过了全国百分之九十五的微信公众号,各项统计数据令人欣喜。

在近几年教育在线网站逐渐下滑,新教育APP平台尚未建立扩大的节点,"守望新教育"微信公众号则利用微信平台的巨大优势,为新教育的推广传播发挥了很大的作用。这个平台建立伊始,陈东强就开宗明义——"守望新教育,守望真善美。守望新教育,聆听大师的教育智慧,分享高人的教育心得,汇聚田野的教育创造,助力有缘的教育梦想;守望新教育,追寻真教育,探索好教育;守望新教育,呈人之美,成人之美;守望新教育,帮助新教育共同体成员过一种幸福完整的教育生活。"

该平台因时制宜,不断摘要推送新教育的文章,已经形成了诸多名牌栏目:《新教育的理论与实践》《新教育实验百问百答》《新教育宣言(集锦)》《新教育十大行动专栏》《大师论教育》《区域新教育故事汇》《新教育一线的故事》《新教育榜样教师》《图说新教育》……

许多人在问,有多少人在做"守望新教育"?因为这个平台传达着炽热理想,似乎是一群生机勃勃的年轻人在操盘。因为这个平台的新教育专栏抓人心魂,似乎需有一群知识丰富、头脑鲜活的青年才俊才能承担。

当众人知晓,如此内容博大、视野旷大的自媒体平台只是陈东强一人主持时,无不错愕,这哪是快六十岁人做的事啊?他说:"在管与不管之间,有一个词语叫'守望'。我将来要当一名麦田里的守望者。"好一个麦田里的守望者。"守望新教育",已成为众多新教育人喜欢的信息源。

桃李不言,下自成蹊。利用这个平台,陈东强及时推送了新教育实验区校需要的文章,回答新教育实验区校老师的咨询,加强了和实验区校的联系,也加强了与新教育之外诸多关心支持新教育朋友的联系。陈东强这位辛勤的园丁,呵护着大江南北热土上的每一粒新教育种子,看着它生根、发芽、开花、结果。天道酬勤,地道酬诚。他感到幸运的是,他得到了诸多区域新教育实验区领导、校长、老师无数美好的鼓励鞭策,收获了太多与他们相关的美好故事,这对于一位守望者,是莫大的感动。

孔子曾有"默而识之,学而不厌,诲人不倦,何有于我哉"[1]的自勉之语。在这句圣贤之言的背后,可以读懂陈东强的内敛与谦虚。到新教育伊始,他对自己就有个明确的定位:聆听,发现,分享,服务。定位和期待自己能够聆听、发现、分享、服务新教育的美好。

不过,陈东强越要做成新教育普通的一员,便越会折射出极不普通的光谱。在新教育全局运营中,他踏踏实实地想,想出锦囊妙计;兢兢业业地做,做得精益求精;他守望新教育,探寻真善美,聆听窗外声音,致力本土行动,紧握世界的手,犁好自己的田,给新教育运动的每一天注入坚实、美善、强健和灵动。

陈东强非常喜欢刘欢的《在路上》那首歌:"在路上,用我心灵的呼声,在路上,是我生命的远行……"他的理想在路上、快乐在路上、幸福在路上,因此,会一直追寻在路上,收获也在路上。

六

在藏龙卧虎的新教育军团里,有一位在编辑眼里"具有强大的想象力、持续的创作激情、思维诡异、风格百变的'80后'女生作家"。应朱永新的邀请,她参加了2009年7月的新教育海门年会,三天里被感动得多次泪流满面。继而,她一边为新教育喝彩,一边又著文,抛出对年会"新里掺旧"的六大诤言,发出局外人对新教

---

[1] 《论语·述而》。

育人的六点建议:能否不再做认真而沉默的羔羊?能否先让自己成长为真正的人?能否与官方更好接轨同时更彰显民间立场?能否在严格中保留宽容?能否借媒体之力飞得更高?能否为传承中国文化做得更多?

褒贬是买主,叫好是路人,六大建议实为从心而入的六大问题。

自新教育年会这座精神殿堂,这名"女生作家"发现了帮国人强健心灵、助中国真正富强的新教育之新,发现了朱永新之心!她被新教育教育了。"我想做个新的孩子,做个新教育的孩子……新教育,翻开了我生命新的一页。"随即,她向新教育研究院捐了两万元稿费。一年以后的11月29日,她以单纯义工的身份从家乡湖北来到北京,与朱永新讨论一番后,一言说定做起为新教育培育种子教师的项目来。

这位女子,就是后来被新教育理事会任命为新教育研究院副院长的童喜喜。

为写她,笔者采访数人,读了几十万字她写的和写她的文字,品读这么一位灵魂美若春花的才女,一位激情若沸创造力井喷的儿童文学作家,一位心儿饱含着孱弱者的泪又挺起抗争者脊梁的强者。

笔者曾久久凝思她结缘新教育的动因,她转身的意义,她心性的底蕴,她人生的态势,最终归结在关于她的几大特点上。

"东篱把酒黄昏后,有暗香盈袖。"[①]

饱和暗香盈袖般的淳厚大爱,为其第一大特点。

2003年,她用笔记本电脑写作的《嘭嘭嘭》一书,由春风文艺出版社"小布老虎丛书"推出,稿费五万元,她全部捐给春蕾助学活动,帮助三十名失学孩子重返校园,由湖北省妇联在十堰成立了一个"童喜喜春蕾班"。她刚有捐助之意时,回到久别的家得知,爸爸妈妈下岗后到农村养的鱼,大量被偷,欠债近十万,她向母亲讲起捐款事,表示尚可不捐。慈爱的母亲只用一句话回答女儿:"如果你没写这本书呢?"

2004年8月,她放弃了优渥的生活,与好友李西西同赴神农架支脉下全校仅十六名学生的卡子村小学支教。其间,深受山区孩子贫瘠精神生活的震撼,支教结束,她与李西西开始自费购买各种课外书,赠送给贫困的儿童。三年中,陆续赠书数千册。

据童喜喜的好友时朝莉回忆,2012年1月,她被借调赴京,与李西西一起协助童喜喜做萤火虫项目,租住在朝阳区一户顶楼的一间小屋子,她与喜喜住一张床,

---

① 李清照,《醉花阴·薄雾浓云愁永昼》。

李西西住在没有暖气的阳台。经费不足,生活困顿,步履艰难,甘当"北漂"。

做种子教师培训和萤火虫项目,童喜喜和李西西的稿费成了主要经济来源,再不够,童喜喜把武汉的住房卖了。她走进新教育后的每本书的首印费都捐给了新教育,累计至今,数额已然不小。

自己拮据不睬,亲人遭难没帮,倾囊倒箧而捐,这哪里只是市场上流通的钱啊,这是浓得化不开的大爱,天然而理智的博爱!这种爱,浸染了人性的美、品品的善、人格的真。

"桐花万里丹山路,雏凤清于老凤声。"①

翩翩而涌的创新驱动思维,为其第二大特点。

作为六天写一本儿童文学畅销书《嘭嘭嘭》的才女作家,敏锐观察力给了她创新的时空,超常想象力给了她创新的翅膀。加之新教育实验的生态环境为她的创新活力大开绿灯,于是,她做起新教育的事儿,总能上下联通,左右逢源,藏曲径通幽之法,见无中生有之妙。

就拿培育种子教师的项目来说吧。开头时两手空空,双目蒙蒙,一个教育门外人,真真有些天狗吃月一时无从下口之感。

但灵动的创造力是她的禀赋之一。于是,她首先对种子计划定位为:为有成长渴望的老师,提供对外学习的机会。童喜喜最初请她最信任的新教育骨干投票,选定六名种子教师,每人写一份开展新教育的承诺书。行动让计划落地生根。当发现某地需要举办学习培训时,童喜喜就告知种子教师,种子教师可以自己选择去或不去。如果要去,又有困难,她就资助,平时还向种子教师资助一点经费购书。她发展种子教师有不成文的"三无"政策:无时间限制,何时加入都可;无资助计划——随便你要多少钱,都由童喜喜自掏腰包;无任何要求——自己冒烟儿冒火想成长的就成。

童喜喜从一开始就将种子教师培训视作成长的基地,引领大家互相支持着抱团成长。第一次培训,在2010年初冬,她领种子教师去了中央教育科学研究所的附属学校——深圳南山央校。校长李庆明支持新教育,免费提供吃住,免费培训。童喜喜则要求培训的种子教师,每人每天必须写一万字的心得记录。砥砺前行,要听得到生命成长的拔节声。

2011年春,童喜喜联系新教育核心团队办的新教育实验小学,想让种子教师来学习。

---

① 李商隐,《韩冬郎既席为诗相送因成二绝》。

但该团队提出,派老师去哪里学习,须经该团队批准。这就与种子计划的原则有摩擦:老师们是自由的,应在自己可能的范围内,最广泛地学习,最终形成自己的风格。何必非照其团队建议去学呢?教育门派之见怎么能带入种子教师的学习成长中呢?经一番周折,事情方有了转机,所有种子教师都能来该校自由选择学习了。

这时,童喜喜看到,做得很好的新教育网络师范学院将网师定位于"精英",注定了人数不会多。而想做新教育的散兵游勇的老师,才是最坚定的新教育使者,总得想法子把他们聚起来。她遂采取了门户敞开的一系列举措,让种子教师多起来。然而,又出现了新问题:众多种子教师,谁都不认识谁,不知道该怎么分班。2012年冬日的一天,有人想出了用"冬春夏秋"四季给种子教师编号的主意,令童喜喜惊喜不已。于是,就用生命的成长历程,根据加入的先后,给种子教师编号,从冬季"种子"开始,处于凝聚力量阶段,再晋级到萌芽期的春季"种子"阶段,再发展到旺盛生长的夏季阶段,后成长为斑斓的秋季阶段。如此编号,既方便管理,又使种子教师关注自己生命的成长,真是太奇妙了。

就这样,童喜喜第一步以网师奠基,为实验者提供理论学习的平台,第二步让"种子"扎根,为实验者提供践行的必要支持,第三步让种子教师在推广与研发两个团队里各取所需,大显身手。种子教师由此从当初的六人扩展到后来的六百二十一人……

"咬定青山不放松……任尔东西南北风。"[1]

愈挫愈奋的坚忍意志,为其第三大特点。

个儿不高,形体瘦削,身重竟一度不足八十斤。交友处事,低音低调。你无论如何都不会相信,这么一个小女子,身体里有那么大的能量,能担起那么重的担子。她先是组建种子教师团队,为新教育积攒了一批核心力量;继而又拉起萤火虫团队,为新教育凝聚了家庭教育的中坚骨干;从2014年6月1日起,到2015年5月20日,以她为主角的新孩子乡村阅读公益行动——一场闻所未闻的一个人的文化长征,升华了她的精神境界。

新孩子乡村阅读公益行动是何等样的项目呢?是文化播种项目。用一年时间,在全国范围内,选百所最渴望阅读的乡村学校,去免费讲座、赠书、培训阅读推广人。

台前行动者童喜喜只身一人,拖着行李赶路,日夜兼程走进中国各省的一百

---

[1] 郑板桥,《竹石》。

所乡村学校,免费为学生父母做了一百场亲子共读讲座——《共读共行新孩子》,免费为乡村教师做了九十六场师生共读讲座——《喜阅读出好孩子》,听众共七万多人。童喜喜每天平均睡眠五个多小时,行程十五万多公里。为此,她经常乘车十几个小时到乡村,一天做两场活动,演讲五个小时,赶往三个城市。

本来体质就弱,经此历练,2014年下半年她腰伤严重,坐立两难,热水袋不离身……2014年冬至那天,在群山怀抱中,一场讲座开始了。听众一半坐在矮矮的围墙内,一半站太阳下。童喜喜站在高台上,在楼房的阴影里。尽管加穿了一位女老师借给她的毛衣,还是冷得直打寒战。两小时下来,她只觉得头盖骨都冻得硬邦邦的疼,脖子后方又冷又痛又硬,嘴巴无法正常地张合,有一阵子演讲就像大舌头一样。

2015年始,长期劳累透支,导致免疫力下降,感冒、腹泻、咳嗽。她真的太累了。有好几次,她哭着走出家门,一张脸因为睡眠太少哭泣太多而变肿,她还是擦着眼泪走上征途。尽管非常小心地避免生病,还是感冒了,一咳嗽就是半个月。但她一想到新孩子项目组的全力组织,幕后协调,新教育研究院、新教育基金会同仁的全力支持,她还是一场场进行着教育突围、文化远征。虽然每天两场演讲下来,人就像散了架一样,面色苍白,四肢乏力,连吃饭的劲儿都没有了,然而翌日她一走上讲台,人立时全变了!她的声调高亢,精神抖擞,不时有力地挥动手势,带几分嘶哑的嗓音充满了理性的自信。这是生命的呐喊,这是用生命解读新教育,这是用智慧的理论,向着梦想挺进,发起对着愚昧和贫困的冲锋啊。

她有一句话常挂在嘴边:"我过来了,没有什么不可以。"是啊,顶着风风雨雨,殚精竭虑;咬着日日夜夜,呕心沥血。这就是一位新教育人的教育之旅,当地球绕着太阳转了一圈时,童喜喜也结束了西起新疆伊宁,东到黑龙江林口,北自内蒙古满洲里,南至海南保亭的一百所学校的行程,画出了一个完满的圆。

"接天莲叶无穷碧,映日荷花别样红。"①

对过程和结果的完美追求,为其第四大特点。

曾国藩有"但问耕耘,莫问收获"之语,今人遂讲"过程比结果更重要"云云。童喜喜却是将二者捆起来追求的人。无论做一个项目,还是做一件事情,她一心想做到晶明洞彻,故往往举轻若重,唯恐想不周全,做不到位。为追求完美,她常直言挑刺,有时发无名火,还为做事不如意暗自哭泣,让苦泄了,火发了,愁去了,气顺了,擦擦眼泪再干。近几年来,新教育重要资料的搜集整理,多次会议高效的

---

① 杨万里,《晓出净慈寺送林子方》。

统筹运行,一些重大文案的构创与修改,新教育书库的策划、编辑与出版,都有她协助朱老师和新教育研究院的悉心付出。

笔蘸江河,才贯云霞,文思泉涌,其代表作《影之翼》五年磨成。这部以儿童视角反思南京大屠杀的童书,被许多小学选为师生共读书。她的好友告诉笔者,童喜喜夜晚常常写着写着,抱着电脑睡下,半夜里忽然想起什么,立即将稍纵即逝的思悟打出来。一大早,又赶忙敲击键盘,处理邮件,修改文章。《那些新教育的花儿》[1]和《这一群有种的教师》[2]等为新教育人立传的作品,就是这样的心血之卷。

笔者对她所著的上述佳作曾细细读过。明澈,幽邃,睿智,用语往往显现出人意料的奇崛,如纵目观览群峰之间一泓神奇的湖泊;辽远,畅达,峻拔,文韵常常有种匪夷所思的通透,似抬眼瞭望平野之上连绵起伏的翠岭。

"莫愁前路无知己,天下谁人不识君。"[3]

人与人之间无以言表的心灵亲和,为其第五大特点。

她的亲和,源于她的率直、朗润、幽默、敏感的人格魅力,也源于她的才高不骄、居功不傲的品格磁力,还源于她的悲天悯人、助人为乐的心性内力。

大凡与她有过接触的人,都能讲出受她感动的故事。她的粉丝、拥趸成千上万。

那获得她赠书后,灰扑扑的小脸突然明亮起来的山里孩子,友善地与她合影。

听她的精彩讲座,明白了"要改变未来,须教育孩子;想帮助孩子,须改变自己"道理的家长们,簇拥着她,向她提出一串串教子成才的疑问。

由她点燃的全国数十个城市的新教育萤火虫分站,数万网络直接参与者,有感于她"疯狂"阅读推广的价值,一颗颗心儿飞向了她。

唠起童喜喜,新教育种子教师们话语滔滔。

河南的宋新菊,给笔者讲起2015年去山东日照参加的新教育萤火虫之夏。新父母研究所的每一个公益项目都如同喜喜的孩子,她倾其所有来爱它。为了让每一个种子教师都能闪亮地站在舞台上绽放自己,喜喜便在午饭间、晚饭后一个个面对面辅导。她的一次性杯里盛着稀饭,争分夺秒地为种子教师们量身定制自己的个性演讲。试问一下,成长的路上,这样的关心这样的帮助你遇到过多少次?这样的场景,你见过多少次?十分钟的演讲里,包含了喜喜多少殷切的期待

---

[1] 福建教育出版社,2011年5月出版。
[2] 湖北教育出版社,2014年6月出版。
[3] 高适,《别董大》。

和关爱啊。

山东的王芳,说起2016年4月在宜宾参加种子教师研训营的事儿。我被新教育义工童喜喜深深打动了。她穿着一条牛仔裤、一件简单的白上衣,没有任何装饰的黑色头绳随意地绑着头发。会议间隙播放了她的新孩子公益行活动,让我泪流满面。我找到喜喜所写的总结《生如萤火》,一遍一遍地读,真正地体会到其中的苦辣酸甜。生如萤火,点亮自己,照亮他人……

"长风破浪会有时,直挂云帆济沧海。"①

事业与心境同步攀高的势头,为其第六大特点。

岁月奔驰,人生也在前驰。事业走高,境界也在登高。童喜喜对新教育及新教育人的认识,已从感性层面飞升到理性层面,深感看到了"最为美好的风景","真正的新教育,绝对是对现行教育有益的补充与完善",会让人"发出似沉醉似惊喜的叹息";自己回报的,是"并肩把我们可见的未来,创造为我们喜欢的地方";做新教育项目,她也从摸着石头过河到能够左右逢源,和众同仁一道,聚精会神地解答当初她所提出的六大问题,让新教育和新教育人行得更远。

她自身呢,也从儿童作家向教育家的行列逼近。她已从在外围做新教育项目,晋身为核心层的智囊成员,从对教育不甚了了的门外人,变成新教育主报告研发团队的主力队员。从当初"孤帆一片"的窘境,演化成"潮平两岸阔,风正一帆悬"的明丽前景。

她完成了人生事业迅疾而华美的转身。

这里需提及一个人,成功女人背后的优秀男友李西西。他为人随和淳厚,善解人意,兴趣广博,思路纵横,想象超拔,才气过人,所编的剧目《天上掉下个猪八戒》,堪为趣味横生的动画片,他出版的《36节电影课养成好习惯——新教育"每月一事"电影课项目用书》,荣获2016年《中国教育报》评选的一百本好书之一。他本是天津人,同样的梦想让他与童喜喜两颗心儿相互走近,遂共赴支教之旅,一起加盟新教育团队,喜喜做了新教育研究院副院长,西西做起新阅读研究所执行所长。西西的深度理解,悉心提携,全力支持,成为喜喜成长成功的温暖推手。

童喜喜本是儿童作家,写作是她的主业,一上了新教育的战车,便马不停蹄,焚膏继晷,周旋于各个项目之中,奔走在一座座校园之间,吃苦、受累、遭罪、克难、攻坚,青春挑战困境,生命挺立潮头。她千方百计改变别人的生命存在状态,别人也改变着她的生命存在状态。渐渐地,新教育将她打磨成了另外一个人。

---

① 李白,《行路难》。

童喜喜成了新教育的一条鲶鱼。她像上帝赏给新教育的一位天使,携来明媚春光,鲜活思想和蓬勃气象。

新教育呢,也成了童喜喜心中的一泓大海。新教育回赠给童喜喜的,是广袤丰腴的生活之野,喷涌不息的生命之泉,有魂有力的生存之柱,如胶似漆的生涯之场。正如她在寄语第十七届年会的文章中袒露:"这些年,从文学走进教育,一路遭遇惊奇,也一路发现美好。每一点美好的发现,就像拥有了一星萤火,照亮着我。"

如果说,她为新教育又开垦了数块处女地且埋头播下种子,这些种子的非凡成长给新教育的诗集平添了一节节飞翔的诗句,那么,新教育也将她这颗良种播种进饶有希望的土地,给了她比其他儿童作家更多的地气滋养、阳光抚摸,使得她获得的给养更充沛,生活的贮藏更雄厚,内涵的发育更壮实,步履走得也更矫健。

因而说,她很幸运。

第二十三节　丝路花雨

一

新教育实验是一场全方位发动、多层面合作的教育深水区改革。顶端推动煞费苦心,中层管理竭尽能事,一线运作呕心沥血,同为圆一个新教育之梦,助推中国教育于世界教育之林有更高站位,并与中国社会的改革大潮呼应共鸣。

万千新教育人平凡而伟大,普通又独特,默默工作却创造着神奇。他们耗心血,挖潜能,拼生命,用无穷无尽的创造力,奉献出在常人看来不可思议的教育奇迹。新教育人有一个特点:把实际行动看得很重,把荣誉待遇看得很轻。

他们每个人宛如一株蓊蓊郁郁大树上的一片绿叶或一条细枝,都是不可或缺的一员,又都只是一个代表。即或某一个方面的带头人,也只能代表新教育运动的一个侧面,新教育团队的一股力量。笔者以点带面地选择一些人物,来展示新教育人波澜壮阔的奋进画卷,所写的一个人,即是一群人、一队人中的典型。

本节展示的,是几条战线上的风云人物。

二

"绝顶人来少,高松鹤不群。"[1]

在新教育运动的发生、发展过程中,急需一种人,站在学术与理性的高端,观察、审视新教育发展的走势与纹理,及时给予科学的解读和理论的导引,此乃极为重要的一种创造性劳动。一项实验也好,一个运动也罢,要想取得成功就一刻也离不开理论思维、理论创新。

理论似桥墩的钢筋,人立身的骨骼。适切的理论,能够让新教育人走出浮躁,立于全球教育的广角视野之上;走出短视,立于未来教育的美好愿景与超前思维

---

[1] 贾岛,《宿山寺》。

之上；走出形式，立于解决教育实际问题的基点之上；走出误区，立于人的健康、全面、优化的发展之上。

笔者推出一位新教育的理论思想者张荣伟。

他曾是安徽省的一名高中英语教师，阅读了大量英语教学教法书籍和欧美文学作品。"学然后知不足，教然后知困"，卑微的生存困境，崇高的精神追求，突破自己发展自己的强烈愿望，一直是张荣伟的动力源。后来，他考取了福建师范大学教育学原理专业全日制硕士研究生，之后又攻读苏州大学的哲学博士。

2002年底，张荣伟相继给朱永新、南京师大吴康宁、东北师大王逢贤三位老师写信，表述考博意向。第一个回复的是朱永新。电话中向他讲述了新教育的基本概况，热情欢迎报考，即使落榜，亦可先在苏州工作，来年再战。第二个回复的是吴康宁，详细说明了招生情况，开怀以迎。王逢贤是写信回复的，说特别看中张荣伟的工作经历和英语专业背景，并希望他能够学贯中西，有所作为。考虑到就业、家庭，特别是进一步了解新教育实验后，张荣伟便义无反顾，2003年报考苏州大学，遂有了苏大的三年时光。张荣伟对笔者说："事实证明，我的选择没错，收益良多，与新教育结下了一生缘。"

是的，理想追索与历史机缘结伴，精神认同和教育梦想对接，让张荣伟此后与中国最广大最深厚的民间教育实验体相融。他读博时投身新教育，已不再是涉世浅浅、践行空空的读书郎，而是先教了十二年书，兼做了六年半班主任，带着丰富的经历和经验，长成一株挺拔茂盛的树才现身的。当发现中国教育理论在身体哲学、心智哲学、灵魂哲学尚有三块薄弱的短板后，张荣伟又连续赴美、英大学做访问学者，获取深厚的理性滋养。

他在参与、观察新教育中指导新教育实验，在直面多方困难迎接学术挑战里，经受着坦塔罗斯般的诸种困惑和苦痛。张荣伟担任了新教育研究中心的第一任主任，并很快地进入角色，其标示性的行动，是将新教育的理论建树和精神建设的担当自觉地扛在肩上，并以此变成最学人化最张荣伟化的"以身相许"，即心脉与新教育共鸣，生命与新教育同荣。

三年读博于朱永新的麾下，张荣伟十分勤奋而高效地参与了新教育的大量草创性的工作，获得了朱永新的近于满分的评价：

> 那时，"新教育实验"才刚刚启动，荣伟经常随我参加各种会议，听我的各种讲演，经常和我一起到中小学去与一线的校长、老师交流，了解实验进展状况。他不仅在论文选题时把新教育的话语体系作为研究方向，而且协助我做了大量

"新教育实验"的事务工作。亲身参与实验,为他研究实验提供了切实的感受,生命在场的体验,也为他日后研究中国基础教育改革问题,奠定了坚实的基础……①

张荣伟一开始就做起繁杂的新教育资料积累和理论启蒙的奠基性工作。

他擅长理论思维,坐得住冷板凳,先是悄悄地积累、整理出新教育大事记,又在导师指导下,独自在2005年暑假里默默收集资料,联系新教育各项目组老师,草拟《新教育实验指导手册》大纲,编写理论篇章,参与统稿与审定,经过"新教育共同体"一年多的努力手册出版。张荣伟边行边思,不断地丰富、发展和完善各项行动,拥有了较为完备的话语理论体系,该手册成了引导和规范"新教育实验"操作规程和制度化管理的书籍。制度申明政策,理论指南实践,此指导手册极大地宣传了新教育,发掘了实验的生长点,其指导作用、指路价值和指示功能不言而喻。

张荣伟的独特贡献,是为新教育的顶层设计所做的哲学思考。这些思考,化作了一篇篇理论文字:

1. 新教育的缘起及现实意义②;
2. 新教育实验的六大行动③;
3. 新教育的历史演变:欧洲的新教育运动(上下)④;
4. 新教育实验的发展分析⑤;
5. 新教育实验:新归何处——"教育市长"朱永新教授访谈录⑥;
6. "新教育实验":草根实验改革的三大难题⑦;
7. "三新鼎立":历史谱系与本真意义——"新基础教育""新教育实验""新课程改革"考察报告⑧;
8. "新教育实验"的基本理论与实践探索——《新教育理论的实践及推广研究》结题报告(上、下)⑨;

---

① 朱永新,《教育改革需登高望远》。
② 《教育导报》,第1484期。
③ 《教育导报》,第1488期。
④ 《教育导报》,第1494期、第1495期。
⑤ 《教育导报》,第1507期。
⑥ 《教育导报》,第1538期。
⑦ 《校长阅刊》,2005年第12期。
⑧ 《校长阅刊》,2005年第6期。
⑨ 《校长阅刊》,2006年第3、4期。

9. 发展之中的中国八大教育学派[①]；
10. 精神·共同体·行动："新教育实验"理论结构解读[②]；
11. "新教育实验"究竟给我们带来了什么？[③]；
12. 共读共写，打造教育共同体[④]；
13. "新教育实验"的责任与追求[⑤]；
……

2012年7月还出版了《我们需要怎样的教育——中国基础教育改革概论》，一部以哲学的眼光和头脑，研究中国基础教育改革，研究新教育的一部教材。

笔者在海南五改书稿时，正值张荣伟撰写《从哪里来 到哪里去——"新教育实验"本体论》[⑥]长文，该文分别以"新教育实验"的时空坐标、核心思想、实践探索、主体形态、组织文化、价值追求、社会反响、问题意识、发展路向为视点，设定了九个阶段性、反思性议题，对新教育实验的实践进展、理论脉络、本体论框架做出了更为系统而精深的本质阐释。

他把握教育全面而系统的广度，观照着新教育的来龙去脉；

他立于教育哲学的高度，运用哲理透视新教育的闪转腾挪；

他借助中外教育思想的深度，触摸着新教育的体表内里。

他有一种自我挑战的理论勇气，享受着"通过研究使自己的精神摆脱妄念并使自己摆脱虚荣"那种乐趣和幸福。

他一直企望登临教育哲学思想的山巅，纵览中外教坛，以大量卓有特色的突破点为参照物，来梳理剖析中国教育，做出形神兼备的画像，为从教育迷宫里突出重围的新教育进行理性定位和思维导航，进而为探讨中国基础教育改革与发展构建一个比较开放的对话平台。

在他的多以论述语言呈现的文字田园里，人们可以清楚地观赏到那用苦心孤诣种植而长出的蓓蕾，分享其精神硕果——

那对新教育的教育叙事的思考，更着重向哲学理论观点的升华；

那对新教育的"精神·共同体·行动"等若干问题的叩问，与新教育人的内心形

---

① 《明日教育论坛》，2006年第3期。
② 《当代教育论坛》，2007年第5期。
③ 《教育研究与评论》，2009年第1、2期。
④ 《河南教育》，2009年第12期。
⑤ 《教育发展研究》，2011年第12期。
⑥ 《山西大学学报》，2017年11月第6期。

成了高度共鸣；

那环环相连、丝丝入扣，对"新教育实验"理论结构的阐发，展现了严谨的内在逻辑结构和谐的美；

那清亮如泉、深邃似潭，为忙忙碌碌的新教育人所持续提供的思想、主张、观点；

那对新教育走势所做的清醒提示和善意解剖；

那新教育语境下汩汩流淌的最张荣伟式的教育箴言……

他解析新教育——"新教育实验"的理论和实践探索是一条汇聚民间教育智慧的河流，它唤起教育者的教育理想、教育激情和行动自觉，实验的"理论体系"也必然会在行动的过程中不断地接受检验、修复和完善。

他以思维导图式的方法，诠释实验内容——概括"新教育实验一二三四五六七八九十"，即一大核心理念、二大价值取向、三大假设、四大改变、四重境界、五大观点、六大行动（后为十大行动）、七大目标、八大家庭教育理念、九条教育定律、十大领域……如是，梳理了一个纲，找到了落脚点和突破口，使实验的行动路线清晰，有了可资借鉴的行动方案。

他纵观中国教育改革浪潮中"新基础教育""新教育实验"与"新课程改革"并进的历史谱系，给新教育以时代定位——"唤醒者"朱永新，打造"新教育共同体"的"精神家园"和"理想村落"，让教育百年，喜望一群理想主义者的背影。

他剖析新教育人——一篇《一个"疯子"带着一群"傻子"奔跑》的文章，一语道破这"已经不仅仅是一种修辞形式和语言现象，而是体现为一种特定的生活态度和思维范式，它淋漓尽致地表达着一个特定群体内心世界的真实感受，以及对于一种特定文化的直接认同。"

他对新教育的理想主义给予了理性的盛赞——教育改革，就是需要雄心勃勃，而不是抱残守缺。教育，就是"乌托邦"，就是需要一种超越于现实的理想和精神。理想主义本质上是人类本性和理性的斗争，人类在发展中不断需要一群理想主义者站出来，和本性的东西抗衡。人类就在这样的抗衡中调整自己的步伐，从而得以前进和发展。

他研究了中外新教育运动，观今鉴古，认清其历史坐标；展望未来，明确当下的使命，并引证杜威对"进步教育运动"衰落和失败的反思："连续不断的外加的活动，即使是那些杂乱、没有联系性质的活动也被看作是实验。""实际上，每一个真正的实验都包含有一个问题，即在实验中发现某种东西，而且在明显的活动中，必须有一个观念作为指导，把这一观念当作进行工作的假设，这样才能使活动具有目的和宗旨。"他给新教育以历史明鉴,警示其不走弯路或少走弯路。

他从哲思的高端,寻找并提出新教育实验的一系列问题,意在清醒应对——正确处理"目的"和"手段"之间的关系,提升自身素质,营造"共同体文化",真正地进入工作状态;要做真实验,拒绝任何形式的违背科研道德和科研纪律的假实验,务必秉承求真务实的科研精神;加强理论学习,行动不断创新,强化"逻辑行动"能力,淡化其"非逻辑行动"的倾向……他还明晰地昭示新教育实验的两大瓶颈:如何全面系统地展示自身的理论和实践轨迹,在更大范围内敞开学术对话的空间,成为"新教育实验"当下最为突出的难题。

他从彻里彻外的观察分析中,做出了如是判断——有一点是天经地义和毋庸置疑的,那就是:历史只能由"新教育人"来亲手书写;真正全身心投入新教育实验的理论工作者和实践工作者是21世纪"新教育史"的见证人。

他用自己的视角看教育,用自己的话说教育——"做教育要有实践感,要有时间情怀!""要学会倾听,要充分兼顾周围人的感受。""教育是一种促进人听、说、读、写、行、思的交往活动。""社会的形态各种各样,而其理想形态就是共同体……学习共同体最重要的是让学生进入思考的状态。""学习就是与新的世界、新的他人、新的自我的相遇。""教育学的定义是通过听、说、读、写、行、思来提高学生听、说、读、写、行、思能力的交往活动。"……

三

欲求贤才栋梁,天空陆地海洋。半世东奔西忙,今又远航,路遥山高水长。

在新教育实验的多种会议上,常常见得一位美籍华人的教育家登台演讲。他既为新教育点赞和评析,又带美国教育团队传道,引来西方教育之风;他时而做大会主持,为议程连接穿针引线,也开诚布公地剑指弊端,让人们洞见蹊径,豁然开朗。

新教育人面对他心怀敬意,美国教育团队围绕他如群星捧月。

他思维严谨,性情内敛,心之所至,究竟所在;虽不苟言笑,参观中国新教育学校时却笑容可掬;平日里话语不多,讲坛前却妙语连珠。他每每以三言五语,一段评点,句句中的,指点迷津。新的视角,新的语境,引得满场目光闪亮,击掌示好。

他就是美国波士顿麻州大学教育领导学系教授、主任、院长严文蕃。

严文蕃原与朱永新同为1977届上海师范大学的"师资班"学生,所攻专业为教育学、心理学。该班旨在培养大学教师,二十多名学生,都是全国四方教坛的佼佼者,如袁振国、卢家楣等名家。严文蕃于1982年学业期满留校工作,1984年赴美国纽约州立大学布法罗分院读心理学博士。博士毕业论文获美国心理学会优秀论文奖。1991年开始先后在美国华盛顿州著名私立大学、得克萨斯州大学等处执教。现任马萨诸塞大学波士顿分校教育领导系主任。2012年任麻省州立大学教育学院院长。

在中外教育的比较研究方面,严文蕃具有得天独厚的优势。

他生长在中国,曾在中国大学参加教育工作,拥有较为深厚的中文基础,通晓中国的社会和教育,且在情感上深爱生养过自己的祖国。

他在美国学习、工作已三十三年,而且在做比较教育,任国际比较学院院长,专长是量化政策分析,并任美国教育数据库主席。其研究的理论方法属世界级前沿水准,并直接与中美教坛的践行者对话,通过精细剖析,寻求着更好教育的改进路径。

他紧盯新教育的走势。2003年,作为美国政府派出的专家,严文蕃在北京师范大学做访问学者时,就应邀参加了新教育实验,并出席2004年4月新教育实验第二届研讨会。此后他参加了历届新教育年会和自2011年开始的各次新教育国际高峰论坛,熟知新教育脉络走向,投身了新教育实验多项工作,2015年7月被新教育理事会正式聘为新教育研究中心主任。

中国代表东方教育的神髓,美国堪为西方教育的翘楚。游走于两极教育之间的严文蕃,所看也多,所听也广,所思也深,所悟也透,他拥有一双善于比较的锐眼和不倦思维的大脑。

他既懂得中国教育,又懂得美国教育,而不像一些留学人,刚去外国不久,走马观花浅尝辄止,就大谈特谈起国外教育,让人听得五迷三道;也不像有的人身在国内,却仿佛对国外教育"无所不知",言说得"如数家珍";还不像有的人长期蛰居海外,对一日三秋巨变的中国已渐离渐远,如隔重重云雾。

懂得两国教育,往来两地"观潮",融合中西优势,助力创造新教育的历史。严文蕃有独有的窗口、独特的视界、独具的眼光、独到的思维,加之遇到了从善如流、待友至诚的朱永新和走在世界教育改革前沿的新教育团队,使得严文蕃的研究如鱼得水,如虎添翼,身入又心入,由点而及面,其探索目光越发深邃,硕果也如期涌现。

如是,严文蕃成了新教育实验的一块瑰宝,一位卓尔不群的跨国高人。

凭借自身科研的功力,他对新教育实验一次次提出建议。2004年4月,在张家港市举办的全国教育科学"十五"规划重点课题《新教育理论的实践及推广研究》开题会上,他以美国国家教育数据库主席、美国宾州印第安纳大学教育研究生院院长的身份,提出金玉良言:"新教育实验要强化科学的数据收集、统计、整理和分析;要充分认识到,教育实验研究的过程、方法比结果更重要;要强化实验因子的全面评价,要重视实验方案的及时调整和改进,使实验在动态中前进……"

立足对新教育实验田的敏锐观察,2009年7月在全国新教育第九届年会上,他用美国式的语言习惯给新教育以定位:"中国特色的儿童发展关键期的素质教育的行动研究。"在研究新教育的中外专家中,此堪为最早的较准确的结语性定论。他还理性解析了新教育内容里有理想、有激情、有诗意、有行动的中国特色,侧重在小学这一儿童发展的关键期和行动研究的最大特点,阐明很多新教育理念来自实践,从问题出发,在解决问题中形成理论,又反过来指导实践,遵循唯物主义的实践论。

站在教育哲学的高端,在2016年7月山东诸城市召开的第十六届新教育年会期间,严文蕃与笔者交谈,认为新教育实验有三大特色:一是草根性,自下而上,迅速抓住了这么多一线教师投身其中,不是由政府推动的;二是核心性,抓住了教育的核心,即教师队伍的主导作用,大抓一线教师的专业化发展;三是主体性,旗帜鲜明引领学生动起来,追求素质教育,与应试教育对着干。他特别对笔者强调了新教育的行动研究的意义:这不是传统教育的实验研究,而是新教育十大行动的行动研究,比如今年年会的主题——每月一事,目的要培养良好的习惯,十年前就提出来了,这已经早早走到核心素养论的前边了。

鸟瞰世界教育发展的全局,他认为新教育的最大贡献,是回答了一道世界性的难题,即在理论和实践之间架起桥梁,而解决了教师成长的偌大问题。他说:在美国,大学教授往往是象牙塔里的人,他们最大的苦恼是走不到基层的学校去,他们的话语很难被中小学教师所接收。他们也很难真正地沉下去。而一线的老师读不懂大学老师的著作,对他们的理论和话语也不感兴趣,两者之间是脱节的。而新教育则把教育的理想、理念、理论用老师们喜闻乐见的能接受的语言方式传播出去,成了新教育很大的优势。这样,教师通过专业阅读、专业写作、加入教师专业成长共同体,找到了自己成长的路径,看到了教育的方向,对自己有了信心,对自己的职业有了认同感,有了自我的价值实现。

观照中国教育的现状,严文蕃向笔者分析了新教育突进成功的奥秘:中国高考指挥棒使得中国教育没有深度的改革,在这种情况下,难能可贵的是,新教育首先从没有应试任务的小学抓起,率先让小学开出艳丽的新教育之花,其中做得最有成效的行动是阅读,核心实验就在阅读,而身处信息社会的人们越来越不重视阅读,抓住阅读这个突破口,营造书香校园,培植阅读习惯,就会势如破竹,成了实验的最大成功之处。

透视一百多年以来的教育风云,为回答笔者"请用至简的文字对新教育做一评价"之问,他沉吟良久,写出如是一段结论式话语:

英国有新教育实验,美国有杜威的实验学校,朱永新引领的中国新教育实验,无论从实验的规模(参与的学校和受影响的学生)和实验的内容和深度(完美教室、卓越课程和理想课堂等十大行动)都是前所未有的,它的影响将超越中国,产生深远的国际影响。

像清醒的学者绝不人云亦云一样,严文蕃一旦发现了新教育实验中的问题,总是一针见血地指出。他参加新教育年会的一次主题沙龙,对沙龙的主持者变着招、绕着弯提着一大堆问题,直到八位研讨者谁都答不上来的做法,很是不以为然,他点评时直截了当地说:"我失望了,失落了,连我都回答不上。沙龙不能只讲理论,也要联系实际!"他在主持2017年7月14日中美教育论坛时,个别博士生的演讲过于专业化,听众一头雾水,他立即对纷繁芜杂的说法加以梳理,就半明半暗处予以澄清,三言五语就开门见山,点明要害,捅破这层窗纸,让众人一清如水,连连喝彩。

他还对"每月一事"的开展,敞开了自己的见解,认为主题应提倡多样化、多元化,同时要研究坏习惯如何改变,并要坚持做新的事情、养成新的习惯。"每月一事"的习惯养成要注重文化、内化,注重合作学习与最近发展区等研究成果的运用……

品若梅花香入骨,人如秋水玉为神。这真乃学家的冷静,哲人的精思,智者的论理。还须言说的,是他那颗为中国教育跳动的心。

严文蕃数次率领有小学、中学、大学教师组成的美国教育团队,来中国参加新教育会议和活动。合着新教育实验运行的主题节拍,他娴熟地指挥着美国团队,以别具一格的方式"翩翩起舞",展示着不同凡响的创造姿容,透露出异国教育别开生面的内藏神韵,在相互交流、碰撞与融合中,为新教育敞开更为宽广的视野,亮出了一条崭新的地平线,激发出众人的顿悟与灵感,助推着新教育有所参照地向前迈进。

举2016年7月8日的中美教育论坛一例。此次论坛秉承"分享·碰撞"的核心理念,践行"习惯养成"的核心价值观,着眼新教育视野下的习惯养成教育实践和深化推进"每月一事"行动,中美专家展开了对话与研讨。

美国教育团队几人登台。

先由辛西娅·马西隆、玛丽特·卡每芮、阿西亚、布伦丹·麦克拉斯等人,围绕"家庭习惯的延伸——从家庭到课堂"的主题,分别进行了配以影像播映的演讲。

严文蕃即席点评:家庭习惯的延伸,允许差异,切实参与,强化自信,优化能力,且社区全员参与,相关读写活动多具备批判性、创造性和具有宏大主题。

接着,梅根·邓普西、克尔斯汀·格林、辛西娅·赫雷斯·马丁内斯和盖尔·史蒂安等人,围绕"社会情感学习与负责任的合理运用科学技术"主题进行了演讲。

严文蕃随即点评:培养行为习惯的过程中,要求明确,规定严格,过程性传达和展示,确认自信与尊重。严文蕃又为下面美国专家的演讲做开场白:接下来的演讲是说,在现实社会中,怎么使自信、责任感等好习惯建立和保持,需要恰当、合理使用科技,以及安全健康的环境。

美国几位学者演讲后,严文蕃又立马点评:现代的孩子,生活在信息时代,但仍非合格的信息时代公民。滥用数据,就是不负责任!应当公开与否的信息,如何知道学生养成与否需要一线教师的智慧策略。

不用讲稿,随机评说,寥寥数言,道破精髓,出奇地快捷、简要、朗亮,迅速地梳理内容,把握主旨,明晰要领,以其了了,开门见山,使人昭昭,茅塞顿开。

严文蕃和美国教育团队,现身于中国新教育的现场,多方位演示了西方的教育精华。严文蕃在策划、组织、指导上,所费的智慧和心血可想而知。在新教育实验的会上会下,他的点拨、评论、演讲、解疑、建言、参谋,所花的心血之多可想而知。

他山之石,可以攻玉。严文蕃所奉献的,当是别一种意蕴的厚重大礼——

形神兼备地树起一个创造性教育的有效参照系。

带来了一股强劲而新鲜的西方教育之风。

铺架着一条中美之间教育文化直通的桥梁。

为新教育团队又平添了一支跨国行动支队。

四

"柳絮杏花留不得,随风处处逐歌声。"[1]

在新教育实验的途程上,须说说以干国祥为带头人,以魏智渊、马玲等为中坚的新教育"魔鬼团队"的几位专职研究人员。

---

[1] 林宽,《曲江》。

2006年2月9日，魏智渊（网名铁皮鼓）加盟新教育，成为新教育专职专业人员第一人。

魏智渊于1991年中师毕业以后蜗居在陕西一所山区小学教书，后考取了陕西教育学院中文系，分配到了乾县一中做语文老师。在此期间，他有一段疯狂的读书史，努力寻找着通过提高和丰富自己的学识来提升学生成绩的路径。读书果然奏效，他从教初中到教高中，再到带高三毕业班，从普通班到实验班，再到"青云班""火箭班"，逐渐成长为当地有影响的语文名师。其间，网络成了他的最爱。他无意中闯入教育在线网站，并以怀疑者、批评者的身份撰文，对新教育实验的行政色彩、出书过快等问题提出了尖锐批评。朱永新为他的诤言而感动，认为他的意见是新教育的及时雨，新教育实验如何居安思危，如何沉静下来，他的意见很值得重视。朱永新还郑重地邀请他加盟新教育。

那段时间，铁皮鼓急风暴雨般在教育在线发表文章，先后有近百篇被媒体转载。他成了论坛的名家和新教育的拥趸。2005年，他从陕西来到成都盐道街外语学校工作。翌年，由李镇西力荐，他正式加盟新教育，成了新教育理论建设团队中的一员大将。他跟随朱永新走南闯北，参加新教育实验区的工作会议，考察实验区与实验学校的进展情况，整理朱永新对新教育的思考文字，还始终扮演着一个"乌鸦"的角色，不断发出危险的信号，提醒新教育人如何走得更好。

2006年4月，紧随魏智渊而来的是干国祥。在教育在线网站，干国祥最初也是一个勇敢的"斗士"。他的经历与魏智渊非常相似，都是中师生，都曾经疯狂地阅读，都有着强烈的成长渴望。这正是新教育人的气质特征，一种追寻理想、永不满足的气质。这种气质让其有一种特立独行的个性。他从不迷信权威，甚至敢于横眉冷对、当面顶撞，对真心上进的新教育老师，他又表现得很友善、坦诚，能倾心交流。

干国祥接触新教育较早。2003年，他第一次出门就是参加新教育实验的首次研讨会暨教育在线的网友大会。随后，他以观察员的身份参加了新教育的贵州支教活动。

2006年，来到苏州以后，他的才华与长期积蓄的能力得到了空前的释放。他到新教育的第一件事情，就是编辑了《新教育》宣传册。不到一个月时间，从收集资料到撰写文字，从装帧设计到印刷事务，几乎他一人包揽。当在年会前拿出这本新教育宣传册时，人们从中感到他身上蕴藏的潜能。不仅有做事能力，他的理论构架能力也非同一般。多年阅读积累，使他对心理学和复杂性理论能够娴熟驾驭。他工作起来不知疲倦，南京、常州、盐城东台、苏州等多所学校留下了他的足迹,他在走进新教育的学校,调动一线教师的理想与激情的同时,也发现了新教育面临的一些问题与困难。

2007年,新教育研究院正式成立,原先由张荣伟博士担任主任的新教育研究中心重新组建,由干国祥接任中心主任,马玲、陈金铭、余春林等也先后加入,被人们称为"魔鬼团队"的新教育研究中心有了第一批脱产的专业研究人员。

马玲是该团队中的女性,承担"毛虫与蝴蝶"儿童阶梯阅读项目的任务。她和该团队其他成员一样,怀有强烈的求知欲、拼搏的态势和高效的行动力,又内敛、沉稳,默默地用行动感召了一大批新教育基层老师。尤其是在"读写绘"项目开展过程中,她及时发现、帮扶了不少一线教师。她的全情付出,促使"毛虫与蝴蝶"项目短时间内在众多教室里扎下根来。

从2007年到2010年8月,该团队努力把新教育实验向新的高度推进。从2007年运城年会以"共读共写共同生活"为主题的新教育儿童课程,到2011年以"文化,为校园立魂"为主题的新教育学校文化建设;从新教育的"开放周",到北川、石门坎、凤冈等新教育公益项目,都留下了该团队的印记。

2010年8月,干国祥和该团队主要成员来到了内蒙古鄂尔多斯市东胜区罕台镇,在当地教育部门的协助下,创建了罕台新教育小学。这是一所位于东胜区郊区的寄宿制农村小学,环境非常艰苦,老师们极为努力,焚膏继晷、宵衣旰食的打拼已成家常便饭。多种开创性课程的研发,灌注了该团队的心血与聪明才智。

当时正值新教育实验深化期,该团队作为新教育专业人员领衔了新教育研究中心——一个以研究新教育的理论与实践,开发新教育项目与课程为主要任务的教研机构。他们凭借紧贴一线地气、知行合一的职业优势,依仗思维苦索与学术探求,加之奇崛个性和苦行僧似的苦斗精神,成为一支思路新锐、作风硬朗、突破凌厉的教育科研团队,在新教育实验的推进中,留下了一段灿然轨迹。

他们从新教育实验急需突破的历史时刻走来,借助新教育实验铺架的极好平台,为实验的深掘快进而奋力。他们在新教育实验的总体部署下,在攻坚教育科学与教育艺术领域中几个关隘时,作为第一线的执行者,着力发挥了攻坚作用。

其一是参与了新教育研究中心的理论研发,参与筹划和组织了几次年会,协助起草了几篇主旨报告,为新教育实验提供了有益的思想、方略和见地,提出了积极引进人才,开发新教育课程,加强教师培训,注重理论建设的建议,在新教育的理论建设上做出了一己贡献;

其二是注重把根子扎在学校,扎进教室,使事业的列车在教育核心区域的轨道上行进,有效保持前沿性、探索性和鲜活性。

其三是主持研发了儿童早期读写绘综合课程、理想课堂的三重境界及晨诵课、童话剧等多个项目，意蕴深厚，影响广泛。

其四是在新教育理事会的指导下，筹建起新教育网络师范学院并于2010年9月正式开课，在网上将专业阅读和课堂教学的隔阂打通，为实验者提供优质的实验资源。他们还为新教育网上学员的大量生命叙事之作，给予了精到深入的点评，催助了一批种子教师成长。

其五是多次赴贵州灵山、四川北川等"老少困"地区做公益，应邀到急需之地做讲座，传播新教育理念，提升新教育实验的影响力。

其六是创办了一所新教育实验学校——罕台新教育实验小学，对新教育实验倡导的学校文化与"致良知"的树人工程，进行了开拓性的有益探索。

然而，在他们说来，因"对'全人课程'的理解分歧"，及其他未道及的缘由，使得他们"与其他新教育领导人"发生了裂痕，终在2014年的"丰台事件"中不可弥合。随后，干国祥、魏智渊、马玲等人为骨干的这支"魔鬼团队"离开了北京丰台，离开了内蒙古罕台，也离开了新教育团队。这让朱永新等人感到非常惋惜和痛心。在传说中，魔鬼原本就是能力最强大的天使。不妨说，凡是走进新教育的人，都是上天派来帮助成就大业的天使。新教育人感激他们所付出的心血与苦累，感谢他们为新教育曾经做过的一切，也真诚地祝福他们。

这支团队已经再出发，开辟"南明教育"一方天地。

道不同，终难合，古今一理。

合分乃常态，来去竟自由，世间无穷事，何须再详究？

五

在迄今为止新教育实验的运行中，袁卫星这位江南才子，如同围绕新教育核心的一颗卫星，以独特的舞步、独具的光谱，划出了一道不同凡响的轨迹。

他生于1970年，读初中时便开始在报纸杂志发表文章，踏入张家港市凤凰中学，开启教师生涯后，仍在圆一个玫瑰色的作家梦。

1996年一个细雨霏霏的午后，他接待了打着土布雨伞来接孩子的农民，为让孩子听完这堂语文课，竟成了站在教室外边的滴雨檐下打着伞的特殊听众……（见15节网上家园）

袁卫星将这一课，视为自己教育生涯的真正开始。从此，他尘封起作家梦，把人生航向修正为：做一个特立而不独行的语文教师，记住学生，并让学生记住。

是年8月,他揣着火热的梦想,进入国家级示范高中江苏省梁丰高中任教,在一次校领导主持的青年教师座谈会上,喊出了"学校给搭多长的梯,我就能登多高的楼"的口号,校领导当即以"你要登多高的楼,学校就搭多长的梯"应答。当年,他成为教坛新秀;第二年,成为全市教学能手;第三年,成为全国中语会教改研究中心理事;第四年,成为市里的学科教改带头人;第五年,成为市首届名教师;第六年,"双破一拔",成为全市最年轻的中学高级教师……

在袁卫星冉冉上升,成为杏坛新星时,朱永新以及新教育的出现,让他看到了更高的梯子。视察梁丰高中时,朱永新特意找他攀谈,传输自己的教育理想,以后还多次邀他到家中交流。袁卫星回忆说:"第一次,朱老师一边和我交流,一边给我剥核桃,然后一粒一粒地交到我的手里,像老师,更像父兄。"他渐渐融入新教育初始的旋律里。

2001年8月,经过一番激烈的思想与现实交锋之后,他加盟了民办翔宇教育集团。

翔宇教育集团是新教育的一个重要基地,卢志文校长常说的"给学生一杯水,教师要有一桶水"的真言,深深触动了他。他开始孤身一人、孤灯一盏地与思想家对话:孔子、墨子、老子、梁漱溟、冯友兰、苏格拉底、奥古斯丁、康德、维特根斯坦、海德格尔……哲思的力量,使他逐渐跳出学科教学的小圈子,从更广、更深的层面品味教育的哲理和诗韵。

升堂入室,袁卫星的人生进入了快车道。

作为新教育实验的核心成员,他的日程如同急管繁弦。他在一次次支教、一番番研讨、一场场演讲、一部部著述中,教育观念发生了质的嬗变:开始崇尚人本,憧憬人本主义教育,主张以个体生命为本位,根据个人发展的需要确定目标并施以教育。

他意识到教育应以生命活动为本质,以情感意志为动力,把着眼点放在"学"的研究和指导上,而不是"教"的研究和提升上,强调自主、合作和探究,鼓励大胆地发言、激烈地争论,倡导多维互动的活动,唤起内在的精神动力。

巨大的思想引擎导引快速成长。他成了新教育前沿阵地——教育战线前期的一员主将。他担任版主,发帖、跟帖,对外宣传、寻求合作,干得乐此不疲。

有人曾经问:在教育在线,谁最能让你动情,让你流泪?

许多人推举同一个人:袁卫星。他对于生命深度的理解和敏感,通过灵动超拔的思辨,俏丽多彩的文字,睿智鲜活的笔法,卓尔不群,摄人心魄,使文章大放异彩。

此时,新教育运动破茧而出,日新月异。他在与众多教育同仁的对话中,思索着基础教育的前途脉动,思量着一线教学的理念方法,思考着千年杏坛的风风雨雨,思辨着当代社会的教育生态,思虑着未来学校的崭新模样,明日教师的理想形象……

2003年,班上一名心理脆弱的学生写下了遗书性质的文字,被同学及时发现并报告,作为语文老师和班主任的袁卫星,在课前三十分钟决定取消《陈焕生上城》一文的授课,改上《善待生命》。

这堂课,袁卫星用台湾一个罹患软组织恶性肿瘤,并被截去了一条腿的九岁女孩周大观的童诗《我还有一只脚》贯穿课堂。

没有教案,他引导和教育学生,探究生命的韧性和弹性,求索生命的意义和价值,唤醒了那位迷途的学生,使他彻底摆脱了自杀的念头。

这一课成了转折,挽救了一个年轻的生命,也引发了袁卫星的无限忧思。责任和压力、义务和使命,让他忽觉肩头的担子很重很重。

孩子为何要放弃自己如花的生命呢?为何学生越来越多地处于生命焦虑之中?袁卫星发现,原来自己一直都只在"教书",而不是真正在"育人";只做了个"教学生语文的老师",而不是"用语文来教学生"的老师!

受此激发,他开始专心研究起"生命教育",提出了"成全"个体生命的三个层次。认识生命:了解生命的本性、生命发展的规律及影响生命成长的条件;珍爱生命:树立生命可贵的意识,掌握生命保护的技能以及生命干预的技能;发展生命:保持心理和情绪健康,追寻生命的不断发展和完善。

这三个层次的意义是:认识生命是基础,珍爱生命是关键,发展生命是目的。三者在递进中紧密相连,缺一不可。

有了新的领悟与境界,袁卫星的气质为之一新。时值2004年,新教育实验已经花开四野,他却突然安静下来,他如是描述自己的新状态:"我采取一种积极的低调和一种冷静的热情。"他对新教育仍满怀激情,却用冷静心态去关注新教育的前途。

那年下半年,袁卫星用"一路前行"的网名刻意隐藏自己,在教育在线发布了《给朱永新教授的一封公开信》,对新教育实验提出以下建议:一要调整每一位教育参与者的"状态";二要让每一位教育参与者获得合适的"方法";三要为每一位教育参与者创设一个"用教育的理想实践理想的教育"的舞台……同时提出新教育的解决秘方,应当兼收并蓄,把和教育的理想相吻合的教育实验、教育实践吸纳进来、推广开去;应当在"六大行动""十大领域"持续创新;要有一套专门的班子、一支专门的队伍来检查、督促、研究、指导实验的开展；要尽快建立一套自己的评价体系。此帖引来在线网友和实验者持久的思考和讨论，很快，这一指点迷途的建议，为新教育2006年制定的"十一五"规划增补了正能量。

关注新教育的历史方位、突破路径之外，他对生命教育的探索一以贯之。

袁卫星不是生命教育的首创者，却绝对是把生命教育引进课堂的先行者。2005年，他编写出版了《生命课》系列丛书，引导学生走向成熟、学会负责，踏踏实实地过好每一天，并以生命教育和公民教育尝试构建学校的"新德育"。而在新教育实验"十一五"规划中，"新生命教育"成了重要的实验领域。

峰回路转，斗转星移。2014年5月的北京，朱永新在打电话给借调教育部办公厅工作的袁卫星——他将亲自下厨，邀请袁卫星来家里小聚。

一度，由于新教育研究专业团队的逐步形成，自己工作不断变动，袁卫星渐渐从新教育实验课题核心组淡出，但是那一天，他们谈到新生命教育，谈及2015年的主报告，兴酣处，袁卫星决意重返新教育的"主力阵容"。

这年暑期，袁卫星和卢锋博士分头在朱永新的《新生命教育论纲》基础上，协助朱永新撰写主报告初稿。

此番对报告的撰写，及新生命课程教材的编写，对袁卫星而言，有蜕变重生之感。

2015年元旦，报告初稿完成。在江苏苏州，新教育理事会、新教育研究院及其他一些专家对初稿初审，与会专家纷纷热议新生命教育"新"在哪里，出现百家争鸣之氛围；6月，在北京朱永新的家中，几位专家研讨定夺主报告初稿，每每关节处又不免展开唇枪舌剑的论辩，使报告更为丰盈多元。

在倒计时的修改中，几个人各司其职，但又彼此照应，快马加鞭，夙兴夜寐。在报告最后一次大型修改中，几个人采用了特殊的网络会议的形式，细致推敲。

在成都金堂召开的新教育年会上，主报告《拓展生命的长宽高》和金堂宣言恢宏而深邃：新教育人经过多年的酝酿与思考，提出了新教育卓越课程体系。2016年，袁卫星又作为重要发起人成立了新生命教育研究所，并担任执行所长，研发了《新生命教育》的系列教材。这套符合中国教育国情和儿童发展需要的生命教育课程教材，旨在引导师生珍爱生命、积极生活，拓展生命的长宽高。教材正式发行以后，袁卫星又风风火火地在全国范围内组织多所学校开展实验，努力使学生"健康生活"的核心素养落到实处。

朱永新曾对袁卫星探索的生命教育做如下评价："我们希望从知识的人本化和学习的人本化出发，引导教育圈中每一个人发展个性，舒展自我，在教育中将人提高到'人'的高度,最终把人'还原'为'人',达到人的'自我实现;卫星的生命教育正是由此确立并尝试开展的。"

袁卫星的生命教育,从灵感处处的文章开始,走向了教学相长的课堂;从用情感教书到以生命授课,从拯救学生生命的一课开始,全面走向释放心灵、培育生命的大生命教育。他的生命教育之路无比夯实,他先放大了自己的生命,让生命的超越与理论结合,让极具前瞻性的眼光与实践相结合,让看似邈远的生命教育思想与每天踏实的奋斗相结合,形成了独具特色的生命教育思想体系,再通过生命教育放大了学生与教师们的生命。

袁卫星曾许愿,要尽可能增加生命的宽度和高度。他以身悟道,以心传道。参与新教育期间,袁卫星参与过六届中华青少年生命教育论坛并发表演讲;他在北京、天津、上海等二十个省、市、自治区做过一百多场关于生命教育的讲座或报告;《中国青年报》《教师博览》《教书育人》《河南教育》等报刊以整版、专栏等形式,对他开展生命教育的实践进行了专题报道。

让每一个鲜活的生命如花绽放。在他的积极倡导下,新教育实验的部分学校开辟了生命教育陈列室,建立了心理咨询中心,开通了二十四小时生命求助热线,组建了生命教育领导小组,确定了各个层面生命教育的实施要点,正在逐步形成生命教育资源库;在他的努力推动下,这些学校的广大教师通过学科渗透、主题教学、综合实践等多种形式,促进学生保持身心健康,协助学生设计职业生涯,引导学生追求自我实现。

无论是在课堂上、在课程设计上,还是在理论建设上,袁卫星都在用生命唤醒生命,用生命温暖生命,用生命润泽生命,进而成为当代中国生命教育的一位先行者。

庄子云:"先存诸己而后存诸人。"袁卫星谙熟此道,他说,教育归根结底是一种唤醒——唤醒学生、引导学生——"在自身内挖掘一个深的答复"——关于教育,关于生命。

他从感动自己、唤醒自己开始,从培育女儿、引导女儿心灵成长的家庭教育中体悟,从一堂堂生命之课的讲述中激发灵感、淘漉理论,形成了极强感染力、穿透力的生命教育思想体系。

读书滋养才气,思考蕴含灵气,践行拓展名气。攻读、精思、实做,构成了他挺立的金三角。形散神聚的飘逸,云卷云舒的跌宕,理路情愫的饱和,凝结成他俊灵的演讲文章。他的故事,多与生命教育息息相关,充溢着智者的顿悟,行者的拓进,哲人的律动,诗意的润泽。在生命的年轮里,他开拓着心灵的宽度,挖掘着思维的深度,升腾了境界的高度。

他的奋斗历程,是一曲"唤醒"他人又被他人"唤醒",治疗他人又受人"治疗",形成了热爱生命、珍惜生命、享受生命、优化生命、激扬生命的交响乐,而在乐章和谐完美的展开、丝丝入扣的递进之中,淋漓尽致地演绎着生命的"完满"。

六

这里,写意式素描新阅读研究所前后两任执行所长——朱寅年和李一慢。

2007年5月1日,朱寅年带着沉重的行李箱,更带着对新教育的憧憬和对新生活的冲动,从北京坐火车来苏州,正式开始了他的新教育生涯。

留在他背后的,是同行的错愕和一个看上去舒适的小康生活。他可以留京继续做记者,过相对自由宽松、收入稳定的日子,妻子也不必辞掉那份在国家某部研究院的工作,夫妻俩本可以守着儿子和房子,过着温馨的生活。

朱寅年早年成名,曾任《现代教育报》教育调查记者、执行主编、新闻专题部主任,作了一系列关注教育现状及发展走向的深度报道,采写了《湖南益阳枪杀教师案》《湖南湘潭青年女教师裸身猝死案》等重大报道,产生偌大的社会反响,他参与写作的《中国教育制度改革课题中的高考改革方案》,被媒体称为中国首份民间版的高考改革方案。

他此番面对的,则是扑朔不定却充满激情的未来。2007年,是新教育发展的关键一年,从5月开始,新教育开始了艰巨而极具历史意义的转型过程,完成了一场凤凰涅槃。新教育的组织构架重新建立。

这是新教育历史上一段激情燃烧、呼啸而进的黄金时期,正是形成基本团队,打造团队文化,文化滋养做事风格的关键时刻。

其间,新教育研究院作为实验的指挥机构,负责与实验区、实验学校的交流与沟通,而担任研究院办公室主任的朱寅年,站在轨道转向、机制多元的风口,面对实验解读、人事变更、网站问题、报告起草等工作,种种杂务多如牛毛,他凭借超强能量、超常投入,总能左右逢源,运作自如。

其间,以朱寅年等人起草的新教育转型方案为重要标志。随后,朱寅年与核心层同仁一道,"殚精竭虑,不辞劳苦,有口皆碑"①,风风火火地开创转型后的崭新局面。

他起草了新教育研究院第一次联席会议的若干材料,囊括了联席会议制度、

---

① 朱永新评价他的信。

研究院架构运行机制、新一年度预算、内部机构关系、基地学校建立及筹备运作、杂志创刊出版、网站改版及重新安排管理人员、新教育项目管理、实验区管理等众多内容,清晰地留下了新教育的历史展痕。这次会议,也成了新教育转型成功后的运行标识,具有继往开来的意义。

他组织和筹备了实验区工作会议,草拟了包括《新教育实验区(2007—2010)三年发展规划(讨论稿)》《新教育研究院访问教师制度(讨论稿)》《新教育实验个体、实验共同体及实验区域共同体管理办法(讨论稿)》等文件,为转型后的实验铺展道路。

他编写出版体例完备、文笔生动的《新教育年鉴》,不仅是新教育实验七年来的第一次,而且在国内有关教育改革实验项目中亦属首创。年鉴比较全面而真实地反映这一年新教育的实验况味,具有归纳、存档、保存史料的作用,还为以后"年鉴"的编写提供了范例,功德无量。

2010年,朱寅年成了新教育的新阅读读书会发起人、新阅读研究所副所长。

新教育扎根于阅读的沃土,形成了明确的发展阶段。第一阶段:20世纪90年代至2005年,以策划出版《新世纪教育文库》为主要成果;第二阶段:2006年至2009年,以研究制作"毛虫与蝴蝶"儿童文学书包为主要成果;第三阶段:则从2010年至今,以新阅读研究所研制"中国人基础阅读书目"为主要标志。

朱寅年担任新角色后,自身潜能再次爆发。他除了在一年业余里,协助整理修订了十六卷的《朱永新教育文集》之外,还实实在在推动了新教育阅读的升级嬗变。

2010年起新阅读研究所开始组织专家研制《中国小学生基础阅读书目》,并于2011年发布。2011年起研制《中国幼儿基础阅读书目》,于2012年发布;2011年—2013年研制《中国企业家基础阅读书目》,于2013年发布;2012—2014年研制《中国中学生基础阅读书目(初中、高中两个书目)》;2013年开始研制大学生书目、教师书目、父母书目、公务员书目。最终将完成一份《中国人基础阅读书目》。

选定一个民族的精神坐标,引导一个时代的心灵走向,这是何其庄严神圣的大事。朱寅年及其团队千淘万漉、精编细选,遍寻人类文化长河的朵朵浪花,不为上,不为书,只求实,成功找到了研制书目的关键和切入点。

小学生书目有几本书像《小猪唏哩呼噜》《安德的游戏》等作品,涉及一些问题,争论很是激烈。一位作家甚至提出"那我们就找咖啡馆去决斗吧"。这"决斗"当然指"辩论"了。

中学书目上的《圣经的故事》也反复讨论。《圣经》内容涉及宗教,有的官员学者很是谨慎,更多学者还坚持留下来,因为理解西方的精神和西方的思想,不了解

《圣经》是有缺陷的。

对知名学者、作家的书,他们还反复咨询作者本人。在推荐周国平、莫言等名家的书籍时,即使本人有过慎重推荐,朱寅年团队还是反复论证推敲,尽心尽意做到精准定夺。

他们还在腾讯网对书目初稿进行海选,收获了十几万个数据,收集到众多意见和建议作为重要参考。他们还广泛向专家咨询,频频召开专家论证会,反复"折腾",最终才将书目正式发布出来。

这些书目如带露的鲜花绽放,赢得广泛认可。作家曹文轩说,他重视新阅读的书目,就是因为这个书目屏蔽了与出版方的利益交换,保持了独立性。书目发布后,很多书的销量剧增。

朱寅年与团队伙伴们则无暇沉醉,扬鞭催马未下鞍,为讨论和推广阅读而匆匆上路。他们开设网上交流平台"新阅读读书会"(新阅读群),上万名热爱阅读的教师、家长、阅读专家以及出版机构人员加入其中;开展"新阅读大讲堂"活动,为学生、教师、家长传递阅读理念和阅读指导方法;持续就阅读问题进行研究和调查,推动学校、社会各界及政府部门关注阅读问题,并提出政策建议。

朱寅年是一个内向的人,有"不为稻粱谋"的文人风骨,甚至有过"隐居乡村"的田园理想,何以能在新教育的理想中踏歌而来,焕发如此巨大的能量?

遵从理想,遵从心灵。朱寅年的骨子里有种坚强的东西,内心渴望自由,渴望丰实的读书生活,渴望善良丰富高贵的精神境界。正如他所说,"我喜欢关照自己的内心,喜欢为自己的心灵而生活。"

不为物喜,不为己悲。无论是在新教育转型,还是新阅读研究所创立发展之时,朱寅年总是以"新教育勤杂工"自居,淡泊志远,谦虚内敛,有功不敢多沾稍掠,心思几乎无所旁骛,方有水滴石穿之功。

著名作家詹姆斯·米彻纳曾说过:"人,一辈子中所进行的最漫长的旅程就是不断地找到自我。"

这种寻找,需要仁者之心,需要义理之辨,需要智者之睿,需要勇者之气。

朱寅年的"寻找"之中,自有一番独特涵养,以但问耕耘的忘我,日日耕心的勤奋,留下了一串串闪光的足迹,正如他的一段座右铭:"既然我们上路了,既然我们已经开始日夜兼程赶路了,就只有用汗水去浇灌中国的阅读之花,让她美丽绽放……"

一慢二看,似乎与现代人的节奏背道而驰,与教育工作千帆竞渡的行动大相径庭。但是李一慢凭借着这"一慢二看"的真功夫,引领新教育阅读别开生面,进入了一个崭新境界。

李一慢毕业于南京师范大学,做过中学教师,当过童书主编,被评为"书香中国·北京悦读季"首届金牌阅读推广人,也是被中央电视台专题报道过的阅读推广人,还被北京出版集团评为"最佳科普阅读指导专家",2016年华文领读者大奖提名,但他最看重的称号是一儿一女的故事爸爸,千淘万漉的功夫则是"一慢二看"。

这一慢二看,是"寻寻觅觅",洞见"点点滴滴"的真相,是"横看成岭侧成峰"的新发现,是领略"梧桐更兼细雨"的细腻场景。

2011年前后,李一慢从童书主编的岗位上回归家庭,做全职爸爸。停下了追逐的通衢,漫步在家庭育子成长的小径上。全职爸爸的行当,让他感觉重新找到了自己:"不管是关注孩子成长,还是进行亲子阅读推广,都觉得和自己心灵是吻合的。我又有了一次成长的感觉,很幸福,很快乐。"

在时代的岔路口调头而行,李一慢在周边的爸爸们羡慕和调侃中,依旧上路。

每天睡前,讲完了故事,读完了书,他才满意地告别爸爸的角色——这也是他最本分的"儿童阅读的使用者"身份。然后,坐到书桌旁,开始生产,开始传播。写一写育儿相关的博文,回答粉丝们的问题,查阅、思考、敲打为刊物撰写的文字,也会翻译国外优秀的童书,偶尔还会写写从生活故事激发灵感而成的童话。有了这番功夫,才有他在北京六一幼儿园、丰台一幼、石家庄三幼等六十多所幼儿园主讲儿童阅读公益讲座,在二十多所小学上过阅读课,为十九个班级连续提供书目,在四十多座图书馆举办过阅读讲座。

平时,李一慢会带着闺女到处走走,公园、博物馆都是常规之选。他还定期带女儿去逛商场,教她做好一杯香气扑鼻的卡布奇诺;教儿子学习"中国城市的发展和文化",把北京的地图、地铁、公交线路都研究个透,进而上海、南京的地铁也研究了个遍。有了这番沉淀,他才能组织儿童阅读与社会实践相结合的"阅读行动派",带孩子去印刷厂、油田、煤矿、农业展、美术展、湿地公园边走边读。

就在他慢下之时,感受到了"幼吾幼以及人之幼"的真谛,与新教育的脚步恰好合拍。新阅读研究所的宗旨和使命:通过研究和推广阅读,促进学校、家庭和社会重视阅读;通过倡导阅读的核心价值观,推广新阅读理念和阅读方法,促进人们阅读能力和阅读水平的提高;通过阅读研究项目和公益活动,营造全民阅读之风,使阅读成为人们的一种生活方式。

2011年8月初,当时的新阅读研究所所长王林委托李一慢组织实施"日本图画书之父"松居直的北京报告会,他很快联合了北京当时的七家绘本馆募集了三百名听众参会,圆满地完成了任务。在会后的宴会上,李一慢第一次与被邀请来做嘉宾的朱永新有了近距离的交流,爱才惜才的朱永新便建议他加盟新教育,2012年春天,李一慢舍弃了种种诱惑,加盟了新阅读研究所。

一慢二看,积淀的是"凭阑瑞烟深处,望皇居、遥识蓬瀛"[1]的高远目光,成就的是"闲里好,有故书盈箧"[2]的读书佳境。

李一慢入职后,作为研究员很快熟悉了研究所的工作,并承担了《小学生基础阅读书目》未完成的示范课的策划和摄制制作、在线读书会的讲座执行、书目研制和修订等工作。其间还积极参与父母书目、女性书目的研制工作,策划并成功举办了新阅读的阅读夏令营。

2013年下半年,李一慢提议并获批准开始策划实施年度童书评选活动,他正式将其命名为"中国童书榜",起草了四十一个文件,组建了囊括各相关界别的评审专家……落实了国家图书馆为颁奖大会的场地。因为科学的分类、严谨的评审,中国童书榜一成立就成为业界标杆。

2015到2017年间,李一慢为新阅读研究所执行所长,在担任新阅读研究所执行所长期间,创造性地提出领读者阅读计划,并在江苏省全民阅读办、大兴区总工会、邢台县教育局、顺义区社会教育中心等单位实施,策划、组织培训近百场;针对幼儿园、小学、绘本馆以及资深故事妈妈的需求,设计了三级绘本阅读课程,并举办初级培训十六次、中级培训四次、高级培训两次,培养了上千名"领读者"。

一慢二看,必须有"云深山坞,烟冷江皋,人生未易相逢"[3]的开放胸襟,方能形成"此兴万里悠悠"[4]的八方呼应。

其实,慢即蓄,积蓄阅历,提炼经验,贵在厚;看即察,体察万物,发现规律,贵在细。由此而论,一慢二看实则是一蓄二进。这与教育是"慢的艺术"高度契合。

当今最流行的一句话"不能让孩子输在起跑线上",让孩子一出生就面临五花八门的启蒙教育。在新教育内部,李一慢的施教范围由幼儿到学生,由家入校,由校入社会,凭借着阅读氛围感染孩子的心灵,再把孩子的心灵带进书本;他与孩子们带着图书走进社会,又通过社会体味到图书的真义。

改革新阅读读书会。他将以前混乱的QQ小组改组为以儿童年龄为依据的精准社群;主动策划设计专业的系列阅读讲座,为新阅读的追随者们提供专业知识辅导;改革了新阅读读书会的管理架构,精简了工作流程和义工队伍。

---

[1] 曹组,《声声慢·重檐飞峻》。
[2] 仇远,《声声慢·藏莺院静》。
[3] 吴文英,《声声慢·友人以梅兰瑞香水仙供客曰四香分韵得风字》。
[4] 张炎,《声声慢·秋高》。

形成网络传播新途径。他组织了现有二十个群,数万名成员的在线阅读组织"新阅读读书会",在六十余名义工的管理下,每年举办两百多场次的在线阅读专业讲座;其间创办并举办了四届"中国童书榜",已经成为初具影响力的童书年度评奖活动。

推动多个地区的全民阅读。他在北京西城和大兴、山东东营、河北唐山、邢台的儿童阅读活动效果显著,推动了从幼儿园到学校的儿童阅读课堂、教师阅读素养和家长的故事妈妈义工行动的全民阅读尝试。完成了史无前例的"阅读培训"商业模式的试点,既扩大了知名度,又获取一些经济收入。李一慢多年来在邢台县开展阅读推广,开辟该县为新阅读的阅读实验基地,并在2016年4月升级为新教育实验区。

生活是最好的课堂,爸爸妈妈是最好的教师。与新教育结缘的短短六年间,李一慢不断地用自己的生命写作,为新教育树立一个典范;用自己的家庭示范,为中国家庭探索一个路标;以自身角色的转变,成就了一类"文化自觉",以赤子之心,读出了新教育阅读所成长与壮大的精彩华章。

七

孙云晓,这个带有智光诗彩的名字,在广大青少年和众多家长的心目中,蕴藏着太多的故事和魅力。

笔者在辽宁省铁岭市教委工作期间,就曾下发文件学习他为揭示中国教育的危机,而于1993年7月发表的报告文学——《夏令营中的较量》,一时引起辽北教坛广泛而深刻的灵魂触动。以后,他的一部部作品像蓝天上的朵朵白云,驾着晓风,时不时飘至眼前,涌入心扉。《孩子,你有无限可能》《五元家教法 好父母的必修课》《向孩子学习:一种睿智的教育视角》《用心教养——孙云晓与中外心理学名家的对话》……打开几多人的教子视界,纠正了几多条育人之路,传递了多少开发生命的真经。

孙云晓的作品,童心激荡,目光敏锐,触角犀利,箴言迭出,反思中不乏尖锐的人生叩问,大视野里饱含新思维的睿智灵光,是探求人的成长的理论家与关注子女发展的亲友团如切如磋的心灵对话。他的一系列教育观点,如"儿童教育的全部使命是发现儿童、解放儿童、发展儿童""良好习惯缔造健康人格""平衡教育才能和谐成长""新的时代需要新家庭教育""好的关系胜过许多教育""21世纪是两代人相互学习共同成长的世纪"等等,让人顿觉神清气爽,犹似沐浴春风,渴饮甘露。

2016年7月,这位从事青少年教育研究四十余年的研究员、中国家庭教育首席专家、新家庭教育研究院院长,在山东省诸城市召开的以习惯养成为主题的新教育年会上现身了。他还带来了获奖的专著《习惯养成有方法》,免费赠送给两千名与会者当作见面礼。

面庞方正,目光慈和,鬓发花白,笑容淳厚,这位神交已久的重量级人物,就这样进入笔者的视线。

他的首次亮相,是和与会者共听来自各地八位教师的生命叙事,并当场进行点评。他真挚地说,参加新教育年会,最主要的收获,是内心感动,为新教育教师的事迹,为各个实验区的创造。

他迅速切入主题,在点评里,提出了习惯培养是一把双刃剑,既可以培养主人,也可以训练奴隶。因此,要以健康人格为导向培养习惯,要注重培养与时俱进灵活应变的思维习惯。他还强调有内心满足和成功体验,则养成良好习惯的可能性更大。习惯教育要注意建立正确的儿童观,发现儿童、捍卫儿童、发展儿童,维护儿童的权利。习惯养成要让儿童的利益最大化。

辩证地透析习惯,应变地发展习惯,一切源于正确的儿童观,为了儿童!果然是全新视角,抓住要旨,不同凡响,有要言不烦之意,达高屋建瓴之境。

2017年7月15日,在南京栖霞区举办的以家校合作为主题的新教育年会上,来自全国各地的十位榜样教师各自讲述了在家校共育行动中的故事。之后,孙云晓的精彩点评又是牢牢抓住了听众的心。

这里省去他对十位讲述者画龙点睛的评析,只摘记他从这些故事中想到的两个问题:

第一,现代中国的家校合作围着学校做,仅仅理解为为学校工作的服务者、参与者够吗?家校合作的方向不是让家庭变成学校,而是让家庭更像家庭。

第二,当下的儿童没有参与权,只有被支配权行吗?家校合作必须走出严重忽视儿童参与的误区,尊重儿童权利是一个原则而不是一个选择。

"专家真不一样,抓得准,看得透。"坐在笔者身旁的听讲者有感而发。

"视角就是独特,立论也超乎常人的思维啊,佩服!"又一位听众呼应着。

当晚,笔者采访了孙云晓。原来,新教育早就牵动他的心魂,他与新教育发起人朱永新更是多年里心心相印的挚友。

他对笔者忆起:大约是在2000年的一个雨夜,我与朱永新先生在张家港匆匆见了一面,那时他担任苏州市副市长,而我去那里讲课。后来,他先后为我的八卷本的《孙云晓教育作品集》及《拯救男孩》《拯救女孩》均写过序言,令我非常感动。此后出现的新教育实验,每一步都引起了我的格外注意……

2014年秋某一天,他约我去民进中央,在他的办公室里,谈中国教育学会家庭教育专业委员会换届的事情,同时也希望我参与新教育实验活动。我首先参与了《中国父母阅读基础书目》的论证工作,也在北京和威海为新教育的培训班讲课。朱永新推动新教育主要抓阅读和家庭教育,而我主要是在家庭教育方面参与新教育实验。

2015年4月退休后,我一方面协助朱永新做好中国教育学会家庭教育专业委员会的工作,他是理事长,我是常务副理事长,另一方面就是参与新教育实验……

是啊,新教育腾起了阅读和家教两大飞翔的翅膀,以强劲的创造力,给中国教育做出卓有成效的补短与救赎。这其中,成了新教育重将的孙云晓,于擅长领域殚精竭虑,成功地扮演了一位领航员。

在与孙云晓的深谈里,得知他主要做了三件事情:

一是创办新家庭教育研究院。他不要职务,不要工资,主持家庭教育指导专业化课题研究;自2015年起,每年编辑出版一本年度性综合性的《中国家庭教育蓝皮书》,已经出版2015、2016两本,均由教育科学出版社正式出版。此举填补了中国一项空白;还主持编辑0—19岁每个年龄一本共计二十本的新父母教材《这样爱你刚刚好》,已由湖南教育出版社出版。

二是参加新教育的学术活动。像2016年、2017年的新教育年会,他都要讲话,评点,和与会者深入交谈,帮着传道解惑。

三是推进新家庭教育研究与实践。2016年12月中国教育三十人论坛特邀他发言,他发表《新家庭教育宣言》,引起广泛关注。2017年4月,他与许多专家精心设计,由新教育研究院与湖南教育出版社联合举办首届新家庭教育文化节暨学术论坛,此前还举行了全国性学术征文活动。这个论坛将年年举办下去。每年评选中国好父母,2017年在中国教育电视台播出十集好父母专题节目。

如果说,新教育人正勤力齐心地建造一座巍峨宏伟的教育大厦,其间,有人做一泥一土,有人做一砖一瓦,有人做一柱一梁,孙云晓属于后者,正为新教育的完美建构,做着上层的开创性的奉献。

2017年7月从南京开年会归来,他马不停蹄,与新家庭教育研究院的同事开会磋商。他雄心勃勃地提出三个研究计划:一是落实朱永新的提议,组织全国一流学者编写《家庭教育学》;二是通过对著名儿童文学作家和著名教师、著名学者等系列访谈做儿童观研究,探究家庭教育与儿童文学的特殊关系;三是研究诺贝尔获奖者的童年与家庭教育研究。

  大千万物,自由竞长;人间攘攘,行色匆匆。此时的孙云晓行而不息,退而不休,是老骥伏枥。壮士暮年,在他术业专攻的赛场上,在开拓新教育的苦旅上,他的步履自当年的孤灯笔战到领一支队伍华山论剑,他的事业由追求动人的绚烂而归于丰盈的平淡,他的影响也从云霞破晓、潮涌拍岸的"风暴"气象,转化为抓铁有痕、踏石留印的耕耘盛景。

第二十四节　积基树本

一

地基不牢,地动山摇。新教育之梦之所以能梦想成真,就成在一线,真在基层。

就这一点说,无论外国抑或中国的新教育,一脉相通。

欧洲新教育的萌发、开花、结果都在基层学校。1889年,在英国的德比郡一个风景优美的小镇,出现了阿博茨霍尔姆乡村寄宿学校,它标志着新教育的开端。塞塞尔·雷迪(1858—1932)苦心经营了十个春秋,使该校的新教育实验获得巨大成功,被誉为"一座教育学王国"。1921年冬,在英国的里斯顿萨佛克偏远之处开办的夏山学校,是教育实践家尼尔(1883—1973)创办的。该校成了现代教育史"最富人性化的快乐学校""因材施教的典范"。尼尔最核心的办学理念是让孩子们自由发展,"让学校适应学生,而不是让学生适应学校"。他用六十年的时间,在夏山学校实践了这个突破传统教育观念的理想。

新教育理论之树的萌生在教育基层。

日本教育家小林宗作(1894—1963)于1937年创立巴学园,这是他学习欧洲新教育归来而创建的学校。学校没有围墙,没有校门(校门是用非常矮的树做成的),甚至没有教室,所有学生在废弃的六辆电车里上课,却拥有自己的游泳池、图书馆、大音乐教室。孩子们上午学习,下午爬树、野游、采集植物标本、写生,听老师说话,唱歌……大自然是孩子快乐的源泉。小林宗作以一颗诚心、爱心、真心善待学生和教育事业,他深谙儿童教育要旨,第一次把韵律学引入儿童教学中来,申明"韵律使身体和心灵都能理解节奏,帮助精神和肉体达到和谐,从而唤醒人的想象力,促进人的创造力"。巴学园成了一座让孩子喜欢大自然,天性得以健康发展的自然之园、魅力之园。该校毕业生、著名作家黑柳彻子的回忆小说《窗边的小豆豆》所写的小豆豆,就由衷地喜爱那自然天成、富有生机的巴学园。该校的毕业生,不论聪明的还是笨拙的,全部成才。其中有十八位科学家,十三位政治家,八位工厂主,十一位著名记者、作家。

新教育的动力之源在教育基层。

当代教育家朱永新发起新教育,源自他对中国教育病症的切身感受,那么多的老师学子过着非教育甚至反教育的生活,他试图努力改变师生们原有的生活状态和既有的教育行为,从根本上改造中国教育。

当然,导火线在2000年的元旦子夜,即本书第一节写过的《管理学大师德鲁克》一书给朱永新的启示。改变师生的生态,须有改造学校教育的实实在在的行动。

新教育灵感的活力、思维的想象力、创造的迸发力同样显现在基层。

在新教育实验中,来自第一线的创造比比皆是:一个个特色班级在行动,一堂堂卓越课程在进行,一只只"萤火虫"在四方飞舞,还有一次次晨诵清脆悦耳,一封封给家长的信倾吐真情,一篇篇"教育在线"网络文字打开茅塞,一场场区域性的展示发人深省……

新教育思想理论之种播撒基层,数百万师生以其丰厚的实践,展示出千姿百态的创造,提供了万紫千红的范例和创新版本,成了新教育发展的基本形态,新教育运动最强大动力,甚至就成了新教育本身。这样,就完全与教育理论家书斋里的理论研究划清了界限。而新教育基层实践的丰实回馈,不仅为播种者的理论提纯、思想发展提供了依据与可靠参照,也成为世界观察中国教育的一扇窗口。

因此说,新教育运动的砥柱,不仅在推动实验的高层,也在践行实验的基层。若没有基层新教育人的殚精竭虑,一切都是空谈,是海市蜃楼般的幻影。

笔者在众多拼命硬干、堪为中坚的基层新教育人中,只点出两位局长、一位村小校长、一位教研主任,权当随机取样吧。

二

"芳林新叶催陈叶,流水前波让后波。"①

人无头不走,鸟无头不飞。在随县新教育团队里,有一位被朱永新盛赞"为乡村教育的美好探路,努力做中国乡村教育的典范",他就是教育局副局长、县一中党委书记彭静。

2009年12月23日,彭静带领马国新、王成、杨成、熊龙波四位改革意识强的

---

① 刘禹锡,《乐天见示伤微之敦诗晦叔三君子皆有深分因成是诗以寄》。

校长,开车奔赴山西绛县,去参加全国新教育实验区工作会。出门前就得知有大风雪。但学习机会难得,考察新教育刻不容缓。从随县出发,要翻越湖北境内的桐柏山、河南的伏牛山、山西的中条山,一千几百里路。北风漫卷,大雪纷飞,漫天皆白,雪里行车情更迫。十几个小时苦旅,赶至绛县时,已近午夜,朱永新、卢志文、许新海等还在等候着他们。此行也让彭静们的形象趋于明晰:见贤思齐,追逐前沿,激情满怀,雷厉风行。

青年教师李周维向笔者披露,他头一回进彭静的办公室时,倏忽间被办公桌上一沓沓新教育丛书、一摞摞新教育笔记吸引住了。一眼瞥去,那摊开的笔记本扉页写着《论语》中"先之、劳之、无倦"的箴言,尼采"每一个不曾起舞的日子都是对生命的辜负"的名句,和新教育"让师生过一种幸福完整的教育生活"的理念。桌子中轴线上端摆着一个小陶罐,里面探出一颗植物种子的脑袋,翠绿而剔透的嫩叶氤氲着一小片绿晕,还有书柜中那么多的书……彭静微笑地看着他默不作声。直到李周维回过神来,彭静才询问工作上的事儿,随后抽出一本《新教育》,郑重地赠给了他,嘱咐他照书上说的做。

这正是彭静:嗜书如命,与时赛跑,酷爱生命,提携后生。

一天,彭静走进随县寻根节的炎帝文化庙会,对着医院展台富有地域特色的中药植物标本久久细看,脑子油然出现了研发中草药卓越课程的构想。这既可以普及中草药知识,又能熟知和利用本地的气候、植被、温度等特点,实现独一无二的课程开发,弘扬中医药文化。路遇随州花鼓剧团的负责人,他马上与之聊起花鼓剧来,想到要建设非物质文化遗产"花鼓戏"的随县基地学校。生活即教育,社会即学校。在他的眼里,生活中的一切莫不与教育紧紧相连,为教育所用,给教育聚宝,成为教育之源。

这才是彭静:守望乡土,情深意挚,不忘创新,精细睿智。

笔者在一次次访谈中,觉得这位立于先进教育理论之上、带有强烈的赤子情怀、用整个心儿做新教育的人,是一位上天给予随县的教育使者。

他不愧为推进新教育实验的引路人,领衔下出了创建"共同体"的一盘妙棋。

彭静利用一切机会和平台——不管是在随县承办的"局长沙龙"活动中,还是在参加全省教育局局长区域教育治理研讨班上,或者他开通的"与你同行"博客上,都一如既往地推行新教育,煞费苦心地寻找着随县教育跨越式发展之路。

乡村教育是什么?是饱含泥土味儿散发五谷香的教育,是传承乡村古老文明、重建心灵家园的教育,是守望乡村放眼世界的教育。彭静开始了大刀阔斧的实践:

一是建成全县教育的发展共同体。他采用开启教育读书会活动、开通随县新教育博客群交流平台等多种方式,点燃随县教育人的激情和理想,让众人拥有相同或相近的教育愿景、思维观念、心理素质和语言密码,卓有成效地共同成长。

二是由兼职教研员和项目研究带头人组成核心团队共同体,开展互助项目,资源共享,形成专业特长的合力。各校建起专业共同体,抓紧常规教学与新教育实验的全面整合,实现集体备课、理想课堂"同课异构"研究,完美教室专题讲座与互动交流,展示"每月一事"的运行机制和行动策略,分享新教育实验的幸福故事和教育智慧等,达到区域的深度联动与融合。

三是建立学科研修共同体。引导教师以课堂为主阵地,以提升课堂效率为核心,以课题引领、专题研究、主题活动、项目合作等方式,探索理想课堂实施的路径,构建各学科的研修体系,提高区域化、校本化的学科水平,将教书育人的事业贯之以科研的深度。

这着棋甚为高明。凝聚英才,捏指成拳,团队打拼,突破瓶颈。这盘棋既立足于像随县这样硬、软实力薄弱的乡村教育实际,又迎头赶上了21世纪学校的新潮流,悄然将学校转化为学习共同体,师生协同合作的学习体。如此剑指前沿,让一位老师托起一个班级,一位校长带动一所学校,一所学校引领一个协作区,一个协作区影响全县教育,形成共同体大格局。

他不愧为追寻新教育内涵发展的策划人,拓出全县学校深层次嬗变的一条路径。

内涵发展,激活的是动力,挖掘的是实力,储备的是潜力,打磨的是功力,形成的是核心竞争力。此为乡村教育决胜的一条正路。

彭静选定了这条路径。他所说的内涵发展,是指学校在"培养人"这一核心教育理念指导下,在培养思想品质、行为习惯、语言能力、思维创新、动手操作能力等核心素养方面,实现深水区里的一场革命。

内涵发展不是胡子眉毛一把抓,而是侧重在文化定位和特色扬长上。文化托起品位,特色催助精进。

具体体现在:富有乡土气息的卓越课程研发,具有典型意义的完美教室缔造,创建家校合作共建的新思路,营造富有精神气质的书香校园,在理想课堂框架下实现了随县课堂教学模式的百花争艳。遂使随县各校发展风生水起,校园气象焕然一新。

彭静情系乡村,以一颗拳拳之心传承乡村文化,指导一所所学校,研发出扎根地域文化、具有乡土气息的种子课程,如农耕体验课程、成长仪式课程、乡村少儿传统游戏课程……

就拿他倡导研发的炎帝文化课程来说吧。他和一线的教师一起,把炎帝文化中的"耒耜""五谷""百草""桐琴""丝弦""陶器""弓矢""麻布""台榭""斤斧"等元素融入新教育实验中,将这些文化元素的外形、特点、材质进行符号抽象,形成文化名片。依据古籍文献对这些文化元素的起源、来历、发展进行考证,而后,进行形态、精神层面的解读,提炼价值意义,发挥其教育功能。他指导校长和教师在校园文化建设中融入并普及炎帝文化元素,设立陈列室、橱窗、展台;在德育习惯养成中吟唱《炎帝大歌》,弘扬炎帝精神;在课本剧创作中撰写炎帝文化情景剧,修炼艺术素养等。如此这般,把炎帝文化做成教育品牌,化作当下教育的精神镜像,点亮当下教育的思想空间,弥补了当下教育的价值缺失。

在各校的文化和特色建设中,他对内涵发展一一把脉,对扬长特色中肯地建言献策,对定位尚不明晰的学校,与同仁多角度分析、比较、切磋、互动,直到达成一致……厉山三中校长张波说:彭局长是学校主题文化提炼的"定盘星"。

他不愧为唤醒教师携手同行的燃灯者,为同仁点亮一簇心火。

教师是教育发展的核心动力。彭静常说:"要点亮心灯,温暖自己,照亮别人。"

他搭建"相约星期一、相聚星期四"网络平台,引导教师们在其上碰撞思想,交流心得,异想天开,勠力攻关。

他创建"点亮心灯"主题阅读沙龙,让教师、校长们讲述、言说、论辩、提炼、互动,为他们的精神供氧。

他担任多个班级的名誉班主任,实现班级成长带动教师成长,最终汇聚美好,牵动学校的发展提速。

他开通"与你同行"博客,表达着逐梦远方、寄语当下的教育思想。仅半年时间,访问人数就达到四万人次。"布衣天子""兰庭步月""乐者"等博客也随之如春笋般活跃起来,全县百分之七十的教师建了自己的博客,叙说着教育故事的精彩,分享着成长历程的幸福。

一位偏远山区的小学校长发一封邮件,诉说教师工作兴趣降低,职业倦怠突出,求计于他。他反复思考后回复:"暂出一计——创造良好的读书氛围,让老师们读书,爱上读书。"不能立马改变物质条件,让阅读提升精神,让工作成为需要,享受职业带来的幸福,不就是更深层次的智慧选择吗?"

他更注重促膝谈心,以心换心。

一天,彭静随意走进均川镇中心学校支咏梅老师的班级,发现讲台上有一本日志,翻阅几页,是支咏梅记录的师生随笔,也有不少激励自己的词语。他找支咏梅一聊,原来她自觉有间歇性"踌躇满志",生怕懈怠,就写成日志,放在讲台,让孩子们监督。

多好的一位青年教师啊,在"教而厌,诲而倦"的职业倦怠侵袭教坛的当下,有这般热切的成长愿望和教育情怀,难能可贵啊!彭静发现了新教育团队中的一颗良种,从此,更关注她的教育博客,加入她的班级QQ群,给她讲新教育榜样教师的故事,还不止一次勉励她用心阅读,坚持学习,将朱永新的两本书赠给她,并在《致教师》一书的扉页题词——赠支老师:教育不是把篮子装满,而是把心灯点亮。他还深入班级,帮她出主意,指导她与孩子们一起,走过一个个明亮的日子。支咏梅在实验中成长很快,她的班荣获2016年全国新教育"完美教室"奖,排名居首。

他不愧为呵护少年成长的护航人,助他们树起生命的一叶风帆。

彭静自十九岁从教以来,始终深爱学子,他将这种大爱深耕和延拓。

他愿"把最美好的东西交给最美丽的童年",尤其让孩子们不忘炎帝文化的根,把对故土的依恋融汇在"书香校园"的营造中,使校园氤氲的书香增添古典的韵味,为随县孩子插上远古文化幽邃通灵的隐形翅膀。

他与同仁们研究出小学"快乐课堂"、中学"智慧课堂"、高中"高效课堂"三个学段的课堂框架,让主渠道在饶有趣味、韵味、品位的流程里,迸发出学生主体的勃勃生机。

他助推缔造完美教室、文化班级、多样课程、多彩社团等行动,让每一个孩子有张扬个性的绚丽舞台。

近五年来,彭静为了更多更近地了解孩子,同时兼任澴潭镇涢水小学"阳光班"、均川镇中心学校"四叶草班"、万河镇小学"追梦班"、澴潭镇小学"萤火虫班"四个班的名誉班主任。孩子们都称呼他为彭老师,他给这些班级赠送一箱箱书籍,还给留守孩子捐钱,传递着阳光善举。他参加班会,倾听学生们的心脉,把自己融入孩子们成长的年轮里。

彭静微信的图标,是与"神农书香少年"的合影。他最小的博客好友是八岁的袁珂辰同学,他和她谈学习、聊生活、话主持,呵护其生命成长。他和留守孩子霍莉莉交心,了解其阅读经历和生活境况,帮其解决实际困难……

他不愧为乡村教育发展的带头人,用脑用脚走出一条畅达之路。

古老的随县,2009年7月恢复建制,是以乡村教育为主体的教育大县,2011年整体加盟新教育实验的山区县,它高速快进的路标在哪里?如何迎头实现赶超?

哪些运营之道最为有效?彭静苦苦思考,与随县新教育人时时切磋。

行与思终于有了重大突破:驱动学校德育、课程改革、学校文化的"三驾马车",与新教育实验深度融合,建立活力校园、魅力校园、和谐校园的乡村教育生态,就是随县教育人用脑用脚做出来的答案。

笔者以从教凡五十载的眼光,感到彭静们开拓的路、拿出的真经是扎实而确切的。以新教育理念导行,盘活地缘优势,绘制乡村特色,凝聚各方合力,驱动"三驾马车"——让德育给力,课堂给智,文化给魂,岂不是农村教育改革一条通畅之路吗?

三

"浓绿万枝红一点,动人春色不须多。"①

一个人可以改变一个区域的教育生态。此语用在洛阳高新区文教体局局长孙健通身上,并不为过。

他中等个儿,脸上常挂笑容,浑身活力喷涌,为人虔诚,为学勤奋,为事扎实。1986年大学毕业,文学学士,2001年武汉大学法律硕士毕业,曾做五年教师,继而被调往公司和党政机关,但对教育魂牵梦绕,几番向领导请命归队,均未能如愿。

也许是念念不忘必有回响吧,他的教育缘分,忽然奇妙地再次接通——2012年9月4日,他被任命为洛阳高新区新成立的文教体局局长。

洛阳高新区是1992年成立的准行政区,其主旨聚力于招商引资、发展产业和开发建设三大任务。在这里,高新科技和古老文明交相辉映,流传千年的盛唐故事和熠熠生辉的高科技产业各美其美。然而,牵动民生大事的教育却置于被遗忘的角落。中小学校舍破旧,危房随处可见,学生外流严重;教师老化,观念陈旧,精神不振。2011年度,洛阳高新区因教育落后被洛阳市委市政府评为民生改善落后县区。

孙健通接手的就是这么一个摊子。

然夙愿以偿,心气昂奋,重拾教坛,百废待兴,人生的命运和地域的命运这样紧密对接,个人的志愿与必担的使命如此相通一脉,他恨时日太短,唯有只争朝夕。

就在勇敢地肩起改造当地教育的重任不久,他异常幸运地找到了新教育——一个引落后教育走向新岸的行动坐标,一股化荒漠为绿洲的汩汩清泉。此乃天助

---

① 王安石,《咏石榴花》。

人愿,人能弘道。日前,忆起与新教育的情缘,孙健通对笔者激情地坦露:遇上新教育是一种偶然,追随新教育是一种必然。

新教育给他注入新能量,他像一个急旋猛转的陀螺,仅上任半年,就走遍了区属的每一所学校,与近百位老师谈过话,对每校校情和潜能,多数老师的特点与诉求,了然于胸。他带领局里一班人志不求易、事不避难,开展"招校引资",制定系列制度,推行校长聘任制改革等举措,为新教育实验摆开大场,且一步步在低谷中崛起,在追赶中超越,2015、2016两年,文教体局连续被洛阳市教育局授予教育教学目标管理先进单位,完成了由落伍到领先的历史性蜕变。

2017年9月4日,在任职满五年的节点,他写下小诗《有感》言志抒怀:

受命任事满五年,几分辛苦几分甜?
得失荣辱浑不计,不亏良心不负天。

在新教育花红柳绿了的洛阳高新区教坛,抚今忆往,有谁不感慨万千?

一个久离教育的人,凭着忠诚和睿智,何以能在教育贫瘠之地,从容开展新教育实验且书写了令人信服的教育传奇?呢笔者在探究中发现,孙健通做新教育,自有五大瑰宝。

一为思想引领,此为成就事业的灯塔。改变教育必先改造思想,改造思想必先读好书。在文教体局召集的全区校长第一次会上,孙健通就向全体校长赠送了《新教育》一书,谈了自己的阅读感受,倡导校长们从中学习理念、智慧、方法,把学校做出特色来。会后他了解到,大部分校长回去便把书丢置一边。孙健通知晓,思想引领是慢工细活,急不得。他将《新教育》这把利器牢牢握在手里,还发给每一位老师,逢会必讲他自己归纳的新教育十六点优越性,并通过飞信、微信等渠道,以三万八千多字的文字量,与校长们交流切磋,分享新教育思想。他多次带领校长走出去开阔眼界,请专家名师讲学示范。从中,他引众人去感受,叫事实说话,用成效证明,让新教育思想之花,一点一滴地香沁心田。

二为精神感召,此为成就事业的燃料。孙健通把搞好教育当成了生命,以忘我、忘情的精气神扑在其中。为教师排忧解难和成长尽心尽意做事儿,远胜过他自己的事儿,且引以为自豪。为实施新教育铺路,他还为每一位教师配发了笔记本电脑。

该区辛店一中的教师杨治春,爱人在许昌,多年调动无果,一家人愁云黯淡,面临危机。孙健通得知后,亲自领着杨治春到市区编制、人社部门,三番五次地申明情况。经过半年多努力,问题终得解决。事后,杨一定要有所表示,孙健通晓之以理,予以回绝。

地处深山沟的引驾沟小学是教学点。2014年春节前,孙健通开车前去慰问。山路坡陡,寒雪未化,多年的桑塔纳旧车行到长坡半途,打滑厉害,一边是沟,情势危险,最后他只好把车一点一点地挪回沟底,和另外两名领导扛着大米拎着食用油翻山送到学校。夏俊强校长握着他们冰冷的手,动情地说:"孙局长啊,雪后山路太滑了,汽车根本开不上来。难为你们这么关爱我们偏远山沟的老师,叫我们说什么好啊……"他宁叫自己受累,不让老师受苦。

来这里参加新教育会议的湖北荆州王丹凤老师,为孙健通的亲和力和身先士卒的公仆精神所感动,写出《最不像局长的局长》的微文点赞。同为新教育人的洛宁县教育局副局长段笑波由衷地说:"孙局长对教师专业成长的重视,对学生生命成长的敬畏,对高新区每一所学校发展倾注的心血,贯穿了深厚的教育领悟与情怀,很值得我们敬佩。"

三为行为示范,此为成就事业的根基。孙健通学在先,想在前,干在头里。要求校长老师们做的,总是率先做到。他坚信"其身正,不令则行",做出样子远胜喊破嗓子。

拿读书说,新教育通识书系、蒲公英书系的书,他都通读过,批注过。他还读了陶行知、叶圣陶、朱永新、魏书生、孙云晓、李镇西、周弘、卢勤和苏联苏霍姆林斯基、德国卡尔威特、日本铃木镇一等多位专家的教育著作,并和老师们一块参加新教育培训学习。

以取经而言,他见贤思齐,如饥似渴。在朱永新的眼里,"2014年4月以后,新教育的每一次会议上,我总能够见到这位个子不高却充满活力的教育局局长。一把手亲自参与每次的新教育实验会议,他是为数不多的一位。我们在焦作的培训和洛宁的讲座,他也闻讯专程赶来"。会上,他常常坐在前排静静聆听:时而举起手机,拍下精彩瞬间或者PPT上让他感怀的图片;时而奋笔疾书,写下体悟;时而神情专注,面带微笑或眼含泪花;时而频频点头表示赞许,时而忘情地鼓掌喝彩……那时,他的思想已经与讲述人融为一体,思绪也随着动情的故事跌宕起伏。评他为"最好的听众"当之无愧。

以调研而论,深入基层是他的行动常态。全区三十所学校,他都多次蹲过点。对各校情况了如指掌。平时,只要有空就往学校跑,不打招呼,推门听课。每学期都听上几十节。大多数老师,他能呼其名,知其心,交为友。

就工作谈,他是个"狂人"。2015年4月,洛阳高新区实验中学的江景涛荣获河南省第六届最具成长力教师,提及参评过程,江景涛总是泪花闪烁。那天他把整理好的材料发给了孙健通局长,第二天深夜1点多,睡梦中接到孙局长电话,说稿子已改好发出。他一看,还是办公室的电话,一时不知说什么好,忙劝孙局长赶快休息吧。孙局长说:"白天工作太忙,只有下班以后才是自己的时间。"江景涛看着材料上的一个个批注,心儿激荡,一夜无眠。

四为选人精准,此为成就事业的保障。2013年7月,通过公开竞聘,洛阳高新区选拔了一批有梦想、有干劲、有真才实学的年轻校长,成了运营新教育的当地带头人。有孙健通局长做标杆,这些年轻的校长们在各自的一方天地里,创造性地做好教育,做真教育。

东马沟小学的王俊霞校长说:"一大批热爱教育的有志教师,通过竞聘选拔,走上了管理岗位。我从那时起,被一种无形的巨大力量,推到了东马沟小学的校长岗位。后来渐渐明白,这种无形的力量,叫做教育情怀。"

孙旗屯小学徐良惠校长,将一所普通得不能再普通的乡村学校,改造得每一个角落都经得起推敲,把孩子们的想象力和老师们的创造力发挥得淋漓尽致。那校园里浓郁的书香、教室里温馨的文化以及丰富多彩的新艺术课程,特别是师生身上洋溢的活力和朝气,给前来考察的朱永新留下非常深刻的印象。他当场说,新教育不是比建筑多漂亮壮观,而是看学校师生的精神状态,看孩子们的精气神。

五为策略得当,此为成就事业的命脉。这里,处处讲科学,事事求方法。他们首先培训先行,专家引领。先后邀请张硕果、时朝莉、赵桂香等十余名老师,以及朱永新、卢志文、陈东强、童喜喜等多名专家,为全区教师培训指导。其次,组建机构,牵头推进。成立了以孙健通为首的领导小组,和以武艳艳名师工作室为基础的新教育实验推进办公室,强化了行政推动力和执行力。同时,点面结合,试点先行。选择实验小学等六所小学为第一批实验校。其他学校选择一个以上项目,量力而行。此外,注重与日常教育教学相融合,与各自学校资源条件相结合;先博采众长,再自成一体,形成特色;发现典范,树立榜样(每年编印一册图文并茂的《光荣册》),优先为榜样老师提供学习培训和成长锻炼机会,让其走上更高的平台言说、出彩,感染人、影响人……

高新区完美教室项目的负责人、第二实验学校的杨燕燕是一位富有爱心又极具智慧的老师。孙健通向河南《教育时报》力荐她申评省第六届最具智慧力班主任。在网络投票阶段,他联系本区教师、亲友圈予以支持,又向多个友好群发信求助:"朋友们,不好意思,我在这里求赞助了!因为她真的是一位李镇西式的充满爱心和智慧的好老师。她,叫杨燕燕,编号22,今天,此时,在南阳参加河南省智慧力班主任的演讲答辩。在12点前最后一刻,请朋友们再走近她一步,给她以火,助力她精彩绽放!……"其举贤之心,感人肺腑。当然,网上投票只做参考,评选更需经过当场随机抽题、现场答辩、观众投票等关键性的环节。结果事遂人愿,河南省最具智慧力十佳班主任揭晓,杨燕燕榜上有名……

新教育五度春秋,洛阳高新区的杏坛春色满园。

教师的梦想唤醒,激情点燃,"三专"发展一浪高过一浪。一批青年教师快速成长,在教育部、省、市组织的"一师一优课"活动中,在省、市优质课比赛中连连获奖。四人入选河南省《教育时报》评选的河南十大"最具影响力教师"。十多名教师在全国新教育实验中先后被评为先进个人,受到表彰。

有理念、有内涵、有个性的特色学校建设花团锦簇,一些学校被评为洛阳市示范性特色学校、全面特色学校,全区正形成"一校一色"的高雅而独特的书香品位。

广大中小学生自信、阳光、喜读、乐学,梦想点燃。他们两眼放光,一脸含笑,学业优良,特色尽展,呈现出春花春笋般的生命状态。在省市举办的读书、征文、文体、科技、经典诵读等比赛中,屡屡获奖已成常态。

过去舍近求远送孩子到区外就读的家长,如今发现好学校就在家门口,好教育已办在眼前,忙不迭又将孩子转了回来。区里学校从往日只招得三分之二学生到如今爆满……

四

在随县,新教育人用自己满负荷的担当,把事儿做到极致。

笔者取大山里一所村小,从最底层的"毛细血管",看新教育人怎样让实验落地生根。

他叫王楚雄,1978年生,先后任澴潭镇大碑小学副校长、校长,澴潭镇涢阳小学校长。

他如饥似渴般阅读新教育的书,思考新教育宏旨,把"新教育实验"精华归纳为十点,向师生讲解,并领着做,让新教育文化入耳入脑入心,把学校变成新教育的一片芳草地。

他最为成功之处,是站在新教育的理性高度,关照生命发育、成长、成熟的过程,为他们排忧解难。

山村教师少。王楚雄兼做副校长、教研组长和班主任。他接的五年级班上有一名叫杨明静的男孩,竟然还不会拼音,每次考试只得十几分。王楚雄每天放学后都帮他补习一小时。补课先补心,让他先有理想、目标,再补拼音。经过半年努力,明静不但学会了拼音,还学会了读书。又经半年辅导,他还学会了写日记,期末居然考了65分!老师们都说太神了!这神奇力量源于那颗大爱的心。有了爱心,才有恒心、耐心和精心。明静一直考上中专,如今事业有成,他说全靠王老师改变了自己的命运!

李成林读四年级时,就要辍学打工。王楚雄骑上摩托车爬山越岭找到他家。低矮的土坯房,裂缝的墙,没有一件像样家具。孩子母亲告诉老师,丈夫常年有病,不能做重活;她没文化,靠打零工挣一点零花钱。孩子很懂事,想早点打工,减轻家里的负担。王楚雄说:"你为什么没有固定工作,没有较高收入,就因你没有知识没有文化呀!你也要孩子像你一样穷困一辈子吗?"劝说再三,她终于答应让孩子上学。在学校和王楚雄的关照下,李成林顺利地完成了学业,如今已是一家公司的经理。

王楚雄视爱即教育,情即人性。在全校学生中,王楚雄推行了生日免费午餐,让学子感受学校是家,老师、同学是亲人,他们生活在亲人呵护里,感受大家庭的温暖。

怜爱每一个留守儿童的生命,让他们走出阴影。

留守儿童是中国乡村特殊的弱势群体,缺失家庭温暖和父母的呵护,极易产生认识、价值上的偏离和个性、心理发展的异常,尤须怜爱。

王楚雄所在的大碑小学有学生二百二十八人,其中留守儿童一百五十八人,将近百分之七十。学校为留守儿童构建了"学校、社会、家庭"的三维立体管理模式,给予全天候的关爱:建立留守儿童卡;确定学校各部门及班主任、科任齐抓共管的工作机制;建立"留守儿童之家",使留守儿童体会到家庭的温暖;明确师生结对帮扶与关心的对象;开设心理活动咨询室以纾解心理块垒;为留守儿童提供亲情电话热线;将每一名留守儿童都组织在社团活动、快乐周三活动里;组建班级QQ群、微信群,将留守儿童的点滴成长,以图片、文字等形式在群里和家长分享……

肖海涛出生时妈妈因难产去世,爸爸外出打工多年杳无音讯,奶奶也出去打工了,小海涛与爷爷相依为命。不幸和贫穷给他罩上巨大心灵阴影,王楚雄既是老师,又承担家长角色,对他不断资助,更给他浓浓的亲情,终于换来了海涛日渐阳光的心态。

在庆中秋班会上,范小雪说不想过中秋节。王楚雄诧异地问:"为什么?"她泪珠滚滚地说:"爸爸好久没回家了,他是不是也不要我了?"王楚雄难过地劝慰:"傻孩子,你是你爸爸的心头肉,不要乱想。"第二天到范小雪家做家访时,范小雪常年患病的爷爷说:"孩子的爸妈离婚后,妈妈再也没有信息了。她爸爸外出打工,因没文化,所挣工资除生活费外就所剩无几了,为节约路费,三年没回来了。"从那以后,王楚雄经常抽时间照看他祖孙俩,帮助解决实际困难,还向政府申请为她家补助四百元,并在辅导范小雪学习的同时,经常打电话给她爸爸,告知孩子的情况。当得知女儿有了自信和学习进步时,她爸爸激动地呜咽着说:"王老师,你是我家的亲人,是我们的依靠啊。"在那个中秋节的下午,王楚雄将几个留守儿童带到家里,让妻子做好吃的饭菜,晚上吃月饼时,孩子们情不自禁地唱起了歌……

关爱无边,亲情无限。王楚雄满怀大爱,固守着清贫,守护教育的神圣。

尊重每一个生命的渴望,使他们的智能得以发展。

孩子的眼睛是相机,孩子的心灵是纯净的山泉,孩子的智慧是清晨的霞光,王楚雄看在眼里,喜在心里。

他对评课的固有模式——先由执教者谈思路、感受,再是众人七嘴八舌发言,后是主持人总结很是不以为然。他提出:"就像饭菜做得好孬,由吃客说了算一样,课讲得好不好,最有发言权的是学生,而不是只凭看得一鳞半爪就坐而论道的先生们。一句话,学生会学、学好、满意、喜欢,才是好课的标准。"经大家研究,他们把评课的话语权交给学生,经常听取学生的意见和建议,将"教"与"学"的双边活动引向纵深。

他抓住了"孩子喜欢表现自己、领导别人"的特点,开展"人人争当小老师"活动,在课堂上大胆放手,以能者为师。对个别性格孤僻、胆小自卑的孩子,王楚雄用"大家相信你,你一定行"来鼓励,让其从最简单处入手,品尝为人师的甜蜜,增添当小老师的信心与勇气,从而突破既往,超越自我。经过将近一个月的锻炼,班上那些胆小、自卑的孩子也都解脱出来了,只要有表现机会,个个争先恐后,真正凸显了教师为主导、学生为主体的现代教学思想,增强了学习兴趣,培养了语言能力,提高了核心素养;轻松了老师,快乐了学生。

为了克服随手乱扔东西的坏习惯,王楚雄与孩子们约定:"以前,总是你们向老师承诺,今天我也向你们承诺:如果你们发现我有乱扔的行为,不论在校园内外,老师为你们打扫一个星期的地。""老师,真的?""当然了,君子一言……"王楚雄笑着说。"驷马难追。"学生大声应和着。"那你们敢不敢向我这样承诺呢?""没问题!"一双双手高高举了起来。"那咱们的约定今天正式开始!""好!"教室里沸腾了。这以后教室内外一尘不染,调皮的任武章同学说:"老师,你看地面多干净,我还盼着您为我们扫地呢。"孩子们朗声大笑。"老师不会忘记约定。"王楚雄笑着回答……

激励每一个生命的进取,为他们的精彩颁奖。

美国心理学家威谱·詹姆斯有句名言:"人性最深刻的原则就是希望别人对自己加以赏识。"尤其是花季少年。

深知此理的王楚雄,开展了"特色之星"评比活动,即"文明之星""学习之星""书法之星""礼仪之星""节俭之星"等星的评比,每月评一次,对获星的学生举行颁牌仪式,让学生品尝成功的喜悦和赶超的渴求。

他还想出"八个小印章"的金点子。少年最宝贵的财富就是养成"金不换"的好习惯。为此,他和孩子们共同制定了班级一日行为规范,并将这些日常行为刻成八个小印章:学习币、礼仪币、勤俭币、诚信币、爱心币、合作币、博览币、艺体币,以班级虚拟的"快乐成长银行"的形式进行趣味横生的运作。及时对孩子进行评价,树立了孩子们进步的信心和改正缺点的勇气。良好的生活习惯渐渐养成,学习上的进步更是飞快!

引导每一个生命的反思,令他们时刻朝向美好。

反思,是智慧的产床,具有反省中厘清、联想里彻悟的思维要素,是从感性思考提升为理性思考的巨大飞跃。良好的反思习惯,王楚雄从娃娃抓起。

他深知,孩子的发展,实质上是主体内部运动的结果,外部作用可以促进其内部运动,但不能代替主体的"自身运动"。

他根据各年级学生的特点,围绕每月主题,自主设计"每月一事"活动手册,以手册内容为活动主线,促使学生去了解,去实践,开展研究性学习。活动手册做到图文并茂,让学生动脑动手,创造性地去完成。其间,狠抓主题反思,每日一省。

主题反思,是建立在主题阅读、主题实践的基础上,让孩子们在反思中迅速成长。围绕每月主题,设计活动的评价表格,学校让家长、孩子、老师一起参与评价,引导孩子进行自我反思。要求孩子把反思的过程用文字记录下来,写成反思日记。现在,孩子们"每日一省"已成为习惯。大家一边反思一边记录,在养成好习惯的同时又提高了写作能力。学校把孩子的日记分年级归类装订,形成全校的学生《暮省集》。

五

"千门万户曈曈日,总把新桃换旧符。"[①]

---

① 王安石,《元日》。

2015年5月21日至22日，全国新教育实验区工作会议在新疆奎屯市召开。三百多位新教育同仁都感受到了奎屯新教育朴素而又精彩的魅力，奎屯新教育人丰盈与厚重的素养。

奎屯实验区的灵魂人物叫李爱民。其人极为低调，平和沉静的神态却掩不住耳目一新的见地，平稳匀速的声调传递心灵的启示。外出参观、学习时，他喜欢多看、多听、多问、多交流；参加会议开始前和休息时，总随手从小包拿出书默默地读。他不太善于交往，而做起新教育来，无论多苦，多难，多累，多委屈，都坚忍着挺进，很有臧克家《老马》的意蕴："总得叫大车装个够，它横竖不说一句话，背上的压力往肉里扣，它把头沉重地垂下！"

2006年10月15日，市教育局召开了"奎屯市新教育推进会"，决定由时任信息中心主任的李爱民负全责，组建"奎屯市新教育实验学习研究中心"，他遂挑起了这副重担。每天晚上，定时集中培训教育局全员和各校校长及中层干部，一连几个月。大学习大讨论涌起革旧鼎新的澎湃春潮，奎屯新教育如烈焰熊熊，各校校长勠力奋勇，广大学子竞相绽放。

开头四年，李爱民精心策划了各种活动：每年的4月23日，围绕"世界读书日"主题，开展读书评奖活动；9月，开展全市最大规模的"新教育实验展示交流活动"，各学校展示新教育实验成果，种子教师亮相，千百少年登台。李爱民巧借新教育内在的魅力与生命力，依托教育局行政命令和个人智能，推动各个学校互相激励、比拼赶帮超的良好势头，努力驾驭新教育大船进入良性发展的主航道。新教育实验从起点处的幼儿园娃娃抓起，奎屯在全国开了先河。

育人先育己。新教育引导李爱民确立了真切的教育目标。有目标的行船叫航行，无目标的行船叫漂泊。创新向上的精神，让他理智地选择了新教育；勤学善思的性格，让他明智地坚持着新教育；高远广袤的视界，让他睿智地许身于新教育。

"靡不有初，鲜克有终。"① 凡事大都有好的开端，少有善始善终。奎屯的新教育历经一段兴旺期之后，也悄然退了潮。其导火线是2008年市与局的领导有了调整。接替者不再认同，新教育实验之舟由此出现了搁浅的现象。

先是市政府安排的五十万元新教育专项资金，不再专款专用。原定全市实验校二十名校长前往浙江苍南参加新教育年会，机票也已订好，结果前一夜下令，与会者缩减为六人。又将新教育实验由全面的教育改革，降为一项科研课题；年度

---

① 《诗经·大雅·荡》。

表彰实验区先进个人、先进单位被取消;实验培训的学习人员,由校长书记变成基层老师;实验校也由二十二所降至六所。市政府撤回2014年新教育全国年会举办地的申请。更大的危机是人心。一些校长原本对新教育是随风倒。这次随风而变,个别学校竟做起观赏(官赏)式的新教育。

风头也直接地对向李爱民。在为教研中心在自治区比赛获得佳绩的庆功宴上,一位市领导走到李爱民身边,意味深长地笑着说:"你的那个新教育,是不是也该停一停了?"一句委婉诘问,实为严厉叫停的号令。

李爱民的心滴血,忧郁、苦闷和无形的压抑吞噬着他。

面对种种压力,李爱民曾敲响退堂鼓,想过放弃,自己闭嘴,让奎屯新教育自生自灭。但是,更多时候是不甘心,他用满腔的爱,当成自己的孩子去做的新教育,怎么可以丢弃不管?花谢总会再开,蓄芳自有来年。他下定决心:"我可以不要前途,只要让新教育在奎屯生根、发芽、长大。"

是时,为他助阵的不是别人,是学校和家里的"新教育的种子"。

那些播撒在基层的种子,坚守在最具生命力的教室、课堂里,开始生根、发芽、结出芳丽的花蕾!李爱民赴学校调研时,听着他们美丽的故事。

潘静放弃市内学校来到新建的小学,带领青年教师做"三专"工程如火如荼,指导学生写了八十多万字的观察日记;

第三小学校长王坚让教师浸润书香,学生漫游书海,家长被阅读唤醒的成效赫然;

张遵香带班级学生拍摄微电影,让奎屯市同仁、家长和百姓惊喜不已;

阿依努尔用近十万张照片记录每个幼儿的成长瞬间,为孩子的快乐成长撑起一片蓝天;

欧秀娟借助童喜喜的著作《新教育的一年级》,领学生们仿做着,让一年级生活过得有滋有味;

陈煜自费给新教育班级学生买书,指导哈萨克族学生塞甫丁·艾斯拜在央视10套节目的首届《读书》活动中,荣获"十佳读书少年"称号……

有心栽花花不发,无心插柳柳成荫。这些教师是那种不唯书、不唯上、不盲从、有自己思想的人,初始时慢热,甚至质疑,而一旦尝到新教育的真滋味,又悟得其中奥妙后,便站在理性的制高点,将新教育变成自己的信仰,义无反顾地去守望。比起鲁迅所说"激烈得快的,也平和得快,甚至于也颓废得快"的人,不知要坚定多少。

家里的种子是乳名叫"土豆"的女儿。她的成长是李爱民践行新教育的美妙缩影。

2006年,李爱民初始接触新教育,土豆四岁。9月,他带校长们前往苏州考察新教育时,一种全新的激发童趣、建构人格、培养多元智能的儿童绘本吸引了他,而在新疆地区却几乎寻不到。绘本虽很贵,他还是狠了狠心,买回二十几本。土豆捧着这些精美有趣的图书,居然把动画片都抛到脑后。见土豆如此迷恋绘本,他想何不让其他娃娃也受益呢?根据他的建议,奎屯幼儿园孩子开始读绘本书,开了新教育的先河。绘本书走入了这座边陲小城,公园里、校园里,随处可见捧着绘本书津津有味阅读的孩子。时至今天,在周边地区还不知道绘本为何物时,奎屯孩子已人均享有二十本绘本书了。

土豆在读写绘中快乐成长。小学一二年级,她大量阅读童话、科普书籍,三到六年级,阅读已是痴迷状,且速度惊人,沈石溪、郑渊洁、法布尔等作家的书,一天能读完一两本。她的吸纳能力尤强,每本书的主要情节都能记住,随口引证书中的故事表达自己的观点,显现出敏锐的观察能力和深刻的思辨能力。她的性格也大方了许多,成绩稳居班级前茅,对每一门学科都感兴趣,包括音乐、体育、美术,又不像其他孩子那样参加各科补习班,每天喜滋滋的像快乐的小鼹鼠。

小土豆故事,堪为极具说服力的案例。十度春秋,李爱民用新教育精湛的理论和妙法,全天候对她施以教育,让她健康、快乐,做足童真的梦,做深年轮的纹理,做成了精神独立人格完整的少年。

外边的种子是面,家里的种子为点。面上开花,点上结果。点上搞研究,面上搞推广。被奎屯新教育人视为主心骨的李爱民,不想让同仁们失望,新教育给了他舞台,他要还新教育奇迹。

2010年7月,李爱民任奎屯市教研中心主任做的第一件事,就是在教研中心会议室的墙壁上,贴上两棵大树的图形。他要求教研员每学期至少阅读一定量的书,且将阅读书目写在一片片漂亮的树叶上,读得多的给予奖励。一个学期结束,大树的树杈上多了一丝丝绿意。他召开了小型表彰会。几年过去,如今墙上的树有了橘红、杏黄、葡萄紫等缤纷的叶片,树叶斑斓,结果累累。树枝被铺满了,旧叶叠加新叶,昭示阅读成了奎屯市教研员的生活状态。

在低谷时,新教育在奎屯由公开推进转为暗地推行。局里要求,新教育实验只能在几所指定学校进行。奎屯全体教研员在指导、检查、评比,甚至讲座活动中,却都将新教育的核心理念、新教育的行动作为主推的内容。他们不公开说"营造书香校园",却将"阅读课"纳入小学语文课程体系中,在小学语文老师中大力推进课外阅读课的尝试;不公开提新教育的"理想课堂",而用"有效课堂""高效课堂"来做"理想课堂的框架研究",到2014年,干脆提出了奎屯的"理想课堂三百二十一课堂教学模式"。

心犹在,志不改,坚守信念,持续推进。旧瓶装新酒,改词不改调,本应大大方方走的正道,在特定时空下,却要潜行夜奔,甚至故意绕个弯儿暗度陈仓,其间包藏着中国教育改革者的无奈。

教师欧秀娟对笔者说,她的改变,从2012年冬日的一天开始,因她在"三小"灯光昏暗的旧礼堂里,听到了李爱民关于如何开展新教育的讲座。讲座的内容她至今历历在目,宏深的新教育理论,一个个鲜活的故事,成了点亮她教育理想的灯盏……回家的路上,漫天飞雪,就像撒落在心头的甘美的春雨。亲子阅读、完美教室、窗外声音……一个个新教育的故事萦绕在她的脑海。几天后,她带着儿子敲开了李爱民的家门,也开启了她的新教育之门……

2013年9月16日,李爱民发现土豆读过的书太多了,放在家里沉睡岂不可惜。他灵机一动,以图书分享为开端,让志同道合的老师、教研员们搭建一个分享平台,组建了"石头汤悦读联盟"。联盟活动的形式是分享、共读。分享,是把自家孩子读过的书拿出来,放到一个"公用书柜"里,供大家选用。深层次的分享是分享阅读方法和心得。李爱民的孩子土豆最大,土豆就把给孩子选书、读书的经验分享给大家,让大家少走弯路。这一群人渐渐对教育凝聚了相同的价值观。奎屯的新教育实验在家庭教育中开了头。

2015年,奎屯的新教育出现了转机。转机来自李爱民们的苦苦坚守和赫赫成果;也来自奎屯市领导班子的一些变动,分管教育的市委常委田新梅等对新教育实验很是重视;全国新教育工作会议落户奎屯,又给这里吹响了进军号。

人们沉静下来,去除了始发时人云亦云的盲从与一哄而起的浮躁。坚持下来的人,有了"梅花香自苦寒来"的那种自信和自豪。

作为带头人的李爱民,在领导运筹下,有条不紊地组织了这场年会。当会上听到朱永新、许新海分别讲到"奎屯的新教育,就是有像李爱民及陈红这样的人在坚守,十年如一日,终于开花结果"时,他更多地想着该如何乘势而上,让奎屯新教育的生机活力持久保鲜,深化边陲教育朴素至纯的品格、气度与境界;还更远地想着新教育作为一种改革的思潮,终究会走出某一种行政干预的藩篱,在广大老师"致良知"的自觉坚守中,一代一代地传承……

会议短暂,日子绵长。李爱民竭力做的,是对教师、家长、学生的深度唤醒。他在本地和外地做了数十场讲座,每一次讲前,都深入学校、幼儿园细致调研,写好讲稿,还找来妻子、女儿当听众,听其建言一次次修改。

有一次,讲座结束时,一个七八岁的小男孩怯生生地走到他的跟前,送上一小袋樱桃,说:"李爱民叔叔,我上次听过你的讲座,你说你爱吃樱桃爱读书,和我一样呢。这次听爸爸说要再听你的讲座,我就跟爸爸一起来了。谢谢你,上次听了你的讲座,爸爸妈妈把要求我每天在家里做的一张卷子,换成了我最爱读的课外书。刚才你说的少看漫画,不要跳跃性思维,我都记住了,不信你看。"小孩子手里的纸上,工整记录着几个要点……

好一个点燃者、开拓人、组织家啊!己达达人,完全步出了一己小门独户的限界,走进了众多人的心里,在偌大天地间展翼翔舞。人居遥远边陲,期盼全局之胜;身处大漠深处,心装他人之忧。一镐一犁,开垦处女地;一点一滴,播下优良种。企盼,让大漠树绿。坚守,使圣园花红。眺望,迎秋色斑斓……

第九章 领 跑

傅抱石、关山月画作：《江山如此多娇》

傅抱石（1904—1965）、关山月（1912—2000），中国当代画家。

此幅国人眼熟的鸿篇巨制山水画，为著名山水画家傅抱石、关山月创作。1959年，他们为北京新建的人民大会堂专门绘制，其高五点五米，宽九米的巨大幅面是中国画历史上空前的。

江山如此多娇，引无数英雄竞折腰。画面上同时出现了春夏秋冬的不同季节，同时出现了东西南北、高山平原的不同地貌和长城内外、大河上下的不同自然景观，喻示着新中国发展建设的勃勃生机。画作既有细致柔和的岭南风格，又有奔放深厚的国画风采，从中国山水画发展的角度来看，《江山如此多娇》堪为集大成者。

数风流人物，还看今朝。在当今时代，新教育人与中国教育界一道，砥砺奋进，勇毅前行，冲破历史关隘，协力肩负起中华民族复兴的重任；百家争鸣，领略"分外妖娆"的教育胜境。

选此幅名画，发历史幽思：一切领跑者，都在引导人们从必然走向自然之境，更有能一览众山小地领略多娇江山的视野。

题　　记——领跑礼赞

当人类轴心文明首次突破之际，
孔子坚守教化，向百世垂范"知其不可而为之"的路，
苏格拉底启迪智慧，向世人捧出"审视人生"的辩证之法。
当现代新教育浪潮此起彼伏之时，
杜威参悟教育，敢视"儿童本身"为一轮太阳，
陶行知创新教理，以"教学做合一"描绘育人天堂。

领跑——成了中国新教育人的历史使命，
破旧习，循规律，在实验中升起破浪的风帆，
为尚显沉闷的教育生态燃起美丽的焰火，
让师生"过一种幸福完整的教育生活"。
且相信岁月，相信种子，相信潜能，
学而不厌，诲人不倦，乾乾以日新，蒸蒸而日上。

先驱者总以根本性的思考穿越古今，
以颠覆性的举措领跑时光。
地平线上，华夏教空紫气东来，交通文轨；
举目眺望，千古诲海涌起雪浪，学贯中西。
风雨兼程，新教育人迎着新曙光疾行——
明明其德，维新其民，止于至善……

第二十五节　苏州学脉

一

　　苏州,梦中的苏州,两千五百年风雨洗礼的文化古城苏州。

　　打开日月如梭为她织出的长长画卷,春秋时期是她的童年,唐宋是她而立时,明清则是她的不惑之年。江南文化——无论园林文化、丝绸文化、评弹文化、绘画文化、宗教文化、名人文化,都曾在这里得以展现,成熟且几近完美。

　　踏上千年的石板街或鹅卵巷,你听得到历史的巨大颤音:一张一翕有韵律的呼吸,名人悄而无声的步履,学脉贯通如不息的流水,一代一代向着辽远时空润泽、延展。

　　美似一幅画,雅像一首诗,奇如一出戏。

　　葛藤绕房,舟楫穿梭,温温吴语,幽幽曲巷。几多唐宋文人,将诗心词魂播种苏州,凝结出这儿一眼一历史,一步一文化的神圣,引无数后来者到此寻觅诗魂:览胜杜荀鹤"君到姑苏见,人家尽枕河"的景致;觅回常建"曲径通幽处,禅房花木深"的意境;玩味刘长卿"细雨湿衣看不见,闲花落地听无声"的情趣;领略张继"江枫渔火对愁眠""夜半钟声到客船"的愁思;缅怀白居易"一时临水拜,十里随舟行"的别绪;饱览城郊清明雨后,柳永笔下"正艳杏烧林,缃桃绣野,芳景如屏"的画卷……

　　文化积淀之厚重,传承之完好,苏州当列中国前茅。众多碑林、故地、博物馆在表白,无数历史骄子、高贵灵魂似在述说,这里文脉旺盛,气韵未改,书香依旧,曲园里传来谈诗论道的细语,茶肆间不乏品味古今的高论。

　　漫步苏州,这里是千古风流之地,三江才子荟萃之所。《苏州府志》二十四卷记载:"苏郡之有学也,自范文正公始。而各县学校次第修建,大率皆方于宋代。"1044年宋仁宗明令天下各州县按照苏州府学模式皆立学校。可见号称"东南学宫之首"的苏州府学,鳌头独占,风骚前领,在中国的教育发展史上意义非凡。一

449

雁领飞,群雁相随。于是,有了后来的紫阳书院、尊经书院、乾道书院、正谊书院和九州办学热……

苏州素有人间天堂之称,如今则变成教育的天堂、人才的天堂。苏州的两院院士有一百一十名,位于全国地级市之冠。改革开放以来,这里全面推行教育优先战略,1992年率先普及义务教育,1998年率先普及高中段教育,2004年率先普及高等教育,2010年该市的教育全部通过现代化评估,2013年苏州全部通过国家级督导的验收评估,成为首批国家义务教育基本均衡的地级市。

"一座东方水城让世界读了两千五百年……她用古典园林的精巧,布局出现代经济的版图;她用双面刺绣的绝活,实现了东西方的对接。"2004年11月,苏州获评中国十大最具经济活力城市,评选委员会对苏州给出了如是评语。

教育同样体现了园林的精巧和双面绣的绝活。立德、求真是科学理性与人文关怀的完美结合;精致、典雅是学校生活的生动描述;从容、有容是苏式教育的共同特征……这一切都构成了"过一种完整教育生活"的现实根基。

二

公元1035年初春,年已四十六岁的范仲淹眼中的苏州,还是一座民风剽悍、绝少文气的城市。

范仲淹(989—1052)因前一年于苏州治水救灾有方,再任其桑梓之地苏州郡守,他回想自己"家贫志不移,贪读如饥渴"的人生,重温"教易为善,善而人正,国之所以治"的理念,仍像他每到一地,都大兴教育之风那样,又做起创办学校这一为国储才为民造福的大事。

兴亡谁人定,盛衰岂无凭?智者领航向,乾坤可扭转。

当范仲淹重回故乡,深知这是一座崇尚武力的城市。《汉书·地理志》记载:"吴、粤(越)之君皆好勇,故其民至今好用剑,轻死易发。"两千多年前的春秋战国时期,这里出现过专诸、要离等刺客,以及大批勇敢作战的士兵;秦朝末年,这里又走出了跟随项羽作战的八千江东子弟;隋朝开科取士后,苏州也走出了一批武举人、武进士,有人甚至夺取了武状元……

万事从心起。范仲淹先是看过苏州祖居后,对祖辈创业精神由衷钦佩之余,萌生了在故乡置地建造新居的念头。经亲友四处访视,相中并购得南园旁边的一块土地,此地与名园沧浪亭相望,甚为幽静、朗润。他请来阴阳家看后称:此地坐落卧龙街上,街北为北寺塔龙尾,南园正好是龙头之位,此乃姑苏城风水宝地。如能在此兴建家宅,子孙后代必将科举及第,公卿将相,荣华富贵,万世不竭。范仲淹听后笑笑说:"如此风水宝地,与其让我家独占,何不让出建立学校,让苏州士人在此受教育,出更多的公卿将相人才。"于是,奏请朝廷,获准给田五顷办学。范氏遂将所购拟作私宅的南园之地献出建府学,并且建为"义学",希望"天下之士咸教育于此"。

在唐以前,苏州没有学校,学生主要请私塾老师"传道授业解惑"。范仲淹创立的苏州府学成了苏州地区最早的一所官办学校,在五湖四海之内也属第一所州府级学校。

元朝大学者郑元佑在《学门记》中说:"天下郡学莫盛于宋,然其始衣于吴中,盖范文正公以宅建学,延胡安定为师,文教自此兴焉。"《苏州府志》记载:"吴郡有学,起范文正公;而学有教法,起胡安定。"吴郡即苏州,范文正公即范仲淹,胡安定即被范仲淹聘为首任教席的宋代教育家胡瑗(993—1059)。

胡瑗精通儒家经术,以"圣贤自期许",讲"明体达用之学",力倡"致天下之治者在人才,成天下之才者在教化,教化之所本者在学校"的理念[①],主张改革教育,普及教育,倡导天人合一、知行合一,言传身教,"以身先之",提倡体、美、音乐等全面素养的教育,注重深入大自然和社会实践,以培养通经致用的人才为根本目的,这些主见,在中国古代教育史上,不能不算开拓性的鼎新。

接受范仲淹的诚邀,胡瑗不辱使命,到苏州府学后,立即订立相当详细完备的学规,对学生施以严格的管理教育。诸生初始不能适应,违规时有发生。面对"生员数百,多不率教"之局面,范仲淹着意将十二岁的长子范纯祐送入郡学拜胡瑗为师,以示信赖。纯祐年龄最小,但尊师好学,"尽行其规",其他学生纷纷仿效。范仲淹又将二子范纯仁、外甥滕元发也送到学校敬请胡瑗教诲。此后,"沉潜、笃实、醇厚、和易"的优良学风很快形成,名冠东南,成为诸郡学的表率。

胡瑗在苏州、湖州二地办学,创造了因材施教的"苏湖教学法",又名"分斋教学法"。其内容是设立经义斋和治事斋两部分。经义斋选择"心性疏通,有器局,可任大事者",学习儒家经义,培养比较高端的统治人才。治事斋,又称治道斋,斋内分设各种不同学科。治事斋的学生可选择其中一科为主修,另选一科为副修,意在造就在某一方面有专长的技术、管理人才。分斋教学制度,在中国教学制度史上第一次把民、兵、水利、算历等军事和自然科学知识正式纳入官学教学体系之中,与儒家经典取得了同等的地位。这项重大革新,直接影响了中央官学的教学

[①] 胡瑗,《松滋县学记》。

制度。北宋以后,历朝太学、国子学、国子监等中央官学和各地书院,往往效仿而采用了分斋教学。

范仲淹与胡瑗,一个怀雄才大略,深谋远虑,于悠悠万事之中,唯教育至尊,办学当先,开创州府教育之先河;一个有育人奇招,通古透今,在传道授业之里,能独树一帜,达用为旨,改革昔时化育之弊端。一个着眼于宏观运筹,求贤若渴,慧眼识珠;一个致力在微观操作,不负所望,珠光四射。两个志同道合的人生坐标,在1035年的苏州重合在一处。历史上的苏州学派,也应运而生了。

苏州学派,酝酿于苏州,拥有先天下之忧而忧的胸怀。

苏州学派,走出苏州,又有后天下之乐而乐的妙方。

苏州学派,宛如那妙美的苏州评弹,一曲三叹。

苏州学派,名传遐迩,功勋赫赫。范仲淹与胡瑗,这两位将兴学育人当成终生事业的教育家,继承孔子的教育思想,以儒家经典为主要内容,创造性提出了培养专门的实用人才的主张,从而形成了丰富的教育思想,开启了源远流长的苏州学派。

苏州学派起点高,意蕴深,特色强,势头猛,后劲足,绵绵密密,扎扎实实,下符民意,上合君心,势如钱塘之潮,浩荡席卷,对宋代教育史乃至中国古代教育史产生了重要影响。

苏州学派与苏州府学相依共存,交相辉映,为苏州文运昌盛奠定了基础,成了状元、进士的摇篮。在这座孕育了"先天下之忧而忧"思想的城市里,不断有着风流人物传承,而就在当今,在这座城市诞生的新教育,正是古之崇高厚重的当下传承。

三

新中国诞生不久,原苏联教育科学院院士凯洛夫的《教育学》抢滩登陆北京。五十万本书随即奔赴中国城乡。洋洋近四十六万言的苏联《教育学》一度被视为教育《圣经》,成了中国教坛主宰性的话语。

此时,任教育部副部长的叶圣陶就一语道破迷局:"那是苏联的教育学,不是中国的教育学。"

叶公的"中国的教育学",正是源自苏州。公元1894年,我国当代卓越的文学家、教育家叶圣陶在古城苏州出生。他没有上过大学,没有留过洋,完全是苏州这片大地上成长起来的"一代宗师"。

叶圣陶受学于清朝末年,六岁进私塾读书,读过四书五经,学过八股文,十一岁考秀才未中,十二岁进公立小学,十三岁进公立中学,接受新式教育。他自学古籍,熟悉"十三经"。1912年起任小学教员,一生从事文化教育工作七十六个春秋,几乎亲历了20世纪中国社会变革发展的各个时代和文化教育改革的整个过程。

他的教育思想,以国学根底和道德修养作基础,秉承儒道智慧精华,深得五四精神贯注,并将教育改革探索与新文学创作和现代文化建设相交融,以中国传统文化教育根基——语文教育的改革为主要依托,形成了真正面向并属于中国广大教育工作者和受教育者的"中国的教育学"。

新中国成立后,叶圣陶投身于社会变革发展和文化教育改革实践中,在对我国中小学深入调研的基础上,批判当时流行一时的"把学生看成空瓶子"的传统教育观念和模式,形成了具有中国特色、中国风格、中国气派的现代教育思想,其独创性的思想精髓和核心就是:"教是为了达到不需要教。"[①]

"教是为了不教"的教育思想,为当时乃至教师专业发展指明了一条正确的道路。叶圣陶在给教师的信指出:"教师之为教,不在全盘授予,而在相机诱导。"这也正是当代中国教师所应当具有的专业自觉。他认为,由中国现代教育教学的价值、目的所决定,教师的作用发生了根本性转变。教师的专业发展越来越体现在教师追求教是为了不教,善于引导学生自学的教育教学素养、智慧和能力的发展上,"唯有能这样做的教师才够得上称为名副其实的教育家"。

半个多世纪尤其改革开放以来,"教是为了不教"的教育思想在我国教育教学改革实践中产生了广泛而深远的影响。凡是成功的教育改革先进典型,无不与这一教育思想具有内在的联系,自觉实践或者生动体现了这一教育思想。

多年以后,朱永新编辑出版了《叶圣陶教育箴言》一书,微言大义,向这位同乡、教育前辈深深致敬的同时,也使叶圣陶先生的教育思想线条清晰、言简意赅地呈现在读者面前,就像一本方便翻阅的"叶圣陶教育词典"。

如果说,叶圣陶教育思想在其产生和发展的长达大半个世纪里,自觉追求中华民族伟大复兴的梦想,新教育人则肩负着叶公开创"中国自己的现代教育学"的理想,推动当代中国教育改革的深化和中国特色教育理论的建设,为中国教育发展成21世纪世界教育的领跑者而奋力前行。

---

① 任苏民,《教育与人生》,《叶圣陶教育论著选读》,上海教育出版社2008年版,第97页。

四

月落乌啼,总是千年的风霜;滚滚长江,自有不息的潮流;浩瀚太湖,千百年纳入江南灵秀;典雅虎丘,静穆屹立独领风光。在广袤的时空里,一切时光似停留这里,如梦如幻;一切境界又不断变幻,时变时新。

这就是苏州之境,这也是发轫于苏州的新教育之境。

新教育的行动构创于苏州,完美的教育生活从这里开始,使教育回到"为了一切人,为了人的一切"的要旨。

从苏州走出,带着一个人的理想;回望苏州,已成为千万人的共鸣;当年的踽踽独行,变为了大批人的结伴而进;当初的民间少数人介入,已扩散为红红火火的教育实践。

千年潮未落,风起再扬帆。

新教育实验发轫于人杰地灵的苏州,苏州一些教师名家,把握苏州古今文化优势,占据教育发展的制高点,属有根有源,顺理成章。

朱永新初提创建苏州学派,也很正常,符合新教育运行初期的实际,凝聚地方特色,以便异军突起。

"行路难!行路难!多歧路,今安在?"大诗人李白以行路之艰难比喻世路之艰险,也抒发了"长风破浪会有时",绝不放弃、誓要突破艰险的信念。

古今一理,开路比行路难。新教育在创立和发展学派的漫长过程中,亦是如此。难题,上下左右丛生,东西南北齐袭,有时突如其来,每走一步,都隐藏新与旧的博弈、进与退的较量、守与弃的抉择。

其实真正之难,还在新教育内部。新教育人须在艰难行路里见仁,见智,见众生,方能羽化成蝶。

以笔者之见,新教育人面临七对矛盾体,并在对矛盾的处理上,取得了一定突破或明显进展。

第一对矛盾体——理想与现实的对撞。

理想和现实总是存在偌大的落差,古今中外,概莫能外。新教育人的动力,来自改变教育现状的愿景。教育改革注定是永恒的事业,新教育人教育理想与教育现实的持续对撞,自然也是常态。

但有相当一些人认为,新教育人是理想主义者,在现实中行不通,这就有失公允了。

新教育实验是发起于趋近理想化的教育构思,然而,这个构思,并不是空想主义者的空中楼阁,而是根植于中国教育的现实基础;并非理论家卮言日出的洋洋洒洒,而是基于对中外教育近三十年的独特思考。因而,新教育人直面现实而无批判家的偏激,内藏火热的情怀与树德立人的济世之道。君不见,新教育实验犹如潮涌般的席卷之势,数百万师生如饥似渴的投身之举,不正是新教育人的理想与现实和弦共振的铁证吗?

一位年轻的新教育人与笔者谈及朱永新时说,当下教坛,有浪漫情怀又有教育理想的人,很少。有教育理想又能为之奋斗的人,更少。有教育理想又为之奋斗且有能力实现的人,尤少。朱永新恰是这样的一位。

新教育人是扎根大地的理想主义者。他们心怀崇高的理想,却注重解决中国现实问题,十大行动本身即是解决现实教育问题的创举。新教育人又不是就现实解决现实问题,他们每一次探索,都旨在为中国教育探路,助力于中国教育,大步迈向理想的明天。

作为精神飞翔的理想主义者,他们更多地采取集体的抱团行动。"人们因为有共同的东西而生活在一个共同体内……为了形成一个共同体或社会,他们必须共同具备的是目的、信仰、期望、知识。"[1]同一种理想,同一个信仰,让他们像服了精神兴奋剂,生命的律动突然加快了节奏,见贤思齐,携手而进,"于无路之中寻求最短之路"[2],他们之间,耳濡目染如熏风,此呼彼应像暗香,你追我赶胜春潮。

他们知道,总有人去擦星星,去弄潮涛头,去寻路明亮的那一方。理想永在远方,自己总在路上。他们怀着田野精神长年累月地拼搏,就是在进行理想与现实的弥合,崇高与低劣的白刃战,新教育之魂与传统教育之弊的较量。

中国教育啊,真该好好珍惜这种人,这种冲破现状奔向理想境界的人。他们是清醒的觉悟者,是智勇的实干家,是"踏天磨刀割紫云"的能工巧匠,是"立德、立功、立言"的掘进者。

新教育学派的历史,犹如一幅波澜壮阔的长卷。一群"相同尺码"的人艰苦跋涉,顽强伸展出创新的触角,解读着教育的本真,把握住规律的轨迹,历经无数挫折的痛苦,步入了充满希望的田园。新教育学派的意蕴,也会长久地氤氲在中国教育改革的杏坛上。

理想的心灯由激情点燃,更靠信仰方能持久燃烧。信仰以理性信念和执着心

---

[1] 杜威,《民主主义和教育》。
[2] 泰戈尔,《飞鸟集》。

性为原动力。一些陆续离开新教育列车的人,大多源于单凭一时激情,而无新教育信仰的坚强支撑。新教育的理想若要持久传承,绝对需要的,是坚忍的教育信仰与美丽的教育情怀;是用持续的扎扎实实,取代一时的轰轰烈烈;用常态化的生活秩序,取代过于疯狂的生命消耗;用温和而坚定的日常推进,取代绚丽多彩的瞬间展览。概言之,当让情商与智商一炉,科学理论同创新践行默契,激情迸发和可持续发展联袂。

毕竟,静水流深却无波,高山无言而巍峨。

第二对矛盾体——原地完善还是扩充体量的论争。

在新教育实验规模上,不外乎两个方向:或扩大辐射面,与呼应者薪火相传,让新教育星火燎原全国;或集中精力,做细做精,在局部做成新教育的精品,以吸引教坛的目光。一个主张要扩,力主做大做强;一个主张要守,力主做少做精。这一矛盾,自始至今在新教育人心头萦绕,像雾如风,时重时轻。

前者姑且称为全域派,后者姑且称为精品派。

精品派认为,新教育实验搞规模扩张,扎不下根,搞不出精致的教育来,而走精英化道路,坚持高标准,严要求,精构思,细运营,用典范说话最有力,铺的摊子切勿太大太快,以有限的力量去指导众多学校力不从心;不如像雷迪创办艾伯茨霍姆学校、杜威创办芝加哥实验学校那样,在践行上富于示范性,在理论上颇具建树性,如此深入细致地运作,方可确保在教育史上留下可资借鉴的一笔。

全域派则认为,新教育实验虽新,所运用的却均是千淘万漉验证了的中外教育精华和新教育人的智慧,有此等教育精髓在手,正可谓韩信点兵多多益善;单靠少数学校做精做成,对于偌大的中国教坛仍属杯水车薪;再说新教育摒弃坐而论道的"学院派",主张建设与行动的哲学和田野精神;形势不等人,让迅猛燎原和深耕细作两翼齐飞,必能以点带面,以面促点,在量的扩张中求得质的飞跃。

一个目标,两种观点。一个从历史、学术价值着眼,一个从实践、播种春天入手,二者若殊途同归,凝神聚力,共演一出戏,还须做出取舍,甚至不惜壮士断腕之痛。

朱永新的思路和行动一以贯之。他所要的,不是虚无缥缈的理论阐释,而是切实可行的教育实践;不是虎头蛇尾的心血来潮,而是兢兢业业的默默坚守;不是个别教师的谨慎实验,而是改变众生的大势所趋。

他认为,尽管实验规模比较大,三千多所学校,几百万人,上百个实验区,是当下世界最大规模的教育实验,但真正全身心投入、深得其精髓,把新教育做到百分之百的还是不够多的,后来居上,大浪淘沙,总有正常的进进出出,你须不断寻找、发展"尺码相同"的人。

他坚信,新教育是富于前瞻性的美好教育,利于当下造福民族的教育。这个社会需要它,父母学生需要它。我们不要求一下子做得很像,全部做好,哪怕一个学校知道"过完整的教育生活",哪怕就做一样——把书读起来,就行,就是学生们的一个福气。

他更坚信,新教育的基本理念,融会贯通了古今教育思想的精华,新教育实验的行动举措,是经过几千年教育实践所证明了的,这样的经验,应当让更多学校、教师、学生所熟悉、接受和共享。扩张只是方略上的侧重而已,绝非意味着不坚守阵地。这些年来,不断研发课程,包括生命教育,包括晨诵,就是在一步一个脚印儿地走。

"莫听穿林打叶声,何妨吟啸且徐行。"[①]尽管外界有"公开信"抨击新教育实验"浮夸虚泛""言过其实";有的学人发出"疏于指导""贪多勿得"等质疑。实际上,在新教育水到渠成的拓展之中,新实验区活力四射、亮点频闪,那些"老根据地"也仍然求新求变,积聚、爆发出更大的能量。坚守阵地与向外拓展并不矛盾。但求耕耘,亦问收获。

第三对矛盾体——公益性与市场性的抵触。

心中的天平倾向公益,不给基层增加负担,也出于不让神圣事业沾染铜臭味,以有别于教育的商业化运作,新教育实验从一开始就不向实验学校收一分钱管理费,不付给义工一分钱劳务费,发挥出公益精神、悯人情怀的人性光辉,受到了教育同仁的称赞。

然此消彼长,福患相依。一方面,新教育形成了强烈的吸引力,迅速把影响力拓展到了全国。另一方面,由于杜绝商业行为,新教育尚没有形成造血功能,也一定程度上造成了人才流失。

因属民间的草根的教科实验,国家不拨经费,建立教育在线网站,开一些会,发一些奖励,聘用一些人,很长一段时间依赖朱永新的部分稿费、全部讲课费,继而寻求对教育有公益情怀的人士解囊赞助。随着实验深入,事业做大,常常陷入捉襟见肘无能为力的窘境。有人建言,一所实验校收一万管理费不多吧,一年就三千多万,收费比不收费更有利于管理;当年"中文在线"与"教育在线"两家网站同时运作,如今"中文在线"已经上市了,"教育在线"仍未开启盈利功能。还有的知情者嘀咕,那么多商业机构要和我们合作,咱怎么就不干?

[①] 苏轼,《定风波·莫听穿林打叶声》。

瞻念未来，在市场化经济高度主宰的中国，在人们物质生活水准极大提升之时，如果单单新教育不走向市场的道路，完全靠义务奉献，等少数人的慷慨之愿，开乞丐会议，没资金招聘专业的精英团队，它确是存在致命问题——旗帜究竟能打多久道路到底能走多远？

对此，新教育人心忧，青睐新教育的人担忧。

十几年躬身公益，新教育人付出巨大却无怨无悔，动机可嘉却面对的困难不小，上下求索方能找到新的出路。在最新的访谈时，朱永新透露说："向基层收缴管理费的做法，断然不能干，但我们必须寻找新教育的'造血'方式，比如最近我们精心编写的《新教育晨诵》，要由出版社经营，适当的产品化，产生的收益会反哺给新教育。有了资金，就会吸纳更多一流的人才加盟新教育，服务新教育，做好新教育，进而形成良性的循环与互动。"

放眼前程，出路渐明，新教育正在精心打造造血机制；心摆正，路看清，办法总比困难多。从根本上坚守公益精神与适度地开拓市场，就能走活这盘棋。

第四对矛盾体——行政性与专业性的差异。

曾记否？当年每逢节假日，朱永新被各地学校邀请，去做一场场关于新教育的报告，储昌楼等助手南来北往地进学校恳谈，不辞劳苦地让新教育扎根地下，从一人到众人，从一校到多校，从一乡一隅而至一县一地区，新教育就以民间推进的方式，积土成山积水成渊地做起来了。

后来，它的光彩被社会看中，为党政官员看好，他们也相邀新教育，为当地百姓造福。借助行政力量之势，事半功倍，新教育如虎添翼，昔日的野草开始登堂入室，散放芳香，供人赏识。实验区的模式就此浮出水面。江苏省姜堰这第一个新教育实验区即用行政和专业的合力做成的。

这里，新教育有两个不可丢弃的前缀词：民间·草根。生于民间，扎根田野，耕耘到位，越长越盛。此乃新教育之根之源，倘若无根无源，新教育也就不复存在了。谁还会对它刮目相看？当然，在新教育运作中，若得到行政的赞助，板块式推进新教育实验，其模式自然是很不错的选择。

在当下，众多教育改革的方式路径异彩纷呈：新课程改革依靠的是行政力量，形成由上而下的贯穿；新基础教育凭借着专业力量，从教育系统的内部进行渗透；新教育实验则结合了行政、专业、民间的力量，形成了三股力量合一的全方位影响。

扫描中国现当代各类教育实践，民间推进已是新教育实验的特色，行政、专业、民间的力量整合则成了新教育的最大优势，进而形成了蓬勃而起的洋洋大观。

第五对矛盾体——素质教育与应试教育的比拼。

素质教育与应试教育的矛盾,是人类教育的根本性矛盾,而不是中国的一时一事的短暂矛盾。新教育能横空出世,盖因为应试教育越演越烈,成了吞噬青少年活力的"头号杀手"。

观照新教育实验的发展思路,始终以开展中国素质教育为使命,寻求教育与素质之间的紧密关联。虽然,作为素质教育样板的新教育,并不怕答卷,不惧应试,就像江苏海门新教育学校的学生,素质智能强,应试分数也高。

应试教育与素质教育,一个急功近利地追求高考分、高升学率,一个谋求人才全面健康的成长。两者本质不同,当下却发生定义上的粘连。有的地方自称素质教育,而衡量标尺仍对准了升学率、应试分数。

新教育开门见山提出的第一个愿景是:努力成为中国素质教育的一面旗帜。对于新教育人说,素质教育缺的不是理论,而是扎扎实实的行动。

尽管对"素质教育是什么"有不同的论述和标准,但有三个标准应该是公认的。第一个标准是,素质教育是面向全体学生的教育,这与新教育实验"为了一切的人"是一致的。第二个标准是,素质教育是全面发展的教育,这与新教育倡导的"为了人的一切",与新教育的发展论、崇高论是紧密关联的。第三个标准是,素质教育是可持续发展的教育,这与新教育实验强调的"教给学生一生有用的东西"息息相通。可见,新教育实验的内涵与素质教育的意蕴高度契合。新教育实验就是素质教育的一种尝试与探索,是为素质教育奠定最重要的基础的教育。

当然,应试与素质也并非水火不容,好的教育是不怕考试的。新教育之所以快速成长,也得益于它给予师生厚实的素养,解决了应试问题。江苏海门市九项高考指标排江苏第一名,湖北随县也是一个参加新教育后学生考得好的范例。

当下,中国教育正在寻求教育体系的内涵重建,提升教育品质已经上升为国家战略,"核心素养"正在成为理论研究和教育实验的"高频词汇"。其实,素质教育和核心素养是同心圆。新教育人对此洞若观火,从未在概念上打圈子,而是奋力将行动做实,自实验起始,就秉承着鲜明的行动哲学和田野精神,通过"每月一事"项目,养成学生们的第二天性,形成稳定的价值观,塑造良好的人格,创造幸福完整的人生;同时让每月一事与其他九大行动产生深刻的联系,让十大行动发挥融合的强大效应,形成节俭、守规、环保、公益、勤劳、审美、健身、友善、好学、感恩、自信、自省的核心素质。

第六对矛盾体——国家教育层面的要求与新教育层面倡导的联通。

这是一些学校和老师在教育、教学和管理中遇到的难题。比如新教育倡导的大量阅读、排练童话剧、叙事剧及其他许多饶有意义的活动,存在时间不足,与教学时间冲突的现象;使用新生命教育的课程教材及晨诵教材等存在着政策制约、社会认同不够等瓶颈,这样的实际问题有时让校长和教师们进退维谷。

其实,两个层面的要求与倡导,一点也不矛盾。如新教育的晨诵,做到了提升境界,激活灵魂,滋养灵气。再如新教育的生命教育课,浓缩了心理教育、生养教育、健康教育、安全教育等多门课程,表面上加一门,实际上融合了多门功课;新教育的每月一事,把班会教育、主题教育、仪式庆典等做到了融会贯通。新教育如此整合运作,不是叠床架屋地做着加减法,而是对现代教育课程进行一些新的改造,让它效率更高;从教到学,从内容到形式,从过程到结果,旨在为人才的造就,为中国教育的发展探路。

国家指令要求,即新课程改革和常规教育教学改革,是就全局而言,是造就人才的普及性要求。新教育实验的十大行动等若干倡导,则属于前沿引领,是造就高素养人才和优化民族基因的导向。一个让你走,一个使你飞,在前行的方向上,两者所倡导的理念息息相通,相辅相成,本质上毫无二致,并无不合之义。

关键是使两者巧妙联通,让国家课程、地方课程和校本课程有机地整合,进而融为一体。

取向是因地制宜,因人而异,因时而动。一切从实际出发,切不可一刀切,违背人们的意愿。在不适宜播种的时空播种,是注定不会发芽的。待到时机相宜,新教育东风化雨,人们自然面向大海,春暖花开。

第七对矛盾体——朱永新时代与后朱永新时代的对接。

这是一个看似敏感却不容回避的问题,也是朱永新时常萦绕于怀的问题。

2006年元旦,朱永新带领新教育创业初始的同仁,来到苏州一中校园里的一株千年古藤树下开会。这株古藤被誉为"中华第一藤",树干周长二点九米,高五米,主干分九枝,树冠遮阴达二百三十四点九三平方米,春来紫花串串,绿叶婆娑,宛如绿波荡漾。朱永新郑重地说:"千年紫藤打样作证,再过一千年后,企望我们新教育将与古藤俱在……"以古藤为参照的新教育坐标系就此立起。

《新教育实验年鉴(2006.7—2007.6)》收录《南风窗》记者陈才安一文,摘其一段:

2006年12月26日晚,苏州大学怡远楼朱永新工作室,"相约星期二"新教育沙龙又一次让朱永新和他的追随者济济一堂,坐而论道。这一晚,朱永新的几个博士纷纷用"新教育实验总设计师"来称呼自己的导师,并表决心辅佐"总设计师"。朱永新坐在一旁,一声不吭。但当干国祥一句"朱老师的新教育"脱口而出时,朱永新不再沉默了,他立即更正:"不是我的新教育,是我们一起的新教育。"

"这是很可怕的事情。"朱永新一直很警惕这种个人崇拜倾向,"我反复地讲,新教育是大家共同熬制的一锅石头汤。""要把新教育实验做成'百年老店',做到离开了'朱永新',新教育实验依然存续,依旧运转。"

为此,他全心于新教育决策机制向集体领导体制加速转型。

这源于他对新教育的常青事业与个人的短暂人生的透视。他曾经约见很有社会责任感的资深媒体人朱寅年,近四个小时夜谈,在回答"新教育的未来"时就说过:"我希望新教育是一个永恒的事业,我希望新教育能够改变或者撬动中国的教育,……我们都是新教育的过客,必须不断有一流的人才进入新教育的团队,这是新教育发展的根本。"[①]

在前不久的一次访谈中,笔者问:"您在历史的创造、关键点的火候把握、最终的价值选择等方面是不可或缺的,您怎么评价自己在新教育中的作用"时,朱永新几乎不假思索地回答:

"我一直渴望进入后朱永新时代。几次试着交班,都没交成……新教育如果没有理论的先进是走不远的,这个思想不是现代性,而是与时俱进,去引领大家的新思想、新智慧;从管理上,从2007年,我把它交给了卢志文,形成了'三军统帅',后来又让许新海参与管理,利用海门本身很大的资源,但毕竟都是兼职的,未来的长远发展,要从PC走向APP,要建立自己的新教育学校……应当快点进入后朱永新时代,才会发展得更好。

"我们正做这两件事:用大气力研发课程,基本完成新教育课程体系。课程站住了,新教育就站住了,希望它传递下去;吸引优秀人才,组建专业化团队,把新教育事业做下去,这是关键事情。新父母研究所、新评价研究所、新生命研究所、新艺术研究所……这些机构要永远存在下去。这两件事推动得快,就进入了'后朱永新时代'。"

是时,晚10点。历经十余年拼搏,日日苦干,加之近来多场会议缠身,朱永新困倦至极,我们深忧他的身体,他却从容淡然:"我准备为新教育牺牲!""如果我不在了,新教育还在……未雨绸缪,做好准备,才会让新教育走得更好。我要寻求淡出的方式,包括未来主报告的撰写机制和报告人。我希望自己的角色感渐渐弱

[①] 朱永新2006年12月4日博客。

化,在今后几年慢慢淡化,把新人一个个推出来……"一丝苍凉中更多是超然,十分清醒里饱含着豁达。此乃思想者的大气大象。

历史委重投艰,时人众望所归,他担重任在肩,凭着睿智和运筹,正去破解唯有他自己才能解答的这一道难题。

2017年1月7日至8日,在同济大学同济大厦2208室举行新教育第四届常务理事会第一次会议上,成立新教育第四届理事会,许新海和李镇西分别担任新教育理事会理事长和新教育研究院院长。无疑,这又是一着大眼光的新棋。

五

任何事物,都有矛盾。而对于新教育来讲,多种矛盾反而成为新教育成长的"营养",铸造了新教育大度包容的一大特色。

立于历史的高山之巅,朱永新及新教育团队,直面上述矛盾,相信其并非无法解决。并认为上述矛盾,只是不同发展阶段所面临的瓶颈,横看成岭侧成峰,只需正视眼前的难题,寻找解决的章法。可贵的是,正是在这些矛盾的运动与碰撞中,形成了新教育学派独有的发展历程,即立足当下、通达古今的思想体系,着眼人性、对话中外的开放路径。

能够解决这些矛盾的基础,在于新教育人的性格张力。新教育人是行走在大地上的理想主义者,而不是脱离现实、脱离国情的空想主义者。面对教育现状,他们"进亦忧,退亦忧";出发上路,不惧"阴风怒号,浊浪排空";回首征途,"不以物喜,不以己悲";凯歌面前,"波澜不惊""宠辱偕忘";眺望远方,时刻准备着"长风破浪""直挂云帆"……

驾驭这些矛盾,锻炼着新教育学派的智慧和力道。所有病症都可以从自身寻得解药,新教育人用开放性的心态对待矛盾,用辩证的思维分析矛盾,用超凡的耐力承受矛盾,他们知道,许多矛盾往往因为空间的局促而出现对撞,因为时间的顺序而形成龃龉,他们让矛盾二者在融通中整合,而不只是单纯地做加减法。

化解这些矛盾的过程,成就了新教育学派的宽广胸怀与博大视界。勇敢直面矛盾,才是解决矛盾的开始;智慧分析矛盾,便解决了问题的一半;通过必然之关,才会进入自由之境。新教育也正是在这些矛盾体的缝隙中打开出路,从必然之境走入自由之境。

第二十六节 不尽江河

一

本节取名"不尽江河",源于"不废江河万古流"与"不尽长江滚滚来"的意象,意指"修齐治平"的教育大业如滚滚长江,以排山倒海之势,不舍昼夜,奔流不息,永世长存。

教育给人一颗心灵,新教育更给人一双透视的锐眼。它让人站在人类文明的圣坛上,穿越人来人往的历史时空,和人间诸种主题的复杂运转,通过人心喜怒哀乐的变换阅尽人的本质,透过时代的云山雾罩看清历史的真相,把握教育的真谛。

在第一次世界大战战火点燃前的伦敦街头,一位世界闻名的数理学家孑然一人地行走着。他就是罗素(1872—1970),百科全书式的学者,享有"欧洲亚里士多德"的盛名。他不仅是著名的哲学家、数理逻辑学家,还是著名的儿童教育学家,刚刚完成与老师怀特海合著的举世闻名之作《数学原理》第三卷。

此时,他从象牙塔里走出来,惊讶地打量着自己栖居的这座城市。他突然发现,这里的人们对战争有一种摇滚乐般的狂热情绪,政府打鼓,众人跳舞,跟着敲击的节拍,兴奋地看待战争的前景。据说有百分之九十的人在预料到战争造成的屠杀时,竟还如此快乐。他据此感知,人及人类的生活充满不幸。精神世界里智、情、意失去平衡;经济生活上科技虽然发展,但由于不公正的经济制度,许许多多人的生活仍相当贫苦。

他的头脑里闪电般地进出一道思考题:是什么原因造成世界的疯狂呢?

在凝思中,他理出如下判断:"宗教促进了愚昧和对现实的非充分认识;性教育经常使人神经错乱……这些使成年人的幸福变得不可企及。学校里所灌输的民族主义暗示着青年人最重要的责任就是去杀人;阶级感情促进了人们对不公正的经济制度的默认;而竞争则增加了社会斗争的残忍。"[1]

---

[1] 罗素,《自由之路》,第248页。

当触角伸向了学校教育后,第二道思考题接踵而至:那么造成人类不幸的根本原因是什么?

罗素在沉思中作答:根源不在于外部世界,也不在于我们所认识的自然界,"在于我们的感情,在于我们的情绪习惯,在于逐渐灌输到年轻人心中的信念,在于婴儿时期形成的病态恐惧症。""感情""情绪习惯""信念""恐惧症"都是教育产物,故人类不幸的种子可追溯到教育的不良。当然,这是专制主义性质的教育,而不是自由主义性质的教育。①

这就是尖刻的罗素之问。大学者自有寻常人无法洞明的质疑,且问得深刻而精准。

它切中了现代社会的病灶。罗素说:"尽管我们的时代是如此令人痛苦以至于许多最伟大的人已陷入深深绝望,但是凭借我们的理性我们却没有理由绝望,因为使人类幸福的方式早已存在,只要我们愿意去利用它。"他谠言直声:"使我们具有这些恶习的是教育,因此也只有教育才能使我们获得与之相反的美德。""教育是打开新世界的钥匙。"唯有自由主义的新教育才是打开新世界的真正钥匙,从哪里入手"在每一个社会问题中,尤其在教育中,尊重人的个性是智慧的开端。"他指出自由教育的目的,就是培养学生活泼、勇敢、敏感与理智四种美好品性。

发现教育,遂使数理学家罗素嬗变成为欧洲新教育的旗手。自卢梭以来,许多自由教育家反对权威,不给儿童任何干涉。罗素称卢梭式的自由教育为消极的教育,在肯定其历史进步意义的同时指出,自由教育在本质上是建设性的,需要建构美好生活的某些积极概念。

罗素继而写出《社会改造原理》,主张改革教育以阻止或消灭战争。然而,究竟怎样方能阻止和消灭战争?他与妻子朵拉决定亲自实验。他们于1927年9月22日创办了比肯山学校,以自己和邻居的孩子为实验对象,把他们的教育理念付诸实践。该校以实施自由和健康教育为目的,培养儿童健全的智力和体魄,后因与妻子离异,教育实验才被迫中断,但由于罗素本人在哲学与教育学领域的影响力深入人心,新教育的比肯山学校为后人留下了宝贵的启示。

二

新教育是什么?

---

① 罗素,《自由之路》,西苑出版社2004年版,第248页。

当罗素提出一串尖刻的教育之问时,在东方,在中国,也有人以冷静观察、透辟思索做了回答。该人叫陈独秀(1879—1942),新文化运动的倡导者之一,"五四运动"的精神领袖。

他看透了中国当时旧教育没落的颓势:"余每见吾国曾受教育之青年。手无缚鸡之力。心无一夫之雄。白面纤腰。妩媚若处子。畏寒怯热。柔弱若病夫。以如此心身薄弱之国民。将何以任重而致远乎。他日而为政治家。焉能百折不回。冀其主张之贯彻也。他日而为军人。焉能勍力疆场。百战不屈也。他日而为宗教家。焉能投迹穷荒。守死善道也。他日而为实业家。焉能思穷百艺。排万难冒万险。乘风破浪。制胜万里外也。纨绔子弟。遍於国中。朴茂青年。等诸麟凤。欲以此角胜世界文明之猛兽。岂有济乎。茫茫禹域。来日大难。吾人倘不以劣败自甘。司教育者与夫受教育者。其速自觉觉人。"①

其文直指痈疽,针砭时弊,一针见血,发人猛省。在此文里,他还提出了"一是现实主义,二是惟民主义,三是职业主义,四是兽性主义"的教育四大方针,真乃着眼民族,突出要义,有的放矢,不刊之论。

继而,他又阐述了新教育三个要点——"宜注意社会方面;当以学生为主体;打破形式的教育,以实际为主。"②原本这是先驱的演讲,却如说在当下,穿越百年时空,思想的光芒依旧四射。

其后,他在广东高师演讲《新教育是什么》中,尤为明晰地剖析了新旧教育的本质区别:"旧教育的主义是要受教育者依照教育者的理想,做成伟大的个人,为圣贤,为仙佛,为豪杰,为大学者,新教育不是这样,新教育是注重在改良社会,不专在造成个人的伟大。"③

好一个陈独秀,其教育的心量恢宏,将社会囊括胸内。其教育的视界深广,让世人举目天下。

三

东方与西方的教育问题惊人地相似,当代和现代的教育瓶颈也出奇地接近。对当代教育家朱永新来说,尽管当年东西方的教育困境已时过境迁,今非昔

---

① 《今日之教育方针》,《新青年》第一卷第二号,1915年10月15日出版。
② 1920年2月7日在武昌高等学校演讲,2月9日《国民新报》刊出演讲摘要《新教育的精神》。
③ 《广东群报》,1921年1月3日,又刊于同年《新青年》杂志第8卷第6号。

比,但是他还需面对当今时代的"罗素之问"与"陈独秀之答"。

历史就这么公允,总是将制约或助推人类前行最为尖锐的教育问题,抛给不同时代的人们,逼其做出解答,以考量各个时代人的智慧。尤在当今,教育的国际性竞争之烈,超乎既往。要求答问之切,也紧于先前。

这是一次站在世界潮头回眸中国的经历。在西方最高学府的讲坛上,讲述着东方正发生的故事。

美国东部时间2016年4月23日早上9点,哈佛中国教育论坛2016年会在哈佛大学教育学院举行。本次年会以"21世纪,中国教育何去何从"为主题,从公民教育、农村教育、音画教育、中国教育体制改革、教育科技、教育创新六个不同的角度对中国教育进行探讨。开场的主题演讲即由中国民主促进会中央委员会副主席、第十二届全国政协副秘书长朱永新承担,演讲题目为:"过一种完整而幸福的教育生活"。

在这庄重的讲坛,朱永新实则代表一个崛起的民族做了一场生动的展示,讲的是在今日中国已形成燎原之势的新教育实验。他特别谈及,新教育最大的特点是关乎教师成长。这是一道世界性的难题,是所有教育问题里面最难的问题,也是美国教育学者最感头疼的问题,如何点燃教师的教育激情?如何让教育理论、教育思想走进学校?现在,许多老师不买教育专家的账,老师不肯看教育理论的书,那么,老师是不是真的不需要理论呢,当然不是!一线老师一旦被思想武装,所迸发出的教育能量是非常强大的。中国的新教育实验恰恰解决了这个实践中的难题。它卓有成效地点燃了广大教师的教育情怀,在教师和教育理论之间,架起了一条畅通无阻的桥梁……

无须赘言,这场新教育的演讲所形成的思想风暴,直抵与会者的心灵深层……

四

"胜日寻芳泗水滨,无边光景一时新。"用朱熹《春日》的两句诗,来描述中国当下的新教育实验,也许不失妥帖。

自本世纪伊始就拉开序幕,于当今世界上规模最大、实验面最广的新教育实验,在与古今中外优秀教育反复对话与融通里,一步步攀向奇伟、瑰丽的高境,可以说硕果累累,省略细枝末节,至少在如下五大方面领跑着当今教育。

一是新教育破解了教师倦怠这一道世界难题。

教师的职业倦怠是世界性的,其态势是深度陷落又没有底线,无论制度约束还是物质刺激,似都无法从根本上让倦态止步。

新教育从"心病还须心药医"切入,精神的疾病还须精神力量来解决,力倡以孔子为楷模,以文化为魂魄,以共读、网师和教育在线为载体,点亮教师的盏盏心灯,在"专业阅读、专业写作、专业发展共同体"中抱团精进,挑战自我,超越自我,克服职业倦怠,使许许多多原本普通的教师,生命从此由平凡变得壮丽,成了教育思想的开发者,精神世界的飞翔者。

美国麻州大学教育领导系主任严文蕃体悟很深。他跟随观察新教育达十余年之久,觉得新教育实验做了很多开拓性工作,才探索出一条教师成长的内在途径:懂得如何用教育理论武装一线老师,让他们有了成长的渴望,有了对理论的兴趣,培养了一大批活跃在教室和课堂上的榜样教师,因此破解了这道世界性难题。他觉得,无论在理论还是实践方面,新教育都还有很大的总结、提炼的空间。

二是新教育组成了世界上最大的一支教育实验大军。

根据康德"有两类人类的发明被认为最困难,一是政治的艺术,一是教育的艺术"的结论,培养一支有教育科学、教育艺术研究能力的教师队伍,其重要价值不言而喻。新教育实验恰恰从基层突破,尊重教师真心的选择,自下而上建构起一支十几万人的教育实验的志愿军。

这是一个奇迹。打破了长久以来广大教师对科研的神秘感,让科研从"象牙之塔"走出来,真正地回归教育一线家园,做教育践行者的忠实仆人。

这是一项创造。新教育让众多教师从此知晓:科研在哪里?就在自己身边。课题在哪里?就在自己脚下。课题是什么?就是教育问题。解题看什么?就看践行硕果。再不用到上头教科研部门去讨课题,抢课题,立项目,不再像以往那样,吹笛子要由上边按眼起调,下边糊糊涂涂只管吹气。

这是一大贡献。新教育让那么多教师懂得了怎么教书,怎么育人,怎么放飞梦想,怎么丰富情感,怎么关注与助推生命,怎么在敬业、精业中不断提升科研的含金量。这一贡献,从改变教育人的思维模式、工作范式到行走方式,是无形中的有形,艺术中的科学,感性中的理性,功莫大焉。

中国教育学会常务副会长郭永福对新教育实验研究高度评价说:"这是中国教育学会'十一五'课题中参加人数最多、影响最大的课题之一。它不是自上而下的改革运动,而是由一批专家和一线教师组成的追梦人的自觉行动;不是要我搞,而是我要搞,有很高的主动性、积极性和创造性;不是破字当头,立在其中,而是在继承借鉴基础上的改革创新,因此不是废墟上的重建,不是零起点,因而能根深叶茂。"

刘道玉曾说:"朱永新是陶行知之后最有远见的教育实践家,就是当代的陶行知……是我国教育改革的希望,但愿星星之火可以燎原中国。"

三是新教育在优化着中国人的生命基因。

鲁迅当年在日本弃医学文,志在唤醒沉睡、麻木的民众,改变人们的精神,进而将整个民族激活。我们的国歌,让国民永远居安思危,壮怀激烈,奋勇前进。毫无疑问,改变国民的气质,塑造一个民族的精神气象,是当今教育的重中之重。

新教育正是将此当作了第一要务。对此崇高、神圣而又十分艰巨的重任,本书第十二节"优化基因"曾经专门涉猎,从人文情怀的注入、美善心灵的建设、综合素质的重塑、完整性格的淬炼、创新因子的激发五个方面,诠释了新教育实验的高端思考与精深运行。新教育人可谓自加重负,唯恐不力,夙夜忧虑,孜矻而行,负此大任不敢有稍懈之念。

看完中央电视台对新教育调查报道的专题节目后,《中国青年报》领导、著名记者谢湘感慨良多,写信对朱永新说:"踏踏实实做一件对教育有价值、有意义的事情,远胜过一百个宣言!"

《校长》杂志主编李斌透过新教育的莫大影响而预测:"新教育实验的成败,将在很大意义上影响甚至决定中国教育乃至中国社会的格局——也许历史终会证明,这个说法并不夸张。"

华严集团董事长徐锋的说法更引起很大共鸣:"新教育是在给一个病人——中国教育,做一次准确的基因修复。大家从事的,是一项注定要走进历史的、伟大的、关系中国教育成败的基因修复工程。"

上述评议,看似很高,实则中肯。新教育实验对于国家、民族乃至人类的作用,历史会以客观的评价载入史册。

四是新教育开拓出一条开放、和谐、创新的教育发展之路。

在世界已演化为地球村,社会的丰富性与多元性呈现万花筒之状的今日,知识总量越发成为爆炸之势,百科全书式的知识灌输绝无可能,教育应该向何处去?理想的教育之路又在哪里?

新教育实验带了一个好头。在大量的运作中,新教育给世人开出了一条路,路标上有三个关键词。

一为开放。教育实验已纳入全球化的教育行动,闭门造车的时代业已化为背影。人与人的空间距离,早让信息化手段连通,而人们思维理念的偌大差距,却往往会隔断人们的视野,引发不同的思维方式与生态格局。如若领跑教育赛场,最有效的办法是开放中博采众长，方能自成一家。

新教育开放的主打举措之一，是举办引贤纳智、国际交流的新教育国际论坛。请观其剪影。

2011年7月9日，新教育国际高峰论坛在常州湖塘桥拉开了序幕。围绕"守望我们的田野"的主题，中外教育团队展开深度探讨交流。日本东京大学教授佐藤学《学习共同体的教学改革与学校改革》的报告，美国麻州大学教授严文蕃《美国有效学校与有效教学建设经验与启示》的报告，给与会者带来深刻启示。作为国际华德福教育和中国本土相结合的新教育实验学校——成都华德福学校，也为中外学者提供了多元评价的蓝本。

2012年10月20日，以"教育的文化价值"为主题的新教育第二届国际论坛在宁波效实中学召开。朱小蔓《中国基础教育课程改革的文化价值》的演讲，美国得克萨斯大学教授加里·鲍里奇《有效教学的研究本位面向对于教师专业发展的启示》的演讲，澳大利亚资深华德福教师本·切瑞《教育作为当今世界文化重建和个人重构的工具》的演讲，佐藤学《基于协同学习的课程改革》的演讲，朱永新《为中国而教》的演讲，交相辉映，气场十足。

2013年11月9日，以"阅读的力量"为主题的新教育国际高峰论坛在四川大学附属中学"论剑"。美国核心知识团队、德国华德福教育团队、乌克兰苏霍姆林斯基研究团队和中国新教育实验团队等出席。严文蕃教授的《新教育和有效阅读：美国阅读研究的启示》，教育专家Chritof Wiechert的《运动能力打造阅读技能》，教育专家Pustovit Grygorii的《书籍是孩子成长的源泉》，引起了现场的强烈反响和认同。

2014年11月8日，以"构筑理想课堂"为主题的第四届新教育国际高峰论坛在山东日照启动。日照市教育局局长张传若《实施"七大策略"，构筑理想课堂》的演讲，美国得克萨斯大学教授加里·鲍里奇《儿童如何学习：建构主义学习法》的演讲，德国人智医学歌唱治疗大会音乐治疗师Tina Flora Etterich《华德福的课堂》的演讲，共同探讨理想课堂的路径和策略，屡屡拨动人们心弦，一再启发众智。

2015年11月14日，以"研发卓越课程"为主题的第五届新教育国际高峰论坛在郑州市管城区隆重开幕，赴会的有美国、德国、芬兰的课程专家，中国华德福教育的播种人本杰明、美国德州理工大学终身教授蓝云、新教育研究院院长许新海的精彩讲座，展示了在课程研发方面的理论探索与实践，成为此次论坛留下的宝贵财富。

2016年11月20日，以"共话未来学校"为主题的第六届新教育国际高峰论坛在温州翔宇中学举行。朱永新关于《未来学校》的演讲,卢志文《让学校成为汇聚美好事物的中心》的演讲,与新加坡励志学院院长甘波的《福流少年:面向未来的英才教育》的演讲、Learning Edge Ventures创始人与首席执行官唐·伯顿的《旧式学校,新式学校,理想学校及教育的未来》的演讲,将论坛的主题引向深入。

2017年11月18日—19日,以"播下科学的种子"为主题的第七届新教育国际高峰论坛在海门市举行。美国麻省理工学院教授亚瑟·艾森克拉夫特,澳大利亚新南威尔士大学教育学院荣誉副教授迈克尔·马修斯,新西兰哲学博士罗宾·巴克斯,中国科技馆研究员、北京市科协副主席、中国科学院自然科学史研究所博士生导师王渝生,南京师范大学教授、国家科学课程标准研制项目负责人郝京华,北京大学哲学系教授、博士生导师刘华杰,浙江省科学特级教师、21世纪教育研究院科学教育研究中心主任陈耀等国内外专家学者应邀出席。

论坛内容甚丰富。海门几位名师奉上科学学科的公开课,来自全国各地六位新教育教师讲述科学教育的行动探索和故事,刘华杰、陈耀和施惠分别做主题演讲,王渝生、迈克尔·马修斯和郝京华分别做科学教育专题报告,朱永新以"做中学,读中悟,写中思"为题做了主旨演讲,许新海理事长做论坛总结,并发布《海门宣言》。

如此运作,推开了一扇瞭望世界教育的窗,架起了一座东西方教育连通的桥。相互交通,彼此碰撞,追逐前沿,收获共赢。

二为和谐。《易经》讲和谐为美。信奉理想主义与社会改良主义的新教育人,力图用和谐的教育,追求教育的和谐发展,社会的和谐进步,内心的和谐成长,人与自然的和谐共处。

和谐是人生成熟、社会上扬的极高境界。

新教育引导学生与崇高精神结伴,和科学知识携手,努力培养能够创造美好生活的生动活泼、和谐发展的新人,这种新人具备高尚的道德、丰富的智慧、非凡的身手、美好的情操;有独立的个性,良好的合作意识;对本民族文化的深厚情怀,开阔的世界眼光和全人类意识;是国家的良好公民,和高素养的世界公民。

新教育点燃教师的理想与激情,助其走好"三专"成长之路,依次实现理想课堂的三重境界,在与学生同过一种幸福完整的教育生活中,陶冶美丽、宁静而安详的灵魂,书写教育人生值得羡慕的美妙传奇。

新教育引领学校、家庭和社会合力共建,将孩子们的生命当作国家、民族的最宝贵财富加以珍惜和培育,使其全面发展,凸显个性,同时,每一位家长也与孩子在共读共写中,获得共同的心灵密码,一起成长,一块儿丰硕……

三为创新。创新是教育强大的内驱力,更是新教育生生不息的精魂。这里说的创新,是指整体创新、立体创新、多元创新。它囊括育人目标、师资造化、办学形式、教育内容、教学模式、学习技艺、素养结构、习惯养成、人才遴选……

所有的创新,源于紧跟世界的瞬息万变。

当互联网时代的信息革命成了主流,一切都随之骤变,教育只完成传统意义上的知识普及与传承的使命还能行吗?

新理念、新知识、新技术、新目标、新突破风靡全球的当下,教育若不培养有中国灵魂、世界眼光、前瞻智能、创造素养的竞争者,国家的前程、民族的出路安在?

挑战激烈,竞争空前,比拼科技,聚焦人才,当中国目前还以一张考卷选人才、一纸文凭定人才的情势下,教育的诸种机制不靠创新驱动,还有前途吗?

新教育实验高举创新的旗帜。朱永新在2017年新教育实验区工作会议上的讲话,提出了新教育人的道路、行为、文化三大自我创新,阐明创新是知识分子的天命,是最好的传承。

他在《未来学校的15个变革可能》的演讲中,代表了新教育人迎接挑战的充分预测:学校成为学习共同体,开学与毕业无固定时间,学习时间弹性化,教师来源与角色多样化,政府买单与学习者付费,学习机构一体化,网络学习更重要,游戏在学习中发挥重要作用,学习内容定制化与个性化,学习中心小规模化,文凭的重要性被课程证书取代,考试评价从鉴别走向诊断,家校合作共育,课程指向生命与真善美,过一种幸福完整的教育生活。他认为,指望通过信息技术的革命就能把教育问题解决了,这是不可能的,不切实际的:"人性化、选择性、多样化、个性化,将是我们在迈向未来的过程中最主要的选择,也是我们改革的方向。"

未雨绸缪,抢占鳌头,新教育的创新号角一阵紧似一阵。

五是新教育代表着中国教育改革的方向。

方向者,即方位走向,追求目标之谓也。

新教育是承继、链接百年欧美新教育及20世纪20、30年代中国新教育的最为亲缘也最有力道的一环,是改变以应试教育为主要形态的教育弊端最坚决、最有绩效的教育,是有理想、有目标、有理论、有行动,为国内外教育界盛赞的教育,因此说,新教育的运行轨迹,很大程度上代表着中国教育改革的方向。

2001年,因出版雅俗共赏《新教育之梦》等著作,朱永新获得美国阿姆斯壮大学"2001年杰出教育家奖"。

2008年12月10日,日本东方书店出版《沸腾的中国教育改革》一书,用两章篇幅,系统介绍新教育实验。

2009年3月15日—18日,应韩国政府"大脑韩国"项目邀请,朱永新在韩国全北大学做《新教育——过一种幸福完整的教育生活》的专题讲演。韩国教育部部长写文章给予评赞。

2009年5月30日—31日,新教育研究院院长卢志文在北京参加首届"中国—印度论坛"研讨会,就"新教育在中国"发表讲演,向国内外嘉宾介绍新教育实验。

2014年,新教育获得了国际教育创新项的提名奖,全世界两千个项目申报,新教育入围卡塔尔基金会评选的"世界教育创新奖"(WISE)十五强。卡塔尔基金会的这个奖项,堪称"教育界的诺贝尔奖"。

2015年11月中旬和2016年5月上旬,英国剑桥大学著名哲学家麦克法兰与朱永新教授分别在郑州、北京展开了饶有意味的教育对话。

自2012年麦克劳希尔教育集团引进了朱永新十六部著作的全球版权,到2015年底已经全部出版。继韩文、英文版之后,现已有阿拉伯文版、法文版、俄文、西班牙文版、蒙古文版、哈萨克文版、尼泊尔文版、日文版等十余种文字。

2016年,美国休斯敦独立学区研究部学人叶仁敏对中国新教育进行九个方面的研究成果面世;新教育研究者肖善香在美国撰写的博士论文著作《中国新教育实验教师效能感的变化研究》在德国出版。

美国德州理工大学终身教授蓝云写信说:新教育老师的讲述给他许多感动。"新教育人是一类不同的人,他们有抱负,有追求,又有脚踏实地、任劳任怨的实干精神。当我那么多次听到老师为了让学生上他们的补习班而在上课留一手时,新教育人所做的是给中国教育带来一缕清风。"

杏坛霞染,歌吟云飞。异军突起,面朝艳阳。

五

常有人向新教育人发问:"你们搞的是新教育,我们是旧教育?"的确,应该对新教育的含义有一个终极阐述。

对此,新教育人有着清醒反思与审视:新教育是在新教育实验学校或者实验区里吗?他们先用"是的",略加论说,又转用"但是"后反省:我们能够拿出诸如杜威的芝加哥实验学校这样纯粹的实验学校吗?我们拥有像苏霍姆林斯基的帕甫雷什学校一样经典的课程吗?我们遍及各地的实验学校,能够像在全球散落的华德福学校一样拥有一个明确的共同理念和教育色彩吗?

这种反思与审视,正蕴含着新教育的本质,新教育的成长。

如果立于中外文化交融、中国文化本体的立场上,对新教育的定义再进行一层破译,就像牵牛牵牛鼻子,厘清了症结,其他疑窦就迎刃而解。

"新"既是以新旧而言,又不囿于新旧之新。而其新恰是此时,是当下——此刻之问题,此时之寻索,此刻之做法。

"新"的脚步落在此时此刻,面对当下的情境。许多人面对此刻的困难故步自封又充满抱怨,有些人希望照搬西方思想来当万能钥匙,脚步能够落在此时此刻的人的确不多。

商汤的《盘铭》说:"苟日新,日日新,又日新。"如果能够一天新,就应保持天天新,新了还要更新。通观全球历史,教育没落成"旧教育",亦是一个民族堕落的产物。教育生变成"新教育",则是一个民族昂扬的标识。

对"教育"一词,新教育人也有更深的理解。

《中庸》提出"育"字,"万物育焉","万物并育而不相害,道并行而不相悖"。还提出"化"字:"小德川流,大德敦化。"一切人事皆须有外面之教,而人生之内在则必须有育。《易》曰:"果行育德。"天地功能曰"化育"。化由外向内,育由内向外。育即是一种内在生命之各自成长,故有"百年树人"说。中国教育大理想和文化大精神皆在于此。

钱穆有言:教育重在教人,尤重在教其人之能自得师。最高的教育理想,不专在教其人之所不知不能,更要教其人之本所知本所能。教者与受教者,自始即在人生同一水准上,同一境界中。此是中国教育思想上最主要纲领。中国人称教育"春风化雨",所要讲究者,亦即如春风化雨般化育自身。

立于对新教育的深刻理解,就能感知新教育已经回归了教育原点,即回到了孔子的教育宗旨,为全人类,为全人类中每一人之全生命的原点。

"新教育"是历史上的主流,更是教育的基本形式,遵循教育的基本规律,更是教育的基本形态,需要生生不息的运动;"新教育"是伟大时代的关键性齿轮。随着伟大时代的到来,随着社会进步的日新月异,随着民族的兴盛崛起,它将一直处在高速发展中。

未来教育的朝霞已染红了东方地平线。新教育的未来教育之新,也清晰地展露在我们的视野中了。望闻问切于世界教育,把握着它的每时脉跳的新教育人,一直追求观五洲教育风云于须臾,抚四海树德立人于一瞬。

第二十七节　紫气东来

一

新教育历史时空的景深恢宏悠远,它首先置身于中国教育源远流长的大背景之下。

黄河九曲,夭矫如龙,先是昂首北上,接着俯冲南下,然后迤逦向东,倾注大海,带走了万仞黄土,铺散在千里平原,遂让天玄地黄成为中国的本色。

将中国教育比喻成九曲黄河,活画出中国教育之苦、之艰、之激荡澎湃、之巨浪滔天的现状,笔者以为甚是贴切。教育既要引领一个民族,自然会遇到千头万绪的困境。

在人类文明的递进中,中国的教育充当了何种角色?

中国教育的创始人孔子没有明说,却在增删西周以来的各类思想,将其传给自己的七十二门徒,惠及了儒家、墨家、法家等学派。法国思想家涂尔干(1883—1973)一语道破天机:"教育本身不过是对成熟的思想文化的一种选编。"教育在本质上是对于人类所创造的思想文化的自觉传承活动,即对各种思想文化进行一番审视、选择和编纂之后,才纳入"以文化人"的教育体系中的。从历史大观上来看,中国教育是对中国文化的选编,中国教育的生命亦系于中国文化生命之上。

孔子以降,中国历史上这样的"选编"一直从未间断。依朱永新的主张,孔子在春秋时期编撰《诗》《书》《礼》《乐》《易》《春秋》六经,应该是第一次自觉的"选编"。董仲舒在汉代"罢黜百家,独尊儒术",是第二次"选编"。此后,唐代的古文运动、宋代的理学运动和明清的"中学为体,西学为用"运动,是三次重要的"选编"。这三次"选编"的共同使命,都是努力使当时的中国文化从被破坏和削弱的境地挽救出来。

中国文化的突破与僵化,直接影响了中国教育的命运。中国教育的创造,则影响下一代中国的文化。

但是,进入20世纪,无论是"国粹派"或"西化派",都或暗或明地以西方为模式而铸造中国的现代认同,为中国寻求现代认同的人们自然便义无反顾地"师法西方"了。

新中国成立以后,自然选择为进化动因的"达尔文主义"仍存流在中国教育思想的深处,中国教育在苏联版本"进化论"的歧途上越走越远。一直到"文革"期间,"选编"的主导思想是"大革文化命",不仅我们自己的文化传统被抛弃,世界的优秀文化遗产也与我们渐行渐远。

当今,中国许多的教育工作者仍是"达尔文主义"的拥趸,他们在思想上还没超过一个多世纪前人们对先进教育思想的认识,简单地认为西方的今天便是中国教育的明天,中国只要照搬西方教育思想,扫除一切传统的阻碍即可。此种意念,单纯而天真。

不管承认与否,开始崛起的中国,正站在又一次文化突破的边缘上,同时充满重重危机与诸多疑问。

莎士比亚的《哈姆雷特》中有个经典命题:"生存或者死亡。"今天,我们曾经灿烂辉煌的文明面临着崭新时代的挑战,我们的文化教育系统正接受着现代教育的战书。

民族崛起,中华复兴,中国梦,绝不只是单向度的经济上"崛起",而只有完成文化和政治转型之后,中国才能实现真正的崛起。如果被市场繁荣、数据喜人蒙住双眼,只能加速传统文化的消失,民族会陷入新的磋叹。

从这个视角看去,中国的新教育再度兴起正当其时。

新教育—新教育实验—新教育运动,出现于千载难逢的历史关节,与中华崛起的使命默契相合、自觉呼应,以其开放性、行动性和创造性的显著标识,和"文化兴衰、责任在我"的主角身份,自加压力,自强不息,积极参与完成中华文化的这一次突破,新一轮的教育文化选编。这从新教育人的襟怀、眼光、纲领、作为、绩效都可以洞察得一清二楚。

新教育实验,从某种意义上是有后现代倾向的实验,向着不确定性开放,向着无限的未知开放,向着大真大善大美开放。新教育有自己的路径,有自己的学术方法,强调对话,强调以实践为核心不断地丰富调整甚至不断地自我否定,更强调不断地创造。这实际上也是一种实用主义的路径。因此,新教育永远不会也不应该划定一个圈子圈住自己。

这种开放性决定了包容性。

这种行动性奠定了发展性。

这种创造性注定了精彩性。

二

汉代刘向所著的《列仙传》云:"老子西游,关令尹喜望见有紫气浮关,而老子果乘青牛而过也。"国人素来用"紫气东来"比喻吉祥的征兆。而今新教育在中国的繁盛景象,对世界教育而言,恰似紫气自东方而来,代表中国教育、中国文化显现生机勃勃、风光无限的新气象。

不知不觉的运作中,新教育已成了中国当代教育无法回避的一大现象。

新教育的目的是什么?它的核心理念的终极表达是什么?它到底有着怎样的魅力?中央电视台、《人民日报》《光明日报》《中国青年报》《人民政协报》《人民教育》《中国教育报》《教育研究》等百余家媒体对新教育实验进行了聚焦。时任《南方窗》主笔的章敬平曾感慨:"每天对于新教育的关注是出乎意料的,除了中宣部组织的大规模新闻宣传,或者商业力量的炒作,很难引起如此广泛的媒体注意。"

正如一千人心中有一千个哈姆雷特,不少教育大家、学者、哲人、名师对新教育实验也别开洞见,笔者对大家的看法进行了一番整理。

聚焦之一:新教育之新

著名教育家顾明远为《朱永新教育作品》所作的序中说:"新教育的理想和梦想在哪里呢?……一是改变中国学生的生存状态——成为学生享受成长快乐的理想乐园;二是改变中国教师的行走方式——成为教师实现专业发展的理想舞台;三是重塑中国教育的人文精神——成为学校提升教育品质的理想平台;四是打造中国的'新教育共同体'——成为教育的精神家园和成长的理想村落。一句话,就是要改变传统教育的陈旧观念,克服当前教育的弊端,回归教育的本真。教育就是学生幸福成长的活动,也是教师专业成长的舞台,不应该像现在这样戴着脚镣跳舞,痛苦不堪。"

儿童文学作家李东华的文章《行动的和理性主义的——一个家长眼中的朱永新和他的〈新教育〉》:"新教育最大特点是去功利化。朱先生是个理想主义者,他把培养一个完整的人作为教育的立足点。这是最根本的问题。立足点错了,本末倒置了,下再大力气培养出的人都可能背离教育的初衷。在功利主义者的理念里,教育只是一台掌握很多技艺为完成某种功利目的而存活的机器。我们逼迫孩子弹钢琴、学画画,目的无非让他们成为钢琴家、美术家,未来赚大钱出大名。教育屡屡出现了最坏样板,最近闹得沸沸扬扬的药家鑫杀人案[①],弹奏钢琴的手却

---

① 2010年10月20日深夜,西安音乐学院大三学生药家鑫开车撞伤人后又连刺数刀致对方死亡。

同时是杀人的手——缺失了人文教育,它所导致最极端的恶果触目惊心。"

笔者:新眼光、新理念、新价值、新举措、新行动,推陈重构,革旧鼎新,交汇成新教育壮美画卷的经丝纬线。

聚焦之二:新教育的真谛

《南风窗》主笔章敬平的文章《新希望工程:一场对抗教育异化的实验》:"从欧洲到美洲到中国,从陶行知到蔡元培到朱永新,被苏联教育模式和'分数教育'中断了半个多世纪的'新实验教育',在苏州擦亮了'教育复兴'的点点星火,并以燎原之势,蔓延到中国的大半壁江山。当下,仅凭个案的成功,就宣称新教育实验绝非理想主义者的乌托邦,还为时尚早。可以断定的是,作为一场对抗'教育异化'的实验,理想主义者试图从源头上救赎中国教育危机的努力,起码可以视作以'人的教育'为要旨的'新希望工程'的剪彩仪式。"

《人民教育》记者梁伟国、李帆的文章《教育随笔:改变教师的行走方式》[①],介绍了江苏的张向阳、陈惠芳、吴樱花等一批教师,如何在不到两年的时间内通过参加新教育,写随笔反思"搭上了成长的快车道",在教师队伍中脱颖而出的生动事例。

中央电视台《新闻调查》播出长达四十五分钟的专题节目——记者柴静《心灵的教育》中说:"相对以分数为主要导向的应试教育,新教育注重与人类的崇高精神对话,强调一个人的精神发育史就是他的阅读史,并且通过'晨诵·午读·暮省'的儿童生活方式,让学生拥有一个博爱而敏感的心灵,重塑他们的精神世界的蓝图。"

儿童文学作家、新教育新父母研究所所长童喜喜:"新教育实验的成功,归根结底在于它是抛开纷纭复杂的外部原因,从挖掘教师内心,点燃每个人灵魂深处的理想之火开始,使得教师着重进行眼下所能采取的行动。新教育实验不是说出来的,而是做出来的,是在千万间教室里一点一滴、日复一日静默生长着。大道而行,因思想而行动,因行动而催生新思想,如此正向循环。"

笔者:人的开发、心的再塑、灵的点燃,和崇高结伴,与博爱同行,此乃新教育的内核与本质亮点。

聚焦之三:新教育的价值

著名儿童教育家、原中国教育学会副会长李吉林说:"朱永新先生在'新教育'中,从教育的终极目的出发提出的让教师和学生享受"幸福完整的教育"引起了我

---

① 《人民教育》,2004年第7期。

极大的共鸣,唤起我对教育更多的美好的憧憬,深感'幸福完整的教育'是顺应人性的,是对教育本质的一种高度概括……'新教育'鲜明地提出的'幸福完整'切中当代教育时弊。正是教育的不完整,成为国家一直想推行的素质教育的极大障碍。因此,我禁不住要鼓呼、赞美'新教育',它是解放学生、解放老师的教育,是真正的'新教育'。"[1]

北京华严集团董事局主席徐锋的演讲:"不远的将来,新教育不再是'草根运动',而真正变成'政府行为和国家意志'。到那时,新教育将改名为'中国教育'。"[2]

河南省焦作市环城南路第一小学特级教师常瑞霞说:"接触新教育,走进新教育,我们就过上了一种全新的幸福完整的教育生活。从晨诵,到午读,再到暮省,没有了往日的埋怨,没有了今日的唠叨,没有了以后的忧虑,只有对现在教育生活的把握。一切繁杂,我们都让它归于平静;一切匆忙,我们都让它归于安宁。静静地做着一份让自己沉醉的教育工作,是我们现在最大的幸福。"[3]

郑州航空港区中心学校教师时朝莉说:"千川映月。新教育的核心理念是'过一种幸福完整的教育生活',就我个人而言,新教育赋予了我职业尊严、人格尊严,让我享受到了教育的幸福、体验到了人生的价值。这,就是我的新教育实验。"[4]

笔者:造就引领潮头的新师新生,开拓适应未来的素质素养,"价值连城"一词也无法表明新教育的价值。

聚焦之四:新教育的品质

中国陶行知研究会会长朱小蔓评价说:"事实证明,这种开放性、公益性的教育实验改革与我国学校发展的实际以及师生所处的生存状态极其符合,切实促进了学校以及师生的真实生动的发展。"[5]

北京理工大学教授、21世纪教育研究院院长杨东平说:"与一些洋化、'学术化'的理论相比,新教育是不玄奥、不复杂的,难以写成许多可供核心期刊发表的论文;然而,就改变教育现实、解决实际问题而言,新教育却是大为可观、魅力无限的。"[6]

其实,教育的真理古今中外相通,大致是质朴无华、晓畅明朗、直抵人心的。新教

---

[1] 新教育第十届年会,2010年7月8日。
[2] 新教育第十二届年会,2012年7月24日。
[3] 焦作《冬天的童话》新教育会议上的发言,2008年12月13日。
[4] 寄给笔者的信,2015年6月29日。
[5] 新教育第十一届年会,2011年9月17日。
[6] 新教育第十一届年会,2011年9月17日。

育的诚实、朴实、感性、动人,也许正是一种好的教育理论所需的基本品质。

清华大学附属小学校长、全国模范教师窦桂梅在《构一道新的教育航海线》中道:"对于网络,我曾充满鄙夷,没想到一走进'教育在线'就'一见钟情'。这里的教育智慧,这里的教育故事,这里的人文气息,这里的人物魅力,让你兴奋、痴情,甚至于让你发疯。你会像那初恋的少女,体验'激情燃烧的岁月',甚至半夜里还在这里徜徉行走,流连忘返,以至爱得'死去活来'。就是怀着这样的激情,每一天必须上网几次,而且每一次只要踏上'教育在线'的船只,就可以尽情地阅读这本厚重的网络大书,欣赏着'新教育'海上日出一样的风景,陶醉着'朱永新小品'的表演,品尝着'李镇西之家'的风味特色,感受着'小学教育论坛'的习习海风。"

笔者:扎根泥土,用心栽培,靠行催生;朴朴素素,实实在在,蓬蓬勃勃,这就是新教育的品行质地。

聚焦之五:新教育的前瞻

美国波士顿麻省大学教育领导系主任、国际比较研究院院长、中美领导力研究中心主任严文蕃教授专意为笔者撰写这段话:英国有新教育实验,美国有杜威的实验学校,朱永新引领的中国新教育实验,无论从实验的规模(参与的学校和受影响的学生)和实验的内容和深度(完美教室、卓越课程和理想课堂等十大行动)都是前所未有的,它的影响将超越中国,产生深远的国际影响。

亚太地区联合国教科文组织协会联合会主席、中国教育学会副会长陶西平在全国教育科学"十五"规划重点课题《新教育理论的实践及推广研究》开题会说:"中国教育的困惑在于怎么看过去的教育,怎么对未来的教育进行设想,怎么来推动未来的发展。朱永新提出的新教育实验,是对过去教育的完善和发展,其观点性、针对性、操作性都很强,如一条鲇鱼放进了鱼缸,将中国教育这一缸水都搅动起来!"

中国教育学会常务副会长郭永福在第十届新教育年会上说:"新教育已经成为我国素质教育的一面旗帜。它的团队成了我国教育研究和改革的一支生力军。"

《中国教育报》陶继新的文章《朱永新和他的"新教育实验"》:"'生于毫末'的新教育实验虽然尚未成就'合抱之木',却已成为当今中国教育改革的一枝奇葩。"

笔者:今日正兴旺,明天更美好。这句寻常而实在的愿景祝语,若送新教育之前瞻,也许不失为贴切。

三

人间世上，变是永恒的常态，不变的主题。

比如在未来的世界里，因为网上"微学校"的存在，未来的学生可能在家里学习，而到学校去主要是为了交流、答疑、活动，当下学校的运作模式可能面临着某种颠覆。

作为在中国教育史上，发轫于民间的极为宏大、甚为成功的教育实验——新教育实验，在世界教育的大震荡、大变革中，会出现怎样的态势，也面临有可能颠覆之虞吗？

答案是否定的。

这源于新教育永恒的密码。新教育是以文化变革为灵魂的立体多维的教育科学实验，它立足于修复中国教育的基因，进而优化中华民族生存发展的基因，其价值远不只是推动眼前的教学绩效，而定位于对教育本质的追索，和对教育立人达人的通透洞悉。

当然，笔者毫不怀疑，当前教育的基本形态会发生天翻地覆的变化，当前的名师方法、教育教学模式、教改经验等等，都会随着时间的流逝而失去原有鲜活的形态，甚至会在岁月的淘洗中渐渐消逝。

而新教育的若干元素，却是提取于几千载的教育精华，跳出了一时、一势的拘泥。其开拓的"营造书香校园"等十大创意行动，"晨诵·午读·暮省"的生活方式，以及说听读写绘、生命叙事剧等创新课程，提供了立人塑魂的精神营养，会以自己不断创新完善的方式继续存在下去。

再比如，中国教育曾经长期裹挟于时代动荡里自顾不暇，继而又跟在他国教育理论家身后亦步亦趋，如今中国的新教育实验，能担当得起领跑中国乃至世界教育的重大使命吗？

回答是肯定的。

如果说，衰颓的经济难撑衰落的教育，那么，昌盛的经济必然托起上扬的教育。关山风景此最好，万事俱备看吾侪。在世界教育争渡的大赛上，早有了思想准备、理论武装、精神陶冶、践行演练的新教育的龙舟健儿，正信心满满、竭智尽力地击水涛头，浪遏飞舟，和着咚咚鼙鼓，伴以旌旗猎猎。

领跑，领跑！他们以前沿理论为牵引，以三个面向为方向，以自我创新为原动力，以教育科研为实验田，以人才辈出为丰收果，以星火燎原之势为增长极。

幸福学习,身心舒畅,完整生活,生命绽放。这正是新教育人的精魂。
抱团取暖,捏指成拳,披荆斩棘,以身许教。这正是新教育人的风采。
巍巍华夏,悠悠文明,化人以文,扬我以新。这正是新教育人的体悟。
红日初升,其道大光;河出伏流,一泻汪洋。这正是新教育人的气魄。

四

从黄河下游回望上游,是"君不见黄河之水天上来"的浩瀚。

新教育运动带着这股冲天的气势,时而在幽深的峡谷中穿行,时而经过开阔的原野,时而又在鸟语花香中片刻回眸反思,但始终未曾停下脚步,依然呼啸又沉思着前行。

从黄河上游看下游,是"九曲黄河万里沙,浪淘风簸自天涯"的曲折。

新教育人视教育生涯为最为宝贵的财富,把为国储材的教育作为生命中最重要的修行方式。

五

子在川上曰:逝者如斯夫。掩卷之时,中国当下的新教育团队站在万里黄河之源的形象立足卷中,正奋笔书写着中国新时代教育的瑰丽诗篇。

2016年12月15日草于海南省三亚市颐和服务中心
2017年1月25日全书第一次修改
2017年2月18日全书第二次修改
2017年3月22日全书第三次修改
2017年4月8日第四次修改
2017年9月15日—2018年1月2日全书第五次修改并定稿于
辽宁铁岭、沈阳,海南琼中白鹭湖景区三号楼

后　记

一

　　渺渺人类长河，浩浩教育历史。人类思想的起承转合，社会进步的翻转拓进，思想文化的取精用宏，无不以教育为先导。

　　作为中国当代教育工作者，却承担着三千年一遇的时代巨变。不仅上承悠悠华夏的浩大文脉，下继中华民族复兴的壮阔命题，内担社会跃进的多重需求，外接与世界文化交融的恢宏大势。中国教育屡屡让人不满，引人诟病，并不在于我辈教育人的懈怠，而实在因为教育负荷的千年之重，蹈而不可失的当下之机。中国当代教育之光荣、之挑战、之沉重、之昂扬、之深刻之处尽在于此。

　　千年思潮剧变，世纪主题交响，中国教育自有百家争鸣之相，然而在这黄钟轰鸣的时代之中，总有一种现象让你无法回避，总有一群人让你油然尊敬，总有一股教育浪潮让人怦然心动，总有一场教育革命塑造未来。

　　它就是在21世纪到来之际，朱永新先生倡导发起的新教育实验运动。它起于青萍之末，却数年间成就汪洋之势；它命题于新教育，却酝酿成中国最大规模的草根实验；它发端于书斋理想，却演变为教育整条战线上的行动变革；它针对当代中国教育的种种积弊，却能主动接引欧美和民国时的新教育精华良方；它着重学生能力素养训练，却旨在改造整个中国人的文化基因。

　　当下的教育工作者，无论你身在何处，什么年龄，什么知识结构，都可能会与朱永新提倡的新教育接触。弱水三千，取其一瓢。能够与朱永新先生结缘，能够赴身采访新教育，追踪新教育在当代中国的来龙去脉，进而为新教育撰写一部大历史，或许是笔者独特的缘分，无比的幸运。

二

2011年9月17日，内蒙古鄂尔多斯市召开了第十一届新教育年会。

沧海桑田，古陆高原，黄河环育，长城捧拥，塞北草原鄂尔多斯素来是中国乃至亚洲历史上的风云际会之处，此次新教育年会受到了国内教育界的高度关注。

　　原中央教科所所长朱小蔓莅临年会并发表热情中肯的演讲。国家总督学顾问陶西平在新教育刚刚起步时，他曾经断言，新教育会引起一场鲇鱼效应，即在教育常规的池水里搅动起一场波澜，这一次他再次参会，感慨新教育已经呈现"惊涛拍岸，卷起千堆雪"的不凡气象。再次预言：新教育团队中将走出一批真正的教育家！

　　朱永新登台演讲《人能弘道：活出中国文化的根本精神》，更是在塞上古都之地，进行的一番响彻八方的宣言。

　　观象新教育，是对中国当代教育前锋的观礼；鸟瞰新教育，是对中外上百年教育浪潮的回顾；极目新教育，是对古今中外教育精华的观照。当天晚上，正当笔者有此番感慨之际，有重要友人向笔者提议，能否以独立作者的角度观察新教育，以第三方的眼光梳理新教育？

　　笔者在教坛上耕耘四十余载，一直奋斗在教育文学的最前沿，曾经采访过数千位中国教育工作者，写出数百万字的教育及教育文学专著，对朱永新新教育思想有过较为深入的观察与思考，更能感觉到此书之难之艰的张力、挑战与成就的魅力。

　　但兴奋之余，笔者也有难处，当时笔者正全身心投入构创《教育大乾坤》[①]一书中，思考、讲学、写作三位一体的写作工程正在全面展开之时，心已不可旁骛。那番擦身而过的遗憾，每每引为一大憾事，从此以后，新教育更纳入了笔者的核心视界，观察思考乃至教育梦中。

　　2014春节，那位重要朋友在拜年之际，再提鄂尔多斯之议时，笔者慷慨答应。三年之缘，此番缘熟。概古今写作者，莫不以展现时代精华为要义；中外教育作家，莫不以写作教坛群英为幸事，笔者随即投之以全部身心，汇集全家之力投入于此项写作工程当中。

三

　　工作着手之前原本想到了难，运作之中却发现，比预想要难上数倍。

　　践行了十余载的新教育运动，以格调高、时空广、人员多、成效大、影响深而磅礴于全国，惊艳于世界。其背景宽宏幽深，理念高远精湛，行动卓绝群伦，气场强

[①] 四十五万字，教育科学出版社，2012年出版。

大无比,无论观察、剖析还是品评、描述,都不可不谓一项巨型工程。

此书着力之处,首先是开启一番大学习、大对话、大讨论。围绕新教育的大量文章、书籍、博客,检索到上万条信息,阅读不下几千万字,建立中外新教育人物、事件、思想、作为、运行轨迹、历史坐标等包括音像在内的庞大的资料库;其时,用多种方法,采访了新教育骁将尖兵二百余人。这其实很难,寻电话,说缘由,道心迹,提问题,约时间,再一次次纵深追问细节,书中每一个人、每一个事例、每一个时空,几乎都重新采访核实过。事事据实,人人抓准,遣词敲定,落笔如钉,丝毫马虎不得,不敢字走悬空。写人寻特,叙事索理,人云亦云不云,老生常谈免谈。下过这番苦功之后,自己对新教育所积淀的思索越发成形。

几年里,聚力攻坚,心无旁骛,推去所有杂事,婉谢盛邀讲学,杜绝休闲游乐。

每每思路堵塞、身疲力竭之时,新教育人的忘我精神都激励着笔者,与其中一些人物的对话,令笔者一次次激情澎湃,焕发新生的力量。特别感谢陈东强、杜涛、张硕果、时朝莉、储昌楼、刘恩樵、顾舟群、许卫国、余国志、李宜华等新教育同仁大力而无私的给力,笔者感佩不已。

更有可敬的刘道玉老教授,眼手术后视力恢复得不够理想,仍坚持阅读书稿,写出极目四野,心骛八方,理路畅达,境界高远的序文,让笔者感恩的心无以名状。

此书筹划之时,便标定为写作新教育的大通史。要将新教育放在整个教育版图、教育发展长河、时代发展潮头加以观照,不仅还原新教育时空的历史传奇,描绘出波澜壮阔的奋斗画卷,更要揭示出其崛起壮大的历史奥秘和思想磁力之真实所在。如是,注定要采用古与今、中与外、新与旧多角度多层次的比较法,还须囊括古今中外的教育视角、教育文学作者的视角、新教育人的视角、广大教师、学生、家长的视角等多元视角及不断地纵横切换。

接约动工之际,笔者已足"耳顺"年,患有严重的高糖病,是年深秋又横遭车祸,肋骨断,脑出血,不省人事,命走钢丝,然醒来后,即焦思该书写作,几番带病外出采访。全家组成了坚强的写作团队。夫人樊雅文与笔者南来北往地访谈,并包下全部家务。两位记者兼作家的儿子松巍、松岩与该书更是休戚与共。围绕着新教育运动的定性、定位,朱永新及新教育团队的人格魅力、创新张力和科研创造力,新教育的扛鼎人物、重大事件、关键会议,进行深入研讨,进而对全书每章每节的逻辑层次、思想脉络、主题提炼、事理交融、题记推敲,也都反复探究,召开如此的家庭团队会议不下数十次,至于网络与电话的频繁交流更无法计算。两子还主动承担了部分章节的写作及全书精细的审读修改,真乃举家齐动员,"上阵父子兵"。交往笃厚的杭州市文海实验学校教师李小军逐字逐句修订书稿,四川泸县一中教师许玉林帮助选取书中名画,黑龙江佳木斯市教科院的邵振海、甘肃岷县维新学校的陈智玮和岷县第一小学孙强、山东惠民一中的董立强等几位教师尽心尽意协助搜集、整理资料,形成了此呼彼应的战斗力。

四

此时,2017年的除夕凌晨。当笔者在电脑上敲击这篇小文时,几年里压在心头的超级重负终已释下,然而,耕耘者的切切企盼、创作者的几分忐忑,参糅收割者的淡淡欣慰,又一起涌来,牵动起逝去岁月的点点屐痕。

逝者如斯,流年如水。当书稿即将完工时,笔者最想说的是,感谢朱永新先生和新教育团队的每一位同仁,是你们功德无量的奉献,架构了新教育大厦,成为一柱一石,也为笔者这部几十万言的长卷提供了深邃的思想之光、浩荡的行动之旅。可以说,这部书不是笔者一个人写的,它是由所有新教育人用生命用行动,借着日光蘸着月光更点燃心光,借助笔者的笔书写而成的!

君子不器,乾乾日新。新教育的发展方兴未艾,自有其生生不息之气象。笔者幸运地做了一个旁观者,一直久久凝视这支团队的行动,自己也随之坚持行动至上,把这部书一直修改下去,跟随着新教育的脚步止于至善。

傅东缨

2017年1月27日—28日(除夕春节)草于辽宁铁岭日知斋

2018年1月2日于海南琼中白鹭湖畔三号楼改毕